Reinhard/Schall
SchVG
De Gruyter Kommentar

Reinhard/Schall

SchVG
Gesetz über Schuldverschreibungen aus Gesamtemissionen

Kommentar

Herausgegeben von
Thorsten Reinhard und Alexander Schall

Bearbeiter:
Einleitung; §§ 1, 3 und 4: Alexander Schall/Jonathan Simon
§§ 2 und 24: Jonathan Simon
§§ 5, 6, 17 und 20–22: Kai Birke
Vorb §§ 7, 8 und 19; §§ 7, 8 und 19: Thomas Hoffmann
Vorb §§ 9–16; §§ 9–16 II: Julian Schulze De la Cruz
§§ 16 III, 18, 23: Thorsten Reinhard

DE GRUYTER

Dr. *Thorsten Reinhard*, Rechtsanwalt und Notar in Frankfurt a. Main
Dr. *Alexander Schall*, Professor an der Leuphana Universität Lüneburg

Zitiervorschlag: Reinhard/Schall/*Birke* § 6 Rn 3
Sachregister: Christian Klie

ISBN 978-3-11-057684-9
e-ISBN (PDF) 978-3-11-057872-0
e-ISBN (EPUB) 978-3-11-057701-3

Library of Congress Control Number: 2019951676

Bibliografische Information der Deutschen Nationalbibliothek
Die Deutsche Nationalbibliothek verzeichnet diese Publikation in der Deutschen Nationalbibliografie; detaillierte bibliografische Daten sind im Internet über http://dnb.dnb.de abrufbar.

Datenkonvertierung und Satz: jürgen ullrich typosatz, Nördlingen
Druck und Bindung: CPI books GmbH, Leck

www.degruyter.com

Vorwort

Deutschland ist eine große Wirtschaftsnation und ein bedeutender Finanzplatz. Sein Kapitalmarkt hat sich entfaltet und entwickelt, auch wenn er nicht auf die lange Tradition angelsächsischer Länder zurückblicken kann. Der Gesetzgeber hat dieser Entwicklung Rechnung getragen. Die Schaffung eines modernen Schuldverschreibungsgesetzes im Jahr 2009 war ein wichtiger und richtiger Schritt – dies ist im Grundsatz unbestritten.

In seinem elften Lebensjahr ist das Schuldverschreibungsgesetz gereift. Übergangsfragen sind in den Hintergrund getreten. Nun ist die intensive wissenschaftliche Durchdringung zu vertiefen, um der Rechtspraxis sicheres Geleit zu gewähren. Der neue Kommentar möchte sich an dieser Aufgabe mit Kraft und Engagement beteiligen. Er setzt sich zwei Schwerpunkte: einerseits die Arbeit am praxisrelevanten Detail, andererseits die Klärung dogmatischer Strukturen.

Der erste Schwerpunkt folgt aus der Beobachtung, dass die Anwendung des vergleichsweise jungen und schlanken Gesetzes zahlreiche Fragen für die Praxis aufwirft. Dies gilt vor allem für die Abstimmung ohne Versammlung, einer präsenzlosen Form der Willensbildung, die weder im Vorläufergesetz noch im Aktienrecht eine Vorlage findet. Dennoch ist ihre gesetzliche Regelung recht knapp ausgefallen. In der Willensbildung von Gläubigern international gestreuter Schuldverschreibungen liegen weitere Herausforderungen. Gleiches gilt im Restrukturierungsfall, wenn unter Zeitdruck Mehrheiten organisiert werden müssen, um eine Existenzkrise des Schuldners abzuwenden. Manche der rechtlichen und praktischen Fragen sind bereits diskutiert, verdienen aber weitere Durchdringung. Andere Fragen hatten bislang noch keinen Eingang in die Kommentarliteratur gefunden.

Der zweite Schwerpunkt möchte den Blick vom Symptom auf die Ursache oder, wenn man so will, von den Bäumen auf den Wald richten. Die Arbeit am Detail bedarf der Anbindung an die Grundlagenforschung. Während die Dogmatik Schuldverträge üblicherweise streng von gesellschaftsrechtlichen Organisationsverträgen abgrenzt, wird dieser Antagonismus im Schuldverschreibungsgesetz aufgelöst, indem der schuldrechtlichen Beziehung zwischen Emittent und Gläubiger eine Organisationsstruktur mit Mehrheitsprinzip und Anfechtungsrecht zur Seite tritt. Die damit einhergehenden Friktionen bereiten der Rechtsdogmatik erhebliches Kopfzerbrechen, was sich an der fortwährenden Unsicherheit über die Rechtsnatur der Gläubigerversammlung, die Existenz besonderen Treuepflichten oder die Geltung des AGB-Rechts offenbart.

Mit den genannten Schwerpunkten reflektieren Herausgeber und Autoren die duale Aufgabenstellung aus Detail- und Grundsatzfragen. Unser Kommentar richtet sich daher gleichermaßen an Wissenschaft und Praxis. Er schöpft aus dem reichen Wissensschatz erfahrener Praktiker und positioniert sich im akademischen Diskurs um das Schuldverschreibungsgesetz, der sich mittlerweile in vollem Gange befindet. Wir hoffen, damit den Erwartungen und Bedürfnissen unserer Leser gerecht zu werden. Für Anregungen und Kritik sind wir dankbar. Insbesondere möchten wir unsere Leser einladen, uns Fragen zur Anwendung des Schuldverschreibungsgesetzes mitzuteilen, auf die sie in diesem Werk keine Antwort finden. Soweit sie von allgemeinem Interesse sind, berücksichtigen wir sie gern in künftigen Auflagen.

Ihre Herausgeber

Thorsten Reinhard | Alexander Schall

https://doi.org/10.1515/9783110578720-202

Inhaltsübersicht

Bearbeiterverzeichnis

Dr. **Kai Birke**, Rechtsanwalt in Frankfurt, ist Partner der Sozietät Gleiss Lutz. Seine Beratungsschwerpunkte sind Finanzierung, Debt Capital Markets und Restrukturierung. Er berät Unternehmen, Banken und Finanzdienstleister bei Anleiheemissionen und Kreditfinanzierungen. Des Weiteren begleitet er Unternehmen bei der Restrukturierung ihrer Finanzverbindlichkeiten, insbesondere bei der Restrukturierung von Anleihen.

Dr. **Thomas Hoffmann**, Rechtsanwalt in Berlin/Frankfurt am Main, ist Partner der Sozietät Noerr. Er berät in Krise und Insolvenz Unternehmen und ihre Organe, Gläubiger, Investoren und Insolvenzverwalter. Er ist außerdem Geschäftsführer der zu Noerr gehörenden TEAM Treuhand GmbH, die sanierungsbedingte Sonderaufgaben übernimmt, beispielsweise als Gemeinsamer Vertreter nach dem Schuldverschreibungsgesetz.

Dr. **Thorsten Reinhard**, Rechtsanwalt und Notar in Frankfurt, ist Partner der Sozietät Noerr. Er berät Konzerne, Finanzinvestoren und Familienunternehmen bei Mergers & Acquisitions sowie im Gesellschaftsrecht. Viele seiner Mandate sind international geprägt. Zudem berät er regelmäßig in Krisen- und Restrukturierungfällen.

Prof. Dr. **Alexander Schall, M.Jur. (Oxford)**, ist Universitätsprofessor für Deutsches, Europäisches und Internationales Privat- und Unternehmensrecht sowie Rechtsvergleichung an der Leuphana Law School, Lüneburg. Er publiziert national wie international und fungiert unter anderem als Mitherausgeber der nächsten Auflage des Hachenburg, GmbHG.

Dr. **Julian Schulze De la Cruz**, Rechtsanwalt in Frankfurt, ist Partner der Sozietät Noerr. Zu den Schwerpunkten seiner Beratungspraxis zählt die laufende gesellschaftsrechtliche Beratung börsennotierter Unternehmen sowie die Begleitung von Kapitalmarkt- und M&A-Transaktionen, insbesondere bei Fremd- und Eigenkapitalemissionen, öffentlichen Übernahmen und der Restrukturierung von Anleihen.

Jonathan Simon ist Rechtsanwalt in der Sozietät Beiten Burkhardt in Düsseldorf. Er beschäftigt sich mit den Themenbereichen Finanzierung, Restrukturierung und Insolvenz, insbesondere im Zusammenhang mit steuerrechtlichen Aspekten. In der Praxis berät er nationale und internationale Unternehmen im Bereich des Steuerrechts.

https://doi.org/10.1515/9783110578720-204

Abkürzungsverzeichnis

aA	andere(r) Ansicht
aaO	am angegebenen Ort
abl	ablehnend
ABl EG	Amtsblatt der Europäischen Gemeinschaft
abgedr	abgedruckt
Abs	Absatz
Abt	Abteilung
ADHGB	Allgemeines Deutsches Handelsgesetzbuch
ADR	Alternative Dispute Resolution
aE	am Ende
aF	alte Fassung
AG	Amtsgericht; Aktiengesellschaft(en)
AGB	Allgemeine Geschäftsbedingungen
AGBG	Gesetz zur Regelung des Rechts der Allgemeinen Geschäftsbedingungen
AJCL	American Journal of Comparative Law (Zeitschrift)
AktG	Aktiengesetz
ALI	American Law Institute
allg	allgemein
allgM	allgemeine Meinung
Alt	Alternative
Amtl	Begr Amtliche Begründung
Anm.	Anmerkung
AoV	Abstimmung ohne Versammlung
APA	Administrative Procedures Act
AR	Aufsichtsrat
ArchVR	Archiv des Völkerrechts
Art.	Artikel
Aufl.	Auflage
BAG	Bundesarbeitsgericht
BAnz	Bundesanzeiger
BB	Betriebsberater (Zeitschrift)
Bd	Band
Bek	Bekanntmachung
Beschl	Beschluss
BFH	Bundesfinanzhof
BGB	Bürgerliches Gesetzbuch
BGBl	Bundesgesetzblatt
BGH	Bundesgerichtshof
BGHSt	Entscheidungen des Bundesgerichtshofes in Strafsachen (Amtliche Sammlung)
BGHZ	Entscheidungen des Bundesgerichtshofes in Zivilsachen (Amtliche Sammlung)
BIA	Board of Immigration Appeals
BIMCO	The Baltic and International Maritime Council
BMJ	Bundesministerium der Justiz
BMV	Bundesministerium für Verkehr
BR	Bundesrat
BR-Drucks.	Bundesratsdrucksachen
BRT	Bruttoregistertonne
BT	Bundestag
BT-Drucks.	Bundestagsdrucksachen
Buchst	Buchstabe(n)
BVerfG	Bundesverfassungsgericht
BVerfGE	Entscheidungen des Bundesverfassungsgerichts (Amtliche Sammlung)

https://doi.org/10.1515/9783110578720-205

BVerwG	Bundesverwaltungsgericht
BVerwGE	Entscheidungen des Bundesverwaltungsgericht (Amtliche Sammlung)
bzgl	bezüglich
bzw	beziehungsweise
ca	circa
CAFC	United States Court of Appeals for the Federal Circuit
CBP	Bureau of Customs and Border Protection
CEO	Chief Executive Officer
CERCLA	Comprehensive Environmental Response, Compensation, and Liability Act
CFR	Code of Federal Regulations
Circ	Circuit
CISG	United Nations Convention on Contracts for the International Sale of Goods vom 11. April 1980
COGSA	Carriage of Goods by Sea Act
COVInsAG	Gesetz zur Abmilderung der Folgen der COVID-19-Pandemie im Zivil-, Insolvenz- und Strafverfahrensrecht v 27.3.2020
CPA	Certified Public Accountant
CREAC	Conclusion, Rule, Explanation, Application, Conclusion
CSA	Community Supported Agriculture
DB	Der Betrieb (Zeitschrift)
DDR	Deutsche Demokratische Republik
DEA	Drug Enforcement Admisnistration
ders	derselbe
dh	das heißt
DHS	Department of Homeland Security
dies	dieselbe
Diss	Dissertation
DJ	Deutsche Justiz (Zeitschrift)
Drucks	Drucksache
DTSA	Defend Trade Secrets Act
DVO	Durchführungsverordnung
DZWiR	Deutsche Zeitschrift für Wirtschaftsrecht
ebd	ebenda
ECOSOC	Wirtschafts- und Sozialrat der Vereinten Nationen
EG	Einführungsgesetz; Europäische Gemeinschaft(en)
EGBGB	Einführungsgesetz zum Bürgerlichen Gesetzbuch
EGHGB	Einführungsgesetz zum Handelsgesetzbuch
EGV	Vertrag zur Gründung der Europäischen Gemeinschaft
Einf	Einführung
Einl	Einleitung
entspr	entsprechend
EPA	United States Environmental Protection Agency
Erl	Erläuterung
ESI	Electronically Stored Information
etc	et cetera
EU	Europäische Union
EuGH	Europäischer Gerichtshof
EuGVÜ	Europäisches Übereinkommen v 27.9.1968 über die gerichtliche Zuständigkeit und die Vollstreckung gerichtlicher Entscheidungen in Zivil- und Handelssachen (idF v 26.5.1989)
EuZW	Europäische Zeitschrift für Wirtschaftsrecht

evtl	eventuell
EWG	Europäische Wirtschaftsgemeinschaft
f	folgende
FAA	Federal Arbitration Act
FBI	Federal Bureau of Investigation
Fed. R. Civ. P.	Federal Rules of Civil Procedure
FG	Finanzgericht; Festgabe
FMC	Federal Maritime Commission (USA)
Fn	Fußnote
FRCP	Federal Rules of Civil Procedure
FS	Festschrift
FSMA	Food Safety Modernization Act
FTA	Free Trade Agreement
G	Gesetz
GAAP	Generally Accepted Accounting Principles
GBl.	Gesetzblatt
GbR	Gesellschaft bürgerlichen Rechts
geänd	geändert
gem	gemäß
GG	Grundgesetz
ggf	gegebenenfalls
GmbH	Gesellschaft mit beschränkter Haftung
GML	General Maritime Law
GMO	Genetically Modified Organism
GoA	Geschäftsführung ohne Auftrag
GoB	Grundsätze ordnungsgemäßer Buchführung
grds	grundsätzlich
GS	Gedächtnisschrift
GuV	Gewinn- und Verlustrechnung
hA	herrschende Ansicht
Halbs	Halbsatz
Hdb	Handbuch
HGB	Handelsgesetzbuch
hL	herrschende Lehre
hM	herrschende Meinung
HReg	Handelsregister
hrsg	herausgegeben
Hrsg	Herausgeber
HHS	United States Department of Health and Human Services
HV	Hauptversammlung
ICC	International Chamber of Commerce
ICE	Bureau of Immigrations and Customs Enforcement
idF	in der Fassung
idR	in der Regel
iE	im Ergebnis
IECL	International Encyclopedia of Comparative Law
IFRS	International Financial Reporting Standards
IHK	Industrie- und Handelskammer
IMCO	Inter-Governmental Maritime Consultative Organization
IMO	International Maritime Organization
INA	Immigration and Nationality Act

Inc	Incorporated
insb	insbesondere
InsO	Insolvenzordnung
IPR	Internationales Privatrecht; Inter Partes Review
IPRax	Praxis des internationalen Privat- und Verfahrensrechts (Zeitschrift)
IREAC	Issue, Rule, Explanation, Application, Conclusion
IRC	Internal Revenue Code
IRS	Internal Revenue Service
ISR	Internationales Seeschifffahrtsregister
iÜ	im Übrigen
iVm	in Verbindung mit
IWF	Internationaler Währungsfonds
JBl	Justizblatt; Juristische Blätter
JBL	Journal of Business Law
jew	jeweils
Jg	Jahrgang
JMOL	Judgment as a Matter of Law
JurBüro	Juristisches Büro
JW	Juristische Wochenschrift
KAGB	Kapitalanlagegesetzbuch
KfH	Kammer für Handelssachen
KG	Kommanditgesellschaft
KGaA	Kommanditgesellschaft auf Aktien
Komm.	Kommentar
krit	kritisch
LAG	Landesarbeitsgericht
LG	Landgericht
Lit.	Literatur
LLC	Limited Liability Company
LS	Leitsatz
maW	mit anderen Worten
MDR	Monatsschrift für deutsches Recht
Mio	Million(en)
Mitt	Mitteilung
mN	mit Nachweisen
MTV	Manteltarifvertrag
mwN	mit weiteren Nachweisen
MwSt	Mehrwertsteuer
mWv	mit Wirkung vom
Nachw.	Nachweis
nF	neue Fassung
NGO	Non-Governmental Organization
NJW	Neue Juristische Wochenschrift
NOV	Notice of Violation
NPO	Non-Profit Organization
Nr	Nummer(n)
NYSE	New York Stock Exchange
NZA	Neue Zeitschrift für Arbeitsrecht

o	oben
oä	oder ähnlich
OECD	Organisation for Economic Cooperation and Development
oHG	offene Handelsgesellschaft
OIA	Office of International Affairs
OLG	Oberlandesgericht
PGR	Post-Grant Review
P&I	Protection and Indemnity
ProdHG	Produkthaftungsgesetz
RabelsZ	Rabels Zeitschrift für ausländisches und internationales Privatrecht
RdA	Recht der Arbeit (Zeitschrift)
RefE	Referentenentwurf
RegBegr.	Regierungsbegründung
RegE	Regierungsentwurf
RG	Reichsgericht
RGBl	Reichsgesetzblatt
RL	Richtlinie
Rn	Randnummer
Rs	Rechtssache
Rspr	Rechtsprechung
RuW	Recht und Wirtschaft (Zeitschrift)
s	siehe
S	Seite
SchVG 1899	Schuldverschreibungsgesetz von 1899
SE	Societas Europaea, Europäische (Aktien-)Gesellschaft
SEC	Securities and Exchange Commission
SLAPP	Strategic Lawsuits against Public Participation
s.o.	siehe oben
sog	sogenannte(r)
StGB	Strafgesetzbuch
StPO	Strafprozessordnung
str	strittig; streitig
stRspr	ständige Rechtsprechung
StVG	Straßenverkehrsgesetz
StVO	Straßenverkehrsordnung
s.u.	siehe unten
tats	tatsächlich
TranspR	Transportrecht (Zeitschrift)
TRO	Temporary Restraining Order
TTAB	Trademark Trial and Appeal Board
u	unten
ua	unter anderem; und andere
überw	überwiegend
Übk	Übereinkommen
UCC	Uniform Commercial Code
UN	United Nations
UNCITRAL	United Nations Commission on International Trade Law
UNIDROIT	Römisches Institut für die Vereinheitlichung des Privatrechts
unstr	unstrittig; unstreitig
Urt	Urteil

US	United States
U.S.C.(A.)	United States Code (Annotated)
USCIS	United States Citizenship and Immigration Service
USDA	United States Department of Agriculture
USDOJ	United States Department of Justice
USDOS	United States Department of State
USPTO	United States Patent and Trademark Office
usw	und so weiter
uU	unter Umständen
v	von; vom; versus
Verf	Verfasser(in); Verfassung
VersR	Versicherungsrecht (Zeitschrift)
vgl	vergleiche
VO	Verordnung
Vorb	Vorbemerkungen
VVG	Versicherungsvertragsgesetz
VwGO	Verwaltungsgerichtsordnung
VwVfG	Verwaltungsverfahrensgesetz
WG	Wechselgesetz
WHG	Wasserhaushaltsgesetz
WM	Wertpapier-Mitteilungen (Zeitschrift)
Yale L.J.	Yale Law Journal (Zeitschrift)
Yb	Yearbook
zB	zum Beispiel
ZEuP	Zeitschrift für Europäisches Privatrecht
ZGR	Zeitschrift für Unternehmens- und Gesellschaftsrecht
ZHR	Zeitschrift für das gesamte Handelsrecht und Wirtschaftsrecht
ZIP	Zeitschrift für Wirtschaftsrecht
zit	zitiert
ZPO	Zivilprozessordnung
zust.	zustimmend
ZVG	Gesetz über die Zwangsversteigerung und die Zwangsverwaltung

Verzeichnis der abgekürzt zitierten Literatur

Weitere Schrifttumshinweise finden sich zu Beginn der jeweiligen Bearbeitungen

Assmann/Schlitt/ von Kopp-Colomb (Hrsg.)	Wertpapierprospektgesetz/ Vermögensanlagengesetz, 3. Aufl. 2017; zit. Assmann/Schlitt/von Kopp-Colomb/*Bearbeiter*
Assmann/Uwe H. Schneider/ Mülbert (Hrsg.)	Wertpapierhandelsrecht, 7. Aufl. 2019; zit. Assmann/Schneider/Mülbert/ *Bearbeiter*
Baumbach/Hopt (Hrsg.)	Handelsgesetzbuch, 39. Aufl. 2020, begr. von Baumbach, bearb. von Hopt, Merkt, Kumpan und Roth; zit. Baumbach/Hopt/*Bearbeiter*
Baumbach/Hueck (Hrsg.)	GmbH-Gesetz, 22. Aufl. 2019, begr. von Baumbach, fortgeführt von A. Hueck; zit. Baumbach/Hueck/*Bearbeiter*
Baums (Hrsg.)	Das neue Schuldverschreibungsrecht, 1. Aufl. 2013; zit. Baums/*Bearbeiter*
Baums/Cahn (Hrsg.)	Die Reform des Schuldverschreibungsrechts, ILFS Bd 3, 2004; zit. Baums/ Cahn/*Bearbeiter*
Blersch/Goetsch/Haas (Hrsg.)	Berliner Kommentar Insolvenzrecht, Loseblatt; zit. Blersch/Goetsch/Haas/ *Bearbeiter*
Bormann/Diehn/ Sommerfeldt (Hrsg.)	Gesetz über Kosten der freiwilligen Gerichtsbarkeit für Gerichte und Notare (Gerichts- und Notarkostengesetz – GNotKG), 3. Aufl. 2019; zit. Bormann/ Diehn/Sommerfeldt/*Bearbeiter*
Bürgers/Körber (Hrsg.)	Heidelberger Kommentar zum AktG, 4. Aufl. 2017; zit. Bürgers/Körber/ *Bearbeiter*
Cagalj	Restrukturierung von Anleihen nach dem neuen Schuldverschreibungsgesetz, 2013
Claussen	Bank- und Börsenrecht, 5. Aufl. 2014; zit. Claussen/*Bearbeiter*
Diem/Jahn	Akquisitionsfinanzierungen, 4. Aufl. 2019
Ebenroth/Boujong/ Joost/Strohn (Hrsg.)	Handelsgesetzbuch, 4. Aufl. 2020 f; zit. Ebenroth/Boujong/Joost/Strohn/ *Bearbeiter*
Ekkenga (Hrsg.)	Handbuch der AG-Finanzierung, 2. Auflage 2019; zit. Ekkenga/*Bearbeiter*
Erman	BGB, Kommentar zum Bürgerliches Gesetzbuch, 15. Aufl. 2017, hrsg. von H.P. Westermann, Grunewald und Maier-Reimer; zit. Erman/*Bearbeiter*
Eylmann/Vaasen (Hrsg.)	Bundesnotarordnung, Beurkundungsgesetz: BNotO BeurkG, 4. Aufl. 2016, hrsg. von Frenz und Miermeister; zit. Eylmann/Vaasen/*Bearbeiter*
Friedl/Hartwig-Jacob (Hrsg.)	2013, hrsg. von Friedl und Hartwig-Jacob; zit. Friedl/Hartwig-Jacob/ *Bearbeiter*
Grigoleit (Hrsg.)	Aktiengesetz, 2013; zit. Grigoleit/*Bearbeiter*
Groß	Kapitalmarktrecht, 7. Aufl. 2020
Großkommentar zum AktG	4. Aufl. 1992 ff, hrsg. von Hopt und Wiedemann, 5. Aufl. 2014 ff, hrsg. von Hirte, Mülbert und M. Roth; zit. GroßkommAktG/*Bearbeiter*
Habersack/Mülbert/ Schlitt (Hrsg.)	Handbuch der Kapitalmarktinformation, 2. Aufl. 2013; zit. Habersack/ Mülbert/Schlitt/*Bearbeiter*, Handbuch der Kapitalmarktinformation
Habersack/Mülbert/ Schlitt (Hrsg.)	Unternehmensfinanzierung am Kapitalmarkt, 4. Aufl.2019; zit. Habersack/Mülbert/Schlitt/*Bearbeiter*, Unternehmensfinanzierung am Kapitalmarkt
Hauschild/Kallrath/ Wachter (Hrsg.)	Notarhandbuch Gesellschafts- und Unternehmensrecht, 2. Aufl. 2017; zit. Hauschild/Kallrath/Wachter/*Bearbeiter*
Heidel (Hrsg.)	Aktienrecht und Kapitalmarktrecht, 5. Aufl. 2019; zit. Heidel/*Bearbeiter*
Heidel/Schall (Hrsg.)	Handelsgesetzbuch, 3. Aufl. 2019; zit. Heidel/Schall/*Bearbeiter*
Henssler/Strohn (Hrsg.)	Gesellschaftsrecht, 4. Aufl. 2019; zit. Henssler/Strohn/*Bearbeiter* GesR/AktG
Hölters (Hrsg.)	Aktiengesetz, 3. Aufl. 2017; zit. Hölters/Bearbeiter
Holzborn (Hrsg.)	Wertpapierprospektgesetz, 2. Aufl. 2014; zit. Holzborn/*Bearbeiter*
Hopt/Seibt (Hrsg.)	Schuldverschreibungsrecht, 1. Aufl. 2017; zit. Hopt/Seibt/*Bearbeiter*
Hüffer/Koch	Aktiengesetz, 14. Auflage 2020, begr. von Hüffer, bearb. von J. Koch; zit. Hüffer/*Koch*

https://doi.org/10.1515/9783110578720-206

Jauernig (Hrsg.)	Bürgerliches Gesetzbuch, 17. Auflage 2018; begr. von Jauernig, hrsg. von Stürner; zit. Jauernig/*Bearbeiter*
Karlsruher Kommentar zum OWiG	Karlsruher Kommentar zum Gesetz über Ordnungswidrigkeiten: OWiG, 5. Auf. 2018, hrsg. von Mitsch; zit. KK OWiG/*Bearbeiter*
Keidel	Gesetz über das Verfahren in Familiensachen und in den Angelegenheiten der freiwilligen Gerichtsbarkeit (FamFG), 20. Auflage 2020; zit. Keidel/*Bearbeiter*
Kölner Kommentar zum AktG	2. Aufl. 1986 ff, hrsg. von Zöllner,3. Aufl. 2004 ff, hrsg. von Zöllner und Noack; zit. KölnKommAktG/*Bearbeiter*
Kölner Kommentar zum WpHG	2. Aufl. 2014, hrsg. von Hirte und Möllers, zit. KölnKommWpHG/*Bearbeiter*
Kümpel/Wittig	Bank- und Kapitalmarktrecht, begr. von Kümpel, 4. Aufl. 2011, hrsg. von Wittig; zit. Kümpel/Wittig/*Bearbeiter*
Kümpel/Mülbert/Früh/Seyfried (Hrsg.)	Bank- und Kapitalmarktrecht, begr. von Kümpel, 5. Aufl. 2019, hrsg. von Mülbert, Früh und Seyfried; zit. Kümpel/Mülbert/Früh/Seyfried/*Bearbeiter*
Langenbucher/Bliesener/Spindler (Hrsg.)	Bankrechts-Kommentar, 2. Aufl. 2016; zit. Langenbucher/Bliesener/Spindler/*Bearbeiter*
Leber	Der Schutz und die Organisation der Obligationäre nach dem Schuldverschreibungsgesetz, 2012
Liebenow	Das Schuldverschreibungsgesetz als Anleiheorganisationsrecht und Gesellschaftsrecht, 2015
Marsch-Barner/Schäfer (Hrsg.)	Handbuch börsennotierte AG, 4. Aufl. 2017; zit. Marsch-Barner/Schäfer/*Bearbeiter*
Michalski/Heidinger/Leible/Schmidt (Hrsg.)	Kommentar zum Gesetz betreffend die Gesellschaften mit beschränkter Haftung (GmbH-Gesetz), 3. Aufl. 2017; zit. Michalski/Heidinger/Leible/Schmidt/*Bearbeiter*
Münchener Kommentar zum AktG	3. Aufl. 2008 ff, 4. Aufl. 2014, 5. Aufl. 2019 f, hrsg. von Goette und Habersack; zit. MüKoAktG/*Bearbeiter*
Münchener Kommentar zum BGB	5. Aufl. 2006 ff, hrsg. von Säcker und Rixecker, 6. Aufl. 2012 ff, hrsg. von Säcker, Rixecker und Oetker, 7. Aufl. 2015 ff, 8. Aufl. 2018 ff, hrsg. von Säcker, Rixecker, Oetker und Limperg; zit. MüKoBGB/*Bearbeiter*
Münchener Kommentar zum GmbHG	3. Aufl. 2018 f, hrsg. von Fleischer und Goette; zit. MüKoGmbHG/*Bearbeiter*
Münchener Kommentar zum HGB	3. Aufl. 2010 ff, 4. Aufl. 2016 ff, hrsg. von K. Schmidt; zit. MüKoHGB/*Bearbeiter*
Münchener Kommentar zur InsO	4. Aufl. 2019 ff, hrsg. von Stürner, Eidenmüller und Schoppmeyer; zit. MüKoInsO/*Bearbeiter*
Münchener Kommentar zum StGB	3. Auflage, 2016 ff, hrsg. von Joecks und Miebach; zit. MüKoStGB/*Bearbeiter*
Musielak/Borth (Hrsg.)	Familiengerichtliches Verfahren, 6. Aufl. 2018; zit. Musielak/Borth/*Bearbeiter*
Notarkasse München (Hrsg.)	Streifzug durch das GNotKG, 12. Aufl. 2017; zit. Streifzug GNotKG
Palandt	Bürgerliches Gesetzbuch, 79. Aufl. 2020; zit. Palandt/*Bearbeiter*
Preuße (Hrsg.)	Schuldverschreibungsgesetz, 2011; zit. Preuße/*Bearbeiter*
Schäfer/Hamann (Hrsg.)	Kapitalmarktgesetze, Loseblatt, 2006 ff; zit. Schäfer/Hamann/*Bearbeiter*
Schimansky/Bunte/Lwowski (Hrsg.)	Bankrechts-Handbuch, 5. Aufl. 2017; Schimansky/Bunte/Lwowski/*Bearbeiter*
A. Schmidt (Hrsg.)	Sanierungsrecht, 2. Aufl. 2019; zit. Schmidt/*Bearbeiter*, Sanierungsrecht
K. Schmidt (Hrsg.)	Insolvenzordnung, 19. Aufl. 2016; zit. K. Schmidt/*Bearbeiter*
K. Schmidt/Lutter (Hrsg.)	Aktiengesetz, 3. Aufl. 2015; zit. K. Schmidt/Lutter/*Bearbeiter*
Schwark/Zimmer (Hrsg.)	Kapitalmarktrechts-Kommentar, 5. Aufl. 2020; zit. Schwark/Zimmer/*Bearbeiter*
Schmidtbleicher	Die Anleihegläubigermehrheit, 2010
Spindler/Stilz (Hrsg.)	Aktiengesetz, 4. Aufl. 2019; zit. Spindler/Stilz/*Bearbeiter*
Staudinger	Bürgerliches Gesetzbuch, 2000 ff; zit. Staudinger/*Bearbeiter*

Theiselmann (Hrsg.)	Praxishandbuch des Restrukturierungsrechts, 3. Aufl. 2017; zit. Theiselmann/*Bearbeiter*
Ulmer/Brandner/Hensen	AGB-Recht, Kommentar zu den §§ 305-310 BGB und zum UKlaG, 12. Aufl. 2016; zit. Ulmer/Brandner/Hensen/*Bearbeiter*
Veranneman (Hrsg.)	Schuldverschreibungsgesetz, 2. Aufl. 2016; zit. Veranneman/*Bearbeiter*
Wachter (Hrsg.)	AktG, 3. Aufl. 2018; zit. Wachter/*Bearbeiter*
Wilken/Schaumann/Zenker (Hrsg.)	Anleihen in Restrukturierung und Insolvenz, 2. Aufl. 2017; zit. Wilken/Schaumann/Zenker
Winkler (Hrsg.)	Beurkundungsgesetz, 19. Auflage 2019

Einführung

Systematische Übersicht

A. Gesetzeszweck und systematische Einordnung

Das Gesetz über Schuldverschreibungen aus Gesamtemissionen vom 31. Juli 2009[1] – 1
kurz SchVG – stellt Regelungen bereit, die es den Anleihegläubigern erlauben, **Änderungen an den Anleihebedingungen durch qualifizierte Mehrheitsentscheidung** herbeizuführen. Es bietet damit ein Instrumentarium, mittels dessen die in den Anleihebedingungen beschriebenen Rechte und Pflichten der Gläubiger und des Schuldners an sich ändernde Umstände angepasst werden können. Das Gesetz enthält hierzu sowohl verfahrensrechtliche als auch materielle Vorgaben. Das bedingt eine erhebliche Abweichung von allgemeinen Grundsätzen des Vertragsrechts, wo das Konsensualprinzip auch in multipolaren Rechtsbeziehungen jeder Unterwerfung unter Mehrheitsbeschlüsse entgegen steht. Diese Aufweichung des Konsensualprinzips erfolgte primär im Interesse der Stärkung deutschen Rechts an den internationalen Finanzmärkten (Rn 22). Daher sollen die Regelung nach der Rechtsprechung auf an Kapitalmärkten handelbare Schuldverschreibungen begrenzt sein und nicht auf andere Kollektivanlagen übertragen werden können (§ 1 Rn 26 f).

Anders als im alten Recht des SchVG von 1899, gelten die Regelungen über die „Ver- 2
gemeinschaftung" der Gläubigerforderungen des 2. Abschnitts (§§ 5–22 SchVG) nur, wenn diese in den Anleihebedingungen einbezogen worden sind. Die Anleihegläubiger haben damit nicht mehr de lege lata das Recht mittels Mehrheitsbeschusses Änderungen an den Anleihebedingungen herbeizuführen, sondern es bedarf einer entsprechenden Ermächtigung in den Anleihebedingungen selbst, § 5 Abs 1 SchVG. Der Gesetzgeber hat sich damit für eine Ermächtigungs- bzw Opt-In- Lösung entschieden.

Ebenfalls im Gegensatz zum früheren Recht sind Änderungen der Anleihebedingun- 3
gen nicht mehr bloß zur „Abwendung einer Zahlungseinstellung oder des Konkurses" gestattet, es genügt vielmehr, dass eine entsprechende Gläubigermehrheit zustande kommt, ohne dass es auf den damit verfolgten Zweck weiter ankäme.

Darüber hinaus enthält das SchVG **auch materiell-rechtliche Aussagen** über In- 4
halt und Grenzen der Ausgestaltung von Anleihebedingungen. So hält § 3 SchVG nunmehr ein eigenständiges, dem AGB-Recht angelehntes Transparenzgebot bereit. Zudem ist mit § 2 SchVG erstmals eine Legaldefinition der Anleihebedingungen eingeführt worden. Das SchVG ist durch die grundlegende Reform im Jahr 2009 weitgehend an die international üblichen Marktstandards angepasst worden.

1 Schuldverschreibungsgesetz vom 31. Juli 2009 (BGBl. I 2512), das zuletzt durch Artikel 24 Absatz 21 des Gesetzes vom 23. Juni 2017 (BGBl. I 1693) geändert worden ist. Das Gesetz ist am 5. August 2009 in Kraft getreten.

https://doi.org/10.1515/9783110578720-001

5 Eine einheitliche rechtssystematische Einordnung des SchVG fällt aufgrund des unterschiedlichen Regelungscharakters der einzelnen Normen schwer.[2] Vorab ist zu sagen, dass diese Frage im Wesentlichen akademischer Natur ist. Denn der international-privatrechtliche Anwendungsbereich des SchVG ist in § 1 SchVG klar bestimmt (siehe § 1 Rn 65), sodass man insoweit nicht auf eine Qualifikation nach allgemeinen Grundsätzen zurückzugreifen braucht.

6 Im Übrigen ist das neue SchVG dem Schuldrecht zuzuordnen. Es stellt eine außerhalb des BGB angesiedelte Ergänzung und Modifikation des bürgerlich-rechtlichen Vertragsrechts (namentlich der §§ 793 ff BGB) dar (Sonderprivatrecht). Dafür steht bereits die Beschränkung seiner Anwendung auf Schuldverschreibungen, die dem deutschen Recht unterliegen. Entscheidend ist, dass die Beschlüsse im Sinne des SchVG zu einer Änderung des entsprechenden schuldrechtlichen Pflichtenprogramms in den Anleihebedingungen aufgrund Mehrheitsprinzips führen.[3] Dies stellt eine gravierende Abweichung von allgemeinen Grundsätzen der Privatautonomie dar, welche nur eine allseits konsentierte Vertragsänderung erlauben. Ferner macht das Transparenzgebot des § 3 SchVG auch materielle Vorgaben für die inhaltliche Ausgestaltung der Anleihebedingungen.[4]

7 Indem das Gesetz die Gläubigergemeinschaft zu einer gesetzlich verfassten Interessengemeinschaft zusammenfasst und dem Mehrheitsprinzip Raum verschafft, enthält es auch **gesellschaftsrechtlich erscheinende Aspekte.**[5] Insbesondere dem Recht der Aktiengesellschaft entlehnt sind zudem die Regelungen über die Beschlussfassung und den Minderheitenschutz.[6] Auch die Frage der (gesellschafts)rechtlichen Einordnung der Gläubigergemeinschaft ist nach wie vor umstritten (dazu näher § 4 Rn 14 ff).[7] Ungeachtet dessen und trotz dieser Ähnlichkeiten führen diese Elemente aber nicht zu einer (partiellen) Einordnung als gesellschaftsrechtlicher Normkomplex, da es an der Vereinbarung zur Verfolgung eines gemeinsamen Zwecks als dem Kernelelement des Gesellschaftsrechts fehlt. Das Schuldrecht kennt eben auch andere, nicht gesellschaftsrechtlich verfasste Gemeinschaften (§§ 741 ff BGB). Eine international-privatrechtliche Qualifikation als Gesellschaftsrecht (derer es freilich gar nicht bedarf, um die Anwendbarkeit zu bestimmen, s.o.) würde überdies noch am fehlenden Außenauftritt scheitern. Innengesellschaften werden nämlich nach ganz h.M. ebenfalls gemäß dem Schuldstatut angeknüpft.[8]

8 Indem des SchVG die Rolle der Gläubiger von am Kapitalmarkt handelbaren Schuldverschreibungen festlegt, scheint es sich auch als **kapitalmarktrechtliches Gesetz** einordnen zu lassen.[9] Sicherlich lassen sich in den Gesetzgebungsmaterialien Erwägungen zur Konkurrenzfähigkeit und Stärkung der deutschen Kapitalmärkte entnehmen (siehe unten, Rn 22). Diese spielen auch durchaus eine maßgebliche Rolle bei der Frage des Anwendungsbereichs. Gerade die Rechtsprechung hat die Handelbarkeit am Kapitalmarkt als Anwendungsvoraussetzung ausgemacht und lehnt die Übertragung auf andere, nicht börsenfähige Kollektivanlagen ab (siehe § 1 Rn 26 f). Dennoch überspielt diese gesetzgeberische Motivation nicht die schuldrechtliche Rechtsnatur der getroffenen Regelung. Kapitalmarktrecht im eigentlichen Sinne dient üblicherweise ausschließlich oder doch ganz

---

2 Ebenso Friedl/Hartwig-Jacob/*Friedl* Einleitung Rn 15; *Sester* AcP 209 (**2009**), 628, 629.
3 Friedl/Hartwig-Jacob/*Friedl*, Einleitung Rn 16.
4 Vgl *Schroeter* ZGR **2015** 769, 778.
5 MüKoBGB/*Habersack* 793 Rn 40; *Hartwig-Jacob* Internationale Anleiheemissionen, S 546 ff.
6 BT-Drucks. 16/12814 S 14; *Vogel* ZBB **2010** 211, 214; Friedl/Hartwig-Jacob/*Friedl* Einleitung Rn 16.
7 Vgl nur Hopt/Seibt/*Thole* § 4 Rn 5 ff.
8 Heidel/Schall/*Schall* Anhang 3 § 177a IntPersGesR, Rn 13 sowie (kritisch mit alternativem Ansatz) Rn 30 ff.
9 Zu einer derartigen Einordnung ausführlich Friedl/Hartwig-Jacob/*Friedl* Einleitung Rn 16; *Vogel* ZBB **1996** 322.

primär dem objektiven Funktionsschutz dieser Märkte und nicht den individuellen Interessen der Anleger, während beim SchVG umgekehrt gerade die Regelung der privatrechtlichen Beziehungen zwischen Emittent und Anlegern bzw den Anlegern untereinander im Vordergrund steht. Gegen eine Einstufung als Kapitalmarktrecht spricht vor allem die Anknüpfungsregel des § 1 SchVG, die es ausschließlich an nach deutschem Recht begebene Schuldverschreibungen bindet und damit gerade kein allgemeines „Marktrecht" für den Anleihenhandel in Deutschland schafft. Schließlich enthält das SchVG keine wertpapierrechtlichen Sonderregeln und ist damit unstreitig **kein wertpapierrechtliches Gesetz**.

Auch wenn das SchVG – im Gegensatz zu seinem Vorgänger – nicht mehr zwingend eine Notlage des Emittenten voraussetzt, wird doch der Anwendungsfall der Sanierung von in Schieflage geratenen Unternehmen weiterhin den Regelfall ausmachen. Insbesondere § 19 SchVG enthält insoweit eine Sonderregelung für Fälle der Insolvenz. Das SchVG steht damit in einem gewissen Sachzusammenhang zum **Sanierungs- und Insolvenzrecht.** [10] Es kann diesem freilich nicht zugeordnet werden, da seine Anwendung in jeder Hinsicht unabhängig vom Eintritt einer Krise oder Insolvenz ist. Dass die Hauptanwendungsfälle der Praxis auf diesem Gebiet liegen, besagt insoweit nichts Gegenteiliges. Das zeigt auch ein Blick auf die Lage bei Kapitalerhöhungen. Diese gelten heute am Kapitalmarkt als Krisenzeichen. Gesunde Unternehmen finanzieren Investititonen i.d.R. aus ihren Reserven. Dennoch sind die §§ 182ff AktG natürlich kein Insolvenzrecht. Abgesehen davon wäre eine insolvenzrechtliche Zielrichtung des SchVG kaum sinnvoll mit der Begrenzung auf verbriefte (= börsenfähige) Schuldverschreibungen zu vereinbaren. Dazu noch § 1 Rn 11ff und 26f. 9

B. Das Schuldverschreibungsgesetz von 1899

Vorgänger des heutigen SchVG war das Gesetz betreffend gemeinsamer Rechte der Besitzer von Schuldverschreibungen vom 4. Dezember 1899 – kurz SchVG 1899,[11] welches letztlich gemeinsam mit dem Bürgerlichen Gesetzbuch am 1.1.1900 in Kraft trat.[12] Das Gesetz ermöglichte es den Anleihegläubigern bzw Inhabern der Schuldverschreibungen unter bestimmten Bedingungen eine **kollektive Entscheidung** über ihre Rechte, ebenso wie über deren Geltendmachung herbei zu führen.[13] Das Gesetz stellte zu diesem Zweck materiell- und verfahrensrechtliche Regelungen bereit, die den Gläubigern eine **nachträgliche Änderung der Anleihebedingungen** ermöglichte.[14] 10

Nicht enthalten waren hingegen inhaltliche Regelungen über das Rechtsinstitut der Schuldverschreibung an sich, sowie Vorgaben über die inhaltliche Ausgestaltung der Anleihebedingungen. So findet sich auch im SchVG 1899 keine Definition des Begriffes der Schuldverschreibung, die Schuldverschreibung wird vielmehr vorausgesetzt. Das SchVG war damit – wie auch sein Nachfolger – **keine umfassende Kodifizierung des Rechts der Schuldverschreibungen**, sondern eine partielle Regelung betreffend die Gläubigerbeteiligung im Falle der Unternehmenssanierung. 11

Aufgrund seiner eng gefassten Voraussetzungen und des im internationalen Vergleich beschränkten Anwendungsbereiches war das SchVG 1899 über sein 110-jähri- 12

10 Vgl *Derksen* Die Unternehmenssanierung innerhalb und außerhalb der Insolvenz, S 362ff (Diss).
11 Gesetz betreffend die gemeinsamen Rechte der Besitzer von Schuldverschreibungen vom 4. Dezember 1899, RGBl. 1899 I 691ff in der im BGBl. III, Nr 4134, veröffentlichten bereinigten Fassung, idFd Gesetzes vom 5. Oktober 1994, BGBl. 1994 I 2911.
12 Vgl zum Inkrafttreten § 26 des SchVG 1899.
13 *Cagalj* Restrukturierung S 50 (Diss).
14 Vgl Verannemann/*Verannemann* Einführung Rn 3ff.

ges Bestehen hinweg **weitgehend totes Recht.**[15] Praktische Bedeutung hat es nur in wenigen Fällen erlangt, so etwa bei vereinzelten Sanierungen von Banken zu Beginn des 20. Jahrhunderts, sowie bei der Restrukturierung bestimmter kommunaler Anleihen während der Weltwirtschaftskrise.[16] Aus der neueren Zeit sind als vereinzelt gebliebene Fälle etwa die Sanierung der Südmilch AG (1993), der EM.TV & Merchandising AG (2000), der Rinol AG (2003), der Deutsche Nickel AG (2004) und der Augusta Technologie AG (2004) zu nennen,[17] wobei der Sanierungsversuch der EM.TV & Merchandising AG unter dem SchVG 1899 letztlich scheiterte.[18] Inhaltlich ist das SchVG von 1899 durch den Gesetzgeber im Wesentlichen unverändert geblieben.

I. Gesetzesgeschichte und wirtschaftlicher Hintergrund

13 Bereits vor Inkrafttreten des SchVG 1899 gab es – auf Grundlage von § 17 des damaligen Einführungsgesetzes zur Konkursordnung[19] – zahlreiche **Landesgesetze**, die sich mit den gemeinsamen Rechten von Inhabern der Schuldverschreibungen befassten und jeweils eine organsierte Vertretung der Anleihegläubiger ermöglichten.[20] So waren teilweise Gläubigerversammlungen mit dem Recht Mehrheitsbeschlüsse zu fassen vorgesehen.[21] Inhaltlich waren die Gesetze aber überwiegend auf die dinglichen Sicherheiten der Schuldverschreibungen beschränkt.[22]

14 Das Bedürfnis nach einer kollektiven Regelung der Rechte von Anleihegläubigern ist vor dem Hintergrund der zunehmenden **Industrialisierung** zu betrachten. So stieg der Kapitalbedarf der Unternehmen in der zweiten Hälfte des 19. Jahrhunderts erheblich an, sodass zunehmend eine Kapitalaufnahme mittels Ausgabe von Schuldverschreibungen an Bedeutung gewann.[23] Die damit einhergehende größere Anzahl von Gläubigern sowie die damit verbundene größere Anonymität bzw schwierige Identifizierung der einzelnen Gläubiger forderte nach einem effizienten Instrument zur Wahrung der Gläubigerinteressen.[24] Die bestehenden Landesregelungen schienen zum einen aufgrund der inhaltlichen Beschränkung auf Sicherheiten unzureichend, andererseits drohte sich das bestehende Regelungsdefizit mit Inkrafttreten des BGB noch zu vergrößern, da die Landesgesetze hiermit ihre Geltung verlieren würden.[25]

15 Entsprechende Regelungsfragen stellten sich auch **in anderen Staaten**, sodass die dort gewonnenen Erfahrungen in das SchVG 1899 einfließen konnten. Den Anfang machte Österreich mit seinem Kuratorengesetz vom 24. April 1874.[26] Wenig später folgte die Schweiz mit ihrem Bundesgesetz über die Verpfändung und Zwangsliquidation von Eisenbahnen vom 24. Juni 1874, welches sich inhaltlich aber nur auf die von den Eisenbahngesellschaften ausgegebenen Pfandbriefe beschränkte.[27] Weiter sind in die-

---

15 Verannemann/*Verannemann* Rn 8. Teilweise ist aufgrund des Bedeutungsverlustes des Gesetzes von einem „jahrzehntelangen Dornröschenschlaf“ die Rede, *Vogel* ZBB **1996** 321, 333.

16 *Cagalj* Restrukturierung von Anleihen S 49 mwN (Diss).

17 *Cagalj* Restrukturierung von Anleihen S 49 f mwN (Diss).

18 Dazu *Bredow/Vogel* ZBB **2008** 221, 223.

19 Gesetz betreffend die Einführung der Konkursordnung, RGBl. 1877, Nr 10 390–394.

20 Dazu auch *Vogel* ZBB **1996** 321, 324.

21 Langenbucher/Bliesener/Spindler/*Bliesener/Schneider* Einleitung Rn 1.

22 *Vogel* ZBB **1996** 321, 324.

23 Veranneman/*Veranneman* Einleitung Rn 1.

24 Veranneman/*Veranneman* Einleitung Rn 1.

25 *Vogel* ZBB **1996** 321, 326.

26 Gesetz betreffend die gemeinsame Vertretung der Rechte der Besitzer von auf Inhaber lautenden oder durch Indossament übertragbarer Schuldverschreibungen vom 24. April 1874, ÖRGBl. 1874, XV, 95.

27 Vgl *Vogel* ZBB **1996** 321, 325.

sem Zusammenhang belgische und französische Gesetzesentwürfe von 1895 zu nennen.[28]

Nach zunächst gescheiterten Gesetzesentwürfen in 1879/1880 folgte die Einsetzung einer Sachverständigenkommission durch das Reichsjustizamt, die mit der Ausarbeitung eines Entwurfes beauftragt wurde.[29] Deren Arbeiten führten dann zu dem SchVG 1899 wie es am 4. Dezember 1899 erlassen worden ist. 16

II. Inhalt und Regelungsdefizite des SchVG 1899

Das SchVG 1899 war sachlich anwendbar auf alle Arten von Schuldverschreibungen (einschließlich Pfandbriefe der Hypothekenbanken)[30], wenn der Nennwert der jeweiligen Schuldverschreibung insgesamt mindestens 300.000 DM und die Zahl der ausgegebenen Stücke mindestens 300 betrug.[31] Im Gegensatz zu seinem Nachfolger waren jedoch nach § 1 Abs 1 SchVG 1899 nur solche Schuldverschreibungen erfasst, die im Inland von einem Emittenten ausgestellt worden sind, der auch dort seinen Wohnsitz oder seine gewerbliche Niederlassung hat, sog. Inlandsanleihen. Ausgenommen war damit die in der Praxis weit verbreitete Gestaltung, bei der eine im Ausland ansässige Finanzierungsgesellschaft (etwa mit Sitz in Luxemburg oder den Niederlanden) als Schuldner eingesetzt wurde.[32] Dies führte dazu, dass der größte Teil der nach deutschem Recht begebenen Anleihen – insbesondere diejenigen ausländischer öffentlich-rechtlicher Emittenten – nicht in den Anwendungsbereich fielen.[33] 17

Im Zentrum der Regelungen des SchVG stand die Gläubigerversammlung, der es oblag, für alle Anleihegläubiger Mehrheitsbeschlüsse über die Aufgabe oder Beschränkung von Rechten der Gläubiger zu fassen.[34] Dabei waren derartige Beschlüsse nach § 11 Abs 1 SchVG 1899 ausschließlich auf **Fälle zur „Abwendung einer Zahlungseinstellung oder des Konkurses des Schuldners" beschränkt**. Der Beschränkung lag die Befürchtung zu Grunde, Minderheiten könnten durch Missbrauch benachteiligt und um ihre Rechte gebracht werden.[35] Eine Umstrukturierung von Anleihebedingungen außerhalb der Sanierung war damit nach dem alten SchVG nicht möglich.[36] Dies obwohl in der Praxis auch für solche Umstrukturierungen ein großes Bedürfnis bestand.[37] 18

Beschlüsse, die einen **Verzicht bzw eine Herabsetzung der Kapitalforderung zur Folge** hatten, waren nach § 12 Abs 3 SchVG 1899 unzulässig. Gemäß § 11 Abs 1 SchVG 1899 war die Aufgabe oder Beschränkung von Rechten der Gläubiger, insbesondere die Ermäßigung des Zinsflusses oder die Bewilligung einer Stundung, höchstens für die Dauer von drei Jahren möglich. Entsprechende Beschränkungen wurden bei Eröffnung des Insolvenz- bzw Konkursverfahrens hinfällig. Wichtige Sanierungsinstrumente, wie sie im Rahmen komplexer Umschuldungs- und Sanierungsverfahren mit einer Mehrzahl von 19

---

28 Vgl Nachweise bei *Vogel* ZBB **1996** 321, 325.

29 *Vogel* ZBB **1996** 321, 326; vgl zur Gesetzgebungsgeschichte auch *Ansmann* Schuldverschreibungsgesetz, S 1 ff, 1933.

30 Veranneman/*Veranneman* Einleitung Rn 4.

31 § 1 SchVG 1899.

32 Veranneman/*Veranneman* Einleitung Rn 8; Langenbucher/Bliesener/Spindler/*Bliesener/Schneider* Einleitung Rn 5. Die Verwendung einer ausländischen Emittentin kann insbesondere steuerlich Gründe haben, etwa um so Gewerbesteuer aufgrund der Hinzurechnung der Entgelte für Schulden nach § 8 Nr 1 GewStG zu vermeiden,vgl *Podewils* DStR **2009** 1914 (Fn 2).

33 Langenbucher/Bliesener/Spindler/*Bliesener/Schneider* Einleitung Rn 5.

34 Vgl § 11 SchVG 1899.

35 *Vogel* ZBB **1996** 321, 327.

36 Dazu Baums/Cahn/*Schneider* S 81 ff.

37 Langenbucher/Bliesener/Spindler/*Bliesener/Schneider* Einleitung Rn 7.

Anleihegläubigern notwendig sind, waren damit ausgeschlossen.[38] Zu nennen sind etwa der (auch nur teilweise) Verzicht auf die Kapitalforderung, die Umwandlung von Kapitalforderungen in Gesellschafteranteile, Rangrücktritt der Forderungen zur Abwendung drohender Überschuldung und langfristige Stundungen.[39]

20 Nach § 14 SchVG 1899 war die Bestellung eines Gläubigervertreters durch Beschluss der Gläubigerversammlung („Wahlvertreter“) bzw bereits auf Grundlage einer „bei Ausgabe der Schuldverschreibung in verbindlicher Weise getroffenen Festsetzung“ („Vertragsvertreter“) möglich.[40] Der Umfang der Rechte des Gläubigervertreters war im Beschluss der Gläubigerversammlung über die Bestellung festzusetzen.[41] Die Gläubigerversammlung konnte dem Vertreter dabei grundsätzlich alle Rechte einräumen die ihr selbst zustanden.[42] War der Vertreter hiernach zur Geltendmachung von Rechten der Anleihegläubiger ermächtigt, konnten durch Beschluss die Befugnis einzelner Gläubiger zur selbständigen Geltendmachung ihrer Rechte ausgeschlossen werden.[43]

21 Schließlich bestanden auch **verfahrensrechtliche Defizite**, die auf die Bedürfnisse der heutigen Praxis nicht mehr passten. Insbesondere sah § 10 SchVG 1899 die Hinterlegung der Schuldverschreibungen vor der Teilnahme an der Gläubigerversammlung vor, was angesichts der heute üblichen Verbriefung in Sammelurkunden kaum zeitgemäß war.[44] Zudem bestand aufgrund der zunehmenden Internationalität der Anleger ein Bedürfnis nach Einbeziehung elektronischer Kommunikationsformen – insbesondere im Hinblick auf den Ablauf der Gläubigerversammlung, dem das SchVG 1899 nicht gerecht wurde.[45]

C. Das neue Schuldverschreibungsgesetz von 2009

I. Gesetzgebungsverfahren

22 Ziel der Reform des SchVG war es, das Gesetz an die internationalen Bedürfnisse anzupassen und es zugleich für Anleger attraktiver zu gestalten, wodurch Anleger zur Wahl des deutschen Rechts bewogen werden sollten.[46] Nicht zuletzt sollte auf diese Weise der Finanzplatz Deutschland im internationalen Wettbewerb weiter gestärkt werden.[47] Die zunehmende Bedeutung der Kapitalmärkte für die Finanzierung durch Anleihekapital sowohl für Unternehmen als auch für die öffentliche Hand, sowie die aufgezeigten Schwächen und die hieraus resultierende praktische Bedeutungslosigkeit des SchVG 1899 ließen eine Reform des SchVG als unumgänglich erscheinen.[48]

23 Darüber hinaus sah sich das deutsche Recht zunehmender **internationaler Konkurrenz** ausgesetzt.[49] Begründen lässt sich dies neben der beständig voranschreitenden Internationalisierung der Finanzmärkte auch mit der Aufgabe des „Verankerungsprin-

---

38 Veranneman/*Veranneman* Einleitung Rn 11.
39 Langenbucher/Bliesener/Spindler/*Bliesener/Schneider* Einleitung Rn 6.
40 Vgl § 16 Abs 1 SchVG 1899.
41 § 14 Abs 1 SchVG 1899.
42 Veranneman/*Veranneman* Einleitung Rn 8.
43 § 14 Abs 2 SchVG 1899.
44 Friedl/Hartwig-Jacob/*Friedl* Einleitung Rn 6.
45 *Leuering/Zetsche* NJW **2009** 2856, 2857; Veranneman/*Veranneman* Einleitung Rn 13.
46 Friedl/Hartwig-Jacob/*Friedl* Einleitung Rn 9.
47 BT-Drucks. 16/12814 S 1, 16 sowie bereits die Referentenentwürfe, RefVorE 2006, S 24f. und RefE v. 9.5.2008, S 1, 21; *Horn* ZHR 173 (**2009**) 29.
48 Langenbucher/Bliesener/Spindler/*Bliesener/Schneider* Einleitung Rn 12.
49 Friedl/Hartwig-Jacob/*Friedl* Einleitung Rn 9; Langenbucher/Bliesener/Spindler/*Bliesener/Schneider* Einleitung Rn 12.

zips" durch die Deutsche Bundesbank, welches bis zum 1. August 1992 DM-Anleihen inländischer wie auch ausländischer Emittenten faktisch – wenngleich rechtlich nicht bindend – deutschem Recht unterstellte.[50]

Gründe der Reform des deutschen Schuldverschreibungsrechts lagen ferner in den 24
Erfahrungen der **Verschuldungskrisen der Schwellenländer** (sog. Emerging Markets) in den 1990er Jahren.[51] So sollten nach dem – von den G-10 eingesetzten Quarles-Report[52] vom September 2002 künftig **sog. collective action clauses** in internationale Staatsanleihen aufgenommen werden, die eine Änderung der finanziellen Konditionen per Mehrheitsentscheidung und damit eine Umschuldung vorsehen sollten, um so eine effektive Vertretung und Willensbildung der Anleihegläubiger zu gewährleisten.[53]

Den **unmittelbaren Anstoß** gab jedoch ein von der Rechtsabteilung des IWF erstell- 25
ter Bericht mit dem Titel „The Design and Effectiveness of Collective Action Clauses",[54] der die vier nationalen Rechte, die in der Regel auf Auslandsanleihen der „emerging market economies" Anwendung finden näher untersuchte, und erhebliche Bedenken daran äußerte, ob Mehrheitsklauseln nach deutschem Recht – namentlich unter dem deutschen SchVG 1899 – überhaupt zulässig wären.[55] Zuvor hatten die Bundesbank als auch die Bundesregierung noch erklärt, dass im deutschen Recht Zweifel an der Zulässigkeit und Verbindlichkeit von collective action clauses" nicht angebracht seien.[56] Der Bericht hatte zur Folge, dass Emissionen von Staatsanleihen durch die Emerging Markets nach deutschem Schuldverschreibungsrecht nahezu vollständig zum Erliegen kamen.[57]

Der Reform des SchVG gingen mehrjährige Vorarbeiten unter Beteiligung von Praxis 26
und Wissenschaft voraus. Erste Bestrebungen für eine Reform des SchVG seitens der Praxis aus den 90er Jahren blieben unveröffentlicht.[58] Unveröffentlicht blieb schließlich auch der – noch unter dem Eindruck des IWF Berichts stehende – erste Vorstoß seitens der Legislative, der in einem **Diskussionsentwurf von April 2003** mündete und umfassende Änderungen des Schuldverschreibungsrechts vorsah.[59] So sollten die Regeln

---

50 Auch wenn es sich um eine bloße moral suasion handelte wurde sie doch in der Praxis durchweg beachtet, vgl dazu *Hopt* Änderungen von Anleihebedingungen – Schuldverschreibungsgesetz, § 796 BGB und AGBG, FS Steindorff (1990), 341, 345.

51 Ausführlich, Baums/Cahn/*Schneider* S 70 ff.

52 Group of Ten, „Report of the G 10 Working Group on Contractual Clauses" vom 26. September 2002, abrufbar unter http://www.bis.org/publ/gten08.htm.

53 *Sester* AcP 209 (**2009**) 628, 631; *Horn* ZHR 173 (**2009**) 12, 27 f; *Hartwig-Jacob* FS Horn (2006), 717–734. Für eine Aufnahme von collective action clauses sprach sich bereits 1996 der ebenfalls von den G-10 erstellte Rey-Report aus, Group of 10: The Resolution of Sovereign Liquidity Crises, A Report to Ministers and Governors, 1996, abrufbar unter www.bis.org/publ/gten03.pdf.

54 International Monetary Fund, „The Design and Effectiveness of Collective Action Clauses", 6. Juni 2002, abrufbar unter http://www.imf.org/external/np/psi/2002/eng/060602.pdf.

55 Der Bericht untersuchte neben dem deutschen Recht auch das New Yorker, das englische, und das japanische Recht, wobei sich nur hinsichtlich des deutschen Rechts Zweifel an der Zulässigkeit ergaben, vgl ausführlich Baums/Cahn/*Schneider* S 69, 70 ff; kritsich zu diesen Annahmen jetzt aber Balthasar, ZHR 183 (2019), 662, 671 ff.

56 Deutsche Bundesbank, Monatsbericht Dezember 1999, S 33,49; Erklärung der Bundesregierung, veröffentlicht als Pressemitteilung des Bundesministeriums der Finanzen, Berlin, 14. Februar 2000, abgedruckt im Geschäftsbericht 1999 der Deutsche Bundesbank, S 117.

57 *Sester* AcP 209 (**2009**) 628, 654; Baums/Cahn/*Schneider* S 84.

58 So gab es bereits einen ersten Reformansatz von Seiten der Praxis in einem im Wesentlichen von Bankjuristen erstellten und unveröffentlichten Entwurf für ein Gesetz über Schuldverschreibungen aus Gesamtemissionen vom 5. August 1996, vgl *Bliesener* Beiträge für Hopt (2008) 355.

59 So nimmt schon der erste Satz der Begründung des Diskussionsentwurfs Bezug auf die seitens des IWF in seinem Bericht vom 6. Juni 2002 geäußerten Zweifel an der Zulässigkeit von Mehrheitsklauseln, Begründung zum Diskussionsentwurf vom April 2003, Ziff. I, S 9; hierauf ebenfalls hinweisend *Sester* AcP 209 (**2009**) 628, 632.

über Gläubigerversammlungen und Gläubigervertreter in das BGB durch Einführung der §§ 795a–e BGB-DiskE integriert werden,[60] während im SchVG 1899 selbst allenfalls geringfügige Änderungen erfolgen sollten.[61] Diesem Regelungskonzept entsagten jedoch bereits die nachfolgenden revidierten Diskussionsentwürfe von September und November 2004 die eine abschließende Regelung in einem eigenen Gesetz vorsahen.[62]

27 Es folgte 2006 ein ebenfalls unveröffentlichter Vorentwurf zum später vorgelegten **Referentenentwurf des BMJ vom Mai 2008**.[63] Inhaltlich enthielt dieser bereits die wesentlichen Regelungen des heutigen SchVG. Kritisiert wurde jedoch, dass das Gesetz nach § 20 SchVG-RefE weitgehend zwingend und unabdingbar sein sollte.[64] Überdies äußerte sich der Entwurf nicht zu der – nur wenige Jahre zuvor vom BGH positiv entschiedenen Frage, ob Anleihebedingungen den AGB-rechtlichen Regeln der §§ 305 ff BGB unterliegen, was vielfach als Wettbewerbsnachteil des deutschen Rechts gesehen wurde.[65]

28 Der ein knappes Jahr später vorgelegte **Regierungsentwurf vom 29. April 2009**, nahm die Kritik teilweise auf. So rückte der Gesetzgeber von einem gesetzlich zwingenden Regelungscharakter ab, indem er § 20 SchVG-RefE strich und sich für die sog. Ermächtigungslösung entschied, nach der die Gläubigerversammlung die Rechte der Anleihegläubiger nur beschränken darf, wenn sie dazu in den Anleihebedingungen ermächtigt wurde. Auch der Regierungsentwurf enthielt keine Stellungnahme zum AGB-Charakter von Anleihebedingungen. Indessen entschied sich der Gesetzgeber, nicht zuletzt vor dem Hintergrund der Finanzkrise 2007/2008 dazu, ein eigenständiges Transparenzgebot einzuführen, § 3 SchVG-RegR. Im anschließenden parlamentarischen Gesetzgebungsverfahren erfolgten nur wenige und zumeist klarstellende und redaktionelle Änderungen.[66] Am 5.8.2009 trat das Gesetz schließlich in Kraft.

29 Nach Inkrafttreten wurden an dem Gesetz nur kleinere redaktionelle Änderungen vorgenommen. Mit Gesetz zur Änderung des Bundesschuldenwesengesetzes (BSchuWGÄndG) vom 13.9.2012 wurde in § 1 Abs 2 SchVG ein weiterer Satz angefügt, wonach für Schuldverschreibungen, deren Schuldner ein anderer Mitgliedstaat des Euro-Währungsgebiets ist, die besonderen Vorschriften der §§ 4a bis 4i und 4k des Bundesschuldenwesengesetzes entsprechend gelten.[67] Außerdem wurde die Zuständigkeit für das Freigabeverfahren gem. § 20 Abs 3 SchVG auf das Oberlandesgericht übertragen, so dass gegen dessen Entscheidung keine Rechtsmittel mehr zulässig sind.[68]

II. Regelungsinhalt

30 Wie sein Vorgänger hält das SchVG materiell- und verfahrensrechtliche Vorgaben über die Änderung der Anleihebedingungen durch Beschluss der Anleihegläubiger bereit. Anders als noch im SchVG1899 sind diese – im Abschnitt 2 des Gesetzes enthaltenen Regeln – optional, d.h. sie gelten daher nur, wenn sie zuvor gem. § 5 Abs 1 S 1 SchVG durch den Emittenten in den Anleihebedingungen einbezogen worden sind, sog. Ermächtigungslösung. Wird allerdings zugunsten der gesetzlichen Regelung optiert, so

---

60 Ausführlich Langenbucher/Bliesener/Spindler/*Bliesener*/*Schneider* Einleitung Rn 22.
61 Vgl *Sester* AcP 209 (**2009**) 628, 634.
62 Vgl Langenbucher/Bliesener/Spindler/*Bliesener*/*Schneider* Einleitung Rn 22.
63 *Horn* ZHR 173 (**2009**) 12 ff.
64 Friedl/Hartwig-Jacob/*Hartwig-Jacob* § 3 Rn 50.
65 So wollte der Diskussionsentwurf von 2003 noch Anleihen von einer AGB-Kontrolle nach den §§ 305 ff BGB ausnehmen.
66 Friedl/Hartwig-Jacob/*Friedl* Einleitung Rn 23.
67 Dazu § 1 Rn 93.
68 § 20 Rn 51.

kann in den Anleihebedingungen zu Lasten der Gläubiger nur abgewichen werden, soweit es in dem Gesetz ausdrücklich vorgesehen ist. Es handelt sich somit um sekundär zwingendes Recht.[69]

Der Anwendungsbereich des neuen Rechts ist deutlich ausgeweitet worden. So findet das SchVG Anwendung auf alle nach deutschem Recht begebene inhaltsgleiche Schuldverschreibungen aus Gesamtemissionen, mit Ausnahme von Pfandbriefen im Sinne des PfandBG sowie Schuldverschreibungen, deren Schuldner der Schuldner der Bund, ein Sondervermögen des Bundes, ein Land oder eine Gemeinde ist oder für die einer der genannten Schuldner haftet.[70] Anders als die Vorgängerregelung ist die Beschränkung auf Inlandsanleihen weggefallen, sodass nunmehr auch Anleihen erfasst werden, die von ausländischen Emittenten begeben werden, soweit die Anleihen deutschem Recht unterstellt wurden.[71] 31

Die Gläubigerversammlung kann nunmehr – mit Ausnahme der Begründung von Leistungspflichten – jede Änderung beschließen.[72] Die weitgehenden Restriktionen des alten Rechts sind damit entfallen. Darüber hinaus ist eine Änderung der Anleihebedingungen nicht mehr an Zwecke zur Abwendung von Zahlungseinstellung oder Konkurs des Schuldners gebunden. Zu beachten bleibt gleichwohl der Grundsatz der Gläubigergleichbehandlung.[73] Mit den weitreichenden Befugnissen der Gläubigerversammlung geht ein entsprechendes Missbrauchspotenzial einher. Dem ist der Gesetzgeber mit einem stark dem Aktienrecht entlehnten Anfechtungsrecht begegnet.[74] Angefochtene Beschlüsse dürfen nicht vollzogen werden, allerdings kann gegen den Vollzug das Freigabeverfahren betrieben werden. 32

Wie das Anfechtungsrecht ist auch das Verfahrensrecht weitgehend der aktienrechtlichen Hauptversammlung angelehnt.[75] Die Gläubigerversammlung wird durch den Emittenten oder den gemeinsamen Vertreter einberufen. Verfügt eine Minderheit über mindestens 5% der Anleihen so kann sie eine Einberufung aus besonderen Gründen erzwingen.[76] Nicht mehr erforderlich ist die Hinterlegung der Schuldverschreibung. Die Einberufung ist im Bundesanzeiger öffentlich bekannt zu machen, zudem muss der Emittent die Teilnahmebedingungen sowie Tagesordnung mit Beschlussanträgen und etwaigen Gegenanträgen auf seiner Website veröffentlichen.[77] 33

Die Beschlussfähigkeit der Versammlung erfordert, dass die Anwesenden die Hälfte des stimmberechtigten Nennwerts der Anleihe vertreten. Wurde in der ersten Gläubigerversammlung die mangelnde Beschlussfähigkeit festgestellt, so genügt eine Repräsentanz von einem Viertel der ausstehenden Schuldverschreibungen. In letzterem Fall ist die Einberufung jedoch nicht erzwingbar, über sie entscheidet vielmehr der Vorsitzende der ersten Gläubigerversammlung nach pflichtgemäßem Ermessen.[78] Die Abstimmung der Anleihegläubiger kann in einer tatsächlichen Versammlung oder auch ohne Versammlung erfolgen, wobei die Anleihebedingungen eine der beiden Möglichkeiten 34

69 *Horn* BKR **2009** 446, 449.
70 § 1 SchVG.
71 Langenbucher/Bliesener/Spindler/*Bliesener/Schneider* Einleitung Rn 27.
72 Preuße/*Vogel* § 5 Rn 27.
73 § 4 SchVG.
74 Dazu *Schulenburg* Der Schutz der Minderheit im Schuldverschreibungsrecht in vergleichender Betrachtung mit dem Aktienrecht, 2017 (Diss); Baums/*Vogel* S 39 ff.
75 Veranneman/*Veranneman* Einleitung Rn 21.
76 § 9 Abs 1 SchVG.
77 § 12 SchVG.
78 BGH Beschluss v. 2.12.2014, DB **2015** 545; vgl dazu *Lürken* GWR **2015** 103.

ausschließen können. Die Regeln über die physische Abstimmung gelten dabei für die Nichtpräsenzversammlung grundsätzlich entsprechend.[79]

35 Zur Wahrnehmung ihrer Rechte können die Anleihegläubiger einen **gemeinsamen Gläubigervertreter** durch Mehrheitsbeschluss (Wahlvertreter) bestimmen.[80] Der gemeinsame Vertreter, der sowohl eine geschäftsfähige natürliche oder eine sachkundige juristische Person sein kann, hat die Aufgaben und Befugnisse, die ihm vom Gesetz oder von den Gläubigern durch Mehrheitsbeschluss eingeräumt werden. Er unterliegt den Weisungen der Gläubiger. Anders als nach altem Recht kommen als Gläubigervertreter auch Personen in Betracht, die der Interessenssphäre des Emittenten zuzurechnen sind, diese sind jedoch dazu verpflichtet vor ihrer Bestellung potenzielle Interessenkonflikte offenzulegen. Der gemeinsame Vertreter ist berechtigt, vom Schuldner alle Auskünfte zu verlangen, die er zur Erfüllung seiner Aufgaben benötigt. Er kann zur Geltendmachung von Rechten anstelle der Gläubiger ermächtigt werden. Er ist den Gläubigern berichtspflichtig und haftet ihnen gegenüber für die sorgfältige und ordnungsgemäße Erfüllung seiner Pflichten.

36 Gegenüber dem alten Recht neu gefasst wurde das Recht des Vertragsvertreters, d.h. des bereits in den Anleihebedingungen und damit vom Emittenten bestellten gemeinsamen Vertreters.[81] Allerdings sind dessen Aufgaben weniger weitgehend als die des Wahlvertreters, zudem sind an seine Auswahl strengere Anforderungen zu stellen.

III. Aufnahme in der Rechtspraxis – 10 Jahre SchVG

37 Die mit der Reform des Schuldverschreibungsgesetzes einhergehenden Änderungen sind in ihrer Gänze nahezu einhellig positiv aufgenommen worden.[82] Das SchVG wird den heutigen Bedürfnissen der Kapitalmarktteilnehmer weitgehend gerecht und hat in wesentlichen Bereichen die dringend nötige Rechtssicherheit geschaffen.[83] Es ist damit ein wichtiger Baustein in der Weiterentwicklung der „Sanierungskultur“ in Deutschland, indem es Restrukturierungs- und Umschuldungsbemühungen bereits im Vorfeld der Insolvenz erleichtert.[84]

38 Es ist daher auch nicht verwunderlich, dass auch die Praxis das neue Recht angenommen hat. Durch die optionale Ausgestaltung des SchVG bemisst sich letztlich die Wettbewerbsfähigkeit und Tauglichkeit des Gesetzes an seiner tatsächlichen Einwahl durch die Emittenten.[85] Auch wenn insoweit keine konkreten Zahlen vorliegen, wurden in der Vergangenheit doch mehrere, auch großvolumige Anleihen deutscher Emittenten platziert, in denen zugunsten der Regelungen des SchVG optiert wurde.[86] Das Instrument

---

79 § 18 Abs 1 SchVG.
80 Vgl § 7 Abs 2 SchVG.
81 Theiselmann/*Lürken* Kapitel 5 Rn 78.
82 Langenbucher/Bliesener/Spindler/*Bliesener/Schneider* Einleitung Rn 39 sprechen jeweils von einem „Meilenstein im deutschen Anleiherecht“; Baums/*Weiß*, Das neue Schuldverschreibungsrecht S 25 spricht von einem „großen Wurf“, der das „deutsche Schuldverschreibungsrecht vom Stand des 19. ins 21. Jahrhundert“ befördere; Theiselmann/*Lürken* Praxishandbuch des Restrukturierungsrechts, Kapitel 5 Rn 40.
83 So auch *Steffek* FS Hopt (2010) 2597, 2618.
84 *Vogel* ZBB **2016** 179, 180; *Paulus* WM **2012** 1109, 1110; *Simon* Das neue Schuldverschreibungsgesetz und Treuepflichten im Anleiherecht als Bausteine eines außergerichtlichen Sanierungsverfahrens,2012, S 109 ff sowie S 117 ff (Diss); *Westpfahl* ZGR **2010** 385, 387 ff u. 433 ff.
85 Das Gesetz unterliegt damit einem „ständigem Eignungstest“, Langenbucher/Bliesener/Spindler/*Bliesener/Schneider* Einleitung Rn 40.
86 Theiselmann/*Lürken* Kapitel 5 Rn 40 und Fn 52; siehe dazu aber auch den kritischen Praxisbericht von Balthasar, ZHR 183 (2019), 662, 668 ff.

der Beschlussfassung unter Beteiligung der Anleihegläubiger wird – dies zeigt nicht zuletzt die zwischenzeitlich ergangene Rechtsprechung – vielfach genutzt.[87]

Nichtsdestotrotz bleibt auch Kritik und Raum für Verbesserungen. So wird rechtspo- **39**
litisch weiterhin kritisiert, dass sich das SchVG nicht eindeutig zu der **Frage der AGB-Kontrolle** von Anleihebedingungen positioniert.[88] Die vom BGH mittlerweile bejahte Anwendbarkeit der AGB-Regeln auf Anleihebedingungen wird vielfach als nicht praktikabel gesehen. Zudem sind Restrukturierungen mehrerer Anleihen eines Schuldners durch **anleiheübergreifende Gläubigerbeschlüsse** (Aggregation) nach wie vor unzulässig (siehe § 5 Rn 8). Hieran scheitern bisweilen umfassendere Umschuldungen und Restrukturierungen.[89] Defizite bestehen weiterhin in konzeptionellen Schwächen des dem Aktienrecht entlehnten **Rechtsschutzes der Anleihegläubiger**.[90] An dieser Stelle zeigt sich ein beachtliches Missbrauchspotenzial, durch das die Möglichkeiten des Gesetzes, gerade im Vorfeld einer Insolvenz die Anleihebedingungen rasch anpassen zu können, beeinträchtigt und mit erheblicher Rechtsunsicherheit belastet werden. Gefordert wird daher insbesondere, die Beschlusskontrolle in ein Recht auf Wertersatz des dissentierenden Gläubigers umzuwandeln, ergänzt durch eine Nichtigkeitsklage im Falle besonders schwerwiegender Rechtsverstöße.[91]

Die wesentlichen Kritikpunkte der Wissenschaft und Praxis flossen in einen vom **40**
Arbeitskreis Reform des Schuldverschreibungsrechts im Jahre 2014 erarbeiteten Gesetzesentwurf ein.[92] Konkrete Umsetzungsbestrebungen seitens des Gesetzgebers sind bislang nicht bekannt.

87 *Vogel* ZBB **2016** 179.
88 Hopt/Seibt/*Artzinger-Bolten/Wöckener* § 3 Rn 75.
89 Arbeitskreis Reform des Schuldverschreibungsrechts, ZIP **2014** 845, 846; Langenbucher/Bliesener/Spindler/*Bliesener/Schneider* Einleitung Rn 42.
90 Dazu Baums/*Vogel* S 39 ff.
91 Arbeitskreis Reform des Schuldverschreibungsrechts ZIP **2014** 845, 846.
92 Arbeitskreis Reform des Schuldverschreibungsrechts ZIP **2014** 845 ff.

ABSCHNITT 1
Allgemeine Vorschriften

§ 1
Anwendungsbereich

(1) Dieses Gesetz gilt für nach deutschem Recht begebene inhaltsgleiche Schuldverschreibungen aus Gesamtemissionen (Schuldverschreibungen).

(2) [1] Dieses Gesetz gilt nicht für die gedeckten Schuldverschreibungen im Sinne des Pfandbriefgesetzes sowie nicht für Schuldverschreibungen, deren Schuldner der Bund, ein Sondervermögen des Bundes, ein Land oder eine Gemeinde ist oder für die der Bund, ein Sondervermögen des Bundes, ein Land oder eine Gemeinde haftet. [2] Für nach deutschem Recht begebene Schuldverschreibungen, deren Schuldner ein anderer Mitgliedstaat des Euro-Währungsgebiets ist, gelten die besonderen Vorschriften der §§ 4a bis 4i und 4k des Bundesschuldenwesengesetzes entsprechend.

Schrifttum

Arbeitskreis Reform des Schuldverschreibungsrechts Reform des SchVG, ZIP **2014** 845–857; *Balhasar* Unternehmenssanierungen nach dem Schuldverschreibungsgesetz und der Restrukturierungsrichtlinie: eine kritische Analyse ZHR 183 (**2019**) 662–694; *Balz* Reform des SchVG – High Yield Bonds zukünftig nach deutschem Recht? ZBB **2009** 401–412; *Beyer* Das Transparenzgebot und die rechtlichen Grenzen der Anpassung von Emissionsbedingungen bei Schuldverschreibungen, Diss. Hamburg 2012 (zit. *Beyer* Das Transparenzgebot); *Bredow/Vogel* Unternehmenssanierung und Restrukturierung von Anleihen – Welche Verbesserungen bringt das neue Schuldverschreibungsrecht? ZBB **2008** 221–231; *Cagalj* Restrukturierung von Anleihen nach dem neuen Schuldverschreibungsgesetz, Diss. Freiburg 2012 (zit. *Cagalj* Restrukturierung von Anleihen); *Cranshaw* Nachrangige Genussrechte und andere hybride Instrumente – Problemfelder verbriefter und unverbriefter Kapitalmarktmittel der Unternehmensfinanzierung, DZWIR **2018** 508–527; *Deutscher Anwaltverein* Stellungnahme zum Referentenentwurf eines Gesetzes zur Neuregelung der Rechtsverhältnisse bei Schuldverschreibungen aus Anleihen und zur Anpassung kapitalmarktrechtlicher Verjährungsvorschriften vom August 2008, abrufbar unter: https://anwaltverein.de/de/newsroom/id-2008-41; *Fischer* Die Rechtsstellung der Anleihegläubiger in Krise und Insolvenz des Emittenten, WM **2018** 1529–1535 *Florstedt* Reformbedarf und Reformperspektiven im Schuldverschreibungsrecht, WiVerw **2014** 155–163; *Florstedt/von Randow* Die Kündigung des Anleiheschuldverhältnisses aus wichtigem Grund, ZBB **2014** 345–356; *Habersack* Haftung des Emittenten eines Zertifikates für die Verwirklichung von Risiken in Bezug auf den Basiswert?, ZIP **2014** 1149–1155; *Hirte* Genussscheine und Kapitalherabsetzung, ZIP **1991** 1461–1469; *Horn* Das neue Schuldverschreibungsgesetz und der Anleihemarkt, BKR **2009** 446–453; *ders* Die Stellung der Anleihegläubiger nach dem neuen Schuldverschreibungsgesetz und allgemeinem Privatrecht im Licht aktueller Marktentwicklungen, ZHR 173 (**2009**) 12–66; *Kahan* Rethinking corporate bonds: the trade-off between individual and collective rights, 77 N.Y.U.L. Rev. **2002** 1040–1089; *Keller* Die Übergangsregelungen des neuen Schuldverschreibungsgesetzes, BKR **2009** 15–18; *Kessler/Rühle* Die Restrukturierung von Anleihen in Zeiten des SchVG 2009, BB **2014** 907–914; *Klose* Der gesetzliche Verzugszins und der negative Basiszinssatz, NJ **2014** 13–16; *Krug* Anlegerschutz bei der Emission von Schuldverschreibungen, Diss. Rostock 2010; *Kusserow* Zur Frage der Anwendbarkeit des SchVG auf Namensschuldverschreibungen, RdF **2012** 4–13; *Leber* Der Schutz und die Organisation der Obligationäre nach dem Schuldverscheibungsgesetz, 2012; *Lorenz/Pospiech* Das neue Schuldverschreibungsgesetz – eine gesetzliche Grundlage für die Restrukturierung von Genussscheinen?, DB **2009** 2419–2422; *Lürken* Geltung des SchVG nur bei uneingeschränkter Anwendbarkeit deutschen Rechts auf die Schuldverschreibungen, GWR **2011** 546; *ders.* Restrukturierung von High Yield Bonds nach dem Schuldverschreibungsgesetz und US-Recht, CFl **2011** 352–358; *Maier-Reimer* Rechtsfragen der Restrukturierung, insbesondere der Ersetzung des Schuldners, in Baums/Cahn (Hrsg.), Die Reform des Schuldverschreibungsrechts, 2004, 129–156; *Meiisel/Bokeloh* Handels- und steuerrechtliche Aspekte der indirekten Emission von Wandelanleihen beim Emittenten, CFl **2010** 35–45; *Mülbert* Inhaberschuldverschreibungen im

https://doi.org/10.1515/9783110578720-002

Niedrigzinsumfeld, ZHR 179 (**2015**) 395–404; *Nodoushani* Die Restrukturierung von Staatsanleihen im Euroraum, WM **2012** 1798–1807; *Oulds* Restrukturierungen nach dem Schuldverschreibungsgesetz und Bundesschuldenwesengesetz, CFl **2012** 353–363; *Paulus* Schuldverschreibungen, Restrukturierungen, Gefährdungen, WM **2012** 1109–1113; *ders.* Überlegungen zu einem Insolvenzverfahren für Staaten, WM **2002** 725–734; *Podewils* Neurungen im Schuldverschreibungs- und Anlegerschutzrecht – Das Gesetz zur Neuregelung der Rechtsverhältnisse bei Schuldverschreibungen aus Gesamtemission und zur verbesserten Durchsetzbarkeit von Ansprüchen von Anlegern aus Falschberatung, DStR **2009** 1914–1920; *ders.* Transparenz- und Inhaltskontrolle von Zertifikatbedingungen – Insbesondere zur Zulässigkeit einseitiger Einwirkungsbefugnisse des Emittenten, ZHR 174 (**2010**) 192–208; *Schäfer* Zulässigkeit und Kündbarkeit von ewig laufenden Anleihen (Perpetuals), FS Kümpel (2003) 453–462; *Scherer* (Hrsg.) DepotG, 2012; *Schlitt/Hekmat/Kasten* Aktuelle Entwicklungen bei High-Yield Bonds, AG **2011** 429–444; *Schlitt/Schäfer* Die Restrukturierung von Anleihen nach dem neuen Schuldverschreibungsgesetz, AG **2009** 477–487; *Schmidtbleicher* Die Anleihegläubigermehrheit, Diss. Frankfurt/M. 2010; *Schmidt/Schräder* Leistungsversprechen und Leistungsbestimmungsrechte in Anleihebedingungen unter Berücksichtigung des neuen Schuldverschreibungsgesetzes, BKR **2009** 397–404; *Schneider* Die Änderung von Anleihebedingungen durch Beschluss der Gläubiger, in Baums/Cahn (Hrsg.), Die Reform des Schuldverschreibungsrechts, 2004, 69–93; *Scholz/Breu* OLG Frankfurt/M., Anwendbarkeit des Schuldverschreibungsgesetzes auf Genussscheine mit Verlustbeteiligung, DZWiR **2007** 125–129; *Schönhaar* Die kollektive Wahrnehmung der Gläubigerrechte in der Gläubigerversammlung nach dem neuen Schuldverschreibungsgesetz, Diss. Hamburg 2011; *Seibt* Wandelschuldverschreibungen: Marktbericht, Dokumentationen und Refinanzierungsoptionen, CFl **2010** 165–176; *Seibt/Schwarz* Anleihekündigung in Sanierungssituationen, ZIP **2015** 401–413; *Sester* Transparenzkontrolle von Anleihebedingungen nach Einführung des neuen Schuldverschreibungsrechts, AcP 209 (**2009**) 628–667; *Siebel* Rechtsfragen internationaler Anleihen, Diss. Mainz, 1997; *Simon* Restrukturierung von Schuldverschreibungen nach dem neuen SchuldVG, CFl **2010** 159–164; *Steffek* Änderungen von Anleihebedingungen nach dem Schuldverschreibungsgesetz, FS Hopt, Band 2 (2010) 2597–2619; *Than*, Rechtsfragen bei der Festlegung von Emissionsbedingungen für Schuldverschreibungen unter besonderer Berücksichtigung der Dematerialisierung und des Depotgesetzes, in Baums/Cahn (Hrsg.), Die Reform des Schuldverschreibungsrechts, 2004, 3–24; *Trautrims* LG Köln: Kündigung einer Unternehmensanleihe aus wichtigem Grund, BB **2012** 1821–1824; *Zahn/Lemke* Anleihen als Instrument der Finanzierung und Risikosteuerung, BKR **2002** 527–535.

Systematische Übersicht

A. Allgemeines

I. Regelungsgehalt und Zweck

1 Die Vorschrift bestimmt den **örtlichen und sachlichen Anwendungsbereich** des Gesetzes über Schuldverschreibungen aus Gesamtemissionen vom 31.7.2009, kurz

„SchVG“,[1] welches an die Stelle des veralteten und vielfach als zu restriktiv kritisierten SchVG 1899 getreten ist.[2] Der zeitliche Anwendungsbereich wird hingegen von § 24 SchVG geregelt. Zentraler Anknüpfungspunkt in § 1 Abs 1 SchVG ist der Begriff der nach deutschem Recht begebenen, inhaltsgleichen Schuldverschreibungen aus Gesamtemissionen. Nur auf solche Schuldverschreibungen findet das SchVG dem Wortlaut nach Anwendung.

Voraussetzung für die örtliche Anwendbarkeit des Gesetzes ist, dass die Anleihe nach deutschem Recht begeben ist. Das SchVG wird akzessorisch zum deutschen Schuldstatut angeknüpft. Es handelt sich um keine Eingriffsnorm, die gegenüber ausländischem Schuldrecht zur Anwendung käme (Rn 69). Die Wahl des deutschen Rechts als Wertpapierstatut bestimmt damit zugleich den örtlichen Anwendungsbereich des Gesetzes.[3] Ausreichend ist eine Teilrechtswahl, soweit die Anleihebedingungen in ihren wesentlichen Inhalten, die die Substanz der verbrieften Forderung betreffen, deutschem Recht unterstellt werden.[4] Anders als im SchVG 1899 kommt es damit nicht mehr darauf an, dass der Emittent seinen Sitz in Deutschland hat. Dem entsprechend können auch im Ausland begebene, aber dem deutschen Recht unterstellte Schuldverschreibungen dem SchVG unterfallen. 2

Für den **sachlichen Anwendungsbereich** setzt das SchVG inhaltsgleiche Schuldverschreibungen aus Gesamtemissionen voraus. Der **Begriff der Schuldverschreibung** wird vom Gesetz selbst nicht näher beschrieben. Der Klammerzusatz am Ende von § 1 Abs 1 SchVG läuft insoweit leer (Rn 11). Der Gesetzgeber bleibt damit auch weiterhin eine Legaldefinition der Schuldverschreibung schuldig, sodass auf die allgemeinen Regeln – insbesondere die §§ 793 ff BGB – zurückzugreifen ist.[5] Das SchVG ist aber nicht auf den klassischen Fall der Inhaberschuldverschreibungen beschränkt, den allein § 793 BGB definiert.[6] Es können auch Namens- und Orderschuldverschreibungen unter seinen Anwendungsbereich fallen, was jedoch in der Praxis die Ausnahme darstellt.[7] 3

Ausschlaggebend für die Anwendbarkeit des SchVG ist die durch die Verbriefung der Schuld hergestellte Verkehrsfähigkeit (arg. e § 2).[8] Nur eine handelbare Schuldverschreibung kann damit eine solche des SchVG sein.

Die Notwendigkeit der Fungibilität findet ihren Niederschlag in den weiteren Tatbestandsmerkmalen des § 1 Abs 1 SchVG, der Inhaltsgleichheit und der Gesamtemission. Eine über diese Merkmale hinaus reichende Kapitalmarktfähigkeit[9] des jeweiligen Finanzmarktinstruments als ungeschriebenes Tatbestandsmerkmal wird aber nicht gefordert.[10] 4

1 Vgl *Schmidtbleicher* Die Anleihegläubigermehrheit (Diss), S 151 ff; Friedl/Hartwig-Jacob/*Hartwig-Jacob* § 1 Rn 1.
2 Zur Historie des SchVG seit den Partikularrechten und zur Genese der Neuregelung *ausführlich* BeckOGK/*Vogel* § 1 Rn 12 ff, 19 ff.
3 Friedl/Hartwig-Jacob/*Hartwig-Jacob* § 1 Rn 3.
4 LG Frankfurt/M. 23.1.2012 ZIP **2012** 474, 475; Langenbucher/Bliesener/Spindler/*Bliesener/Schneider* § 1 Rn 4; Hopt/Seibt/*Artzinger-Bolten/Wöckener* § 1 Rn 58; **aA** LG Frankfurt/M. 27.10.2011 NZG **2012** 23, 24 nachdem die Anwendbarkeit des Gesetzes eine „uneingeschränkte Rechtswahl für deutsches Recht“ voraussetzen soll. Dazu unten Rn 74 ff.
5 Vgl nur Preuße/*Preuße* § 1 Rn 6.
6 Siehe jedoch BGH NJW **2018** 2193, 2194 Rn 15; dazu noch unten, Rn 15.
7 Langenbucher/Bliesener/Spindler/*Bliesener/Schneider* § 1 Rn 15.
8 BGH NJW **2018** 2193, 2194 Rn 15 ff, 17; OLG Stuttgart ZIP **2018** 1727 = BeckRS **2018** 16518 Rn 45.
9 I.S einer Handelbarkeit am geregelten Kapitalmarkt.
10 So aber Hopt/Seibt/*Artzinger-Bolten/Wöckener* § 1 Rn 2; in der Sache gleichbedeutend ist es, wenn BGH NJW **2018** 2193, 2194 Rn 15 zwingend eine Inhaberschuldverschribeung i.S des § 793 fordert. Siehe dazu mit Bezug auf Namensschuldverschreibungen, die nicht dem § 1 Abs 1 S 2 DepotG unterfallen, noch unten, Rn 22.

5 Sind die Voraussetzungen des § 1 Abs 1 SchVG erfüllt, liegen also nach deutschem Recht begebene, inhaltsgleiche Schuldverschreibungen aus einer Gesamtemission vor, so folgt daraus zunächst nur die **zwingende Anwendung der §§ 2–4 SchVG.**[11] Demgegenüber finden die Kernvorschriften des Gesetzes, die sich mit der eigentlichen Vergemeinschaftung der Gläubigerforderungen befassen – die §§ 5–22 SchVG des Abschnitt 2 – nur dann Anwendung, wenn diese **in den Anleihebedingungen einbezogen** worden sind.[12] Damit hat sich der Gesetzgeber für die sog. Ermächtigungslösung entschieden. Anders als im SchVG 1899 haben die Anleihegläubiger nicht mehr de lege lata das Recht, mittels Mehrheitsbeschlusses Änderungen der Anleihebedingungen zuzustimmen und einen gemeinsamen Vertreter zur Wahrung ihrer Rechte zu bestellen.[13] Vielmehr muss ihnen dieses Recht durch den Emittenten in den Anleihebedingungen zuvor eingeräumt werden (Opt-In).

6 § 1 Abs 2 SchVG enthält eine Ausnahmeregelung, nach der bestimmte Emissionen von Schuldverschreibungen von der Anwendbarkeit des Gesetzes ausgenommen sind. Dies betrifft namentlich gedeckte Schuldverschreibungen im Sinne des Pfandbriefgesetzes sowie Anleihen der öffentlichen Hand bzw durch diese gesicherte Anleihen nicht öffentlich-rechtlicher Emittenten. Nicht vom Anwendungsbereich ausgenommen werden im Umkehrschluss zur Aufzählung in § 1 Abs 2 S 1 SchVG **ausländische Staatsanleihen**, auf die folglich das SchVG anwendbar bleibt.[14]

7 Auch wenn sich Abs 2 S 1 dem Wortlaut nach auf das ganze Gesetz bezieht, ist doch in der Vergangenheit eine **analoge Anwendung zumindest der §§ 2–4 SchVG** auf die dem Wortlaut nach an sich ausgenommenen Schuldverschreibungen diskutiert worden.[15] Im Ergebnis wird sich eine Analogie jedoch mangels unbewusster Regelungslücke nur noch schwer begründen lassen. Dies gilt insbesondere, nachdem der Gesetzgeber den Abs 2 S 2 im Jahre 2012 eingefügt hat, ohne sich weiter über eine Anwendbarkeit der §§ 2–4 SchVG auf die eigentlich ausgenommen Schuldverschreibungen zu äußern.[16]

8 Der mit Wirkung zum 19.9.2012 eingeführte § 1 Abs 2 S 2 SchVG enthält eine **Spezialregelung für Anleihen der Staaten des Euroraums.**[17] Auf solche Staatsanleihen sind bestimmte Regelungen des Bundesschuldenwesengesetzes, namentlich die §§ 4a bis 4i BSchuWG sowie § 4k BSchuWG entsprechend anzuwenden. Die Einführung dieser sog. Umschuldungsklausel beruht auf dem Vertrag zur Einrichtung des Europäischen Stabilitätsmechanismus (ESM-Vertrag) vom 2.12.2012.[18]

9 Insgesamt hat das SchVG gegenüber seinem Vorgänger, dem SchVG 1899, eine erhebliche **Ausdehnung des Anwendungsbereiches** erfahren.[19] So war ein wesentlicher Kri-

---

11 Veranneman/*Oulds* § 1 Rn 35; Hopt/Seibt/*Artzinger-Bolten*/*Wöckener* § 1 Rn 60.

12 Dies folgt aus dem Wortlaut des § 5 Abs 1 SchVG: *„Die Anleihebedingungen können vorsehen, dass* die Gläubiger derselben Anleihe nach Maßgabe dieses Abschnitts durch Mehrheitsbeschluss Änderungen der Anleihebedingungen zustimmen und zur Wahrnehmung ihrer Rechte einen gemeinsamen Vertreter für alle Gläubiger bestellen können."

13 Vgl Veranneman/*Veranneman* § 5 Rn 3.

14 Dies gilt natürlich nur insoweit die jeweilige ausländische Staatsanleihe auch die Voraussetzungen des § 1 Abs 1 SchVG erfüllt.

15 Friedl/Hartwig-Jacob/*Hartwig-Jacob* § 1 Rn 162 ff; Langenbucher/Bliesener/Spindler/*Bliesener*/*Schneider* § 1 Rn 59.

16 So auch Veranneman/*Oulds* § 1 Rn 53. Dazu unten Rn 94.

17 Vgl Gesetz zur Änderung des Bundesschuldenwesengesetzes G. v. 13. September 2012 BGBl. I 1914 m.W.v. 19. September 2012.

18 Vgl Art. 12 Abs 3 des ESM-Vertrages, BT-Drucks. 17/9045. Siehe auch: Entwurf eines Gesetzes zur Änderung des Bundesschuldenwesengesetzes, BT-Drucks. 17/9049 S 1.

19 BeckOGK/*Vogel* § 1 SchVG Rn 25 und 52; Preuße/*Preuße* § 1 Rn 1.

tikpunkt der alten SchVG von 1899, dass sowohl Ort der Emission als auch der Sitz des Emittenten im Inland belegen sein mussten, sodass die heute weithin übliche Gestaltung, bei der eine im Ausland ansässige Finanzierungsgesellschaft als Schuldner eingesetzt wird, nicht vom damaligen Gesetz erfasst werden konnte.[20] Zudem war der Anwendungsbereich auf einen Mindestnennwert von 300.000 DM und eine Zahl von mindestens 300 ausgegebenen Stücken beschränkt.[21] Die Beschränkungen des alten Rechts waren ein wesentlicher Hemmschuh in der internationalen Akzeptanz und im Wettbewerb mit anderen Rechtsordnungen, wie dem englischen oder New Yorker Recht.[22] Die Neuregelung hat diese Defizite im Wesentlichen behoben.

B. Anwendungsbereich (Abs 1)

Der Anwendungsbereich des SchVG ist nach § 1 Abs 1 SchVG eröffnet, wenn es sich 10
um nach deutschem Recht begebene inhaltsgleiche Schuldverschreibungen aus Gesamtemissionen (Schuldverschreibungen) handelt. Die Norm regelt damit sowohl den örtlichen als auch den sachlichen Anwendungsbereich des Gesetzes.

I. Sachlicher Anwendungsbereich

1. Schuldverschreibungen. § 1 Abs 1 SchVG setzt für die Eröffnung des Anwendungs- 11
bereiches das Vorliegen von Schuldverschreibungen voraus, ohne den Begriff näher zu beschreiben oder zu definieren. Zwar erweckt der Klammerzusatz am Ende des Abs 1 den Eindruck einer Legaldefinition. Dabei geht es aber nicht um den Inhalt des Begriffs. Die tautologische Regelung besagt allenfalls, dass das Gesetz, wenn es ohne nähere Bestimmung von Schuldverschreibungen spricht, nur solche meint, welche die weiteren Merkmale des § 1 Abs 1 erfüllen. Das Fehlen einer inhaltlichen Definition entspricht dem Charakter des SchVG, welches keine umfassende Kodifizierung des Rechts der Schuldverschreibungen darstellt, sondern nur ein partielles Regelungsregime für bestimmte Bereiche bereithält. Im Übrigen ist daher auf die allgemeinen Regelungen zurückzugreifen, namentlich auf die Regelung des § 793 Abs 1 S 1 BGB.[23] Danach ist eine Schuldverschreibung (auf den Inhaber) eine Urkunde, in welcher der Aussteller dem Inhaber der Urkunde eine Leistung verspricht, welche dieser nach Maßgabe des Versprechens verlangen kann. Der Begriff der Schuldverschreibung im Sinne des SchVG geht aber über denjenigen des § 793 BGB hinaus, indem er grundsätzlich auch Schuldverschreibungen erfasst, die auf den Namen des Berechtigten oder an Order ausgestellt sind.[24] Das SchVG geht damit von einem weiten Verständnis des Begriffes der Schuldverschreibung aus.

a) Begriff der Schuldverschreibung. Eine Schuldverschreibung enthält als Urkun- 12
de das verbriefte einseitige Leistungsversprechen des Schuldners (Emittent) gegenüber

20 BT-Drucks. 16/12814 S 13.
21 § 1 SchVG 1988; dazu → Einleitung Rn 17 ff.
22 Vgl Baums/*Schneider* S 2.
23 Vgl BGH NJW **2018** 2193, 2194 Rn 15, allerdings die Schuldverschreibung des SchVG zu Unrecht (versehentlich?) auf die Inhaberschuldverschreibung verengend; Friedl/Hartwig-Jacob/*Hartwig-Jacob* § 1 Rn 9; Preuße/*Preuße* § 1 Rn 6; Hopt/Seibt/*Artzinger-Bolten*/*Wöckener* § 1 Rn 4; *Lorenz*/*Pospiech* DB **2009** 2419, 2421; *Cagalj* Restrukturierung von Anleihen S 68 (Diss).
24 Langenbucher/Bliesener/Spindler/*Bliesener*/*Schneider* § 1 Rn 15; Preuße/*Preuße* § 1 Rn 15; wohl anders, aber ohne Auseinandersetzung in der Sache BGH NJW **2018** 2193, 2194 Rn 15: nur Schuldverschreibungen iS des § 793 I 1 BGB. Zum umstr. Umfang der Einbeziehung von NamensSV siehe auch noch Rn 20 ff.

dem Gläubiger (Anleger).[25] Das in der Schuldverschreibung verbriefte Recht kann ohne die Urkunde nicht geltend gemacht werden.[26] Es handelt sich demnach um ein Wertpapier.[27] Der Inhalt der verbrieften Forderung steht weitgehend im Ermessen der schuldvertraglichen Parteien, also Emittent und Anleger. Es kommen dabei grundsätzlich **jegliche Leistungspflichten im Sinne des § 241 BGB** in Betracht, auch wenn der Grundfall in aller Regel eine Geldforderung sein wird.[28] Der durch das Leistungsversprechen begründete und verbriefte schuldrechtliche Anspruch kann kausaler oder abstrakter Natur sein.[29] § 793 Abs 1 S 1 BGB macht insoweit keine Vorgaben („nach Maßgabe des Versprechens"). Häufig handelt es sich um abstrakte Schuldversprechen nach § 780 BGB, eher selten dagegen um Ansprüche auf Darlehenstilgung nach § 488 Abs 1 S 2 BGB.[30] Denn die §§ 793 ff BGB sind bewusst vom Darlehensrecht abgelöst und auf abstrakte Verbindlichkeiten zugeschnitten worden.[31] Eine kausale Grundlage stellt dagegen zB das Genussrecht für den Genussschein dar (s.a. nächste Rn).

13 Schuldverschreibungen verbriefen nur schuldrechtliche Forderungsrechte. Nicht erfasst werden können damit Sachenrechte (wie etwa bei Hypotheken – und Grundschuldbriefen).[32] Abzugrenzen sind die schuldrechtlichen Leistungsversprechen auch von Mitgliedschaftsrechten wie etwa bei Aktien oder Kommanditanteilen. Mitgliedschaftsrechte als solche können nicht Gegenstand einer Schuldverschreibung sein,[33] wohl aber schuldrechtliche Ansprüche auf Erwerb der Mitgliedschaft (Wandel- bzw Optionsanleihen) oder auf mitgliedschaftstypische Vermögensrechte (Gewinnschuldverschreibungen; Genussrechte),[34] siehe unten Rn 53 ff.

14 Die Schuldverschreibung ist abzugrenzen von der Anleihe, wenngleich die **Begriffe in der Praxis und Literatur häufig synonym verwendet** werden.[35] Dabei bestehen allerdings mehrere Unklarheiten, die in der Folge aufzuhellen sind. Die eine betrifft den Bezugsprunkt des Begriffs. Während die Schuldverschreibung üblicherweise das einzelne Wertpapier bezeichnet, versteht man unter der Anleihe grundsätzlich die Gesamtheit von Schuldverschreibungen einer Emission, die mit gleichen Merkmalen ausgestattet sind,[36] also die Gesamtemission. Der Begriff der Anleihe kann aber auch auf die einzelne Schuldverschreibung bezogen werden. Umgekehrt wird bisweilen aber auch der Begriff der Schuldverschreibung mit dem der Anleihe iwS, also der Gesamtemission, gleichgesetzt und den einzelnen Teilschuldverschreibungen gegenübergestellt. Doch selbst wenn man als Bezugspunkt der Anleihe die Gesamtemission versteht, ist sie nicht gleichbedeutend

---

25 Vgl nur Hopt/Seibt/*Artzinger-Bolten/Wöckener* § 1 Rn 4.

26 *Hueck/Canaris* Recht der Wertpapiere, § 1 I; MüKoBGB/*Habersack* Vor §§ 793 ff BGB Rn 8.

27 Langenbucher/Bliesener/Spindler/*Bliesener/Schneider* § 1 Rn 15; Staudinger/*Marburger* Vor § 793 Rn 1 f; MüKoBGB/*Habersack* Vor § 793 Rn 7, 9; Soergel/*Welter* Vor § 783 Rn 2; Palandt/*Sprau* Vor § 793 Rn 1.

28 BeckOGK/*Vogel* § 793 Rn 78; Hopt/Seibt/*Artzinger-Bolten/Wöckener* § 1 Rn 5 mwN; *Horn* ZHR 173 (**2009**) 12, 17; *Oulds* CFl **2012** 353, 354.

29 BeckOGK/*Vogel* § 793 Rn 78 und 95.

30 BeckOGK/*Vogel* § 793 Rn 95.

31 BeckOGK/*Vogel* § 793 Rn 95; *Mülbert* AcP 192 (**1992**) 447, 500; *Paulus* WM **2012** 1109, 1111 f; *Schäfer* FS Kümpel (2003) 453, 461; *Seibt/Schwarz*, ZIP **2015** 401, 407 f; *Sester* AcP 209 (**2009**) 629, 639 f; *Trautrims* BB **2012** 1823.

32 Langenbucher/Bliesener/Spindler/*Bliesener/Schneider* § 1 Rn 15; *Cagalj* Restrukturierung von Anleihen S 68 (Diss).

33 Veranneman/*Oulds* § 1 Rn 19 mwN.

34 Zum schuldrechtlichen (nicht mitgliedschaftlichen) Charakter des Genussrechts RGZ **83** 295, 298; BGHZ **119** 305; BGHZ **156** 38 = NJW **2003** 3412, 3413 sub II.2; Hüffer/*Koch* § 221 Rn 26.

35 Friedl/Hartwig-Jacob/*Hartwig-Jacob* § 1 Rn 13; Veranneman/*Oulds* § 1 Rn 2.

36 Hopt/Seibt/*Artzinger-Bolten/Wöckener* § 1 Rn 6; vgl auch *Beyer* Das Transparenzgebot S 8; Baums/Cahn/*Than* S 3, 5; *Horn* ZHR 173 (**2009**) 12, 17.

mit der in § 1 Abs 1 SchVG verwendeten Pluralform, den „Schuldverschreibungen". Denn hier besteht auch noch eine **inhaltliche Divergenz.** Nach klassischem Verständnis steht der Terminus der Anleihe vor allem für den wirtschaftlichen (nicht rechtlichen) Vorgang der Kreditaufnahme am Kapitalmarkt gegen Zinszahlung.[37] In der Vergangenheit haben sich aber moderne Finanzinstrumente etabliert, die mit dieser Grundvorstellung nur noch wenig gemein haben, wie dies insbesondere bei Emissionen von verbrieften Derivaten der Fall ist.[38] Vor diesem Hintergrund hatte der **Referentenentwurf 2008** zunächst noch **den Begriff der Anleihe** zur Bestimmung des Anwendungsbereichs in § 1 SchVG vorgesehen, diesen dann aber **durch „Schuldverschreibungen" ersetzt.**[39] Durch die Streichung des Begriffes der Anleihe wollte der Gesetzgeber auch typische Formen solcher darlehensfernen Derivate, wie etwa Zertifikate und Optionsscheine in den Anwendungsbereich aufgenommen wissen.[40]

b) Inhaberschuldverschreibungen. Bei einer Inhaberschuldverschreibung, wie sie 15
in den §§ 793ff BGB geregelt ist, verpflichtet sich der Aussteller gegenüber jedem berechtigten Inhaber der Urkunde zu der darin bestimmten Leistung.[41] Im Gegensatz zur Namens- und Orderschuldverschreibung muss dazu der Name des Berechtigten nicht genannt werden, was die Handelbarkeit erheblich erleichtert. Das Innehaben der Urkunde genügt, um das darin verbriefte Recht geltend zu machen, es gilt die (zu widerlegende) Vermutung, dass der Inhaber der Urkunde auch der Berechtigte ist („Legitimationsfunktion").[42] Dementsprechend stellen Inhaberschuldverschreibungen die beherrschende Rechtsform für Anleihen, die nach § 1 Abs 1 SchVG in den Anwendungsbereich des Gesetzes fallen dar.[43] Nach einem missverständlichen Diktum des BGH aus dem Jahre 2018 sollen das Vorliegen einer Inhaberschuldverschreibung sogar zwingende Voraussetzung für die Anwendung des SchVG sein.[44] Ob das in dieser Tragweite tatsächlich so gemeint war, erscheint indes aus mehreren Gründen zweifelhaft. Die Aussage erfolgte obiter, konkret ging es um die ganz andere Frage der Erforderlichkeit der Verbriefung (dazu oben, Rn 12). Die aufgestellte Behauptung wird durch die angegebenen Literaturstellen so nicht bestätigt, weil jene Kommentierungen im weiteren Verlauf auch Order- und (in bestimmtem, freilich umstrittenen Umfang) Namenspapiere für akzeptabel halten. Eine Auseinandersetzung mit diesen Ansichten fand ebenfalls nicht statt. Das alles deutet darauf hin, dass es sich bloß um eine unglückliche, missverständliche Formulierung handelte, die vom Regelfall, den § 793 Abs 1 BGB ganz sicherlich darstellt, auf die Norm

37 *Cagalj* Restrukturierung von Anleihen S 70 (Diss).

38 Hopt/Seibt/*Artzinger-Bolten/Wöckener* § 1 Rn 6; Friedl/Hartwig-Jacob/*Hartwig-Jacob* § 1 Rn 14.

39 Entwurf eines Gesetzes zur Neuregelung der Rechtsverhältnisse bei Schuldverschreibungen aus Anleihen und zur Anpassung kapitalmarktrechtlicher Verjährungsvorschriften, http://www.gesmat.bundesgerichtshof.de/gesetzesmaterialien/16_wp/schuldverschreibungsg/refe.pdf, Begründung zu § 1, S 23.

40 BT-Drucks. 16/12814 S 16: „Das Gesetz gilt für alle Arten von Schuldverschreibungen, d.h. auch z.B. für als Schuldverschreibungen begebene Zertifikate oder Optionen."; vgl auch Hopt/Seibt/*Artzinger-Bolten/Wöckener* § 1 Rn 6.

41 Vgl § 793 Abs 1 BGB.

42 Vgl dazu auch *Müller* JA **2017** 321, 325.

43 Langenbucher/Bliesener/Spindler/*Bliesener/Schneider* § 1 Rn 16. Claussen/*Ekkenga* Bank- und Börsenrecht, § 6 Rn 138; Albrecht/Karahan/Lenenbach/*Geibel* Fachanwalts-Hdb Bank- und Kapitalmarktrecht, § 39 Rn 127; Kümpel/Wittig/*R. Müller*[4] Rn 15.261.

44 BGH NJW **2018** 2193, 2194 Rn 15: „Hierbei muss es sich um Schuldverschreibungen iSd §§ BGB § 793 ff BGB handeln (*Verannemann/Oulds*[2] § 1 Rn 2; FK-SchVG/*Hartwig-Jacob* § 1 Rn 9 f.; Hopt/Seibt/*Artzinger-Bolten/Wöckener* § 1 Rn 4, 27). Erforderlich ist also stets eine vom Verpflichteten ausgestellte Urkunde, in der er dem Inhaber der Urkunde eine Leistung verspricht (§ BGB § 793 BGB § 793 Absatz I 1 BGB)."

schloss. Eine belastbare Aussage zum bisherigen Streitstand hinsichtlich des Anwendungsbereichs des SchVG scheint damit also nicht verbunden.

16 Die Ausstellung der Urkunde – der **sog. Skripturakt** – hat hinsichtlich der darin enthaltenen Forderungen konstitutiven Charakter. Der Inhalt der Forderung kann sich damit nur aus der Urkunde selbst ergeben. Das gilt unabhängig davon, ob das Schuldversprechen (wie meist) abstrakter oder (seltener) kausaler Natur ist. Die Angabe des Schuldgrundes ist wie bereits gesagt nicht erforderlich, aber möglich.[45] Erfolgt sie, erweitert das den Rahmen für Einwendungen, auf die sich der Schuldner unter § 796 BGB berufen kann, weil sie sich „aus der Urkunde" ergeben.[46] Das Entstehen der Forderung setzt allerdings nach der heute herrschenden modifizierten Vertragstheorie nicht nur den Vollzug des Skripturaktes im Sinne des Ausstellens der Urkunde voraus, vielmehr muss die vertragliche Begebung der Urkunde hinzukommen.[47] Der Schuldner muss dazu beim Ersterwerb einen Begebungsvertrag eingehen, wodurch der Aussteller die schuldrechtliche Obligation eingeht und dem Gläubiger das Eigentum am Papier überträgt.[48]

17 Bei Emissionen am Kapitalmarkt tritt dem Emittenten in der Regel zunächst ein Bankenkonsortium gegenüber.[49] Es handelt sich um indirekte Emissionen, wie sie auch bei der Aktienausgabe den Regelfall bilden. Die ursprüngliche Gläubigerstellung bei Abschluss des Begebungsvertrags hängt in solchen Fällen von der Organisationsstruktur des Konsortiums ab, die praktisch einer großen Bandbreite unterliegt und von international-privatrechtlichen Fragen überlagert werden kann.[50] Im Falle einer bloßen Innengesellschaft wird in der Regel der Konsortialführer allein berechtigt sein. Sollte dagegen im Namen des Konsortiums als teilrechtsfähiger Außengesellschaft iS von BGHZ 146, 341 – ARGE Weißes Ross gehandelt worden sein, so nimmt jene konsequent die Gläubigerstellung ein. Wieder anders liegt es, wenn im gemeinschaftlichen Namen einer ausländischen Personengesellschaftsform nach Art der englischen *partnership* gehandelt worden ist, der von ihrer Heimatrechtsordnung keine (Teil)Rechtsfähigkeit zuerkannt wird.[51] Dann sind die handelnden Partner im Kollektiv berechtigt, wobei das ausländische Gesellschaftsstatut darüber zu befinden hat, ob es sich um Gesamtgläubigerschaft oder gemeinschaftliche Gläubigerschaft handelt.

18 Die **Übertragung des verbrieften Rechts** erfolgt im Wege der Übertragung des Eigentums an der Urkunde nach den §§ 929 ff BGB. Die Übertragung des Leistungsversprechens erfolgt somit nach den Regeln der Übertragung beweglicher Sachen, einschließlich der Gutglaubensregeln zugunsten späterer Inhaber.[52] Es gilt der Grundsatz: „Das Recht aus dem Papier folgt dem Recht am Papier."

---

45 Oben Rn 12; MüKoBGB/*Habersack* § 793 Rn 7.

46 MüKoBGB/*Habersack* § 793 Rn 7 und § 796 Rn 6.

47 BGH NJW **1973** 282; Palandt/*Sprau* § 793 Rn 8; Erman/*Wilhelmi* § 793 Rn 2. Eingehend zum Theorienstreit, namentlich zur heute so nicht mehr vertretenen Kreationstheorie, wonach die Verpflichtung einseitig durch den Skripturakt begründet wurde, BeckOGK/*Vogel* § 793 Rn 49 ff; Staudinger/*Marburger* Vor § 793 Rn 17 ff mwN.

48 Soergel/*Welter* Vor § 783 Rn 12; BeckOKBGB/*Gehrlein* § 793 Rn 10.

49 *Ekkenga/Maas* Das Recht der Wertpapieremissionen, § 4 Rn 311; Habersack/Mülbert/Schlitt/*Diekmann* Rn 31.59.

50 Siehe hierzu *Schücking* WM **1996** 281; MüKoBGB/*Kindler* IntGesR Rn 289 ff; Westermann/Wertenbruch/*Paefgen* § 60 Rn I-4136 f; Heidel/*Schall* Anh. 177a IntPersGesR, Rn 63.

51 Siehe dazu Heidel/*Schall* Anh. 177a IntPersGesR, Rn 23 ff unter dem Blickwinkel der – zu bejahenden – Anwendung des Gesellschaftsstatuts auf solche Gebilde.

52 Vgl nur MüKoBGB/*Habersack* § 793 Rn 30.

c) Orderschuldverschreibungen. Die praktische Relevanz von Orderschuldverschreibungen am Kapitalmarkt ist sehr gering.[53] Im Unterschied zur Inhaberschuldverschreibungen muss die Urkunde den Namen des Berechtigten enthalten. Allerdings wird auch derjenige zur Rechtsausübung zugelassen, der durch eine Order des vor ihm Berechtigten als Rechtsinhaber ausgewiesen wird.[54] Die Übertragung erfolgt grundsätzlich ebenfalls nach sachenrechtlichen Grundsätzen, wobei jedoch das sog. Indossament hinzukommt.[55] Hierbei handelt es sich um einen schriftlichen Übertragungsvermerk auf der Rückseite der Urkunde, dass dem Erwerber den Übergang der Rechte bescheinigt und so die Legitimationsfunktion herbeiführt.[56] Eine wirksame Übertragung der Rechte aus der Schuldverschreibung setzt eine ununterbrochene Kette von Indossaments voraus, was die Fungibilität von Orderschuldverschreibungen stark einschränkt. Um die Handelbarkeit zu ermöglichen müssen sie mit einem Blankoindossament ausgestattet werden.[57] In dieser Variante erscheint das formal-juristisch vorliegende Orderpapier der Sache nach aber ohnehin als „de-facto-Inhaberschuldverschreibung". 19

d) Namensschuldverschreibungen. Namensschuldverschreibungen sind von größerer Bedeutung als dies bei den Orderpapieren der Fall ist. So werden in der **internationalen Praxis häufig nach amerikanischem oder englischem Recht** begebene Emissionen als Namensschuldverschreibungen, sog. Registered Bonds ausgestaltet, da eine Ausgestaltung als Inhaberschuldverschreibungen zu **erheblichen steuerrechtlichen Nachteilen** führen würde.[58] Hiervon betroffen sind aber auch Anleihen die weltweit platziert werden (Global Bonds), insbesondere Anleihen deutscher oder US-amerikanischer Schuldner, die sowohl in Deutschland als auch in den Vereinigten Staaten von Amerika zum Handel zugelassen sind und dementsprechend als Namensschuldverschreibungen ausgestaltet werden.[59] Inländische Namensschuldverschreibungen werden allerdings herkömmlicher Weise nicht als Gesamtemission, sondern in Gestalt von auf den Namen eines individuellen Investors ausgestellten Urkunden ohne Stückelung als Einzelemission begeben und **fallen daher überwiegend nicht unter den Anwendungsbereich des SchVG.**[60] 20

Bei Namensschuldverschreibungen wird – wie bei Orderschuldverschreibungen auch – der Name des Berechtigten genannt.[61] Die Besonderheit liegt jedoch darin, dass das Recht aus dem Papier nicht durch Übereignung der Urkunde übertragen wird, sondern durch **Abtretung nach den §§ 398 ff BGB.**[62] Dies hat zur Folge, dass nicht nur der 21

53 Langenbucher/Bliesener/Spindler/*Bliesener/Schneider* § 1 Rn 17; Hopt/Seibt/*Artzinger-Bolten/Wöckener* § 1 Rn 29.
54 MüKoBGB/*Habersack* § 793 Rn 30.
55 Vgl dazu und zur Übertragung durch Abtretung nach §§ 398, 413 BGB Friedl/Hartwig-Jacob/*Hartwig-Jacob* § 1 Rn 51.
56 MüKoBGB/*Habersack* § 793 Rn 30.
57 Schwark/Zimmer/*Kumpan* WpHG § 2 Rn 23; *Cagalj* Restrukturierung von Anleihen S 69 (Diss). Siehe auch ausführlich Friedl/Hartwig-Jacob/*Hartwig-Jacob* § 1 Rn 51.
58 Kümpel/Wittig/*Brandt/R. Müller/Oulds* Rn 15.261 mwN; Langenbucher/Bliesener/Spindler/*Bliesener/Schneider* § 1 Rn 18; *Kusserow* WM **2013** 1581, 1581. Aber auch inländische Namensschuldverschreibungen sind von erheblicher Bedeutung, so waren in Deutschland Namensschuldverschreibungen inländischer Kreditinstitute (darunter auch Namenshypothekenpfandbriefe und öffentliche Pfandbriefe) mit einem Gesamtnennwert von über 283 Mrd. Euro im Umlauf, Deutsche Bundesbank, Kapitalmarktstatistik August 2018, Statistisches Beiheft zum Monatsbericht 2, S 41.
59 Friedl/Hartwig-Jacob/*Hartwig-Jacob* § 1 Rn 58; vgl auch BT-Drucks. 16/12814 zu Art. 5, S 28.
60 Langenbucher/Bliesener/Spindler/*Bliesener/Schneider* § 1 Rn 19.
61 Siehe ausführlich, insbesondere zur wertpapierrechtlichen Einordnung *Kusserow* RdF **2012** 4, 5.
62 MüKoBGB/*Habersack* Vor § 793 Rn 16.

gutgläubige Erwerb der Namensschuldverschreibung ausgeschlossen ist, sondern der Schuldner sich – abweichend von § 796 BGB – auch uneingeschränkt auf § 404 BGB berufen kann und somit alle Einwendungen entgegensetzen kann, die zur Zeit der Abtretung der Forderung gegen den bisherigen Anleihegläubiger begründet worden waren.[63] Damit folgt das Recht am Papier dem Recht aus dem Papier.[64]

Durch diese Einschränkungen ist die am Kapitalmarkt erforderliche **Fungibilität stark begrenzt**, sodass sie sich nicht ohne weiteres zum Kapitalmarkthandel eignen.[65] Dies ist vom Gesetzgeber erkannt und durch **Einfügung des § 1 Abs 1 S 2 DepotG** im Zuge der Neufassung des SchVG von 2009 behoben worden. Die Vorschrift stellt klar, dass Wertpapiere im Sinne des DepotG nunmehr auch Namensschuldverschreibungen sind, soweit sie auf den Namen einer Wertpapiersammelbank (zB Clearstream Banking AG Frankfurt) ausgestellt wurden. Auch Namensschuldverschreibungen können daher nun nach § 9a DepotG in das sachenrechtliche Wertpapiergiro einbezogen werden, sodass sich die Übertragung nicht mehr nach zessionsrechtlichen Regeln, sondern nach den **sachenrechtlichen Grundsätzen der §§ 929 ff BGB** richtet.[66] Die Regelung des § 1 Abs 1 S 2 DepotG betrifft in erster Linie sog „Globalanleihen" oder „Global Bonds", also Schuldverschreibungen, die sowohl in Deutschland wie auch in den USA zum Handel zugelassen sind.[67] Diese sind – aus steuerlichen Gründen in den USA – in aller Regel als Namensschuldverschreibungen ausgestaltet.[68] Die so nach § 9a DepotG handelbaren Namensschuldverschreibungen fallen – soweit die weiteren Voraussetzungen des § 1 Abs 1 SchVG gegeben sind – **nach einhelliger Ansicht unter den Anwendungsbereich des SchVG.**[69]

22 Fraglich ist indes, ob auch **Schuldverschreibungen, die nicht auf den Namen einer Wertpapiersammelbank ausgestellt** und entsprechend gehandelt werden, Schuldverschreibungen im Sinne des § 1 SchVG sein können. Während dies nach h.M. möglich sein soll, da die unbeschränkte Handelbarkeit am Kapitalmarkt selbst keine Voraussetzung sei, solange die Schuldverschreibung inhaltsgleich aus einer Gesamtemission stamme,[70] will die Gegenansicht das SchVG auf Namensschuldverschreibungen im Sinne des § 1 Abs 1 S 2 DepotG beschränken.[71] Andere Namensschuldverschreibungen fallen nach letztgenannter Ansicht mangels hinreichender Fungibilität nicht unter das SchVG, eine Erstreckung sei aus diesem Grund nicht sach-

---

63 Hopt/Seibt/*Artzinger-Bolten*/*Wöckener* § 1 Rn 30.

64 Scherer/*Scherer* § 1 DepotG Rn 6.

65 LG Frankfurt v. 23.1.2012 – 3-05 O 142/11, ZIP **2012** 474, 475; Hopt/Seibt/*Artzinger-Bolten*/*Wöckener* § 1 Rn 30; *Leber* Der Schutz und die Organisation der Obligationäre nach dem Schuldverschreibungsgesetz, S 25 f (Diss); Baums/Cahn/*Than* S 3, 4; *Horn* ZHR 173 (**2009**) 12, 17; *Oulds* CFl **2012** 353, 354.

66 Vgl BT-Drucks. 16/12814 zu Art. 5, S 28; BeckOGK/*Vogel* § 793 Rn 25; Langenbucher/Bliesener/Spindler/*Bliesener*/*Schneider* § 1 Rn 20; Hopt/Seibt/*Artzinger-Bolten*/*Wöckener* § 1 Rn 31.

67 Schimansky/Bunte/Lwowski/*Klanten* Rn 54.

68 BT-Drucks. 16/12814 Zu Art. 5, S 28. Zu den steuerrechtlichen Hintergründen, insbesondere den US-amerikanischen TEFRA D Rules siehe *Kusserow* RdF **2012** 4, 11 und Fn 6 sowie Habersack/Mülbert/Schlitt/*Kaulamo* Rn 16.2 Fn 6.

69 Vgl nur Hopt/Seibt/*Artzinger-Bolten*/*Wöckener* § 1 Rn 31.

70 BGHZ **202** 7 = NZG **2014** 1102, 1103 Rn 6, allerdings obiter dictum, hinsichtlich auf den Namen des Inhabers lautende *und* durch Indossament übertragbare Wandelgenussscheine – Die Übertragbarkeit einer Schuldverschreibung durch Indossament erfüllt jedoch bereits die Vorgaben des § 1 Abs 1 S 1 DepotG. Auch das bestätigende Urteil BGH NJW **2018** 2193, 2194 Rn 16 hellt diese Frage bei näherer Betrachtung (wie eben, Rn 15 gezeigt) nicht auf, sondern statuiert nur die Erforderlichkeit der Verbriefung; ebenso OLG Stuttgart ZIP **2018** 1727 = BeckRS **2018** 16518 Rn 41); aus der Literatur BeckOGK/*Vogel* § 1 Rn 63; Friedl/Hartwig-Jacob/*Hartwig-Jacob* § 1 Rn 60; Langenbucher/Bliesener/Spindler/*Bliesener*/*Schneider* § 1 Rn 19.

71 Hopt/Seibt/*Artzinger-Bolten*/*Wöckener* § 1 Rn 31; Preuße/*Preuße* § 1 Rn 25; *Kusserow* RdF **2012** 4, 9.

gerecht.[72] Der Arbeitskreis Reform des Schuldverschreibungsrechts neigt letztgenannter Auffassung zu und schlägt de lege ferenda einen ausdrücklichen Ausschluss derartiger Namensschuldverschreibung durch § 1 Abs 2 SchVG vor.[73] De lege lata ist einstweilen der h.M. der Vorzug zu geben, da für eine rechtsfortbildende teleologische Reduktion der gesetzlichen Voraussetzungen nach § 1 Abs 1 SchVG („inhaltsgleiche Schuldverschreibung aus Gesamtemission") keine hinreichende Begründung ersichtlich ist. Auch wenn der entscheidende Aspekt für die Anwendung des SchVG die Verkehrsfähigkeit der Ansprüche ist:[74] § 1 Abs 1 SchVG begnügt sich dem Wortlaut nach mit der Verkehrsfähigkeit durch Verbriefung als Schuldverschreibung, was aber eben nicht notwendig eine Inhaberschuldverschreibung iS des § 793 BGB erfordert.[75] Daher ist die (erhöhte) Verkehrsfähigkeit kraft Teilnahme an Depotsammelverwahrung oder Börsenhandel zwar regelmäßig vorhanden, aber nicht zwingend vorausgesetzt.[76]

e) Form der Verbriefung. Das SchVG setzt keine bestimmte Form der Verbriefung voraus. Möglich sind damit grundsätzlich sowohl Verbriefungen in einer Sammelurkunde nach § 9a DepotG als auch Einzelurkunden sowie Kombinationen beider Verbriefungsarten innerhalb einer Emission, solange die Gleichartigkeit der Schuldverschreibungen gewahrt ist.[77] 23

Ausnahmen hiervon bestehen lediglich, wenn es sich um Namensschuldverschreibungen handelt.[78] Unerheblich ist auch, von wem, in welcher Form und wo die Urkunden verwahrt werden.[79] So können die Urkunden etwa in einem der internationalen Clearingsysteme wie Euroclear Bank SA/NV oder Clearstream Banking, société anonyme, Luxemburg, direkt oder bei einer gemeinsamen Verwahrstelle der Clearingsysteme verwahrt werden.[80] Irrelevant ist zudem, ob ein Anspruch auf Auslieferung einzelner Wertpapiere besteht oder ob er nach § 9a Abs 3 DepotG nach dem zugrunde liegenden Rechtsverhältnis ausgeschlossen ist.[81] 24

f) Keine Schuldverschreibungen im Sinne des § 1 Abs 1 SchVG – Schuldscheindarlehen. Nicht unter den Anwendungsbereich des SchVG fallen Schuldscheindarlehen.[82] Es handelt sich hierbei um Darlehen im Sinne des § 488 BGB, über die ein Schuldschein ausgestellt wurde. Der Schuldschein fungiert dabei lediglich als Beweisurkunde nach § 371 BGB, ihm kommt somit gerade **keine Legitimationsfunktion** zu.[83] Das Innehaben des Papieres genügt also nicht, um das Recht geltend zu machen. Es handelt sich 25

72 Preuße/*Preuße* § 1 Rn 25; Arbeitskreis Reform des Schuldverschreibungsrechts, ZIP **2014** 845, 851. Für die fehlende Sachgerechtheit einer Anwendung auf nicht-kapitalmarktgängige Instrumente ließe sich an sich durchaus auf BGH NJW **2018** 2193, 2194 Rn 15–17 und OLG Stuttgart, ZIP **2018** 1727 = BeckRS **2018** 16518 Rn 45 ff rekurrieren. Allerdings wird dort die analoge Erstreckung auf nicht-verbriefte Instrumente abgelehnt, während es hier um die gesetzeskorrigierende teleologische Reduktion der Norm bei vom Wortlaut erfassten Fällen geht, was – wie im Text zu zeigen sein wird – höhere Anforderungen als nur den Nachweis fehlender Sachgerechtheit bedingt.

73 Arbeitskreis Reform des Schuldverschreibungsrechts, ZIP **2014** 845, 851.

74 BGH NJW **2018** 2193, 2194 Rn 17; OLG Stuttgart, ZIP **2018** 1727 = BeckRS **2018** 16518 Rn 45.

75 Anders, aber wohl nur versehentlich BGH NJW **2018** 2193, 294 Rn 15; dazu eben Rn 15.

76 Gleichsinnig BeckOGK/*Vogel* § 1 Rn 76.

77 BT-Drucks. 16/12814, Zu § 1 S 16; Veranneman/*Oulds* § 1 Rn 28.

78 Vgl zum Streitstand oben Rn 22.

79 BT-Drucks. 16/12814, Zu § 1 S 16; BeckOGK/*Vogel* § 1 Rn 75.

80 Veranneman/*Oulds* § 1 Rn 28

81 BT-Drucks. 16/12814, Zu § 1 S 16.

82 Vgl nur BeckOGK/*Vogel* § 1 Rn 79; Hopt/Seibt/*Artzinger-Bolten*/*Wöckener* § 1 Rn 52.

83 MüKoBGB/*Habersack* Vor 793 Rn 21; Hellner/Steuer/*Früh*/*Müller-Arends* Bankrecht und Bankpraxis, Rn 3/265.

damit nicht um ein Wertpapier. Wirtschaftlich bestehen hingegen gewisse Parallelen, indem das Schuldscheindarlehen – ebenso wie die klassische Anleihe – eine Kapitalüberlassung auf Zeit darstellt. Es handelt sich um Finanzinstrumente, die von Banken oder sonstigen Kapitalsammelstellen wie etwa Versicherungen an kapitalsuchende Unternehmen sowie die öffentliche Hand vergeben werden und anschließend in der Regel am Kapitalmarkt platziert werden.[84] Das Schuldscheindarlehen tritt damit häufig an die Stelle einer klassischen Anleiheemission und wird daher auch als „anleiheähnlicher Kredit" bezeichnet.[85] Insbesondere seit der Finanzkriese von 2007 hat die Bedeutung des Schuldscheindarlehens stetig zugenommen.[86] Vorteile des Schuldscheindarlehens liegen etwa in den geringeren formalen Anforderungen, wie das Fehlen einer Prospektpflicht und sonstiger öffentlich rechtlicher Genehmigungsvorbehalte, was zu Kostenersparnissen führt.[87] Darüber hinaus können Schuldscheindarlehen nach den internationalen Rechnungslegungsvorschriften (IFRS 9) bei den Investoren zum Nominalwert und nicht etwa zum Marktwert bilanziert werden.[88]

26 **g) Keine analoge Erstreckung auf nicht verbriefte Forderungen.** Einer (analogen) Anwendung des SchVG auf nicht verbriefte Genüsse hat der BGH eine deutliche Absage erteilt, da nicht die gleiche Interessenlage bestehe, wenn lediglich einzelne Gläubiger über inhaltsgleiche Forderung verfügten, selbst wenn die Schuldnerin diese in einem Register führe.[89] Dem folgte das OLG Stuttgart für eine nicht-verbriefte, als „Namensschuldverschreibung" bezeichnete Anleihe.[90]

27 Weder der BGH noch das OLG Stuttgart haben sich in ihren Urteilen mit der Ermittlung einer Regelungslücke aufgehalten,[91] sondern eine Erstreckung inhaltlich als nicht sachgerecht beurteilt. Das erfolgte allerdings etwas knapp. Es stellte sich die Frage: Soll die moderne Debt-Governance à la SchVG auf die geregelten Kapitalmärkte beschränkt bleiben? Oder sprechen möglicherweise doch die besseren Gründe dafür, sie auf nichtverbriefte Anlageinstrumente des grauen Kapitalmarkts auszudehnen? Die Antwort ist nicht offensichtlich. Einerseits sollte das neue SchVG bewusst einen weiteren Anwendungsbereich haben als sein veralteter und übermäßig restriktiv angelegter Vorgänger (siehe oben, Einleitung Rn 31). So werden nunmehr zweifellos Genussscheine erfasst.[92] Zudem erlaubt § 24 Abs 2 den Opt-in für Alt-Instrumente, selbst wenn diese noch nicht dem SchVG 1899 unterfielen.[93] Dies dient dem Zweck, den als sachgerecht empfundenen, modernen Regeln des SchVG 2009 einen weiten Anwendungsbereich zu sichern. Collective Action Clauses (CACs) sind aber auch bei nicht-verbrieften Anlagen sinnvoll. Allerdings ist es eine Sache, die Beschränkung auf verbriefte Instrumente des geregelten Kapitalmarkts rechtspolitisch als nicht (mehr) zweckmäßig oder zeitgemäß zu kritisieren.[94] Das genügt jedoch nicht, um eine unbewusste Regelungslücke zu begründen, die durch

84 Kümpel/Wittig/*Brandt*/*R. Müller*/*Oulds* Rn 15.265; MüKoBGB/*Berger* Vor § 488, Rn 51.
85 *Canaris* Bankvertragsrecht Rn 1365.
86 Veranneman/*Oulds* § 1 Rn 29.
87 *Wehrhahn* BKR **2012** 363, 363; MüKoBGB/*Berger* Vor § 488, Rn 51.
88 *Wehrhahn* BKR **2012** 363, 363 Fn 4.
89 BGH NJW **2018** 2193, 2194 Rn 15–17 = NZI **2018** 482 mit insoweit zust. Anm. *Vos* = BB **2018** 1871 (LS) mit Anm. *Friedl* = EWiR **2018** 341 (*Seibt*) = WuB **2018** 381 (*Poelzig*/*Schwarzat*).
90 OLG Stuttgart, ZIP **2018** 1727 = BeckRS **2018** 16518 Rn 45 f.
91 Eine Regelungslücke ausführlich und überzeugend abl. die Vorinstanz des BGH, OLG Dresden, BeckRS **2017** 119588 0 ZIP **2017** 1819, Rn 42.
92 BGHZ **202** 7 = NZG **2014** 1102, 1104, Rn 14
93 BGHZ **202** 7 = NZG **2014** 1102, 1103, Rn 9–11.
94 ZB *Voß* NZI **2018** 486.

Analogie ausgefüllt werden könnte. Zudem gilt zu bedenken, dass die Mehrheitsbeschlüsse des neuen SchVG (ua) die Hauptforderung verringern und damit einen schweren Eingriff in Gläubigerpositionen bewirken können. Das widerspricht allgemeinen Grundsätzen des deutschen Zivilrechts[95] und ist letztlich nur durch die zwingenden Erfordernisse der Handelbarkeit am Kapitalmarkt zu rechtfertigen, auf die vor der Neufassung des SchVG bereits das Anleiheurteil des BGH rekurriert hatte.[96] Wegen dieser Janusköpfigkeit der §§ 5ff SchVG ist es auch nicht möglich, die Einwahlmöglichkeit schlicht mit dem Grundsatz der Privatautonomie zu rechtfertigen – und zwar selbst dann nicht, wenn die ausgewogenen Kautelen des Gesetzes insgesamt beachtet werden.[97] Dementsprechend hat das OLG Stuttgart zunächst die Anwendung des SchVG auf nichtverbriefte Namensschuldverschreibungen abgelehnt, um anschließend eine Klausel, welche eine Änderung der Anleihebedingungen durch Mehrheitsbeschluss erlaubte, an § 307 BGB scheitern lassen. Für eine über den Wortlaut des Gesetzes hinausreichende Ausdehnung des Mehrheitsprinzips zu Lasten der – nicht zuletzt durch Art. 14 GG geschützten – Inhaber einzelner Forderungen mag daher unterm Strich wirklich nicht genug sprechen. Es sollte der Entscheidung des Gesetzgebers vorbehalten sein, ob die Organisationsvorteile des SchVG weiter ausgedehnt werden.

2. Aus Gesamtemissionen. Die Schuldverschreibungen müssen aus einer Gesamt- 28
emission stammen um in den Anwendungsbereich des SchVG zu gelangen. Der Gesetzgeber sah in dem Tatbestandsmerkmal der Gesamtemission **das zentrale, den Anwendungsbereich des Gesetzes bestimmende Abgrenzungsmerkmal.**[98] Nichtsdestotrotz enthält das Gesetz keine nähere Erklärung des Tatbestandsmerkmals.

Der Begriff entstammt ursprünglich den mittlerweile aufgehobenen §§ 795 und 808a 29
BGB[99], die das Inverkehrbringen von Inhaber- und Orderschuldverschreibungen, die „Teile einer Gesamtemission darstellen", einer staatlichen Genehmigungspflicht unterzogen.[100] Im Verlauf des Gesetzgebungsverfahrens wurde der Begriff dann erstmals durch den Entwurf des Arbeitskreises von 1996 auch für das SchVG übernommen. Während der Begriff der Gesamtemission zwischenzeitlich durch den Referentenentwurf von 2008 verworfen und durch die Formulierung der „Schuldverschreibungen aus Anleihen" ersetzt worden war, hat sich der Gesetzgeber im Ergebnis bewusst für die Einführung des Tatbestandsmerkmals der Gesamtemission entschieden. So war es insbesondere das Ziel des Gesetzgebers, einen **Gleichlauf mit § 151 StGB** herzustellen, der Geld- und Wertzeichenfälschung unter Strafe setzt und das Vorliegen von Inhaber- oder Orderschuldverschreibungen voraussetzt, die Teile einer „Gesamtemission" sind.[101] Der Begriff findet sich ferner in den §§ 14 und 22 RechKredV, die sich mit der Rechnungslegung von Kreditinstituten befassen. Die Begrifflichkeiten sind im Kern deckungsgleich.[102]

95 Grundlegend dazu das Akkordstörerurteil BGHZ **116** 319, 323 ff. Dies wurde zwar mit guten Gründen kritisiert, namentlich durch *Eidenmüller* Unternehmenssanierung zwischen Markt und Gesetz, 1999. Jedoch ging es dort um die Krisenbewältigung im Vorfeld der Insolvenz, zu der man heute durch vorinsolvenzrechtliche Sanierungsverfahren die Hand reichen möchte, während die Zielrichtung des neuen SchVG – anders als die des SchVG 1899 – gerade nicht mehr auf solche Szenarien beschränkt ist.
96 BGHZ **163** 311 = BKR **2005** 323 zur Nichtanwendbarkeit der Einbeziehungskontrolle nach AGB-Recht.
97 Ebenso OLG Stuttgart ZIP **2018** 1727 = BeckRS **2018** 16518 Rn 45 f.
98 BT-Drucks. 16/12814, Zu § 1 S 16. Vgl zur Inhaltsgleichheit Rn 33.
99 Aufgehoben mit Gesetz vom 17.12.1990, BGBl. I 2839.
100 Langenbucher/Bliesener/Spindler/*Bliesener*/*Schneider* § 1 Rn 10.
101 Vgl BT-Drucks. 16/12814, Zu § 1 S 16.
102 Friedl/Hartwig-Jacob/*Hartwig-Jacob* § 1 Rn 111; *Cagalj* Restrukturierung von Anleihen S 77; Preuße/*Preuße* § 1 Rn 4.

30 Eine Gesamtemission kann danach definiert werden als eine Vielzahl inhaltsgleicher und damit austauschbarer Schuldverschreibungen, die in der Stückelung auf bestimmte Nennbeträge als Teilstücke einer Anleihe erscheinen und bei denen die Möglichkeit sie am Kapitalmarkt zu platzieren nicht ausgeschlossen ist.[103] Mittelbar sind damit angesprochen die Kriterien Fungibilität und Kapitalmarktfähigkeit. Allerdings sind diese nicht unmittelbar in den Tatbestand aufgenommen worden, so dass ihr Fehlen per se keine Nichtanwendung des SchVG rechtfertigt.[104] Erst recht nicht ist erforderlich, dass die Papiere gelistet oder tatsächlich gehandelt werden.[105]

31 Das **Erfordernis der Gesamtemission geht über das der Inhaltsgleichheit hinaus.**[106] Während das Gesamtemissionserfordernis Kapitalmarktfähigkeit erfordert, ist dies bei dem Erfordernis der Inhaltsgleichheit selbst nicht der Fall. Die Inhaltsgleichheit ermöglicht durch gleichartige Anleihebedingungen die Austauschbarkeit und schafft damit die Voraussetzung der Kapitalmarktfähigkeit, setzt letztere für sich selbst aber nicht voraus.[107] Der Gesetzgeber ging daher zutreffend davon aus, dass bei Vorliegen einer Gesamtemission auch stets die Inhaltsgleichheit gegeben sei, und sah dementsprechend auch in der Gesamtemission das entscheidende Tatbestandsmerkmal in § 1 Abs 1 SchVG.[108]

32 Nicht dem SchVG unterfallen **einzeln verbriefte Forderungen nach dem Leitbild der §§ 793 ff BGB**, da das Tatbestandsmerkmal der Gesamtemission nicht gegeben ist.[109] Eine Gesamtemission kann in diesem Fall **allerdings nachträglich entstehen**, wenn die Schuldverschreibung durch Teilübertragung in eine Vielzahl von Forderungen aufgespalten wird, wie dies gelegentlich bei Namensschuldverschreibungen geschieht.[110] So unterscheiden sich die hierfür ausgefertigten Urkunden bis auf den in ihnen ausgewiesenen Nominalbetrag weder untereinander, noch von der ursprünglichen Urkunde.[111] Die Situation ist damit vergleichbar derjenigen einer anfänglichen Begebung als Gesamtemission, sodass eine Anwendung des SchVG sachgerecht erscheint.[112]

33 **3. Inhaltsgleichheit.** § 1 Abs 1 SchVG nennt als weiteres Merkmal neben der Gesamtemission die Inhaltsgleichheit. Diese soll nach der Gesetzesbegründung vorliegen, wenn die Schuldverschreibungen auf **denselben Bedingungen beruhen** und darin **allen Gläubigern die gleichen Rechte** eingeräumt werden.[113] Sinn und Zweck des Tatbestandsmerkmals der Inhaltsgleichheit ist es, die Fungibilität der Schuldverschreibungen zu gewährleisten. Sie ist damit eine wesentliche Voraussetzung der Marktfähigkeit der

---

103 Vgl *Kusserow* RdF **2012** 4, 7; Hopt/Seibt/*Artzinger-Bolten/Wöckener* § 1 Rn 24; Veranneman/*Oulds* § 1 Rn 16; Langenbucher/Bliesener/Spindler/*Bliesener/Schneider* § 1 Rn 10; Friedl/Hartwig-Jacob/*Hartwig-Jacob* § 1 Rn 111.

104 H.M., siehe oben Rn 22 bezüglich Namensschuldverschreibungen, die nicht unter § 1 Abs 1 S 2 DepotG fallen.

105 FK-SchVG/Hartwig-Jacob/Friedl/*Hartwig-Jacob* Rn 66; BeckOGK/*Vogel* § 1 Rn 76.

106 *Kusserow* RdF **2012** 4, 7; Hopt/Seibt/*Artzinger-Bolten/Wöckener* § 1 Rn 24.

107 So weist *Kusserow* RdF **2012** 4, 6 in Fn 39 darauf hin, dass Inhaltsgleichheit zufälligerweise auch dann vorliegen könnte, wenn an einem Tag zahlreiche rechtlich und wirtschaftlich identische Namensschuldverschreibungen unabhängig voneinander an verschiedene Personen ausgegeben werden.

108 BT-Drucks. 16/12814, Zu § 1 S 16.: „Der sachliche Anwendungsbereich des Gesetzes wird bestimmt durch den Begriff der Gesamtemission."

109 Preuße/*Preuße* § 1 Rn 4.

110 Friedl/Hartwig-Jacob/*Hartwig-Jacob* § 1 Rn 43; Langenbucher/Bliesener/Spindler/*Bliesener/Schneider* § 1 Rn 11; BeckOGK/*Vogel* § 1 Rn 83.

111 Friedl/Hartwig-Jacob/*Hartwig-Jacob* § 1 Rn 43.

112 Langenbucher/Bliesener/Spindler/*Bliesener/Schneider* § 1 Rn 11.

113 BT-Drucks. 16/12814, Zu § 1 S 16; Friedl/Hartwig-Jacob/*Hartwig-Jacob* § 1 Rn 114.

Anleihe, die auf der Austauschbarkeit aller Schuldverschreibungen einer Emission beruht.[114] Sie liegt vor, wenn alle Schuldverschreibungen der Emission den gleichen Nennwert und die gleichen Rechte tragen.[115]

Inhaltsgleichheit bedeutet allerdings – anders als dies die in den Gesetzgebungsmaterialien enthaltene Definition zunächst vermuten lässt – nicht, dass die Anleihebedingungen auch identisch sein müssen, **Inhaltsgleichheit meint nicht Inhaltsidentität.**[116] Das Merkmal setzt nicht voraus, dass alle Schuldverschreibungen einer Emission vollkommen kongruent sein müssen, es genügt vielmehr, dass die Austauschbarkeit der Schuldverschreibungen gewährleistet ist.[117] Das Merkmal der Inhaltsgleichheit ist daher restriktiv auszulegen.[118] 34

Relevant wird die Unterscheidung insbesondere bei der Aufstockung von Schuldverschreibungsemissionen, also im Falle der nachträglichen Erhöhung des ursprünglichen Emissionsvolumens. Auch in diesem Fall liegt grundsätzlich eine Gesamtemission vor, jedoch kann die aufgestockte Tranche gegenüber der ursprünglichen Emission etwa einen anderen Emissionspreis und Verzinsungsbeginn aufweisen. Der unterschiedliche Zinsbeginn ist insoweit aber nur die Folge, die aus dem unterschiedlichen Emissionszeitpunkt zwischen ursprünglicher und aufgestockter Tranche herrührt.[119] Zudem ist der Emissionspreis nicht Bestandteil der Anleihebedingungen sondern des Übernahmevertrages und daher für die Inhaltsgleichheit schon deshalb irrelevant.[120] Die Anleihebedingungen selbst sehen für alle Anleihegläubiger die gleichen Rechte vor, sodass die Anleihe weiterhin fungibel bleibt und Inhaltsgleichheit damit gegeben ist.[121]

Irrelevant für die Inhaltsgleichheit sind auch die Modalitäten der Verbriefung der Schuldverschreibungen. Daraus folgt, dass auch die **sog. Tefra D-Emissionen** als inhaltsgleich zu behandeln sind.[122] Hierbei handelt es sich um Emissionen, bei denen aus Gründen des US-amerikanischen Steuerrechts (The Tax Equity and Fiscal Responsibility Act of 1982) die zunächst ausgestellte vorläufige Globalurkunde später in eine permanente Globalurkunde ausgetauscht wird.[123] Ob die Schuldverschreibungen in einer Sammelurkunde nach § 9a DepotG, in Einzelurkunden oder einer Kombination von beidem verbrieft werden ist unerheblich, solange die Gleichartigkeit der Anleihebedingungen nicht berührt wird.[124] 35

114 *Schmidtbleicher* Die Anleihegläubigermehrheit, S 17 ff; *Horn* ZHR 173 (**2009**) 12, 44.
115 BeckOGK/*Vogel* § 1 Rn 84.
116 BeckOGK/*Vogel* § 1 Rn 85; Veranneman/*Oulds* § 1 Rn 31. Die RegBegr. stellt in BT-Drucks. 16/12814, Zu § 1 S 16 letztlich auch wesentlich auf die Austauschbarkeit ab.
117 BeckOGK/*Vogel* § 1 Rn 84; Friedl/Hartwig-Jacob/*Hartwig-Jacob* § 1 Rn 115.
118 Veranneman/*Oulds* § 1 Rn 31.
119 Preuße/*Preuße* § 1 Rn 9; siehe auch Hopt/Seibt/*Artzinger-Bolten*/*Wöckener* § 1 Rn 22 die darauf hinweisen, dass die spätere Verzinsung gerade Voraussetzung für die Inhaltsgleichheit ist, da anderenfalls – bei Zinsbeginn vor Emission der aufgestockten Tranche – eine deutlich höhere Verzinsung vorläge.
120 Friedl/Hartwig-Jacob/*Hartwig-Jacob* § 1 Rn 116; Hopt/Seibt/*Artzinger-Bolten*/*Wöckener* § 1 Rn 22.
121 Friedl/Hartwig-Jacob/*Hartwig-Jacob* § 1 Rn 118 f; Preuße/*Preuße* § 1 Rn 9; *Podewils*, DStR **2009** 1914, 1915; BeckOGK/*Vogel* § 1 Rn 85; Heidel/*Müller* § 1 SchVG Rn 2; *Cagalj* Restrukturierung von Anleihen. S 75; Veranneman/*Oulds* § 1 Rn 31; *Horn* ZHR 173 (**2009**) 12, 44; **aA** Schimansky/Bunte/Lwowski/*Tetzlaff* § 88 Rn 50.
122 Veranneman/*Oulds* § 1 Rn 32; Preuße/*Preuße* § 1 Rn 11; Friedl/Hartwig-Jacob/*Hartwig-Jacob* § 1 Rn 123; Hopt/Seibt/*Artzinger-Bolten*/*Wöckener* § 1 Rn 20.
123 Ausführlich dazu Veranneman/*Oulds* § 1 Rn 32.
124 *Cagalj* Restrukturierung von Anleihen S 76.

Für die Inhaltsgleichheit ist ferner unbedeutend, ob sämtliche Schuldverschreibungen denselben Nennwert haben.[125] Gleiches gilt für die zugewiesene Wertpapiernummer.[126] Grundsätzlich unerheblich ist auch die Stückelung, sodass eine unterschiedliche Stückelung bei ansonsten identischen Bedingungen die Inhaltsgleichheit nicht gefährdet.[127] Es sind jedoch die Grenzen des **sachenrechtlichen Bestimmtheitsgrundsatzes** sowie die §§ 9a Abs 2, 6 Abs 1 DepotG zu beachten.[128] Gänzlich willkürliche Gestaltungen von Nennwert und Stückelung dürften damit nicht vereinbar sein.[129] Konstruktionen wie die im englischen Recht verbreitete sog. 100 + 1 Stückelung sind damit nach deutschem Recht nicht zulässig.[130]

36 Inhaltsgleichheit ist **nicht gegeben**, wenn die Schuldverschreibungen in unterschiedliche **Risikoklassen eingeteilt** werden, etwa hinsichtlich der Verzinsung, der Besicherung oder des Ranges der verbrieften Forderung im Falle der Insolvenz.[131] Dies betrifft insbesondere die sog. **Asset-backed-Securities (ABS)**, also durch Vermögenswerte (assets) gedeckte Schuldverschreibungen, die typischerweise gleichzeitig in verschiedene Klassen oder Tranchen aufgeteilt und ausgegeben werden.[132] Mit der Tranchierung einher geht eine feste Rangfolge hinsichtlich der in den Schuldverschreibungen verbrieften Forderungen. So werden Gläubiger der nachrangigen Tranchen erst dann berücksichtigt, wenn die Gläubiger vorrangiger Tranchen vom Emittenten vollständig befriedigt sind, sodass nachrangige Tranchen einer höheren Risikoklasse zuzuordnen sind und in der Regel dementsprechend höher verzinst werden.[133] Zweck der Tranchierung ist es dabei, sich mit den einzelnen Tranchen an jeweils verschiedene Anlegertypen richten zu können.[134]

37 Daraus folgt, dass die verschiedenen Klassen mangels Inhaltsgleichheit nicht aus einer Gesamtemission stammen können und somit **grundsätzlich nicht in den Anwendungsbereich des SchVG** fallen.[135] Allerdings verbrieft jede der verschiedenen Klassen jeweils inhaltsgleiche Schuldverschreibungen, sodass diese, soweit die übrigen Vorgaben des § 1 SchVG erfüllt sind, in den Anwendungsbereich des SchVG gelangen.[136] Dies ist freilich wegen der inneren Abhängigkeit der begebenen Bonds kaum praktikabel, so dass sich in diesem Bereich das Fehlen eines anleiheübergreifenden Mehrheitsprinzips besonders negativ bemerkbar macht.[137]

38 **4. Typische Arten von Schuldverschreibungen.** Das in der Schuldverschreibung verbriefte Leistungsversprechen ist gesetzlich nicht geregelt. Die Emittenten sind daher in ihrer Gestaltung weitgehend frei, sodass sich in der Rechtspraxis eine Vielzahl unter-

---

125 *Kusserow* RdF **2012** 4, 7.
126 Hopt/Seibt/*Artzinger-Bolten*/*Wöckener* § 1 Rn 21.
127 *Kusserow* RdF **2012** 4, 7.
128 Veranneman/*Oulds* § 1 Rn 34.
129 Hopt/Seibt/*Artzinger-Bolten*/*Wöckener* § 1 Rn 21.
130 *Müller*/*Oulds* WM **2007** 573, 574; Veranneman/*Oulds* § 1 Rn 34; Hopt/Seibt/*Artzinger-Bolten*/*Wöckener* § 1 Rn 21.
131 Langenbucher/Bliesener/Spindler/*Bliesener*/*Schneider* § 1 Rn 14.
132 BeckOGK/*Vogel* § 1 Rn 86; *Sester* AcP 209 (**2009**) 628, 654; Friedl/Hartwig-Jacob/*Hartwig-Jacob* § 1 Rn 124.
133 Schimansky/Bunte/Lwowski/*Sethe* § 114a Rn 12.
134 *Sester* AcP 209 (**2009**) 628, 654.
135 BeckOGK/*Vogel* § 1 Rn 86; Langenbucher/Bliesener/Spindler/*Bliesener*/*Schneider* § 1 Rn 14; Veranneman/*Oulds* § 1 Rn 18.
136 *Sester* AcP 209 (**2009**) 628, 654. Zu den damit verbundenen Problemen ausführlich Friedl/Hartwig-Jacob/*Hartwig-Jacob* § 1 Rn 127.
137 BeckOGK/*Vogel* § 1 Rn 86; vgl zur Kritik am Fehlen anleiheübergreifender Gläubigerbeschlüsse, Einleitung Rn 39.

schiedlicher Typen von Schuldverschreibungen etabliert hat. Eine klare Abgrenzung ist aufgrund der nahezu unbegrenzten Gestaltungsmöglichkeiten durch die Kautelarpraxis kaum möglich. Dennoch haben sich bestimmte Kategorien herausgebildet, wobei die Terminologie sich jeweils an bestimmten Merkmalen der Schuldverschreibungen orientiert, so etwa an der Art der Verzinsung, des Marktes, der Platzierungswährung oder aber den Ausfallrisiken einer konkreten Anleihe.[138]

a) Klassische Anleihen. Die Grundform der klassischen Anleihe enthält einen festen, meist ein- oder halbjährlichen Zinssatz (Coupon) und ist auf eine bestimmte Laufzeit festgelegt (fixed rate notes/plain vanilla bonds/straight bonds).[139] Am Ende der Laufzeit erfolgt die Rückzahlung der Anleihe zum Nominalbetrag.[140] Sie entspricht damit faktisch einem einfachen Bankdarlehen mit fester Verzinsung und Rückzahlung des Kapitals am Ende der Vertragslaufzeit.[141] Bei dieser wenig komplexen Grundform der Anleihe handelt es sich um die häufigste Form der an nationalen wie internationalen Kapitalmärken begebenen Schuldverschreibungen.[142] Insbesondere großvolumige Emissionen besonders finanzkräftiger Emittenten (sog. Benchmark-Anleihen) machen von dieser Gestaltung Gebrauch.[143] 39

Der Zinssatz kann aber auch mittels Anpassung an einen Referenzzinssatz variabel gestaltet werden (**Floating Rate Notes**), wobei als Referenz üblicherweise auf die Interbankensätze LIBOR (London Interbank Offered Rate) oder EURIBOR (European Interbank Offered Rate) zurückgegriffen wird.[144] Eine Angleichung findet dann innerhalb bestimmter Zeiträume (meist drei, sechs oder 12 Monaten) statt.[145] Aufgrund der regelmäßigen Zinsanpassungen unterliegen die Anleihen nur geringen Kursschwankungen.[146] 40

Daneben gibt es auch sog. Nullkoupon-Anleihen, deren Anleihebedingungen während der Laufzeit überhaupt keine Verzinsung vorsehen **(zero coupon notes/zero bonds).**[147] Ein Zinseffekt ergibt sich aber aus dem Unterschied zwischen Ausgabe- und Rückzahlungskurs.[148] Wird dabei der Ausgabekurs durch Abzinsung vom Nennwert der Anleihe berechnet spricht man von einer Abzinsungsanleihe oder **reinen Zero-bonds**, wird hingegen der Rückzahlungspreis durch Aufzinsung des Ausgabepreises errechnet handelt es sich um eine Aufzinsungsanleihe.[149] Der Vorteil dieser Anleihegestaltung liegt seitens der Investoren bei fallenden Zinsen in der Festschreibung der Zinshöhe zum Emissionszeitpunkt.[150] Demgegenüber ist es für den Emittenten vorteilhaft, dass er während der Laufzeit der Anleihe keine Liquidität für den Zinsendienst bereitstellen muss.[151] 41

b) Hochzinsanleihen (high yield bonds). Hochzinsanleihen oder auch Risikoanleihen genannt, stellen eine ursprünglich in den USA entwickelte, heute aber auch in 42

---

138 Siehe zu den verschiedenen Begriffs- und Kategorisierungsmöglichkeiten auch Habersack/Mülbert/Schlitt/*Kaulamo* Rn 16.5 ff; sowie Friedl/Hartwig-Jacob/*Lawall* Anh zu § 1 Rn 10.
139 Habersack/Mülbert/Schlitt/*Kaulamo* Rn 16.40.
140 *Hartwig-Jacob* Internationale Anleiheemissionen, S 33 f.
141 Hopt/Seibt/*Artzinger-Bolten*/*Wöckener* § 1 Rn 33.
142 Habersack/Mülbert/Schlitt/*Kaulamo* Rn 16.40.
143 Veranneman/*Oulds* § 1 Rn 20.
144 *Achleitner* Handbuch Investment Banking, S 514; *Lenenbach* Kapitalmarktrecht, Rn 2.106.
145 Hopt/Seibt/*Artzinger-Bolten*/*Wöckener* § 1 Rn 34.
146 Habersack/Mülbert/Schlitt/*Kaulamo* Rn 16.41.
147 MüKoHGB/*Singhof* Emissionsgeschäft Rn 114.
148 Habersack/Mülbert/Schlitt/*Kaulamo* Rn 16.44.
149 Hopt/Seibt/*Artzinger-Bolten*/*Wöckener* § 1 Rn 35.
150 Vgl *Hartwig-Jacob* Internationale Anleiheemissionen, S 40.
151 Habersack/Mülbert/Schlitt/*Kaulamo* Rn 16.44.

Europa übliche Kategorie von Anleihen dar.[152] Ihr Charakteristikum sind die relativ hohen Zinsen (bei zumeist strukturell oder vertraglicher Nachrangigkeit), die als Kompensation für das mit der Anleihe verbundene hohe Ausfallrisiko dienen sollen.[153] So werden High-Yield Anleihen in der Regel von Unternehmen von niedriger Bonität vergeben. Es handelt sich typischerweise um sog. Non-Investment-Grade-Emittenten, also Emittenten, deren Bonität von Ratingagenturen mit BB+ (Fitch und Standard & Poor's) oder Ba1 (Moody's) oder schlechter eingestuft worden ist.[154]

43 Darüber hinaus dienen derartige Risikoanleihen aber auch der Finanzierung bestimmter, riskanter Geschäftsvorgänge, z.B. Zwischenfinanzierungen bei Sanierungen oder der Refinanzierung von Akquisitionsdarlehen bzw spekulativen Unternehmenskäufen.[155]

Die Anleger sichern sich in den Anleihebedingungen in der Regel durch eine Reihe von besonderen Zusicherungen (Covenants) ab, die verschiedene Kontrollrechte und Verhaltenspflichten vorsehen können.[156]

Risikoanleihen werden meist nicht durch öffentliche Emission, sondern in einem engen Kreis meist institutioneller Anleger platziert[157] und haben damit gewisse Ähnlichkeiten mit einem Konsortialkredit.[158]

44 **c) Hybridanleihen (hybrid bonds).** Als Hybridanleihen bezeichnet man Finanzinstrumente, die die Merkmale von Fremdkapital und Eigenkapital miteinander kombinieren.[159] Der eigenkapitalähnliche Charakter wird dabei durch die spezifische Ausgestaltung der Anleihebedingungen erreicht.[160] Die Anleihen können damit unter bestimmten Voraussetzungen bilanziell und aufsichtsrechtlich als Eigenkapital eingestuft werden.[161] Maßgeblich für die Einordnung sind insoweit die Vorgaben der internationalen Rechnungslegungsstandards (IFRS), insbesondere der Standard IAS 32.16 Financial Instruments: Disclosure.[162] Gesellschafts- und steuerrechtlich sind die Anleihen jedoch weiterhin als Fremdkapital zu qualifizieren.[163]

45 Die Schuldverschreibungen sind entsprechend den Vorgaben der IAS/IFRS typischer Weise mit einer Nachrangklausel ausgestaltet, wonach die Anleihegläubiger im Falle der

---

152 *Horn* ZHR 173 (**2009**) 12, 18. Zu High High Yield Anleihen siehe auch ausführlich Habersack/Mülbert/Schlitt/*Hutter*, § 17.

153 MüKoHGB/*Singhof* Emissionsgeschäft Rn 121; Hopt/Seibt/*Artzinger-Bolten*/*Wöckener* § 1 Rn 36.

154 Habersack/Mülbert/Schlitt/*Hutter* Rn 17.4. Hopt/Seibt/*Artzinger-Bolten*/*Wöckener* § 1 Rn 36. Als besondere Form haben sich High-Yield-Bonds (Hochzinsanleihen, junk bonds) entwickelt, die von besonders risikoträchtigen Unternehmen begeben werden, die mit einem Rating unterhalb eines investment grades bewertet werden (Standard & Poor's/Fitch Rating niedriger als BBB bzw Moody's niedriger als Baa3), vgl Eilers/Rödding/Schmalenbach/*Strauch* Unternehmensfinanzierung, Kap. C Rn 176.

155 *Horn* ZHR 173 (**2009**) 12, 19; Habersack/Mülbert/Schlitt/*Hutter* Rn 17.17.

156 Zu den verschiedenen Klauseln siehe etwa *Schlitt*/*Hekmat*/*Kasten* AG **2011** 429, 430 ff und Habersack/Mülbert/Schlitt/*Hutter* Rn 17.67 ff.

157 Habersack/Mülbert/Schlitt/*Hutter* Rn 17.19.

158 *Horn* ZHR 173 (**2009**) 12, 19.

159 Habersack/Mülbert/Schlitt/*Gleske* Rn 18.1; *Sester* ZBB **2006** 443, 444 f.

160 Kümpel/Wittig/*Brandt*/*R. Müller*/*Oulds* Emissionsgeschäft, Rn 15.676.

161 Hopt/Seibt/*Artzinger-Bolten*/*Wöckener* § 1 Rn 38.

162 Vgl Habersack/Mülbert/Schlitt/*Gleske* Rn 18.9; Kessler/Kröner/Köhler/*Häuselmann* Konzernsteuerrecht, § 10 Rz. 212, 253. Aufgrund der Kapitalmarktorientierung besteht eine Pflicht der Unternehmen den konsolidierten Abschluss gemäß § 315e HGB nach Maßgabe der internationalen Rechnungslegungsstandards zu erstellen.

163 *Sester* ZBB **2006** 443, 458 f; Kümpel/Wittig/*Brandt*/*R. Müller*/*Oulds* Emissionsgeschäft, Rn 15.671.

Insolvenz erst nach Gläubigern nicht nachrangiger Forderungen zu befriedigen sind.[164] Weiteres Charakteristikum ist die lange Laufzeit mit gleichzeitig weitgehendem Ausschluss der Kündigungsmöglichkeiten. So wird unterschieden zwischen **unbefristeten, sog. ewigen Anleihen** (perpetual bonds), bei denen grundsätzlich keine Rückzahlung des Kapitals sondern ausschließlich Zinszahlungen erfolgen und **befristeten Anleihen**, deren Anleihebedingungen eine sehr lange Laufzeit vorsehen (häufig 99 Jahre) und ein einseitiges Kündigungsrecht auf Seiten des Emittenten vorsehen.[165] Der Zinssatz steigt dabei – häufig verbunden mit einem Wechsel zu einem variablen Zinssatz – nach einigen Jahren Grundlaufzeit in der Regel an, wodurch der Emittent mit den sich für ihn verteuernden Bedingungen zur Ausübung seines Kündigungsrechts bewogen werden soll.[166] Da diese jedoch immer noch im Ermessen des Emittenten steht, ist diese Ausgestaltung für die Einordnung als Eigenkapital unschädlich.[167]

Typische Emittenten sind traditionell Kredit- und Versicherungsinstitute und große kapitalmarktorientierte Unternehmen. In der Vergangenheit haben sich aber auch zunehmend große mittelständische und grundsätzlich nicht kapitalmarktorientierte Unternehmen – teils mit sehr innovativen Strukturen – dieses Finanzierungsinstrumentes bedient.[168] Aber auch in der Kredit- und Versicherungsbranche hat die Bedeutung der Hybridanleihen – angeregt durch die regulatorischen Verschärfungen nach Umsetzung von Basel III zugenommen. So haben sich auch hier relativ neue Formen der Hybridanleihen zum Zwecke der Beschaffung regulatorischen Eigenkapitals etabliert, so etwa die **Contingent Convertible Bonds** (CoCo Bonds), die bei Eintritt eines bestimmten Ereignisses (sog. Trigger, etwa dem Unterschreiten bestimmter Eigenmittelanforderungen) von Fremd- in Eigenkapital gewandelt werden.[169] 46

d) Derivative Finanzinstrumente. Derivate sind in § 2 Abs 3 Nr 1 WpHG und der nahezu gleich lautenden bankaufsichtsrechtlichen Parallelnorm des § 1 Abs 11 S 3 KWG legaldefiniert. Wesentliches Merkmal von derivativen Finanzinstrumenten ist, dass der Umfang der verbrieften Forderung an die künftige Entwicklung **eines oder mehrerer Basis- oder Referenzwerte gekoppelt** ist.[170] 47

Der Basiswert (Underlying) kann **unterschiedlichste Formen** annehmen. So kann etwa Bezug genommen werden auf den Börsen- oder Marktpreis bestimmter Wertpapiere oder Geldmarktinstrumente, Handelsgüter – insbesondere Rohstoffe, Zinssätze oder ähnliche Erträge, Währungen, sowie verschiedenste Indizes.[171] Man spricht dabei von einer unmittelbareren Abhängigkeit vom Basiswert, wenn dieser selbst einen Börsen- oder Marktwert hat (so etwa bei einer Bezugnahme auf ein bestimmtes Wertpapier) und dieser Wert die Anleihe direkt beeinflusst.[172] Eine mittelbare Abhängigkeit liegt vor, wenn der Basiswert selbst von einem oder mehreren weiteren Referenz- oder Basiswerten 48

---

164 Hopt/Seibt/*Artzinger-Bolten*/*Wöckener* § 1 Rn 38.

165 Kümpel/Wittig/*Brandt*/*R. Müller*/*Oulds* Emissionsgeschäft, Rn 15.678; Zur Zulässigkeit „ewig" laufender Anleihen auch *Müller-Eisig*/*Bode* BKR **2006** 480, 481.

166 Langenbucher/Bliesener/Spindler/*Bliesener*/*Schneider* § 1 Rn 68.; Kessler/Kröner/Köhler/*Häuselmann* Konzernsteuerrecht, Rn 250.

167 Kümpel/Wittig/*Brandt*/*R. Müller*/*Oulds* Emissionsgeschäft, Rn 15.680.

168 Dazu ausführlich Habersack/Mülbert/Schlitt/*Gleske* Rn 18.2.

169 Ausführlich dazu Hopt/Seibt/*Artzinger-Bolten*/*Wöckener* § 1 Rn 39; Hölters/*Apfelbacher*/*Niggemann* AktG § 192 Rn 25b.

170 Schimansky/Bunte/Lwowski/*Jahn* § 114 Rn 1; *Lenenbach* Kapitalmarktrecht, Rn 9.100.

171 Vgl § 2 Abs 3 Nr 1 WpHG und die Parallelvorschrift des § 1 Abs 11 S 3 KWG.

172 Schäfer/Hamann/*Schäfer* § 2 WpHG Rn 24; KölnKommWpHG/*Versteegen* § 2 Rn 44.

abhängt. Letzteres ist etwa bei Bezugnahme auf Indizes, z. B. von Aktien (bspw. DAX-Option) der Fall.[173] Auch Derivate selbst können grundsätzlich als Basiswert fungieren.[174] Die Bezugnahme kann dabei sowohl durch die Zinszahlungsverpflichtung als auch durch die sich nach den Emissionsbedingungen richtende Rückzahlungsverpflichtung erfolgen.[175]

Aufgrund der sich eröffnenden Spielräume in der Gestaltungspraxis und der damit einhergehenden außerordentlichen Vielfalt von Einsatzmöglichkeiten spielen Derivate eine überragende Rolle im der modernen Finanzwelt.[176] Gleichzeitig unterliegen sie wegen ihrer Komplexität und Intransparenz und der damit einhergehenden Risiken einer besonderen Beobachtung durch die Öffentlichkeit.[177]

49 Bei den verbrieften Derivaten unterscheidet die Rechtspraxis zwischen Zertifikaten, Optionsscheinen und Aktienanleihen.[178] Diese unterfallen grundsätzlich dem SchVG.[179] Trotz der großen Verbreitung derivativer Wertpapiere spielt das SchVG aber nur eine geringe praktische Rolle, da vergleichsweise selten von der Einwahl-Option für die §§ 5–21 SchVG Gebrauch gemacht wird.[180] Dies hängt mit praktischen Erwägungen zusammen. So werden derivative Anleihen von zahlreichen Emittenten in sehr großer Zahl unter großer Standardisierung begeben, häufig bei zugleich relativ kurzen Laufzeiten.[181] Eine Änderung der Anleihebedingungen durch Mehrheitsbeschluss wäre damit bereits aus administrativen Gründen sowie Kostengesichtspunkten kaum zweckmäßig. Zudem schlägt auch hier das Fehlen der Aggregationsmöglichkeit negativ zu Buche.[182]

50 Unter Aktienanleihen (equity linked bonds) versteht man Anleihen, die in der Regel mit einer erhöhten Verzinsung ausgestattet sind und deren Kurs an den Preis einer – oder auch mehrerer – Aktien als Basiswerte geknüpft ist.[183] Der Emittent erhält zudem das Wahlrecht, am Ende der Laufzeit dem Anleger statt des Nennwerts der Anleihe Aktien zu einem vorher festgesetzten Kurs zu liefern.[184] Ihnen kommt damit ein hybrider Charakter zu. Aktienanleihen werden üblicherweise als Inhaberschuldverschreibungen begeben, können aber auch als Namensschuldverschreibung ausgestaltet werden.[185]

51 Optionsscheine (warrants) verbriefen das Recht, eine bestimmte Anzahl eines Basiswertes, etwa einer bestimmten Aktie, oder deren Gegenwert zu einem vorher bestimm-

---

173 Schwark/Zimmer/*Kumpan* WpHG § 2 Rn 36.
174 Habersack/Mülbert/Schlitt/*Apfelbacher*/*Kopp* Rn 27.5.
175 Veranneman/*Oulds* § 1 Rn 24.
176 Kümpel/Wittig/*Rudolf* Rn 19.2; Habersack/Mülbert/Schlitt/*Apfelbacher*/*Kopp* Rn 27.1.
177 *Grunewald* Kapitalmarktrecht, § 7 I, S 133. So werden den Derivaten – auch wenn sie zugleich Instrumente zur Abfederung von Risiken zur Verfügung stellen – auch Risiken für die Finanzmarktstabilität zugeschrieben, vgl Kümpel/Wittig/*Rudolf* Rn 19.4 mwN.
178 BeckOGK/*Vogel* § 1 Rn 67; Friedl/Hartwig-Jacob/*Hartwig-Jacob* § 1 Rn 14 ff. *Horn*, ZHR 173 (**2009**), 12, 20.
179 Begr. RegE SchVG, BT-Drucks. 16/12814, 14; BeckOGK/*Vogel* § 1 Rn 68; Hopt/Seibt/*Artzinger-Bolten*/*Wöckener* § 1 Rn 43 ff; Preuße/*Preuße* § 1 Rn 21; *Habersack* ZIP **2014** 1149; *Horn* BKR **2009** 446, 449.
180 BeckOGK/*Vogel* § 1 Rn 68; *Horn* BKR **2009** 446, 449; Veranneman/*Oulds* § 1 Rn 25.
181 Veranneman/*Oulds* § 1 Rn 25; Friedl/Hartwig-Jacob/*Hartwig-Jacob* § 1 Rn 23.
182 BeckOGK/*Vogel* § 1 Rn 68.
183 Vgl BGH v. 28.6.2005 – XI ZR 363/04, NJW **2005** 2917; Marsch-Barner/Schäfer/*Groß* Rn 51.20; BeckOGK/*Vogel* § 1 Rn 67 und § 793 BGB Rn 120.
184 *Horn* ZHR 173 (**2009**) 12, 20.
185 Hopt/Seibt/*Artzinger-Bolten*/*Wöckener* § 1 Rn 45; BeckOGK/*Vogel* § 1 Rn 67.

ten Preis vom Emittenten zu erwerben (Call) oder an diesen zu verkaufen (Put).[186] Sie werden in der Regel aus Inhaberschuldverschreibungen begeben.[187]

Als Zertifikate (certificates) bezeichnet die Praxis alle weiteren als Schuldverschreibungen ausgestalteten Derivate.[188] Unter dem gesetzlich nicht definierten Begriff wird damit eine selbst von professionellen Investoren kaum noch zu überblickende Vielfalt an derivativen Finanzprodukten von enormer Bandbreite zusammengefasst.[189] Der Terminus wird dementsprechend teils als Obergriff verwendet.[190] Es wird üblicher Weise zwischen Anlageprodukten und Hebelprodukten unterschieden. Während Anlageprodukte sich durch eine teilweise oder gar hundertprozentige Kapitalgarantie auszeichnen, charakterisieren sich Hebelprodukte durch ein kumuliertes Risiko, indem sie hohen Gewinn bei gleichzeitig hohem Verlustrisiko versprechen, da der Einsatz überproportional von Schwankungen des Basiswertes abhängt.[191] Neben einer Begebung als Inhaberschuldverschreibungen können sie im Einzelfall auch als Order- oder Namensschuldverschreibungen verbrieft werden.[192] 52

e) Aktienrechtliche Anleihen. Der Gesetzgeber hat auf die auch im Bereich der Mischformen zwischen Eigen- und Fremdkapitalfinanzierung grundsätzlich bestehende Gestaltungsvielfalt, mit Schaffung des § 221 AktG reagiert. Dieser sieht für Wandelanleihen, Gewinnschuldverschreibungen und Genussrechte zum einen ein Mitwirkungserfordernis der Hauptversammlung vor, zum anderen steht den Aktionären ein Bezugsrecht gem. § 221 Abs 4 AktG zu. Die aktienrechtliche Regelung soll die Aktionäre vor Eingriffen in ihre bestehenden mitgliedschaftlichen und vermögensrechtlichen Positionen schützen, die sich aus dem speziellen, diese Rechtspositionen der Aktionäre berührenden Inhalt dieser Finanzierungsinstrumente ergeben.[193] Wandelanleihen, Optionsanleihen, Gewinnschuldverschreibungen und Genussrechte lassen sich dementsprechend als aktienrechtliche Anleiheformen einordnen.[194] 53

Wandelanleihen sind entsprechend der Legaldefinition des § 221 Abs 1 S 1 Alt 1 AktG Schuldverschreibungen, bei denen den Gläubigern Umtausch- bzw Bezugsrechte auf bestimmte neu geschaffene Aktien eingeräumt werden. Dem Gläubiger wird also das Recht gewährt, seinen Anspruch auf Rückzahlung des Kapitals gegen eine bestimmte Anzahl von Aktien einzutauschen.[195] Im Unterschied zur Aktienanleihe steht das Wandlungsrecht aber nicht dem Emittenten, sondern dem Anleger zu.[196] In Schuldverschreibungen können lediglich schuldrechtliche Leistungsansprüche (§ 241 BGB) verbrieft werden, nicht jedoch in Mitgliedschaftsrechte wie bei Aktien. Jedoch gewährt die Wandelanleihe bis zum Zeitpunkt der Ausübung des Wandlungsrechts einen lediglich 54

186 *Horn* ZHR 173 (**2009**) 12, 20.
187 BeckOGK/*Vogel* § 1 Rn 68; Langenbucher/Bliesener/Spindler/*Bliesener*/*Schneider* § 1 Rn 69; Hopt/Seibt/*Artzinger-Bolten*/*Wöckener* § 1 Rn 44; *Habersack* ZIP **2014** 1149, 1150; *Podewils* ZHR 174 (**2010**) 193.
188 Friedl/Hartwig-Jacob/*Hartwig-Jacob* § 1 Rn 21; *Horn* ZHR 173 (**2009**) 12, 20.
189 Friedl/Hartwig-Jacob/*Hartwig-Jacob* § 1 Rn 21.
190 *Horn* ZHR 173 (**2009**) 12, 20.
191 Habersack/Mülbert/Schlitt/*Apfelbacher*/*Kopp* Rn 27.16; Friedl/Hartwig-Jacob/*Hartwig-Jacob* § 1 Rn 21; *Horn* ZHR 173 (**2009**) 12, 20.
192 Friedl/Hartwig-Jacob/*Hartwig-Jacob* § 1 Rn 21.
193 Marsch-Barner/Schäfer/*Groß* Rn 51.1; Hopt/Seibt/*Fest* § 221 AktG Rn 1.
194 Langenbucher/Bliesener/Spindler/*Bliesener*/*Schneider* § 1 Rn 65; BeckOGK/*Vogel* § 1 Rn 64 ff.
195 Langenbucher/Bliesener/Spindler/*Bliesener*/*Schneider* § 1 Rn 65.
196 Hopt/Seibt/*Artzinger-Bolten*/*Wöckener* § 1 Rn 46.

schuldrechtlichen Zahlungsanspruch. Dieser begründet weder eine Mitgliedschaft[197], noch eine Anwartschaft auf eine mitgliedschaftliche Beteiligung.[198] Gleiches gilt für Optionsanleihen, Gewinnschuldverschreibungen und Genussrechte.[199] Es liegen daher nach der Rechtsprechung grundsätzlich unter § 1 Abs 1 SchVG subsumierbare Schuldverschreibungen vor.[200]

55 Bei Optionsanleihen (§ 221 Abs 1 S 1 Alt 2 AktG) handelt es sich um Schuldverschreibungen, die dem Gläubiger bei Fälligkeit einen Anspruch auf Zahlung von Kapital und Zinsen gewähren, sowie zusätzlich das Recht (die Option; warrant), statt der Rückzahlung eine bestimmte Zahl von Aktien des Emittenten innerhalb eines bestimmten Zeitraums zu einem festgelegten Preis zu erwerben.[201] Der wesentliche Unterschied zur Wandelanleihe besteht darin, dass Anleihe und Aktienerwerbsrecht voneinander unabhängig behandelt werden können.[202] Das Optionsrecht tritt damit nicht an die Stelle des Rückzahlungsanspruchs, sondern neben ihn, sodass der Gläubiger auch dann seinen Rückzahlungsanspruch aus der Anleihe behält, wenn er die Option zum Bezug der Aktien ausübt.[203] Technisch wird dabei das Recht zum Bezug der Aktien in der Regel in „abtrennbaren" Optionsscheinen verbrieft.[204] Diese werden mit der Optionsanleihe zunächst fest verbunden, zu einem späteren Zeitpunkt aber von ihr getrennt und so als eigenständiges Wertpapier handelbar.[205]

56 Gewinnschuldverschreibungen (§ 221 Abs 1 S 1 Alt 3 AktG) sind Schuldverschreibungen, die neben dem Anspruch auf Rückzahlung des Kapitals Rechte verbriefen, die sich an den Gewinnansprüchen der Aktionäre, wie etwa der Höhe des Dividendenbezugs durch diese, orientieren.[206] Der Begriff der Gewinnbeteiligung wird dabei weit ausgelegt. In Betracht kommt damit auch eine Anknüpfung an den Bilanzgewinn der Gesellschaft, an den Jahresüberschuss oder an andere ergebnisorientierte Faktoren, die mit dem Dividendenrecht der Aktionäre konkurrieren.[207] Gewinnschuldverschreibungen vermitteln damit, anders als die Wandel- und Optionsschuldverschreibungen, weder eine mitgliedschaftliche Beteiligung an der AG noch ein Recht zum Erwerb einer solchen noch ein mitgliedschaftliches Gewinnbezugsrecht.[208]

57 Unter Genussrechten (§ 221 Abs 3 AktG) versteht man schuldrechtliche Ansprüche auf gesellschaftertypische Vermögensrechte, die nicht schon Wandel- Options- oder Gewinnschuldverschreibungen sind.[209] Sind sie verbrieft, werden Genussrechte als „Genussscheine" bezeichnet.[210] Nur Genussscheine können damit unter § 1 Abs 1 SchVG fallen.[211] Genussscheine können auch von einer GmbH oder Personengesellschaft ausgegeben werden.[212] Gewöhnlich verbriefen Genussscheine ein Recht in Form des Reinge-

---

197 MüKoAktG/*Habersack* § 221 Rn 27; GroßkommAktG/*Hirte* § 221 Rn 75.
198 So die herrschende Meinung, vgl *Zahn/Lemke* BKR **2002** 527; MüKoAktG/*Habersack* § 221 AktG Rn 28 mwN.
199 So die herrschende Meinung, vgl Hopt/Seibt/*Fest* § 221 AktG Rn 68; *Zahn/Lemke* BKR **2002** 527, 532
200 LG Frankfurt, Beschluss vom 23. Januar 2012 – 3-05 O 142/11.
201 Langenbucher/Bliesener/Spindler/*Bliesener/Schneider* § 1 Rn 65.
202 MüKoAktG/*Habersack* § 221 AktG Rn 13.
203 Hüffer/*Koch* § 221 AktG Rn 6; K. Schmidt/Lutter/*Merkt* § 221 Rn 30.
204 Vgl MüKoAktG/*Habersack* § 221 Rn 13.
205 Hüffer/*Koch* AktG § 221 Rn 6.
206 Hüffer/*Koch* § 221 AktG Rn 8.
207 MüKoAktG/*Habersack* § 221 AktG Rn 54; Henssler/Strohn/*Hermanns* § 221 Rn 7.
208 K. Schmidt/Lutter/*Merkt* Rn 39.
209 Langenbucher/Bliesener/Spindler/*Bliesener/Schneider* § 1 Rn 65.
210 MüKoAktG/*Habersack* § 221 Rn 63; Hüffer/*Koch* § 221 Rn 28.
211 BGHZ **202** 7 = NZG **2014** 1102, 1104 Rn 14; bestätigt in BGH NJW **2018** 2193, 2194 Rn 15.
212 *Schaber/Kuhn/Eichhorn* BB **2004** 315.

winns oder des Liquidationserlöses der Gesellschaft, üblicherweise mit, teilweise aber auch ohne Verlustteilnahme des Gläubigers.[213] Nicht verbriefen können sie dagegen gesellschaftertypische Mitwirkungs- und Kontrollrechte.[214] Genussscheine werden in der Regel als Inhaberschuldverschreibungen begeben, können aber im Einzelfall auch als Order- oder Namensschuldverschreibungen ausgestaltet werden.[215]

Die Frage, ob Genussscheine unter das SchVG 1899 fielen oder nicht war seit jeher umstritten.[216] Von der Rechtsprechung und der überwiegenden Literatur wurde eine Anwendung des SchVG mit dem Argument verneint, dass der damalige § 1 Abs 1 SchVG 1899 Schuldverschreibungen mit „im Voraus bestimmten Nennwerten" voraussehe. Auch aus Gesetzesgeschichte und Regelungszusammenhang sollte sich keine andere Auslegung ergeben. 58

Mit der Neufassung des § 1 Abs 1 SchVG und der damit einhergehenden Ausweitung des Anwendungsbereiches hat sich die Streitfrage aber erledigt. So hat sich der Gesetzgeber in Kenntnis des Streitstandes dazu entschieden, ausdrücklich nur Pfandbriefe und Anleihen der öffentlichen Hand vom Anwendungsbereich auszunehmen, das Gesetz aber im Übrigen auf „alle Arten der Schuldverschreibungen" anzuwenden.[217] Das neue SchVG umfasst damit auch Genussscheine, was im Ergebnis von der Rechtsprechung des BGH bestätigt worden ist.[218] Relevanz hat der obengenannte Streit damit allenfalls noch für verbleibende Genussscheine, die vor dem Stichtag des 5. August 2009 ausgegeben wurden und auch nicht mittels Beschluss im Sinne des § 24 Abs 2 SchVG dem neuen Recht unterstellt worden sind.[219] Auf diese findet gemäß § 24 Abs 1 SchVG weiterhin das SchVG 1899 Anwendung. 59

f) Asset Backed Securities (ABSs). Bei Asset Backed Securities handelt es sich um Schuldverschreibungen, die durch Vermögenswerte (assets) gedeckt (backed) sind und die Zahlungsströme aus diesen Vermögenswerten verbriefen.[220] Sie werden grundsätzlich vom SchVG erfasst, wobei aber das Erfordernis der Inhaltsgleichheit bzw das Fehlen anleiheübergreifender Mehrheitsbeschlüsse praktische Probleme bereitet (oben Rn 36f). In ihrer Grundkonstellation verkauft und überträgt ein Unternehmen (originator) Vermögenswerte, in der Regel Darlehensforderungen, auf eine eigens zu diesem Zweck gegründete Zweckgesellschaft (special purpose vehicle, SPV). Um die so erworbenen Vermögenswerte zu refinanzieren begibt die Zweckgesellschaft Schuldverschreibungen, wobei mit den auf die Vermögenswerte eingehenden Zahlungen dann Kapital und Zinsen der Schuldverschreibungen bedient werden. 60

Asset Backed Securities stellen in der Regel ein Mittel der Refinanzierung von Banken dar und dienen damit zugleich als Instrument zur Weitergabe von Kreditrisiken, in- 61

---

213 Henssler/Strohn/*Hermanns* § 221 Rn 8. Die Abgrenzung zwischen Gewinnschuldverschreibungen und Genussscheinen erfolgt dabei insbesondere anhand der vertraglichen Ausgestaltung des Rückzahlungsanspruchs, vgl dazu Hopt/Seibt/*Fest* § 221 AktG Rn 322 mwN.

214 MüKoAktG/*Habersack* § 221 Rn 65; Hüffer/*Koch* § 221 AktG Rn 26.

215 GroßkommAktG/*Hirte* § 221 Rn 396; Hüffer/*Koch* § 221 AktG Rn 28.

216 Dagegen OLG Frankfurt v. 28.4.2006 – 20 W 158/06, WM **2007** 828, 829; *Sethe* AG **1993** 351, 354; *Hammen* BB **1990** 1920; *Reuter* NJW, **1984** 1854. **AA** aber etwa KölnKommAktG/*Lutter* § 221 Rn 268; MüKoAktG/*Habersack* § 221 Rn 252; für eine analoge Anwendung *Hirte* ZIP **1991** 461, 468.

217 BT-Drucks. 16/12814, Zu § 1 S 16; *Cagalj* Restrukturierung von Anleihen S 73.

218 BGH, Urteil vom 1. Juli 2014 – II ZR 381/13 – BGHZ **202** 7 = NZG **2014** 1102, 1103 Rn 14.

219 Vgl BGH, Urteil vom 1. Juli 2014 – II ZR 381/13 – BGHZ **202** 7 = NZG **2014** 1102, 1103 Rn 9 ff. Ausführlich zur Einbeziehung § 24 Rn 18 ff.

220 Vgl zur folgenden Darstellung Habersack/Mülbert/Schlitt/*Geiger* Rn 21.3 ff; Schimansky/Bunte/Lwowski/*Sethe* § 114a Rn 9 ff.

dem Darlehensforderungen in Anleihen verbrieft werden, um sie in dieser Form gesammelt an Anleger weiterverkaufen zu können.[221] Neben der Finanzierungsfunktion werden Asset Backed Securities auch zur Verbesserung der Bilanzkennzahlen und bisweilen auch zur Risikosteuerung eingesetzt.[222]

62 **g) Collateralised Debt Obligations (CDOs).** Eine Unterform der Asset Backed Securities sind die Collateralised Debt Obligations.[223] Hierbei werden Kreditforderungen in Portfolios zusammengefasst und in unterschiedliche Risikoklassen, sog. Tranchen (Senior Tranche, Mezzanine Tranche und Equity Tranche) mit unterschiedlichen Verlustrangstufen, eingeteilt.[224] Die Zahlungseingänge auf die der Anleihe zu Grunde liegenden Kreditforderungen werden dann entsprechend der jeweiligen Risikoklasse auf die Tranchen verteilt. Dementsprechend werden höherrangige Tranchen vorrangig bedient, gleichzeitig weisen diese aber auch die kleinste Rendite auf. Umgekehrt werden risikoreichere Tranchen bei gleichzeitig höheren Kapital- und Zinszahlungen nachrangig bedient.[225] Dabei kommt der Senior Tranche der höchste Rang zu, gefolgt von der Mezzanine Tranche – teils auch Junior Tranche genannt. Von niedrigstem Rang und höchstem Ausfallrisiko ist schließlich die Equity Tranche, deren Anleger die Verluste der ganzen Anleihe – ggf. auch einen Totalverlust – zuvörderst tragen.[226]

63 **h) Credit Linked Notes (CLNs).** Credit Linked Notes sind Schuldverschreibungen, bei denen der Rückzahlungs- und/oder Zinsanspruch in Abhängigkeit von dem Eintritt eines oder mehrerer kreditrelevanter Ereignisse bei einem oder mehreren Referenzschuldnern steht.[227] Der Anleger trägt damit ein doppeltes Risiko, nämlich zum einen das Ausfallrisiko des Referenzschuldners als auch des Emittenten der Schuldverschreibung.[228]

64 **i) Katastrophenanleihen.** Im Wesentlichen durch Versicherungen werden Katastrophenanleihen (CAT Bonds) begeben, durch die Versicherungsrisiken in Bezug auf bestimmte Naturereignisse wie etwa Stürme, Erdbeben, Überschwemmungen etc. wirtschaftlich auf die Anleger übertragen werden.[229] Tritt ein solches Ereignis ein, verringert sich die Höhe der Kapital- und Zinszahlungen auf die Anleihe.[230]

II. Örtlicher Anwendungsbereich

65 Das Gesetz ist nur auf solche Schuldverschreibungen anwendbar, die nach deutschem Recht begeben sind. Die **Anwendbarkeit des deutschen Rechts als Wertpapier(rechts)statut** ist damit Grundvoraussetzung der Anwendbarkeit des SchVG.[231] Anders war dies noch unter dem **SchVG 1899**, in der zwingende Voraussetzung war, dass der

221 Hopt/Seibt/*Artzinger-Bolten/Wöckener* § 1 Rn 49.
222 Habersack/Mülbert/Schlitt/*Geiger* Rn 21.1.
223 *Wittinghofer* NJW **2010** 1125, 1126.
224 Hopt/Seibt/*Artzinger-Bolten/Wöckener* § 1 Rn 50.
225 Langenbucher/Bliesener/Spindler/*Bliesener/Schneider* § 1 Rn 72.
226 *Cagalj* Restrukturierung von Anleihen S 34 f.
227 Langenbucher/Bliesener/Spindler/*Bliesener/Schneider* § 1 Rn 71.
228 Kümpel/Wittig/*Rudolf* Rn 19.256.
229 Ausführlich *Fest* ZBB **2016** 301.
230 Langenbucher/Bliesener/Spindler/*Bliesener/Schneider* § 1 Rn 73.
231 Hopt/Seibt/*Artzinger-Bolten/Wöckener* § 1 Rn 54; Langenbucher/Bliesener/Spindler/*Bliesener/Schneider* § 1 Rn 3.

Emittent seinen Sitz in Deutschland hatte, was sich für die Emissionspraxis als erheblicher Nachteil herausstellte.[232] Der Gesetzgeber hat diesen Mangel behoben und knüpft nun nicht mehr an den Sitz des Emittenten an. Damit besteht trotz der inhaltlichen Annäherung der Gläubigerversammlung an die Hauptversammlung keinerlei Grundlage für eine gesellschaftsrechtliche Qualifikation des SchVG. Nicht von Bedeutung ist zudem der Begebungs- oder Verwahrungsort der Schuldverschreibungen.[233]

Die Anwendbarkeit deutschen Rechts ist nach den folgenden Grundsätzen zu ermitteln: Im Ausgangspunkt gilt autonomes deutsches *Wertpapierkollisionrecht*. Dabei ist zwischen dem Wertpapier*sach*statut und dem Wertpapier*rechts*statut zu unterscheiden.[234] Das Wertpapiersachstatut befasst sich lediglich mit der sachenrechtlichen Behandlung von Wertpapieren. Das Hauptstatut ist demgegenüber das Wertpapierrechtsstatut als das Statut zur Anknüpfung des verbrieften Rechts.[235] Es entscheidet über die Anwendung deutschen Rechts. Bei Schuldverschreibungen richtet sich das Hauptstatut nach dem Schuldstatut.[236] Das muss auch für die aktienrechtlichen Schuldverschreibungen (Rn 53 ff) sowie bei dinglich besicherten Asset-Backed Securities (Rn 60 ff) gelten. Entscheidend ist die obligatorische Rechtsnatur des verbrieften Zahlungsanspruchs. Siehe schon oben, Rn 13. 66

Das hiernach anzuwendende Schuldstatut folgt dann allerdings nicht mehr dem autonomen deutschen Kollisionsrecht, sondern ergibt sich aus **Artt. 3, 4 Rom-I VO.** Dem steht nicht entgegen, dass Art. 1 Abs 2 lit d Rom I-VO eine Bereichsausnahme für handelbare Wertpapiere vorsieht. Dazu zählen zwar ohne Weiteres Inhaber und Orderpapiere[237] – und damit praktisch alle Schuldverschreibungen. Jedoch gilt die Bereichsausnahme ausschließlich für die besonderen, aus der Handelbarkeit des Wertpapiers folgenden Ansprüche.[238] Nach wohl h.M. werden damit lediglich die besonderen obligatorischen Folgewirkungen aus der wertpapierrechtlichen Funktion der Papiere angesteuert.[239] Im Fall von Schuldverschreibungen sind das namentlich der gutgläubige Erwerb, die Rechtsscheinhaftung und der Einwendungsausschluss (§ 796 BGB).[240] Dagegen beansprucht die Bereichsausnahme nach dieser Sicht keine Geltung für die Verträge, die zur Ausstellung des Papiers geführt haben.[241] Im Fall der Schuldverschreibung sind das das (verbriefte) Schuldversprechen sowie der – davon getrennt anzuknüpfende (siehe gleich Rn 70) – Begebungsvertrag. Folgt man dieser engeren Auffassung, ist das Wertpapierrechtsstatut der Schuldverschreibung über Artt. 3, 4 Rom-I VO anzuknüpfen. Freilich ist die Reichweite der Rom I-VO im Einzelnen umstritten.[242] Nach anderer Auffas- 67

232 *Bredow/Vogel* ZBB **2009** 154; BT-Drucks. 16/12814 S 13.
233 *Cagalj* Restrukturierung von Anleihen S 82.
234 BGHZ **108** 353 = NJW **1990**, 242, 243; MüKoBGB/*Wendehorst* Art 43 Rn 194 ff; Scherer/*Dietrich* § 17a DepotG Rn 24 ff
235 MüKoBGB/*Wendehorst* Art 43 Rn 194.
236 MüKoBGB/*Wendehorst* Art 43 Rn 194.
237 BeckOGK/*Kindler* Art 1 Rom-I VO Rn 45.
238 BeckOGK/*Kindler* Art 1 Rom-I VO Rn 46.
239 MüKoBGB/*Martiny* Art 1 Rom-I VO Rn 60.
240 MüKoBGB/*Martiny* Art 1 Rom-I VO Rn 60.
241 BeckOGK/*Kindler* Art 1 Rom-I VO Rn 47.
242 So wird teilweise die analoge Anwendung der Rom I-VO über das internationale Wertpapierrecht befürwortet. Teilweise wird auch eine Statutenspaltung angenommen, wonach nur die Klauseln, die die Handelbarkeit der in der Anleihe verbrieften Forderung betreffen dem internationalen Wertpapierrecht unterfallen, was schließlich insoweit zu einer analogen Anwendung der Rom I-VO führt. Vgl zum Streitstand etwa Reithmann/Martiny/*Freitag* Internationales Vertragsrecht, 8. Aufl. 2015, F. Anleihe, Rn 6.632 ff; Hopt/Seibt/*Schwarz* Teil 6 IPR, Rn 14.5 ff; dazu auch ausführlich Friedl/Hartwig-Jacob/*Hartwig-Jacob* § 1 Rn Rn 82 ff.

sung soll die Bereichsausnahme für alle Primär- und Sekundäransprüche aus dem Papier gelten, also gerade auch für die Hauptschuld selbst.[243] Da jedoch sowohl Art. 3 Rom I-VO als auch das andernfalls einschlägige deutsche Wertpapierkollisionsrecht eine freie Rechtswahl zulassen, ist die Problematik letztlich von geringer praktischer Relevanz.[244]

68 Mithin gilt: **Das SchVG ist anwendbar, wenn auf die verbriefte Forderung nach Artt. 3, 4 Rom-I VO deutsches Recht Anwendung findet.** Das SchVG wird mithin akzessorisch über das Schuldstatut als dem maßgeblichen Wertpapierrechtsstatut der Schuldverschreibung angeknüpft. Ausschlaggebendes Kriterium ist die Anwendung deutschen Rechts. Das wird sich in aller Regel aus einer Rechtswahlklausel ergeben – auch wenn der Wortlaut des § 1 Abs 1 SchVG dies nicht zwingend erfordert. Das SchVG erfasst damit nicht nur Inlandsanleihen, sondern **auch Anleihen die von ausländischen Emittenten begeben wurden, sog. Auslandsanleihen**, soweit die Anleihen deutschem Recht unterstellt wurden.[245] Praktische Relevanz hat dies in erster Linie für Emissionen, die über eine ausländische Finanzierungstochtergesellschaft erfolgen, wie dies in der Gestaltungspraxis, insbesondere aus steuerlichen Gründen, häufig geschieht.[246]

69 Die ausdrückliche Beschränkung auf Schuldverschreibungen deutschen Rechts, die sich der Gesetzgeber hier auferlegt hat, zeigt, dass es sich um **keine Eingriffsnorm**[247] handelt. Eine Anwendung auf Schuldverschreibungen ausländischen Rechts kommt nicht in Betracht.[248] Allerdings werden durch diese Beschränkung des SchVG ausländische Schuldverschreibungen pauschal von einheimischen *Gestaltungsmöglichkeiten* ausgeschlossen. Folgt man der grundsätzlichen Logik des SeViC-Urteils zum UmwG,[249] könnte darin ein diskriminierender Eingriff in die Niederlassungsfreiheit oder – hier wohl eher – die Kapitalverkehrsfreiheit zu Lasten von Emittenten oder Anlegern aus anderen Mitgliedsstaaten erblickt werden. Zugunsten des § 1 Abs 1 SchVG ist allerdings ins Feld zu führen, dass die beteiligten Parteien freie Rechtswahl für ihre Instrumente haben.

70 Die Formulierung „nach deutschem Recht begebene" in § 1 Abs 1 SchVG bezieht sich nur auf die Anleihebedingungen selbst, **nicht hingegen auf den Begebungsvertrag.**[250] Auch letzterer wird in der Regel eine Rechtswahlklausel enthalten, die aber nicht zwingend mit der aus den Anleihebedingungen übereinstimmen muss.[251]

71 Die Zulässigkeit der Wahl des Wertpapierrechtsstatuts richtet sich nach den allgemeinen Regeln des internationalen Schuldvertragsrechts und somit **im Ergebnis nach**

243 Staudinger/*Magnus*[16] Art 1 Rom-I VO, Rn 69; BGB/*Leible* Art 1 Rom-I VO, Rn 58.

244 So auch Reithmann/Martiny/ *Freitag* Internationales Vertragsrecht, 8. Aufl. 2015, F. Anleihe, Rn 6.636. Abweichungen ergeben sich allerdings in Detailfragen wie den anzuwendenden Auslegungsgrundsätzen oder der Beschränkung stillschweigender Abreden nach Art. 3 Abs 1 S 2 2. Alt. Rom-I VO, dazu in der Folge im Text.

245 Hopt/Seibt/*Artzinger-Bolten*/*Wöckener* § 1 Rn 54.

246 Zu den damit verbundenen Vorteilen für die Gestaltungspraxis etwa *Meiisel*/*Bokeloh* CFL **2010** 35 ff; Habersack/Müllbert/Schlitt/*Breuninger*/*Frey* Rn 19.47 ff; *Altenburg* Die Besteuerung von Wandelschuldverschreibungen im deutschen und niederländischen Steuerrecht, S 180 ff.

247 Zu Eingriffsnormen allg. MüKoBGB/*von Hein* Einl IPR, Rn 286 ff.

248 So i.E. auch LG Frankfurt a.M., 27.10.2011 – 3-05 O 60/11, ZIP **2011** 2306 = NZG **2012** 23, 24 („Pfleiderer").

249 EuGH Rs C-411/03 – SeViC.

250 LG Frankfurt a.M., NZG **2012** 23, 24; Friedl/Hartwig-Jacob/*Hartwig-Jacob* § 1 Rn 76. Siehe ferner zur Differenzierung zwischen Hauptschuld und Emissionsvertrag EuGH Rs- C-366/13 – Profit Investment SIM/Ossi, Rn 32.

251 Siehe dazu ausführlich Friedl/Hartwig-Jacob/*Hartwig-Jacob* § 1 Rn 78 ff.

Art. 3 Rom I-VO.[252] Die Geltung des deutschen Rechts wird in den Anleihebedingungen in der Regel ausdrücklich bestimmt werden. Etwaige Unklarheiten sind zunächst durch Auslegung zu beseitigen.[253] Andernfalls greift das objektive Vertragsstatut nach Art. 4 Rom-I VO.[254] Möglich ist indes auch eine stillschweigende Rechtswahl, wenn eine **Auslegung der Anleihebedingungen** ergibt, dass die Anleihe deutschem Recht unterstellt werden sollte.[255]

Bei all dem ist jedoch ist nach heutiger Rechtslage die Einschränkung nach Art. 3 Abs 1 S 2 Alt. 2 Rom-I VO zu beachten. Danach ist notwendig, dass sich die Rechtswahl „*eindeutig* aus den Bestimmungen des Vertrags oder aus den Umständen des Falles" ergibt. Mit dieser Verschärfung wollte das europäische Einheitsrecht etwaigen „Heimfalltendenzen" nationaler Gerichte unter zu großzügigem Rekurs auf Instrumente wie ergänzender Vertragsauslegung oder hypothetischen Parteiwillen vorbeugen.[256] Auf die allgemeinen Grundsätze des früheren deutschen Kollisionsrechts[257] kann daher nur unter der Einschränkung der „Eindeutigkeit" zurückgegriffen werden.[258] **72**

Gemäß tradiertem deutschen Kollisionsrecht gilt im Übrigen: Die Anhaltspunkte für eine Rechtswahl müssen sich aus den Anleihebedingungen selbst ergeben, etwa aus bestimmten Klauseln oder Formulierungen. Nicht herangezogen werden können hingegen das Verhalten der Parteien oder die Begleitumstände des Vertragsschlusses, da die Anleihebedingungen aus Gründen der Fungibilität rein objektiv auszulegen sind.[259] Dies ist der Sache nach überzeugend. Es entspricht der objektiven Satzungsauslegung im Gesellschaftsrecht.[260] Allerdings bereitet die dogmatische Begründung der Übertragung dieser „deutsch-stämmigen" Auslegungsregeln in das europäische Kollisionsrecht Schwierigkeiten, dürfen doch bei der Auslegung unter Art. 3 Rom-I VO normalerweise auch alle außerhalb des Vertrags liegenden Umstände herangezogen werden.[261] Hält man infolge enger Auslegung der Bereichsausnahme das Schuldstatut nach Art. 3, 4 Rom-I VO für einschlägig (Rn 67) und will man in dessen Rahmen mit der vordringenden Sicht autonome Auslegungsregeln für die Rechtswahlvereinbarung zum Ansatz bringen (Rn 71), könnte die Frage der rein objektiven Auslegung nur vom EuGH verbindlich geklärt werden. Der BGH hat allerdings in pragmatischer Weise die §§ 133, 157 BGB zur Auslegung einer Rechtswahlvereinbarung zugunsten französischen Rechts herangezogen.[262] Folgt man dem, sind konsequenterweise auch die Ausnahmefälle anzuerkennen, in denen hierzulande eine rein objektive Auslegung vorgenommen wird.[263] **73**

---

252 Hopt/Seibt/*Schwarz* Teil 6 IPR, Rn 14.5 und 14.9.

253 Umstritten ist, nach welchem Statut sich die Auslegungsgrundsätze richten: *lex fori*, *lex causae* oder autonomes Europarecht. Mit vordringender Auffassung für letzteres zB BeckOGK/*Wendland* Art 3 Rom I VO, Rn 126–126.4. und Rn 127 ff zu den danach geltenden Grundsätzen.

254 BeckOGK/*Wendland* Art. 3 Rom-I VO, Rn 123 und 130.

255 Grds. auch BGHZ **164** 361 = NJOZ **2006** 1035, 1037 mit Verweis auf RGZ **103** 259, 261; RGZ **126** 196, 200; RGZ **145** 121, 122; Langenbucher/Bliesener/Spindler/*Bliesener/Schneider* § 1 Rn 7; *Cagalj* Restrukturierung von Anleihen S 82.

256 BeckOGK/*Wendland* Art 3 Rom I VO, Rn 132.

257 BGHZ **164** 361 = NJOZ **2006** 1035, 1037 mit Verweis auf RGZ **68** 203, 205; RGZ **126** 196, 206; RGZ **161** 296, 298.

258 BeckOGK/*Wendland* Art. 3 Rom-I VO, Rn 137 ff, 139.

259 **AA** aber Friedl/Hartwig-Jacob/*Hartwig-Jacob* § 1 Rn 90, der auch solche Kriterien einbeziehen will.

260 GroßkommAktG/*Röhricht/Schall* § 23 Rn 37 ff

261 MüKoBGB/*Martiny* Art 3 Rom-I VO Rn 45; BeckOGK/*Wendland* Art. 3 Rom-I VO Rn 137.

262 BGH NJW-RR **2000** 1002 = IPRax **2002** 37; dem zust. Hohloch/*Kjelland* IPRax **2002** 3; abl. MüKoBGB/*Martiny* Art 3 Rom-I VO, Rn 45.

263 Das gilt erst recht, wenn man die objektive Auslegung echter Satzungsbestandteile entgegen der h.L. nicht als Ausnahme zu den §§ 133, 157 BGB begreift, sondern unmittelbar daraus herleitet

74 Umstritten und von praktischer Bedeutung ist die Frage, ob eine Teilrechtswahl für die Eröffnung des Anwendungsbereichs des SchVG genügen soll. Dies ist insbesondere deshalb relevant, weil viele Anleihebedingungen in spezifischen Klauseln eine Teilverweisung auf anderes Recht vornehmen.[264] Dies betrifft insbesondere Klauseln betreffend die Übernahme von Garantien, etwa wenn eine ausländische Muttergesellschaft eine Garantie zur Besicherung der Zahlungsansprüche der Anleihegläubiger übernimmt und die Garantie der Rechtsordnung des Sitzes der Muttergesellschaft unterstellt werden soll.[265] Ebenso verbreitet ist eine entsprechende Teilrechtswahl bei Realsicherheiten (hier schon aufgrund der Lex rei sitae-Regel) oder aber bei nachrangigen Schuldverschreibungen (Hybrid Fonds), in denen im Falle der Insolvenz des Schuldners das zwingende Recht des Sitzstaates des Schuldners Anwendung finden soll.[266]

75 Eine Teilrechtswahl zugunsten ausländischen Rechts hinsichtlich bestimmter Klauseln steht einer Anwendbarkeit des SchVG nach § 1 Abs 1 SchVG nicht entgegen, solange die Substanz der im Wertpapier enthaltenen Forderungen deutschem Recht unterfällt.[267] Derartige Teilverweisungen sind schon nach Art. 3 Abs 1 S 3 Rom I-VO grundsätzlich zulässig, soweit die konkrete **Teilfrage abspaltbar** ist („materiell-rechtliche Teilverweisung"), was in der Regel dann der Fall ist, wenn sich die Teilfragen in den Anleihebedingungen sinnvollerweise unterschiedlichen Rechten unterstellen lassen ohne dadurch unauflösbare Widersprüche entstehen zu lassen.[268] Das Wertpapierstatut als solches kann sich hingegen immer nur nach einer Rechtsordnung richten, nach welcher sich der Inhalt, die Entstehung und der Untergang des verbrieften Rechts ergibt.[269] Die substanziellen Rechte und Pflichten müssen damit deutschem Recht unterworfen sein, um zur Anwendbarkeit des SchVG zu gelangen.

76 Die vereinzelt gebliebene anderslautende Rechtsprechung des **LG Frankfurt**, wonach in den Emissionsbedingungen des Schuldners ausschließlich deutsches Recht für die Anleihe anwendbar sein müsse, ist **mit der h.M. abzulehnen**.[270] In dem entschiedenen Fall war eine Nachrangklausel der Jurisdiktion der ausländischen Emittentin unterstellt worden, während die Anleihebedingungen im Übrigen aber deutschem Recht unterlagen.[271]

Eine derart enge Auslegung lässt sich weder dem Wortlaut des § 1 Abs 1 SchVG entnehmen[272], noch entspricht sie dem Ansinnen des Gesetzgebers, das neue SchVG im Gegensatz zu seinem Vorgänger einer weiten Geltung zu unterwerfen.[273] Auch gerade

---

(Verkehrssitte!), dafür zB *Fleischer* DB **2013** 1466; GroßkommAktG/*Röhricht/Schall* § 23 Rn 40 mit Nachweisen aus der Rechtsprechung.

264 Hopt/Seibt/*Artzinger-Bolten/Wöckener* § 1 Rn 56.

265 Hopt/Seibt/*Artzinger-Bolten/Wöckener* § 1 Rn 57; Veranneman/*Oulds* § 1 Rn 14.

266 Veranneman/*Oulds* § 1 Rn 14.

267 Langenbucher/Bliesener/Spindler/*Bliesener/Schneider* § 1 Rn 5; Hopt/Seibt/*Artzinger-Bolten/Wöckener* § 1 Rn 58.

268 Vgl nur MüKoBGB/*Martiny* Rom I-VO Art. 3 Rn 65–67 ff; Ferrari/*Ferrari* IntVertragsR VO (EG) 593/2008 Art. 3 Rn 36 ff Dies ist dann der Fall, wenn sich die Teilfragen in den Anleihebedingungen sinnvollerweise unterschiedlichen Rechten unterstellen lassen und dadurch nicht unauflösbare Widersprüche entstehen.

269 Langenbucher/Bliesener/Spindler/*Bliesener/Schneider* § 1 Rn 5; Hopt/Seibt/*Artzinger-Bolten/Wöckener* § 1 Rn 56.

270 LG Frankfurt a.M., 27.10.2011 – 3-05 O 60/11, ZIP **2011** 2306, 2307 („Pfleiderer").

271 Die Nachrangklausel war zudem rein deklaratorischer Natur, da das insolvenzrechtliche Kollisionsrecht, im Gegensatz zum Kollisionsrecht im Bereich vertraglicher Schuldverhältnisse, eine Rechtswahl nicht gestattet, vgl *Keller* BKR **2012** 15, 16.

272 *Keller* BKR **2012** 15, 16; Friedl/Hartwig-Jacob/*Hartwig-Jacob* § 1 Rn 98.

273 So auch BGH, Urteil vom 1.7.2014 – II ZR 381/13, Rz 13 mit Verweis auf den Regierungsentwurf BT-Drucks. 16/12814 S 13.

ausländische Emittenten sollten das SchVG wählen können, diese unterliegen jedoch bezüglich bestimmter Regelungen (insbesondere bei Realsicherheiten) ihrem zwingenden Heimatrecht, sodass diese Emittenten grundsätzlich vom Anwendungsbereich des SchVG ausgeschlossen wären.[274] Zudem widerspricht die Voraussetzung der ausschließlichen Wahl deutschen Rechts der internationalen Kautelarpraxis. Die Rechtsprechung des LG Frankfurt ist daher zu Recht auf erhebliche Kritik gestoßen und auch nicht von der höheren Rechtsprechung bestätigt worden.[275] **Für die Geltung des SchVG genügt es daher, dass die Anleihebedingungen ihrem wesentlichen Inhalt nach deutsches Recht für anwendbar erklären.**[276]

III. Zeitlicher Anwendungsbereich

Der zeitliche Anwendungsbereich des SchVG wird nicht von § 1 SchVG geregelt, sondern wird von § 24 SchVG festgelegt. Danach findet das SchVG Anwendung auf solche Schuldverschreibungen, die ab dem Tag des Inkrafttretens – dem 5.August 2009 – ausgegeben wurden. Auf Schuldverschreibungen die vor diesem Stichtag begeben wurden, sog. Altanleihen, findet das SchVG 1899 weiterhin Anwendung, soweit die Anleihen unter dessen Anwendungsbereich fallen. Anleihegläubiger derartiger Altanleihen können jedoch durch einen Beschluss und mit Zustimmung des Emittenten, das neue SchVG für anwendbar erklären – § 24 Abs 2 SchVG. Eine solche Opt-In Lösung ist nach der Rechtsprechung des BGH nunmehr auch Gläubigern ausländischer Altanleihen zugänglich.[277] **77**

IV. Rechtsfolgen der Eröffnung des Anwendungsbereichs nach § 1 Abs 1 SchVG

Die Eröffnung des Anwendungsbereiches hat zur Folge, dass die §§ 2–4 SchVG als zwingendes Recht anzuwenden sind. Sie unterliegen damit nicht der Disposition des Emittenten bzw der Vertragsparteien.[278] Die §§ 5–22 SchVG bedürfen zu ihrer Geltung dagegen der ausdrücklichen Einbeziehung in den Anleihebedingungen (Opt-In), § 5 Abs 1 S 1 SchVG. Im Falle der Einbeziehung kann in den Anleihebedingungen von den gesetzlichen Vorgaben zu Lasten der Gläubiger nur abgewichen werden, soweit dies im SchVG vorgesehen ist. **78**

C. Ausnahmen (Abs 2)

Nach § 1 Abs 2 SchVG werden bestimmte Finanzinstrumente vom Anwendungsbereich des SchVG ausgeschlossen. Nicht unter das SchVG fallen danach gedeckte Schuldverschreibungen im Sinne des Pfandbriefgesetzes sowie Anleihen der öffentlichen Hand. **79**

I. Gedeckte Schuldverschreibungen im Sinne des Pfandbriefgesetzes

Pfandbriefe sind die am weitesten verbreitete Art von gedeckten, also besicherten Schuldverschreibungen (Covered Bonds), die von Banken begeben werden.[279] Es han- **80**

---

274 Vgl Veranneman/*Oulds* § 1 Rn 14; Arbeitskreis Reform des Schuldverschreibungsrechts, ZIP **2014** 845, 850; *Baums* ZHR 177 (**2013**) 807, 808 f.
275 Friedl/Hartwig-Jacob/*Hartwig-Jacob* § 1 Rn 100; Veranneman/*Oulds* § 1 Rn 14.
276 Hopt/Seibt/*Artzinger-Bolten*/*Wöckener* § 1 Rn 58; *Keller* BKR **2012** 15, 16; Langenbucher/Bliesener/Spindler/*Bliesener*/*Schneider* § 1 Rn 5.
277 BGH v. 1.7.2014 – II ZR 381/13, BGHZ **202** 7.
278 Hopt/Seibt/*Artzinger-Bolten*/*Wöckener* § 1 Rn 60.
279 *Stöcker* EuZW **2018** 565, 565.

delt sich um verzinsliche Schuldverschreibungen, die von Kreditinstituten mit entsprechender Erlaubnis zur Ausübung des Pfandbriefgeschäftes gemäß § 2 PfandBG (Pfandbriefbanken) als Mittel der Refinanzierung von Krediten begeben werden.[280] Sie können als Order-, Namens- oder Inhaberschuldverschreibungen gestaltet sein.[281] Werden sie öffentlich angeboten handelt es sich in der Regel um Inhaberschuldverschreibungen wohingegen bei Privatplatzierungen regelmäßig Namensschuldverschreibungen vorkommen.[282] Pfandbriefe werden, je nach Art der Besicherung unterteilt in Hypothekenpfandbriefe, Öffentliche Pfandbriefe, Schiffspfandbriefe und Flugzeugpfandbriefe. Nur bei diesen Pfandbriefen handelt es sich nach § 1 Abs 3 PfandBG um solche des PfandBG. Synthetisch begebene Covered Bonds anderer Jurisdiktionen fallen nicht hierunter.[283]

81 Die gesetzgeberische Entscheidung, die Pfandbriefe vom Anwendungsbereich des SchVG herauszunehmen beruht darauf, dass diese mit dem PfandBG einem eigenständigen Regelungsregime unterworfen sind, welches eigene gesetzliche Schutz- und Abwicklungsmechanismen vorsieht.[284] Zwar enthält das PfandBG keine den §§ 5ff SchVG vergleichbare Befugnis der Pfandbriefgläubiger zu Änderungen der Anleihebedingungen durch Mehrheitsentscheidung, dies wird jedoch als entbehrlich erachtet, da die Deckungswerte im Falle einer Insolvenz der Pfandbriefbank ohnehin nicht unter die Insolvenzmasse fallen.[285] Zudem stellt ein von der staatlichen Aufsicht nach § 7 PfandBG bestellter Sachwalter sicher, dass die vorschriftsmäßige Deckung der Pfandbriefe jederzeit gewährleistet ist und die verwendeten Werte in das entsprechende Deckungsregister eingetragen sind, vgl § 8 Abs 1 und 2 PfandBG.[286]

82 Die Ausnahme **stößt überwiegend auf Kritik**. So verdeutlicht etwa § 30 Abs 6 PfandBG, der im Falle der Insolvenz ein gesondertes Insolvenzverfahren vorsieht, dass auch das PfandBG eine **Zahlungsunfähigkeit oder Überschuldung der Deckungsmasse nicht vollständig auszuschließen** vermag.[287] Allerdings wird in der Praxis das Ausfallrisiko äußerst unwahrscheinlich sein, da die im PfandBG enthalten Sicherheitsmechanismen einer Situation, in der die Deckungsmasse einer Pfandbriefbank nicht zur Befriedigung aller Gläubiger der betreffenden Pfandbriefgattung ausreicht, weitestgehend vorbeugen.[288] Dementsprechend hat es bislang offenbar seit Bestehen der Pfandbriefe keinen registrierten Ausfall eines Pfandbriefes gegeben.[289]

---

280 Habersack/Müllbert/Schlitt/*Hagen* Rn 22.1. Die Voraussetzungen zur Erteilung der Erlaubnis durch die Bundesanstalt für Finanzdienstleistungsaufsicht (BaFin) zum Betreiben des Pfandbriefgeschäfts ergeben sich aus § 2 PfandBG und § 32 KWG. Sind deren Voraussetzungen erfüllt und liegt kein Versagungsgrund vor, besteht ein Anspruch der Pfandbriefbank auf Erteilung der Erlaubnis. Vgl dazu *Smola* PfandBG § 2 Rn 1ff

281 Habersack/Müllbert/Schlitt/*Hagen*, Rn 22.1.

282 Friedl/Hartwig-Jacob/*Hartwig-Jacob* § 1 Rn 129.

283 BeckOGK/*Vogel* § 1 Rn 95. Siehe aber auch Rn 86 zu den europäischen Regulierungsbestrebungen.

284 BT-Drucks. 16/12814 Zu § 1, S 16.

285 § 30 Abs 1 PfandBG. Vgl dazu auch Habersack/Müllbert/Schlitt/*Hagen* Rn 22.34 f.

286 Zudem verweist BT-Drucks. 16/12814 Zu § 1, S 16 auf den Sachwalter. Dieser verwaltet im Falle der Insolvenz die Deckungsmasse kommissarisch, bis alle Pfandbriefgläubiger und sonstige Gläubiger der Deckungsmassen vollständig befriedigt sind. Der Insolvenzverwalter der Bank hat insoweit keinen Zugriff auf die Deckungsmassen, vgl dazu Habersack/Müllbert/Schlitt/*Hagen* Rn 22.35.

287 Veranneman/*Oulds* § 1 Rn 41.

288 So auch *Smola* PfandBG § 30 Rn 15 und 4; BeckOGK/*Vogel* § 1 Rn 92.

289 Veranneman/*Oulds* § 1 Rn 40. Dies gilt wohl seit Bestehen des Pfandbriefes in Deutschland, der seinen Ursprung in einer Cabinets-Ordre Friedrich des Großen aus dem Jahr 1769 findet, mit der die Geldnot der Adligen nach dem Siebenjährigen Krieg gemildert werden sollte, vgl *Bellinger/Kerl* Hypothekenbankgesetz, 4. Aufl. 1995, Einleitung Anm. 1.

Das neue SchVG knüpft jedoch – im Gegensatz zum SchVG 1899 – Änderungen der Anleihebedingungen nicht mehr an den Zweck der Abwendung einer Insolvenz. So können **Änderungen aus vielfältigen anderen Gründen** – etwa aus steuerrechtlichen Erwägungen – sinnvoll, und nach den § 5 ff SchVG zulässig sein. Eine Einbeziehung auch der Pfandbriefe hätte diesem erweiterten Regelungskonzept des neuen SchVG durchaus entsprochen.[290] Darüber hinaus ist kein Grund ersichtlich, die Anleihebedingungen der Pfandbriefe nicht den allgemeinen Vorschriften der §§ 2 bis 4 SchVG zu unterwerfen, die das Skripturprinzip, Transparenzgebot und den Grundsatz der kollektiven Bindung regeln.[291] Die Anwendbarkeit der §§ 5 ff SchVG ist nach Einführung der Opt-In Lösung ohnehin nur optional nach Einbeziehung in den Anleihebedingen gegeben. Dementsprechend steht auch der Umstand, dass Gläubigerversammlungen aufgrund der häufigen Begebung als Daueremissionen zu kleinen Volumina möglicherweise wenig praktikabel sind, nicht entgegen.[292] Die Frage der Einbeziehung könnte dann als Einzelfallentscheidung dem Schuldner überlassen bleiben.[293] 83

Vom Ausschluss des § 1 Abs 2 SchVG erfasst sind dem Wortlaut nach nur Pfandbriefe im Sinne des PfandBG. Nicht ausgeschlossen und damit **in den Anwendungsbereich des Gesetzes fallend** sind darum gedeckte Schuldverschreibungen die auf Grundlage anderer spezieller Gesetze begeben worden sind.[294] Zur Emission solcher speziellen gedeckten Schuldverschreibungen sind derzeit nur berechtigt: die Industriekreditbank AG[295], Landwirtschaftliche Rentenbank[296], DZ-Bank AG[297] und die Deutsche Zentral-Genossenschaftsbank[298] 84

Der **Reformvorschlag des Arbeitskreises Reform des Schuldverschreibungsrechts** hat vorgeschlagen, neben Pfandbriefen nach dem PfandBG auch gedeckte Schuldverschreibungen im Sinne des Art. 129 der Verordnung (EU) Nr 575/2013 des Europäischen Parlaments und des Rates vom 26. Juni 2013 über Aufsichtsanforderungen an Kreditinstitute und Wertpapierfirmen und zur Änderung der Verordnung (EU) Nr 646/2012 (ABl. L 176 vom 27.6.2013, S 1) von dem Anwendungsbereich des SchVG auszunehmen. Da deutsche Pfandbriefe den Anforderungen dieser Verordnungen genügen, soll ein Gleichlauf geschaffen werden zu Fällen, in denen Kraft Rechtswahl das SchVG auf entsprechende Emissionen ausländischer Schuldner Anwendung findet.[299] 85

290 Gleichsinnig BeckOGK/*Vogel* § 1 Rn 92.

291 Hopt/Seibt/*Artzinger-Bolten*/*Wöckener* § 1 Rn 64; Langenbucher/Bliesener/Spindler/*Bliesener*/*Schneider* § 1 Rn 59; BeckOGK/*Vogel* § 1 Rn 92.

292 Hierauf hinweisend Preuße/*Preuße* § 1 Rn 29.

293 Veranneman/*Oulds* § 1 Rn 42. Zu dem Streit, ob die §§ 2–4 SchVG bereits de lege lata auch für die nach § 1 Abs 2 SchVG eigentlich vom Anwendungsbereich des Gesetzes ausgeschlossenen Schuldverschreibungen gelten sollen siehe unten Rn 94.

294 Hopt/Seibt/*Artzinger-Bolten*/*Wöckener* § 1 Rn 65; BeckOGK/*Vogel* § 1 Rn 94.

295 § 1 Abs 1 des Gesetzes betreffend die Industriekreditbank Aktiengesellschaft in der im Bundesgesetzblatt Teil III, Gliederungsnummer 7627-1, veröffentlichten bereinigten Fassung, zuletzt geändert durch Art. 170 der Verordnung vom 29.10.2001 (BGBl. I 2001, 2785).

296 §§ 3 Abs 5, 13 des Gesetz über die Landwirtschaftliche Rentenbank in der Fassung der Bekanntmachung vom 12. Dezember 2013 (BGBl. I 4120), zuletzt geändert durch Artikel 14 Absatz 7 des Gesetzes vom 17. Juli 2017 (BGBl. I 2446).

297 § 9 des Gesetzes zur Umwandlung der Deutschen Genossenschaftsbank (DG Bank-Umwandlungsgesetz) vom 13.8.1998 (BGBl. I 1998, 2102), zuletzt geändert durch Art. 9 des Gesetzes vom 22.5.2005 (BGBl. I 2005, 1373).

298 §§ 7, 14 Abs 2 des Gesetzes über die Umwandlung der Deutschen Siedlungs- und Landesrentenbank in eine Aktiengesellschaft (DSL Bank-Umwandlungsgesetz – DSLBUmwG) 16.12.1999. (BGBl. I 1999, 2441), zuletzt geändert durch Artikel 11 des Gesetzes vom 10. Juli 2018 (BGBl. I 1102).

299 Vgl Arbeitskreis Reform des Schuldverschreibungsrechts, ZIP **2014** 845, 851.

86 Das Recht der Bankpfandbriefe und vergleichbarerer gedeckter Anleihen (Covered Bonds) ist zudem in jüngerer Zeit von **europarechtlichen Reformbestrebungen** beeinflusst. So hat die EU-Kommission im März 2018 – in Umsetzung eines zuvor verfassten Aktionsplanes zur Schaffung einer Kapitalmarktunion[300] – einen **Entwurf einer Richtlinie für Covered Bonds (CB)** vorgelegt.[301]

II. Öffentlich-rechtliche Emittenten

87 Vom Anwendungsbereich des § 1 SchVG ausgeschlossen sind auch Schuldverschreibungen, deren Schuldner der Bund, ein Sondervermögen des Bundes, ein Land oder eine Gemeinde ist. Ebenso ausgeschlossen sind Schuldverschreibungen, für die einer der genannten Schuldner haftet.

88 Dem SchVG unterfallen damit nicht Schuldverschreibungen anderer Emittenten, für die die öffentliche Hand eine Bürgschaft oder sonstige Gewährleistungen übernommen hat.[302]

89 Die Gesetzesbegründung begründet die Ausnahme mit der **fehlenden Insolvenzfähigkeit der öffentlichen Hand**, sodass ein Bedürfnis die Anleihebedingungen während ihrer Laufzeit zu Ändern nicht bestehen soll.[303] Dem steht jedoch entgegen, dass das SchVG, im Gegensatz zu seinem Vorgänger – dem SchVG von 1899, nicht mehr an eine drohende Zahlungsunfähigkeit des Emittenten anknüpft, Änderungen der Anleihebedingungen damit auch aus anderen Gründen zulässig und auch sinnvoll sein können.[304] Zudem können auch Staaten zumindest faktisch in Zahlungsschwierigkeiten geraten.[305]

90 Die Ausnahme der öffentlich-rechtlichen Schuldner war im Referentenentwurf von 2008 noch nicht enthalten und erstmals im Regierungsentwurf eingeführt worden. Während letzterer neben der öffentlichen Hand als Emittenten noch auf die Stellung als Mitverpflichteter im Sinne des § 22 S 1 SchVG abhob um von der öffentlichen Hand besicherte Emissionen auszuschließen, geht die Fassung in ihrer jetzigen Gestalt auf einen Vorschlag des Rechtsausschusses zurück.[306] Es sollte damit klargestellt werden, dass nicht nur rechtsgeschäftlich gewährte Sicherheiten die Anwendbarkeit des SchVG ausschließen, sondern gleiches **auch für auf gesetzlicher Grundlage beruhende Haftungstatbestände** der öffentlichen Hand gilt.[307] So folgt insbesondere die Haftung des Bundes für Schuldverschreibungen der Kreditanstalt für Wiederaufbau (KfW) auf § 1a des KfW-Gesetzes.[308] Relevanz hatte die **rechtsgeschäftlich übernommene Haftung** insbesondere bei der Bankensanierung. So unterfallen insbesondere Anleihen, die – etwa mittels Garantieübernahmen – durch den Finanzmarkt-

---

300 COM(2015) 468.

301 COM(2018) 94. Dazu ausführlich *Stöcker* EuZW **2018** 565 ff u. 617 ff

302 *Cagalj* Restrukturierung von Anleihen S 80.

303 BT-Drucks. 16/12814 Zu § 1, S 16.

304 Ebenso Langenbucher/Bliesener/Spindler/*Bliesener/Schneider* § 1 Rn 31; Friedl/Hartwig-Jacob/*Hartwig-Jacob* § 1 Rn 151; BeckOGK/*Vogel* § 1 Rn 96. Vgl mit der gleichen Argumentation schon bzgl. der Pfandbriefe oben unter Rn 83. Zum alten SchVG 1899 und der Notwendigkeit der drohenden Zahlungsunfähigkeit siehe Einleitung Rn 18.

305 Zu nennen ist etwa das Beispiel der argentinischen Staatsanleihen, dazu *Sester* NJW **2006** 2891, 2892 ff. Zum Staatenresolvenzrecht vgl *Paulus* ZRP **2018** 151 ff.

306 Langenbucher/Bliesener/Spindler/*Bliesener/Schneider* § 1 Rn 32.

307 Beschluss Empf. Rechtsausschuss BT-Drucks. 16/13672 S 21.

308 Darauf verweisend Beschluss Empf. Rechtsausschuss BT-Drucks. 16/13672 S 21.

stabilisierungsfonds[309] oder den Restrukturierungsfonds[310] gesichert sind nicht dem SchVG.[311]

Aus dem Wortlaut des § 1 Abs 2 SchVG sowie den Gesetzgebungsmaterialien geht, wie gesagt, hervor, dass eine **Haftung der öffentlichen Hand** sowohl auf rechtsgeschäftlich übernommenen Sicherheiten, als auch auf einer gesetzlichen Haftungsgrundlage beruhen kann. Es muss ein unmittelbarer Anspruch der Gläubiger gegen die öffentlich-rechtliche Haftungsperson bestehen. Von der Ausnahmeregel nicht erfasst werden nach h.M. Emittenten, die **nur im Innenverhältnis** zu einen Verlustausgleichsanspruch im Sinne einer Innenhaftung haben.[312] Allerdings steht dem Emittenten auch hier die quasi „unerschöpfliche Quelle der Steuereinnahmen" als Sicherung bei Seite.[313] Der Begriff der Haftung deutet im deutschen Recht zwar regelmäßig auf eine direkte Außenhaftung hin (§§ 128, 171 HGB; § 767 Abs 2 BGB). Ihm ist allerdings nicht eindeutig zu entnehmen, dass eine reine Innenhaftung nicht ausreichen soll. Überzeugender ist der Gedanke, dass § 1 Abs 2 SchVG als Ausnahmevorschrift eng auszulegen ist. 91

Die Ausnahmeregelung des § 1 Abs 2 SchVG gilt ausschließlich für die genannten inländischen öffentlich-rechtlichen Schuldner. Nicht von der Ausnahme erfasst und damit dem SchVG nach Maßgabe des § 1 Abs 1 SchVG unterfallend sind Schuldverschreibungen **ausländischer Staaten und Körperschaften** bzw solche, für die ausländische Staaten und Körperschaften haften.[314] Dies folgt neben dem Wortlaut der Ausnahmeregelung schon aus § 1 Abs 1 SchVG, nachdem der Sitz des Emittenten keine Rolle mehr spielt. 92

Auf europäischer Ebene besteht bereits seit 2003 eine Empfehlung des Rats der EU-Finanzminister (ECOFIN), wonach Anleihebedingungen der Staatsanleihen Mehrheitsentscheidungen der Anleihegläubiger vorsehen sollen, **sog. Umschuldungsklauseln oder Collective Action Clauses (CACs).**[315] Zudem enthält auch der ESM-Vertrag von 2012 eine dahingehende Einigung, wonach neu begebene Anleihen CACs enthalten sollen.[316] Die Umsetzung dieser Vereinbarung in § 1 Abs 2 S 2 SchVG ist nur unvollständig gelungen.[317] So fallen etwa lediglich die Emissionen der ausländischen staatlichen Emittenten, die ein Mitgliedstaat des Euro-Währungsgebiets sind und des Bundes unter die §§ 4a-4k BSchuWG. Nicht erfasst sind damit die die anderen in § 1 Abs 2 S 1 SchVG genannten Emissionen, obwohl neben den Bundesländern zuletzt auch größere Städte und

309 Finanzmarktstabilisierungsfondsgesetz vom 17. Oktober 2008 (BGBl. I 1982), zuletzt geändert durch Artikel 7 des Gesetzes vom 10. Juli 2018 (BGBl. I 1102) (FMStFG).

310 Restrukturierungsgesetz vom 9. Dezember 2010 (BGBl. I 1900) (RStruktG).

311 Hopt/Seibt/*Artzinger-Bolten/Wöckener* § 1 Rn 69. Es handelt sich in beiden Fällen um Sondervermögen des Bundes i.S.v. § 1 Abs 2 S 1 SchVG, vgl § 2 Abs 2 des FMStFG und § 1 des RStruktFG.

312 Ebenso Langenbucher/Bliesener/Spindler/*Bliesener/Schneider* § 1 Rn 36; Hopt/Seibt/*Artzinger-Bolten/Wöckener* § 1 Rn 67; BeckOGK/*Vogel* § 1 Rn 99. **AA** Friedl/Hartwig-Jacob/*Hartwig-Jacob* § 1 Rn 147.

313 Darauf und auf den Gesetzeszweck abstellend Friedl/Hartwig-Jacob/*Hartwig-Jacob* § 1 Rn 147.

314 BeckOGK/*Vogel* § 1 Rn 102. Ausführlich dazu *Nodoushani* WM **2012** 1798; *Hoffmann/Keller* ZHR **2011** 684; *Sester* WM **2011** 1057.

315 Vgl die Erklärung des damaligen Präsidenten des Rates für Wirtschaft und Finanzen (ECOFIN), abgedruckt in European Commission, Quarterly Note on the Euro-Denominated Bond Markets No. 59, July-September 2003, Dok. ECFIN/211/03, S 13 ff; *Oulds* CFL **2012** 353, 358; *Horn* BKR **2009** 446, 447.

316 Artikel 12 Abs 3 des ESM-Vertrages bestimmt insoweit, dass ab dem 1. Januar 2013 alle neuen Staatsschuldtitel des Euro-Währungsgebiets mit einer Laufzeit von mehr als einem Jahr Umschuldungsklauseln („CACs") enthalten, die so ausgestaltet sind, dass gewährleistet wird, dass ihre rechtliche Wirkung in allen Rechtsordnungen des Euro-Währungsgebiets gleich ist. Dazu auch Erwägungsgrund (11) des ESM-Vertrages.

317 *Oulds* CFL **2012** 353, 358;

Kommunen Anleihen in substantiellen Emissionsvolumina platziert haben.[318] De lege ferenda wäre daher eine Gesetzesanpassung sinnvoll, etwa indem der Anwendungsbereich des SchVG auch auf Emissionen der deutschen öffentlichen Hand erweitert würde.[319]

III. Anleihen der Mitgliedstaaten des Euro-Währungsgebiets (§ 1 Abs 2 S 2 SchVG)

93 Nach § 1 Abs 2 S 2 SchVG sind die Vorschriften der §§ 4a bis 4i sowie 4k des BSchuWG entsprechend auf Schuldverschreibungen anwendbar, deren Schuldner ein anderer Mitgliedstaat des Euro-Währungsgebiets ist.[320] Die genannten Regelungen des BSchuWG ermöglichen die Einführung von Umschuldungsklauseln für Anleihen mit einer ursprünglichen Laufzeit von mehr als zwölf Monaten. Die Klauseln erlauben eine Restrukturierung der Emissionsbedingungen durch entsprechenden Mehrheitsbeschluss der Anleihegläubiger und Zustimmung des Emittenten zum Zweck der Umschuldung.[321]

Die Verweisung des § 1 Abs 2 S 2 SchVG ist mit Wirkung zum 19.9.2012 aufgenommen worden. Zugleich hat der Gesetzgeber die §§ 4a–k neu in das BSchuWG eingeführt.[322] Die Neufassung dient der Umsetzung des Vertrages zur Einrichtung des Europäischen Stabilitätsmechanismus (ESM-Vertrag) vom 2.12.2012, in welchem sich die Unterzeichnerstaaten zur Einführung von Umschuldungsklauseln bzw Collective Action Clauses (CACs) für ab dem 1.1.2013 begebenen Anleihen verpflichteten.[323] Die Mitgliedsstaaten haben sich im gleichen Zuge auf Muster für Umschuldungsklauseln als Standard (Model Collective Action Clauses) geeinigt.[324] Zur Kritik an der Umsetzung vgl bereits oben Rn 92.

IV. Anwendbarkeit der §§ 2–4 SchVG auf nach § 1 Abs 2 S 1 SchVG ausgenommene Schuldverschreibungen

94 Der Ausschluss der in Abs 2 aufgeführten Schuldverschreibungen vom Anwendungsbereich des Gesetzes ist nach zutreffender Ansicht umfassend zu verstehen und schließt die entsprechenden Emissionen vom ganzen Gesetz aus.[325] Die entgegenstehen-

---

318 Veranneman/*Oulds* § 1 Rn 45. Das Sub-Committee on EU Sovereign Debt Markets des Economic and Financial Committee (EFC) hatte bei Abfassung der Muster für Umschuldungsklauseln (Model Collective Action Clauses) bewusst von einer Einbeziehung abgesehen, da diese insgesamt gesehen nur einen kleinen Anteil ausmachen, vgl Explanatory Note des EFC Sub-Commitee v. 26. Juli 2012, S 2. (https://europa.eu/efc/sites/efc/files/docs/pages/explanatory_note_draft_on_the_model_cac_-_26_july.pdf)

319 So auch Hopt/Seibt/*Artzinger-Bolten/Wöckener* § 1 Rn 70; *Cagalj* Restrukturierung von Anleihen S 81.

320 Da Staaten ohnehin keine Schuldbuchforderungen im Sinne des § 4 j BSchuWG begeben können, ist die Norm folgerichtig von der Verweisung ausgenommen, vgl BT-Drucks. 17/9049, S 8.

321 Zu den Unterschieden zwischen BSchuWG und SchVG siehe *Oulds* CFL **2012** 353, 358 ff.

322 Gesetz zur Änderung des Bundesschuldenwesengesetzes (BSchuWGÄndG) G v. 13.9.2012 (BGBl. I S 1914 -1917).

323 Umfassend zu den Umschuldungsklausen *Seitz* Umschuldungsklauseln (Collective Action Clauses) in Staatsanleihen des europäischen Währungsraumes, 2014 (Diss).

324 Economic and Financial Committee (EFC), Fassung vom 17.2.2012, abrufbar unter https://europa.eu/efc/sites/efc/files/docs/pages/cac_-_text_model_cac.pdf.

325 Veranneman/*Oulds* § 1 Rn 53; Preuße/*Dippel/Preuße* § 3 Rn 24; *Schroeter* ZGR **2015** 769, 794; *Horn* FS Graf von Westphalen (2010) 353, 362; *Horn* BKR **2009** 446, 453; Schimansky/Bunte/Lwowski/*Tetzlaff*[4] § 88 Rn 52.

de, in Teilen der Literatur vertretene Ansicht, nach der sich der Ausschluss lediglich auf die §§ 5ff SchVG (Abschnitt 2) beziehen soll und folglich die §§ 2–4 SchVG des Abschnitt 1 auch auf diese Schuldverschreibungen anzuwenden seien,[326] ist abzulehnen. Zwar ist dieser Ansicht insoweit beizupflichten, als kein überzeugender Grund erkennbar ist, die in den §§ 2–4 SchVG niedergelegten Grundsätze den Gläubigern von gedeckten Schuldverschreibungen im Sinne des Pfandbriefgesetzes sowie Gläubigern von Anleihen der öffentlichen Hand zu verwehren, liegen diese doch – wie etwa das Transparenzgebot des § 3 SchVG – im Interesse sowohl der Anleger also auch des Kapitalmarkts.[327] Sie ist jedoch mit dem Wortlaut des § 1 Abs 2 S 1 SchVG, der sich ausdrücklich auf „dieses Gesetz" und damit das ganze Schuldverschreibungsgesetz bezieht, nicht vereinbar. Eine Beschränkung der Ausnahmewirkung lediglich auf die ohnehin optionalen §§ 5ff SchVG würde die Wortlautgrenze überschreiten, zumal sich auch aus den Gesetzgebungsmaterialien keine andere Regelungsabsicht des Gesetzgebers ergibt. Auch ist die Annahme eines bloßen Redaktionsversehens kaum noch haltbar, da der Gesetzgeber spätestens eine Berichtigung im Zuge der Umsetzung des ESM-Vertrages in § 1 Abs 2 S 2 SchVG im Jahre 2012 hätte vornehmen können.[328] Vor diesem Hintergrund kann auch die Proklamierung (nur) der Kollektivbindung und des Gleichbehandlungsgrundsatzes in § 4 SchVG zu Fundamentalprinzipien, die allgemeine Geltung beanspruchen, nicht überzeugen.[329] De lege ferenda wäre aber eine Erstreckung auf die bislang ausgeschlossenen Schuldverschreibungen nach dem Pfandbriefgesetzes und der öffentlichen Hand im Interesse des Kapitalmarktes erstrebenswert.

V. Gestaltungsfreiheit und freiwilliger Opt-In in Fällen des § 1 Abs 2 Satz 1 SchVG

Hinsichtlich der nach § 1 Abs 2 S 1 SchVG vom Anwendungsbereich des Gesetzes **95** ausgeschlossenen Schuldverschreibungen stellt sich die Frage, ob die Bestimmungen des 2. Abschnitts, namentlich die Regeln über Mehrheitsbeschlüsse der Gläubiger und den gemeinsamen Vertreter, durch **rechtsgeschäftliche Einbeziehung** in den Anleihebedingungen letztlich doch zur Anwendung gebracht werden können. Die Frage ist in der Literatur umstritten. So wird teilweise vertreten, der Ausschluss von Schuldverschreibungen nach dem Pfandbriefgesetzes und solchen der öffentlichen Hand verschließe diesen Emissionen auch einen Zugang zu den §§ 5ff SchVG; eine vertragsautonome Einbeziehung und Optierung im Sinne des § 5 Abs 1 SchVG sei damit generell ausgeschlossen.[330] Der Ansicht ist zuzugestehen, dass sich der Ausschluss dem Wortlaut nach („Dieses Gesetz gilt nicht für…") auf das ganze SchVG und damit sowohl auf die obligatorischen §§ 2–4 SchVG als auch auf den optionalen Abschnitt 2 (§§ 5ff SchVG) bezieht.[331] Da demnach auch das in § 5 Abs 1 SchVG geregelte Optionsrecht vom Aus-

---

326 Friedl/Hartwig-Jacob/*Hartwig-Jacob* § 1 Rn 162; Langenbucher/Bliesener/Spindler/*Bliesener/Schneider* § 1 Rn 59; Hopt/Seibt/*Artzinger-Bolten/Wöckener* § 1 Rn 64.

327 Vgl Veranneman/*Oulds* § 1 Rn 53; Langenbucher/Bliesener/Spindler/*Bliesener/Schneider* § 1 Rn 59.

328 So auch Veranneman/*Oulds* § 1 Rn 53.

329 So allerdings eine verbreitete Ansicht, *Baums* FS Canaris (2007) 3, 23ff; Langenbucher/Bliesener/Spindler/*Bliesener/Schneider* § 1 Rn 59; Veranneman/*Oulds* Vor § 5 Rn 49; *Nodoushani* WM **2012** 1789, 1803; *Schmidtbleicher* Die Anleihegläubigermehrheit, 2010, 85ff.

330 Veranneman/*Oulds* § 1 Rn 51; Friedl/Hartwig-Jacob/*Hartwig-Jacob* § 1 Rn 154.

331 Veranneman/*Oulds* § 1 Rn 49; vgl zu der Ansicht, die die §§ 2–4 SchVG nicht vom Ausschluss erfasst wissen will oben Rn 94.

schluss erfasst ist, erscheint es im Umkehrschluss folgerichtig, in einer rechtsgeschäftlichen Einbeziehung eine unzulässige Umgehung der Ausnahmewirkung des § 1 Abs 2 S 1 SchVG zu sehen. Nachdem auch solche Schuldverschreibungen, die dem SchVG unterfallen, nach § 5 Abs 1 SchVG eines rechtsgeschäftlichen Opt-In in den Anleihebedingungen bedürfen, wäre der Ausschlusstatbestand des § 1 Abs 2 S 1 SchVG bei Zulassung vertragsautonomer Einbeziehung faktisch auf die §§ 2–4 SchVG beschränkt.[332] Die Ansicht beruft sich zudem auf die Gesetzgebungsmaterialien, nach denen der Gesetzgeber den Ausschlusstatbestand mit der fehlenden Insolvenzfähigkeit der öffentlichen Hand begründet, die eine Vergemeinschaftung der Anleihegläubiger mangels Schutzbedürftigkeit obsolet mache.[333]

96 Demgegenüber vertritt die Gegenauffassung die Ansicht, es stehe den vom Anwendungsbereich ausgeschlossenen Emittenten frei, Bestimmungen des 2. Abschnitts betreffend die Mehrheitsbeschlüsse der Gläubiger und den gemeinsamen Vertreter in ihre Anleihebedingungen aufzunehmen. Die Ausnahmetatbestände des § 1 Abs 2 S 1 SchVG verbieten nach dieser Lesart eine rechtsgeschäftliche Einbeziehung nicht.[334] Die Norm stellt demnach lediglich von den gesetzlichen Regelungen des SchVG frei.[335] Die ausgenommenen Emittenten können daher die gesetzlichen Regelungen ganz oder teilweise übernehmen, andererseits aber auch hiervon grundsätzlich großenteils abweichend regeln.[336] Dieser Ansicht scheint sich auch das Finanzministerium angeschlossen zu haben, in dem es kurz nach Inkrafttreten des SchVG eine deutschem Recht unterstellte Bundesanleihe begab, deren Anleihebedingungen eine fast vollständige Übernahme der Regelungen des 2. Abschnitts des SchVG enthielten.[337] Folgt man dagegen der ablehnenden Ansicht, wären Beschlüsse, die aufgrund dann unzulässiger Einbeziehung des Abschnitts 2 erfolgen, für die betroffenen Anleihegläubiger, die dagegen gestimmt haben nicht bindend.[338]

97 Hierzu ist zunächst festzustellen: Ein allgemeines Gestaltungsverbot für Regelungen, die inhaltlich den §§ 5 ff SchVG entsprechen, kann es nicht geben.[339] Auch die Sicht, die den Ausschluss der vertragsautonomen Einbeziehung vertritt, muss einräumen, dass

---

332 Soweit man mit Langenbucher/Bliesener/Spindler/*Bliesener/Schneider* § 1 Rn 59 die §§ 2–4 SchVG auch auf die nach Abs 2 S 1 ausgeschlossenen Emissionen für anwendbar betrachtet, verbliebe letztlich gar keine Regelungswirkung des § 1 Abs 2 S 1 SchVG. Dass dies vom Gesetzgeber so beabsichtigt war, kann bezweifelt werden.

333 BT-Drucks. 16/12814 zu § 1 S 16; Dagegen aber Hopt/Seibt/*Artzinger-Bolten/Wöckener* § 1 Rn 76, wonach aus der dadurch bestehenden geringeren Schutzbedürftigkeit eventueller Minderheitengläubiger gerade eine Zulässigkeit vertragsautonomer Einbeziehung folgen soll. Anderenfalls sei § 1 Abs 2 SchVG willkürlich und damit rechtswidrig.

334 Langenbucher/Bliesener/Spindler/*Bliesener/Schneider* § 1 Rn 47; BeckOGK/*Vogel* § 1 Rn 105 und 107; jedenfalls für öffentliche Emittenten auch Hopt/Seibt/*Artzinger-Bolten/Wöckener* § 1 Rn 77; Preuße/*Preuße*, § 1 Rn 33; *Horn* BKR **2009** 446, 448.

335 Langenbucher/Bliesener/Spindler/*Bliesener/Schneider* § 1 Rn 47; BeckOGK/*Vogel* § 1 Rn 105.

336 Langenbucher/Bliesener/Spindler/*Bliesener/Schneider* § 1 Rn 48.

337 Zugleich jedoch mit dem Hinweis, dass die Anwendbarkeit des SchVG auf Anleihen der öffentlichen Hand noch nicht hinreichend geklärt sei, vgl Veranneman/*Oulds* § 1 Rn 49.

338 Friedl/Hartwig-Jacob/*Hartwig-Jacob* § 1 Rn 156.

339 So lässt sich aber der Leitsatz des OLG Stuttgart, Urteil vom 19. Juli 2018 – 19 U 28/18 = ZIP **2018** 1727 verstehen, wonach Klauseln in Anleihebedingungen, die nicht dem SchVG unterfallen und die abändernde Mehrheitsentscheidung der Anleger mit Wirkung für alle Anleihegläubiger ermöglichen, gegen das in § 307 Abs 1 BGB statuierte Verbot unangemessener Benachteiligung verstoßen sollen. Allerdings lassen die Gründe daran zweifeln, ob dies in derartiger Pauschalität tatsächlich gelten soll oder ob es nicht doch auf die konkrete Ausgestaltung ankommt. So auch *Müller-Eising* EWiR **2019** 41, 42.

es den von der Ausschlussvorschrift betroffenen Emittenten nicht generell verboten ist, Regelungen zur Anpassung der Anleihebedingungen durch privatautonome Vereinbarung in den Anleihebedingungen aufzunehmen.[340] Tatsächlich ließe sich ein darüber hinaus reichendes, absolutes Gestaltungsverbot nicht überzeugendend begründen. Zum einen hat sich der Gesetzgeber auf EU-Ebene im Rahmen des ESM-Vertrages bereit erklärt, für Staatsanleihen CACs einzuführen. Zum anderen folgt aus dem Konzept, dass das SchVG nicht mehr an eine Schieflage des Emittenten anknüpft, sondern auch Restrukturierungen aus anderen Gründen zulässt, dass das Argument der fehlenden Insolvenzfähigkeit der öffentlichen Hand nicht mehr verfängt.

Vertritt aber auch die ablehnende Sicht kein absolutes Gestaltungsverbot, stellt sich **98** als eigentliche Frage, ob und wieweit mit der Einwahl zugleich die gestaltenden und legitimierenden Rechtsfolgen verbunden sein können, die im SchVG greifen. Hier tut sich eine ähnliche Problematik auf wie eingangs bei der Frage der (abgelehnten) Erstreckung des SchVG auf nicht-verbriefte Anleihen (Rn 26f). Die optionale Einwahlmöglichkeit ist eben nicht bloß Ausfluss der allgemeinen Privatautonomie, sondern gewährt spezielle Ermächtigungen (*enabling law*), die über die Möglichkeiten hinausgeht, wie sie unter Geltung der allgemeinen Grundsätze des Zivilrechts bestehen würden. Läge es anders, wäre die Erstreckung der §§ 5ff SchVG auf nicht-verbriefte Anleihen vollkommen unproblematisch gewesen. So aber fehlt „besonderen Vertretern" eben die gesetzlich zugedachte Rechtsmacht oder drohen Mehrheitsklauseln, die nicht vom SchVG legitimiert sind, an § 307 BGB zu scheitern[341] – was im direkten Anwendungsbereich des SchVG alles nicht passieren kann. Die Ausdehnung der Einwahlmöglichkeit steht daher in unlösbarem Zusammenhang mit den besonderen Gestaltungs- und Legitimationswirkungen des SchVG. Sie ist im Licht der restriktiven Rechtsprechung zu nicht-verbrieften Anleihen tendenziell eher kritisch zu beäugen. Zwar lässt sich für die Erstreckung der Einwahl hier anders als bei den nicht-verbrieften Anleihen auf die Ratio legis eines modernen, international konkurrenzfähigen Kapitalmarktrechts verweisen.[342] Außerhalb des gesicherten Anwendungsbereichs nach § 1 Abs 1 SchVG dürfte sich aber zumindest die schwierige Frage, inwieweit vertragsautonom gestaltete Regelungen, die denen des SchVG ähneln, nach allgemeinen Grundsätzen zulässig sind, insbesondere also der AGB-Kontrolle standhalten, letztlich nicht vermeiden lassen.[343]

Soweit es sich um gedeckten **Schuldverschreibungen im Sinne des Pfandbriefgesetzes** handelt, sind die zwingenden Vorschriften des PfandBG wie etwa der Grundsatz **99** der Deckungskongruenz in § 3 PfandBG oder die Vorgaben zum Inhalt von Pfandbriefen nach § 6 PfandBG zu beachten. Aufgrund des zwingenden Charakters dieser Regelungen können diese durch Mehrheitsbeschlüsse der Anleihegläubiger nicht abbedungen werden.[344] Soweit dies berücksichtigt wird, steht auch hier eine Einbeziehung nicht entgegen.

340 Friedl/Hartwig-Jacob/*Hartwig-Jacob* § 1 Rn 155.

341 OLG Stuttgart BeckRS **2018** 16518 Rn 78ff = ZIP **2018** 1727, in Bezug auf nicht verbriefte Namensschuldverschreibungen.

342 So BeckOGK/*Vogel* § 1 Rn 107 mit Verweis auf die international üblichen *collective action clauses*.

343 Dazu OLG Stuttgart, Urteil vom 19. Juli 2018 – 19 U 28/18 = ZIP **2018** 1727 mit Anmerkungen *Müller-Eising* EWiR **2019** 41.

344 BeckOGK/*Vogel* § 1 Rn 106; Langenbucher/Bliesener/Spindler/*Bliesener*/*Schneider* Rn 51; Hopt/Seibt/*Artzinger-Bolten*/*Wöckener* § 1 Rn 77; Preuße/*Preuße* § 1 Rn 30; *Horn* BKR **2009** 446, 448; **aA** Friedl/Hartwig-Jacob/*Hartwig-Jacob* § 1 Rn 136; Veranneman/*Oulds* Rn 51.

§ 2
Anleihebedingungen

[1]Die Bedingungen zur Beschreibung der Leistung sowie der Rechte und Pflichten des Schuldners und der Gläubiger (Anleihebedingungen) müssen sich vorbehaltlich von Satz 2 aus der Urkunde ergeben. [2]Ist die Urkunde nicht zum Umlauf bestimmt, kann in ihr auch auf außerhalb der Urkunde niedergelegte Anleihebedingungen Bezug genommen werden. [3]Änderungen des Inhalts der Urkunde oder der Anleihebedingungen nach Abschnitt 2 dieses Gesetzes werden erst wirksam, wenn sie in der Urkunde oder in den Anleihebedingungen vollzogen worden sind.

Schrifttum

Assmann Anleihebedingungen und AGB-Recht, WM **2005** 1053–1068; *Beyer* Das Transparenzgebot und die rechtlichen Grenzen der Anpassung von Emissionsbedingungen bei Schuldverschreibungen, Diss. Hamburg 2012; *Bliesener* Änderung von Anleihebedingungen in der Praxis, in Baum/Fleckner/ Hellgardt/ Roth, Perspektiven des Wirtschaftsrechts (2008) 355–369; *Bungert* Wertpapierbedingungen und Inhaltskontrolle nach dem AGB-Gesetz, DZWiR **1996** 185–199; *Cagalj* Restrukturierung von Anleihen nach dem neuen Schuldverschreibungsgesetz, Diss. Freiburg 2012 (zit. *Cagalj* Restrukturierung); *Coen* Der negative Basiszinnsatz nach § 247 BGB, NJW **2012** 3329–3334; *Cranshaw* Nachrangige Genussrechte und andere hybride Instrumente – Problemfelder verbriefter und unverbriefter Kapitalmarktmittel der Unternehmensfinanzierung, DZWIR **2018** 508–527; *Deutscher Anwaltverein* Stellungnahme zum Referentenentwurf eines Gesetzes zur Neuregelung der Rechtsverhältnisse bei Schuldverschreibungen aus Anleihen und zur Anpassung kapitalmarktrechtlicher Verjährungsvorschriften vom August 2008, abrufbar unter: https://anwaltverein.de/de/newsroom/id-2008-41; *Hamann/Schäfer* Kapitalmarktgesetze, Stand Januar 2013; *Horn* Änderung von Anleihebedingungen und Skripturakt, in Gedächtnisschrift Hübner (2012) 521–530; *ders.* Die Erfüllung von Wertpapiergeschäften unter Einbeziehung eines Zentralen Kontrahenten an der Börse, WM **2002** Sonderbeilage 2, 1–23; *ders.* Die Stellung der Anleihegläubiger nach dem neuen Schuldverschreibungsgesetz und allgemeinem Privatrecht im Licht aktueller Marktentwicklungen, ZHR 173 (**2009**) 12–66; *ders.* Das Recht der internationalen Anleihen, 1972; *Hopt* Änderung von Anleihebedingungen – Schuldverschreibungsgesetz, § 796 BGB und AGBG, in FS Steindorff (1990) 341–382; *ders.* Neues Schuldverschreibungsrecht – Bemerkungen und Anregungen aus Theorie und Praxis, in FS Schwark (2009) 341–457; *Joussen* Die Inhaltskontrolle von Wertpapierbedingungen nach dem AGBG, WM **1995** 1861–1869; *Kallrath* Die Inhaltskontrolle der Wertpapierbedingungen von Wandel- und Optionsanleihen, Gewinnschuldverschreibungen und Genussscheinen, Diss. Köln 1993; *Kusserow* Zur Frage der Anwendbarkeit des SchVG auf Namensschuldverschreibungen, RdF **2012** 4–13; *Krug* Anlegerschutz bei der Emission von Schuldverschreibungen: unter besonderer Berücksichtigung der Frage der Anwendbarkeit des AGB-Rechts auf Emissionsbedingungen, Diss. Rostock 2010; *Leber* Der Schutz und die Organisation der Obligationäre nach dem Schuldverschreibungsgesetz, Diss. Tübingen 2011; *Masuch* Anleihebedingungen und AGB-Gesetz: Die Bedeutung des AGB-Gesetzes für Emissionsbedingungen von Anleihen, Diss. Heidelberg 2000/2001; *Podewils* Transparenz- und Inhaltskontrolle von Zertifikatbedingungen – Insbesondere zur Zulässigkeit einseitiger Einwirkungsbefugnisse des Emittenten –, ZHR 174 (**2010**) 192–208; *Schlitt/Schäfer* Die Restrukturierung von Anleihen nach dem neuen Schuldverschreibungsgesetz, AG **2009** 477–487; *Schmidt/Schräder* Leistungsversprechen und Leistungsbestimmungsrechte in Anleihebedingungen unter Berücksichtigung des neuen Schuldverschreibungsgesetzes, BKR **2009** 397–404; *Schmidtbleicher* Die Anleihegläubigermehrheit, Diss. Frankfurt/M. 2010; *Schneider* Die Änderung von Anleihebedingungen durch Beschluss der Gläubiger, in Baums/Cahn (Hrsg.), Die Reform des Schuldverschreibungsrechts (2004) 69–93; *Sester* Transparenzkontrolle von Anleihebedingungen nach Einführung des neuen Schuldverschreibungsrechts, AcP 209 (**2009**) 628–667; *Than* Rechtsfragen bei der Festlegung von Emissionsbedingungen für Schuldverschreibungen unter besonderer Berücksichtigung der Dematerialisierung und des Depotgesetzes, in Baums/Cahn (Hrsg.), Die Reform des Schuldverschreibungsrechts (2004) 3–24; *von Randow* Anleihebedingungen und Anwendbarkeit des AGB-Gesetzes, ZBB **1994** 23–32; *Vogelmann/Käppler* Beschlüsse der Anleihegläubiger nach Eröffnung des Insolvenzverfahrens, ZInsO **2018** 2169–2181; *Wolf* Anlegerschutz durch Inhaltskontrolle von Emissionsbedingungen bei Kapitalmarkttiteln, in FS Zöllner, Band 1 (1998) 651–666; *Zöllner* Wertpapierrecht, 14. Aufl. 1987.

Systematische Übersicht

A. Allgemeines

I. Regelungsgehalt

1 Nach Satz 1 sind Anleihebedingungen die Beschreibung der Leistung sowie der Rechte und Pflichten des Schuldners und der Gläubiger. Die Vorschrift enthält damit eine **Legaldefinition des Begriffes der Anleihebedingungen** und füllt einen zentralen Begriff des Schuldverschreibungsrechts näher aus. So bilden die Anleihebedingungen zusammen mit den allgemeinen Regeln der §§ 793ff BGB für Inhaberschuldverschreibungen nicht nur die rechtliche Grundlage für das Verhältnis zwischen Emittent und Anleihegläubigern, sondern auch den wesentlichen Regelungsgegenstand des Schuldverschreibungsgesetzes überhaupt, das doch gerade die kollektive Änderung von Anleihebedingungen durch Mehrheitsentscheidung zu ermöglichen bezweckt.[1] Über die Begriffsdefinition hinausgehende inhaltliche Vorgaben, etwa über Ausgestaltung und Inhalt der Bedingungen, enthält § 2 SchVG nicht.[2]

2 Indem Satz 1 darüber hinaus bestimmt, dass sich eben jene Anleihebedingungen vorbehaltlich der Ausnahmeregelung in Satz 2 unmittelbar „aus der Urkunde" ergeben müssen, bestätigt es das sich bereits aus den §§ 793, 796 BGB herleitbare **wertpapierrechtliche Skripturprinzip**, das die Fungibilität der Urkunde und damit die Kapitalmarktfähigkeit der entsprechenden Schuldverschreibung gewährleistet.

3 § 2 S 2 SchVG enthält allerdings für solche Urkunden, die nicht zum Umlauf bestimmt sind eine Ausnahme und gestattet in diesem Fall die Bezugnahme auf außerhalb der Urkunde niedergelegte Anleihebedingungen. Erfasst ist damit der heute in der Praxis ganz überwiegende Regelfall der bei einer Wertpapiersammelbank zentral verwahrten Sammelurkunde im Sinne des § 9a DepotG.[3] Die Ausnahmevorschrift kommt den Bedürfnissen der Praxis entgegen, indem sie die Anforderungen an die Dokumentation verein-

1 Die §§ 793ff BGB finden freilich nur auf Inhaberschuldverschreibungen unmittelbare Anwendung. Der ganz überwiegende Teil der Schuldverschreibungen wird jedoch als Inhaberschuldverschreibungen begeben. Vgl § 1 Rn 15.

2 Langenbucher/Bliesener/Spindler/*Bliesener*/*Schneider* § 2 Rn 2; Hopt/Seibt/*Artzinger-Bolten*/*Wöckener* § 2 Rn 16.

3 RegE, BT-Drucks. 16/12814 S 17.

facht und dereguliert.[4] Zugleich wird damit der zunehmenden Tendenz zur „Entmaterialisierung“ des Wertpapierumlaufs Rechnung getragen.[5]

4 Schließlich regelt Satz 3 den **Vollzug von Änderungen** der Anleihebedingungen. Das Gesetz knüpft hierzu für die Wirksamkeit der Änderung bei umlauffähigen Urkunden an den Vollzug in der Urkunde selbst an. Für Sammelurkunden wird die Vorschrift ergänzt durch § 21 Abs 1 SchVG, der als lex specialis für die Wirksamkeit genügen lässt, dass eine Niederschrift des Änderungsbeschlusses der Sammelurkunde beigefügt wird.

II. Gesetzgebungsgeschichte

5 Die Vorschrift ist eine Neuschöpfung der SchVG-Novelle von 2009 und hatte **keine Entsprechung im alten SchVG 1899**. Eine ausdrückliche Regelung erschien dem Gesetzgeber seinerzeit entbehrlich, da sich das Skripturprinzip bereits aus den Regeln über die Inhaberschuldverschreibung, den § 793 BGB und § 796 BGB als allgemeines wertpapierrechtliches Prinzip ergab.[6] Ein Bedürfnis für eine Auflockerung des Skripturprinzips, wie dies nunmehr § 2 S 2 SchVG für nicht zum Umlauf bestimmte Urkunden, insbesondere Sammelurkunden gewährleistet, bestand damals noch nicht.[7]

6 Während es früher genügte die Anleihebedingungen auf der Rückseite der Urkunde abzudrucken, behalf man sich vermehrt damit, die stetig an Komplexität und Länge zunehmenden Bedingungen in einem separaten Dokument niederzulegen und dieses anschließend körperlich mit der eigentlichen Urkunde zu verbinden.[8] Das Skripturprinzip wurde jedoch trotz dieser Behelfe der Praxis in seiner Strenge als immer weniger praktikabel empfunden.

7 Erste Ansätze der heutigen Definition der Anleihebedingen sowie der Auflockerung vom Skripturprinzip des Satzes 2 enthielt der unveröffentlichte Diskussionsentwurf des Bundeministeriums der Justiz (BMJ) für das BGB vom April 2003 (BGB-DiskE 2003). Dessen § 795 Abs 1 BGB-DiskE 2003 sah bereits vor, dass „zur näheren Beschreibung der Leistung sowie Rechte und Pflichten des Ausstellers und der Anleihegläubiger auf die Emissionsbedingungen Bezug genommen werden“ kann.[9] Damit war ein Verweis auf außerhalb der Urkunde befindliche Anleihebedingungen ohne Einschränkungen möglich. Ein Abdruck der Anleihebedingungen in der Urkunde selbst wäre nicht mehr erforderlich gewesen.[10] Dem Schutzbedürfnis der Anleger sollte durch weitreichende Veröffentlichungspflichten des Emittenten Rechnung getragen werden.[11]

8 Die ersten unveröffentlichten Diskussionsentwürfe des BMJ zum neuen SchVG ab 2004 sowie der ebenfalls unveröffentlichte Referentenvorentwurf aus dem Jahre 2006 übernahmen im Wesentlichen die Regelung des § 795 BGB-DiskE.[12] Erst mit dem Referentenentwurf des BMJ von 2008 wurde die Möglichkeit der Bezugnahme auf außerhalb der Urkunde niedergelegten Bedingungen auf solche Urkunden begrenzt, die nicht zum Umlauf bestimmt sind.[13] Dem schloss sich der Regierungsentwurf von 2009 an mit der Folge,

4 *Horn* Gedächtnisschrift Hübner 521, 522; Friedl/Hartwig-Jacob/*Hartwig-Jacob* § 2 Rn 3.
5 Friedl/Hartwig-Jacob/*Hartwig-Jacob* § 2 Rn 3; *Horn* ZHR 173 (**2009**) 12, 33. Zu rechtspolitischen Überlegungen zur Zulassung von Werterechten an sich MüKoBGB/*Habersack* Vorb § 793 Rn 36 f.
6 Preuße/*Röh/Dörfler* § 2 Rn 10; Friedl/Hartwig-Jacob/*Hartwig-Jacob* § 2 Rn 6.
7 Preuße/*Röh/Dörfler* § 2 Rn 10.
8 Hopt/Seibt/*Artzinger-Bolten/Wöckener* § 2 Rn 4; Friedl/Hartwig-Jacob/*Hartwig-Jacob* § 2 Rn 6.
9 Hopt/Seibt/*Artzinger-Bolten/Wöckener* § 2 Rn 5.
10 Friedl/Hartwig-Jacob/*Hartwig-Jacob* § 2 Rn 7; Preuße/*Röh/Dörfler* § 2 Rn 12.
11 Vgl ausführlich Friedl/Hartwig-Jacob/*Hartwig-Jacob* § 2 Rn 8.
12 Friedl/Hartwig-Jacob/*Hartwig-Jacob* § 2 Rn 8.
13 RefE v. 9. Mai 2008 § 2 Abs 1; Hopt/Seibt/*Artzinger-Bolten/Wöckener* § 2 Rn 5.

dass die Einschränkung in das heutige SchVG übernommen wurde.[14] Die ursprünglich noch in den früheren Entwürfen enthaltenen Veröffentlichungspflichten wurden letztlich verworfen.[15]

Die Anforderungen an die Wirksamkeit von Änderungen in den Anleihebedingungen nach § 2 S 3 SchVG wurden erstmals in Referentenentwurf von 2008 aus Gründen der Rechtssicherheit aufgenommen und letztlich unverändert in seiner heutigen Gestalt übernommen.[16] 9

B. Anleihebedingungen S 1

Der Begriff der Anleihebedingungen ist **weit auszulegen** und als Oberbegriff für das Rechtsverhältnis zwischen Emittent und den Anleihegläubigern zu verstehen.[17] Neben den gesetzlichen Regelungen der §§ 793ff BGB für Inhaberschuldverschreibungen bilden die Anleihebedingungen die maßgebliche Konkretisierung für das Rechtsverhältnis zwischen Emittent und Anleihegläubigern.[18] 10

Der Begriff der Anleihebedingungen wird in § 2 S 1 SchVG legaldefiniert. Das Gesetz bezeichnet Anleihebedingungen demnach als die Beschreibung der Leistung sowie der Rechte und Pflichten des Schuldners und der Gläubiger. Die Definition unterscheidet damit zwischen zwei Elementen: den **leistungsbeschreibenden Bedingungen**[19] einerseits („Beschreibung der Leistung“) und den **weiteren Bedingungen der Leistungsbeschreibung** („sowie der Rechte und Pflichten des Schuldners und der Gläubiger“) andererseits.[20] Keinen Eingang in die Definition gefunden haben die **sog. Nebenbestimmungen** als weitere Kategorie. Diese werden vom Gesetz in § 5 Abs 3 S 1 Nr 10 SchVG vorausgesetzt und sind damit ebenfalls Bestandteil der Anleihebedingungen.[21] 11

Die Differenzierung zwischen leistungsbestimmenden Bedingungen und weiteren Bedingungen der Leistungsbeschreibung knüpft an die aus dem AGB-Recht bekannte Unterscheidung zwischen leistungsbeschreibenden Klauseln und sonstigen gestaltenden Klauseln an.[22] Nur letztere unterfallen dabei nach § 307 Abs 3 S 1 BGB der Inhaltskontrolle und müssen sich am Maßstab des § 307 BGB bzw den speziellen Klauselverboten des § 308 BGB und § 309 BGB messen lassen. Klauseln, die Art, Inhalt und Umfang der zu erbringenden Leistung oder Gegenleistung festlegen, sind von einer Inhaltskontrolle freigestellt.[23] Zum einen fehlt es für eine Kontrolle solcher Leistungsbeschreibungen schon an einem gesetzlichen Maßstab, zum anderen soll es den Kräf- 12

---

14 BT-Drucks. 16/12814 S 17.

15 Veröffentlichungspflichten sieht bereits das WpPG vor. So regelt § 6 Abs 3 WpPG die Veröffentlichung endgültiger Bedingungen, sofern sie weder in den Basisprospekt noch in einen Nachtrag aufgenommen worden sind. Zudem ist der Emittent nach § 14 Abs 2 WpPG zur Hinterlegung bei der BaFin verpflichtet.

16 RefE v. 9. Mai 2008, S 24.

17 *Sester* AcP 209 (**2009**) 628, 635; Preuße/*Röh*/*Dörfler* § 2 Rn 13; Friedl/Hartwig-Jacob/*Hartwig-Jacob* § 2 Rn 15; Langenbucher/Bliesener/Spindler/*Bliesener*/*Schneider* § 2 Rn 2.

18 Friedl/Hartwig-Jacob/*Hartwig-Jacob* § 2 Rn 14.

19 Die Terminologie ist uneinheitlich. So spricht Friedl/Hartwig-Jacob/*Hartwig-Jacob* § 2 Rn 17 von **Leistungsbestimmenden Bedingungen**, während bei Verannemann/*Oulds* § 2 Rn 2 von einer **Leistungsbeschreibung im engeren Sinne** die Rede ist. Terminologisch wie hier: Hopt/Seibt/*Artzinger-Bolten*/*Wöckener* § 2 Rn 9.

20 Verannemann/*Oulds* § 2 Rn 2; Hopt/Seibt/*Artzinger-Bolten*/*Wöckener* § 2 Rn 17.

21 Preuße/*Röh*/*Dörfler* § 2 Rn 17.

22 Friedl/Hartwig-Jacob/*Hartwig-Jacob* § 2 Rn 30.

23 Ulmer/Brandner/Hensen/*Fuchs* § 307 Rn 14; *Assmann* WM **2005** 1059. Gleichwohl unterliegen auch die leistungsbeschreibenden Klauseln der Transparenzkontrolle des § 307 Abs 1 S 2 BGB.

ten des Marktes überlassen bleiben, das Verhältnis von Leistung und Gegenleistung zu bestimmen.[24]

13 Bedeutung erfährt die Differenzierung in § 2 S 1 SchVG denn auch vor allem im Hinblick auf die **Kontrollfähigkeit der Bedingungen** (dazu ausführlich: → § 3 Rn 47 ff).[25] Da es sich bei Anleihebedingungen stets um für eine Vielzahl von Verträgen vorformulierten Vertragsbedingungen handelt, finden die Regelungen über die Inhaltskontrolle der §§ 305 BGB ff nach mittlerweile herrschender Ansicht auch auf die Anleihebedingungen Anwendung.[26] Ein gegenüber dem § 307 Abs 3 S 1 BGB eigenständiger Regelungsgehalt kommt § 2 S 1 SchVG nicht zu.

14 Einer Inhaltskontrolle nach AGB-Recht unterfallen nach Rechtsprechung und ganz überwiegender Ansicht in der Literatur damit ausschließlich die weiteren Bedingungen der Leistungsbeschreibung sowie die Nebenabreden, nicht jedoch die leistungsbeschreibenden Bedingungen im Sinne des § 2 S 1 Alt. 1 SchVG.[27] Erhebliche Schwierigkeiten kann insoweit die Abgrenzung bereiten, ob eine leistungsbeschreibende oder aber eine weitere Beschreibung der Leistungspflichten vorliegt.[28] Dies hängt von der Art der jeweiligen Schuldverschreibung und dem Inhalt der jeweiligen Klausel ab und lässt sich abstrakt kaum bestimmen.[29]

I. Leistungsbeschreibende Bedingungen

15 Bedingungen sind leistungsbeschreibend, wenn sie den Umfang der von den Parteien **geschuldeten Vertragsleistungen festlegen.**[30] Dabei ist das Merkmal der Leistungsbeschreibung nach Rechtsprechung und Schrifttum grundsätzlich restriktiv auszulegen.[31] Leistungsbeschreibend sind danach solche Klauseln, die zum einen das „Ob" der Leistung bestimmen, zum anderen aber auch Gegenstand, Art, Umfang und Quantität der Leistung regeln.[32] Jedenfalls leistungsbeschreibend sind damit Bestimmungen, die die Hauptleistungspflichten festlegen.[33] **Nicht zu den leistungsbeschreibenden** Bestimmungen gehören hingegen solche Bestimmungen die die Leistungspflichten **lediglich ausgestaltend** regeln.

16 Ob eine Leistungsbeschreibung vorliegt soll sich auch danach richten, ob die konkrete Klausel das **Chance/Risiko-Profil der Anleihe maßgeblich prägt**, sie also das Wesen des Finanzproduktes sowie seine charakteristische Eigenart bestimmt, sodass eine Änderung der Anleihebedingungen zugleich zu einer Änderung des Chance/Risiko-Profils der Kapitalanlage selbst führen würde.[34] Die Abgrenzung bleibt damit freilich immer noch vage, da die Anleihebedingungen regelmäßig gerade in ihrer Gesamtheit das Profil des jeweiligen Finanzinstruments definieren werden und die Anleihegläubiger gerade in Bezug auf die jeweilige Ausgestaltung einen bestimmten Preis beim Erwerb zahlen werden.[35]

24 MüKoBGB/*Wurmnest* § 307 Rn 1; Staudinger/*Coester* § 307 BGB Rn 285.
25 Friedl/Hartwig-Jacob/*Hartwig-Jacob* § 2 Rn 30.
26 Vgl nur BGHZ **163** 311 mwN; **aA** aber *Assmann* WM **2005** 1053, 1058; eingehend § 3 Rn 47 ff.
27 BGH WM **1988** 1500, 1502; Hopt/Seibt/*Artzinger-Bolten*/*Wöckener* § 3 Rn 31 ff.
28 *Schlitt*/*Schäfer* AG **2009** 477, 485; Friedl/Hartwig-Jacob/*Hartwig-Jacob* § 2 Rn 20.
29 Friedl/Hartwig-Jacob/*Hartwig-Jacob* § 2 Rn 31.
30 Vgl nur MüKoBGB/*Wurmnest* § 307 Rn 13.
31 Vgl nur Ulmer/Brandner/Hensen/*Fuchs* § 307 Rn 40 mwN.
32 BGH NJW **1999** 2280; BGH NJW **2000** 3348; Wolf/Lindacher/Pfeiffer/*Wolf* § 307 Rn 292.
33 BGH, Urteil vom 12.12.2000 – XI ZR 138/00; MüKoBGB/*Wurmnest* § 307 Rn 13.
34 *Assmann* WM **1995** 1053, 1059; Friedl/Hartwig-Jacob/*Hartwig-Jacob* § 2 Rn 18; Hopt/Seibt/*Artzinger-Bolten*/*Wöckener* § 2 Rn 11.
35 *Schlitt*/*Schäfer* AG **2009** 477, 485.

17 So gestalten beispielsweise bei Aktienanleihen Bestimmungen über die Ausübung des Wahlrechts die Hauptleistungspflicht zunächst lediglich näher aus. Gleichwohl wird es sich in aller Regel um ein Kernelement des Leistungsversprechens handeln, das der Anleihe ihr wesentliches Gepräge verleiht und damit zu den leistungsbeschreibenden Bedingungen zählen wird.[36] Gleiches muss für Klauseln gelten, welche die Kündigungsoptionen regeln.[37]

18 Die Frage, ob eine Bestimmung leistungsbeschreibend ist oder nicht, lässt sich letztlich nur mit **Blick auf die Art der konkreten Anleihe** beantworten.[38] Gleichwohl werden Bestimmungen, die die folgenden beispielhaft aufgeführten Punkte zum Gegenstand haben, in aller Regel leistungsbeschreibend sein:[39] Den Nennbetrag bzw Rückzahlungsbetrag der Anleihe; die Höhe und Ausgestaltung der Verzinsung; die Laufzeit der Anleihe; Zahlungstermine für Zinsen; die Währung; die Form der Verbriefung der Anleihe; Sicherheiten; Rangvereinbarungen bzw Nachrangklauseln; die Ausgestaltung des Umtausch- bzw Bezugsrechts bei Wandel- bzw Optionsanleihen; die Ausgestaltung eines vorzeitigen Kündigungsrechts; die Beschränkungen außerordentlicher Kündigungsrechte hinsichtlich bestimmter Kündigungsgründe; Verlustbeteiligungen.

19 Der Begriff der Leistungsbeschreibung überschneidet sich im Wesentlichen mit dem Begriff der **essentialia negotii.**[40] Demzufolge wird eine Klausel als leistungsbeschreibend zu qualifizieren sein, wenn die Parteien sie notwendiger Weise festlegen müssen, um eine Vertragsbeziehung nicht mangels Bestimmtheit oder Bestimmbarkeit undurchführbar werden zu lassen.[41] Allerdings erscheint dann zweifelhaft, ob Regelungen zu Kündigungsrechten erfasst sein können. Diese werden üblicherweise nicht zu den *essentialia negotii* (Vertragsgegenstand; Vertragsparteien; Vergütung)[42] gerechnet. Ihr Fehlen führt nicht zur Undurchführbarkeit des Vertrags, sondern zur Geltung allgemeinen Rechts als *default rule*, so dass sie eher als *accidentialia negottii* erscheinen. Allerdings sind kündigungsbezogene Regelungen nicht nur eminent bedeutend für den primären Leistungsinhalt, sondern auch inhaltlich sehr nahe an Laufzeitbestimmungen. Da die Laufzeit der Kapitalüberlassung sicherlich eine Leistungsbeschreibung darstellt, kann Gleiches für Kündigungsregelungen gelten.

II. Weiteren Bedingungen der Leistungsbeschreibung

20 Im Gegensatz zu den leistungsbeschreibenden Bestimmungen beschreiben die weiteren Bedingungen die konkrete Ausgestaltung der Rechte und Pflichten des Emittenten und der Anleihegläubiger. Es handelt sich somit um Bestimmungen, die das Hauptleistungsversprechen einschränken, verändern, aushöhlen, oder die Anleihebedingungen

---

36 So die herrschende Ansicht, vgl *Assmann* WM **1995** 1053, 1058.

37 Hopt/Seibt/*Artzinger-Bolten*/*Wöckener* § 2 Rn 14.

38 Ebenso Friedl/Hartwig-Jacob/*Hartwig-Jacob* § 2 Rn 18; Hopt/Seibt/*Artzinger-Bolten*/*Wöckener* § 2 Rn 14: „Unterscheidungskriterium ist sehr abstrakt und vermag kaum einen Beitrag zur eindeutigen Trennung zwischen diesen Bedingungen zu leisten."

39 BGH v. 5.10.1992 – II ZR 172/91, BGHZ **119** 305, 315; *Beyer* Das Transparenzgebot S 80; *Horn* ZHR 173 (**2009**) 12, 32; *Horn* Das Recht der internationalen Anleihen, 1972, S 247; Ulmer/Brandner/Hensen/*Fuchs* § 307 Rn 64 ff; Friedl/Hartwig-Jacob/*Hartwig-Jacob* § 2 Rn 18; *Wolf* FS Zöllner (1998) 651, 654; Verannemann/*Oulds* § 2 Rn 3; Langenbucher/Bliesener/Spindler/*Bliesener*/*Schneider* § 3 Rn 40; Preuße/*Dippel*/*Preuße* § 3 Rn 60; *Assmann* WM **1995** 1053, 1058 f.

40 BGH, Urteil vom 12. März 1987 – VII ZR 37/86 –, BGHZ **100** 158–185; Ulmer/Brandner/Hensen/*Fuchs* § 307 Rn 40.

41 BGH NJW **1992** 688; BGH NJW **1992** 3559; Friedl/Hartwig-Jacob/*Hartwig-Jacob* § 2 Rn 17.

42 Vgl MüKoBGB/*Busche* § 145 Rn 6.

auch nur näher ausgestalten.[43] Die Abgrenzung zu den leistungsbeschreibenden Bestimmungen bereitet, wie gezeigt, erhebliche Schwierigkeiten und kann sich nur an der konkreten Anleiheform orientieren.

III. Nebenbestimmungen

21 Vor allem Bestimmungen die einen eher deklaratorischen Charakter aufweisen, indem sie etwa Vorschriften des dispositiven Rechts wiedergeben bzw diese innerhalb des gesetzlichen Rahmens ändern, sind sog. Nebenbestimmungen.[44] Sie sind **für das Leistungsprofil der Anleihe nicht prägend.**[45]

22 Der Begriff der Nebenbestimmungen wird von § 2 SchVG nicht genannt. Dennoch weist **§ 5 Abs 3 Nr 10 SchVG** die Nebenbestimmungen ausdrücklich als Teil der Anleihebedingungen aus. Nebenbestimmungen sind insbesondere:[46] Gerichtsstandklauseln; Rechtswahlklauseln; Erfüllungsortklauseln; Veröffentlichungs- und Benachrichtigungsregeln; Bestimmungen über Hinterlegung und Austausch der Urkunde; Modalitäten der Zahlung; Vorlegungsfristen und Verjährungsklauseln; Stückelung der Schuldverschreibung sowie Bestimmungen über die bindende Sprache der Bedingungen.

C. Skripturprinzip S 1

23 § 2 S 1 SchVG bestimmt, dass sich die Anleihebedingungen, also die verbrieften schuldrechtlichen Beziehungen zwischen Emittenten und Anleger unmittelbar aus der Urkunde selbst ergeben müssen. Das Gesetz greift damit das **sog. Skripturprinzip** auf und folgt so dem traditionellen wertpapierrechtlichen Leitbild der umlauffähigen Urkunde, deren Leistungsversprechen sich in seiner Gesamtheit, einschließlich der Rechte und der Pflichten des Schuldners und der Gläubiger **aus der Schuldverschreibungsurkunde selbst bestimmt.**[47] Nach dem Skripturprinzip soll der Inhaber der Urkunde vom Aussteller die Leistung nur nach Maßgabe des in der Urkunde verkörperten abstrakten Schuldversprechens verlangen können.[48]

24 Die mit dem Skripturprinzip einhergehende strenge Bindung an die Urkunde beruht auf dem Gedanken, dass die **Umlauffähigkeit und Fungibilität** im Massengeschäft nur so gewährleistet werden kann und der damit einhergehende Verkehrsschutz des Gläubigers für ein Funktionieren des Kapitalmarktes unabdingbar ist.[49] Das strenge Verbriefungserfordernis stellt sicher, dass der Anleger mit Erwerb des Wertpapiers auf dessen Inhalt vertrauen kann und eine darüber hinausgehende Notwendigkeit eigener Nachforschungen nicht besteht.[50] Auf der gleichen Ratio beruht übrigens der aktienrechtliche

---

43 BGH, v. 12.3.1987 – VII ZR 37/86, BGHZ **100** 157, 173; *Assmann* WM **1995** 1053, 1058; Friedl/Hartwig-Jacob/*Hartwig-Jacob* § 2 Rn 20; Hopt/Seibt/*Artzinger-Bolten*/*Wöckener* § 2 Rn 13.

44 Friedl/Hartwig-Jacob/*Hartwig-Jacob* § 2 Rn 27.

45 Hopt/Seibt/*Artzinger-Bolten*/*Wöckener* § 2 Rn 15; Langenbucher/Bliesener/Spindler/*Bliesener*/*Schneider* § 3 Rn 50.

46 Vgl Verannemann/*Oulds* § 2 Rn 32; Hopt/Seibt/*Artzinger-Bolten*/*Wöckener* § 2 Rn 15; Langenbucher/Bliesener/Spindler/*Bliesener*/*Schneider* § 3 Rn 50; Preuße/*Röh*/*Dörfler* § 2 Rn 17.

47 *Cagalj* Restrukturierung von Anleihen S 95; Hopt/Seibt/*Artzinger-Bolten*/*Wöckener* § 2 Rn 1; Begr. RegE, BT-Drucks. 16/12814 S 17; *Horn* ZHR 173 (**2009**) 12, 33; Veranneman/*Oulds* § 2 Rn 8; Friedl/Hartwig-Jacob/*Hartwig-Jacob* § 2 Rn 2.

48 Schimansky/Bunte/Lwowski/*Grundmann* § 112 Rn 118; *Assmann* WM **2005** 1053, 1058.

49 *Kusserow* RdF **2012** 4, 8.

50 *Kusserow* RdF **2012** 4, 8; Hopt/Seibt/*Artzinger-Bolten*/*Wöckener* § 2 Rn 16.

Grundsatz der Satzungsstrenge (§ 23 Abs 5 AktG).[51] Anders als jener stellt das Skripturprinzip freilich **keine deutsche wertpapierrechtliche Eigenheit** dar. Das Prinzip entspricht der Rechtsanschauung des internationalen Marktes und findet sich folglich auch in anderen Rechtsordnungen wieder.[52]

Der tatsächliche Regelungsgehalt der Norm ist gering. So ist das Skripturprinzip als solches bereits in **§ 793 Abs 1 Satz 1 BGB und § 796 BGB** für die Inhaberschuldverschreibung verankert, weshalb schon das alte SchVG 1899 von einer ausdrücklichen Regelung abgesehen hatte.[53] Die Aufnahme in das SchVG 2009 ist daher in erster Linie vor dem Hintergrund der Ausnahme des § 2 S 2 SchVG für sog. Sammelurkunden zu sehen. 25

Bestätigt und ergänzt wird das Skripturprinzip durch **§ 2 S 3 SchVG**, wonach Änderungen der Anleihebedingungen aufgrund von Gläubigerbeschlüssen nach den §§ 5ff SchVG erst dann wirksam werden, wenn sie in der Urkunde vollzogen werden. Es gilt damit nicht nur im Zeitpunkt der erstmaligen Emission der Schuldverschreibung sondern auch für alle zukünftigen Änderungen.[54] 26

Dem Skripturprinzip steht es nicht entgegen, für die Auslegung der in der Urkunde verkörperten Anleihebedingungen auch auf solche Umstände abzustellen, die außerhalb der Urkunde liegen.[55] Es gelten insoweit die allgemeinen Auslegungsregeln.[56] Nach der Rechtsprechung müssen die Umstände aber **für die Anschauung der maßgeblichen Wirtschaftskreise erheblich** sein.[57] Keine Berücksichtigung finden somit Besonderheiten, die sich aus der Person eines einzelnen Inhabers der Schuldverschreibung ergeben; die Auslegung der Anleihebedingungen muss vielmehr einheitlich erfolgen, da nur so die Kapitalmarktfähigkeit gewahrt bleibt.[58] Auch das findet seine Entsprechung im Gesellschaftsrecht, wo die Satzung wie ein Gesetz rein objektiv ausgelegt wird – was allerdings nach h.M. als Ausnahme zu §§ 133, 157 BGB verstanden wird,[59] während es in Wahrheit auch dort nur die von § 157 BGB gebotene Rücksichtnahme auf die konkreten Umstände nach der Verkehrssitte umsetzt.[60] 27

Herangezogen werden können beispielsweise Angaben des Emittenten, die er bei Ausgabe der Papiere in der Hauptversammlung oder gegenüber der Presse bzw im Prospekt zur Erläuterung der Anleihe trifft.[61] Aber auch Begleitumstände wie etwa Anlass und Zweck der Begebung kommen in Betracht.[62] Soll in den Anleihebedingungen auf **Definitionen internationaler Regelwerke** (wie sie beispielsweise von der International Swaps and Derivatives Association verfasst sind, insbesondere in den ISDA Credit Derivatives Definitions und den ISDA Equity Derivatives Definitions) zurückgegriffen werden, ist es mit dem Skripturprinzip unvereinbar, diese lediglich durch Verweis einzubeziehen.[63] Diese müssen grundsätzlich in die Anleihebedingungen explizit aufgenommen 28

51 GroßkommAktG/*Röhricht*/*Schall* § 23 Rn 173 ff.
52 *Horn* ZHR 173 (**2009**) 12, 33; Preuße/*Röh*/*Dörfler* § 2 Rn 19.
53 Preuße/*Röh*/*Dörfler* § 2 Rn 10; Hopt/Seibt/*Artzinger-Bolten*/*Wöckener* § 2 Rn 4.
54 Hopt/Seibt/*Artzinger-Bolten*/*Wöckener* § 2 Rn 56.
55 Hopt/Seibt/*Artzinger-Bolten*/*Wöckener* § 2 Rn 17; Preuße/*Röh*/*Dörfler* § 2 Rn 20.
56 BGHZ 28, 259; Langenbucher/Bliesener/Spindler/*Bliesener*/*Schneider* § 2 Rn 4.
57 BGH v. 23.10.1958 – II ZR 4/57, BGHZ **28** 259, 264; *Hopt* FS Steindorff (1990) 341, 362; Preuße/*Röh*/*Dörfler* § 2 Rn 20; Hopt/Seibt/*Artzinger-Bolten*/*Wöckener* § 2 Rn 1.
58 BGH v. 23.10.1958 BGHZ **28** 259.
59 Hütter/Koch, § 23 Rn 39.
60 GroßkommAktG/*Röhricht*/*Schall* § 23 Rn 40; *Fleischer* DB 2013, **1466**.
61 BGHZ 28, 259, 264; Erman/*Heckelmann*/*Wilhelmi* § 793, Rn 4, § 796, Rn 4; Staudinger/*Marburger* § 793, Rn 9; ferner BGH 30.6.2009 WM **2009** 1500 ff; Preuße/*Röh*/*Dörfler* § 2 Rn 20; Hopt/Seibt/*Artzinger-Bolten*/*Wöckener* § 2 Rn 17.
62 BGHZ **28** 259, 263; Hopt/Seibt/*Artzinger-Bolten*/*Wöckener* § 2 Rn 17.
63 Preuße/*Röh*/*Dörfler* § 2 Rn 20; zur Zulässigkeit dynamischer Verweisungen unten Rn 47.

werden, sollen sie Bestandteil der Anleihebedingungen werden. Soll auf entsprechende Definitionen nur zum Zwecke der Auslegung der Anleihebedingungen selbst verwiesen werden, kann sich ein entsprechender Hinweis in den Bedingungen gleichwohl anbieten.[64]

29 Die sich aus dem Skripturprinzip des § 2 S 1 ergebende **Notwendigkeit der körperlichen Verbindung** der Anleihebedingungen mit der Schuldverschreibung kann dazu führen, dass insbesondere bei umfangreichen Bedingungen diese auf der Urkunde, selbst bei kleiner Schrift, kaum mehr unterzubringen sind.[65] In diesen Fällen werden die Bedingungen – um dem Skripturprinzip zu genügen – als Anlage beigeheftet und anschließend physisch mit der Schuldverschreibung verbunden.[66]

D. Ausnahmen vom Skripturprinzip S 2

30 Das Skripturprinzip, wie es in S 1 gesetzestechnisch als Regelfall konzipiert ist, hat in § 2 S 2 SchVG eine **praktisch bedeutsame Ausnahme** für solche Wertpapiere gefunden, die nicht zum Umlauf bestimmt sind.[67] In solchen nicht zum Umlauf bestimmten Urkunden – wie sie heute bei Schuldverschreibungen der Regelfall sind – kann auch auf außerhalb der Urkunde niedergelegte Anleihebedingungen Bezug genommen werden. Es ist damit nicht mehr nötig, dass die Anleihebedingungen in der Urkunde selbst verkörpert sind, ausreichend ist vielmehr die schriftliche Fixierung in anderen Dokumenten, auf die in der Urkunde Bezug genommen wird.[68]

31 Eine vergleichbare Regelung war im SchVG 1899 nicht enthalten. Ziel der Regelung ist es, die Dokumentationserfordernisse zu **deregulieren und damit zugleich zu vereinfachen**, um so den internationalen Bedürfnissen der Marktteilnehmer gerecht zu werden.[69] So lässt etwa das im internationalen Markt bedeutsame englische ebenso wie das New Yorker Recht eine sog. Incorporation by Reference schon seit längerem zu.[70]

32 Auch wenn die Auflockerung des Skripturprinzips zur Vereinfachungen beiträgt und damit die Konkurrenzfähigkeit des deutschen Schuldverschreibungsrechts stärkt, wird der **praktische Mehrwert der Regelung allgemein als gering** erachtet.[71] Zwar besteht bei bestimmten Anleiheformen, insbesondere den Mortgage-Backed-Securities (MBS) und Collateralized Debt Obligations (CDOs), deren Anleihebedingungen ausführliche Beschreibungen zu den Referenzaktiva enthalten müssen ein Bedürfnis nach Vereinfachung.[72] Gleiches gilt im Bereich der Zertifikate, wo regelmäßig eine Vielzahl von Anleihen mit nur gering unterschiedlichen Anleihebedingungen, (etwa bei Zinsen Laufzeit, Basiswert etc.) begeben werden. Allerdings bietet in der Praxis bereits die **Einschaltung einer Wertpapiersammelbank** erhebliche Erleichterungen. Eine Bindung des Emittenten an die physische Urkunde – von dem das Skripturprinzip dem Grunde nach ausgeht – besteht damit praktisch kaum noch.[73] So wird die inländische Verwahrung derzeit

64 Preuße/*Röh*/*Dörfler* § 2 Rn 20.
65 Preuße/*Röh*/*Dörfler* § 2 Rn 21
66 Vgl Baums/Cahn/*Than* S 3 und 14. Dazu auch bereits oben Rn 6.
67 BT-Drucks. 16/12814 S 17.
68 *Cagalj* Restrukturierung von Anleihen S 96.
69 *Cagalj* Restrukturierung von Anleihen S 97.
70 Langenbucher/Bliesener/Spindler/*Bliesener*/*Schneider* § 2 Rn 5.
71 *Cagalj* Restrukturierung von Anleihen S 97.
72 Preuße/*Röh*/*Dörfler* § 2 Rn 4.
73 Preuße/*Röh*/*Dörfler* § 2 Rn 6. Derleder/Knops/Bamberger/*Geier* Deutsches und europäisches Bank- und Kapitalmarktrecht, Bd II. § 73 Rn 59: Faktisch spielt lediglich die Sammelverwahrung durch die

von der Clearstream Banking AG als einziger verbliebener, deutschlandweiten Wertpapiersammelbank durchgeführt, die seit dem Jahr 2007 zudem einen elektronischen Einlieferungsservice (Electronic Documentation Transmission – EDT) bereitstellt, der es erlaubt, auf Basis elektronisch übermittelter Emissionsdaten eine physische Globalurkunde erstellen und signieren zu lassen und diese dann sogleich in die Sammelverwahrung der Clearstream zu überführen.[74] Gegen eine Nutzung der Ausnahme vom Skripturprinzip nach § 2 S 2 SchVG spricht zudem die in § 21 Abs 1 S 1 SchVG enthaltene Registerfunktion der Wertpapiersammelbank bei entsprechender Sammelverwahrung, sodass in aller Regel die Anleihebedingungen von vornherein bei der Wertpapiersammelbank hinterlegt werden.[75]

I. Nicht zum Umlauf bestimmte Urkunden

Die Ausnahme vom Skripturprinzip des § 2 S 2 SchVG bezieht sich nur auf Urkunden, die nicht zum Umlauf bestimmt sind. Wann dies der Fall ist regelt das Gesetz nicht. Es kommt darauf an, ob aus Sicht des Emittenten ein Umlauf der Urkunde beabsichtigt ist oder nicht.[76] 33

Insbesondere **Sammelurkunden nach § 9a Abs 1 S 1 DepotG** – in der Praxis üblicherweise auch Globalurkunde genannt[77] – sind nach einhelliger Meinung nicht zum Umlauf bestimmt.[78] Eine Sammelurkunde stellt nach der Legaldefinition des § 9a Abs 1 S 1 DepotG ein Wertpapier dar, das mehrere Rechte verbrieft, die jedes für sich in vertretbaren Wertpapieren einer und derselben Art verbrieft sein könnten. Trotz der Zusammenfassung in einer einzigen Sammelurkunde verlieren die zusammengefassten Einzelrechte nicht ihre rechtliche Selbstständigkeit.[79] So bleibt auch das Recht der Anleihegläubiger auf Lieferung einer Einzelurkunde grundsätzlich bestehen.[80] Dies ändert aber nichts daran, dass die Sammelurkunde aus Sicht des Emittenten nicht zum Umlauf bestimmt war.[81] In der Praxis wird ohnehin in aller Regel die Ausgabe von Einzelurkunden in den Anleihebedingungen ausdrücklich ausgeschlossen.[82] Die Verbriefung in einer Sammelurkunde stellt heutzutage den Regelfall dar (oben Rn 32). Eine Ausgabe von Schuldverschreibungen in Einzelurkunden erfolgt nur noch in seltensten Fällen.[83] 34

Ebenfalls nicht zum Umlauf bestimmt sind die **sog. Global Notes.**[84] Hierbei handelt es sich um Globalurkunden im Sinne der oben genannter Definition, also um eine Urkunde, die eine Mehrzahl von Einzelrechten verbrieft, die ebenso in den jeweiligen Ein- 35

Clearstream Banking AG als Wertpapiersammelbank im Wirtschaftsverkehr eine Rolle, vgl *Einsele* WM **2005** 1109: „in aller Regel"; *Böning* ZInsO **2008** 873, 874.

74 Derleder/Knops/Bamberger/*Geier* Deutsches und europäisches Bank- und Kapitalmarktrecht, Bd II. § 73 Rn 57; Baumbach/Hopt/*Kumpan* DepotG § 1 Rn 1–7; Nomos-BR/*Böttcher* DepotG § 1 Rn 5–7; Preuße/*Röh*/*Dörfler* § 2 Rn 6.

75 Preuße/*Röh*/*Dörfler* § 2 Rn 7; *Cagalj* Restrukturierung von Anleihen S 98.

76 Ebenso Preuße/*Röh*/*Dörfler* § 2 Rn 24.

77 Schimansky/Bunte/Lwowski/*Klanten* § 72 Rn 55.

78 Langenbucher/Bliesener/Spindler/*Bliesener*/*Schneider* § 2 Rn 6; Hopt/Seibt/*Artzinger-Bolten*/*Wöckener* § 2 Rn 27; Veranneman/*Oulds* § 2 Rn 9.

79 Schimansky/Bunte/Lwowski/*Klanten* § 72 Rn 55.

80 Friedl/Hartwig-Jacob/*Hartwig-Jacob* § 2 Rn 59.

81 Preuße/*Röh*/*Dörfler* § 2 Rn 26.

82 Friedl/Hartwig-Jacob/*Hartwig-Jacob* § 2 Rn 59.

83 Langenbucher/Bliesener/Spindler/*Bliesener*/*Schneider* § 2 Rn 6.

84 Preuße/*Röh*/*Dörfler* § 2 Rn 26; Friedl/Hartwig-Jacob/*Hartwig-Jacob* § 2 Rn 60; Hopt/Seibt/*Artzinger-Bolten*/*Wöckener* § 2 Rn 30.

zelurkunden verbrieft sein könnten. Es handelt sich dabei in aller Regel um international gehandelte Anleihen, die sowohl im Land der Anleihewährung als auch international platziert werden.[85] Global Notes werden nicht bei einer nationalen Wertpapiersammelbank (Central Securities Depository – „CSD“), sondern bei einem International Central Securities Depository („ISCD“), wie etwa der Clearstream International S.A. (Luxemburg) und der Euroclear S.A. – bzw einer von diesen benannten gemeinsamen Verwahrstelle – Common Safekeeper („CSK“) – verwahrt.[86]

36 Nicht zum Umlauf bestimmt und damit von der Ausnahme des § 2 S 2 SchVG erfasst sind sowohl **Classical Global Notes („CGN“)** als auch die seit 2007 eingeführten **New Global Notes („NGN“).** Letztere sind eingeführt worden um Inhaberschuldverschreibungen weiterhin als notenbankfähige Sicherheiten zu bewahren und haben mittlerweile eine hohe praktische Relevanz.[87] So hatte die EZB, die satzungsgemäß Darlehen an Marktteilnehmer gegen ausreichende Sicherheiten vergeben kann im Rahmen einer Reevaluierung festgestellt, dass Schuldtitel, die in Form von klassischen Globalurkunden verwahrt werden, keine ausreichende Sicherheit mehr darstellen.[88] Dies ist vor dem Hintergrund der herkömmlichen Vorgehensweise bei der Verwahrung von CGNs zu sehen: So werden bei Begebung von CGNs regelmäßig sowohl Clearstream (Brüssel) als auch Euroclear (Luxemburg) gleichzeitig als ICSD eingeschaltet, wobei zusätzlich eine dritte Partei, üblicherweise eine private Bank, als gemeinsame Verwahrstelle verwendet wird, welche die Urkunde letztlich verwahrt.[89] So kommt es zu einem gestuften Besitzmittlungsverhältnis, bei dem letztlich die Bank als gemeinsame Verwahrstelle die Globalurkunde verwahrt, und zwar für das Clearingsystem, welches wiederum für die Depotbanken und diese wiederum für die jeweiligen Anleihegläubiger verwahren.[90] In der Konsequenz hält keine der beiden ICSDs selbst die Globalurkunde, zudem bestehen keinerlei direkte Vertragsbeziehungen zwischen den ICSDs und dem Emittenten mehr.[91] Zudem blieben in der Vergangenheit die physischen Eintragungen über Änderungen des Gesamtnennbetrages in der Globalurkunde offenbar aus.[92] Notenbankfähige Sicherheiten müssen daher nach dem Regelwerk der Europäischen Zentralbank seit 2007 als NGN begeben werden.[93] Anders als bei CGNs wird bei NGNs stets nur eine der beiden ICSDs oder eine zentrale Verwahrstelle als gemeinsame Verwahrstelle tätig.[94]

37 Nicht der Ausnahme des § 2 S 2 SchVG unterfallen hingegen Einzelurkunden, die in **Sammelverwahrung nach § 5 DepotG** genommen wurden. Aus § 6 Abs 2 S 1 DepotG ergibt sich, dass der Sammelverwahrer den Anteil ohne Zustimmung der anderen beteiligten Hinterleger ausliefern darf, dem ein Herausforderungsanspruch des Gläubigers korrespondiert. Hieraus ergibt sich, dass die Urkunde letztlich doch zum Umlauf bestimmt ist.

38 Ebenfalls zum Umlauf bestimmt und damit nicht dem § 2 S 2 SchVG unterfallend sind Urkunden, die in **Sonderverwahrung nach § 2 DepotG** verwahrt werden.[95] Die

---

85 Habersack/Mülbert/Schlitt/*Kaulamo* Anleihen, Rn 16.9.
86 Hopt/Seibt/*Artzinger-Bolten/Wöckener* § 2 Rn 30; Preuße/*Röh/Dörfler* § 2 Rn 27.
87 Veranneman/*Oulds* § 2 Rn 14.
88 ABl. C 83 v. 30.3.2010, S 230; Hopt/Seibt/*Artzinger-Bolten/Wöckener* § 2 Rn 32.
89 Hopt/Seibt/*Artzinger-Bolten/Wöckener* § 2 Rn 31.
90 Scherer/*Scherer/Martin* § 9a DepotG Rz. 16.
91 Hopt/Seibt/*Artzinger-Bolten/Wöckener* § 2 Rn 32.
92 Veranneman/*Oulds* § 2 Rn 14.
93 Baum/Fleckner/Hellgardt/Roth/*Bliesener* Perspektiven des Wirtschaftsrechts, S 355, 367.
94 Hopt/Seibt/*Artzinger-Bolten/Wöckener* § 2 Rn 32.
95 Schimansky/Bunte/Lwowski/*Klanten* § 72 Rn 55; Veranneman/*Oulds* § 2 Rn 16.

Bedeutung der Sonderverwahrung ist in der Bankpraxis jedoch ohnehin äußerst gering.[96] Schließlich sind auch Einzelurkunden, die dem Gläubiger ausgehändigt wurden und von diesem in **Eigenverwahrung** verwahrt werden zum Umlauf bestimmt.[97]

II. Bezugnahme auf außerhalb der Urkunde niedergelegte Anleihebedingungen

In dem Fall, das die Urkunde nicht zum Umlauf bestimmt ist gestattet es § 2 S 2 SchVG, dass in ihr auch auf außerhalb der Urkunde niedergelegte Anleihebedingungen Bezug genommen werden kann. Aus dem Begriff „niedergelegt" folgt zunächst, dass die in Bezug genommenen Anleihebedingungen schriftlich fixiert sein müssen.[98] Zudem stellt die Regelung klar, dass es einer Verkörperung der gesamten Anleihebedingungen in der Schuldverschreibungsurkunde selbst nicht mehr bedarf.[99] Eine darüber hinausgehende Konkretisierung über die Art und Weise der Niederlegung enthält das Gesetz nicht. 39

1. Bezugnahme auf nicht mit der Urkunde verwahrte Anleihebedingungen. Die Formulierung der „Bezugnahme auf außerhalb der Urkunde niedergelegte Anleihebedingungen" ist nicht so zu verstehen, dass eine Bezugnahme nur dann möglich sein soll, wenn die Anleihebedingungen mit der Urkunde selbst verwahrt werden.[100] Vielmehr gestattet es § 2 S 2 SchVG als Ausnahmeregelung von den strengen Vorgaben des Skripturprinzips, dass auch auf solche Dokumente Bezug genommen werden kann, die **außerhalb der Sammelurkunde, also anderweitig verwahrt** werden.[101] Es ist damit auch zulässig, auf Anleihebedingungen zu verweisen, die etwa vom Emittenten selbst verwahrt werden.[102] 40

Die Gegenansicht, nach der § 2 S 2 SchVG lediglich die bisherige Praxis, insbesondere längere Anleihebedingungen der Sammelurkunde als Anhang beizufügen bestätigen soll, ist abzulehnen.[103] Derart angefügte Anleihebedingungen sind schon nach herkömmlichem Verständnis Teil der Urkunde selbst, sodass es der Regelung des § 2 S 2 SchVG letztlich nicht bedurft hätte.[104] Eine derartige Auslegung würde den Sinn und Zweck des § 2 S 2 SchVG konterkarieren und ihrem Charakter als Ausnahmeregelung von den stren- 41

96 Derleder/Knops/Bamberger/*Geier* Deutsches und europäisches Bank- und Kapitalmarktrecht, Bd II. § 73 Rn 55; Kümpel/Wittig/*Will* Rn 18.92.
97 Preuße/*Röh/Dörfler* § 2 Rn 28; Friedl/Hartwig-Jacob/*Hartwig-Jacob* § 2 Rn 65.
98 *Cagalj* Restrukturierung von Anleihen S 96; Hopt/Seibt/*Artzinger-Bolten/Wöckener* § 2 Rn 33.
99 Preuße/*Röh/Dörfler* § 2 Rn 28; Hopt/Seibt/*Artzinger-Bolten/Wöckener* § 2 Rn 33.
100 Friedl/Hartwig-Jacob/*Hartwig-Jacob* § 2 Rn 67.
101 So auch Langenbucher/Bliesener/Spindler/Bliesener/Schneider § 2 Rn 6; Friedl/Hartwig-Jacob/*Hartwig-Jacob* § 2 Rn 67; Hopt/Seibt/*Artzinger-Bolten/Wöckener* § 2 Rn 33 f; Veranneman/*Oulds* § 2 Rn 10.
102 So auch Langenbucher/Bliesener/Spindler/*Bliesener/Schneider* § 2 Rn 6; Friedl/Hartwig-Jacob/*Hartwig-Jacob* § 2 Rn 67; Hopt/Seibt/*Artzinger-Bolten/Wöckener* § 2 Rn 33 f; Veranneman/*Oulds* § 2 Rn 10.
103 Preuße/*Röh/Dörfler* § 2 Rn 31; Baum/Fleckner/Hellgardt/Roth/*Bliesener* Perspektiven des Wirtschaftsrechts, S 355, 358.
104 Langenbucher/Bliesener/Spindler/*Bliesener/Schneider* § 2 Rn 6; Hopt/Seibt/*Artzinger-Bolten/Wöckener* § 2 Rn 33. Die Formulierung in der amtlichen Begründung zu § 2 wonach ein Verweis auf außerhalb der Sammelurkunde niedergelegten Anleihebedingungen bereits der Praxis entspreche ist insoweit irreführend, als daraus geschlossen werden könnte, die Ausnahmevorschrift des § 2 S 2 SchVG wolle nur die bisher geübte Praxis, längere Anleihebedingungen der Sammelurkunde als Anhang beizufügen bestätigen, vgl BT-Drucks. 16/12814 S 17. Ebenso Langenbucher/Bliesener/Spindler/*Bliesener/Schneider* § 2 Rn 6 Fn 11.

gen Vorgaben des Skripturprinzips wiedersprechen.[105] Nicht zuletzt war es das Anliegen des Gesetzgebers, den Bedürfnissen der Marktteilnehmer entgegenzukommen und das deutsche System dem englischen und New Yorker Recht anzunähern, die beide eine incorporation by reference umfassend anerkennen.[106]

42 Der Anleihegläubiger wird hierdurch nicht schlechter gestellt. Mangelnde Transparenz steht schon deshalb nicht zu befürchten, da Anleger die zentralverwahrte Sammelurkunde ohnehin nicht einsehen können.[107] Er ist damit schon deshalb auf andere Medien angewiesen, sodass es für ihn letztlich keine Rolle spielt, wie die in Bezug genommenen Anleihebedingungen verwahrt werden.[108]

43 Schließlich unterliegen auch Verweisungen des § 2 S 2 SchVG dem **Transparenzgebot des § 3 SchVG**, wonach die vom Schuldner versprochene Leistung durch einen (sachkundigen) Anleger ermittelbar sein muss. Im Falle einer Verweisung auf außerhalb der Urkunde niedergelegte Anleihebedingungen muss der Emittent das einbezogene Regelwerk den Anlegern hinreichend zugänglich machen, etwa durch Veröffentlichung auf seiner Internetseite.[109]

44 Die Sprache der Anleihebedingungen in der Urkunde selbst und die des Referenzdokuments muss nicht die gleiche sein.[110] So kann die Urkunde auf Deutsch, der Text auf den verwiesen wird aber auf Englisch verfasst sein. Grenze ist insoweit allein das Transparenzgebot des § 3 SchVG.[111]

45 Außerhalb der Urkunde niedergelegte Anleihebedingungen, auf die verwiesen werden kann, können beispielsweise sein[112]:
- im Prospekt abgedruckte Emissionsbedingungen;
- Konditionenblatt (Pricing Supplement);
- Definition und Beschreibungen von Referenzaktiva;
- Begriffsbestimmungen und Definitionen von Marktorganisationen, wie sie etwa von der International Swaps and Derivatives Association (ISDA) bereitgestellt werden, (zB die ISDA Credit Derivative Definitions und ISDA Equity Derivative Definitions);
- Zinsbestimmungsregeln (zB LIBOR und EURIBOR);
- Bestimmungen eines auf die Emission bezogenen Zahlstellenvertrages (Agency Agreement);
- Bestimmungen eines Treuhand- oder Sicherheitenvertrages
- Indexbeschreibungen.

46 **2. Statische und Dynamische Verweisung.** Es werden zwei Arten der Verweisung unterschieden. So gibt es zum einen die **statische Verweisung**, die auf einen Text als Anleihebedingungen verweist, dessen Inhalt zu einem **bestimmten Zweitpunkt festgelegt** ist. So kann etwa auf im Prospekt abgedruckte Emissionsbedingungen verwiesen werden, wie sie im Zeitpunkt der Veröffentlichung vorlagen.[113] Demgegenüber zeichnet

---

105 Hopt/Seibt/*Artzinger-Bolten*/*Wöckener* § 2 Rn 34.

106 Friedl/Hartwig-Jacob/*Hartwig-Jacob* § 2 Rn 67; Hopt/Seibt/*Artzinger-Bolten*/*Wöckener* § 2 Rn 34.

107 DAV, Stellungnahme zum RefE, August 2008, S 8; Veranneman/*Oulds* § 2 Rn 10; Friedl/Hartwig-Jacob/*Hartwig-Jacob* § 2 Rn 67.

108 DAV, Stellungnahme zum RefE, August 2008, S 8.

109 *Cagalj* Restrukturierung von Anleihen S 99; Hopt/Seibt/*Artzinger-Bolten*/*Wöckener* § 2 Rn 39.

110 Langenbucher/Bliesener/Spindler/*Bliesener*/*Schneider* § 2 Rn 10.

111 Hopt/Seibt/*Artzinger-Bolten*/*Wöckener* § 2 Rn 40.

112 Vgl die Aufzählungen bei Langenbucher/Bliesener/Spindler/*Bliesener*/*Schneider* § 2 Rn 7; Hopt/Seibt/*Artzinger-Bolten*/*Wöckener* § 2 Rn 35; Veranneman/*Oulds* § 2 Rn 11.

113 Langenbucher/Bliesener/Spindler/*Bliesener*/*Schneider* § 2 Rn 8.

sich die **dynamische Verweisung** dadurch aus, dass die Bezugnahme auf den Text der Bedingungen in seiner **jeweils aktuellen Fassung** erfolgt.[114] Die dynamische Verweisung bezieht damit Texte als Anleihebedingungen mit ein, die sich ihrerseits auch während der Laufzeit der Anleihe ändern. Von besonderer praktischer Relevanz sind dabei insbesondere die Definitionskataloge internationaler Regelwerke wie der ISDA Credit Derivative Definitions und ISDA Equity Derivative Definitions.[115]

Während die **statische Verweisung als unproblematisch anerkannt** ist, ist die **dynamische Verweisung nicht zulässig**, auch wenn letzteres insbesondere im internationalen Vergleich durchaus wünschenswert wäre.[116] Zwar lassen sich weder dem Wortlaut des § 2 S 2 SchVG, noch aus den Gesetzgebungsmaterialien Argumente für oder gegen die dynamische Verweisung entnehmen. Eine dynamische Verweisung, die auf einen Text im Sinne seiner „jeweils gültigen Fassung" verweisen würde, wäre aber schon nach § 11 Abs 1 S 1 WpPG nicht zulässig.[117] Die Vorschrift gestattet eine Verweisung nur auf Dokumente, die entweder vor Veröffentlichung des Prospekts oder gleichzeitig mit dem Prospekt veröffentlicht wurden. Gegen eine Zulässigkeit spricht zudem, dass jede Änderung des in Bezug genommenen Textes zugleich eine Änderung der Anleihebedingungen selbst darstellen würde, eine solche Änderung aber nicht nach § 21 SchVG vollziehbar wäre.[118] Zudem enthält auch § 5 Abs 3 SchVG keine Kompetenz der Anleihegläubigerversammlung zur Änderung internationaler Regelwerke.[119] 47

Demgegenüber führen *Artzinger-Bolten* und *Wöckener* zugunsten einer Zulässigkeit der dynamischen Verweisung an, die Änderung des in Bezug genommenen Textes sei gar keine Änderung der Anleihebedingungen, da sich der unmittelbare Wortlaut der Anleihebedingungen selbst nicht ändere, eine Änderung der Anleihebedingungen selbst läge erst im Falle einer Änderung des Verweises vor.[120] Dem ist entgegen zu halten, dass der Wortlaut des § 2 S 2 SchVG ausdrücklich den in Bezug genommenen Text als Anleihebedingungen auffasst, sodass jede Änderung dieses Textes in der Konsequenz auch eine Änderung der Anleihebedingungen darstellt. 48

3. Kettenverweisungen. Eine sog. Kettenverweisung liegt vor, wenn außerhalb der Urkunde niedergelegte Anleihebedingungen, ihrerseits auf ein oder mehrere Dokumente verweisen.[121] Der Anleihegläubiger kann sich damit erst einen Überblick über die Anleihebedingungen verschaffen, nach dem er mindestens drei (oder gar mehr) Dokumente durchgesehen hat. Die Zulässigkeit solcher Kettenverweisungen wird daher nach verbreiteter Ansicht mit dem Argument der fehlenden Transparenz und Rechtssicherheit abgelehnt.[122] Soweit eine hinreichende Transparenz und Zugänglichkeit, etwa durch Veröffentlichung auf einer Internetseite des Emittenten und mittels genauer und eindeu- 49

114 Hopt/Seibt/*Artzinger-Bolten*/*Wöckener* § 2 Rn 36.
115 Hopt/Seibt/*Artzinger-Bolten*/*Wöckener* § 2 Rn 36. Dazu bereits oben Rn 28.
116 Veranneman/*Oulds* § 2 Rn 12; Preuße/*Röh*/*Dörfler* § 2 Rn 35; Friedl/Hartwig-Jacob/*Hartwig-Jacob* § 2 Rn 69. **AA** Langenbucher/Bliesener/Spindler/*Bliesener*/*Schneider* § 2 Rn 8; Hopt/Seibt/*Artzinger-Bolten*/*Wöckener* § 2 Rn 37.
117 Assmann/Schlitt/von Kopp-Colomb/*Ilberg* § 11 WpPG Rn 19; Schäfer/Hamann/*Hamann* § 11 WpPG Rn 3; Holzborn/*Klöckner*/*Assion* § 11 WpPG Rn 12.
118 Preuße/*Röh*/*Dörfler* § 2 Rn 35; NK-AktG/*Müller* § 2 Rn 3.
119 Preuße/*Röh*/*Dörfler* § 2 Rn 35.
120 Hopt/Seibt/*Artzinger-Bolten*/*Wöckener* § 2 Rn 37. Für die Zulässigkeit auch Langenbucher/Bliesener/Spindler/*Bliesener*/*Schneider* § 2 Rn 8, allerdings ohne Begründung.
121 Vgl nur Assmann/Schlitt/von Kopp-Colomb/*Ilberg* § 11 WpPG Rn 24.
122 Assmann/Schlitt/von Kopp-Colomb/*Ilberg* § 11 WpPG Rn 24; *Holzborn*/*Israel* ZIP **2005** 1668, 1674; Heidel/*Becker* § 11 WpPG Rn 7; Friedl/Hartwig-Jacob/*Hartwig-Jacob* § 2 Rn 70.

tig zuordenbarer Bezeichnung der jeweiligen Dokumente sichergestellt ist, spricht nach hier vertretener Ansicht allerdings nichts gegen die **grundsätzliche Zulässigkeit** auch von Kettenverweisungen.[123] Dafür spricht, dass die Bestimmbarkeit der Anleihebedingungen durch das **Transparenzgebot des § 3 SchVG** sichergestellt wird, der den Emittenten ohnehin verpflichtet, den Anleihegläubigern die Bedingungen der Anleihe hinreichend zugänglich zu machen.[124] An diesem Maßstab muss sich selbstverständlich auch die Kettenverweisung messen lassen.

50 **4. Einbeziehung als Auslegungsregeln.** Es kann in der Praxis sinnvoll sein, auf einen Verweis auf außerhalb der Urkunde niedergelegte Dokumente zu verzichten, da diese damit zu Anleihebedingungen werden und damit den Vorgaben des Transparenzgebotes des § 3 SchVG entsprechen müssen.[125] Zudem können sie als Teil der Anleihebedingungen auch nur im Rahmen des § 4 SchVG geändert werden. Gleichzeitig kann es sich anbieten, auf entsprechende Dokumente – insbesondere etwa die ISDA Credit Derivative Definitions und ISDA Equity Derivative Definitions in den Anleihebedingungen lediglich für Zwecke der Auslegung zu verweisen.[126] Da die Dokumente nicht Teil der Anleihebedingungen werden, spricht in diesem Fall nichts gegen eine dynamische Verweisung.

E. Vollzug von Änderungen S 3

51 Satz 3 sieht vor, dass Änderungen des Inhalts der Urkunde oder der Anleihebedingungen, die auf der Grundlage von Mehrheitsbeschlüssen nach Abschnitt 2 des Gesetzes (§§ 5–22 SchVG) erfolgen, erst dann wirksam werden, wenn sie in der Urkunde oder in den Anleihebedingungen vollzogen worden sind. Die Vorschrift bestätigt damit das allgemeine Skripturprinzip. Zweck der Regelung ist es die Rechtssicherheit und Transparenz zu stärken, indem der maßgebliche Text der Anleihebedingungen stets mit aktuellem Inhalt wiedergegeben wird.[127]

52 Es ist zwischen der Verbriefung in einer Sammelurkunde und der Verbriefung in Einzelurkunden zu differenzieren.

53 Soweit es sich um **Sammelurkunden im Sinne des § 9a DepotG** handelt, wird die generelle Regelung des Satz 3 durch § 21 SchVG ergänzt und konkretisiert. Auch wenn der Wortlaut einen Vollzug der Änderungen „in“ der Urkunde voraussetzt, enthält § 21 Abs 1 SchVG doch eine insoweit vorrangige Vereinfachung. So genügt es in diesem Fall, eine Niederschrift über den die Anleihebedingungen ändernden Beschluss der in der Wertpapiersammelbank verwahrten Sammelurkunde beizufügen, sodass ein Austausch der alten Urkunde gegen eine neue Urkunde obsolet wird.[128] Soweit der Wortlaut des § 2 Satz 3 SchVG zwischen Änderungen bzw dem Vollzug in der „Urkunde“ und in den „Anleihebedingungen“ differenziert kommt dem keine inhaltliche Bedeutung zu. Die Begriffe sind im konkreten Zusammenhang synonym zu verstehen.[129]

54 Handelt es sich dagegen um **Einzelurkunden**, verbleibt es bei dem Erfordernis, dass die Änderung „in“ der Urkunde vollzogen werden muss. Insoweit ist die Wirksamkeit der Änderung von der Mitwirkung jedes einzelnen Anlegers abhängig. Praktisch wie auch

---

123 Wie hier Veranneman/*Oulds* § 2 Rn 13; Hopt/Seibt/*Artzinger-Bolten*/*Wöckener* § 2 Rn 38.
124 Siehe bereits oben unter D II. 1. Hopt/Seibt/*Artzinger-Bolten*/*Wöckener* § 2 Rn 39; *Cagalj* Restrukturierung von Anleihen S 99.
125 So auch Veranneman/*Oulds* § 2 Rn 18.
126 Preuße/*Röh*/*Dörfler* § 2 Rn 36.
127 Veranneman/*Oulds* § 2 Rn 21; Friedl/Hartwig-Jacob/*Hartwig-Jacob* § 2 Rn 76.
128 Preuße/*Röh*/*Dörfler* § 2 Rn 36; Hopt/Seibt/*Artzinger-Bolten*/*Wöckener* § 2 Rn 41.
129 Langenbucher/Bliesener/Spindler/*Bliesener*/*Schneider* § 2 Rn 11.

wirtschaftlich ist eine Änderung damit kaum möglich.[130] Als Lösung wird auf das Recht des Emittenten nach § 9a S 2 Nr 2 SchVG vierwiesen, einzelne Wertpapiere eines Sammelbestands, soweit sie nicht sonderverwahrt sind, durch eine Sammelurkunde zu ersetzen.[131] Die Vorschrift greift allerdings nicht bei einzelverwahrten Urkunden.

§ 3
Transparenz des Leistungsversprechens

Nach den Anleihebedingungen muss die vom Schuldner versprochene Leistung durch einen Anleger, der hinsichtlich der jeweiligen Art von Schuldverschreibungen sachkundig ist, ermittelt werden können.

Schrifttum

Allen More than a matter of trust: German Debt Securities Act 2009 in international perspective, Capital Markets Law Journal, Vol. 7, No. 1, 55-85; *Arbeitskreis Reform des Schuldverschreibungsrechts* Reform des SchVG, ZIP **2014** 845–857; *Assmann* Anleihebedingungen und AGB-Recht, WM **2005** 1053–1068; *Baum* SchVG, Anleihebedingungen und AGB-Recht: Nach der Reform ist vor der Reform, in FS Hopt, Band 2 (2010) 1595–1614; *Baums* Weitere Reform des Schuldverschreibungsrechts, ZHR 177 (**2013**) 807–818; *Beyer* Das Transparenzgebot und die rechtlichen Grenzen der Anpassung von Emissionsbedingungen bei Schuldverschreibungen, Diss. Hamburg 2012 (zit. *Beyer* Das Transparenzgebot); *Bungert* Wertpapierbedingungen und Inhaltskontrolle nach dem AGB-Gesetz, DZWiR **1996** 185–199; *Burn* Bond issues under U.K. law: how the proposed German legislation compares, in Baums/Cahn (Hrsg.), Die Reform des Schuldverschreibungsrechts, 2004, 219–242; *Deutsches Aktieninstitut e.V.* Stellungnahme zum Regierungsentwurf eines Bundesschuldenwesengesetzes: Änderung des Schuldverschreibungsgesetzes, abrufbar unter http://www.dai.de/files/dai_usercontent/dokumente/positionspapiere/2012-05-16-DAI%20Stellungnahme%20Bundesschuldenwesengesetz.pdf; *DeutscherAnwaltverein* Stellungnahme zum Referentenentwurf eines Gesetzes zur Neuregelung der Rechtsverhältnisse bei Schuldverschreibungen aus Anleihen und zur Anpassung kapitalmarktrechtlicher Verjährungsvorschriften vom August 2008, abrufbar unter: http://anwaltverein.de/downloads/Stellungnahmen-08/SN41.pdf; *Ekkenga* Wertpapier-Bedingungen als Gegenstand richterlicher AGB-Kontrolle? ZHR 160 (**1996**) 59-74; *Gottschalk* Emissionsbedingungen und AGB-Recht, ZIP **2006** 1121–1127; *Hartwig-Jacob* Die Vertragsbeziehungen und die Rechte der Anleger bei internationalen Anleiheemissionen, Diss. Köln 1999; *Hopt* Änderung von Anleihebedingungen – Schuldverschreibungsgesetz, § 796 BGB und AGBG, in FS Steindorff, 1990, 341–382; *ders.* Neues Schuldverschreibungsrecht – Bemerkungen und Anregungen aus Theorie und Praxis, in FS Schwark, 2009, 341–457; *Horn* Das neue Schuldverschreibungsgesetz und der Anleihemarkt, BKR **2009** 446–453; *ders.* Die Stellung der Anleihegläubiger nach dem neuen Schuldverschreibungsgesetz und allgemeinem Privatrecht im Licht aktueller Marktentwicklungen, ZHR 173 (**2009**) 12–66; *Joussen* Die Inhaltskontrolle von Wertpapierbedingungen nach dem AGBG, WM **1995** 1861–1869; *Kallrath* Die Inhaltskontrolle der Wertpapierbedingungen von Wandel- und Optionsanleihen, Gewinnschuldverschreibungen und Genussscheinen, 1994; *Leber* Der Schutz und die Organisation der Obligationäre nach dem Schuldverschreibungsgesetz, Diss. Tübingen 2011; *Lenenbach* Aktienanleihen: Ihre Behandlung im Zivil- und Börsenterminrecht und nach dem AGBG – Zugleich Besprechung des Urteils des LG Frankfurt, NZG **2000** 793, NZG **2001** 481–493; *Leuering/Zetzsche* Die Reform des Schuldverschreibungs- und Anlageberatungsrechts – (Mehr) Verbraucherschutz im Finanzmarktrecht? NJW **2009** 2856–2861; *Masuch* Anleihebedingungen und AGB-Gesetz; Die Bedeutung des AGB-Gesetzes für Emissionsbedingungen von Anleihen, Diss. Heidelberg, 2000/2001; *Oulds* Restrukturierungen nach dem Schuldverschreibungsgesetz und Bundesschuldenwesengesetz, CFl **2012** 353–363; *Pierson* Die Kündigung aus wichtigem Grund nach § 314 BGB am Beispiel des Anleiheschuldverhältnisses – vom „Kautschukparagraphen"

130 *Bredow/Vogel* ZBB **2009** 153, 156; Veranneman/*Oulds* § 2 Rn 20.
131 Veranneman/*Oulds* § 2 Rn 20; Friedl/Hartwig-Jacob/*Hartwig-Jacob* § 2 Rn 79;Hopt/Seibt/*Artzinger-Bolten/Wöckener* § 2 Rn 42.

zur Generalnorm, ZfPW **2017** 325–359; *Podewils* Transparenz- und Inhaltskontrolle von Zertifikatbedingungen – Insbesondere zur Zulässigkeit einseitiger Einwirkungsbefugnisse des Emittenten –, ZHR 174 (**2010**) 192–208; *Schlitt/Schäfer* Die Restrukturierung von Anleihen nach dem neuen Schuldverschreibungsgesetz, AG **2009** 477–487; *Schmidtbleicher* Die Anleihegläubigermehrheit, Diss. Frankfurt/M. 2010; *Schmidt/Schräder* Leistungsversprechen und Leistungsbestimmungsrechte in Anleihebedingungen unter Berücksichtigung des neuen Schuldverschreibungsgesetzes, BKR **2009** 397–404; *Seibt/Schwarz* Anleihekündigung in Sanierungssituationen, ZIP **2015** 401–413; *Sester* Transparenzkontrolle von Anleihebedingungen nach Einführung des neuen Schuldverschreibungsrechts, AcP 209 (**2009**) 628–667; *Siebel* Buchbesprechung Jürgen Kallrath – Die Inhaltskontrolle der Wertpapierbedingungen von Wandel- und Optionsanleihen, Gewinnschuldverschreibungen und Genussscheinen, WM **1994** 1781–1783; *Stoffels* Grundsatzfragen der AGB-Kontrolle, in Habersack/Mülbert/Nobbe/Wittig (Hrsg.), Anlegerschutz im Wertpapiergeschäft – AGB in der Kreditwirtschaft, 2011, 89 (94); *Veil* Der Schutz des verständigen Anlegers durch Publizität und Haftung im europäischen und nationalen Kapitalmarktrecht, ZBB **2006** 162–171; *von Randow* Anleihebedingungen und Anwendbarkeit des AGB-Gesetzes, ZBB **1994** 23–32; *ders.* Die Inhaltskontrolle von Emissionsbedingungen: Abschied vom AGB-Recht, in Baums/Cahn (Hrsg.), Die Reform des Schuldverschreibungsrechts, 2004, 25–68; *Wolf* Anlegerschutz durch Inhaltskontrolle von Emissionsbedingungen bei Kapitalmarkttiteln, in FS Zöllner, Band 1, 1998, 651–666.

Systematische Übersicht

A. Allgemeines

I. Regelungsgehalt

1 Die Vorschrift enthält ein eigenständiges Transparenzgebot für Anleihen, die dem SchVG unterfallen. Danach muss die in der Schuldverschreibung versprochene Leistung durch einen Anleger ermittelbar sein, der hinsichtlich der in Frage stehenden Schuldverschreibungsart sachkundig ist. Als Neuschöpfung des SchVG von 2009 führt die Norm den der deutschen Rechtsordnung bis dahin unbekannten **Prüfungsmaßstab des „sachkundigen Anlegers“** erstmals in das Gesetz ein.[1]

1 *Schmidt/Schrader* BKR **2009** 397, 398; Friedl/Hartwig-Jacob/*Hartwig-Jacob* § 3 Rn 2.

Die Regelung ist ein Kind der **Finanzkrise von 2007/2008.**[2] Es hatte sich gezeigt, dass insbesondere bei komplexen Anleihen erhebliche Verständnisschwierigkeiten selbst bei professionellen Anlegern bestanden, die sich aus den Anleihebedingungen ergebenden Leistungsversprechen zu ermitteln, was in der Folge zu mangelhaften Risikoeinschätzungen führte.[3] Fehlende Transparenz wurde denn auch als einer der wesentlichen Gründe der Finanzkrise erkannt.[4] Die Gesetzesbegründung nennt dazu beispielhaft sog. Kettenverbriefungen und Basket-Zertifikate.[5] Die Vorschrift des § 3 SchVG ist daher als **Reaktion des Gesetzgebers** auf das allgemein zu beobachtende Phänomen von sich stetig verkomplizierenden Anleihebedingungen und zunehmender Intransparenz an den Finanzmärkten zu sehen.[6] So haben sich in den vergangenen Jahrzenten zahlreiche neue innovative Finanzinstrumente etabliert, die zugleich in ihrer Komplexität stetig zunehmen. Das Transparenzgebot des § 3 bezweckt, dem entgegen zu wirken und eine klare und eindeutige Ermittlung des Leistungsversprechens durch den Anleger zu ermöglichen,[7] was im Endeffekt im Sinne des „Informationsmodells" zu einer effizienten Kapitalallokation führt.[8] 2

Trotz dieser kapitalmarktrechtlichen Zwecksetzung handelt es sich bei § 3 jedoch um eine eigenständige **schuldrechtliche Spezialregelung**, die den relevanten Empfängerhorizont abweichend von § 157 BGB bestimmt,[9] nicht etwa um eine kapitalmarktrechtliche Publizitätsregel[10] in Anlehnung an die Prospektpublizität (zur Abgrenzung Rn 33). Daher folgt aus der Billigung des Verkaufsprospekts nicht zwingend die Einhaltung der Vorgaben des § 3.[11] 3

Auch wenn in der Vergangenheit eine Beschränkung strukturierter Finanzinstrumente gefordert worden ist,[12] enthält § 3 SchVG keine generelle Aussage über die Zulässigkeit bestimmter Finanzinstrumente. Vielmehr sollen nach dem Willen des Gesetzgebers auch künftig hochkomplexe Finanzinstrumente möglich sein, solange sie aus der Sicht eines Anlegers, der über entsprechende **Fachkenntnisse hinsichtlich des jeweiligen Anleihetyps** verfügt, verständlich sind.[13] 4

Der Prüfungsmaßstab des sachkundigen Anlegers grenzt sich von demjenigen des „durchschnittlichen Kunden" nach AGB-Recht ab. So sind an einen sachkundigen Anleger wesentlich höhere Anforderungen zu stellen als an einen Anleger mit bloß durchschnittlichen Kenntnissen.[14] Zugleich verdrängt **§ 3 SchVG als lex specialis** damit die 5

2 BT-Drucks. 16/12814 S 17; Veranneman/*Oulds* § 3 Rn 1.
3 Friedl/Hartwig-Jacob/*Hartwig-Jacob* § 3 Rn 1; *Podewils* ZHR (**2010**) 174, 192, 192.
4 *Podewils* DStR **2009** 1914, 1916; *Schroeter* ZGR **2015** 769, 772; BT-Drucks. 16/12814 S 13.
5 BT-Drucks. 16/12814 S 17. Fehlende Transparenz stellt ein über die genannten Anleiheformen hinausgehendes generelles Problem im Bereich strukturierter Anleihen, Derivate und Zertifikate dar, denen der Gesetzgeber mit einschränkenden Börsenregelungen, Prospekthaftung und weiteren Instrumenten des Kapitalmarktrechts begegnet, vgl *Horn* ZHR 173 (**2009**) 12, 39.
6 Vgl *Schroeter* ZGR **2015** 769, 771 ff.
7 Veranneman/*Oulds* § 3 Rn 1; Preuße/*Dippel*/*Preuße* § 3 Rn 2.
8 *Schroeter* ZGR **2015** 769, 770; Veranneman/*Oulds* § 3 Rn 2. Zum „Informationsmodell" etwa *Lenenbach*, Kapitalmarktrecht, 2. Aufl., 2010, Rdn. 11.2 ff; *Mülbert* ZHR 177 (**2013**) 160, 184.
9 Zu dieser Einordnung überzeugend *Schroeter* ZGR **2015** 769, 777 ff.
10 So aber die h.M., *Sester* AcP 209 (**2009**) 628, 646 f; *Baum* FS Hopt (2010) 1595, 1613; *Otto* WM **2010** 2013, 2016; DAI Stellungnahme zum RegE SchVG, 7.4.2009, S 4 f.
11 So i.E. auch Friedl/Hartwig-Jacob/*Hartwig-Jakob* § 3 Rn 34 gegen die **aA** von *Sester* AcP 209 (**2009**) 628, 655.
12 So *Rotter* VuR **2010** 371.
13 Vgl BT-Drucks. 16/12814 S 17; Hopt/Seibt/*Artzinger-Bolten*/*Wöckener* § 3 Rn 1; Veranneman/*Oulds* § 3 Rn 1.
14 *Schmidt*/*Schrader* BKR **2009** 397, 398.

allgemeine Transparenzkontrolle des § 307 Abs 1 S 2 BGB[15] – soweit Anleihebedingungen überhaupt der allgemeinen AGB-Kontrolle unterfallen. (Dazu Rn 47 ff)

6 Wie sein AGB-rechtliches Pendant ist § 3 SchVG denn auch – entgegen der vorherrschenden Auffassung – als schuldrechtliche Regelung und nicht als weitere kapitalmarktrechtliche Regelung des Publizitätsrechts einzuordnen.[16]

7 Keinen Eingang in das Gesetz gefunden hat eine spezielle Regelung über die Rechtsfolgen eines Verstoßes gegen das Transparenzgebot. Schadensersatzansprüche oder gar Nichtigkeit der Anleihebedingungen kann sich daher nur aus allgemeinen rechtsgeschäftlichen Grundsätzen ergeben.[17]

8 Von der spezialgesetzlichen Transparenzkontrolle des § 3 SchVG unberührt bleibt auch weiterhin die **Inhaltskontrolle der Anleihebedingungen nach den §§ 305 ff BGB**. So hat sich mittlerweile die Einordnung von Anleihebedingungen als AGB in Rechtsprechung und Praxis durchgesetzt, auch wenn diese Sicht in der Literatur nach wie vor umstritten bleibt.[18]

II. Gesetzgebungsgeschichte

9 Das Transparenzgebot des § 3 SchVG statuiert erstmals materiell-rechtliche Anforderungen innerhalb des SchVG an die inhaltliche Ausgestaltung von Anleihebedingungen. Dabei löste die Norm als spezielle Regelung die bis dahin anzuwendende anlegerfreundlichere Regelung der AGB-rechtlichen Transparenzkontrolle des § 307 Abs 1 S 2 BGB ab.[19] Dementsprechend eng steht die Gesetzeshistorie auch im Zusammenhang mit der Thematik der Anwendbarkeit des AGB-Rechts auf Anleihebedingungen.[20]

10 Schon dem **Diskussionsentwurf vom April 2003** sind erste Absichten zur Einführung eines spezialgesetzlichen Transparenzgebotes zu entnehmen.[21] Danach sollten Anleihebedingungen zwar im Sinne einer Deregulierung und Stärkung der Privatautonomie der inhaltlichen Kontrolle der §§ 305 ff BGB entzogen werden, da diese im Wesentlichen auf Warenlieferungs- und Dienstleistungsvorschriften zugeschnitten seien. Zugleich sollten aber in den §§ 795–795e BGB-DiskE spezielle Vorgaben über die inhaltliche Ausgestaltung von Anleihebedingungen aufgenommen werden, wobei nach § 795 Abs 2 S 1 BGB-DiskE eine sich auf Treu und Glauben gründende Generalklausel zur Bestimmung der unangemessenen Benachteiligung herangezogen werden sollte.[22]

11 Der Ausschluss des AGB-Kontrollrechts wurde auch noch im unveröffentlichten **Entwurf des BMJ von 2006** aufrechterhalten, wobei jedoch ein eigenständiges Transpa-

---

15 Siehe nur Hopt/Seibt/*Artzinger-Bolten/Wöckner* § 3 Rn 29; Preuße/*Dippel/Preuße* § 3 Rn 23; *Schroeter* ZGR **2015** 769, 793 f, jeweils mwN. **AA** *Podewils* ZHR 174 (**2010**) 192, 195, nachdem unter Verweis auf den Wortlaut nur die Hauptleistungspflichten § 3 SchVG unterfallen sollen, im Übrigen aber AGB-Recht gelten soll.

16 *Schroeter* ZGR **2015** 769, 781. **AA** die herrschende Meinung, vgl *Baum* FS Hopt (2010) 1595, 1597; DAI Stellungnahme zum Reg-E SchVG vom 7.4.2009, S 4 f; *Otto* WM **2010** 2013, 2016; *Sester* AcP 209 (**2009**) 628, 646 ff.

17 Vgl etwa *Schroeter* ZGR **2015** 769, 796.

18 BGH 28.6.2005 BGHZ **163** 311; BGH 30.6.2009 NJW-RR **2009** 1641; BGH 29.4.2014 ZIP **2014** 1166. Zur Kritik an dieser Rechtsprechung ausführlich Hopt/Seibt/*Artzinger-Bolten/Wöckener* § 3 Rn 72 ff. Vgl unten Rn 60 ff.

19 Friedl/Hartwig-Jacob/*Hartwig-Jacob* § 3 Rn 7.

20 Hopt/Seibt/*Artzinger-Bolten/Wöckener* § 3 Rn 2.

21 Vgl Friedl/Hartwig-Jacob/*Hartwig-Jacob* § 3 Rn 8; *Sester* AcP 209 (**2009**) 628, 633.

22 Begr. zum DiskE 2003 S 12 (unveröffentlicht); zitiert nach Friedl/Hartwig-Jacob/*Hartwig-Jacob* § 3 Rn 9. Dazu auch *Sester* AcP 209 (**2009**) 628, 632 ff.

renzgebot mit gegenüber dem AGB-Recht abgeschwächtem Schutzniveau eingefügt werden sollte.[23] Erstmals war hier vom Maßstab des „sachkundigen Anlegers" die Rede.[24]

Demgegenüber verzichtete der **Referentenentwurf vom Mai 2008**[25] sowohl auf die Beschränkung des Prüfungsmaßstabes auf denjenigen des sachkundigen Anlegers als auch auf die Bereichsausnahme der Anleihebedingungen von der allgemeinen AGB-Kontrolle. Dies wurde zum einen mit der BGH-Rechtsprechung zur AGB-Fähigkeit von Anleihebedingungen, zum anderen mit europarechtlichen Bedenken begründet.[26] So war unklar, ob die Richtlinie 93/13/EWG des Rates vom 5. April 1993 über missbräuchliche Klauseln in Verbraucherverträgen[27] auch auf Anleihebedingungen anwendbar und eine AGB-Kontrolle demnach geboten war. 12

Auf letztgenannte europarechtliche Bedenken weisen schließlich auch die späteren **Entwürfe vom Februar**[28] **und April 2009**[29] hin. Von einer Stellungnahme, ob Anleihebedingungen der AGB-Kontrolle der §§ 305 ff BGB unterfallen ist der Gesetzgeber aus diesem Grund, sowie nicht zuletzt unter dem Eindruck der Finanzkrise bewusst abgerückt.[30] Nichtsdestotrotz hat er an der Einführung des spezialgesetzlichen Transparenzgebotes in seiner jetzigen Gestalt festgehalten. 13

B. Transparenzgebot

I. Anwendungsbereich

Das Transparenzgebot gilt zwingend für alle nach § 1 Abs 1 SchVG dem Schuldverschreibungsgesetz unterfallenden Schuldverschreibungen und ist nicht dispositiv.[31] Es kann daher nicht in den Anleihebedingungen abbedungen werden. Ihm unterfallen die gesamten Anleihebedingungen und damit sowohl Bestimmungen über die Leistungspflichten als auch Nebenabreden und Nebenbestimmungen.[32] Die Geltung des Transparenzgebotes gilt dabei unabhängig davon, ob der Emittent sich für einen Opt-In nach § 5 Abs 1 S 1 SchVG entschieden hat oder nicht.[33] 14

Erfasst sind **auch durch Verweis im Sinne des § 2 S 2 SchVG** in die Anleihebedingungen aufgenommene Bestimmungen.[34] Die Vorschrift sieht eine Lockerung des Skripturprinzips für nicht zum Umlauf bestimmte Urkunden vor, indem sie es gestattet, außerhalb der Urkunde niedergelegte Bedingungen durch Verweis als Anleihebedingungen einzubeziehen. Von praktischer Relevanz sind dabei insbesondere Verweise auf Defini- 15

23 § 2 Abs 3 S 1 RefEVorE 2006 (unveröffentlicht), zitiert nach Friedl/Hartwig-Jacob/*Hartwig-Jacob* § 3 Rn 10. Allerdings hatte zu diesem Zeitpunkt der BGH bereits festgestellt, dass Anleihebedingungen von Inhaberschuldverschreibungen nach der ganz herrschenden Lehre Allgemeine Geschäftsbedingungen seien, vgl BGH 28.6.2005 BGHZ **163** 311, 314.

24 Vgl Friedl/Hartwig-Jacob/*Hartwig-Jacob* § 3 Rn 10.

25 RefE vom 9. Mai 2008, abrufbar unter: http://www.gesmat.bundesgerichtshof.de/gesetzesmaterialien/16_wp/schuldverschreibungsg/refe.pdf.

26 RefE vom 9. Mai 2008, S 21.

27 ABl. Nr L 95 v. 21.4.1993 S 29.

28 BR-Drs. 180/09 v. 20.2.2009 S 19.

29 BT-Drucks. 16/12814 S 13.

30 Friedl/Hartwig-Jacob/*Hartwig-Jacob* § 3 Rn 14.

31 Friedl/Hartwig-Jacob/*Hartwig-Jacob* § 3 Rn 21.

32 Siehe unten Rn 34.

33 Veranneman/*Oulds* § 3 Rn 4; Friedl/Hartwig-Jacob/*Hartwig-Jacob* § 3 Rn 21.

34 Langenbucher/Bliesener/Spindler/*Bliesener/Schneider* § 3 Rn 5; Friedl/Hartwig-Jacob/*Hartwig-Jacob* § 3 Rn 33.

tionskataloge und Bestimmungen internationaler Handelsorganisationen, wie etwa der International Swaps and Derivates Association (ISDA) oder Verweise auf Referenzzinssätze am Interbankenmarkt wie LIBOR oder EURIBOR.[35] Da § 2 S 2 SchVG die Aufnahme als Anleihebedingungen durch Verweis ausdrücklich gestattet, stellt die Einbeziehung in dieser Form noch nicht pauschal einen Verstoß gegen das Transparenzgebot dar.[36] Gleichwohl sind hierbei **erhöhte Anforderungen an die Transparenz** zu stellen. So müssen die einbezogenen Bedingungen selbst sowie die Verweisungsklauseln eindeutig und präzise formuliert werden.[37] Aus der Verweisung muss klar hervorgehen, welche konkreten Klauseln eines in Bezug genommenen Regelwerkes einbezogen werden sollen. Darüber hinaus muss sichergestellt sein, dass der Inhalt der einbezogenen Dokumente dem Anleihegläubiger hinreichend zugänglich ist.[38] Im Fall mangelnder Zugänglichkeit kommt die ohnehin umstrittene Rechtsfolge der Nichtigkeit schon aus Gründen der Rechtsklarheit nicht in Betracht. Die Frage, ob Anleihebedingungen nichtig sind oder nicht kann nicht davon abhängen, ob der Emittent die Anleihebedingungen von seiner Homepage herunternimmt oder nicht. Der Anleger ist insoweit auf Schadensersatzansprüche beschränkt. In der Praxis wird die Zugänglichkeit in der Regel schon durch die prospektrechtlichen Vorgaben des WpPG sichergestellt sein.[39]

16 § 3 SchVG ist **nicht auf Emissionen anwendbar, die nach § 1 Abs 2 SchVG vom Anwendungsbereich des SchVG ausgeschlossen** sind.[40] In der Literatur wird teilweise abweichend vertreten, dass auch auf derartige Finanzinstrumente (also Anleihen der öffentlichen Hand und gedeckte Schuldverschreibungen nach dem PfandGB) die §§ 2–4 SchVG Anwendung finden sollen und sich der Ausschluss vom Anwendungsbereich nur auf ohnehin optionalen §§ 5ff SchVG beziehe.[41] Die Ansicht ist jedoch nicht zuletzt aufgrund des eindeutigen Wortlauts in § 1 Abs 2 SchVG, der einen Ausschluss der fraglichen Schuldverschreibung von „diesem Gesetz" proklamiert, abzulehnen.[42] Für eine Analogie verbleibt insoweit mangels Regelungslücke kein Raum, da auf die nach § 1 Abs 2 SchVG vom SchVG ausgeschlossenen Schuldverschreibungen die allgemeine AGB-rechtliche Transparenzkontrolle des § 307 Abs 1 S 2 BGB anwendbar bleibt.[43] Gleichwohl wäre es de lege ferenda wünschenswert, alle Schuldverschreibungen einer einheitlichen Transparenzkontrolle zu unterziehen. Gleiches muss auch für solche Schuldverschreibungen gelten, die bereits nicht die Tatbestandsmerkmale des § 1 Abs 1 SchVG erfüllen und schon aus diesem Grund von vornherein nicht in den Anwendungsbereich des SchVG fallen.

17 Lässt sich § 3 SchVG schon nicht auf nach § 1 Abs 2 SchVG vom Anwendungsbereich ausgenommene Schuldverschreibungen erstrecken, gilt dies erst recht für Finanzinstrumente, die von vornherein nicht den Tatbestandsmerkmalen des § 1 Abs 1 SchVG unterfallen. Keine Anwendung findet § 3 SchVG daher etwa auf Schuldscheindarlehen,[44] auf

35 Hopt/Seibt/*Artzinger-Bolten/Wöckener* § 3 Rn 15. Dazu § 2 Rn 28 und 46.

36 Hopt/Seibt/*Artzinger-Bolten/Wöckener* § 3 Rn 15.

37 Hopt/Seibt/*Artzinger-Bolten/Wöckener* § 3 Rn 15; Veranneman/*Oulds* § 3 Rn 6; Langenbucher/Bliesener/Spindler/*Bliesener/Schneider* § 2 Rn 10; Friedl/Hartwig-Jacob/*Hartwig-Jacob* § 3 Rn 33.

38 Etwa indem der Emittent die einbezogenen Bedingungen auf seiner Internetseite zugänglich macht. Vgl Langenbucher/Bliesener/Spindler/*Bliesener/Schneider* § 2 Rn 9; Friedl/Hartwig-Jacob/*Hartwig-Jacob* § 3 Rn 36ff; *Cagalj* Restrukturierung von Anleihen S 99; Hopt/Seibt/*Artzinger-Bolten/Wöckener* § 2 Rn 39; Dazu auch § 2 Rn 43.

39 Ausführlich Friedl/Hartwig-Jacob/*Hartwig-Jacob* § 3 Rn 38ff.

40 *Horn* BKR **2009** 446, 453; Preuße/*Dippel/Preuße* § 3 Rn 24.

41 So etwa Langenbucher/Bliesener/Spindler/*Bliesener/Schneider* § 1 Rn 59; Friedl/Hartwig-Jacob/*Hartwig-Jacob* § 3 Rn 22; Hopt/Seibt/*Artzinger-Bolten/Wöckener* § 1 Rn 64.

42 Vgl dazu ausführlich § 1 Rn 94.

43 *Horn* BKR **2009** 446, 453.

44 Dazu § 1 Rn 25.

einen individuellen Investor ausgestellte Namensschuldverschreibungen,[45] nicht fungibel ausgestaltete Orderschuldverschreibungen[46] oder auch unverbriefte Genussrechte.[47] Insoweit bleibt uneingeschränkt die allgemeine AGB-Kontrolle und damit namentlich auch § § 307 Abs 1 S 2 BGB anwendbar.[48]

II. Maßstab des sachkundigen Anlegers

§ 3 SchVG legt für die Prüfung, ob die Anleihebedingungen dem Transparenzgebot entsprechen, den Maßstab desjenigen Anlegers fest, der hinsichtlich der jeweiligen Art von Schuldverschreibungen sachkundig ist. Da eine Anleihe sich an eine Vielzahl verschiedener Anleger richten kann und durch die Handelbarkeit an den Kapitalmärkten überhaupt von jedermann erworben werden kann, stellt sich die Frage, wie der einschlägige Referenzanleger zu ermitteln ist. In einem weiteren Schritt ist dann zu prüfen, welche Anforderungen an den Kenntnishorizont dieses Referenzanlegers zu stellen sind. 18

1. Objektiv-abstrakte Ermittlung des Referenzanlegers. Der Maßstab, der an den sachkundigen Anleger zu stellen ist, ist schon aus Gründen der Fungibilität für alle Gläubiger der Schuldverschreibung einheitlich – also objektiv – zu ermitteln.[49] Dies entspricht nicht nur dem allgemeinen Grundsatz der objektiven Auslegung von Schuldverschreibungen, der sich schon aus Gründen der Umlauffähigkeit und Fungibilität zwingend gebietet,[50] sondern ergibt sich bereits aus dem Wortlaut des § 3 SchVG, in dem von „einem" Anleger die Rede ist.[51] Schließlich erfordert auch der in § 4 S 2 SchVG niedergelegte Gleichbehandlungsgrundsatz eine einheitliche und objektive Bestimmung des maßgeblichen Anlegers.[52] Keinen Ausschlag geben kann damit die konkrete Person des tatsächlichen Anlegers oder die in seiner Person liegenden Umstände.[53] Das Transparenzgebot des § 3 SchVG gewährt keinen individuellen Anlegerschutz.[54] Wenn der Regierungsentwurf vom 29.4.2009 daher vom „jeweiligen Adressaten eines bestimmten Produktes" und „deren durchschnittlichem Verständnishorizont" spricht ist dies zumindest missverständlich.[55] 19

Der zu ermittelnde Referenzanleger wird vom Wortlaut des § 3 SchVG in Bezug zu der jeweiligen Art der Schuldverschreibung gesetzt. Dies ist insoweit problematisch, als 20

---

45 Langenbucher/Bliesener/Spindler/*Bliesener/Schneider* § 1 Rn 19; OLG Stuttgart BeckRS **2018** 16518 Rz. 45; vgl dazu § 1 Rn 22.

46 Hierzu § 1 Rn 19.

47 BGH Urteil vom 22.3.2018 – IX ZR 99/17, BeckRS **2018** 6132. Anders aber bei verbrieften Genussrechten („Genussscheinen"), diese Fallen als Schuldverschreibungen in den Anwendungsbereich des Gesetzes, § 1 Abs 1 SchVG, vgl BGH, Urt. v. 1.7.2014 – II ZR 381/13, vgl § 1 Rn 26 ff.

48 OLG Stuttgart 19.7.2018 – 19 U 28/18, BeckRS **2018** 16518, Rn 48 ff = AG **2019**, 51 = ZIP **2018** 1727 = EWiR **2019** 41 (Müller-Eising).

49 Veranneman/*Oulds* § 3 Rn 10; Langenbucher/Bliesener/Spindler/*Bliesener/Schneider* § 3 Rn 6; Preuße/*Dippel/Preuße* § 3 Rn 14.

50 BGH NJW **1959** 31 ff; NJW **2005** 2917, 2918; *Assmann* WM **2006** 1053, 1065; *Hopt* FS Steindorff (1990) 340, 369; MüKoBGB/*Habersack* (Fn 22), § 793 Rn 47. Siehe auch § 2 Rn 27.

51 Ebenso *Sester* AcP 209 (**2009**) 628, 648.

52 *Sester* AcP 209 (**2009**) 628, 648.

53 Langenbucher/Bliesener/Spindler/*Bliesener/Schneider* § 3 Rn 7; Preuße/*Dippel/Preuße* § 3 Rn 14; Hopt/Seibt/*Artzinger-Bolten/Wöckener* § 3 Rn 10.

54 Kümpel/Mülbert/Früh/Seyfried/*R. Müller* Anleiheemissionen, Rn 15.241.

55 BT-Drucks. 16/12814 S 17. Dies hat auch der Gesetzgeber in den Beratungen des Bundestages erkannt und klargestellt, dass ein objektiver Kontrollmaßstab Anwendung finden soll, vgl Plenarprotokoll v. 3.7.2009, 16/231, S 26226 (A).

das deutsche Recht keine Schuldverschreibungstypen definiert, zudem erweisen sich die durch die Praxis gebildeten Kategorien als kaum hilfreich, da die Terminologie uneinheitlich und schnellen Änderungen unterworfen ist.[56] Es ist daher durch Auslegung der Anleihebedingungen der typischerweise durch die in Rede stehende Anleihe adressierte Anlegerkreis nach objektiven Kriterien zu ermitteln.[57] Maßgeblich ist, an welche **Zielgruppe bzw Anlegerkreis** sich die jeweilige Art der Anleihe richtet.[58] Ist die Anleihe dementsprechend an einen Anlegerkreis gerichtet, der sich etwa auf bestimmte Investitionen in risikoreiche Schuldtitel spezialisiert hat, bleiben nach der Konzeption des Gesetzgebers auch sehr komplizierte Anleihebedingungen möglich und zulässig.[59]

21 Für die Bestimmung des Adressatenkreises kommen eine Reihe von Anhaltspunkten als **geeignete Indizien** in Betracht. Naheliegend ist es, auf die Höhe der Mindeststückelung oder auch die Struktur des jeweiligen Finanzinstruments abzustellen.[60] So wird etwa der Emittent im Falle einer Stückelung von 1.000 € damit rechnen müssen, dass die Anleihe auch von weniger erfahrenen Anlegern oder Privatinvestoren erworben wird.[61] Demgegenüber kann bei einer Stückelung von zB 100.000 € oder einer längeren Laufzeit (etwa 30 Jahre) davon ausgegangen werden, dass als Anlegergruppe eher institutionelle Investoren in Frage kommen.[62]

22 Auch aus der **Struktur der Schuldverschreibung** können sich Anhaltspunkte ergeben. So werden sich etwa Asset-Backed-Securities (ABS) oder auch Commercial Mortage Backed Securities schon aufgrund ihrer Komplexität und ihrer Abhängigkeit von Referenzwerten in aller Regel nicht an Kleinanleger richten, vielmehr wird in diesen Fällen ein spezialisierter institutionalisierter Anlegerkreis anvisiert sein.[63] Die Auslegung der Anleihebedingungen kann insoweit aber nur zu einer groben Einordnung des jeweiligen Adressatentypus führen. Nicht gefolgert werden kann daher – da zirkelschlüssig, dass besonders komplizierte Anleihebedingungen auf einen umso sachkundigeren Referenzanleger schließen lassen.[64]

23 Umstritten ist, ob für die Ermittlung des einschlägigen Anlegerkreises auch Umstände, die außerhalb der Anleihebedingungen selbst liegen, zu berücksichtigen sind. So wird in der Literatur teilweise zwischen den **verschiedenen Platzierungs- und Vertriebsvarianten** differenziert[65] und vorgeschlagen, die mit der Erstplatzierung anvisierte Zielgruppe für die Bestimmung des Referenzanlegers heranzuziehen.[66] Dem wird zu Recht entgegengehalten, dass eine Berücksichtigung der Vertriebs- und Platzierungsformen und des dementsprechend konkret anvisierten Erstanlegers aufgrund der damit einhergehenden Unsicherheiten kaum für die Bestimmung eines maßgeblichen Anlegertypus geeignet ist.[67] Das Gesetz will, wie sich aus den Gesetzgebungsmaterialien ergibt,[68]

---

56 *Schroeter* ZGR **2015** 769,783
57 Veranneman/*Oulds* § 3 Rn 15.
58 Hopt/Seibt/*Artzinger-Bolten/Wöckener* § 3 Rn 10.
59 BT-Drucks. 16/12814 Zu § 3 S 17.
60 Veranneman/*Oulds* § 3 Rn 18; Friedl/Hartwig-Jacob/*Hartwig-Jacob* § 3 Rn 149 ff.
61 Veranneman/*Oulds* § 3 Rn 18.
62 Friedl/Hartwig-Jacob/*Hartwig-Jacob* § 3 Rn 150.
63 Ebenso Friedl/Hartwig-Jacob/*Hartwig-Jacob* § 3 Rn 149; Veranneman/*Oulds* § 3 Rn 18.
64 So auch *Schroeter* ZGR **2015** 769, 790.
65 Vgl *Sester* AcP 209 (**2009**) 628, 650.
66 Vgl Friedl/Hartwig-Jacob/*Hartwig-Jacob* § 3 Rn 151 ff; *Lenenbach* KapMarktR, Rn 2.71 ff.
67 So kritisieren Langenbucher/Bliesener/Spindler/*Bliesener/Schneider* § 3 Rn 8, das ursprünglich anvisierte Zielpublikum sei ohnehin nicht eindeutig feststellbar, zudem ggf. inhomogen und könne sich darüber hinaus jederzeit ändern. Ähnlich *Schmidt/Schrader* BKR **2009** 397, 399.
68 Vgl Plenarprotokoll v. 3.7.2009, 16/231, S 26226 (A).

aus Gründen der Fungibilität und anonymen Handelbarkeit gerade nicht an einen konkreten Anleger anknüpfen.[69]

24 Richtet sich die Anleihe an mehrere Zielgruppen, ist diejenige maßgebend, die über die geringsten jeweils erwartbaren Vorkenntnisse verfügt.[70] Hieraus kann aber nicht gefolgert werden, dass sich jede öffentlich gehandelte Anleihe an der Sachkunde eines Privatanlegers messen lassen müsse, denn zum einen richtet sich nicht jede öffentlich platzierte Anleihe automatisch an Privatanleger, zum anderen sind Vertrieb und Platzierung nur wenig geeignete Indikatoren zur Bestimmung des Referenzanlegers (Rn 23).

25 Aus dem Erfordernis der Bestimmung eines Referenzanlegers lässt sich **keine Verpflichtung zur Nennung des Anlegerkreises in den Anleihebedingungen** herleiten.[71] Unbenommen ist es dem Emittenten, den anvisierten Anlegerkreis freiwillig in die Anleihebedingungen aufzunehmen. Der Emittent hat es somit in der Hand, die Art von Schuldverschreibung, bezüglich derer er beim Adressaten Sachkunde voraussetzt weitgehend zu bestimmen, was letztlich aus der Einordnung als schuldrechtliches Transparenzgebot und nicht als ein solches des Publizitätsrechts folgt.[72] Eine entsprechende Aufnahme ist daher zu empfehlen.[73] Grenze muss aber die Rechtsmissbräuchlichkeit bleiben, so kann es dem Emittenten nicht gestattet sein, durch willkürliche Aufnahme eines möglichst professionellen Zielanlegers den eigenen Prüfungsmaßstab herabzusetzen.

26 **2. Maßstab der Sachkunde.** Entscheidend ist nach der Konzeption des § 3 SchVG allein die Sachkunde des zuvor objektiv-abstrakt ermittelten Referenzanlegers. Schon aufgrund dieses Bezugs zum jeweiligen Referenzanleger lässt sich der Maßstab, der an die Sachkunde zu setzten ist, nicht einheitlich für alle Anleihetypen bestimmen. Aus den Gesetzgebungsmaterialien ergibt sich in dieser Hinsicht lediglich, dass die Anleihebedingungen für den typischen Referenzanleger nach dessen „durchschnittlichem Verständnishorizont durchschaubar sein" müssen.[74] Zugleich sollen allgemein erwartbare Vorkenntnisse auch bei komplexen Finanzprodukten vorausgesetzt werden können,[75] womit letztlich nur fachliche Vorkenntnisse gemeint sein können.[76]

27 Maßstab des § 3 SchVG ist derjenige eines Anlegers mit Sachverstand, was üblicher Weise mit demjenigen eines **hinsichtlich des relevanten Anleihetypus erfahrenen Investors** gleichgesetzt wird.[77] Sachkundig ist nach verbreiteter Formulierung ein Anleger, der hinsichtlich der Art der Schuldverschreibung **einem Fachmann** gleichsteht.[78] Vorausgesetzt wird damit der Maßstab eines erfahrenen Anlegers, der mit **wesentlichen rechtlichen und wirtschaftlichen Kenntnissen** ausgestattet ist. Als Leitbild gilt der professionelle Kenner der jeweiligen Art von Finanzprodukten, ein in seinem Segment erfahrener und professioneller Banker.[79] Teilweise wird in der Literatur

---

69 Preuße/*Dippel*/*Preuße* § 3 Rn 15; Langenbucher/Bliesener/Spindler/*Bliesener*/*Schneider* § 3 Rn 8.
70 *Sester* AcP 209 (**2009**) 628, 650.
71 *Schmidt*/*Schrader* BKR **2009** 397, 399; Kümpel/Mülbert/Früh/Seyfried/*R. Müller* Rn 15.241; Friedl/Hartwig-Jacob/*Hartwig-Jacob* § 3 Rn 146; Preuße/*Dippel*/*Preuße* § 3 Rn 15.
72 *Schroeter* ZGR **2015** 769, 786; Ablehnend eher *Beyer* Das Transparenzgebot S 131.
73 Ebenso *Schroeter* ZGR **2015** 769, 786.
74 BT-Drucks. 16/12814 S 17.
75 BT-Drucks. 16/12814 S 17.
76 Preuße/*Dippel*/*Preuße* § 3 Rn 9; Friedl/Hartwig-Jacob/*Hartwig-Jacob* § 3 Rn 138.
77 *Podewils* ZHR 174 (**2010**) 192, 195; Hopt/Seibt/*Artzinger-Bolten*/*Wöckener* § 3 Rn 8.
78 Veranneman/*Oulds* § 3 Rn 13; vgl auch *Horn* FS Graf von Westphalen (2010) 353, 364.
79 Langenbucher/Bliesener/Spindler/*Bliesener*/*Schneider* § 3 Rn 7.

auch auf den Kenntnisstand des Sachverständigen im Sinne des 402ff ZPO zurückgegriffen.[80]

28 Die Sachkunde ist nach dem Gesetz abstrakt zu ermitteln. Nicht beachtlich ist es daher, ob oder auf welche Weise für den potenziellen Anleger die **Möglichkeit besteht, sich entsprechende Fachkenntnisse zu verschaffen.**[81] So ist Sachkenntnis bei neuen innovativen Finanzinstrumenten, die noch wenig verbreitetet sind genauso vorauszusetzen, wie bei am Markt bereits etablierten Anleiheformen.[82]

29 Hinter den vergleichsweise hohen Anforderungen des § 3 SchVG steht der **Sinn und Zweck des § 3 SchVG**, wonach lediglich die Transparenz der Anleihebedingungen gewährleistet werden soll. **Nicht intendiert ist hingegen ein grundsätzlicher Anlegerschutz**, ein solcher findet vielmehr im Vertriebs- und Prospektrecht durch die dort verankerten Publizitätsvorschriften, Aufklärungs- und Beratungspflichten verbunden mit entsprechenden Haftungsregeln statt.[83] Aus diesem Grund kann auch nur partiell von einer Abschwächung des Schutzniveaus für Anleger gegenüber dem früher einschlägigen § 307 Abs 1 S 2 BGB gesprochen werden.[84]

30 **3. Abgrenzung zum durchschnittlichen Anleger nach § 307 Abs 1 S 2 BGB.** Gegenüber dem AGB-rechtlichen durchschnittlichen Anleger sind die Anforderungen an den sachkundigen Anleger höher anzusetzen.[85] Nach mittlerweile gefestigter Rechtsprechung stellen Anleihebedingungen allgemeine Geschäftsbedingungen im Sinne der §§ 305ff BGB dar.[86] Nach § 307 Abs 1 S 2 BGB kann sich eine unangemessene Benachteiligung des anderen Teils unter anderem daraus ergeben, dass eine Bestimmung nicht klar und verständlich ist. Sowohl aus den Gesetzgebungsmaterialien als auch aus dem ähnlichen Regelungsgegenstand beider Vorschriften ergibt sich, dass das Transparenzgebot des **§ 3 SchVG der allgemeinen Regelung des § 307 Abs 1 S 2 BGB als lex specialis vorgeht.**[87]

31 Der wesentliche Unterschied beider Regelungen besteht in dem unterschiedlichen Prüfungsmaßstab: Während § 3 SchVG einen sachkundigen Anleger voraussetzt, gilt im AGB-Recht der Maßstab des durchschnittlichen Vertreters des angesprochenen Kundenkreises und damit derjenige des rechtsunkundigen Durchschnittsanlegers.[88] Auch wenn an letzteren nach der Rechtsprechung des BGH je nach Anlegerkreis gewissen Anforderungen zu stellen sein mögen, ist er doch gerade kein Anleger, der über weitergehende Fach- und Rechtskenntnisse verfügen muss.[89]

32 Die Einführung des § 3 SchVG reduziert damit das Anlegerschutzniveau insoweit, als an die Transparenz des Leistungsversprechens nunmehr ein weniger strenger Maßstab

---

80 Langenbucher/Bliesener/Spindler/*Bliesener/Schneider* § 3 Rn 7.
81 Friedl/Hartwig-Jacob/*Hartwig-Jacob* § 3 Rn 141; Hopt/Seibt/*Artzinger-Bolten/Wöckener* § 3 Rn 12.
82 *Schmidt/Schrader* BKR **2009** 397, 398; Preuße/*Dippel/Preuße* § 3 Rn 13; Hopt/Seibt/*Artzinger-Bolten/Wöckener* § 3 Rn 12.
83 Vgl Langenbucher/Bliesener/Spindler/*Bliesener/Schneider* § 3 Rn 7; Hopt/Seibt/*Artzinger-Bolten/Wöckener* § 3 Rn 13.
84 Vgl dazu *Schlitt/Schäfer* AG **2009** 477, 485f; Hopt/Seibt/*Artzinger-Bolten/Wöckener* § 3 Rn 13; *Horn* FS Graf von Westphalen (2010) 353, 362; *Beyer* Das Transparenzgebot S 125f.
85 *Schmidt/Schrader* BKR **2009** 397, 398; Preuße/*Dippel/Preuße* § 3 Rn 11.
86 Dazu unten Rn 47ff.
87 Friedl/Hartwig-Jacob/*Hartwig-Jacob* § 3 Rn 17; Langenbucher/Bliesener/Spindler/*Bliesener/Schneider* § 3 Rn 20.
88 Veranneman/*Oulds* § 3 Rn 11 mwN.
89 Hopt/Seibt/*Artzinger-Bolten/Wöckener* § 3 Rn 9.

anzulegen ist, als es nach § 307 Abs 1 S 2 BGB der Fall wäre.[90] Anlegerschutz wird jedoch durch entsprechende Regelungen des Vertriebs- und Prospektrechts gewährleistet.[91] Nicht verdrängt werden von § 3 SchVG die Regeln über die **AGB-rechtliche Inhaltskontrolle** nach §§ 309, 308, 307 Abs 1 und 2 BGB.

4. Abgrenzung zum sachkundigen Anleger im Sinne des Prospektrechts. Schon begrifflich höher sind die Anforderungen an den sachkundigen Anleger im Vergleich zum lediglich **verständigen Anleger**, wie er sich bei der Prüfung der Unrichtigkeit oder Unvollständigkeit des Prospekts im Rahmen der Prospekthaftung nach §§ 21 ff WpPG etabliert hat.[92] In der Literatur wurden hierzu unterschiedlichste Auffassungen vertreten, die beim „unkundigen Kleinaktionär" anfingen und beim „Fachmann" aufhörten.[93] In der Rechtsprechung hat sich diesbezüglich der Maßstab des durchschnittlichen Anlegers herausgebildet, der nicht unbedingt mit der in Fachkreisen gebräuchlichen Schlüsselsprache vertraut zu sein braucht, andererseits jedoch – so die Rechtsprechung – in der Lage sein soll, eine Bilanz zu lesen.[94] Je nach erkennbarem Anlegerkreis variieren allerdings die Anforderungen. Soll sich die Emission nämlich erkennbar an Kleinanleger richten, werden nach der Rechtsprechung mitunter auch gar keine Spezialkenntnisse vorausgesetzt.[95] 33

III. Vom Schuldner versprochene Leistung

Der Wortlaut des § 3 SchVG spricht davon, dass die vom Schuldner versprochene Leistung ermittelbar sein muss. Dies entspricht nicht dem Terminus der Leistungspflichten im engeren Sinne wie sie durch die Differenzierung in § 2 SchVG zwischen der „Beschreibung der Leistung" und der „Rechte und Pflichten des Schuldners und der Gläubiger" eingeführt werden.[96] Das Transparenzgebot **gilt vielmehr für alle Bestimmungen** die der jeweiligen Schuldverschreibung zugrunde liegen.[97] Die Anleihebedingungen sind als „Gesamtkonstrukt" dem Transparenzgebot zu unterwerfen, zumal sich von der Norm beabsichtigte Transparenz erst bei Betrachtung aller Bestimmungen im Zusammenhang bilden kann.[98] Mitumfasst sind damit auch Nebenbestimmungen, da auch diese Bestandteil der Leistungsbeschreibung im weitesten Sinne darstellen.[99] 34

IV. Einzelne Kriterien der Transparenz

Weder aus § 3 SchVG noch aus den Gesetzgebungsmaterialien ergeben sich greifbare Kriterien, die für die Frage, ob die Transparenz der Anleihebedingungen noch gewähr- 35

---

90 *Beyer* Das Transparenzgebot S 126; *Horn* FS Graf von Westphalen (2010) 353, 362. Kritisch *Rotter* ZRP **2011** 27, 28.
91 Vgl oben Rn 29.
92 Groß/*Groß* § 21 WpPG Rn 41 ff.
93 Groß/*Groß* § 21 WpPG Rn 41 mwN.
94 BGH WM **1982** 862, 865; OLG Düsseldorf, Urteil v. 5.4.1984 – 6 U 239/82 WM **1984** 586, 593 f.; OLG Frankfurt, Urteil v. 1.2.1994 – 5 U 213/92 WM **1994** 291, 295; OLG Frankfurt, Urteil v. 6.7.2004 – 5 U 122/03 ZIP **2004** 1411, 1412; LG Frankfurt, Urteil v. 7.10.1997 – 3/11 O 44/96 WM **1998** 1181, 1184.
95 BGH WM **2012** 2147; Veranneman/*Oulds* § 3 Rn 12.
96 Siehe dazu § 2 Rn 11 ff.
97 Vgl Friedl/Hartwig-Jacob/*Friedl/Schmidtbleicher* § 4 Rn 65.
98 Vgl auch Friedl/Hartwig-Jacob/*Friedl/Schmidtbleicher* § 4 Rn 65.
99 Veranneman/*Oulds* Rn 5; Preuße/*Dippel/Preuße* Rn 8. **AA** *Podewils* ZHR 174 (**2010**) 192, 195: nur die Hauptleistungspflichten.

leistet ist, heranzuziehen wären. Teilweise wird daher auf Literatur und Rechtsprechung, wie sie sich zu § 307 Abs 1 S 2 BGB und zu den prospektrechtlichen Publizitätsvorschriften herausgebildet hat, zurückgegriffen.[100]

36 Wesentlich und für die Ermittelbarkeit der versprochenen Leistung grundlegendes Kriterium ist die **Klarheit und Verständlichkeit** der Anleihebedingungen.[101] Danach sollen die Anleihebedingungen es dem Anleger durch einen gegliederten Aufbau und eine technische Begrifflichkeit ermöglichen, über seine Rechtsposition Kenntnis zu erlangen.[102] Versteckte nachteilige Klauseln oder auch die Aufspaltung eines Regelungsgehalts auf mehrere Klauseln, mit der Folge, dass sich der nachteilige Gehalt erst im Zusammenwirken ergibt, sind Kriterien die für eine Intransparenz sprechen.[103] Es gilt das Gebot, wonach zusammengehörende Bestimmungen im Zusammenhang aufzuführen sind oder in anderer Weise – etwa durch Verweis – zu verdeutlichen sind.[104] Anleihebedingungen sind intransparent, wenn sie irreführend sind oder die Rechtslage verschleiern, sog. Täuschungsverbot.[105]

37 Aus der Rechtsprechung zu § 307 Abs 1 S 2 BGB übertragbar dürfte auch das sog. Bestimmtheitsgebot sein. Hiernach ist der Klauselinhalt möglichst zu konkretisieren, sodass der Anleger seine Rechte und Pflichten den Anleihebedingungen mit größtmöglicher Bestimmtheit entnehmen kann.[106] Die tatbestandlichen Voraussetzungen und Rechtsfolgen müssen hinreichend präzise abgefasst sein.[107] Dies gilt namentlich für einseitige Leistungsbestimmungsrechte,[108] etwa in Gestalt von Bestimmungs- und Änderungsvorbehalten.[109] In diesem Fall müssen die Voraussetzungen für die Ausübung des Änderungsrechts genau bezeichnet werden. Ein schlichter Verweis auf billiges Ermessen allein genügt diesen Anforderungen nicht.[110] Erforderlich ist, dass dem Anleger die Kalkulierbarkeit der Leistungsänderung gewährleistet wird, indem ihm Gründe, Voraussetzungen und Rechtsfolgen von Änderungs- und Bestimmungsvorbehalten aufgezeigt werden.[111]

38 In welcher Sprache die Anleihebedingungen abzufassen sind, richtet sich nach dem jeweiligen Anleger- bzw Anleihetypus.[112] Die Wahl der deutschen Sprache wird im Regelfall zu einer hinreichenden Transparenz führen, es sei denn, die Anleihe richtet sich explizit an ausländische Investoren.[113] Allerdings wird auch der Gebrauch einer in inter-

---

100 Hopt/Seibt/*Artzinger-Bolten/Wöckener* § 3 Rn 16; Gegen einen Rückgriff auf das AGB-Recht aber *Sester* AcP 209 (**2009**) 628, 655.

101 Bezogen auf § 3 SchVG etwa Hopt/Seibt/*Artzinger-Bolten/Wöckener* § 3 Rn 16. So auch die stRspr zu § 307 Abs 1 S 2 BGB, vgl nur BGH NJW **2016** 401; NJW **2015** 2244 mwN.

102 Langenbucher/Bliesener/Spindler/*Bliesener/Schneider* § 3 Rn 9.

103 BGH NJW **2016** 1575 Rn 31.

104 MüKoBGB/*Wurmnest* BGB § 307 Rn 60.

105 BGHZ **145** 203, 220 f.; BGH WM **2006** 53, 55; Ulmer/Brandner/Hensen/*Fuchs* Rn 342 ff. Ebenso Hopt/Seibt/*Artzinger-Bolten/Wöckener* § 3 Rn 20, allerdings unter Rückgriff auf die prospektrechtlichen Vorschriften des § 5 Abs 2b Nr 4 WpPG und § 31 Abs 3a WpHG.

106 BGH NJW **2004** 1598, 1600.

107 Vgl Hopt/Seibt/*Artzinger-Bolten/Wöckener* § 3 Rn 17.

108 Dazu ausführlich Veranneman/*Oulds* § 3 Rn 23 ff.

109 Hopt/Seibt/*Artzinger-Bolten/Wöckener* § 3 Rn 18.

110 Friedl/Hartwig-Jacob/*Hartwig-Jacob* § 3 Rn 90; So auch *Podewils* ZHR 174 (**2010**) 192 (199); vgl *Sester* AcP 209 (**2009**) 628 (657).

111 BGH v. 30.6.2009 – XI ZR 364/08, WM **2009** 1500 (1502); BGH v. 15.11.2007 – III ZR 247/06, WM **2008** 308; Veranneman/*Oulds* § 3 SchVG Rz. 27. Zustimmend *Podewils* ZHR 174 (**2010**) 192, 201; Friedl/Hartwig-Jacob/*Hartwig-Jacob* § 3 Rn 87.

112 Hopt/Seibt/*Artzinger-Bolten/Wöckener* § 3 Rn 21; Langenbucher/Bliesener/Spindler/*Bliesener/Schneider* § 3 Rn 10.

113 Langenbucher/Bliesener/Spindler/*Bliesener/Schneider* § 3 Rn 10; Friedl/Hartwig-Jacob/*Hartwig-Jacob* § 3 Rn 43.

nationalen Finanzkreisen gebräuchlichen Sprache für ausreichende Transparenz sorgen. Namentlich eine Abfassung in englischer Sprache wird in aller Regel dem Maßstab des § 3 SchVG genügen, ohne dass es einer weiteren deutschen Übersetzung bedarf.[114] Ausschlaggebend ist die jeweils anvisierte Zielgruppe.[115]

V. Rechtsfolgen eines Verstoßes

39 Der Gesetzgeber hat die Rechtsfolgen eines Verstoßes gegen das Transparenzgebot nicht im SchVG geregelt. Keine Bedeutung, auch nicht mittelbar im Wege einer Ausstrahlungswirkung, haben die Rechtsfolgenregime des Publizitätsrechts, wie etwa das der Sechsmonatsfrist des § 21 Abs 1 S 1 WpPG oder der Verschuldensmaßstab des § 23 Abs 1 WpPG. Zweck des § 3 SchVG ist nicht, wie bei den prospekthaftungsrechtlichen Regelungen der Schutz des Kapitalmarktes, sondern der schuldrechtliche Schutz des Anlegers. Prospekthaftungsrechtliche Regelungen sind folglich nicht auf die Folgen eines Transparenzverstoßes übertragbar.[116]

40 Die Folgen eines Verstoßes sollen sich – so der Regierungsentwurf – vielmehr aus den allgemeinen Regeln ergeben.[117] Je nach Schwere sollen danach etwa eine Auslegung der Anleihebedingungen, ein Anspruch aus §§ 311 Abs 2 i.V.m. § 241 II BGB, sowie als schwerste Folge gar eine Nichtigkeit der entsprechenden Klausel im Sinne des § 134 BGB in Betracht kommen. Ob und wieweit die genannten Rechtsfolgen praktikabel sind, ist im Einzelnen umstritten.

41 Die Auslegung der Anleihebedingungen bzw der entsprechenden Klausel als Rechtsfolge, wie sie die Gesetzesbegründung vorschlägt, wird als Konsequenz eines Verstoßes gegen das Transparenzgebot des § 3 SchVG abgelehnt.[118] Die Auslegung hat schon auf einer früheren Stufe zu erfolgen, nämlich bei der Prüfung, ob der Inhalt einer Klausel für einen hinsichtlich der jeweiligen Art von Schuldverschreibungen sachkundigen Anleger überhaupt ermittelbar und damit transparent ist.[119] Lässt sich danach der Inhalt einer Klausel ermitteln, ist die Klausel bereits begriffsnotwendig nicht intransparent,[120] eine nochmalige Auslegung der fraglichen Klausel auf der Rechtsfolgenebene daher sinnlos.[121] Es gilt jedoch – wenn man mit der Rechtsprechung die Anleihebedingungen als AGB einordnet (dazu unten Rn 47 ff), die Regelung des § 305 Abs 2 BGB, sodass Zweifel bei der Auslegung zu Lasten des Emittenten gehen.[122]

42 Der Verstoß gegen das Transparenzgebot kann jedoch einen Schadensersatzanspruch des Anlegers gem. **§§ 280 I, 311 II, 241 BGB aus culpa in contrahendo** begründen.[123] Die Verletzung der vorvertraglichen Pflicht des Emittenten besteht in diesem Fall in der unverständlichen Ausgestaltung seiner Anleihebedingungen, die sich insoweit

---

114 Friedl/Hartwig-Jacob/*Hartwig-Jacob* § 3 Rn 43; Langenbucher/Bliesener/Spindler/*Bliesener/Schneider* § 3 Rn 10.
115 So wird sich etwa die deutsche Sprache und nicht die Englische empfehlen, wenn die Emission auf den deutschen Retailmarkt abzielt, vgl Hopt/Seibt/*Artzinger-Bolten/Wöckener* § 3 Rn 21.
116 *Schroeter* ZGR **2015** 769, 797.
117 BT-Drucks. 16/12814 S 17.
118 Langenbucher/Bliesener/Spindler/*Bliesener/Schneider* § 4 Rn 12; Hopt/Seibt/*Thole* § 4 Rn 23; *Sester* AcP 209 (**2009**) 628, 659; Friedl/Hartwig-Jacob/*Hartwig-Jacob* § 3 Rn 49.
119 Veranneman/*Oulds* § 4 Rn 29; *Lenenbach* KapMarktR, Rn 2.83;
120 Hopt/Seibt/*Thole* § 4 Rn 23.
121 *Schroeter* ZGR **2015** 769, 797.
122 OLG Frankfurt a.M. ZIP **2014** 2176, 2179; *Just* EWiR **2014** 771, 772; Friedl/Hartwig-Jacob/*Hartwig-Jacob* § 3 Rn 48; Langenbucher/Bliesener/Spindler/*Bliesener/Schneider* § 4 Rn 13.
123 *Sester* AcP 209 (**2009**) 628, 665; Langenbucher/Bliesener/Spindler/*Bliesener/Schneider* § 4 Rn 15; Friedl/Hartwig-Jacob/*Hartwig-Jacob* § 3 Rn 161 ff.

aus § 3 SchVG ergibt. Der Anspruch ist auf das negative Interesse beschränkt.[124] Auch die beteiligten Finanzintermediäre wie Banken und freie Anlageberater kommen als Anspruchsgegner in Betracht.[125] Für die Berechnung des negativen Interesses ist auf eine Anleihe eines Emittenten mit vergleichbarem Rating, zeitnahem Emissionsdatum und gleicher Laufzeit abzustellen.[126]

43 Die Rechtsfolge der **Nichtigkeit gem. § 134 BGB** ist mit der überwiegenden Auffassung in der Literatur abzulehnen.[127] Allenfalls in besonders schwerwiegenden Ausnahmefällen soll eine Nichtigkeit in Betracht kommen[128], etwa in Fällen, in denen die Anleihebedingungen nicht nur intransparent, sondern ihrer Art nach widersinnig und daher schon einer Auslegung nicht zugänglich sind.[129] In derartigen Fällen folgt die Nichtigkeit richtigerweise aber nicht aus § 134 BGB, sondern aus den allgemeinen rechtsgeschäftlichen Regeln.[130] So können ausnahmsweise unklare, widersprüchliche oder unsinnige Bedingungen, deren Inhalt durch Auslegung nicht ermittelbar ist, wegen Unverständlichkeit oder Perplexität nichtig sein.[131]

44 Das Transparenzgebot des § 3 SchVG stellt **kein Verbotsgesetz im Sinne des § 134 BGB** dar.[132] Denn dies wäre nur der Fall, wenn es nach Sinn und Zweck dem Transparenzgebot gerade darauf ankäme, intransparente Klauseln generell zu untersagen. Dagegen spricht, dass das Transparenzgebot lediglich die formelle Gestaltung der Anleihe, nicht aber deren materiellen Inhalt betrifft.[133] Zudem richtet sich § 3 SchVG als Gebotsnorm nur an den Emittenten. Eine Nichtigkeit nach § 134 BGB verlangt aber in der Regel, dass sich die Verbotsnorm an sämtliche Parteien des Rechtsgeschäfts richtet.[134] Nicht zuletzt würde das Ergebnis aber auch zu für den Anleger unbilligen Ergebnissen führen. So wären die ausgetauschten Leistungen nach Bereicherungsrecht rückabzuwickeln, und dem Emittenten möglicherweise die Entreicherungseinrede nach § 818 Abs 3 BGB eröffnet.[135]

45 Regelmäßig wird sich die Frage der Nichtigkeit auf einzelne Klauseln beziehen, wenngleich zumindest theoretisch eine Nichtigkeit der gesamten Anleihe denkbar wäre.[136] Die Nichtigkeit einer einzelnen leistungsbeschreibenden Klausel (Dazu § 2 Rn 15ff) würde

---

124 So auch *Sester* AcP 209 (**2009**) 628, 659 f., 665; Preuße/*Dippel/Preuße* § 3 Rn 22; Langenbucher/Bliesener/Spindler/*Bliesener/Schneider* § 3 Rn 15; *Schroeter* ZGR **2015** 769, 798; *Leuering/Zetzsche* NJW **2009** 2856, 2857; Friedl/Hartwig-Jacob/*Hartwig-Jacob* § 3 Rn 161 ff.; Schimansky/Bunte/Lwowski/*Tetzlaff* § 88 Rn 45.

125 Friedl/Hartwig-Jacob/*Hartwig-Jacob* § 3 Rn 161.

126 Friedl/Hartwig-Jacob/*Hartwig-Jacob* § 3 Rn 163. Nach *Sester* AcP 209 (**2009**) 628, 665 soll als Mindestschaden jedenfalls auf den Zinssatz für Bundesanleihen mit ähnlicher Laufzeit und vergleichbarem Ausgabezeitpunkt abzustellen sein.

127 Preuße/*Dippel/Preuße* § 3 Rn 22; Hopt/Seibt/*Artzinger-Bolten/Wöckener* § 3 Rn 25 ff.

128 Veranneman/*Oulds* § 3 Rn 30.

129 Langenbucher/Bliesener/Spindler/*Bliesener/Schneider* § 3 Rn 17.

130 Auf diesen Umstand hinweisend auch Langenbucher/Bliesener/Spindler/*Bliesener/Schneider* § 3 Rn 17.

131 Vgl BGHZ **20** 110; Schulze/*Heinrich Dörner* HK-BGB, § 133 Rn 14.

132 Preuße/*Dippel/Preuße* § 3 Rn 22; Langenbucher/Bliesener/Spindler/*Bliesener/Schneider* § 3 Rn 16a. Hopt/Seibt/*Artzinger-Bolten/Wöckener* § 3 Rn 25. **AA** Friedl/Hartwig-Jacob/*Hartwig-Jacob* § 3 Rn 158.

133 Langenbucher/Bliesener/Spindler/*Bliesener/Schneider* § 3 Rn 16a; Hopt/Seibt/*Artzinger-Bolten/Wöckener* § 3 Rn 26.

134 BGHZ **89** 369, 373 = NJW **1984** 1175; BGH NJW **1986** 1104, 1105; BGHZ **159** 334, 340 = NJW-RR **2004** 1545, 1546 f.; Schulze/*Heinrich Dörner* HK-BGB, § 133 Rn 8; vgl auch MüKoBGB/*Armbrüster* § 134 BGB Rn 48.

135 *Leuering/Zetzsche* NJW **2009** 2856, 2585; Preuße/*Dippel/Preuße* § 3 Rn 22; Hopt/Seibt/*Artzinger-Bolten/Wöckener* § 3 Rn 26.

136 Langenbucher/Bliesener/Spindler/*Bliesener/Schneider* § 3 Rn 16a.

aber regelmäßig zur Nichtigkeit der ganzen Anleihe führen, da es ein sie ersetzendes dispositives Recht schlicht nicht gibt.[137] Anderes kann allenfalls für Klauseln über Nebenpflichten gelten.[138]

Sofern man eine Nichtigkeit annehmen will, ist der in § 4 SchVG niedergelegte Grundsatz der kollektiven Bindung und der Gläubigergleichbehandlung zu beachten (Dazu § 4 Rn 10 und 47). Die Nichtigkeit würde letztlich auch auf die übrigen Anleihegläubiger übergreifen. Das vom Gesetzgeber angestrebte Ziel, das Vertrauen in die Kapitalmärkte zu stärken, würde so konterkariert.[139] 46

C. Inhaltskontrolle von Anleihebedingungen durch AGB-Recht

Neben dem spezialgesetzlichen Transparenzgebot des § 3 SchVG ist fraglich, ob auch die allgemeinen Regelungen der Inhaltskontrolle des AGB-Rechts, die §§ 307 ff BGB, auf Anleihebedingungen anwendbar sind. Trotz dahingehender Rechtsprechung, welche die Frage für die Praxis einstweilen beantwortet hat, bleibt die Frage auch in der neueren Literatur umstritten. Hintergrund dieser fortgesetzten Differenzen ist namentlich die im dogmatischen Ausgangspunkt angelegte Unterscheidung zwischen Direkt- bzw Eigenemission[140] durch den Emittenten und Fremdemission vermittels eines Finanzdienstleistungsinstituts. Im ersten Fall wendet sich der Emittent direkt an die Anleger und schließt mit ihnen Begebungsverträge ab, deren Inhalt er einseitig vorformuliert hat. Im zweiteren Fall werden die Anleihebedingungen in der Regel zwischen Emittent und Emissionsbank im Übernahmevertrag ausgehandelt. Die Anleger erwerben die Anleihen im Wege der Abtretung als fertige Produkte von der Bank. Der BGH hat im Jahr 2005 die Anwendbarkeit der Inhaltskontrolle lediglich für erstere klar ausgesprochen.[141] Das wird zwar nach wie vor kritisiert,[142] ist aber für die Praxis verbindlich. Die Behandlung von Fremdemissionen ist hingegen nach wie vor höchstrichterlich ungeklärt.[143] Während Instanzgerichte zur Gleichstellung mit Eigenemissionen tendieren und die AGB-Kontrolle gleichermaßen zum Ansatz bringen,[144] wird dem in der Literatur dezidiert entgegengetreten.[145] So ergeben sich die drei derzeit diskutierten Lösungsvorschläge: An- 47

---

137 *Schroeter* ZGR **2015** 769, 797; Hopt/Seibt/*Artzinger-Bolten/Wöckener* § 3 Rn 27. Im Ergebnis ebenso *Lenenbach* Kapitalmarktrecht, Rn 2.81, der allerdings § 306 BGB analog anwenden will.

138 *Sester* AcP 209 (**2009**) 628, 659. Vgl zu der Abgrenzung von leistungsbeschreibenden Bedingungen und weiteren Bedingungen der Leistungsbeschreibung § 2 Rn 11.

139 Friedl/Hartwig-Jacob/*Hartwig-Jacob* § 3 Rn 160; Langenbucher/Bliesener/Spindler/*Bliesener/Schneider* § 3 Rn 16a; zu diesem Ziel des Gesetzgebers vgl die parlamentarischen Beratungen im Bundestag, Plenarprotokoll 16/231 S 26226 (B.).

140 Siehe dazu näher Preuße/*Dippel/Preuße* § 3 Rn 33; *Hartwig-Jakob* Internationale Anleiheemissionen, S 51 f.

141 BGHZ **163** 311 = NJW **2005** 2917 mwN; bestätigt in BGH NJW-RR **2009** 1641 = WM **2009** 1500; dem folgend auch OLG Stuttgart 19.7.2018 – 19 U 28/18, BeckRS **2018** 16518, Rn 48: „jedenfalls wenn wie hier Direktemission vorliegt".

142 Hopt/Seibt/*Artzinger-Bolten/Wöckener* § 3 Rn 72 ff; Langenbucher/Bliesener/Spindler/*Bliesener/Schneider* § 3 SchVG Rz. 29, 43; *Seibt/Schwarz* ZIP **2015** 401, 406; *Assmann* WM **2005** 1053, 1058 ff; *Schmidt/Schrader* BKR **2009** 397, 400 f; *Ekkenga* ZHR **1996** 59, 71 ff.

143 So im Grundsatz auch Hopt/Seibt/*Artzinger-Bolten/Wöckener* § 3 Rn 32, die dem BGH-Urteil allerdings mittelbar eine bejahende Aussage entnehmen wollen, was aber überinterpretiert scheint (dazu unten im Text).

144 Grundlegend OLG München, NZG **2014** 146 = ZIP **2014** 687 = WM **2014** 1131; seitdem OLG Frankfurt, vom 17.9.2014 – 4 U 22/14, = GWR **2014** 505 (Lürken) = EWiR **2014** 771 (Just); BeckRS **2015** 9138; LG Dresden v. vom 19.5.2016 – 9 O 814/15, BeckRS **2016** 14140.

145 Eingehend Hopt/Seibt/*Artzinger-Bolten/Wöckener* § 3 Rn 72 ff.

wendung der Inhaltskontrolle nur für Eigenemission (= Differenzierungslösung); gleichförmige Anwendung für Eigen- und Fremdemission (= Gleichstellungslösung); generelle Ablehnung der Inhaltskontrolle ungeachtet der Emissionsform (= Ausschlusslösung).

48 Die Antwort auf diese Problemstellung ist nach hier vertretener Sicht nicht schon aus den – freilich wichtigen und den Ausgangspunkt bildenden – formal-juristischen Erwägungen zur unterschiedlichen Konstruktion von Eigen- und Fremdemission zu treffen, sondern hängt maßgeblich am Zweck des AGB-Rechts in den §§ 305ff. Vorab ist zweierlei festzustellen: Zum einen unterliegt der Frage mittlerweile keine europarechtliche Problematik mehr.[146] Anleihen fallen nicht unter die Richtlinie 2011/83/EU zur Änderung der Richtlinie 93/13/EWG über missbräuchliche Klauseln in Verbraucherverträgen. Das ergibt sich bereits aus den Definitionen des Art. 2 betreffs „Waren" in Nr 4 („körperliche Gegenstände") und „Dienstleistungen" in Nr 6, wovon die Gewähr eines Darlehens an den Unternehmer, wie es der Anleihe zugrunde liegt, keinesfalls erfasst wird. Es wird durch den expliziten Ausschluss von Finanzdienstleistungen in Art. 3(3)d bestätigt. Zum anderen kann, nicht zuletzt deshalb, nicht mehr auf überholte Vorstellungen des Gesetzgebers zurückgegriffen werden.[147] Vielmehr ist die Frage von dieser Seite explizit nicht entschieden worden und obliegt daher der Klärung durch Wissenschaft und Praxis.[148]

I. Der Zweck der §§ 305ff BGB

49 Aus heutiger Sicht erscheinen die §§ 305ff im Wesentlichen als Verbraucherschutzrecht, das dem Schutz des „Schwächeren" (Verbrauchers) gegen den „Stärkeren" (Unternehmen) bezweckt.[149] Diese Stoßrichtung ergibt sich nicht zuletzt aus dem – mittlerweile – zugrunde liegenden Europarecht (eben Rn 48).[150] Aus dieser Perspektive spricht allerdings nicht viel für die Anwendung auf Anleihebedingungen. Denn hier geht es sachlich nicht um typischen Verbraucherschutz beim Erwerb von Konsumgütern oder Dienstleistungen, sondern um spezifischen Anlegerschutz. Hierfür besteht jedoch heutzutage, nach dem Durchleben der großen Finanzkrise, anders als noch zurzeit von BGHZ 163, 311 ein umfassendes, weitgehend europarechtlich vorgegebenes und praktisch lückenloses Schutzregime. Ansatzpunkt hierfür sind freilich nicht, oder zumindest nicht unmittelbar, die Anleihebedingungen, sondern die diversen Wohlverhaltens- und Beratungspflichten aus WpHG und Bond-Rechtsprechung, die den mit der Fremdemission einhergehenden Vertrieb des Produkts durch die Finanzdienstleister begleiten. Es ist schwer vorstellbar, dass eine Bank, die mit dem Emittenten einseitig und unangemessen belastende Anleihebedingungen aushandelt und diese dann auf den Markt bringt, einer Verantwortlichkeit entgehen sollte. Insofern macht es aber auch Sinn, die Fremdemission so zu behandeln, wie sie ist, und nicht einer Eigenemission gleichzustellen, bei welcher sich der Emittent selbst an die Anleger wendet und jenes Pflichtenregime jedenfalls nicht in gleicher Dichte wie gegenüber ausgewiesenen Finanzdienstleistungsunternehmen besteht.

146 Richtig *Sester* AcP 209 (**2009**) 628, 644; *Baum* FS Hopt (2010) 1595, 1612; Verannemann/*Oulds* § 3 Rn 19; zur umstrittenen Lage unter der Vorgängerregelung RiLi 93/13/EWG i.E. ebenso, aber mit anderer Begründung BGHZ **163** 311 = NJW **2005** 2917, 2918.

147 So noch BGHZ **163** 311 = NJW **2005** 2917, wo unter anderem auf die BegrRegE zum AGB-Gesetz, BT-Drucks. 7/3919, S 18 verwiesen worden war.

148 So i.E. auch Verannemann/*Oulds* § 3 Rn 19.

149 BeckOGK/*Lehmann-Richter* § 305 Rn 8.

150 BeckOGK/*Lehmann-Richter* § 305 Rn 8 und 41 (allerdings gegen die herrschende Sicht, dass der Aspekt des Verbraucherschutzes erst durch das Europarecht hinzugefügt wurde).

Indes ist Sinn und Zweck des AGB-Rechts mit dem Verbraucherschutzaspekt nicht ausgeschöpft. Das zeigt schon der Blick auf die allgemeine Inhaltskontrolle, die auch zwischen Unternehmern („B-to-B"), einschlägig ist. Tatsächlich blickt die Inhaltskontrolle von AGB in Deutschland auf eine lange richterrechtliche Tradition zurück.[151] Der Rechtfertigungslinie aus dem Schutz des Schwächeren standen immer andere, weniger paternalistische und stattdessen auf den Schutz der Privatautonomie abstellende Argumentationen gegenüber,[152] die teils durch wohlfahrtsökonomische Erwägungen abgesichert werden.[153] Danach beruht die autonome Rechtsschaffungsmacht Privater durch Verträge auf der staatlichen Anerkennung ihres Willens. Damit einher geht die Annahme, dass diese Willensübereinstimmung sich im freien Spiel des Marktes gebildet hat. Diese Rechtfertigung für die Geltung des Vertrags kann aber nur greifen, wo der Vertrag wirklich eine freie Willensübereinstimmung widerspiegelt und nicht einseitig diktiert worden ist. Die Korrektur dieser einseitigen Vertragsgestaltungsmacht erscheint aus dieser Perspektive daher gar nicht als Einschränkung der Privatautonomie, sondern ist zu ihrem Funktionsschutz geboten, um Marktversagen durch rationale Apathie des anderen Teils zu verhindern.[154] Es lässt sich mit guten Gründen bezweifeln, ob die Geltung untergeschobener AGB überhaupt noch auf dessen Willen zurückzuführen ist. 50

Dieser fundamentale Schutzzweck des AGB-Rechts beansprucht grundsätzlich bei allen privatautonomen Vertragsgestaltungen Geltung. Anleihebedingungen machen insoweit keinen Unterschied. Anders als bei gesellschaftsrechtlich verfassten Anlageprodukten stehen auch keine alternativen Schutzmechanismen gegen Paritätsstörungen (zB gesellschaftsrechtliche Treuepflichten) zur Verfügung. Auch das Kapitalmarktrecht und das SchVG haben diesen spezifischen Schutzaspekt nicht im Visier. Das spricht entscheidend dafür, den Filter der Inhaltskontrolle grundsätzlich auch auf Anleihebedingungen zum Ansatz zu bringen. 51

Die vorstehenden Erwägungen sprechen darüber hinaus auch dafür, die AGB-Kontrolle auch auf die Fremdemission entsprechend zu übertragen.[155] Dort würde eine AGB-Kontrolle bezüglich der Anleihebedingungen aus formal-juristischer Sicht schon daran scheitern, dass sie dem Anleger weder von der Bank gestellt werden, die ihm lediglich das Instrument verkauft und abtritt, noch vom Emittenten, mit dem er ebenso wenig vertraglich in Kontakt tritt wie jeder spätere Zweiterwerber. Das hätte jedoch zur Folge, dass die einseitige Stellung, die eine Störung der allgemeinen privatautonomen Grundsätze markiert, gar keiner Inhaltskontrolle unterläge. Daher ist die formaljuristische Dreiecksbeziehung samt des Aushandlungsaktes mit der Emissionsbank sowie der anschließenden Abtretung an die Anleger auszublenden[156] und der Emittenten als materiellen Verwender der vorformulierten Anleihebedingungen gegenüber den Anlegern anzusehen (näher Rn 58). Dieses Ergebnis lässt sich mit dem Umgehungsverbot des § 306a BGB absichern,[157] welches nach ganz h.M. rein objektiv begründet ist und also 52

151 BeckOGK/*Lehmann-Richter* § 305 Rn 3ff.
152 BeckOGK/*Lehmann-Richter* § 305 Rn 8f.
153 BeckOGK/*Lehmann-Richter* § 305 Rn 10; *Leyens/Schäfer* AcP 210 (**2010**) 772.
154 BVerfG NJW **2011** 1339 Rn 35; BVerfG NJW **2005** 1036, 1037; BGHZ **183** 220 = NJW **2010** 1277; BGHZ **130** 50 = NJW **1995** 2034; BeckOGK/*Lehmann-Richter* § 305 Rn 8.
155 H.M., OLG München, NZG **2014** 146; MüKoAktG/*Habersack* § 221 Rn 255; *Horn* ZHR 173 (**2009**) 35ff; *ders.* BKR **2009** 452; Friedl/Hartwig-Jakob/*Hartwig-Jakob* § 3 Rn 52; *ders.*, Internationale Anleiheemissionen, S 52ff; Schimansky/Bunte/Lwowski/*Grundmann* Bankrechtshandbuch, § 112 Rn 116: *Drygala* WM **2011** 1640.
156 **AA** jedoch Hopt/Seibt/*Artzinger-Bolten*/*Wöckener* § 3 Rn 34.
157 So auch Verannemann/*Verannemann* Vor § 5 Rn 20ff; *Gottschalk* ZIP **2006** 1121, 1124; **aA** Heidel/*Müller* § 3 Rn 5; Preuße/*Dippel*/*Preuße* § 3 Rn 36ff; Langenbucher/Bliesner/Spindler/*Bliesner*/*Schneider* § 3 Rn 22.

keine Umgehungsabsicht voraussetzt. Der objektive Vergleichsmaßstab muss dabei natürlich – wie bei allen Emissionen – der Ersterwerb bei Direktemission sein, nicht – wie das bei der Gegenansicht durchklingt – der Zweiterwerb am Sekundärmarkt.

53 Freilich ist mit der eben getroffenen Grundsatzentscheidung noch nichts über die genaue Reichweite und Tragweite einer Inhaltskontrolle nach AGB-Recht gesagt. Bei näherem Hinsehen dürften die Auswirkungen relativ gering sein. Das folgt schon daraus, dass die Anleihebedingungen zuvörderst die Leistung selbst zu beschreiben haben, was keiner AGB-Kontrolle unterliegt (siehe allerdings auch § 2 Rn 16) zu den hier bestehenden Abgrenzungsschwierigkeiten). Regelungen, welche die außerordentliche Kündbarkeit einschränken, sind überdies direkt an § 314 BGB zu messen.[158] Schließlich entfällt nach gesicherter Rechtsprechung auch die Einbeziehungskontrolle.[159] Im Gefolge dieser Rechtsprechung ist bei der Anwendung des AGB-Rechts generell den Besonderheiten des Kapitalmarktes Rechnung zu tragen, um die Funktionsfähigkeit der Schuldverschreibung als Anlageobjekt nicht zu unterminieren.[160] Im Einzelnen ergeben sich aus dem hier Gesagten die folgenden Ableitungen:

II. Anleihebedingungen als AGB (Eigenemission)

54 Als allgemeine Geschäftsbedingungen bezeichnet § 305 Abs 1 S 1 BGB alle für eine Vielzahl von Verträgen vorformulierten Vertragsbedingungen, die eine Vertragspartei (Verwender) der anderen Vertragspartei bei Abschluss eines Vertrages stellt. Darunter fallen nach ganz h.M. unmittelbar auch die vorformulierten Anleihebedingungen, die vom Emittenten bei der Eigenemission im Rahmen des Begebungsvertrags gestellt werden.[161] Dem ist nach Wortlaut und Zweck des ABG-Rechts zuzustimmen (eben Rn 51). Die Ansätze zum pauschalen Ausschluss der Inhaltskontrolle können im Lichte ihrer Verankerung in der Privatautonomie nicht überzeugen.

55 **1. Keine Sperrwirkung des SchVG.** Ein pauschaler Vorrang der SchVG im Besonderen und des Anlegerschutzes nach Kapitalmarktrecht gegenüber dem AGB-Recht im Allgemeinen ist nicht begründbar.[162] Der zwischenzeitliche Wille des Gesetzgebers, eine abschließende Spezialregelung zu erschaffen, ist bewusst aufgegeben worden.[163] Die Begründung eines systematischen Vorrangs nach allgemeinen methodischen Grundsätzen (*lex specialis*) scheitert wiederum daran, dass weder das SchVG noch das Anleger-

158 Eingehend Pierson, ZfPW **2017**, 325, 336 ff.

159 BGHZ **163** 311 = NJW **2005** 2917.

160 So grds. auch *Fest* Anleihebedingungen, erscheint Februar 2020, der auf dieser Grundlage unter anderem den Vorschlag ableitet, de lege ferenda die BaFin allgemeinverbindlich mit der gebotenen Inhaltskontrolle zu betrauen.

161 BGHZ **163** 311 = NJW **2005** 2917 mwN in Anknüpfung an; BGHZ **119** 305 = NJW **1993** 57; OLG Stuttgart 19.7.2018 – 19 U 28/18, BeckRS **2018** 16518, Rn 48: „jedenfalls wenn wie hier Direktemission vorliegt"; insoweit auch Preuße/*Dippel/Preuße* § 3 Rn 46; Heidel/*Müller* § 3 Rn 5; *Joussen* WM **1995** 1861, 1863 ff; Baums/Cahn/*von Randow* S 25, 40; *Gottschalk* ZIP **2006** 1121; für Einstufung als AGB auch die ganz h.M. im AGB-rechtlichen Schrifttum, MüKoBGB/*Basedow* § 305 Rn 9 und § 310 Rn 124; BeckOGK/*Lehmann-Richter* § 305 Rn 16; Ulmer/Brandner/Hensen/*Ulmer/Habersack* § 305 Rn 70; BeckOKBGB/*Becker* § 310 Rn 32; des Weiteren MüKoAktG/*Habersack* § 221 Rn 255; Schimansky/Bunte/Lwowski/*Grundmann* § 112 Rn 115: *Drygala* WM **2011** 1640; *Hopt* FS Schwark 445 f; *Podewils* ZHR 174 (**2010**) 198; insoweit aber auch *Baums* ZHR 177 (**2013**) 807, 810; **aA** Hopt/Seibt/*Artzinger-Bolten/Wöckener* § 3 Rn 72 ff; Langenbucher/Bliesner/Spindler/*Bliesner/Schneider* § 3 Rn 18; Veranneman/*Verannemann* Vor § 5 Rn 10 f; Kümpel/Wittig/*Müller* Rn 15.335; *Seibt/Schwarz* ZIP **2015** 401, 406; *Assmann* WM **2005** 1053, 1058 ff; Schmidt/*Schraader* BKR **2009** 397, 400 f; *Ekkenga* ZHR **1996** 59, 71 ff.

162 Der Sache nach auch BGHZ **163** 311 = NJW **2005** 2917, 2918; **aA** *Sester* AcP 209 (**2009**) 628, 642.

163 Veranneman/*Oulds* § 3 Rn 19; Friedl/Hartwig-Jakob/*Hartwig-Jakob* § 3 Rn 53.

schutzrecht sich in irgendeiner Form zur Prüfung der inhaltlichen Angemessenheit in Kompensation der gestörten Vertragsparität verhalten. Den möglichen Friktionen mit den Erfordernissen des Kapitalmarktes ist im Gefolge der Rechtsprechung nicht durch einen pauschalen Ausschluss des AGB-Rechts, sondern möglichst minimalinvasiv durch einzelne rechtsfortbildende Modifikationen – wie etwa die Nichtanwendung der besonderen Einbeziehungskontrolle – Rechnung zu tragen. *Insoweit* kommt dann auch das Vorhandensein paralleler Schutzregime als Argument in Betracht.[164]

2. Keine Bereichsausnahme nach § 310 Abs 4 BGB analog (Gesellschaftsrecht). 56
Ein pauschaler Ausschluss des AGB-Rechts kann sich auch nicht aus entsprechender Anwendung der Bereichsausnahme für das Gesellschaftsrecht nach § 310 Abs 4 BGB ergeben.[165] Dagegen spricht zwar nicht schon die Tatsache, dass das Aktienrecht zwingend ausgestaltet ist und die Anleger so geschützt sind, während Schulverschreibungen der freien privatautonomen Ausgestaltung unterliegen.[166] Denn die Bereichsausnahme umfasst das ganze Gesellschaftsrecht einschließlich des Personengesellschaftsrechts, wo das Innenverhältnis annähernd ebenso frei ausgestaltet werden kann. Jedoch existieren im Gesellschaftsrecht allenthalben die besonderen Instrumente des Minderheitenschutzes (namentlich Treuepflichten), die das Fehlen einer auf Austauschverhältnisse zugeschnittenen Inhaltskontrolle mehr als kompensieren. Darin liegt der maßgebliche Unterschied zu Anleihen, der die Vergleichbarkeit der Interessenlage ausschließt. Daran ändert selbst die Anlehnung der Gläubigerversammlung an die Ausgestaltung der Hauptversammlung nichts. Schuldverschreibungen sind schuldrechtliche Instrumente und das SchVG ein schuldrechtliches Regelungswerk, mögen diese Anlageobjekte auch zur „Corporate Finance" rechnen und daher starke Querbezüge zum Gesellschaftsrecht aufweisen.

III. Grundsätzliche Erstreckung der AGB-Kontrolle auf Fremdemissionen

Der Fall einer Fremdemission unterfällt dem AGB-Recht nicht unmittelbar. Die Anleihebedingungen werden zwischen Emittent und Bank ausgehandelt und durch Abschluss des Übernahmevertrags zum Bestandteil des Instruments gemacht. Die Anleger erwerben diese Instrumente „tel qel" derivativ im Wege der Abtretung vom Finanzdienstleister, ohne dass ihnen die Bedingungen von letzterem (erneut) „gestellt" würden. Der BGH hat diesen Unterschied in seinem Grundsatzurteil aus 2005 in Zusammenhang mit der Frage der Einbeziehung klar herausgestellt:[167] „Bei einer Fremdemission werden die Anleihebedingungen Bestandteil des Übernahmevertrags zwischen Emittenten und Konsortialbank ..., auf den § 2 Abs 1 AGBG gem. § 24 S 1 AGBG nicht anwendbar ist. Da die Anleihebedingungen durch den Übernahmevertrag Bestandteil des verbrieften 57

164 Vgl insoweit BGHZ **163** 311 = NJW **2005** 2917, 2918 (mit Blick auf Einbeziehungskontrolle): „Zudem wird der Schutzzweck des § 2 Abs 1 AGBG, die Offenlegung der Anleihebedingungen gegenüber Anlegern, durch die in der Börsenzulassungs-Verordnung und dem Wertpapier-Verkaufsprospektgesetz geregelten kapitalmarktrechtlichen Publizitätspflichten erreicht .... Diese Pflichten dienen ebenfalls dem Schutz des Anlegers und werden vom Gesetzgeber insoweit als ausreichend angesehen."

165 So aber *Sester* AcP 209 (**2009**) 628, 638 ff unter Hinweis auf das ebenfalls speziell geregelte Aktienrecht; **aA** die ganz h.M., MüKoBGB/*Basedow* § 310 Rn 124; BeckOKBGB/*Becker* § 310 Rn 32; insoweit auch Hopt/Seibt/*Artzinger-Bolten*/*Wöckener* § 3 Rn 42 ff; Langenbucher/Bliesner/Spindler/*Bliesner*/*Schneider* § 3 Rn 34; Baums/Cahn/*von Randow* S 25, 34 f.

166 So aber Hopt/Seibt/*Artzinger-Bolten*/*Wöckener* § 3 Rn 43.

167 BGHZ **163** 311 = NJW 2005 2917, 2918.

Rechts werden, müssen sie in die Verträge der Konsortialbank mit den einzelnen Anlegern nicht erneut einbezogen werden."

58 Der formaljuristisch begründete Ausschluss der Inhaltskontrolle ist nach oben Gesagtem (Rn 51) mit dem auf die Wahrung der privatautonomen Vertragsgestaltung gerichteten Schutzzweck des AGB-Rechts nicht vereinbar und bedarf der Korrektur. Die AGB-Kontrolle muss unabhängig von der Emissionsweise gegen die gestellten Bedingungen angesetzt werden können. Das ist durch eine erweiternde Auslegung oder analoge Anwendung des AGB-Rechts, durchaus unter Rückgriff auf das objektive Umgehungsverbot des § 306a BGB, zu erreichen. Der BGH hat die Verlagerung der Prüfung von den formalen Vertragsparteien in das Verhältnis der objektiven Lastwirkung in Dreieckskonstellationen bereits mehrfach vorgenommen. Im ersten Fall ging es um eine kapitalmarktnahe Konstellation, in welcher die Haftung eines Wirtschaftsprüfers, die zugunsten der Anleger nach § 328 Abs 1 BGB begründet, dabei aber gleichzeitig formularmäßig beschränkt worden war.[168] In einem ganz anderen Zusammenhang (AGB-Stellung durch Treuhänder bei Grundstücksveräußerungen) hat der BGH ebenfalls auf die Lastwirkung abgestellt und einen **„materiellen Verwenderbegriff"** angewendet.[169] Folgt man dem, ist die Mitwirkung der Bank auszublenden und der Emittent – wie bei der Direktemission – als „materieller Verwender" der (mit Hilfe der Bank) vorformulierten Anleihebedingungen anzusehen, welche daher grds. der Inhaltskontrolle unterliegen.[170] Diese damit erreichte Gleichstellung der Emissionsarten jenseits der formaljuristischen Einkleidung fügt sich durchaus in ein allgemeineres Prinzip, welches aus den Regeln zum mittelbaren Bezugsrecht in § 186 Abs 5 AktG abzulesen ist.

IV. Keine Notwendigkeit der Einbeziehung nach § 305 Abs 2 BGB

59 Nach zutreffender Rechtsprechung des BGH entfällt die besondere Einbeziehungskontrolle nach § 305 Abs 2 BGB aufgrund der Besonderheiten der Schuldverschreibung als Anlageinstrument.[171] Der BGH spricht von einer „funktionalen Reduktion" (gemeint ist wohl eher teleologisch). Sein Argument lautet: Es darf zu **keiner gespaltenen Wirksamkeit** kommen, je nachdem ob die Anleihe gegenüber Unternehmern oder gegenüber Privatleuten ausgegeben wurde. Wie der BGH richtig ausführt: „Ohne Sicherheit über die

---

168 Zur Argumentation aus der Drittwirkung ganz ähnlich auch BGHZ **183** 220 = NJW **2010** 1277 zu einem Vertrag zugunsten Dritter, bei welchem das Recht der begünstigten Dritten durch die Vertragspartner klauselmäßig beschnitten worden war (konkret ging es um die Beschränkung der vereinbarten Direkthaftung des Wirtschaftsprüfers zugunsten der Anleger); zust. MüKoBGB/*Basedow* § 305 Rn 9; die drittbegünstigende Wertung konzedierend, aber i.E. Übertragbarkeit dennoch abl., weil es im entschiedenen Fall an derivativem Erwerb fehle, Hopt/Seibt/*Artzinger-Bolten*/*Wöckener* § 3 Rn 34.

169 BGH NJW **2017** 1540 mit grds. zust. Anm. *Lehmann-Richter*; BeckOGK/*Lehmann-Richter* § 305 Rn 9 und Rn 138 ff. Die Anwendung dieser Grundsätze hing von der Zurechenbarkeit des fremden Handelns ab, welche aber in den Fremdemissionsfällen unproblematisch möglich scheint.

170 Für Inhaltskontrolle bei Fremdemission – en passant ohne Vertiefung – auch BGHZ **208** 171 = NJW **2016** 1175, 1177 Rn 29; explizit OLG München, NZG **2014** 146; Literatur zB aus der MüKoAktG/*Habersack* § 221 Rn 255; *Horn* ZHR 173 (**2009**) 35 ff; *ders.* BKR **2009** 446, 452 ff; Friedl/Hartwig-Jakob/*Hartwig-Jakob* § 3 Rn 52; *ders.* Internationale Anleiheemissionen, S 52 ff; Schimansky/Bunte/Lwowski/*Grundmann* § 112 Rn 116: *Drygala* WM **2011** 1640; **aA** Hopt/Seibt/*Artzinger-Bolten*/*Wöckener* § 3 Rn 72 ff; Preuße/*Dippel*/*Preuße* § 3 Rn 46; Heidel/*Müller* § 3 Rn 5; Baums/Cahn/*von Randow* S 25, 40; *Gottschalk* ZIP **2006** 1121.

171 BGHZ **163** 311 = NJW **2005** 2917, 2918; zust. Hopt/Seibt/*Artzinger-Bolten*/*Wöckener* § 3 Rn 36 ff; Langenbucher/Bliesner/Spindler/*Bliesner*/*Schneider* § 3 Rn 32; Preuße/*Dippel*/*Preuße* § 3 Rn 49; *Horn* ZHR 173 (**2009**) 36 f; *Gottschalk* ZIP **2006** 1121, 1126; *Assmann* WM **2005** 1053, 1060; *Hopt* FS Schwark (2009) 441, 444.

inhaltliche Austauschbarkeit aller Wertpapiere derselben Emission wäre aber die Funktionsfähigkeit des auf schnelle und anonyme Abwicklung des Massengeschäfts ausgerichteten Kapitalmarkts gefährdet. (...) Dem Bedürfnis des Kapitalmarkts nach einem einheitlichen, standardisierten Inhalt der Wertpapiere widerspräche es, wenn Wertpapiere derselben Emission unterschiedlichen Anforderungen an die Einbeziehung der Anleihebedingungen unterlägen und infolgedessen unter Umständen unterschiedlich ausgestaltete Rechte verbrieften." Die Tatsache, dass eine Übergabe der Urkunde für die Bekanntgabe iS des § 305 Abs 2 BGB (damals § 2 Abs 1 AGBG) ausgereicht hätte, genügte dem BGH nicht, da eine solche Vorgehensweise im heutigen stückelosen Effektenverkehr mehr und mehr zur Rarität wird. Freilich ändert die Nichtgeltung des § 305 Abs 2 nichts daran, dass es der wirksamen Einbeziehung nach den allgemeinen Regeln der §§ 145ff BGB bedarf.[172]

V. Inhaltskontrolle nach AGB-Recht

1. Anwendbare Vorschriften. Folgt man der Rechtsprechung und h.M., sollen die AGB-rechtlichen Vorschriften der §§ 305ff BGB bezüglich der Inhaltskontrolle umfassend auf Anleihebedingungen zur Anwendung kommen.[173] Ausgenommen ist davon lediglich das **AGB-rechtliche Transparenzgebot des § 307 Abs 1 S 2 BGB**, welches nach allg. Ansicht durch die Spezialnorm des § 3 SchVG verdrängt wird (oben Rn 30). 60

Die h.M. ist jedoch grundsätzlich einzuschränken. Nach der Logik von BGHZ 163, 311 ist bei der Anwendung des AGB-Rechts immer den **kapitalmarktrechtlichen Besonderheiten von Anleihebedingungen** Rechnung zu tragen.[174] Im konkreten Fall hatte das bedeutet, dass die nur für Privatleute geltenden Sondervorschriften zur Einbeziehung gänzlich unanwendbar waren, weil sie zu gespaltener Wirksamkeit der Bedingungen führen konnten, was die Fungibilität beeinträchtigt hätte. Nach der gleichen Logik dürfen aber auch die **besonderen Klauselverbote der §§ 308 Nr 1, 2–8 und 309 BGB**[175] entgegen der h.M. **nur eingeschränkt angewendet werden.** Ebenso wenig wie die Einbeziehungskontrolle dürfen sie zu gespaltener Wirksamkeit der Bedingungen führen. Das bedeutet, dass die Unwirksamkeit der Klausel bei Verstößen gegen die besonderen Verbraucherschutznormen der §§ 305c, 308, 309 BGB nur dann durchschlägt, wenn sie auch gegenüber Unternehmern über § 307 durchschlägt. Dies war im vom BGH entschiedenen Fall gegeben:[176] „Auf Grund der genannten, insgesamt unzumutbaren Auswirkungen, die die Klausel für Vertragspartner der Bekl. mit sich bringt, ist im kaufmännischen Verkehr, der in besonderer Weise auf eine exakte Einhaltung der vereinbarten Leistung angewiesen sein kann (...), von einer unangemessenen Benachteiligung i.S des § 307 Abs 1 und II BGB auszugehen. Das Bedürfnis des Kapitalmarkts nach einem einheitlichen, standardisierten Inhalt der Optionsscheine ... wird deshalb durch die Unwirksamkeit der Klausel nicht berührt." Dieses Ergebnis wird durchaus häufig erreicht werden, da die Wertung der besonderen Klauselverbote ohne Weiteres im Rahmen des § 307 Abs 1 und 2 BGB zu berücksichtigen ist, nachdem abweichend von veralteten Auffassungen 61

172 BGHZ **163** 311 = NJW **2005** 2917, 2918; Hopt/Seibt/*Artzinger-Bolten/Wöckener* § 3 Rn 39ff, auch zu den damit verbundenen Restrisiken, die aber nicht schwerer wirken als die generell höheren Unwirksamkeitsrisiken im Falle einer Direktemission.

173 ZB Friedl/Hartwig-Jakob/*Hartwig-Jakob* § 3 Rn 55ff; Hopt/Seibt/*Artzinger-Bolten/Wöckener* § 3 Rn 45ff; Verannemann/*Oulds* § 3 Rn 19f.

174 BGH NJW-RR **2009** 1641, 1643.

175 Für grds. Anwendbarkeit BGH NJW-RR **2009** 1641 (zu § 308 Nr 4 BGB); Hopt/Seibt/*Artzinger-Bolten/Wöckener* § 3 Rn 54ff; Friedl/Hartwig-Jakob/*Hartwig-Jakob* § 3 Rn 55.

176 BGH NJW-RR **2009** 1641, 1643.

kein Umkehrschluss aus der Begrenzung auf die Zulässigkeit unter Unternehmern zu ziehen ist. Zu prüfen ist es dennoch.

62 Noch weitergehend ist entgegen der h.M.[177] von der regelmäßigen Nichtanwendbarkeit des **Überraschungsverbots des § 305c Abs 1 BGB** auszugehen. Das Verbot überraschender Klauseln ist nur eine besondere Zuspitzung des Schutzes aus dem Transparenzgebot gegenüber herkömmlichen Verbrauchern, denen man abweichend von allgemeinen Grundsätzen[178] auch dann Schutz zukommen lassen möchte, wenn sie die entsprechenden Vertragsklauseln gar nicht gelesen haben.[179] Bei Unternehmern gilt die Norm des § 305c BGB aber nicht, und es gibt auch keine vergleichbare, quasi automatische Transposition dieses besonderen Schutzes nach Maßgabe des § 307 Abs 1 und 2 BGB. Denn ein solches Verhalten erscheint auf Seiten von Unternehmern nicht schutzwürdig. Das gleiche gilt, wenn man vom besonderen Empfängerhorizont des § 3 SchVG ausgeht. Daher würde § 305c BGB häufig zu einer gespaltenen Wirksamkeit führen, was nach BGHZ 163, 311 nicht sein darf. Im Übrigen reicht das besondere Transparenzgebot des § 3 SchVG vollkommen aus.

63 Nach hier vertretener Sicht ist uneingeschränkt nur, aber immerhin, auf sämtliche Anleihebedingungen von Schuldverschreibungen, die im Rahmen einer Eigen- oder Fremdemission begeben werden, die **allgemeine Inhaltskontrolle nach § 307 Abs 1–3 BGB** anwendbar. Danach folgt aus **§ 307 Abs 3 BGB** der Ausschluss der Kontrolle bezüglich lediglich **gesetzesbeschreibender (sog. deklaratorischer) Klauseln.**[180] Das gilt auch für Klauseln, die den (dispositiven) **Inhalt der §§ 5 ff SchVG nachzeichnen.**[181] Es gilt aber auch für Klauseln, mit welchen von den eingeräumten Wahlmöglichkeiten des SchVG Gebrauch gemacht wird.[182] Diese sind zwar nicht deklaratorischer Natur,[183] dennoch aber durch die gesetzliche Regelung in den §§ 5 ff SchVG automatisch als mitlegitimiert anzusehen, da dem Gesetzgeber klar war, dass solche Gestaltungen durch Anleihebedingungen standardisiert erfolgen würden. Ebenfalls keine Inhaltskontrolle findet nach § 307 Abs 3 BGB statt für die **Hauptleistung beschreibenden Klauseln.**[184] Auf die näheren Einzelheiten der AGB-Kontrolle nach § 307 BGB ist in diesem Rahmen nicht einzugehen.

64 **2. Beurteilung einzelner Klauseln.** Nach den vorstehend dargelegten Grundsätzen sind in der Folge typische Klauseln aus Anleihebedingungen, bei denen sich die Kontrollproblematik stellt, auf ihre Wirksamkeit zu analysieren. In aller Regel geht es dabei um Klauseln, die eine **Leistungsänderung vorbehalten**, um geänderten Rahmenbedingungen gerecht zu werden. Hierbei ist im Ansatz zu unterscheiden:

65 Wenn es um die **Änderung einer Hauptleistungspflicht** geht,[185] und wenn die **Voraussetzungen hierfür direkt in der Klausel festgeschrieben** sind, findet keine

---

177 Für Anwendbarkeit Hopt/Seibt/*Artzinger-Bolten/Wöckener* § 3 Rn 46 ff; Friedl/Hartwig-Jakob/*Hartwig-Jakob* § 3 Rn 48 und 58; Langenbucher/Bliesener/Spindler/*Bliesener/Schneider* § 3 Rn 39; Preuße/*Dippel/Preuße* § 3 Rn 56; *Baums* ZHR 177 (**2013**) 807, 810; *Podewils* ZHR 174 (**2010**) 192, 198 f.

178 Vgl RGZ **134** 31 zum Ausschluss der Irrtumsanfechtung bei bewusstem Nichtlesen.

179 BeckOK/*Schmidt* § 305c Rn 2.

180 MüKoBGB/*Wurmnest* § 307 Rn 6 ff; Hopt/Seibt/*Artzinger-Bolten/Wöckener* § 3 Rn 51; Friedl/Hartwig-Jakob/*Hartwig-Jakob* § 3 Rn 56.

181 Hopt/Seibt/*Artzinger-Bolten/Wöckener* § 3 Rn 51.

182 Hopt/Seibt/*Artzinger-Bolten/Wöckener* § 3 Rn 51.

183 Daher allgemein für Kontrollfähigkeit MüKoBGB/*Wurmnest* § 307 Rn 10.

184 BT-Drucks. 7/3919 v. 6.8.1975, 22; Hopt/Seibt/*Artzinger-Bolten/Wöckener* § 3 Rn 52; allg. MüKoBGB/*Wurmnest* § 307 Rn 13 ff.

185 Leistungsbestimmungen/-änderung können Haupt- und Nebenpflichten betreffen, vgl *Schmidt/Schrader* BKR **2009** 397, 402.

Inhaltskontrolle statt, da es um eine leistungsbeschreibende Klausel i.S des § 307 Abs 3 BGB geht. Das hat der BGH für eine Klausel ausgesprochen, welche für Genüsse die **Minderung der Rückzahlung bei ausgewiesenem Bilanzverlust** oder **Herabsetzung der Grundkapitals** anordnete.[186] Leistungsbeschreibende Klauseln sind des Weiteren sog. Gleitklauseln, welche den Umfang der Leistungspflicht (i.d.R. Rückzahlungsbetrag) von bestimmten, veränderlichen Bezugsgrößen (Referenzkurse, Leitzinssätze) abhängig machen,[187] sowie Wahlschuldklauseln[188] (vgl §§ 262ff BGB), die man vor allem bei Wandelanleihen findet. Auch Klauseln, welche **ordentliche Kündigungsrechte** einräumen, beschreiben – anders als Klauseln, welche das außerordentliche Kündigungsrecht nach § 314 BGB modifizieren (unten Rn 72) – lediglich die Hauptleistung.[189] Denn bei den abstrakten Schuldversprechen/-anerkenntnissen, die den Schuldverschreibungen in aller Regel zugrunde liegen (§ 1 Rn 12), gibt es – anders als beim Darlehen – keine gesetzlichen Standardregeln zur Kündbarkeit.[190] Zu weitgehend erscheint dabei allerdings die These *Assmanns*, wonach – mangels gesetzlichen typisierten Leitbilds – sämtliche Anleihebedingungen generell nur die Hauptleistungspflicht beschreiben und damit von der Inhaltskontrolle freizustellen seien.[191]

Allerdings müssen alle derartigen Klauseln dem Transparenzgebot genügen.[192] Der BGH führte hierzu, noch mit Bezug auf das allgemeine AGB-rechtliche Transparenzgebot aus:[193] „Das Transparenzgebot verlangt vom Verwender allgemeiner Geschäftsbedingungen, die Rechte und Pflichten des Vertragspartners möglichst klar und durchschaubar ohne vermeidbare Unklarheiten und Spielräume darzustellen. Darüber hinaus gebieten es Treu und Glauben, dass eine in allgemeinen Geschäftsbedingungen verwendete Klausel die wirtschaftlichen Nachteile und Belastungen so weit erkennen lässt, wie dies nach den Umständen gefordert werden kann. (...) Diesen Anforderungen genügt die Klausel in den Genussscheinbedingungen der Bekl. über die Verminderung des Rückzahlungsanspruchs bei einem Bilanzverlust." Für das spezielle Transparenzgebot des § 3 SchVG kann nichts anderes gelten. 66

Von derartigen „self-executing" T&Cs sind diejenigen zu unterscheiden, die einen einseitigen Änderungsvorbehalt für den Emittenten begründen, bei denen die Änderung nicht automatisch erfolgt, sondern durch eine Änderungsprozedur seitens des Emittenten (der BGH spricht etwas undeutlich von Reglungen zur „Art und Weise der Herabsetzung"[194]). Das gilt namentlich, wenn es nicht um nachrangige Leistungsmodalitäten oder Nebenpflichten geht, sondern um den **Inhalt der Hauptleistung** selbst. Das kann wesentlichen Maßgaben für die Kalkulation des Rückzahlungsbetrags betreffen, wie etwa Referenzwerte, Stichtage, Schwellen oder Bezugsverhältnisse.[195] Derartige Klauseln stellen niemals eine kontrollfreie Leistungsbeschreibung dar, weil sie die in den Bedingungen 67

186 BGH NZG **2014** 661; zust. Hopt/Seibt/*Artzinger-Bolten*/*Wöckener* § 3 Rn 53 und 64.
187 Hopt/Seibt/*Artzinger-Bolten*/*Wöckener* § 3 Rn 62; Friedl/Hartwig-Jacob/*Hartwig-Jacob* § 3 Rn 133ff.
188 Friedl/Hartwig-Jacob/*Hartwig-Jacob* § 3 Rn 106ff.
189 Hopt/Seibt/*Artzinger-Bolten*/*Wöckener* § 3 Rn 65ff; abw. Friedl/Hartwig-Jacob/*Hartwig-Jacob* § 3 Rn 109ff, der Grundsätze der Vertragsänderung anwendet.
190 Vgl BGHZ **210** 263 = NZI **2016** 709 = ZIP **2016** 1279 = WM **2016** 1293; wie hier auch Hopt/Seibt/*Artzinger-Bolten*/*Wöckener* § 3 Rn 65, die allerdings in Anlehnung an BGH NZG **2014** 661 eine Inhaltskontrolle für möglich halten, soweit die Art und Weise der Kündigung in der Klausel geregelt wird.
191 So *Assmann* WM **2005** 1053, 1066, gegen ihn *Pierson* ZfPW **2017** 325, 354f.
192 Siehe nur BGH NZG **2014** 661, 664 Rn 24; Hopt/Seibt/*Artzinger-Bolten*/*Wöckener* § 3 Rn 61, 63 und 67; Friedl/Hartwig-Jacob/*Hartwig-Jacob* § 3 Rn 89, 108 und 134.
193 BGH NZG **2014** 661, 664 Rn 24.
194 BGH NZG **2014** 661, 664 Rn 29.
195 Friedl/Hartwig-Jacob/*Hartwig-Jacob* § 3 Rn 74.

bereits ausbuchstabierte Hauptleistung abändern.[196] Sie sind grundsätzlich nach **§ 308 Nr 4 BGB** unwirksam, es sei denn, sie sind sachlich gerechtfertigt,[197] was voraussetzt, dass sie erforderlich und für den anderen Teil zumutbar sind – was durch eine Abwägung der widerstreitenden Interessen von Emittent und Anleger festzustellen ist.[198] Darüber hinaus müssen solche Änderungsvorbehalte ebenfalls dem Transparenzgebot genügen.[199]

68 Nach diesen Grundsätzen hat der BGH[200] eine Klausel in Emissionsbedingungen verworfen, „nach denen der Emittent von Optionsscheinen die Bedingungen ändern kann, soweit ihm dies angemessen und erforderlich erscheint, um dem wirtschaftlichen Zweck der Bedingungen gerecht zu werden, falls die Änderung dazu dienen soll, einen offensichtlichen Irrtum zu berichtigen." Dies wurde im Wesentlichen mit der einseitigen Belastung des Vertragspartners begründet, der sich weder vom Vertrag lösen durfte noch Schadensersatzansprüche geltend machen konnte, sondern eine einseitige Anpassung zu seinen Lasten akzeptieren musste. Konkret führte der BGH (jeweils mN) aus: „Dabei erscheint ein Änderungsvorbehalt, der sich nicht nur auf die Umstände der Leistungserbringung oder auf Nebenpflichten bezieht, sondern auch Inhalt und Umfang der Hauptleistung betrifft, als besonders nachteilig für den anderen Vertragsteil (...). Insbesondere eine Änderung des Äquivalenzverhältnisses zwischen den beiderseitigen Leistungen kann ein Indiz für die Unzumutbarkeit des Änderungsvorbehalts sein (...). Die Änderungsklausel muss ferner dem Grundsatz der Erforderlichkeit genügen (...). Ein rechtfertigender Grund für eine solche Klausel fehlt, wenn der Verwender bei ordnungsgemäßer Geschäftsführung dem Vertragspartner bereits im Zeitpunkt des Vertragsschlusses die Leistung in der geänderten Form hätte versprechen können (...). Weiterhin ist erforderlich, dass die Klausel in ihren Voraussetzungen und Folgen für den anderen Vertragsteil zumindest ein gewisses Maß an Kalkulierbarkeit der möglichen Leistungsänderung gewährleistet. (...) Zu bedenken ist schließlich, dass Änderungsvorbehalte für den Kunden gefährlicher als Rücktrittsvorbehalte oder sonstige Befreiungsklauseln sind, weil er die geänderte Leistung annehmen und bezahlen muss, ohne Schadensersatz verlangen oder vom Vertrag zurücktreten zu können."

69 Um dem Verdikt der Unzulässigkeit zu entgehen, unterstellt die Praxis die Änderungsvorbehalte den Vorgaben des § 315 BGB und eröffnet so die richterliche Billigkeitskontrolle zugunsten der Anleger.[201]

70 Die vorstehend erläuterten Einschränkungen bezüglich Änderungsklauseln beanspruchen auch Geltung für Klauseln mit Berichtigungsvorbehalten, die der Korrektur offensichtlicher Unrichtigkeiten dienen, sofern sie die Kalkulierbarkeit der Leistungspflichten wesentlich beeinträchtigen.[202] Letztlich laufen solche Klauseln auch dem Grundgedanken des Transparenzgebotes zuwider, weil sie dem Verwender eine Klärung fehlerhafter Erklärungen *zu seinen Gunsten* erlauben. Daher räumen sich Emittenten heutzutage neben dem Recht, ihre fehlerhaften Erklärungen anzufechten, grundsätzlich

---

196 Richtig Friedl/Hartwig-Jacob/*Hartwig-Jacob* § 3 Rn 73; *Schmidt/Schrader* BKR **2009** 397, 402.
197 Wie hier Hopt/Seibt/*Artzinger-Bolten/Wöckener* § 3 Rn 57 ff; positiver gegenüber Änderungs- und Berichtigungsklauseln aber Friedl/Hartwig-Jacob/*Hartwig-Jacob* § 3 Rn 78: „Bedürfnis nachvollziehbar und berechtigt."
198 BGH NJW-RR **2009** 1641, 1642 Rn 24 = WM **2009** 1500; Hopt/Seibt/*Artzinger-Bolten/Wöckener* § 3 Rn 57 ff; Friedl/Hartwig-Jacob/*Hartwig-Jacob* § 3 Rn 82 und 84 ff (speziell zur Erforderlichkeit); Verannemann/*Oulds* § 3 Rn 19.
199 Friedl/Hartwig-Jacob/*Hartwig-Jacob* § 3 Rn 81, 87, 89 und 91.
200 BGH NJW-RR **2009** 1641 = WM **2009** 1500.
201 Friedl/Hartwig-Jacob/*Hartwig-Jacob* § 3 Rn 75 und 78.
202 BGH NJW-RR **2009** 1641 = WM **2009** 1500; Hopt/Seibt/*Artzinger-Bolten/Wöckener* § 3 Rn 60; Friedl/Hartwig-Jacob/*Hartwig-Jacob* § 3 Rn 76 ff; *Podewils* ZHR 174 (**2010**) 192, 198 f.

auch das Recht zur Abgabe eines parallelen Angebots zum Abschlusses unter den korrigierten Bedingungen ein.[203]

71 Eine praktisch wichtige Form des Änderungsvorbehalts ist die einseitige **Ersetzung des Anleiheschuldners** (replacement of debtor) durch den Emittenten.[204] Sie kann nach den vorbeschriebenen Grundsätzen zulässig durch AGB erfolgen, wenn sie erforderlich und für die Gläubiger zumutbar ist, was insbesondere erfordert, dass sich das Risiko nicht verändert.[205]

72 Den einschränkenden Voraussetzungen über Änderungsvorbehalt unterliegen grundsätzlich auch die (seltenen) **außerordentlichen Kündigungsrechte des Emittenten.** Da sich diese im Prinzip bereits aus dem allgemeinen § 314 BGB herleiten lassen, geht es hier vor allem darum, eine unangemessene Benachteiligung durch zu niedrige Rückzahlungsbeträge zu verhindern.[206]

73 Grundsätzlich als zulässig erscheinen hingegen Leistungsbestimmungsklauseln, mit denen sich der Emittent ein Leistungsbestimmungsrecht i.S des § 315 BGB einräumt.[207] Sofern sie die Hauptleistung betreffen, dürften sie bereits nach § 307 Abs 3 BGB von der Inhaltskontrolle freigestellt sein.[208] Das ist angesichts der gerichtlichen Billigkeitskontrolle auch hinnehmbar.[209] Die wesentliche Einschränkung ergibt sich hier vielmehr aus dem Transparenzgebot, welches erfordert, dass die wesentlichen Parameter vorab festgelegt werden.[210] Sofern die Inhaltskontrolle hingegen eröffnet ist, namentlich weil es um die Festlegung von Nebenbestimmungen geht, dürfen die Klauseln nicht derart von § 315 BGB abweichen, dass sie den Emittenten von den Bindungen zugunsten des anderen Teils freistellen, also jede Kontrolle verbieten, freies Ermessen einräumen oder den Billigkeitsmaßstab beseitigen.[211] Allerdings können (und müssen um das Transparenzgebots willen auch[212]) konkretere Vorgaben als nach § 315 BGB gemacht werden, die jedoch ebenfalls nicht unbillig sein dürfen.[213] Als Beispiel für ein solches Leistungsbestimmungsrecht werden allgemein **Capped-Reverse-Bonus-Zertifikate** genannt, bei welchen Schwellenwerte innerhalb eines bestimmten Korridors festgelegt werden.[214]

74 Auf Schuldverschreibungen ist das **außerordentliche Kündigungsrecht nach § 314 BGB** anwendbar.[215] Die Festschreibung außerordentlicher Kündigungsrechte in

---

203 Friedl/Hartwig-Jacob/*Hartwig-Jacob* § 3 Rn 77.
204 Ausf. Friedl/Hartwig-Jacob/*Hartwig-Jacob* § 3 Rn 97 ff.
205 Friedl/Hartwig-Jacob/*Hartwig-Jacob* § 3 Rn 104; skeptischer Heidel/*Müller* § 3 Rn 6: „grundsätzlich unzulässig".
206 Friedl/Hartwig-Jacob/*Hartwig-Jacob* § 3 Rn 128 ff.
207 I.E. auch Hopt/Seibt/*Artzinger-Bolten*/*Wöckener* § 3 Rn 61.
208 Offen lassend, aber Sympathie zeigend BGHZ **131** 392 = NJW **1985** 1346, 1347.
209 Gleichsinnig Friedl/Hartwig-Jacob/*Hartwig-Jacob* § 3 Rn 80; *Podewils* ZHR 174 (**2010**) 192, 197.
210 Hopt/Seibt/*Artzinger-Bolten*/*Wöckener* § 3 Rn 61; *Podewils* ZHR 174 (**2010**) 192, 197. Friedl/Hartwig-Jacob/*Hartwig-Jacob* § 3 Rn 79.
211 Hopt/Seibt/*Artzinger-Bolten*/*Wöckener* § 3 Rn 60.
212 Zutr. Friedl/Hartwig-Jacob/*Hartwig-Jacob* § 3 Rn 91.
213 Hopt/Seibt/*Artzinger-Bolten*/*Wöckener* § 3 Rn 60.
214 Friedl/Hartwig-Jacob/*Hartwig-Jacob* § 3 Rn 79; Hopt/Seibt/*Artzinger-Bolten*/*Wöckener* § 3 Rn 61.
215 BGHZ **210** 263 = NZI **2016** 709, 710 Rn 31 und 33, wenngleich obiter, da § 314 BGB konkret nicht durchgriff; offen gelassen noch in BGHZ **208** 171 = NJW **2016** 1175 m. Anm. *Verannemann*; speziell zu Genüssen BGHZ **119** 305 = NJW **1993** 57, 63; aus der instanzgerichtlichen Rspr. OLG Köln ZIP **2015** 1924 = BeckRS **2015** 14330; OLG Frankfurt a. M. ZIP **2014** 2176 = BeckRS **2014** 20027; MüKoBGB/*Gaier* § 314 Rn 8; Friedl/Hartwig-Jacob/*Hartwig-Jacob* § 3 Rn 120; *Seibt*/*Schwarz* ZIP **2015** 401, 407 ff; eingehend *Pierson* ZfPW **2017** 325 ff; **aA** OLG München ZIP **2015** 2174 = AG **2016** 94 = GWR **2015**, 496 (*Lürken*); LG Frankfurt vom 25.4.2014 – 2-18 O 429/13, BeckRS **2016** 02837; *Verannemann* NJW **2016** 1178; siehe auch Birke, § 5 Rn 68, der § 314 ablehnt, aber eine mögliche Grundlage für ein außerordentliches Kündigungsrecht in § 242 BGB erkennt, was die Möglichkeit zur Berücksichtigung der privatautonomen Risikoallokation schafft.

den Anleihebedingungen[216] ist daher im Prinzip deklaratorisch (siehe aber gleich im Text), nicht konstitutiv. Dieser Sicht ist entgegen der Bedenken in der Literatur beizutreten, da die Abstraktheit der Schuldverschreibung bzw des zugrunde liegenden abstrakten Schuldversprechens/-anerkenntnisses nichts daran ändert, dass dieser Anspruch in der vorliegenden Konstellation und der von den Parteien gewählten Ausgestaltung die Rückzahlung überlassenen Kapitals betrifft. Auch wenn es sich rechtlich nicht um ein Darlehen handelt (§ 1 Rn 13 und 25) und § 490 BGB daher unanwendbar ist,[217] liegt doch angesichts der essentiellen Bedeutung des Zeitfaktors[218] ein Dauerschuldverhältnis vor.[219] Bei § 314 BGB handelt es sich im Kern um zwingendes Recht,[220] so dass eine pauschale Abdingung nicht in Betracht kommt.[221] Das folgt bereits unmittelbar aus dem zwingenden Charakter der Norm, lässt sich aber parallel auch auf § 307 BGB stützen.[222]

75 Allerdings ergibt sich bei Zulassung der außerordentlichen Kündigung die Problematik, dass „räuberische Berufskläger" notleidende Schuldverschreibungen als „Risikokauf" billig erwerben und dann gleichwohl zur Kündigung schreiten, um den Emittenten unter Druck zu setzen. Das ist der berechtigte Hintergrund der zahlreichen Versuche, Abhilfe durch Begrenzung des Kündigungsrechts zu schaffen.[223] Die pauschale Abdingung des § 314 BGB ist dabei jedoch wie gesagt abzulehnen. Eine umfassende Kündigungsbeschränkung lässt sich auch weder auf einen Grundsatz der „einheitlichen Ausübung von Gestaltungsrechten"[224] noch auf Treuepflichten zwischen den Anlegern[225] gründen. Der BGH hat praktisch den Ausweg eröffnet, die außerordentliche Kündigung per Mehrheitsbeschluss zu blockieren.[226] Diese in vielerlei Hinsicht umstrittene Möglichkeit ist im Rahmen der Kommentierung des § 5 zu würdigen und hier nicht näher zu beleuchten. Möglich ist allerdings nach hM generell die Modifikation des § 314 BGB dahingehend, dass bestimmte wichtige Gründe festgelegt oder andere ausgeschlossen werden.[227] Das soll auch bei Anleihebedingungen gelten.[228] Danach könne vor allem eine außerordentliche Kündigung nach § 314 BGB wegen Verschlechterung der wirtschaftlichen Lage, wie sie § 490 BGB explizit für das Darlehen vorsieht, ausgeschlossen werden.[229] Eine derartige Modifikation wird in Ab-

216 Dazu Friedl/Hartwig-Jacob/*Hartwig-Jacob* § 3 Rn 119 ff.

217 H.M., vgl *Pierson* ZfPW **2017** 325, 335 f. Siehe auch § 5 Rn 66.

218 MüKoBGB/*Gaier* § 314 Rn 7; siehe auch *Birke* § 5 Rn 68, der § 314 BGB ablehnt, aber eine mögliche Grundlage für ein außerordentliches Kündigungsrecht in § 242 BGB erkennt, was die Möglichkeit zur Berücksichtigung der privatautonomen Risikoallokation schafft.

219 Eingehend *Pierson* ZfPW **2017** 325, 337 ff.

220 Allg.M., Begr. RegE zu § 314, BT-Drucks. 14/6040 S 176; MüKoBGB/*Gaier* § 314 Rn 5 mwN.

221 BGH NJW **1986** 3134; NJW **2012** 1431 Rn 27; MüKoBGB/*Gaier* § 314 Rn 5.
Für Fall der Anwendbarkeit des § 314 i.E. auch Hopt/Seibt/*Artzinger-Bolten*/*Wöckener* § 3 Rn 68.

222 Vgl BGH NJW **1989** 1673, 1674 (Anwendung des § 307 BGB ist nötig, um die Verbandsklage zu eröffnen). Das Ergebnis nur aus § 307 herleitend („unangemessene Benachteiligung") Hopt/Seibt/*Artzinger-Bolten*/*Wöckener* § 3 Rn 68.

223 Siehe nur *Verannemann* NJW **2016** 1178.

224 Zutr. *Pierson*, ZfPW **2017**, 325, 339 f. Die hierfür angedachte Grundlage, § 351 BGB, beruht auf der Unteilbarkeit der damit verbundenen Rückabwicklung und ist nicht verallgemeinerungsfähig, BeckOGK/*Schall* § 351 Rn 12 mwN.

225 *Pierson* ZfPW **2017** 325, 340 f; **aA** *Seibt*/*Schwarz* ZIP **2015** 401, 411. Richtig ist freilich schon, dass die Kündigung die Lage der Gesellschaft und aller anderen Gläubiger beeinträchtigt. Aber das alleine reicht nicht aus, um vorhandene Individualrechte auszuschließen, wie der Blick auf die sehr hohen Hürden der Sanieren-oder-Ausscheiden-Rechtsprechung zeigt.

226 BGHZ **208** 171 = NJW **2016** 1175; vgl – kritisch – *Pierson* ZfPW **2017** 325, 332 ff; siehe § 4 Rn 13 und § 5 Rn 64.

227 MüKoBGB/*Gaier* § 314 Rn 5.

228 Dafür grds. OLG Frankfurt BeckRS **2014** 20027 = ZIP **2014** 2176 = GWR **2014** 505 (*Lürken*). Eingehend *Pierson* ZfPW **2017** 325.

229 OLG Frankfurt BeckRS **2014** 20027 = ZIP **2014** 2176 = GWR **2014** 505 (*Lürken*). Eingehend *Pierson* ZfPW **2017** 325, 352 ff, 359.

wägung der zugrunde liegenden wirtschaftlichen Interessen auch für die Inhaltskontrolle bestehen können. Der Ausschluss ergibt sich dabei allerdings nicht bereits aus dem Umkehrschluss zu den speziell geregelten Fällen, sondern muss ausdrücklich formuliert sein,[230] nicht zuletzt schon um der erforderlichen Transparenz willen. Die außerordentliche Kündigung für bestimmte Kataloge von Pflichtverletzungen soll sich allein aus den Anleihebedingungen ergeben und daher weitergehend beschränkbar sein.[231] Für schwere Pflichtverletzungen kann das jedoch nicht gelten.

3. Rechtsfolgen. Scheitert eine Klausel an der Inhaltskontrolle, ist sie unwirksam (§ 306 Abs 2 BGB). Lücken im Vertrag müssen ggf. durch ergänzende Vertragsauslegung geschlossen werden.[232] Es gilt das Verbot geltungserhaltender Reduktion. Aus ihm folgt die Unwirksamkeit **salvatorischer Klauseln**.[233] 76

§ 4
Kollektive Bindung

¹Bestimmungen in Anleihebedingungen können während der Laufzeit der Anleihe durch Rechtsgeschäft nur durch gleichlautenden Vertrag mit sämtlichen Gläubigern oder nach Abschnitt 2 dieses Gesetzes geändert werden (kollektive Bindung). ²Der Schuldner muss die Gläubiger insoweit gleich behandeln.

Schrifttum

Fischer Die Rechtsstellung der Anleihegläubiger in Krise und Insolvenz des Emittenten, WM **2018** 1529; *Freudenberger* Das Schuldverschreibungsgesetz und die kollektive Bindung von Anleihebedingungen, Diss. Frankfurt a.M. 2017 (zit. *Freudenberger* Das Schuldverschreibungsgesetz); *Heldt* Die „kollektive Bindung" im Entwurf des Schuldverschreibungsgesetzes, in FS Teubner (2009) 315; *Hopt* FS Schwark (2009) 441; *Horn* Die Stellung der Anleihegläubiger nach neuem Schuldverschreibungsgesetz und allgemeinem Privatrecht im Licht aktueller Marktentwicklungen, ZHR 173 (**2009**) 12; *ders.* Das neue Schuldverschreibungsgesetz und der Anleihemarkt, BKR **2009** 446; *Liebenow* Das Schuldverschreibungsgesetz als Anleiheorganisationsrecht und Gesellschaftsrecht, 2016 (zit. *Liebenow* Das Schuldverschreibungsgesetz); *Podewils* Neuerungen im Schuldverschreibungs- und Anlegerschutzrecht – Das Gesetz zur Neuregelung der Rechtsverhältnisse bei Schuldverschreibungen aus Gesamtemissionen und zur verbesserten Durchsetzbarkeit von Ansprüchen von Anlegern aus Falschberatung, DStR **2009** 1914; *Schmidtbleicher* Die Anleihegläubigermehrheit, 2010; *Simon* Das neue Schuldverschreibungsgesetz und Treuepflichten im Anleiherecht als Bausteine eines außergerichtlichen Sanierungsverfahrens, 2012 (zit. *Simon* Das neue Schuldverschreibungsgesetz); *Schönhaar* Die kollektive Wahrnehmung der Gläubigerrechte in der Gläubigerversammlung nach dem neuen Schuldverschreibungsgesetz, Diss. Hamburg 2011; *Vogel* Die Vergemeinschaftung der Anleihegläubiger und ihre Vertretung nach dem Schuldverschreibungsgesetz, 1999 (zit. *Vogel* Vergemeinschaftung der Anleihegläubiger); *ders.* Restrukturierung von Anleihen nach dem SchVG – Neues Restrukturierungskonzept und offene Fragen, ZBB **2010** 211; *ders.* Anleihekündigung und kollektive Bindung nach dem Schuldverschreibungsgesetz, ZBB **2016** 179–190.

Systematische Übersicht

---

230 Friedl/Hartwig-Jacob/*Hartwig-Jacob* § 3 Rn 121 mwN.
231 Friedl/Hartwig-Jacob/*Hartwig-Jacob* § 3 Rn 124 ff.
232 Hopt/Seibt/*Artzinger-Bolten*/*Wöckener* § 3 Rn 71.
233 Hopt/Seibt/*Artzinger-Bolten*/*Wöckener* § 3 Rn 70.

A. Allgemeines

I. Regelungsgehalt und Zweck

1 § 4 SchVG regelt in seinem Satz 1 mit dem **Grundsatz der kollektiven Bindung** ein zentrales Grundprinzip des Schuldverschreibungsrechts.[1] Danach sind die Gläubiger als Kollektiv an die Anleihebedingungen gebunden, sodass Änderungen der Anleihebedingungen nur durch einen allseitigen Vertrag des Emittenten mit sämtlichen Gläubigern oder aber durch Beschluss der Gläubigerversammlung im Sinne der §§ 5ff SchVG möglich sind. Ausgeschlossen sind damit Änderungen von Anleihebedingungen durch Vertrag mit einzelnen Anleihegläubigern.[2] Die Rechtsmacht des einzelnen Gläubigers wird damit zugunsten des Gläubigerkollektivs eingeschränkt.[3] Die Vorschrift ist für alle Schuldverschreibungen, die in den Anwendungsbereich des § 1 SchVG fallen zwingend.[4]

2 Die Vorschrift soll sicherstellen, dass die **inhaltliche Austauschbarkeit** und damit die Handelbarkeit (Fungibilität) der Anleihe gewahrt bleibt.[5] Der Grundsatz der kollektiven Bindung steht damit in engem Zusammenhang mit dem in § 1 Abs 1 SchVG enthaltenen Tatbestandsmerkmal der Inhaltsgleichheit.[6] Erst die inhaltliche Austauschbarkeit der einzelnen Wertpapiere erlaubt einen weitgehend anonymen Handel zu einem einheitlichen Preis an den Kapitalmärken im Sinne eines Massengeschäfts.[7] Abgesichert wird die Bindung der Gläubiger durch § 5 Abs 2 SchVG, wonach die Mehrheitsbeschlüsse für alle, d.h. auch die unterlegenen oder nicht abstimmenden Gläubiger gleichermaßen verbindlich sind.[8] Ebenso sind Mehrheitsbeschlüsse, die nicht gleiche Bedingungen für alle Gläubiger vorsehen grundsätzlich nichtig.[9]

3 Die kollektive Bindung stellt eine beachtliche Abweichung von allgemeinen Grundsätzen des Schuldrechts dar. Mit der Privatautonomie einher geht die **Relativität der Schuldverhältnisse**, welche die von den Parteien autonom geschaffenen Rechte und Pflichten auf deren Beziehung begrenzt. Schuldrecht wirkt daher *inter partes*, nicht – wie das Sachenrecht – *inter omnes*. Daher sind vertragliche Schuldverhältnisse normalerweise keiner Mehrheitsherrschaft unterworfen. Die Relativität von Schuldverhältnis-

---

1 Preuße/*Röh*/*Dörfler* § 4 Rn 1; *Horn* BKR **2009** 446, 448.
2 Preuße/*Röh*/*Dörfler* § 4 Rn 1.
3 Diese Beschränkung soll durch den Begriff der „kollektiven Bindung" zum Ausdruck kommen, siehe dazu Rn 7.
4 *Horn* BKR **2009** 446, 448; Veranneman/*Oulds* § 4 Rn 1; Hopt/Seibt/*Thole* § 4 Rn 1.
5 Langenbucher/Bliesener/Spindler/*Bliesener*/*Schneider* § 4 Rn 3.
6 Hopt/Seibt/*Thole* § 4 Rn 1.
7 Preuße/*Röh*/*Dörfler* § 4 Rn 4; Friedl/Hartwig-Jacob/*Friedl*/*Schmidtbleicher* § 4 Rn 6.
8 Hopt/Seibt/*Thole* § 4 Rn 3.
9 Es sei denn, die benachteiligten Gläubiger stimmen ihrer Benachteiligung ausdrücklich zu, § 5 Abs 2 S 2 SchVG. In diesem Fall führt die Ungleichbehandlung zu einer Aufhebung der kollektiven Bindung, mit der Folge, dass die Anleihe in zwei unterschiedliche Serien getrennt wird, vgl Langenbucher/Bliesener/Spindler/*Bliesener*/*Schneider* § 4 Rn 27.

sen ist freilich kein zwingender Grundsatz, sondern kann vom Gesetz überwunden werden. Das Gesellschaftsrecht, das Insolvenzrecht und eben auch das SchVG bezeugen dies. Wo immer aber das Privatrecht den Einzelnen der Mehrheitsherrschaft unterwirft, schuldet es ihm auch die Einrichtung entsprechender Schutzmechanismen – wie das im neuen SchVG mit den Regeln der Anfechtungsklage erfolgt ist.

Die kollektive Bindung **bezieht sich auf die gesamten Anleihebedingungen**[10] und ist damit nicht, wie es die Gesetzesbegründung nennt, nur im „Regelfall" und soweit ihr Zweck es gebietet anwendbar.[11] Gerade vor dem Hintergrund der Sicherung der Kapitalmarktfähigkeit ist die (bleibende) Inhaltsgleichheit der Anleihebedingungen unumgänglich. Noch im Gesetzgebungsverfahren diskutierte Einschränkungen der kollektiven Bindung konnten sich gerade nicht durchsetzen.[12] 4

Mit der Kollektivierung der Gläubigerrechte einher geht die nach wie vor nicht abschließend beantwortete Frage, welche Rechtsnatur diesen zukommt. Überwiegend wird das Kollektiv als Rechtsform sui generis eingeordnet. Die Rechtsnatur hat Relevanz ua für die Frage, ob der Gläubigerverband als solcher rechtsfähig ist.[13] 5

Der Grundsatz der kollektiven Bindung wird flankiert von dem Gläubigergleichbehandlungsgebot in § 4 S 2 SchVG, dass es dem Schuldner gebietet die Anleihegläubiger „insoweit", d.h. im Hinblick auf die Regelungsgegenstände die der kollektiven Bindung unterliegen, gleich zu behandeln.[14] 6

II. Entstehungsgeschichte

Bereits das SchVG 1899 enthielt in dem damaligen **§ 12 Abs 1 S 1 SchVG 1899** eine Regelung, nach der ein Beschluss der Gläubigerversammlung für alle Gläubiger die „gleichen Bedingungen" festsetzen musste. Die Vorschrift wurde in der – wenngleich nicht amtlichen – Überschrift als „gemeinsame Rechte" betitelt,[15] was nach Auffassung des Gesetzgebers insofern missverständlich war, als so der unrichtige Eindruck entstehen könnte, dass es sich um zusätzliche Rechte handelte, die den Gläubigern gewährt werden sollten.[16] Mit dem nunmehr verwendeten Begriff der Bindung soll demgegenüber zum Ausdruck gebracht werden, dass in der Gemeinsamkeit zugleich eine Einschränkung individueller Rechte liegt.[17] 7

Da die kollektive Bindung der Anleihegläubiger seine Rechtfertigung in der für handelbare Wertpapiere notwendigen Fungibilität findet, sah der **RefE vom 9. Mai 2008** eine Begrenzung der Reichweite des Grundsatzes vor.[18] So sollten nach § 3 Abs 2 RefE Bestimmungen nicht der kollektiven Bindung unterliegen, soweit ihre rechtlich identische Ausgestaltung nicht erforderlich ist, um die freie Handelbarkeit der Schuldverschreibungen zu einem einheitlichen Preis zu gewährleisten. Die damit einhergehende Rechtsunsicherheit sollte durch Regelbeispiele im Abs 3 der Vorschrift abgemildert werden.[19] Die Begren- 8

10 Preuße/*Röh/Dörfler* § 4 Rn 10; Hopt/Seibt/*Thole* § 4 Rn 4.
11 BT-Drucks. 16/12814 Zu § 4 S 17. Gemeint ist wohl die Frage, was im Einzelnen noch Teil der Anleihebedingungen ist (vgl Hopt/Seibt/*Thole* § 4 Rn 4), wobei dann im Regelfall vom Vorliegen einer Anleihebedingung auszugehen ist.
12 Siehe dazu unten Rn 8.
13 Hopt/Seibt/*Thole* § 4 Rn 5.
14 Langenbucher/Bliesener/Spindler/*Bliesener*/*Schneider* § 4 Rn 3.
15 Friedl/Hartwig-Jacob/*Friedl*/*Schmidtbleicher* § 4 Rn 1.
16 BT-Drucks. 16/12814 Zu § 4 S 17; ebenso schon RefE v. 9. Mai 2008, S 25.
17 BT-Drucks. 16/12814 Zu § 4 S 17.
18 RefE v. 9. Mai 2008, S 25.
19 Danach sollten jedenfalls die Hauptleistungspflichten dem Grundsatz der kollektiven Bindung unterliegen.

zung der kollektiven Bindung wurde im weiteren Gesetzgebungsverfahren aufgegeben, da sich der Gesetzgeber nicht in der Lage sah, die Reichweite abschließend zu bestimmen.[20]

9 Der Regierungsentwurf von 2009 regelte die kollektive Bindung in seinem **§ 4 SchVG-RegE** und führte erstmals die Alternative des gleichlautenden Vertrages mit sämtlichen Gläubigern in das Gesetz ein. Aus dem RefE übernommen wurde das Gleichbehandlungsgebot.[21] Ein solches war zwar im damaligen § 12 Abs 1 S 2 SchVG 1899 bereits insoweit enthalten, als die Norm ungleiche Beschlüsse verbot, es sein denn der ungleich behandelte Gläubiger stimmte zu, jedoch war ein weitergehendes generelles Gleichbehandlungsgebot auch im SchVG 1899 anerkannt.[22]

B. Grundsatz der kollektiven Bindung

I. Reichweite der kollektiven Bindung

10 Der Grundsatz der kollektiven Bindung des § 4 S 1 SchVG erstreckt sich auf die **gesamten Anleihebedingungen**, wie sie in § 2 SchVG definiert werden. Dies folgt schon aus dem Zweck, die Austauschbarkeit und Handelbarkeit der Schuldverschreibungen zu gewährleisten.[23] Maßgebliches Kriterium für die Reichweite ist damit die Inhaltsgleichheit, wie sie schon von § 1 Abs 1 SchVG vorausgesetzt wird.[24] Dementsprechend muss sich die kollektive Bindung auf alle Tranchen und Aufstockungen derselben Anleiheserie erstrecken.[25]

11 Im Gegensatz folgt daraus aber auch, dass es **keine anleiheübergreifende Bindung** gibt.[26] Der Grundsatz der kollektiven Bindung erstreckt sich damit insbesondere nicht auf Asset-Backed-Securities, also durch Vermögenswerte gedeckte Schuldverschreibungen, die typischerweise je nach Ausfallrisiko in einer festen Rangfolge („Wasserfall-Prinzip") begeben werden (dazu § 1 Rn 60). Jeder Risikoklasse stellt eine jeweils inhaltsverschiedene separate Schuldverschreibung mit jeweils eigener ISIN/WKN dar. Die kollektive Bindung kann daher nur innerhalb der Schuldverschreibungen der jeweiligen Risikoklasse wirken.[27] Eine die Risikoklassen übergreifende Bindung findet nicht statt, auch wenn die unterschiedlichen Klassen eng miteinander verwoben sind.[28] Es steht dem Emittenten jedoch – in den Grenzen des Transparenzgebots des § 3 SchVG – frei, die Anleihebedingungen inhaltlich so auszugestalten, dass die Gläubiger der jeweiligen Schuldverschreibung auch an Beschlüsse der Gläubiger anderer Schuldverschreibungen gebunden sind.[29]

12 In **zeitlicher Hinsicht** spricht § 4 SchVG von der kollektiven Bindung „während der Laufzeit der Anleihe". Gleichwohl ist es anerkannt, dass auch nach Ablauf eine kollektive Bindung weiterbestehen kann, etwa wenn die fälligen Rückzahlungsansprüche trotz Ablaufs des in den Anleihebedingungen vorgesehenen Zeitpunkts noch nicht erfüllt wurden.[30] Nach Ende der Laufzeit werden Änderungsbeschlüsse allerdings ohnehin selten

---

20 BT-Drucks. 16/12814 Zu § 4 S 17.
21 Friedl/Hartwig-Jacob/*Friedl/Schmidtbleicher* § 4 Rn 4.
22 Vgl *Vogel* Vergemeinschaftung der Anleihegläubiger, S 151 f; Preuße/*Röh/Dörfler* § 4 Rn 6.
23 Vgl Veranneman/*Oulds* § 4 Rn 11.
24 Hopt/Seibt/*Thole* § 4 Rn 15.
25 Langenbucher/Bliesener/Spindler/*Bliesener/Schneider* § 4 Rn 7; Friedl/Hartwig-Jacob/*Friedl/Schmidtbleicher* § 4 Rn 27f.
26 Hopt/Seibt/*Thole* § 4 Rn 15.
27 § 1 Rn 36.
28 Langenbucher/Bliesener/Spindler/*Bliesener/Schneider* § 4 Rn 9.
29 Hopt/Seibt/*Thole* § 4 Rn 15.
30 BGH 8.12.2015 – XI ZR 488/14 Rz. 21; Preuße/*Röh/Dörfler* § 4 Rn 60; Friedl/Hartwig-Jacob/*Friedl/Schmidtbleicher* § 4 Rn 37.

sein, da in der Regel weder der Emittent noch die Anleihegläubiger ein Interesse daran haben werden.[31]

Nach Auffassung des BGH binden Mehrheitsbeschlüsse der Anleihegläubiger nach § 5 SchVG auch solche Gläubiger, die zuvor von ihrem Kündigungsrecht Gebrauch gemacht haben.[32] Das ist dogmatisch dadurch begründbar, dass es sich um eine bloße Fälligkeitskündigung handelt, die nicht zum Erlöschen des Schuldverhältnisses (im engeren wie im weiteren Sinn) führt, welches daher weiterhin der Mehrheitsmacht nach § 5 Abs 3 Nr 8 SchVG unterworfen bleibt. Siehe im Übrigen auch oben § 3 Rn 74 und unten § 5 Rn 64. 13

II. Rechtsnatur des Kollektivs der Anleihegläubiger

Die Kollektive Bindung der Gläubiger und die hieraus erwachsende Beschränkung ihrer individuellen Rechtsmacht zugunsten eines Gläubigerkollektivs hat die Frage aufgeworfen, welche Rechtsnatur die Gesamtheit der Gläubiger der jeweiligen Schuldverschreibung zukommt.[33] Die Frage war bereits im SchVG von 1899 umstritten,[34] gleichwohl hat sich der Gesetzgeber zu dieser Frage nicht geäußert. 14

Bedeutung hat die Frage insbesondere für die Beurteilung, ob der Gläubigerverband selbst rechtsfähig und dementsprechend selbst Vertragspartei sein kann, etwa gegenüber dem gemeinsamen Vertreter im Sinne des § 7 SchVG.[35] Teilweise wird in der Literatur zudem ein Bedürfnis gesehen, über die dogmatische Einordnung des Gläubigerverbands Kooperations- und Treuepflichten zwischen den Gläubigern zu begründen, vermöge dessen dem einzelnen Gläubiger gemeinschaftsschädigendes Abstimmungsverhalten verboten sein soll.[36] 15

Wenig überzeigend erscheint die Annahme, bei dem Gläubigerkollektiv handele es sich um eine BGB-Gesellschaft im Sinne der §§ 705 ff BGB.[37] Mit dieser Ansicht ließen sich zwar sowohl die Rechtsfähigkeit des Gläubigerverbands, als auch entsprechende Treuepflichten im Innenverhältnis begründen. Es ist jedoch schon nicht ersichtlich, dass sich die Anleger auf irgendeine Weise rechtsgeschäftlich über die Erreichung eines gemeinschaftlichen Zwecks geeinigt hätten.[38] Tatsächlich werden die Anleger in erster Linie die Rückzahlung und Verzinsung des eingesetzten Kapitals und mithin einen individuellen Zweck im Sinn haben.[39] Zudem erscheinen viele Regelungen der §§ 705 ff BGB nicht auf das Gläubigerkollektiv zu passen.[40] Zu nennen ist etwa die Haftung nach § 708 BGB, aber auch die Regelungen über die Beitragsleistung gem. § 706 BGB, ferner die §§ 718, 719 BGB über das gemeinschaftliche Vermögen sowie die Regeln über den Entzug der Vertretungs- und Geschäftsführungsmacht gem. §§ 712, 715 BGB.[41] Auch auf das gemeinsame Handeln der 16

---

31 Ebenso Friedl/Hartwig-Jacob/*Friedl/Schmidtbleicher* § 4 Rn 37.

32 BGHZ **208** 171 = NJW **2016** 1175, BeckRS **2016** 2767; *Lürken* GWR **2016** 78 (Anmerkungen); *Verannemann* NJW **2016** 1175 (Anmerkungen). **AA** Hopt/Seibt/*Thole* § 4 Rn 21.

33 Eingehend monographisch *Freudenberger* S 31 ff.

34 *Horn* BKR **2009**, 446, 450; *Heldt* FS Teubner (2009) 315 ff.

35 Hopt/Seibt/*Thole* § 4 Rn 5; Veranneman/*Oulds* § 4 Rn 14.

36 *Steffek* FS Hopt (2010) 2597, 2607; *Freudenberger* Das Schuldverschreibungsgesetz S 31.

37 So aber *Horn* ZHR 173 (**2009**) 12, 46; *Horn* BKR **2009** 446, 450; **aA** die h.M., Veranneman/*Oulds* § 4 Rn 17; Hopt/Seibt/*Thole* § 4 Rn 6; eingehend *Freudenberger* Das Schuldverschreibungsgesetz S 47 ff.

38 Veranneman/*Oulds* § 4 Rn 17; Hopt/Seibt/*Thole* § 4 Rn 6.

39 *Podewils* DStR **2009** 1914, 1915; *Vogel* Die Vergemeinschaftung der Anleihegläubiger, S 127.

40 Friedl/Hartwig-Jacob/*Friedl/Schmidtbleicher* § 4 Rn 21; Veranneman/*Oulds* § 4 Rn 17.

41 Ausführlich dazu Veranneman/*Oulds* § 4 Rn 18; Friedl/Hartwig-Jacob/*Friedl/Schmidtbleicher* § 4 Rn 21.

Gläubiger im Rahmen der Beschlussfassung nach § 5 SchVG ist nicht abzuheben,[42] wenn und weil es dabei nur um die Ausübung ihrer gesetzlichen Rechte geht. Wie bereits eingangs (Einleitung Rn 7) gesagt folgt aus der gesellschaftsrechtsähnlichen Ausgestaltung der Gläubigerversammlung des neuen SchVG nicht die dogmatische Einstufung als Gesellschaftsrecht.Wie bei Abstimmungen in Haupt- oder Gesellschaftsversammlung kann eine (Personen)Gesellschaft erst dann angenommen werden, wenn sich Gläubigergruppen zu einem Stimmkonsortium zusammenschließen und dadurch einen über die bloße Durchführung der Abstimmung hinaus reichenden gemeinsamen Zweck (Bündelung der Stimmmacht) begründen. Zur (Teil)Rechtsfähigkeit kann diese Gedankenlinie aber ohnehin nicht führen. Denn bei Stimmrechtskonsortien kann es sich nach hM allenfalls um Innengesellschaften handeln,[43] die zwar ihre Stimmmacht koordinieren, aber nicht im gemeinsamen Namen nach außen auftreten und daher nicht die Teilrechtsfähigkeit der Außengesellschaft erwerben. Die Begründung von Treuepflichten hängt hingegen nicht notwendig an der Verfolgung eines gemeinsamen Zwecks, sondern kann sich auch aus der Ermächtigung zur Verfügung über fremde Rechte ergeben (näher Rn 22). Mangels gesellschaftsrechtlicher Verbindung kann es auch **keine *actio pro socio*** bzw ***pro creditoribus*** für andere Anleihegläubiger geben.[44]

17 Ebenfalls nicht passend erscheint die Annahme einer **Rechtsgemeinschaft nach Bruchteilen im Sinne der § 741 ff BGB.**[45] Richtig ist zwar schon, dass sich die einzelnen Teilschuldverschreibungen bei wirtschaftlicher Betrachtung durchaus als Bestandteil der Gesamtanleihe begreifen lassen (zu den Begrifflichkeiten bereits § 1 Rn 14). Dennoch fehlt es eben aufgrund der Aufteilung der Tranche in die Einzelwerte an der gemeinsamen Innehabung eines Rechts.[46] So setzt die Bruchteilsgemeinschaft voraus, dass der gemeinschaftliche Gegenstand ungeteilt ist und die Teilhaber über den Gegenstand als Ganzen nur gemeinschaftlich verfügen können. Demgegenüber stehen die in der Schuldverschreibung verbrieften Rechte jedem Gläubiger individuell zu.[47] Zudem passen die Beschlussmechanismen nach den §§ 753 ff BGB und der Umstand, dass nach den §§ 752, 753 BGB die Teilung des gemeinschaftlichen Gegenstandes zur Aufhebung der Gemeinschaft führt nicht.[48] Darüber hinaus ist die Notgeschäftsführung nach § 744 Abs 2 BGB nicht mit dem SchVG vereinbar. Denn dann müsste eine gerichtliche oder außergerichtliche Geltendmachung einer Änderung der Anleihebedingungen durch einen Gläubiger eine „zur Erhaltung des Gegenstands notwendige Maßregel" sein, der die übrigen Anleihegläubiger auch schon im Vorhinein zuzustimmen verpflichtet wären, § 744 Abs 2 Hs. 2 BGB.[49]

18 Das Verhältnis zwischen Einzelschuldverschreibung und Gesamtanleihe scheint zwar möglicherweise als Teilgläubigerschaft beschrieben werden zu können (§ 420 BGB).[50] Die damit verbundenen Rechtswirkungen kollidieren jedenfalls nicht offen mit der besonderen Eigenart der Gemeinschaft der Anleihegläubiger. Das gilt insbesondere, weil die Ge-

---

42 So aber *Horn* BKR **2009** 446, 450; *ders.* ZHR 173 (**2009**) 12 (46 ff); ähnlich *Liebenow* Das Schuldverschreibungsgesetz S 298 ff, der überdies die Nähe zum Körperschaftsrecht betont und von einer „Innen-AG" spricht; gegen beide zutr. Hopt/Seibt/*Thole* § 4 Rn 6 und Rn 10; eingehend und weitgehend abl. zur Argumentation aus der Aktienrechtsanalogie *Freudenberg* Das Schuldverschreibungsgesetz S 40 ff.

43 ZB OLG Hamburg NZG **2001** 471; OLG Hamm NZG **2001** 563, 564; diff. allerdings Spindler/Stilz/*Schall* § 15 AktG Rn 41.

44 Hopt/Seibt/*Thole* § 4 Rn 13.

45 So auch Hopt/Seibt/*Thole* § 4 Rn 7; *Freudenberger* Das Schuldverschreibungsgesetz S 51 ff.

46 *Horn* ZHR 173 (**2009**) 12, 48.

47 Preuße/*Röh*/*Dörfler* § 4 Rn 46; Veranneman/*Oulds* § 4 Rn 19.

48 Hopt/Seibt/*Thole* § 4 Rn 6; Friedl/Hartwig-Jacob/*Friedl*/*Schmidtbleicher* § 4 Rn 23.

49 Friedl/Hartwig-Jacob/*Friedl*/*Schmidtbleicher* § 4 Rn 23; Veranneman/*Oulds* § 4 Rn 20.

50 Gleichsinnig, aber i.E. wie hier ebenfalls abl. Hopt/Seibt/*Thole* § 4 Rn 12 f.

samtwirkung disponibel ist.[51] Dennoch erscheint die Annahme einer Teilgläubigerschaft letztlich unrichtig.[52] Die einzelnen Schuldverschreibungen sind als Instrumente in Entstehung und Bestand noch unabhängiger voneinander als Gesellschaftsanteile, die immerhin durch das satzungsmäßige Stamm- bzw Grundkapital der Gesellschaft zwingend verknüpft sind. Gleichwohl kann man Aktionäre keinesfalls als „Teilgläubiger" des Dividendenanspruchs betrachten, der ihnen als Gesamtheit zustünde. Praktische Auswirkungen hat die Einordnung ohnehin nicht, weder für die Frage der (Teil)Rechtsfähigkeit noch für die der Treuepflichten.[53]

Damit ist die Gemeinschaft der Anleihegläubiger letzten Endes als eine **Rechtsgemeinschaft *sui generis*** einzustufen, die sich in Entstehung und Ausgestaltung von allen anderen gesetzlich typisierten Gemeinschaften des Zivilrechts unterscheidet. Am ehesten wird man ein Pendant noch in der Gläubigerversammlung des Insolvenzrechts sehen können, deren Existenz freilich auf die Wirkung gänzlich anderer Prinzipien, namentlich der *par conditio creditorum* beruht, die zu einer „notwendigen Zwangsgemeinschaft" führt.[54] 19

Teilrechtsfähigkeit kann der Gläubigergemeinschaft nicht zukommen.[55] Die künstliche Rechtsträgerschaft eines Verbandes setzt üblicherweise dessen Registrierung voraus. Die von diesem Prinzip abweichende Anerkennung der Teilrechtsfähigkeit von Personengesellschaften fand ihre gesetzliche Grundlage in § 124 HGB. Dieser ist nicht analog auf die Anleihegläubigergemeinschaft übertragbar. Denn die Erstreckung auf die Außen-GbR hatte zwei Grundlagen, die beide bei der Anleihegläubigergemeinschaft fehlen: das Vorhandensein eines Gesamthandvermögens (daher keine Geltung bei Innengesellschaften) sowie die Verfolgung eines gemeinsamen Zwecks im Außenverhältnis (daher keine Geltung bei Güter- und Erbengemeinschaft). 20

Anders gelagert ist jedoch die Frage der **Geltung von Treuepflichten**. Sie hängt nicht entscheidend an der Möglichkeit der Zuordnung zu bekannten Gemeinschaften und ist im Grundsatz zu bejahen.[56] Zwar stimmt, dass Anleihegläubiger anders als die Gesellschafter keine gesetzlich institutionalisierte Einwirkungsmöglichkeit auf die Gesellschaft haben.[57] Doch das ist nicht der springende Punkt. Denn Herrschaft über die Gesellschaft hat auch der Aktionär nicht (§ 76 AktG). Die gesellschaftsrechtliche Treuepflicht hat vielmehr verschiedene Grundlagen.[58] Einerseits entspringt sie dem Gesellschaftsvertrag,[59] genauer der 21

---

51 Zutr. Hopt/Seibt/*Thole* § 4 Rn 12. Zum Rücktritt BeckOGK/*Schall* § 351 Rn 11 (wobei § 351 ohnehin eine Besonderheit darstellt, die nicht auf sämtliche Gestaltungsrechte verallgemeinerungsfähig ist, BeckOGK/*Schall* § 351 Rn 12).
52 Übereinstimmend *Freudenberg* Das Schuldverschreibungsgesetz S 52 ff.
53 So auch Hopt/Seibt/*Thole* § 4 Rn 12.
54 Siehe dazu Uhlenbruck/*Knof* § 74 Rn 5 sowie MüKoInsO/*Ehricke*/*Ahrens* § 74 Rn 9, der Treuepflichten in der Gläubigerversammlung der InsO zwar ablehnt, aber zugleich konzediert, dass die Diskussion noch ganz am Anfang steht. Seit BGHZ **116** 319 und der kritischen Analyse in der Habilitationsschrift von Horst Eidenmüller wurde die Wechselwirkung zwischen Insolvenzrecht und SchVG vielfach diskutiert. Zum neuen SchVG monographisch beispielweise *Simon* Das neue Schuldverschreibungsgesetz; *Grünewald* Mehrheitsherrschaft und insolvenzrechtliche Vorauswirkung in der Unternehmenssanierung, 2015, insbesondere S 212 ff. Aus den im Text genannten Gründen erscheint uns die Verengung auf die Sanierungsperspektive aber verfehlt.
55 Ebenso Hopt/Seibt/*Thole* § 4 Rn 6.
56 **AA** Hopt/Seibt/*Thole* § 4 Rn 6 ff; *Freudenberg* Das Schuldverschreibungsgesetz S 33 ff, 38; siehe auch unten § 20 Rn 27 ff (*Birke*), der nur allgemeine Missbrauchskontrolle zulassen will; für Treupflichten nur in Sanierungssituationen, in Ablehnung von BGHZ **116** 339 *Steffek* FS Hopt (2010) 2957, 2607; *Simon* Das neue Schuldverschreibungsgesetz S 271. Diese am kollektiven Sanierungsinteresse anknüpfende Sicht ist indes zu eng.
57 Hopt/Seibt/*Thole* § 4 Rn 8.
58 Dazu auch Michalski/*Lieder* § 13 GmbHG Rn 137 ff.
59 Für Personengesellschaften Ebenroth/Boujong/Joost/Strohn/*Wertenbruch* § 105 Rn 103.

im Unternehmensgegenstand der Gesellschaft gebündelten gemeinsamen Zweckverfolgung der Gesellschafter. Darin liegt ein maßgeblicher Unterscheid zur Anleihe, bei welcher jede Seite ihre eigenen Zwecke verfolgt, so dass von einer bewussten Unterordnung gegenüber der Gemeinschaft nicht die Rede sein kann.[60]

22 Damit ist die Frage aber noch nicht endgültig beantwortet. Denn Treuepflichten haben noch eine weitere Entstehungsgrundlage. Diese liegt in der Möglichkeit der Einflussnahme und der damit verbundenen Notwendigkeit, die zivilrechtsfremde Machtposition über andere Privatrechtssubjekte zu beschränken.[61] Gegenüber den Organmitgliedern von Kapitalgesellschaften mit Fremdorganschaft liegt in der Begrenzung der Macht zur Einwirkung auf „fremde" Rechts- bzw Vermögenspositionen sogar die einzig durchgreifende Begründung.

23 Es ist also durchaus richtig, dass die gesellschaftsrechtlichen Treuepflichten eine Ausprägung der Zusammengehörigkeit von Herrschaft und Haftung darstellen.[62] Gerade deshalb greifen ähnliche Treuepflichten aber auch im Verhältnis der Anleihegläubiger untereinander ein, wenn und soweit die Mehrheit kraft ihrer gesetzlichen Beschlussmacht über die Rechte der Minderheit verfügt.[63] Treuepflichten bei Mehrheitsentscheidungen sind ein in Ausnahmefällen anzuerkennendes Korrektiv der generellen gesetzlichen Vermutung, dass Mehrheitsentscheidungen dort, wo sie zugelassen sind, sich selbst rechtfertigen. Dieser Gedanke hängt nicht an der freiwilligen Unterwerfung unter die Gemeinschaft,[64] die ja mit der bewussten Unterwerfung unter die Mehrheitsherrschaft einhergeht, sondern muss umso mehr in Zwangsgemeinschaften gelten. Darauf beruht nicht zuletzt die Anerkennung der besonderen Treuebindung im nachbarrechtlichen Gemeinschaftsverhältnis.[65]

24 Diesem Befund lässt sich nicht entgegenhalten, dass die Gestaltungsmacht der Gläubigerversammlung aufgrund der Zustimmungsvorbehalte des Emittenten eingeschränkt sei, die Gläubiger also keine **echte rechtsgestaltende Macht** hätten.[66] Das trifft schon deshalb nicht zu, weil es an der vorhandenen Mehrheitsmacht nichts ändert. Die Machtfülle eines Vertreters nach § 164 BGB lässt sich ersichtlich nicht damit bestreiten, dass es noch der übereinstimmenden Willenserklärung des anderen Teils bedarf. Die Gläubigermehrheit agiert vermittels des § 5 SchVG als Vertreter der überstimmten Minderheit, insoweit sie auch deren Vertragsbeziehung zum Emittenten verändert. Das Vorliegen einer *agency*-Konstellation ist national wie international das klassische Paradigma der Treuepflichten (*fiduciary duties*). Schließlich unterliegen die Beschlussgegenstände der Hauptversammlung ebenso wenig der Disposition des einzelnen Aktionärs (vgl §§ 121 Abs 2 S 1, Abs 3 S 2 sowie § 122 Abs 2 AktG), ohne dass das etwas an seiner Treupflichtbindung bei der Abstimmung ändern würde.

---

60 Insoweit zutr. Hopt/Seibt/*Thole* § 4 Rn 6; zur Gläubigerversammlung der InsO gleichsinnig MüKoInsO/*Ehricke/Ahrens* § 74 Rn 9.

61 Gleichsinnig Michalski/*Lieder* § 13 GmbHG Rn 138; diesen Begründungsansatz übersieht MüKoInsO/*Ehricke/Ahrens* § 74 Rn 9 und kommt so zum gegenteiligen Ergebnis.

62 Hopt/Seibt/*Thole* § 4 Rn 8.

63 **AA** Hopt/Seibt/*Thole* § 4 Rn 8; im Grds. wie hier noch *Freudenberg* Das Schuldverschreibungsgesetz S 31, die dann aber doch zu anderen Ergebnissen gelangt (zB S 38), möglicherweise, weil sie übersieht, dass die Frage besonderer Treuepflichten nicht an der von ihr ausgiebig geprüften und verneinten Zurordenbarkeit der Anleihegläubigergemeinschaft zu bestehenden Typen von Gesellschaften oder Gemeinschaften hängt.

64 Unrichtig daher MüKoInsO/*Ehricke/Ahrens* § 74 Rn 9.

65 Vgl BGH NJW **2003** 1392: „daraus folgt für die Nachbarn eine Pflicht zur gegenseitigen Rücksichtnahme, deren Auswirkungen auf den konkreten Fall man unter dem Begriff des nachbarlichen Gemeinschaftsverhältnisses zusammenfasst." Grundlegend zB BGHZ **28** 110, 114; BGHZ **58** 149, 157; BGHZ **113** 384, 389.

66 So jedoch Hopt/Seibt/*Thole* § 4 Rn 9.

Gegen die Annahme von besonderen Treuepflichten lässt sich auch nicht auf das sog. **Akkordstörer-Urteil**[67] verweisen.[68] Dort ging es um die ganz anders gelagerte Frage, ob sich *allein* aus der **gleichen Interessenlage** der Gläubiger des sanierungsbedürftigen Unternehmens eine Zustimmungspflicht zu vorinsolvenzlichen Sanierungsmaßnahmen *außerhalb* des gesetzlich vorgesehenen Kollektivverfahrens ergeben könne. Hier ging es also um die *praeter legem* Einführung eines dem damals sog. „Zwangsvergleich" entsprechenden Kollektivverfahrens, um die Mehrheitsherrschaft zugunsten des Einstimmigkeitsprinzips in das Stadium vor Eintritt der Insolvenz vorzuverlagern. Ob man das bejaht oder verneint,[69] hat nichts mit der Frage zu tun, ob die Mehrheitsherrschaft *innerhalb* eines existierenden gesetzlichen Kollektivverfahrens besonderen Treubindungen unterliegt.[70] Diese Unterscheidung trug das ganze Akkordstörer-Urteil. Zur Abgrenzung und in Rechtfertigung des damals existierenden „Zwangsvergleichs" hatte der BGH Stellen aus den Materialien zur KO zitiert, die im Gegenteil deutliche Ansatzpunkte zur Anknüpfung der später im Gesellschaftsrecht herausgearbeiteten Treuepflichten der Mitglieder der Gemeinschaft bieten.[71] Danach „treten die Gläubiger kraft Gesetzes in eine Gemeinschaft (communio incidens), in eine zufällige, denn (...) (es) entsteht (...) – durch die Existenz der anderen Forderungen, das Zahlungsunvermögen des Schuldners und die Kollision aller Gläubiger – unter ihnen die rechtliche Gemeinschaft. (...) Das Befriedigungsrecht des Einzelnen erleidet durch den entstandenen Konkursanspruch eines Jeden rechtliche Beschränkung. Die Gemeinschaft hat (...) zum Zweck und Inhalt: die gemeinschaftliche Befriedigung Aller aus diesem Vermögen. Darum darf kein Gläubiger **rücksichtslos gegen die Anderen sein einzelnes Befriedigungsrecht** (Hervorh. d. Verf.) gegen den Schuldner verfolgen (...); das gleiche Recht Aller verlangt, dass Keiner seinen Anspruch anders als im gemeinschaftlichen Verfahren ausüben. Jede Vermehrung, jede Verminderung der Masse trifft alle Gläubiger gleichmäßig (...) Und weil das **gleiche Recht Aller bedenklich gefährdet ist, wenn ein einzelner Gläubiger eigensinnig oder eigensüchtig sein Interesse aufgrund formalen Rechts** (Hervorh. d. Verf.) durchsetzen kann, so müssen die Beschlüsse der Mehrheit die Minderheit binden. Das vor Allem ist der Grund, das Ziel und die Grenze eines Zwangsvergleiches (Akkordes)." 25

Die **besondere Treupflichtbindung zwischen den Anleihegläubigern** ergibt sich 26
letztlich aus der allgemeinen Geltung des Grundsatzes von Treu und Glauben, als dessen besondere Ausprägung auch die gesellschaftsrechtlichen Treuepflichten angesehen werden.[72] Ihre Anerkennung im Rahmen der Investorenversammlung ist bereits durch die Einführung der Anfechtungsklage im SchVG vorgezeichnet. Dabei mag schon stimmen, dass der gesetzliche Schutz gegen Trittbrettfahrer bereits spezialgesetzlich gut ausgeprägt ist und dass das Abstimmungsverhalten der Anleihegläubiger (wie übrigens auch das von Aktionären) nach der Vorstellung des Gesetzgebers grundsätzlich frei sein

---

67 BGHZ **116** 319 = NJW **1992** 967.

68 So aber zB Hopt/Seibt/*Thole* § 4 Rn 8; *Freudenberg* Das Schuldverschreibungsgesetz S 33 ff.

69 Gegen den BGH ausf. *Eidenmüller* Unternehmenssanierung zwischen Markt und Gesetz, S 583 ff; *Steffek* FS Hopt (2010) 2597, 2607.

70 Das wird häufig missverstanden, siehe zB *Freudenberg* Das neue Schuldverschreibungsgesetz S 33 ff, die sich der Diskussion um das Verhältnis von Akkordstörerurteil und Anleihegläubigergemeinschaft nur unter dem auf Eidenmüller zurückzuführenden Blickwinkel der „faktischen Risikogemeinschaft" nähert, der aber innerhalb einer bestehenden Zwangsgemeinschaft gar nicht beschworen werden muss.

71 BGHZ **116** 319 = NJW **1992** 967, 968 mit Verweis auf die Motive des Entwurfs einer Konkursordnung (RT-Dr Nr 200 II. Session 1874; abgedruckt bei *Hahn* Die gesammten Materialien zu den Reichsjustizgesetzen Vierter Band, Die gesammten Materialien zur Konkursordnung 1881).

72 Michalski/*Lieder* § 13 GmbHG Rn 138.

soll.[73] Keinesfalls müssen Mehrheitsbeschlüsse ausdrücklich am Interesse der Gläubigergesamtheit ausgerichtet werden, und ebenso wenig stehen Eingriffe in die Rechte der überstimmten Mehrheit unter einem generellen Verhältnismäßigkeitsvorbehalt nach dem Vorbild der sachlichen Rechtfertigung des Bezugsrechtsausschlusses (insoweit übereinstimmend auch die ganz h.M., siehe § 20 Rn 27 ff (*Birke*)). Das ändert aber nichts daran, dass es in besonderen Ausnahmesituationen, auf welche die Treupflichten ohnehin beschränkt sind, zusätzlichen Schutzes bedarf, der dann in Übereinstimmung mit diesen allgemeinen Grundsätzen des deutschen Zivilrechts auch zu gewähren ist.

27 Vor der grundsätzlichen Geltung besonderer Treuepflichten zwischen den Anleihegläubigern ist die Frage der **konkreten Ausgestaltun**g zu unterscheiden. Sie ist hier nicht *en detail* zu analysieren, sondern jeweils anhand der gebotenen Interessenabwägung in Einzelfällen zu entwickeln, die sich in aller Regel um die Beschlussinhalte und das Abstimmungsverhalten in der Gläubigerversammlung drehen werden. Auf der prinzipiellen Ebene ist lediglich noch festzuhalten, dass die Pflichtendichte in der schönen und bildhaften Diktion *Holger Fleischers* noch „ein paar Pegelstriche" unterhalb derjenigen von Aktionären in Publikumsgesellschaften anzusiedeln sein wird, die wiederum bereits deutlich hinter der Pflichtenbindung in personalisierten Privatgesellschaften zurückbleibt. Der Grund hierfür ist, dass es zwischen den Anleihegläubigern am partnerschaftlichen Element fehlt, welches das zusätzlichen Band der gemeinsamen Zweckverfolgung vermittelt. Auch besteht dogmatisch gesehen keine besondere, über § 242 BGB hinausreichende Treuepflicht im Verhältnis **zwischen Anleihegläubigern und Gesellschaft**.[74] Letzteres wird jedoch praktisch kaum ins Gewicht fallen, da die Wahrung des Wohls der Gesellschaft im Regelfall auch den für Mehrheit wie (blockierende) Minderheit im Rahmen der Treubindung beachtlichen Interessen der Anlegergesamtheit entsprechen dürfte und daher mittelbar beachtlich wird.

C. Änderung von Anleihebedingungen

28 Die Änderung von Anleihebedingungen **durch Rechtsgeschäft** während der Laufzeit unterliegt der Beschränkung des § 4 S 1 SchVG. Sie kann nur auf zwei Wegen erfolgen, nämlich durch gleichlautenden Vertrag mit sämtlichen Gläubigern oder aber durch Beschluss nach den Regeln des Abschnitt 2 des Gesetzes. Jede Änderung der Anleihebedingungen bedarf zu ihrer Wirksamkeit des Vollzuges nach § 2 SchVG und § 21 Abs 1 SchVG.[75]

29 Der Terminus „durch Rechtgeschäft" ist im Sinne eines zweiseitigen Rechtsgeschäfts, also eines Änderungsvertrages zu verstehen. Dieser kann unter dem allgemein geltenden vertraglichen Konsensualprinzip für jede einzelne Anleihe durch übereinstimmende Willenserklärung von Emittent und Anleihegläubiger erfolgen, wobei diese Verträge aber um der Fungibilität des Instrumentes willen mit allen Gläubigern gleichlautend abgeschlossen werden müssen, um wirksam zu werden. Alternativ zu diesem mühevollen Vorgehen eröffnet das Gesetz den Weg über die Einholung der Kollektivzustimmung der Gläubigermehrheit nach den §§ 5 ff SchVG.

30 Von vornherein nicht von § 4 S 1 SchVG erfasst wird hingegen die **einseitige Änderung** der Anleihebedingungen auf Grundlage eines Änderungsvorbehalts in den Selbigen. Gleichwohl ist dieser grundsätzlich zulässig und nicht etwa eine verbotene Umgehung des § 4 S 1 SchVG.[76] Erste Voraussetzung für eine Änderung auf diesem Wege

73 Darauf abhebend *Freudenberg* Das Schuldverschreibungsgesetz S 38.
74 So auch *Freudenberger* Das Schuldverschreibungsgesetz S 152 ff.
75 Friedl/Hartwig-Jacob/*Friedl/Schmidtbleicher* § 4 Rn 38.
76 Richtig *Freudenberger* Das Schuldverschreibungsgesetz S 100 ff.

ist, dass die entsprechende Klausel den Maßgaben des speziellen Transparenzgebots nach § 3 SchVG sowie der nach h.M. gebotenen allgemeinen AGB-rechtlichen Inhaltskontrolle genügt (dazu § 3 Rn 47 ff). Erfolgt die Änderung durch den Emittenten, bedarf sie ebenfalls des Vollzugs nach §§ 2, 21 SchVG. Zudem muss sie sich im Rahmen der gemachten Vorgaben halten. In aller Regel wird sie auch einer Billigkeitskontrolle nach § 315 BGB standhalten müssen, welche die meisten Klauseln eröffnen, um eine unangemessene Benachteiligung der Anleger zu vermeiden (§ 3 Rn 73). Zu guter Letzt muss bei der **einseitigen Ausübung** eines wirksamen Änderungsvorbehalts ebenfalls das Gleichbehandlungsgebot des **§ 4 S 2** gewahrt werden.[77] Das ergibt sich aus dessen analoger Anwendung. Eine allgemeines, nicht auf spätere Änderungen begrenztes Diskriminierungsverbot für Anleihebedingungen lässt sich aus § 4 S 2 SchVG jedoch nicht konstruieren (näher unten Rn 49).[78] Insofern stellt sich dann lediglich die Frage einer unangemessenen Benachteiligung im Rahmen der AGB-Kontrolle.[79]

I. Änderung nach Abschnitt 2 des SchVG

Änderungen der Anleihebedingungen können, was der Regelfall sein wird, unter dem Regelungsregime der §§ 5–22 SchVG erfolgen. In diesem Fall wird die – anderenfalls nötige individualvertragliche Zustimmung jedes einzelnen Gläubigers – durch einen entsprechenden Mehrheitsbeschluss ersetzt. Anders als im SchVG 1899 gelten die Regeln des Abschnitts 2 jedoch nicht mehr zwingend für jede Schuldverschreibung, vielmehr hat sich der Gesetzgeber für die sog. Ermächtigungslösung entschieden. Die Regelungen des Abschnitt 2 sind daher nur anwendbar, wenn diese in den Anleihebedingungen **gem. § 5 Abs 1 SchVG einbezogen worden** sind. Ist dies nicht der Fall bleibt für die Änderung der Anleihebedingungen nur noch der Weg über einen gleichlautenden Vertrag mit allen Gläubigern. Nachträglich ist eine Einbeziehung in die Anleihebedingungen nicht ohne Zustimmung sämtlicher Gläubiger möglich.[80] 31

Der Weg über Abschnitt 2, die Anleihebedingungen über einen Mehrheitsbeschluss der Gläubigerversammlung zu ändern, ersetzt nicht die **Zustimmung des Emittenten.**[81] Der Mehrheitsbeschluss befreit in diesem Sinne lediglich von der sonst notwendigen Zustimmung jedes einzelnen Gläubigers, nicht aber von der Zustimmung des Emittenten.[82] Anders als bei § 24 Abs 2 S 1 SchVG ist die Zustimmung des Emittenten zwar nicht ausdrücklich im Gesetz geregelt, gleichwohl ergibt sie sich aus allgemeinen rechtsgeschäftlichen Grundsätzen, als auch aus der Gesetzessystematik.[83] So ist der Emittent ebenso wie die Gläubiger Vertragspartei und hat dementsprechend einer Änderung zuzustimmen.[84] Zudem spricht § 5 Abs 3 SchVG davon, dass die Gläubiger durch Mehrheitsbeschluss Maßnahmen „zustimmen" können.[85] 32

---

77 Mit gleicher Argumentation für die generelle Erstreckung auf die Stellung von Sicherheiten Heidel/*Müller* § 4 Rn 2; tendenziell **aA** Hopt/Seibt/*Thole* § 4 Rn 34 („Zudem können die Anleihebedingungen schon ex ante eine unterschiedliche Behandlung vorsehen."), wobei aber unklar ist, ob das auch für bloße Änderungsvorbehalte gelten soll.

78 *Freudenberger* Das Schuldverschreibungsgesetz S 11; auch *Vogel* Die Vergemeinschaftung der Anleiheglaubiger, S 254; Hopt/Seibt/*Thole* § 4 Rn 34.

79 Vgl OLG Düsseldorf zur ähnlichen Frage einer qualifizierten Nachrangklausel in Abweichung vom Leitbild der Gläubigergleichbehandlung.

80 Hopt/Seibt/*Thole* § 4 Rn 26.

81 Preuße/*Röh*/*Dörfler* § 4 Rn 32; Friedl/Hartwig-Jacob/*Friedl*/*Schmidtbleicher* § 4 Rn 42.

82 Hopt/Seibt/*Thole* § 4 Rn 27.

83 Friedl/Hartwig-Jacob/*Friedl*/*Schmidtbleicher* § 4 Rn 42.

84 Hopt/Seibt/*Thole* § 4 Rn 27.

85 Veranneman/*Oulds* § 4 Rn 3.

33 Die Zustimmung des Emittenten ist eine Willenserklärung und an keine Formerfordernisse gebunden.[86] Sie ist empfangsbedürftig und an den anderen Vertragspartner, somit grundsätzlich an die Gläubiger zu richten, wenngleich nach den Umständen ein Zugang bei jedem einzelnen Gläubiger nach § 151 S 1 BGB entbehrlich sein wird.[87] Die Zustimmung kann als Einwilligung vor dem Beschluss der Gläubigerversammlung oder auch als Genehmigung im Nachhinein erfolgen.[88] Im Falle der Genehmigung ist die Änderung der Anleihebedingungen bis zu ihrer Erteilung zunächst schwebend unwirksam. Wird sie erteilt, wird auch die Änderung schuldrechtlich wirksam, ohne dass es auf die Änderung ihrer Verbriefung nach § 21 SchVG ankommt.[89] Die Einwilligung kann bereits vorweg in den Anleihebedingungen pauschal erklärt werden.[90] Sie kann aber auch mit der Einladung zur Gläubigerversammlung erfolgen.[91] Ebenso kann in einem Beschlussvorschlag eine konkludente Einwilligung liegen, soweit der Vorschlag in dieser Gestalt beschlossen wird und sich der Emittent nichts Gegenteiliges vorbehalten hat.[92] Es gelten insoweit die allgemeinen Auslegungsregeln der §§ 133,157 BGB. Dabei ist zu berücksichtigen, dass die Genehmigung im Zweifel die für den Emittenten vorzugswürdigere Variante darstellt, da er so die getroffene Änderungsentscheidung der Gläubigerversammlung noch verhindern kann.[93]

34 Im Innenverhältnis kann die Zustimmung des Emittenten von zusätzlichen **gesellschaftsrechtlichen Voraussetzungen** im Innenverhältnis abhängig sein.[94] So kann bei bestimmten Maßnahmen die Zustimmung der Hauptversammlung notwendig sein, was namentlich bei der Ausgabe von Wandel- und Gewinnschuldverschreibungen im Rahmen eines Dept-Equity-Swap der Fall sein kann.[95] Ebenfalls können allgemeine aktienrechtliche Grundsätze beachtlich sein, etwa die ungeschriebenen Hauptversammlungskompetenzen nach der Holzmüller und Gelatine Rechtsprechung des BGH.[96] Stimmt der Emittent der Änderung zu, obwohl ein vorheriger Beschluss der Hauptversammlung notwendig gewesen wäre, hat dies keine Auswirkungen auf die Wirksamkeit der Zustimmung.[97] Nichtsdestotrotz bleibt es bei der **Haftung der Geschäftsleitung** nach allgemeinen gesellschaftsrechtlichen Regeln.[98]

35 Erteilt der Emittent die Zustimmung nicht, bleibt der Beschluss der Gläubigerversammlung wirkungslos.[99] Die versagte Genehmigung kann nicht nachträglich ohne erneuten Gläubigerbeschluss vom Emittenten in eine Zustimmung bestimmt oder umgedeutet werden.[100] Hat der Emittent selbst die Versammlung einberufen und sind die Beschlüsse gemäß seinem Vorschlag beschlossen worden, kommen jedoch Schadensersatzansprüche in Betracht.[101]

---

86 Hopt/Seibt/*Thole* § 4 Rn 28.
87 Ebenso Hopt/Seibt/*Thole* § 4 Rn 28.
88 Friedl/Hartwig-Jacob/*Friedl/Schmidtbleicher* § 4 Rn 43.
89 Friedl/Hartwig-Jacob/*Friedl/Schmidtbleicher* § 4 Rn 43; Hopt/Seibt/*Thole* § 4 Rn 28.
90 Veranneman/*Oulds* § 4 Rn 5.
91 Friedl/Hartwig-Jacob/*Friedl/Schmidtbleicher* § 4 Rn 43.
92 Friedl/Hartwig-Jacob/*Friedl/Schmidtbleicher* § 4 Rn 43; Hopt/Seibt/*Thole* § 4 Rn 28.
93 Veranneman/*Oulds* § 4 Rn 4; Friedl/Hartwig-Jacob/*Friedl/Schmidtbleicher* § 4 Rn 43.
94 Preuße/*Röh/Dörfler* § 4 Rn 35.
95 Friedl/Hartwig-Jacob/*Friedl/Schmidtbleicher* § 4 Rn 45.
96 Vgl nur Hölters/*Drinhausen* § 119 AktG Rn 16 ff.
97 Hopt/Seibt/*Thole* § 4 Rn 28.
98 Veranneman/*Oulds* § 4 Rn 7; Preuße/*Röh/Dörfler* § 4 Rn 35.
99 Friedl/Hartwig-Jacob/*Friedl/Schmidtbleicher* § 4 Rn 46.
100 Hopt/Seibt/*Thole* § 4 Rn 28.
101 Veranneman/*Oulds* § 4 Rn 8; Friedl/Hartwig-Jacob/*Friedl/Schmidtbleicher* § 4 Rn 46. Je nach Einzelfall und Auslegung kann in dem Vorschlag bereits eine Einwilligung zu sehen sein, siehe Rn 33.

II. Änderung durch gleichlautenden Vertrag

Nach der ersten Alternative des § 4 S 1 SchVG kann eine Änderung der Anleihebedingungen auch durch gleichlautenden Vertrag mit sämtlichen Gläubigern erreicht werden. Die Vorgehensweise ist **allenfalls bei einer geringen Gläubigerzahl praktikabel**, was allenfalls bei privat platzierten Anleihen oder aber bei Namensschuldverschreibungen der Fall sein dürfte.[102] Die Änderung setzt eine individualvertragliche Einigung mit jedem einzelnen Gläubiger voraus, die inhaltlich jeweils identisch ist.[103] Es gelten insoweit die allgemeinen zivilrechtlichen Regelungen.[104] Aus der Verwendung des Wortes „Vertrag" geht hervor, dass alle Parteien, somit auch der Emittent, zugestimmt haben müssen.[105] 36

Keine Voraussetzung ist es indes, dass die vertragliche Einigung in einer Urkunde oder sonst auf bestimmte Weise zusammengefasst wird.[106] Es besteht Formfreiheit, sodass auch eine bloß mündliche oder konkludente Einigung möglich ist.[107] Das Erfordernis des gleichlautenden Vertrages schließt es auch nicht aus, dass neben der inhaltlich jeweils identischen Vereinbarung über die konkrete Änderung der Anleihebedingungen mit einzelnen Gläubigern zusätzliche und individuelle Vereinbarungen geschlossen werden, solange hinsichtlich der Klausel über die Änderung der Anleihebedingung die Inhaltsgleichheit gewahrt bleibt.[108] 37

§ 4 SchVG verlangt eine Einigung mit den im jeweiligen Zeitpunkt aktuellen Gläubigern. Rechtsnachfolger sind dann bei einem späteren Erwerb an die geänderten Anleihebedingungen gebunden.[109] Da die Änderung im Wege des gleichlautenden Vertrages nach allgemeinen rechtsgeschäftlichen Grundsätzen erfolgt, können **sämtliche Arten von Anleihebedingungen** geändert werden, auch wenn dies im Falle einer Änderung durch Beschluss nach den Regeln des Abschnitts 2 nicht vorgesehen ist.[110] 38

III. Änderung durch gerichtliche Entscheidung

Nach wie vor ungeklärt ist die Frage, inwieweit Anleihebedingungen durch Gerichtsurteil gegenüber allen Gläubigern geändert werden können.[111] § 4 S 1 SchVG sieht eine Änderung der Anleihebedingungen lediglich durch gleichlautenden Vertrag mit sämtlichen Gläubigern oder aber durch Beschluss der Gläubigerversammlung im Sinne des Abschnitts 2 des Gesetzes vor. Der Gesetzgeber hat damit die Frage, ob „auch mit gerichtlicher Hilfe einseitig herbeigeführte Inhaltsänderungen ausgeschlossen sind oder 39

102 *Hopt* FS Schwark (2009) 441, 454; Friedl/Hartwig-Jacob/*Friedl/Schmidtbleicher* § 4 Rn 39.
103 Hopt/Seibt/*Thole* § 4 Rn 25.
104 Vgl Veranneman/*Oulds* § 4 Rn 4 ff.
105 Preuße/*Röh/Dörfler* § 4 Rn 29; Friedl/Hartwig-Jacob/*Friedl/Schmidtbleicher* § 4 Rn 39. Eine explizite Regelung der Zustimmung des Schuldners war noch im Gesetzgebungsverfahren gefordert worden (DAI-Stellungnahme S 6), wovon der Gesetzgeber aber abgesehen hat. So wird der Schuldner in Notsituationen ohnehin einen entsprechenden Beschluss herbeiführen wollen, vgl Veranneman/*Oulds* § 4 Rn 3.
106 Hopt/Seibt/*Thole* § 4 Rn 25.
107 Friedl/Hartwig-Jacob/*Friedl/Schmidtbleicher* § 4 Rn 40; Hopt/Seibt/*Thole* § 4 Rn 25.
108 Hopt/Seibt/*Thole* § 4 Rn 25.
109 Hopt/Seibt/*Thole* § 4 Rn 24.
110 Langenbucher/Bliesener/Spindler/*Bliesener/Schneider* § 4 Rn 20; Friedl/Hartwig-Jacob/*Friedl/Schmidtbleicher* § 4 Rn 40.
111 Ausf. und kritisch *Freudenberger* Das Schuldverschreibungsgesetz S 137 ff, die alle Lösungsmöglichkeiten unter der les lata ablehnt und den Gesetzgeber zum Handeln ruft.

wie sich ihre Wirkungen ggf. verallgemeinern lassen" nicht geregelt und sie bewusst der Rechtswissenschaft und Gerichten zur Klärung überlassen.[112] Begründet hat er dies mit der seinerzeit unklaren Rechtslage darüber, ob die Verbraucherschutz-Richtlinie 93/13/EWG[113] und die Richtlinie über Unterlassungsklagen 98/27/EG[114] (zwischenzeitlich überführt in die Verbraucherrechte-Richtlinie[115] und die Unterlassungsklagen-Richtlinie[116]) überhaupt auf Schuldverschreibungen anwendbar seien.[117] Die europarechtliche Problematik hat sich mittlerweile erledigt (siehe schon § 3 Rn 48). Die Suche nach einer Lösung kann daher allein auf Grundlage deutschen Rechts erfolgen.

40 Ausgangspunkt ist, dass eine auf die Unwirksamkeit oder die Änderung einer Klausel gerichtetes Gerichtsurteil nach den allgemeinen Regeln des Zivilprozessrechts nur inter- partes-Wirkung entfaltet,[118] eine Erstreckung der Rechtskraft auf die übrigen Gläubiger daher einer besonderen Rechtfertigung bedarf.[119] Gleichzeitig gebietet es die Notwendigkeit der kapitalmarktrechtlichen Fungibilität, die kollektive Bindung faktisch herbeizuführen, um eine Handelbarkeit weiterhin zu gewährleisten.[120]

41 Praktische Relevanz erfährt die Problematik zunächst in den Fällen der **Anfechtungsklage nach § 20 SchVG.**[121] Diese gestattet es in Anlehnung an die aktienrechtliche Anfechtungsklage, Beschlüsse der Gläubigerversammlung anzufechten. Wird der Anfechtungsklage stattgegeben, stellt sich die Frage, ob dem Urteil in **Analogie zu den §§ 248, 249 Abs 1 S 1 AktG** eine gestaltende Wirkung für und gegen alle Gläubiger zukommt.[122] So hat der Gesetzgeber die Anfechtung nach § 20 SchVG dem aktienrechtlichen Vorbild entlehnt, sodass die Interessenlage durchaus vergleichbar ist.[123] Gleichwohl erscheint es wenig überzeugend hier eine planwidrige Regelungslücke zu sehen. Nach den Gesetzgebungsmaterialien war dem Gesetzgeber die Frage durchaus bewusst.[124] Zudem hat er ganz offensichtlich von einer dem Aktienrecht vergleichbaren Regelung abgesehen.[125]

42 Wenig überzeugend erscheint die Annahme einer **gewillkürten Prozessstandschaft**, denn dies setzt voraus, dass der anfechtende Gläubiger gerade für die Rechte der anderen Gläubiger tätig wird, was sich nur schwerlich begründen lässt.[126]

43 Überzeugender scheint die Lösung über das **Gleichbehandlungsgebot des § 4 S 2 SchVG.**[127] Denn dieses verpflichtet den Emittenten gerade die Gläubiger hinsichtlich der

---

112 BT-Drucks. 16/12814 Zu § 4 S 17.
113 ABl. EG Nr L 95, S 29.
114 ABl. EG Nr L 166, S 51.
115 RL 2011/83/EU, ABl. EU Nr L 304 vom 22.11.2011, 64.
116 RL 2009/22/EG, ABl. EU Nr L 110 vom 1.5.2009, 30.
117 BT-Drucks. 16/12814 Zu § 4 S 17; Preuße/*Röh/Dörfler* § 4 Rn 36. Kritisch zu dieser Begründung des Gesetzgebers *Freudenberger* Das Schuldverschreibungsgesetz S 139.
118 Friedl/Hartwig-Jacob/*Friedl/Schmidtbleicher* § 4 Rn 48.
119 Langenbucher/Bliesener/Spindler/*Bliesener/Schneider* SchVG § 4 Rn 24.
120 Friedl/Hartwig-Jacob/*Friedl/Schmidtbleicher* § 4 Rn 52; Preuße/*Röh/Dörfler* § 4 Rn 49.
121 Heidel/*Müller* § 4 Rn 2; Langenbucher/Bliesener/Spindler/*Bliesener/Schneider* § 4 Rn 24; siehe im Übrigen die Kommentierung zu § 20.
122 Tendenziell bejahend Hopt/Seibt/*Thole* § 4 Rn 30, der zudem ein Eingreifen von § 11 UKlaG für möglich hält; **aA** die wohl h.M., Heidel/*Müller* § 4 Rn 2 mit Fn 2 und § 20 Rn 3; Langenbucher/Bliesener/Spindler/*Bliesener/Schneider* § 4 Rn 24.
123 So Hopt/Seibt/*Thole* § 4 Rn 30.
124 Von unbewusster Lücke ausgehend aber Hopt/Seibt/*Thole* § 4 Rn 30.
125 Dies obwohl andere aktienrechtliche Regelungen – wie etwa das Freigabeverfahren Eingang in § 20 SchVG gefunden haben.
126 Ebenso Hopt/Seibt/*Thole* § 4 Rn 30.
127 Heidel/*Müller* § 4 Rn 2; Langenbucher/Bliesener/Spindler/*Bliesener/Schneider* § 4 Rn 25; Preuße/*Röh/Dörfler* § 4 Rn 50; Friedl/Hartwig-Jacob/*Friedl/Schmidtbleicher* § 4 Rn 53; Veranneman/*Oulds*

Änderung von Anleihebedingungen gleich zu behandeln. Dieses Gebot stellt einen übergeordneten Grundsatz dar, der allgemeine Geltung beansprucht[128] und nicht nur in den speziell in § 4 S 1 angesprochenen Fällen eingreift, zu denen die Umsetzung einer gerichtlichen inter-partes-Entscheidung mit Wirkung für alle nicht gehört.[129] Der Emittent ist somit schuldrechtlich verpflichtet, die für einen Anleihegläubiger vorteilhafte Entscheidung gegenüber allen Gläubigern zur Anwendung zu bringen.[130] Daraus folgt eine rein materiell-rechtlich begründete Erstreckung der Bindungswirkung, die jenseits des Prozessrechts greift. Sie bewirkt keine prozessuale Rechtskrafterstreckung und ist daher auf Urteile begrenzt, welche eine Klausel **zugunsten der Anleger** materiell-rechtlich verwerfen oder abändern. Abweisende Urteile darf der Emittent hingegen nicht den anderen Anlegern entgegenhalten.[131] Wegen dieser Einseitigkeit, welche negative Auswirkungen auf die Gläubigergesamtheit von vornherein verhindert, ist das auch kein Fall **notwendiger Streitgenossenschaft.** Eines Gläubigerbeschlusses oder einer Änderung der Anleihebedingungen selbst nach § 2 SchVG und § 21 SchVG bedarf es zu Umsetzung nicht, da es sich nicht um eine gewillkürte, sondern um eine rechtlich erzwungene Bindung handelt.[132] Gleichwohl muss das abändernde Urteil Rechtskraft erlangt haben, um diese materiell-rechtliche Wirkung auszulösen.[133]

IV. Korrektur offensichtlicher (Verlautbarungs)Fehler

In den Anleihebedingungen enthaltene offensichtliche Fehler können unstreitig **durch den Emittenten einseitig korrigiert** und geändert werden, ohne das es hierzu eines Änderungsbeschlusses im Sinne der § 5 SchVG ff. oder eines gleichlautenden Vertrages mit sämtlichen Gläubigern bedürfte.[134] Ändert der Emittent den Fehler auf diese Weise einseitig, muss er allerdings die Gläubiger informieren und die Änderung hierzu analog § 17 SchVG bekannt machen.[135] 44

Der Fehler muss offensichtlich sein, was aus Gründen des Gläubigerschutzes nur bei **sog. Verlautbarungsfehlern** anzunehmen sein wird, d.h. die Anleihebedingungen geben den zum Zeitpunkt der Emission feststehenden Willen des Emittenten lediglich falsch wieder.[136] Der Fehler muss sich in seiner Offensichtlichkeit aus den Anleihebedingungen selbst ergeben.[137] Es wird sich dabei in aller Regel nur um Tippfehler, Zahlendreher oder Kommafehler handeln. Offensichtliche Irrtümer des Emittenten die darüber hinaus gehen bedürfen einer Änderung im Wege des § 4 S 1 SchVG, sofern nicht die einseitige Korrektur durch den Emittenten über eine Berichtigungsklausel wirksam vorbehalten worden ist, die der AGB-rechtlichen Inhaltskontrolle genügt (hierzu § 3 Rn 70). 45

---

§ 4 Rn 29; zurückhaltender, aber i.E. letztlich auch Hopt/Seibt/*Thole* § 4 Rn 32; **aA** *Freudenberger* Das Schuldverschreibungsgesetz S 151, die in der Folge auch § 242 BGB sowie eine vermeintliche verbandsrechtliche Treuepflicht als alternative Grundlage für die Gleichbehandlungspflicht diskutiert und ablehnt.

128 Siehe eben schon Rn 30 bezüglich Änderungsvorbehalten. Wie hier Hopt/Seibt/*Thole* § 4 Rn 32.

129 Richtig Hopt/Seibt/*Thole* § 4 Rn 32.

130 Friedl/Hartwig-Jacob/*Friedl/Schmidtbleicher* § 4 Rn 52.

131 Friedl/Hartwig-Jacob/*Friedl/Schmidtbleicher* § 4 Rn 54; Langenbucher/Bliesener/Spindler/*Bliesener/Schneider* § 4 Rn 25a.

132 Friedl/Hartwig-Jacob/*Friedl/Schmidtbleicher* § 4 Rn 53; i.E. auch Langenbucher/Bliesener/Spindler/*Bliesener/Schneider* § 4 Rn 24.

133 Hopt/Seibt/*Thole* § 4 Rn 32.

134 Preuße/*Röh/Dörfler* § 4 Rn 24; Veranneman/*Oulds* § 4 Rn 43.

135 Friedl/Hartwig-Jacob/*Friedl/Schmidtbleicher* § 4 Rn 55.

136 Ebenso und in Anlehnung an die Diskussion zu § 319 ZPO Hopt/Seibt/*Thole* § 4 Rn 22.

137 Hopt/Seibt/*Thole* § 4 Rn 22.

Die Abgrenzung kann erhebliche Schwierigkeiten bereiten. So wird ein Zahlendreher in den Referenzwerten zur Zinsberechnung kaum offensichtlich sein können.[138]

46 In der Literatur wird vorgeschlagen, in den Anleihebedingungen Richtlinien und Grenzen für die Änderungen bereits im Vorhinein ausdrücklich aufzunehmen.[139] Ob dieser Vorschlag eine realistische Option darstellt, muss freilich bezweifelt werden, da dies ja profunde Kenntnisse zu dem potentiellen Fehler im Vorhinein voraussetzen würde. Denn die Anleihebedingungen müssten die Voraussetzungen und Durchführung genau benennen,[140] da anderenfalls ein einseitiges Leistungsbestimmungsrecht geschaffen werden könnte, welches dem Transparenzmaßstab des § 3 SchVG sowie der AGB-rechtlichen Inhaltskontrolle unterliegt (ausführlich § 3 Rn 73).[141]

D. Gebot der Gläubigergleichbehandlung

I. Zweck des Gleichbehandlungsgebots

47 § 4 S 2 SchVG enthält das Gebot der Gläubigergleichbehandlung, in dem er den Emittenten dazu verpflichtet, die Gläubiger „insoweit" gleich zu behandeln. Das Gleichbehandlungsgebot bezieht sich damit auf die kollektive Bindung nach Satz 1, es gilt daher nur solange, wie auch die kollektive Bindung besteht, damit mindestens für die gesamte Laufzeit der Anleihe und ggf. auch darüber hinaus. Dem Wortlaut nach besteht sein primärer Schutzzweck zugunsten der Anleihegläubiger, deren abweichende Behandlung durch den Emittenten verboten wird. Dabei geht es aber nicht nur darum, die einseitige Begünstigung einzelner Gläubiger durch den Emittenten zu verbieten.[142] Gleichermaßen verboten ist eine einseitige Begünstigung des Emittenten gegenüber individuellen Gläubigern.[143] Denn das Gebot sichert die Inhaltsgleichheit und Fungibilität der Anleihen in vollem Umfang ab.[144] Ist diese jedoch gewahrt, weil die Mechanismen des SchVG eingehalten wurden (allseitiger Vertragsschluss oder Zustimmungsbeschluss unter Wahrung des § 5 Abs 2 S 2 SchVG) und **inhaltsgleiche Bedingungen** geschaffen wurden, ist darin sogar eine ausdrückliche Diskriminierung bestimmter Gläubiger erlaubt, ohne dass § 4 S 2 SchVG verletzt wäre.[145]

48 Aufgrund seiner Zweckrichtung im Fungibilitätsschutz gilt das Gleichbehandlungsgebot **ausnahmslos und absolut** und lässt – anders als allgemeine Diskriminierungsverbot – **keine sachliche Rechtfertigung** von Ausnahmen zu (dazu und zur daran geübten Kritik gleich Rn 49). Über den Wortlaut hinaus, der die Geltung des Gleichbehandlungsgebots nur für die beiden von § 4 S 1 SchVG genannten Modi der Änderung festschreibt, ist es bei **jeder Inhaltsänderung** der Anleihebedingungen **zu beachten** (siehe schon Rn 30 und Rn 43). Auch im Insolvenzverfahren gilt es unverändert fort. Der Vorrang des Insolvenzverfahrens nach § 19 berührt es nicht.[146] Er begründet allerdings einen Vorrang des Planverfahrens, demgegenüber Beschlüsse nach § 5 nur interne Wir-

---

138 Veranneman/*Oulds* § 4 Rn 43; Hopt/Seibt/*Thole* § 4 Rn 22.
139 Schmidt/Schrader BKR **2009**, 397, 403; Preuße/*Röh/Dörfler* § 4 Rn 24; Veranneman/*Oulds* § 4 Rn 43.
140 Friedl/Hartwig-Jacob/*Friedl/Schmidtbleicher* § 4 Rn 57.
141 Hopt/Seibt/*Thole* § 4 Rn 22.
142 So Friedl/Hartwig-Jacob/*Friedl/Schmidtbleicher* § 4 Rn 62.
143 Hopt/Seibt/*Thole* § 4 Rn 37 gegen Friedl/Hartwig-Jacob/*Friedl/Schmidtbleicher* § 4 Rn 62.
144 Hopt/Seibt/*Thole* § 4 Rn 33 ff; ausf. *Freudenberger* Das Schuldverschreibungsgesetz S 22 ff.
145 Hopt/Seibt/*Thole* § 4 Rn 35; Friedl/Hartwig-Jacob/*Friedl/Schmidtbleicher*, § 4 Rn 58; Langenbucher/Bliesener/Spindler/*Bliesener/Schneider* § 4 Rn 26; **aA** Preuße/*Röh/Dörfler* § 4 Rn 53.
146 Hopt/Seibt/*Thole* § 4 Rn 41.

kung haben und nicht andere Gläubigergruppen binden, wobei für die erforderliche Zustimmung seitens des Emittenten nunmehr der Verwalter zuständig ist.[147]

Gegen das Gleichbehandlungsgebot wurde **rechtspolitische Kritik** vorgebracht, eben weil es absolut gilt, während eine Ungleichbehandlung bestimmter Gläubiger, die beispielweise weitere Finanzierung leisten wollen, im Interesse des Emittenten wie auch aller Anleger liegen könnte.[148] Folgt man der herrschenden Lesart, scheint diese Kritik nicht stichhaltig.[149] Denn dann ergibt sich ein eher technischer, an der Wahrung der Inhaltsgleichheit ausgerichteter Gehalt des Gebots. Es ist kein darüber hinaus gehendes **allgemeines Diskriminierungsverbot**, das dem Emittenten prinzipiell jede Besserstellung eines individuellen Anlegers verbietet. An dieser Stelle enden dann auch die Gemeinsamkeiten mit dem aktienrechtlichen Organisationsrecht, wo die Geltung des Gleichbehandlungsgrundsatzes für Aktionäre nach § 53a AktG eine viel größere und grundsätzlicher verstandene Reichweite hat. Dogmatischer Ansatzpunkt dieser Differenzierung ist wie bereits gesagt die aus dem Fungibilitätszweck folgende und im Wortlaut („insoweit") angelegte Begrenzung des § 4 auf die Änderung der Anleihebedingungen. Daraus ergeben sich die nachfolgend dargestellten Begrenzungen der Reichweite 49

II. Inhaltliche Reichweite des Gleichbehandlungsgebots

Das Gleichbehandlungsgebot bezieht sich wie die kollektive Bindung nach Satz 1 ausschließlich auf die Anleihebedingungen. Es verbietet jede individuelle rechtsgeschäftliche Abänderung jener Bedingungen jenseits der dafür vorgegebenen Mechanismen.[150] Das gilt auch für die Stellung von Sicherheiten (Garantien; dingliche Sicherheiten).[151] Auf die Aufnahme eines diesbezüglichen Änderungsvorbehalts nach § 22 SchVG kommt es hierfür nicht an. Dieser ist lediglich notwendig, um auch den dritten Sicherungsgeber dem Änderungsverfahren nach § 5ff SchVG zu unterwerfen. Die Inhaltsgleichheit der Anleihebedingungen ist jedoch ungeachtet eines solchen Vorbehaltes zu wahren, sofern die Sicherheit dorthin Aufnahme gefunden hat und nicht etwa auf einer gesonderten Privatabrede beruht.[152] § 4 S 2 SchVG gilt also auch für die Sicherheitenbestellung in Anleihebedingungen. Die Geltung deutschen Rechts für die Bestellung der Sicherheit selbst ist, namentlich bei dinglichen Sicherheiten, nicht notwendig erforderlich.[153] Ausreichend, aber auch erforderlich ist, dass Sicherungsabrede, also die schuldrechtliche Verpflichtung zur Sicherheitenbestellung, deutschem Recht unterliegt und als Teil der Anleihebedingung in den Anwendungsbereich des SchVG fällt.[154] Dann gilt § 4 S 2 SchVG und ist bei allen Änderungen zu wahren, auch wenn § 22 nicht explizit hierauf 50

147 Hopt/Seibt/*Thole* § 4 Rn 41; ausf. dazu die Kommentierung zu § 19.
148 *Vogel* Die Vergemeinschaftung der Anleihegläubiger, S 152; dagegen Preuße/*Röh*/*Dörfler* § 4 Rn 55 mit Verweis auf die Zustimmungsmöglichkeit nach § 5 Abs 2 S 2; Hopt/Seibt/*Thole* § 4 Rn 34.
149 Ebenso Hopt/Seibt/*Thole* § 4 Rn 34.
150 Hopt/Seibt/*Thole* § 4 Rn 36.
151 Eingehend *Freudenberger* Das Schuldverschreibungsgesetz S 122 ff.
152 Heidel/*Müller* § 4 Rn 2; Hopt/Seibt/*Thole* § 4 Rn 37; Preuße/*Röh*/*Dörfler* § 4 Rn 58; Veranneman/*Oulds* § 4 Rn 32 ff; *Schlitt*/*Schäfer* AG **2009** 477, 480;
153 So aber (für Garantie) Preuße/*Röh*/*Dörfler* § 4 Rn 58. Das trifft indes so nur zu, wenn die Garantie (insoweit ähnlich der Bürgschaft) die Sicherungsabrede zugunsten der Gläubiger mit in sich trägt. Das wird meist der Fall sein. Entscheidend ist aber immer die Sicherungsabrede, nicht das auf dieser Basis gewährte dingliche oder schuldrechtliche Sicherungsinstrument, zutreffend Verannemann/*Oulds* § 4 Rn 32 f. Die Notwendigkeit deutschen Rechts gänzlich ablehnend Langenbucher/Bliesener/Spindler/*Bliesener*/*Schneider* § 4 Rn 33; **aA** jedoch die h.M., eingehend *Freudenberger* Das Schuldverschreibungsgesetz S 135 f.
154 Verannemann/*Oulds* § 4 Rn 32 f.

verweist (er muss das nicht, weil es sich aus § 5 Abs 2 S 2 SchVG ergibt).[155] Natürlich sind auch die übrigen Voraussetzungen einer Änderung nach dem jeweils einschlägigen Recht zu wahren, etwa bei Garantien nach deutschem Recht die Vorgaben der §§ 328 ff BGB.[156]

51 Nicht von § 4 S 2 SchVG berührt werden umgekehrt sämtliche **privatautonomen Abreden** zwischen Emittent und einzelnen oder mehreren Gläubigern, welche nicht in die Anleihebedingungen selbst eingreifen (zB *pactum de non petendo*; *pactum de non cedendo* Stimmvereinbarungen, Regelungen zu Kündigungsrechten).[157] Diese können frei vereinbart werden, wirken dann aber auch nicht automatisch gegenüber Rechtsnachfolgern, sondern müssen nach vertragsrechtlichen Grundsätzen übernommen werden. Eine automatische Erstreckung nach § 404 BGB kommt wegen § 796 BGB nicht in Betracht. Daran hat auch die Zulassung der Abtretung als alternativer Übertragungsweg durch den BGH[158] nichts geändert.[159] Insofern spiegelt sich hier ansatzweise die gesellschaftsrechtliche Differenzierung von (echten) Satzungsbestandteilen und schuldrechtlichen Gesellschaftervereinbarungen wider.

52 Ebenfalls nicht von § 4 S 2 SchVG berührt werden die Tilgung durch einzelne Gläubiger nach erfolgter Kündigung, weil das die Anleihebedingungen nicht ändert.[160] Das Gleiche gilt auch für den **Rückkauf von Anleihen**, etwa im Rahmen von *negotiated repurchases* oder öffentlichen Rückkaufsangeboten.[161] Hierbei sind allerdings kapitalmarktrechtliche Vorgaben zu wahren, namentlich das – weniger strenge und Ausnahmen zugängliche – Gleichbehandlungsgebot nach § 48 Abs 1 Nr 1 WpHG.[162]

53 Das SchVG erlaubt **keine anleiheübergreifende Aggregation** (§ 5 Rn 8), und daher gilt auch der Gleichbehandlungsgrundsatzes prinzipiell nicht anleiheübergreifend – es sei denn, der Emittent selbst hätte dessen Reichweite kraft der Bedingungen erstreckt.[163]

III. Rechtsfolgen eines Verstoßes

54 Die Rechtsfolgen eines Verstoßes gegen § 4 S 2 SchVG sind nur unvollständig geregelt. § 5 Abs 2 S 2 SchVG erfordert für Beschlüsse, die eine Ungleichbehandlung herbeiführen, die Zustimmung der betroffenen Gläubiger und versagt ihnen andernfalls die Wirksamkeit. Im Übrigen wird man die Norm als gesetzliches Verbot verstehen können und Änderungsverträge, die nicht dem Allseitigkeitserfordernis entsprechen, nach § 134 BGB für nichtig halten müssen. Die Nichtigkeitsfolge gilt gleichermaßen für einseitige Änderungen aufgrund Änderungsvorbehalten, wo § 4 S 2 SchVG entsprechend gilt (Rn 30). Doch die Nichtigkeitsfolge regelt nicht alle Fragen abschließend. Es muss nämlich auch die von der h.M. aus § 4 S 2 SchVG hergeleiteten **materiell-rechtlichen Umsetzungspflicht** gerichtlicher Entscheidung angemessen sanktioniert werden. Das kann durch eine Schadensersatzpflicht für die Verletzung der gesetzlichen Gleichbehandlungspflicht nach § 280 Abs 1 BGB (Nebenpflichtverletzung) erfolgen.

---

155 Ebenso Preuße/*Röh*/*Dörfler* § 4 Rn 58.
156 Verannemann/*Oulds* § 4 Rn 33; Preuße/*Röh*/*Dörfler* § 4 Rn 58.
157 Hopt/Seibt/*Thole* § 4 Rn 36.
158 BGH NZG **2013** 903.
159 Richtig *Vogel* Die Vergemeinschaftung der Anleiheglaubiger, S 152; **aA** Hopt/Seibt/*Thole* § 4 Rn 37; Preuße/*Röh*/*Dörfler* § 4 Rn 55.
160 Hopt/Seibt/*Thole* § 4 Rn 37.
161 Hopt/Seibt/*Thole* § 4 Rn 39.
162 Hopt/Seibt/*Thole* § 4 Rn 39.
163 Hopt/Seibt/*Thole* § 4 Rn 33a; Friedl/Hartwig-Jacob/*Friedl*/*Schmidtbleicher* § 4 Rn 62.

ABSCHNITT 2
Beschlüsse der Gläubiger

§ 5
Mehrheitsbeschlüsse der Gläubiger

(1) [1]Die Anleihebedingungen können vorsehen, dass die Gläubiger derselben Anleihe nach Maßgabe dieses Abschnitts durch Mehrheitsbeschluss Änderungen der Anleihebedingungen zustimmen und zur Wahrnehmung ihrer Rechte einen gemeinsamen Vertreter für alle Gläubiger bestellen können. [2]Die Anleihebedingungen können dabei von den §§ 5 bis 21 zu Lasten der Gläubiger nur abweichen, soweit es in diesem Gesetz ausdrücklich vorgesehen ist. [3]Eine Verpflichtung zur Leistung kann für die Gläubiger durch Mehrheitsbeschluss nicht begründet werden.

(2) [1]Die Mehrheitsbeschlüsse der Gläubiger sind für alle Gläubiger derselben Anleihe gleichermaßen verbindlich. [2]Ein Mehrheitsbeschluss der Gläubiger, der nicht gleiche Bedingungen für alle Gläubiger vorsieht, ist unwirksam, es sei denn, die benachteiligten Gläubiger stimmen ihrer Benachteiligung ausdrücklich zu.

(3) [1]Die Gläubiger können durch Mehrheitsbeschluss insbesondere folgenden Maßnahmen zustimmen:

1. **der Veränderung der Fälligkeit, der Verringerung oder dem Ausschluss der Zinsen;**
2. **der Veränderung der Fälligkeit der Hauptforderung;**
3. **der Verringerung der Hauptforderung;**
4. **dem Nachrang der Forderungen aus den Schuldverschreibungen im Insolvenzverfahren des Schuldners;**
5. **der Umwandlung oder dem Umtausch der Schuldverschreibungen in Gesellschaftsanteile, andere Wertpapiere oder andere Leistungsversprechen;**
6. **dem Austausch und der Freigabe von Sicherheiten;**
7. **der Änderung der Währung der Schuldverschreibungen;**
8. **dem Verzicht auf das Kündigungsrecht der Gläubiger oder dessen Beschränkung;**
9. **der Schuldnerersetzung;**
10. **der Änderung oder Aufhebung von Nebenbestimmungen der Schuldverschreibungen.**

[2]Die Anleihebedingungen können die Möglichkeit von Gläubigerbeschlüssen auf einzeln benannte Maßnahmen beschränken oder einzeln benannte Maßnahmen von dieser Möglichkeit ausnehmen.

(4) [1]Die Gläubiger entscheiden mit der einfachen Mehrheit der an der Abstimmung teilnehmenden Stimmrechte. [2]Beschlüsse, durch welche der wesentliche Inhalt der Anleihebedingungen geändert wird, insbesondere in den Fällen des Absatzes 3 Nummer 1 bis 9, bedürfen zu ihrer Wirksamkeit einer Mehrheit von mindestens 75 Prozent der teilnehmenden Stimmrechte (qualifizierte Mehrheit). [3]Die Anleihebedingungen können für einzelne oder alle Maßnahmen eine höhere Mehrheit vorschreiben.

(5) [1]Ist in Anleihebedingungen bestimmt, dass die Kündigung von ausstehenden Schuldverschreibungen nur von mehreren Gläubigern und einheitlich erklärt werden kann, darf der für die Kündigung erforderliche Mindestanteil der ausstehenden Schuldverschreibungen nicht mehr als 25 Prozent betragen. [2]Die Wirkung einer solchen Kündigung entfällt, wenn die Gläubiger dies binnen drei Monaten

https://doi.org/10.1515/9783110578720-003

mit Mehrheit beschließen. [3]Für den Beschluss über die Unwirksamkeit der Kündigung genügt die einfache Mehrheit der Stimmrechte, es müssen aber in jedem Fall mehr Gläubiger zustimmen als gekündigt haben.

(6) [1]Die Gläubiger beschließen entweder in einer Gläubigerversammlung oder im Wege einer Abstimmung ohne Versammlung. [2]Die Anleihebedingungen können ausschließlich eine der beiden Möglichkeiten vorsehen.

Schrifttum

Arbeitskreis Reform des Schuldverschreibungsrechts Reform des Schuldverschreibungsrechts, ZIP **2014** 845; *Balz* Reform des SchVG – High Yield Bonds zukünftig nach deutschem Recht? ZBB **2009** 401; *Baums* Die gerichtliche Kontrolle von Beschlüssen der Gläubigerversammlung nach dem Referentenentwurf eines neuen Schuldverschreibungsgesetzes, ZBB **2009** 1; *ders.* Weitere Reform des Schuldverschreibungsrechts! ZHR 177(**2013**) 807; *ders.* Kündigung von Unternehmensanleihen, Working paper series No. 145/2015, Institute for Law and Finance; *Becker/Pospiech* Die Prospektpflicht beim Debt-to-Equity-Swap von Anleihen, NJW-Spezial **2014** 591; *Brenner* Die Vergütung des gemeinsamen Vertreters nach § 7 VI SchVG außerhalb und in der Insolvenz des Emittenten, NZI **2014** 789; *Cagalj* Restrukturierung von Anleihen nach dem Schuldverschreibungsgesetz, Diss. Freiburg 2012 (zit. *Cagalj* Restrukturierung von Anleihen); *Cahn/Hutter/Kaulamo/Meyer/Weiß* Regelungsvorschläge zu ausgewählten Rechtsfragen bei Debt-to-Equity Swaps von Anleihen, WM **2014** 1309; *Fischer* Die Rechtsstellung der Anleihegläubiger in Krise und Insolvenz des Emittenten, WM **2018** 1529; *Florstedt* Neue Wege zur Sanierung ohne Insolvenz, ZIP **2014** 1513; *ders.* Anleiheankündigungen in Insolvenznähe, ZIP **2016** 645; *Florstedt/von Randow* Die Kündigung des Anleiheschuldverhältnisses aus wichtigem Grund, ZBB **2014** 345; *Friedl* Der Tausch von Anleihen in Aktien, BB **2012** 1102; *Gloeckner/Bankel* Etablierung und Aufgaben des Gemeinsamen Vertreters nach dem SchVG, ZIP **2015** 2393; *Horn* Das neue Schuldverschreibungsgesetz und der Anleihemarkt, BKR **2009** 446; *ders.* Die Stellung der Anleihegläubiger nach neuem Schuldverschreibungsgesetz und allgemeinem Privatrecht im Licht aktueller Marktentwicklungen, ZHR 173 (**2009**) 12; *J. Schneider* Kollektive Investitionsentscheidungen als öffentliches Angebot i.S.d. § 2 Nr 4 WpPG, AG **2016** 341; *Leuering/Zetzsche* Die Reform des Schuldverschreibungs- und Anlageberatungsrechts – (Mehr) Verbraucherschutz im Finanzmarktrecht? NJW **2009** 2856; *Maier-Reimer* Zwangswandlung von Schuldverschreibungen in deutsche Aktien, FS Goette (2011) 299; *Ostermann* Kündigung von Inhaberschuldverschreibungen im Restrukturierungsfall – Unkalkulierbares Risiko für Emittenten? DZWiR **2015** 313; *Otto* Gläubigerversammlungen nach dem SchVG – Ein neues Tätigkeitsgebiet für Notare, DNotZ **2012** 809; *Podewils* Neuerungen im Schuldverschreibungs- und Anlegerschutzrecht – Das Gesetz zur Neuregelung der Rechtsverhältnisse bei Schuldverschreibungen aus Gesamtemissionen und zur verbesserten Durchsetzbarkeit von Ansprüchen von Anlegern aus Falschberatung, DStR **2009** 1914; *Schlitt/Schäfer* Die Restrukturierung von Anleihen nach dem neuen Schuldverschreibungsgesetz, AG **2009** 477; *Schnorbus/Ganzer* Einflussmöglichkeiten auf die Gläubigerversammlung im Zusammenhang mit der Änderung von Anleihebedingungen, WM **2014** 155; *Seibt/Schwarz* Anleihekündigungen in Sanierungssituationen, ZIP **2015** 401; *Sester* Transparenzkontrolle von Anleihebedingungen nach Einführung des neuen Schuldverschreibungsrechts, AcP 209 (**2009**) 629; *Thole* Der Debt Equity Swap bei der Restrukturierung von Anleihen, ZIP **2014** 2365; *Vogel* Anleihekündigung und kollektive Bindung nach dem Schuldverschreibungsgesetz, ZBB **2016** 179; *Wasmann/Steber* Durchführung einer Gläubigerversammlung nach dem SchVG, ZIP **2012** 2005.

Systematische Übersicht

A. Allgemeines

1 Sofern die Anleihebedingungen die Möglichkeit eröffnen, können die Gläubiger nach der Grundnorm des § 5 SchVG durch Mehrheitsbeschluss umfassenden Änderungen der Anleihebedingungen zustimmen und einen gemeinsamen Vertreter bestellen. § 5 Abs 1 SchVG regelt die materiellen Voraussetzungen für einen Gläubigerbeschluss und § 5 Abs 2 SchVG dessen Rechtsfolgen. § 5 Abs 3 SchVG zählt Beispiele für Beschlussgegenstände auf und § 5 Abs 4 SchVG bestimmt die dafür erforderlichen Mehrheiten. § 5 Abs 5 SchVG enthält Regelungen zu einem besonderen Fall der Kündigung und § 5 Abs 6 SchVG mögliche Abstimmungsverfahren.

2 Unter der Geltung des SchVG 1899 waren die Befugnisse der Gläubigermehrheit noch sehr eingeschränkt (siehe auch Einf. Rn 17 ff). Nach § 11 Abs 1 SchVG 1899 konnte in die Rechte der Gläubiger, insbesondere durch Ermäßigung des Zinssatzes und die Bewilligung einer Stundung, lediglich zur Abwendung einer Insolvenz der Emittentin oder einer Zahlungseinstellung für die Dauer von maximal drei Jahren eingegriffen werden. Schwerwiegendere Einschnitte, wie einen Verzicht auf die Hauptforderung oder die Durchführung eines Debt Equity Swaps, erlaubte das SchVG 1899 nicht.[1] Eine sinnvolle Sanierung des Schuldners war unter diesen Vorgaben zu meist nicht möglich.[2] Im Unterschied zum SchVG bestanden unter dem SchVG 1899 die (eingeschränkten) Möglichkeiten der Fassung von Mehrheitsbeschlüssen unabhängig von einer entsprechenden Regelung in den Anleihebedingungen.[3]

3 Der Bedarf zur Änderung der Anleihebedingungen kann sich bspw. aus der Notwendigkeit der Anpassung von Zahlungsströmen ergeben, weil die Emittentin ihren Verpflichtungen zur Leistung von Zins und Tilgung aufgrund einer schlechter als erwarteten Geschäftsentwicklung nicht mehr nachkommen kann und Höhe und/oder Frequenz von Zins- und Tilgungszahlungen auf die sich verschlechternde Unternehmenslage anpassen muss. Seit dem Inkrafttreten des SchVG gab es eine Reihe praktischer Anwendungsfälle, von denen sich der Großteil aus dem Restrukturierungsbedarf bei sogenannten Mittelstandsanleihen, die in den Jahren 2009 bis 2013 begeben wurden, ergab.[4] Der Bedarf einer Mehrheitsbeschlussfassung der Anleihegläubiger kann sich bspw. aber auch dar-

1 *Sester* AcP 209 (**2009**) 632.

2 *Bredow/Vogel* ZBB **2009** 153; *Leuering/Zetzsche* NJW **2009** 2857; zum gescheiterten Versuch der Restrukturierung der Anleihe der EM.TV Merchandising AG *Sester* AcP 209 (**2009**) 632.

3 *Schmidtbleicher* Die Anleihegläubigermehrheit 202 f.

4 Siehe dazu bspw. die Veröffentlichungen im Bundesanzeiger zu den Einladungen zu Gläubigerversammlungen und Abstimmungen ohne Versammlung der: 3W Power S.A., Luxemburg vom 5.11.2013 und 20.3.2014; Beate Uhse AG, Hamburg vom 24.5.2016; CARPEVIGO AG, Holzkirchen vom 25.4.2016; Centrolsolar Group AG, München vom 12.4.2013; DF Deutsche Forfait AG, Köln vom 30.12.2014; Ekosem-Agrar GmbH, Walldorf vom 13.1.2016; Ekotechnika GmbH, Walldorf vom 12.3.2015; eno energy GmbH, Rerik vom 18.8.2015; friedola Gebr. Holzapfel GmbH, Meinhard vom 7.9.2015; German Pellets Gmbh, Wismar vom 26.1.2016; GEWA 5 to 1 GmbH & Co. KG, Esslingen vom 4.6.2018; HPI AG, München vom 15.10.2014, vom 10.2.2015 und vom 10.4.2015; KARLIE Group GmbH, Bad Wünnenberg vom 21.4.2016; Koch Gruppe Automobile AG, Berlin vom 21.2.2011; Laurèl GmbH, Aschheim vom 27.9.2016; Maritim Vertriebs GmbH, Kempten vom 24.7.2014; MIFA Mitteldeutsche Fahrradwerke AG, Sangerhausen vom 23.5.2014; Mologen AG, Berlin vom 21.12.2018; MS „Deutschland" Beteiligungsgesellschaft mbH, Neustadt vom 5.9.2014; MT-Energie GmbH, Zeven vom 8.4.2014; Novatec Solar GmbH, Karlsruhe vom 1.12.2014; OTI Greentech AG, Berlin vom 19.6.2018; Peine GmbH, Wilhelmshaven vom 23.4.2018; RENÉ LEZARD Mode GmbH, Schwarzach vom 9.1.2017; Rickmers Holding AG, Hamburg vom 21.4.2017; Sanha GmbH & Co. KG, Essen vom 27.6.2017; Singulus Technologies AG, Kahl am Main vom 18.9.2015 und vom 29.12.2015; Smart Solutions Holding GmbH, München vom 13.9.2017; Solar 8 Energy AG, Ratingen vom 27.10.2014; SolarWorld AG, Bonn vom 19.6.2013 und vom 20.6.2013; Solen AG, Meppen vom 19.3.2013; Strenesse AG, Nördlingen vom 31.1.2014; Wild Bunch AG, Berlin vom 26.7.2018.

aus ergeben, dass nicht vorhergesehene Bedürfnisse aus dem operativen Geschäft eine solche Anpassung verlangen.[5] Dies betrifft vor allem sogenannte High Yield Bonds[6], die umfangreiche Verpflichtungen und Beschränkungen der Emittentin enthalten, bspw. Beschränkungen hinsichtlich der weiteren Aufnahme von Verschuldung, Beschränkungen hinsichtlich der Veräußerung von Vermögensgegenständen, Ausschüttungsbeschränkungen und Beschränkungen hinsichtlich Geschäften mit nahestehenden Personen.[7]

Nach den allgemeinen Regelungen bedürfte es eines Änderungsvertrags zwischen der Emittentin und allen Anleihegläubigern, um Anleihebedingungen zu ändern. Daneben kann die Emittentin bilaterale Vereinbarungen mit jedem einzelnen Anleihegläubiger treffen, die nicht in den Anleihebedingungen umgesetzt werden und somit nur im Verhältnis der Emittentin zu dem einzelnen Anleihegläubiger wirken.[8] Bei Schuldverschreibungen, die bei einem breiten Investorenkreis platziert werden und frei übertragbar sind, sind diese Verfahren nicht praktikabel. Vor diesem Hintergrund können die Anleihebedingungen bestimmen, ob und inwieweit Mehrheitsbeschlüsse möglich sind. Außerdem kann die Gläubigermehrheit zur Wahrnehmung ihrer Rechte einen gemeinsamen Vertreter bestellen, um Informationsrechte der Gläubiger geltend zu machen und um ggf. Verhandlungen mit dem Schuldner zu führen und so gegenüber der Emittentin mit einer Stimme zu sprechen.[9] Die Beschlusskompetenz der Gläubiger zur Änderung der Anleihebedingungen kann auf bestimmte Ereignisse oder Umstände begrenzt sein oder umfassend gestaltet werden.[10] Für Beschlüsse über die Änderung der Anleihebedingungen bedarf es, anders als für die Bestellung eines gemeinsamen Vertreters, der Zustimmung der Emittentin. Durch Mehrheitsbeschluss kann aber keine Verpflichtung zur Leistung für einzelne Gläubiger bestimmt werden, denn es müssen für alle Gläubiger die gleichen Bedingungen vorgesehen sein.[11] 4

B. Mehrheitsbeschlüsse der Gläubiger

I. Ermächtigung in den Anleihebedingungen

1. Wahlfreiheit (§ 5 Abs 1 S 1 und § 5 Abs 3 S 2 SchVG). Die Möglichkeit eines 5
Mehrheitsbeschlusses nach § 5 SchVG besteht nur dann, wenn die Anleihebedingungen dies vorsehen. Die Emittentin hat also zunächst einmal die Wahl, ob sie Mehrheitsbe-

5 Siehe dazu bspw. die Veröffentlichungen im Bundesanzeiger zu den Einladungen zu Gläubigerversammlungen und Abstimmungen ohne Versammlung der: Capita plc, London vom 15.8.2018; Pfleiderer GmbH, Neumarkt i.d. OPf. vom 14.8.2015, publity AG, Leipzig vom 24.11.2017 und vom 8.5.2018; publity AG, Frankfurt vom 18.2.2019; Stada Arzneimittel Aktiengesellschaft, Bad Vilbel vom 8.6.2018 und der Steilmann – Boecker Fashion Point GmbH & Co. KG, Herne vom 2.6.2015.

6 High Yield Bonds sind hochverzinsliche Anleihen von Non-Investment-Grade-Emittenten, also solchen, deren Bonität von Moody's mit Ba1 oder schlechter oder von Standard & Poor's mit BB+ oder schlechter eingestuft wird und deren Dokumentation US-amerikanischem Vorbild folgt. Siehe dazu *Balz* ZBB **2009** 401 ff.

7 Der Großteil der von deutschen Emittenten begebenen High Yield Bonds unterliegt allerdings US Recht. Die Einführung der Möglichkeit von Mehrheitsbeschlüssen nach dem SchVG hat erst die Möglichkeit der Übertragung der komplexen Mechanismen von Hochzinsanleihen in das deutsche Recht ermöglicht. Seit der Einführung des SchVG sind bis heute eine Reihe Hochzinsanleihen unter deutschem Recht begeben worden. Siehe dazu *Balz* ZBB **2009** 409 ff.

8 Kein Verstoß gegen das Gleichbehandlungsgebot, Hopt/Seibt/*Thole* § 4 Rn 37. Siehe § 4 Rn 51.

9 RegE, BT-Drucks. 16/12814 S 18.

10 Langenbucher/Bliesener/Spindler/*Bliesener/Schneider* § 5 Rn 1.

11 Langenbucher/Bliesener/Spindler/*Bliesener/Schneider* § 5 Rn 1.

schlüsse überhaupt zulassen will. Entscheidet sie sich dagegen, sind die §§ 5 bis 21 SchVG nicht anwendbar, es bleibt allerdings bei der Anwendbarkeit der §§ 1 bis 4 SchVG. Eine nachträgliche Ermächtigung zur Fassung von Mehrheitsbeschlüssen erfordert wiederum die Zustimmung aller Gläubiger. Entscheidet sich die Emittentin für die Zulässigkeit von Mehrheitsbeschlüssen, kann sie sich zweitens für die voll umfängliche Anwendbarkeit der §§ 5ff SchVG entscheiden. Dafür genügt ein pauschaler Verweis auf die Anwendbarkeit der §§ 5ff SchVG, die positive Benennung einzelner Maßnahmen ist nicht notwendig.[12] Sie kann aber auch einzelne Voraussetzungen oder Situationen bestimmen, in denen Mehrheitsbeschlüsse Anwendung finden sollen. Außerdem kann die Emittentin in den Anleihebedingungen vorsehen, dass nur bestimmte Maßnahmen Mehrheitsbeschlüssen zugänglich sind. Das stellt § 5 Abs 3 S 2 SchVG ausdrücklich klar. Diese Wahlfreiheit in dreierlei Hinsicht – nämlich erstens, ob Mehrheitsbeschlüsse überhaupt zur Anwendung kommen sollen, zweitens, unter welchen Voraussetzungen und in welchen Situationen Mehrheitsbeschlüsse möglich sind und drittens, über welche konkreten Maßnahmen ein Mehrheitsbeschluss gefasst werden kann – schafft die notwendige Flexibilität und trägt der Vielgestaltigkeit der Ausstattung von Schuldverschreibungen Rechnung.[13]

6 Die Wahlfreiheit gilt auch für die Bestellung des gemeinsamen Vertreters. Der Emittentin steht es frei, nur die Bestellung eines gemeinsamen Vertreters ohne Mehrheitsbeschlüsse oder andererseits nur Mehrheitsbeschlüsse ohne die Möglichkeit der Bestellung eines gemeinsamen Vertreters vorzusehen.[14] Die Gegenansicht[15], die bei Anwendbarkeit von Mehrheitsbeschlüssen immer auch die Möglichkeit der Bestellung eines gemeinsamen Vertreters für zwingend erforderlich hält, findet keine Stütze im Wortlaut des Gesetzes. Es besteht auch kein Bedarf für eine solche Beschränkung.

7 Sofern die Anleihebedingungen die Bestellung eines gemeinsamen Vertreters vorsehen, kommt unstreitig auch die Bestellung eines gemeinsamen Vertreters im Insolvenzverfahren (§ 19 Abs 2 SchVG) in Betracht. Die Bestellung des gemeinsamen Vertreters kann im Insolvenzverfahren erhebliche Bedeutung erlangen, da der gemeinsame Vertreter die Gesamtforderung der Anleihegläubiger zur Tabelle anmeldet.[16] Ob ein gemeinsamer Vertreter im Insolvenzverfahren auch dann bestellt werden kann, wenn die Anleihebedingungen keine Ermächtigung zur Bestellung eines gemeinsamen Vertreters vorsehen, ist streitig.[17] Das AG Hamburg hat diese Frage verneint.[18] Die Begründung des Gesetzesentwurfs verweist auf § 18 SchVG 1899, welcher die Bestellung des Vertreters unabhängig von der Ermächtigung in den Anleihebedingungen vorsah und hält die Bestellung eines gemeinsamen Vertreters im Insolvenzverfahren in der Regel für wünschenswert.[19] Das genügt allerdings nicht, um von einem Redaktionsversehen des Gesetzgebers auszugehen.[20] Der Anwendungsbereich des § 19 SchVG ist nach dem Wortlaut des Gesetzes erst mit der Ausübung des Wahlrechts der Emittentin, die Bestellung eines gemeinsamen Vertreters generell zuzulassen, eröffnet. Der Gesetzgeber hat die Normen des SchVG, die unabhängig von der Entscheidung der Emittentin gelten sollen, klar um-

12 Friedl/Hartwig-Jacob/*Friedl/Schmidtbleicher* § 5 Rn 10; Langenbucher/Bliesener/Spindler/*Bliesener/Schneider* § 5 Rn 20.
13 Hopt/Seibt/*Thole* § 5 Rn 8f.
14 Hopt/Seibt/*Thole* § 5 Rn 10; Langenbucher/Bliesener/Spindler/*Bliesener/Schneider* § 7 Rn 10.
15 *Horn* BKR **2009** 452; Preuße/*Nesselrodt* § 8 Rn 5.
16 Siehe dazu § 19 Rn 44.
17 Bejahend *Brenner* NZI **2014** 790; Hopt/Seibt/*Thole* § 5 Rn 14; *Lürken* EWiR **2017** 56. Siehe § 19 Rn 7f.
18 AG Hamburg 1.9.2016 ZIP **2016** 2033.
19 RegE., BT-Drucks. 16/12814 S 25.
20 So aber *Lürken* EWiR **2017** 56.

rissen. Hat die Emittentin von diesem Wahlrecht keinen Gebrauch gemacht, bleibt es bei der Unanwendbarkeit der §§ 5 bis 21 SchVG. Für die Bestellung des gemeinsamen Vertreters im Insolvenzverfahren über § 19 SchVG ist dann kein Raum. Der Hinweis der Gegenansicht[21] auf die rein insolvenzrechtliche Anknüpfung des § 19 SchVG überzeugt nicht. Damit ist nicht zu erklären, warum die Bestellung eines gemeinsamen Vertreters der Gläubiger nur bei dem deutschen SchVG unterfallenden Anleihen erfolgen und nicht für alle Anleiheemissionen unabhängig von der gewählten Rechtsordnung gelten soll.

2. Keine emissionsübergreifenden Mehrheitsbeschlüsse. Das SchVG erlaubt keine emissionsübergreifenden Mehrheitsbeschlüsse.[22] Die Ermächtigung in den Anleihebedingungen gilt nach dem Wortlaut des § 5 Abs 1 S 1 SchVG für die Gläubiger derselben Anleihe, womit inhaltsgleiche Schuldverschreibungen aus Gesamtemissionen gemeint sind.[23] Hat eine Emittentin mehrere Anleihen begeben, deren Anleihebedingungen im Rahmen einer Gesamtrestrukturierung angepasst werden müssen, können die Verfahren betreffend unterschiedlicher Anleihen zwar im Sinne einer räumlich und zeitlich zusammengelegten Versammlung organisatorisch zusammengezogen werden. Die Beschlussfassung hat aber rechtlich getrennt zu erfolgen mit der Folge, dass die Ermittlung des Quorums und die Abstimmung über die Beschlussgegenstände für jede Anleihe separat zu erfolgen hat.[24] Eine Quasi-Aggregation im Sinne gegenseitiger aufschiebender Bedingungen für die Wirksamkeit der Beschlüsse bei der Beschlussfassung über mehrere Anleihen ist allerdings zulässig.[25] 8

Während des Gesetzgebungsverfahrens wurde gefordert, eine Änderung von Anleihebedingungen durch Mehrheitsbeschluss auch emissionsübergreifend, also über verschiedene Schuldverschreibungen der Emittentin, zu erlauben.[26] Der Arbeitskreis Reform des Schuldverschreibungsrechts hat die Forderung seit Inkrafttreten des SchVG aufgenommen.[27] Wünschenswert sei die Möglichkeit anleiheübergreifender Gläubigerbeschlüsse, wie sie auch in den europäisch harmonisierten Umschuldungsklauseln für die Schuldverschreibungen des Bundes (§§ 4a–4k BSchuWG) zu finden seien. Danach ist für anleiheübergreifende Beschlüsse, durch welche der wesentliche Inhalt der Anleihebedingungen geändert wird, nicht die qualifizierte Mehrheit jeder einzelnen Anleihe erforderlich. Vielmehr reicht es aus, wenn anleiheübergreifend eine qualifizierte Mehrheit erzielt wird und für jede einzelne betroffene Anleihe eine einfache Mehrheit der Gläubiger erreicht wird. Das verhindere die Obstruktion durch einzelne Gläubigergruppen.[28] 9

Praktisch relevant ist die Frage, ob und unter welchen Bedingungen Aufstockungen der Anleihe unter einen einheitlichen Beschluss fallen. Häufig sehen die Anleihebedingungen vor, dass die Emittentin weitere gleich ausgestattete Schuldverschreibungen begeben kann, die sich nur durch das Ausgabedatum unterscheiden und dann mit den bestehenden Schuldverschreibungen eine einzige Anleihe bilden. Macht die Emittentin hiervon kurz vor oder gar nach Einberufung der Gläubigerversammlung Gebrauch, kann dies den Verdacht begründen, dass die Emittentin so das notwendige Quorum für eine Beschlussfassung oder gar die notwendige Mehrheit durch gezielte Platzierung der auf- 10

---

21 *Lürken* EWiR **2017** 56.
22 Hopt/Seibt/*Thole* § 5 Rn 17; Langenbucher/Bliesener/Spindler/*Bliesener*/*Schneider* § 5 Rn 52a. Siehe auch Einf. Rn 39 und § 4 Rn 11.
23 Siehe dazu auch § 1 Rn 28 ff.
24 Hopt/Seibt/*Thole* § 5 Rn 17; Preuße/*Vogel* § 5 Rn 5.
25 Hopt/Seibt/*Thole* § 5 Rn 18; Preuße/*Vogel* § 5 Rn 5.
26 Stellungnahme des Deutschen Aktieninstitut (DAI) vom 22.8.2008 zum RefE SchVG.
27 *Arbeitskreis Reform des Schuldverschreibungsrechts* ZIP **2014** 846.
28 *Arbeitskreis Reform des Schuldverschreibungsrechts* ZIP **2014** 852.

gestockten Anleihe bei Investoren, die den Beschlussvorschlägen der Emittentin wohlgesonnenen gegenüberstehen, sichert. Richtigerweise handelt es sich auch bei den kurz vor der Gläubigerversammlung vorgenommenen Aufstockungen um dieselbe Anleihe.[29] Die Grenze solcher Gestaltungsmöglichkeiten findet sich im Verbot des Stimmenkaufs[30] und der allgemeinen Missbrauchskontrolle.[31] Die Aufstockung kurz vor der Abstimmung und Platzierung der neu ausgegebenen Anleihen bei wohlgesonnenen Investoren darf sich bei wertender Betrachtung also nicht als Vereinbarung der Gewährung eines Vorteils als Gegenleistung für ein bestimmtes Abstimmungsverhalten darstellen, bei der sich der neue Investor seiner Entscheidungsfreiheit begibt.

II. Grenzen von Mehrheitsbeschlüssen

11 **1. Abweichungsverbot zu Lasten der Gläubiger (§ 5 Abs 1 S 2 SchVG).** Die für die Beschlussfassung über Änderungen der Anleihebedingungen oder die Bestellung eines gemeinsamen Vertreters gewährte weitgehende Flexibilität ist begrenzt durch das Abweichungsverbot. Von den Bestimmungen der §§ 5 bis 21 SchVG darf gemäß § 5 Abs 1 S 2 SchVG nicht abgewichen werden, sofern die Abweichung zu Lasten der Gläubiger geht oder das Gesetz eine solche Abweichung nicht ausdrücklich vorsieht.

12 Vom Abweichungsverbot erfasst sind die formalen Anforderungen an Mehrheitsbeschlüsse und das Verfahren. Dazu gehören bspw. Abweichungen von den Bestimmungen der Stimmrechtsberechnung in § 6 SchVG oder die Erhöhung der Schwelle für die Einberufung einer Gläubigerversammlung durch die Minderheit in § 9 Abs 1 S 2 SchVG sowie die materiellen Vorgaben für Gläubigerbeschlüsse, wie etwa das Nachschussverbot in § 5 Abs 1 S 3 SchVG.[32] Abweichungen sind zulässig, wenn die §§ 5 bis 21 SchVG Spielräume oder Wahlrechte einräumen oder wenn die Abweichung zugunsten der Gläubiger wirkt. Ob eine Abweichung nachteilig ist oder zugunsten der Gläubiger wirkt, hat anhand einer rechtlichen, nicht einer rein wirtschaftlichen Beurteilung zu erfolgen. Entscheidend ist, ob die Norm dem Schutz der Gläubiger dient.[33] In diesem Sinne ist – unabhängig von der Klarstellung in § 5 Abs 3 S 2 SchVG – jede Einschränkung hinsichtlich des Katalogs der erlaubten Beschlussgegenstände in § 5 Abs 3 SchVG zulässig, da jede dieser Maßnahmen eine Einschränkung potentieller Gläubigerrechte durch einen Beschluss der Gläubigermehrheit darstellt.[34]

13 Eine Abweichung zu Lasten der Gläubiger ist in zweierlei Hinsicht denkbar: zum einen ist der auf Grundlage der Ermächtigung in den Anleihebedingungen gefasste Beschluss am Abweichungsverbot zu messen und zum anderen kann die in den Anleihebedingungen enthaltene Ermächtigung zur Vornahme von Mehrheitsbeschlüssen selbst gegen das Abweichungsverbot verstoßen. Der auf Grundlage der Ermächtigung in den Anleihebedingungen gefasste Beschluss ist an § 20 SchVG zu messen und ein Verstoß gegen das Abweichungsverbot kann zur Anfechtbarkeit des Beschlusses führen.[35] Verstößt dagegen schon die in den Anleihebedingungen enthaltene Ermächtigung zur Vornahme von Mehrheitsbeschlüssen gegen das Abweichungsverbot, ist die Rechtsfolge umstritten. Zum Teil wird angenommen, dass die Ermächtigung dann unwirksam ist mit

---

29 Hopt/Seibt/*Thole* § 5 Rn 19.
30 Siehe dazu § 6 Rn 22 ff.
31 Siehe § 5 Rn 21 und § 20 Rn 29.
32 Hopt/Seibt/*Thole* § 5 Rn 21; *Horn* BKR **2009** 449.
33 Hopt/Seibt/*Thole* § 5 Rn 24.
34 Preuße/*Vogel* § 5 Rn 17; **abweichend** Friedl/Hartwig-Jacob/*Friedl/Schmidtbleicher* § 5 Rn 4.
35 Siehe dazu § 20 Rn 20 ff.

der Begründung, dass sich eine geltungserhaltene Reduktion der Ermächtigung auf das gesetzlich erlaubte Maß verbiete.[36] Dies hätte zur Folge, dass Mehrheitsbeschlüsse gar nicht mehr gefasst werden könnten. Teilweise wird angenommen, dass die Ermächtigungsgrundlage auf ihren Kern, der im Einklang mit der gesetzlichen Regelung steht, geltungserhaltend zu reduzieren sei.[37] Das sei bei Verstößen gegen das Abweichungsverbot zulässig, da die geltungserhaltende Reduktion in diesem Zusammenhang das Fehlverhalten der Emittentin sanktioniere und das berechtigte Interesse der Gläubiger an der Fassung von Mehrheitsbeschlüssen berücksichtige.[38] Richtigerweise ist die Wirksamkeit der in den Anleihebedingungen vorgesehenen Ermächtigungsgrundlage vor dem Hintergrund des konkret gefassten Beschlusses zu beurteilen. Ermächtigen die Anleihebedingungen bspw. zu einer Einberufung der Gläubigerversammlung unter Verkürzung der gesetzlich vorgesehenen Mindestfristen, macht die Emittentin davon aber keinen Gebrauch und hält die gesetzlich vorgesehenen Fristen ein, ist der auf dieser Grundlage gefasste Beschluss der Gläubigerversammlung nicht schon mangels Ermächtigungsgrundlage unwirksam.[39]

2. Verbot der Begründung von Leistungspflichten (§ 5 Abs 1 S 3 SchVG). Ein Mehrheitsbeschluss darf gemäß § 5 Abs 1 S 3 SchVG keine Verpflichtung der Gläubiger zur Leistung begründen.[40] Die Regelung ist so zu verstehen, dass die Anleihegläubiger nicht über das eingesetzte Kapital hinaus belastet werden dürfen.[41] Verboten sind sowohl die Begründung von Nachschusspflichten der Anleihegläubiger über das eingesetzte Anleihekapital hinaus als auch in Folge der Beschlussfassung entstehende Kostentragungspflichten wie bspw. den Vergütungsanspruch des gemeinsamen Vertreters, wenn diesem eine Vergütung über das vom Emittenten zu tragende übliche Maß zugesagt werden soll oder der Vergütungsanspruch im Fall der Insolvenz der Emittentin zusätzlich durch die Anleihegläubiger abgesichert werden soll.[42] 14

Vom Verbot des § 5 Abs 1 S 3 SchVG nicht erfasst sind dagegen gesetzliche Folgen und andere Mitwirkungshandlungen, die sich aus den Mehrheitsbeschlüssen ergeben, bspw. aus einem Debt Equity Swap.[43] Das erfasst sowohl eine etwaige aus dem Debt Equity Swap folgende Differenzhaftung als auch Mitwirkungshandlungen bei der Umsetzung des Debt Equity Swaps wie die Übertragung der Schuldverschreibung auf eine Abwicklungsstelle oder die Übernahme der im Rahmen des Debt Equity Swaps zu erwerbenden Beteiligung.[44] 15

3. Gleichbehandlungsgebot (§ 5 Abs 2 S 2 SchVG). Der Mehrheitsbeschluss muss für alle Anleihegläubiger gleiche Bedingungen vorsehen und darf einzelne Anleihegläubiger nicht gegen ihren Willen benachteiligen. Wenn die benachteiligten Gläubiger zu- 16

---

36 Friedl/Hartwig-Jacob/*Friedel/Schmidtbleicher* § 5 Rn 26.
37 Veranneman/*Veranneman* § 5 Rn 8; im Ergebnis ähnlich Langenbucher/Bliesener/Spindler/*Bliesener/Schneider* § 5 Rn 21.
38 Veranneman/*Veranneman* § 5 Rn 8.
39 Hopt/Seibt/*Thole* § 5 Rn 27.
40 Vgl schon § 1 Abs 3 SchVG 1899.
41 Friedl/Hartwig-Jacob/*Friedl/Schmidtbleicher* § 5 Rn 27; Langenbucher/Bliesener/Spindler/*Bliesener/Schneider* § 5 Rn 64.
42 Hopt/Seibt/*Thole* § 5 Rn 29; Langenbucher/Bliesener/Spindler/*Bliesener/Schneider* § 5 Rn 64.
43 Hopt/Seibt/*Thole* § 5 Rn 30; Preuße/*Vogel* § 5 Rn 22; Theiselmann/*Lürken* S 226 Rn 127; Veranneman/*Veranneman* § 5 Rn 13; **aA** *Maier-Reimer* FS Goette (2011) 306.
44 Hopt/Seibt/*Thole* § 5 Rn 30; Veranneman/*Veranneman* § 5 Rn 13.

stimmen, ist die Ungleichbehandlung aber zulässig. Betrifft die Ungleichbehandlung den Inhalt der Anleihebedingungen kann als Konsequenz die Anleihe in zwei unterschiedliche Schuldverschreibungen zerfallen, einerseits von Gläubigern, die der Benachteiligung zugestimmt haben, und andererseits solchen, die nicht zugestimmt haben. Die unterschiedlich ausgestatteten Anleihen sind in diesem Fall durch separate Wertpapierkennnummern kenntlich zu machen.[45] Richtigerweise kann die Zustimmung auch konkludent erfolgen, soweit der Erklärungswert als Zustimmung eindeutig feststeht.[46] Mangels Erklärungswert genügt jedoch reines Schweigen nicht. Teilweise wird eine ausdrückliche Zustimmung verlangt.[47] Die Emittentin kann die benachteiligten Gläubiger unter Setzung einer Frist zur Genehmigung auffordern. Aus dem Rechtsgedanken der §§ 177 Abs 2, 108 Abs 2 BGB erscheint eine Aufforderung zur Genehmigung mit einer Frist von zwei Wochen naheliegend.[48] Während des Laufs der Frist ist der Beschluss schwebend unwirksam. Nach Ablauf der von der Emittentin gesetzten Frist gilt die Zustimmung dann als verweigert.

17 Beschlüsse über eine Änderung von Anleihebedingungen, die gegen das Gleichbehandlungsgebot verstoßen, sind nichtig. Das gilt unabhängig davon, ob der Beschluss nach § 20 SchVG erfolgreich angefochten wurde oder die Änderung der Anleihebedingung nach § 21 SchVG formell wirksam vollzogen wurde. Das hat der BGH in seiner Entscheidung vom 1.7.2014 klargestellt.[49] Der Entscheidung des BGH lag eine Konstellation zugrunde, in der die Laufzeit eines Wandelgenussscheins zwar mit Wirkung für alle Anleihegläubiger verlängert worden war. Jedoch wurde denjenigen Gläubigern, die für den Beschlussvorschlag gestimmt hatten, das Recht eingeräumt, von der Gesellschaft schon vor dem Ende der verlängerten Laufzeit den Rückkauf ihrer Wandelgenussscheine zum Nennwert zu verlangen, wenn sie auf ihr Wandlungsrecht verzichten. Nach Auffassung des BGH wurde es den zustimmenden Gläubigern auf diesem Weg ermöglicht, ihren Rückzahlungsanspruch vor Ablauf der verlängerten Laufzeit geltend zu machen. Der BGH sah hierin eine Begünstigung der für den Beschluss stimmenden Gläubiger.[50]

18 In der Regel nicht nach dem auf Gläubigerbeschlüsse bezogenen Gleichbehandlungsgebot zu beurteilen sind die verschiedenen Ausformungen der sogenannten Teilnahme- oder Zustimmungsprämie („Incentive-“ oder „Consent-Fee“). Damit ist die Gewährung finanzieller Anreize für die an der Gläubigerversammlung oder Abstimmung ohne Versammlung teilnehmenden bzw für den Beschlussvorschlag der Emittentin stimmenden Gläubiger gemeint. Solche finanziellen Anreize finden ihre Grenzen im Verbot des Stimmenkaufs.[51]

19 Auch eine sogenannte Wandlungsprämie („Wandlungsincentive“) im Zusammenhang mit der Beteiligung an einem Debt Equity Swap ist in der Regel nicht am Gleichbehandlungsgebot zu messen. Damit sind Gestaltungen gemeint, bei denen sich Gläubiger, die sich für eine Teilnahme am Debt Equity Swap entscheiden und ihre Anleiheforderungen in Gesellschaftsanteile wandeln, wirtschaftlich besser stellen als solche Gläubiger, die sich für eine Barabfindung entscheiden.[52] Hier ergibt sich die unterschiedliche Behandlung der Gläubiger meist allein durch die Ausübung des Wahlrechts der Anleihe-

45 Friedl/Hartwig-Jacob/*Friedl/Schmidtbleicher* § 5 Rn 31; Hopt/Seibt/*Thole* § 5 Rn 34; Langenbucher/Bliesener/Spindler/*Bliesener/Schneider* § 5 Rn 70; Veranneman/*Veranneman* § 5 Rn 17.
46 Hopt/Seibt/*Thole* § 5 Rn 35.
47 Friedl/Hartwig-Jacob/*Friedl/Schmidtbleicher* § 5 Rn 32; Preuße/*Vogel* § 5 Rn 25.
48 Für eine analoge Anwendung der §§ 177 Abs 2, 108 Abs 2 BGB, Hopt/Seibt/*Thole* § 5 Rn 35.
49 BGH 1.7.2014 NZG **2014** 1104.
50 BGH 1.7.2014 NZG **2014** 1105.
51 *Thole* ZIP **2014** 2367. Siehe dazu § 6 Rn 24.
52 Vgl unten zum Debt Equity Swap in Form des Erwerbsrechtemodells § 5 Rn 36.

gläubiger bezüglich mehrerer Optionen. Die Ausgestaltung der verschiedenen Optionen selbst ist aber für alle Gläubiger einheitlich gestaltet, so dass den Gläubigern gleiche Bedingungen angeboten werden.[53]

Auch der bilaterale Rückkauf von Schuldverschreibungen durch die Emittentin und andere bilaterale Vereinbarungen mit einzelnen Anleihegläubigern beruhen nicht auf Mehrheitsbeschlüssen und unterliegen damit nicht dem Gleichbehandlungsgebot des § 5 Abs 2 S 2 SchVG.[54] 20

4. Sachliche Rechtfertigung und allgemeines Missbrauchsverbot. Eine allgemeine materielle Inhaltskontrolle von durch die Anleihegläubiger gefassten Mehrheitsbeschlüssen im Sinne einer Verhältnismäßigkeitsprüfung kennt das SchVG nicht.[55] Insbesondere setzt das SchVG anders als das SchVG 1899 in § 11 Abs 1 SchVG 1899 keine Notlage oder Krise der Emittentin voraus und sieht anders als § 1 Abs 1 SchVG 1899 nicht vor, dass Beschlüsse der Gläubiger nur dann verbindliche Kraft für alle Gläubiger entfalten, wenn sie zur Wahrung ihrer gemeinsamen Interessen gefasst werden. Der Mehrheitsbeschluss nach dem SchVG trägt grundsätzlich seine sachliche Rechtfertigung bereits in sich.[56] Die Gegenansicht, die von der Fortgeltung der Prämisse des SchVG 1899 ausgeht, dass Beschlüsse der Gläubigerversammlung im gemeinsamen Interesse aller davon betroffenen Anleihegläubiger erfolgen müssen, führt zu einer allgemeinen materiellen Inhaltskontrolle von Gläubigerbeschlüssen.[57] Sie findet jedoch keine Stütze im Gesetz.[58] Allerdings findet die Gestaltungsfreiheit der Anleihegläubigermehrheit nach allgemeinen Grundsätzen ihre Grenze im Rechtmissbrauch[59] und unterliegt damit einer allgemeinen Missbrauchskontrolle.[60] 21

III. Einzelne Maßnahmen

Soweit von einer entsprechenden Ermächtigung in den Anleihebedingungen gedeckt[61], können die Anleihegläubiger unter anderem über die in § 5 Abs 3 S 1 SchVG aufgelisteten Maßnahmen beschließen. Die Auflistung ist exemplarisch und nicht abschließend und verdeutlicht lediglich die Vielzahl und große Reichweite der Maßnahmen, über die Beschlüsse gefasst werden können. Dabei betreffen die in § 5 Abs 3 S 1 Nr 1–9 SchVG vorgesehenen Maßnahmen Regelbeispiele für Beschlüsse über die Änderung des wesentlichen Inhalts der Anleihebedingungen, die nur aufgrund eines Beschlusses mit qualifizierter Mehrheit gefasst werden können (§ 5 Abs 4 SchVG) und zu deren Vornahme ein in den Anleihebedingungen bestellter gemeinsamer Vertreter nur aufgrund eines Beschlusses der Gläubigerversammlung ermächtigt werden kann (§ 8 Abs 2 SchVG).[62] 22

---

53 *Thole* ZIP **2014** 2367.
54 Siehe dazu Hopt/Seibt/*Thole* § 5 Rn 36.
55 *Cagalj* Restrukturierung von Anleihen nach dem neuen Schuldverschreibungsgesetz 345 ff; Hopt/Seibt/*Thole* § 5 Rn 31; Langenbucher/Bliesener/Spindler/*Bliesener/Schneider* § 5 Rn 72; *Podewils* DStR **2009** 1918; Veranneman/*Veranneman* § 5 Rn 14; **aA** *Baums* ZBB **2009** 6; *Horn* ZHR 173 (**2009**) 62; **vermittelnd** Friedl/Hartwig-Jacob/*Friedl/Schmidtbleicher* § 5 Rn 29; Preuße/*Vogel* § 5 Rn 19.
56 Veranneman/*Veranneman* § 5 Rn 14.
57 *Baums* ZBB **2009** 6.
58 *Cagalj* Restrukturierung von Anleihen 345 ff.
59 Hopt/Seibt/*Kiem* § 20 Rn 84.
60 *Cagalj* Restrukturierung von Anleihen 345; Hopt/Seibt/*Thole* § 5 Rn 31; Veranneman/*Veranneman* § 5 Rn 8. Siehe dazu § 20 Rn 29.
61 Hopt/Seibt/*Thole* § 5 Rn 39.
62 Hopt/Seibt/*Thole* § 5 Rn 40; Veranneman/*Veranneman* § 5 Rn 21.

23 **1. Eingriff in Zinsen (§ 5 Abs 3 S 1 Nr 1 SchVG).** Das SchVG erlaubt anders als das SchVG 1899 nicht mehr nur die Ermäßigung und Stundung der Zinsen (§ 11 Abs 1 SchVG 1899), sondern auch den vollständigen Verzicht auf Zinsen.[63] In der Praxis häufig anzutreffen sind Beschlüsse über die Verringerung oder den Ausschluss von Zinszahlung durch eine Ermäßigung des Zinssatzes oder die Verschiebung der Fälligkeit von Zinsen.[64] Die Kapitalisierung von Zinsen[65] findet in deutschem Recht unterliegenden Anleihen ihre Grenze in § 248 Abs 1 BGB. Ein der Kapitalisierung von Zinsen entsprechender wirtschaftlicher Effekt kann aber beispielsweise durch die Anpassung des Rückzahlungsbetrags der Anleihe (§ 5 Abs 3 S 1 Nr 2 SchVG) erreicht werden.

24 **2. Eingriff in Hauptforderung (§ 5 Abs 3 S 1 Nr 2, 3 und 7 SchVG).** Auch die Laufzeitverlängerung (Verschiebung der Fälligkeit der Forderung (§ 5 Abs 3 S 1 Nr 2 SchVG)) oder die Verringerung der Hauptforderung (§ 5 Abs 3 S 1 Nr 3 SchVG) gehören zu den üblichen Beschlussgegenständen im Zusammenhang mit der Restrukturierung von Anleihen.[66] Eine Laufzeitverlängerung ist auch dann zulässig, wenn die Anleihe bereits fällig ist.[67] Möglich ist auch eine langfristige oder eine auf unbestimmte Zeit bestimmte Stundung.[68] Dagegen wird ein gänzlicher Verzicht auf die Hauptforderung überwiegend für unzulässig[69], aber eine Herabsetzung auf nahezu null für möglich gehalten.[70] Begründet wird dies mit Hinweis auf den Wortlaut des § 5 Abs 3 S 1 Nr 1 SchVG, der für Zinsen neben deren Verringerung auch den Ausschluss erlaubt, wohingegen sich für den Ausschluss der Hauptforderung keine Stütze im Gesetzeswortlaut findet.[71] Eine solche Differenzierung leuchtet nicht ein. Sie widerspricht der gesetzgeberischen Intention,

---

63 Preuße/*Vogel* § 5 Rn 30.

64 Siehe dazu bspw. die Veröffentlichungen im Bundesanzeiger zu den Einladungen zu Gläubigerversammlungen und Abstimmungen ohne Versammlung der: 3W Power S.A., Luxemburg vom 5.11.2013; Beate Uhse AG, Hamburg vom 24.5.2016; CARPEVIGO AG, Holzkirchen vom 25.4.2016; DF Deutsche Forfait AG, Köln vom 30.12.2014; Ekotechnika GmbH, Walldorf vom 12.3.2015; friedola Gebr. Holzapfel GmbH, Meinhard vom 7.9.2015; German Pellets Gmbh, Wismar vom 26.1.2016; HPI AG, München vom 15.10.2014, vom 10.2.2015 und vom 10.4.2015; KARLIE Group GmbH, Bad Wünnenberg vom 21.4.2016; Laurèl GmbH, Aschheim vom 27.9.2016; Maritim Vertriebs GmbH, Kempten vom 24.7.2014; MIFA Mitteldeutsche Fahrradwerke AG, Sangerhausen vom 23.5.2014; MS „Deutschland" Beteiligungsgesellschaft mbH, Neustadt vom 5.9.2014; Novatec Solar GmbH, Karlsruhe vom 1.12.2014; OTI Greentech AG, Berlin vom 19.6.2018; Peine GmbH, Wilhelmshaven vom 23.4.2018; Sanha GmbH & Co. KG, Essen vom 27.6.2017; Singulus Technologies AG, Kahl am Main vom 18.9.2015; Smart Solutions Holding GmbH, München vom 13.9.2017; Solar 8 Energy AG, Ratingen vom 27.10.2014; Solen AG, Meppen vom 19.3.2013.

65 Sog. „PIK"-Zins (payable in kind).

66 Siehe dazu bspw. die Veröffentlichungen im Bundesanzeiger zu den Einladungen zu Gläubigerversammlungen und Abstimmungen ohne Versammlung der: 3W Power S.A., Luxemburg vom 5.11.2013 und 20.3.2014; Beate Uhse AG, Hamburg vom 24.5.2016; CARPEVIGO AG, Holzkirchen vom 25.4.2016; Ekosem-Agrar GmbH, Walldorf vom 13.1.2016; eno energy GmbH, Rerik vom 18.8.2015; friedola Gebr. Holzapfel GmbH, Meinhard vom 7.9.2015; German Pellets Gmbh, Wismar vom 26.1.2016; KARLIE Group GmbH, Bad Wünnenberg vom 21.4.2016; Laurèl GmbH, Aschheim vom 27.9.2016; Maritim Vertriebs GmbH, Kempten vom 24.7.2014; Novatec Solar GmbH, Karlsruhe vom 1.12.2014; OTI Greentech AG, Berlin vom 19.6.2018; Peine GmbH, Wilhelmshaven vom 23.4.2018; RENÉ LEZARD Mode GmbH, Schwarzach vom 9.1.2017; Q-Cells International Finance B.V., Rotterdam vom 10.2.2012; Sanha GmbH & Co. KG, Essen vom 27.6.2017; Smart Solutions Holding GmbH, München vom 13.9.2017; Solar 8 Energy AG, Ratingen vom 27.10.2014; Strenesse AG, Nördlingen vom 31.1.2014.

67 Unstr. vgl § 4 Rn 12.

68 Friedl/Hartwig-Jacob/*Friedl/Schmidtbleicher* § 5 Rn 38; Preuße/*Vogel* § 5 Rn 31.

69 Friedl/Hartwig-Jacob/*Friedl/Schmidtbleicher* § 5 Rn 38; Hopt/Seibt/*Thole* § 5 Rn 44; Langenbucher/Bliesener/Spindler/*Bliesener/Schneider* § 5 Rn 25; Preuße/*Vogel* § 5 Rn 32.

70 Hopt/Seibt/*Thole* § 5 Rn 44; Langenbucher/Bliesener/Spindler/*Bliesener/Schneider* § 5 Rn 25.

71 Friedl/Hartwig-Jacob/*Friedl/Schmidtbleicher* § 5 Rn 39.

dass die Anleihegläubiger prinzipiell jeder Änderung der Anleihebedingungen zustimmen können[72] und der Katalog des § 5 Abs 3 S 1 nur eine beispielhafte Aufzählung von möglichen Beschlussgegenständen enthält. Wirtschaftlich ist die Grenze zwischen einem vollständigen Forderungsverzicht und einem Forderungsverzicht nahe null oder einer Stundung der Forderung auf unbestimmte Zeit ohnehin fließend. Nach den Regelbeispielen erlaubt das Gesetz auch eine Entwertung der Forderung oder eine Umwandlung in einen gänzlich anderen Anspruch. Ihre Grenze finden solche Beschlüsse wiederum in den Grundsätzen der allgemeinen Missbrauchskontrolle.[73]

In der Praxis üblich ist im Zusammenhang mit einem (teilweisen) Verzicht auf die Hauptforderung die Beibringung eines Gutachtens über eine hypothetische Liquidationsquote, mit dem die Emittentin darlegt, dass sich die Anleihegläubiger im Falle einer möglichen alternativen Insolvenz der Emittentin wirtschaftlich schlechter stellen als durch Umsetzung der Beschlussvorschläge[74]. Dies kann bspw. kombiniert werden mit dem Angebot eines Besserungsscheins. Solche Gestaltungen haben ihren Hintergrund aber weniger in der Begegnung verfassungsrechtlicher Bedenken (Art. 14 GG) wegen der Enteignung der überstimmten Minderheitsgläubiger.[75] Sie sind vielmehr dem Erreichen des notwendigen Quorums bzw eines Mehrheitsbeschlusses mit qualifizierter Mehrheit förderlich. 25

Ein weiterer Fall eines Eingriffs in die Hauptforderung ist die Änderung der Währung der Schuldverschreibung (§ 5 Abs 3 S 1 Nr 7 SchVG). 26

Zur Erklärung des nicht ernsthaften Einforderns der Hauptforderung siehe § 5 Rn 29. 27

3. Nachrang (§ 5 Abs 3 S 1 Nr 4 SchVG). Mit der Nachrangvereinbarung erklären die Gläubiger, dass die Forderung aus den Schuldverschreibungen im Insolvenzverfahren des Schuldners erst nach den gewöhnlichen Insolvenzgläubigern befriedigt werden. Dies führt dazu, dass im Insolvenzverfahren in der Regel keine Befriedigung zu erwarten ist. In der Ausformung als sogenannter qualifizierter Nachrang und der Beachtung der dazu von der Rechtsprechung aufgestellten Vorgaben kann die Vereinbarung dazu führen, dass die Forderung bei der Aufstellung einer Überschuldungsbilanz nicht zu passivieren ist.[76] Damit kann bei einem deutschen Insolvenzrecht unterliegenden Schuldner die Beseitigung einer Überschuldungssituation (§ 19 InsO) erreicht werden. Voraussetzung hierfür ist, dass sich die Rangrücktrittsvereinbarung auf den Zeitraum vor und nach Insolvenzeröffnung erstreckt und die Forderung dauerhaft nur aus ungebundenem Vermögen und in der Insolvenz nur im Rang nach den Forderungen sämtlicher normaler Insolvenzgläubiger (§ 38 InsO) befriedigt werden darf.[77] 28

Ist bei einem deutschen Insolvenzrecht unterliegenden Schuldner dagegen Ziel der Erklärung die Beseitigung der Zahlungsunfähigkeit (§ 17 InsO), reicht in der Regel eine Erklärung aus, dass die fälligen Verbindlichkeiten nicht ernstlich eingefordert werden, die Anleihegläubiger sich also mit einer späteren Befriedigung einverstanden erklären.[78] Eine solche Erklärung der Anleihegläubiger des nicht ernsthaften Einforderns der Forde- 29

72 Veranneman/*Veranneman* § 5 Rn 28.
73 Siehe dazu § 5 Rn 21 und § 20 Rn 29.
74 Siehe dazu bspw. die Veröffentlichungen im Bundesanzeiger zur Einladung zu der Gläubigerversammlung der Smart Solutions Holding GmbH, München vom 13.9.2017.
75 So aber Friedl/Hartwig-Jacob/*Friedl/Schmidtbleicher* § 5 Rn 40; siehe dazu auch Preuße/*Vogel* § 5 Rn 32.
76 BGH 8.1.2001 NJW **2001** 1280; BGH 5.3.2015 NJW **2015** 1672.
77 BGH 5.3.2015 NJW **2015** 1673 Rn 16.
78 BGH 19.7.2007 NZI **2007** 579.

rungen aus der Anleihe kann auch – bei Vorliegen einer entsprechenden Ermächtigung – durch den gemeinsamen Vertreter erfolgen.[79]

30 **4. Umwandlung, Umtausch, Debt Equity Swap (§ 5 Abs 3 S 1 Nr 5 SchVG).** § 5 Abs 3 S 1 Nr 5 SchVG nennt als mögliche Maßnahme die Umwandlung oder den Umtausch der Schuldverschreibungen in Gesellschaftsanteile, andere Wertpapiere oder andere Leistungsversprechen. Damit ist insbesondere der in der Literatur intensiv diskutierte und in der Praxis bewährte Debt Equity Swap adressiert.[80] Der Umtausch von Schuldverschreibungen in Gesellschaftsanteile führt durch die Umwandlung von Fremd- in Eigenkapital zu einer Entschuldung der Emittentin. Der Debt Equity Swap ist in der Praxis in unterschiedlichen Varianten bei der Restrukturierung von Anleihen außerhalb eines Insolvenzverfahrens und im Insolvenzverfahren in Erscheinung getreten. Die Möglichkeit eines zwangsweisen Umtauschs von Schuldverschreibungen in Gesellschaftsanteile jeder Rechtsform durch Mehrheitsbeschluss der Anleihegläubiger hat in der Literatur nach Inkrafttreten des SchVG aber auch grundsätzliche Kritik hervorgerufen.

31 Gegen den Debt Equity Swap, der auch in Bezug auf die gegen ihn stimmenden Anleihegläubiger zwangsweise durchgeführt wird, sind verfassungsrechtliche Bedenken geäußert worden. Ein durch Mehrheitsbeschluss zwangsweise durchgeführter Wechsel von der Anleihegläubigerstellung in die Verbandsmitgliedschaft verstoße gegen die negative Koalitionsfreiheit des Art. 9 GG.[81] Außerdem wird mit Hinweis auf die Macrotron Rechtsprechung des BGH zum Wert der Verkehrsfähigkeit der Aktie[82] vertreten, dass ein Tausch von börsengehandelten Anleihen in Aktien nur möglich sei, wenn die Aktien nach dem Tausch an der Börse handelbar sind.[83] Die Literatur hat sich mit der Frage intensiv befasst und ganz überwiegend wird von der verfassungsrechtlichen Unbedenklichkeit der Regelung ausgegangen.[84] In den praktisch relevanten Varianten des Debt Equity Swaps wird den Gläubigern ohnehin ein Wahlrecht zwischen dem Tausch ihrer Schuldverschreibungen in Gesellschaftsanteile oder einer Barabfindung eingeräumt. Das hat seinen Hintergrund allerdings weniger in der Berücksichtigung verfassungsrechtlicher Bedenken als vielmehr den Bedürfnissen der am Debt Equity Swap beteiligten Gläubiger, von denen in der Regel wegen interner Anlagerichtlinien nicht alle von der Gläubigerstellung in eine Gesellschafterstellung wechseln können, sowie der mit einem Debt Equity Swap in Aktien einhergehenden Prospektpflicht, die durch ein Wahlrecht der Anleihegläubiger zeitlich nach hinten geschoben wird.[85] Der Hinweis auf die Recht-

79 Siehe dazu bspw. die Veröffentlichungen im Bundesanzeiger zur Einladung zu der Gläubigerversammlung der Beate Uhse Aktiengesellschaft, Hamburg vom 24.5.2016 und der Smart Solutions Holding GmbH, München vom 13.9.2017: „Ab dem Zeitpunkt der Beschlussfassung [...] ist nur der Gemeinsame Vertreter ermächtigt fällige Zinsen einzufordern oder vorübergehend nicht einzufordern". Zum Mehrheitserfordernis für die Ermächtigung des gemeinsamen Vertreters, siehe § 5 Rn 92.

80 Siehe dazu bspw. die Veröffentlichungen im Bundesanzeiger zu den Einladungen zu Gläubigerversammlungen und Abstimmungen ohne Versammlung der: 3W Power S.A., Luxemburg vom 20.3.2014; Centrolsolar Group AG, München vom 12.4.2013; Ekotechnika GmbH, Walldorf vom 12.3.2015; Rickmers Holding AG, Hamburg vom 21.4.2017; Singulus Technologies AG, Kahl am Main vom 29.12.2015; SolarWorld AG, Bonn vom 19.6.2013 und vom 20.6.2013; Wild Bunch AG, Berlin vom 26.7.2018.

81 Friedl/Hartwig-Jacob/*Friedl*/*Schmidtbleicher* § 5 Rn 44 ff; *Schmidtbleicher* Anleihegläubigermehrheit S 203 f, **einschränkend**, d.h. kein Verstoß gegen Art. 9 GG bei Tausch von Anleihen in Aktien, *Friedl* BB **2012** 1103.

82 BGH 25.11.2002 NJW **2003** 1032.

83 *Otto* DNotZ **2012** 812.

84 Ausführlich Hopt/Seibt/*Thole* § 5 Rn 58 f; Langenbucher/Bliesener/Spindler/*Bliesener*/*Schneider* § 5 Rn 43 ff; *Maier-Reimer* FS Goette (2011) 301 ff; siehe auch Theiselmann/*Lürken* S 225 Rn 127.

85 Siehe dazu § 5 Rn 37.

sprechung zur Verkehrsfähigkeit der Aktie ist überholt. Der BGH hat diese in der Folge eines Urteils des BVerfG[86] inzwischen aufgegeben.[87]

32 **a) Ausgangsstruktur des Debt Equity Swaps.** Beim Debt Equity Swap übertragen die Anleihegläubiger ihre Forderung mit Vollzug des entsprechenden Beschlusses der Anleihegläubiger über eine Abwicklungsstelle[88] auf die Emittentin und bringen diese im Wege einer Sachkapitalerhöhung ein. Im Gegenzug gibt die Emittentin neue Anteile an die Anleihegläubiger aus.[89] Auf die gesellschaftsrechtlichen Anforderungen für die Ausgabe neuer Anteile haben die Regelungen des SchVG keinen Einfluss. Es müssen entsprechende Beschlüsse der Gesellschafter für die Durchführung der Kapitalerhöhung gefasst werden, bei der Aktiengesellschaft also ein Beschluss der Hauptversammlung über die Sachkapitalerhöhung mit qualifizierter Mehrheit (§§ 182 Abs 1, 183 AktG). Die Verzahnung des Mehrheitsbeschlusses nach SchVG und der notwendigen gesellschaftsrechtlichen Beschlüsse ist über aufschiebende Bedingungen zu gewährleisten.[90] Außerdem ist regelmäßig ein Ausschluss des Bezugsrechts der Altaktionäre unter Beachtung der dafür erforderlichen gesellschaftsrechtlichen Anforderungen (§ 186 Abs 3 AktG)[91] erforderlich, da die neuen Aktien ausschließlich an die am Debt Equity Swap teilnehmenden Gläubiger ausgegeben werden sollen.

33 Da es sich bei den eingebrachten Forderungen um eine Sacheinlage handelt, muss diese nach allgemeinen Grundsätzen einer Wertprüfung unterzogen werden (§ 183 Abs 3 AktG).[92] In der Regel erfolgt der Debt Equity Swap zu einem Zeitpunkt, in dem die Forderungen der Anleihegläubiger nicht mehr voll werthaltig sind (Überschuldung der Emittentin). Dies impliziert, dass auch die Eigenkapitalanteile wertlos sind. Der Debt Equity Swap geht daher oftmals mit einem Kapitalschnitt auf null oder nahe null einher, in dessen Folge die Altgesellschafter vollständig aus der Gesellschaft gedrängt werden bzw stark verwässert werden.[93] Da die Altgesellschaft die zur Umsetzung des Debt Equity Swap notwendigen Beschlüsse fassen müssen (bei der Aktiengesellschaft ein Hauptversammlungsbeschluss mit qualifizierter Mehrheit) und die Beteiligung der Altgesellschafter am Restrukturierungsprozess außerhalb des Insolvenzverfahrens also notwendig ist, erfolgt oft eine wirtschaftliche Kompensation in Form einer Restbeteiligung der Altgesellschafter.[94] Außerdem kann den Altaktionären angeboten werden, ihrerseits durch Zuführung frischen Geldes an der Kapitalerhöhung zu partizipieren[95], oder ein Recht

86 BVerfG 11.7.2012 NZG **2012** 826.
87 BGH 8.10.2013 NJW **2014** 146.
88 *Friedl* BB **2012** 1103.
89 Hopt/Seibt/*Thole* § 5 Rn 54.
90 Hopt/Seibt/*Thole* § 5 Rn 61.
91 Hüffer/*Koch* § 186 AktG Rn 20 ff insb. 35, 14. Aufl. 2020; siehe auch *Friedl* BB **2012** 1103.
92 Siehe zum Meinungsstreit § 5 Rn 41 ff.
93 Dies geschieht in der Regel im Wege einer vereinfachten Kapitalherabsetzung gemäß §§ 229 ff AktG entweder auf das Mindestkapital oder auf null. Wird das Kapital unter den Mindestnennbetrag (§ 7 AktG) herabgesetzt, ist die Herabsetzung gemäß § 228 Abs 1 AktG zwingend mit einer regulären Kapitalerhöhung gegen Bareinlage auf den Mindestnennbetrag zu verbinden.
94 Siehe dazu bspw. die Veröffentlichungen im Bundesanzeiger zur Einladung zu der Gläubigerversammlung der SolarWorld Aktiengesellschaft, Bonn vom 19.6.2013 und vom 20.6.2013 und der Singulus Technologies Aktiengesellschaft, Kahl am Main vom 29.12.2015. In beiden Fällen sollte den Altaktionären nach Umsetzung der Anleiherestrukturierung jeweils ein Anteil von ca. 5% am Grundkapital verbleiben. Siehe dazu auch Theiselmann/*Lürken* S 264 Rn 276.
95 Das lässt sich technisch beispielsweise durch eine gemischte Bar-/Sachkapitalerhöhung umsetzen; siehe dazu Hüffer/*Koch* Aktiengesetz § 186 AktG Rn 35.

eingeräumt werden, beim Erwerbsrechtemodell die nicht getauschten Anteile zu übernehmen.[96]

34 Mit der Umsetzung der oben beschriebenen Grundstruktur des Debt Equity Swap gehen in der Praxis einige Schwierigkeiten einher. Bejaht man eine Prospektpflicht für die Ausgabe der neuen Anteile, muss vor Veröffentlichung der Einladung zur Gläubigerversammlung oder Abstimmung ohne Versammlung ein von der BaFin genehmigter Wertpapierprospekt vorliegen.[97] Außerdem entsteht bei der Umsetzung des Debt Equity Swap in der oben beschriebenen Form bei der Einbringung der Forderung in Höhe des nicht werthaltigen Teils der Forderung ein Sanierungsgewinn.[98] Nach der bis in das Jahr 2016 geübten Rechtspraxis ermöglichte der sog. Sanierungserlass[99] unter bestimmten Voraussetzungen eine steuerneutrale Umsetzung des Debt Equity Swaps unter Verbrauch aller vorhandenen steuerlichen Verluste und Verlustvorträge. Die Gewährung des Sanierungserlasses wurde typischerweise durch die Beantragung einer verbindlichen Auskunft abgesichert. Nachdem der große Senat des BFH den Sanierungserlass für verfassungswidrig erklärt hatte, erteilten die zuständigen Finanzämter für eine Übergangszeit keine verbindlichen Auskünfte mehr. Seit Ende 2018 kodifiziert der neu eingeführte § 3a EStG die bisherige Sanierungserlasspraxis.

35 **b) Pflichtwandelanleihe.** Eine alternative Möglichkeit zur technischen Umsetzung eines Debt Equity Swaps ist die Umwandlung der Anleihe in eine Pflichtwandelanleihe. Hierzu werden mittels Mehrheitsbeschluss der Gläubiger die Anleihebedingungen um ein Wandlungsrecht der Emittentin ergänzt, die Anleihe innerhalb eines bestimmten Zeitraums in Aktien der Emittentin zu einem in den Anleihebedingungen festgelegten Wandlungspreis zurückzuführen.[100] Die Umsetzung des Debt Equity Swaps über eine Pflichtwandelanleihe gewährt der Emittentin in der Regel keine gesteigerte zeitliche Flexibilität in Bezug auf die korrespondierenden Kapitalmaßnahmen.[101] Zwar müssten die korrespondierenden Kapitalmaßnahmen erst bei Ausübung der Wandlungsoption wirksam sein. Da aber andererseits für die Ausgabe der Pflichtwandelanleihe gemäß § 221 AktG ein Hauptversammlungsbeschluss mit qualifizierter Mehrheit erforderlich ist[102] und auch hier die Regelungen zum Bezugsrechtsausschluss entsprechend gelten (§ 221 Abs 4 AktG), relativiert sich dieser Vorteil. Außerdem kommt bei der Bedienung der Pflichtwandelanleihe neben der ordentlichen Kapitalerhöhung und der Ausnutzung eines genehmigten Kapitals auch die Ausnutzung eines bedingten Kapitals in Betracht. Mit Inkrafttreten der Aktienrechtsnovelle 2016 hat der Gesetzgeber klargestellt, dass auch die Pflichtwandelanleihe, die neben dem Recht der Emittentin zur Wandlung kein Recht der Gläubiger auf Wandlung vorsieht, aus bedingtem Kapital bedient werden kann (§ 192 Abs 2 Nr 1 AktG).[103] Grundsätzlich gilt der Umtausch von Schuldverschreibungen gegen Bezugsaktien im Rahmen des bedingten Kapitals nicht als Sacheinlage (§ 194 Abs 1 S 2

---

96 Siehe dazu unten § 5 Rn 36.
97 Siehe dazu unten § 5 Rn 48 ff.
98 Zu den steuerrechtlichen Folgen eines Debt Equity Swaps siehe Hopt/Seibt/*Ruoff* Kap 10 Rz 10.92 ff.
99 BMF Schreiben 27.3.2003 BstBl. I 2003 240; siehe dazu Hopt/Seibt/*Ruoff* Kap. 10 Rz.1064 ff.
100 Theiselmann/*Lürken* S 229 f Rn 147; siehe dazu bspw. die Veröffentlichungen im Bundesanzeiger zur Einladung zu der Gläubigerversammlung der Koch Gruppe Automobile AG, Berlin vom 21.2.2011.
101 Zu den Implikationen einer möglichen Prospektpflicht siehe unten § 5 Rn 56.
102 *Maier-Reimer* FS Goette (2011) 306.
103 Hopt/Seibt/*Artzinger-Bolten*/*Wöckener* § 1 Rn 46a.

AktG). Nach der h.M. gilt dies allerdings nicht für den Fall der nachträglichen Einfügung der Wandlungsoption durch einen Mehrheitsbeschluss.[104]

c) Erwerbsrechtemodell. Bei der Umsetzung des Debt Equity Swap in der Praxis häufig erprobt ist das Erwerbsrechtemodell.[105] Die Anleihegläubiger fassen hierbei einen Beschluss über den Umtausch der Schuldverschreibungen in Erwerbsrechte auf neue Aktien der Emittentin. Insoweit nennt § 5 Abs 3 S 1 Nr 5 SchVG ausdrücklich auch andere Leistungsversprechen. Dazu werden die von den Anleihegläubigern gehaltenen Schuldverschreibungen auf eine Abwicklungsstelle übertragen. Als Gegenleistung für die Übertragung der Schuldverschreibungen erhalten die Anleihegläubiger jeweils nicht verbriefte Ansprüche gegenüber der Abwicklungsstelle auf den Erwerb einer bestimmten Anzahl von neuen Aktien an der Gesellschaft. Die Erwerbsstelle tauscht die auf sie übertragenen Anleiheforderungen wie in der Ausgangsstruktur beschrieben in neue Aktien. Danach können die Erwerbsrechte durch die Anleihegläubiger innerhalb einer bestimmten Frist ausgeübt werden. Soweit einzelne Anleihegläubiger ihre Erwerbsrechte nicht oder nicht fristgerecht ausüben, erhalten diese einen Ausgleich in bar, der aus dem Abverkauf der nicht abgenommenen neuen Aktien über die Börse finanziert wird oder durch einen Verkauf an aufnahmebereite Dritte zu einem im Vorhinein bestimmten Verkaufspreis.[106] 36

Beim Erwerbsrechtemodell werden also nur diejenigen Gläubiger, die sich für die Ausübung ihrer Erwerbsrechte entscheiden, zu neuen Anteilseignern der Emittentin. Die nicht tauschwilligen Gläubiger werden ohne nachteilige Wirkung auf die Liquidität der Emittentin durch eine Barzahlung abgefunden.[107] Anleihegläubiger, für die aufgrund ihrer internen Anlagerichtlinien der Eintritt in die Gesellschafterstellung nicht in Frage kommt, haben so die Möglichkeit ihr Investment mit der Barabfindung zu liquidieren. Eine etwaige mit einem Debt Equity Swap in Aktien einhergehenden Prospektpflicht wird bei dem Erwerbsrechtemodell auf den Zeitpunkt der Entscheidung der Gläubiger über die Ausübung der Erwerbsrechte nach hinten verlagert.[108] 37

d) Debt Push-Up Modell. Das Erwerbsrechtemodell bietet, wie die Vielzahl von praktischen Anwendungsfällen zeigt, eine simple und praktikable Struktur zur Umsetzung des Debt Equity Swap. In Einzelfällen stößt es allerdings auch aus verschiedenen Gründen an Grenzen. Das kann zum einen an unterschiedlichen Interessenlagen verschiedener Gläubigergruppen liegen, wenn am Debt Equity Swap neben Anleihegläubigern bspw. noch Kreditgläubiger beteiligt sind, die keine Aktien an der Emittentin halten 38

104 *Friedl* BB **2012** 1106; Hopt/Seibt/*Thole* § 5 Rn 69; GroßkommAktG/*Frey*[4] § 194 AktG Rn 67, 75; MüKoAktG/*Fuchs* § 194 Rn 8; Spindler/Stilz/*Rieckers* § 194 AktG Rn 7; **aA** *Maier-Reimer* FS Goette (2011) 306 ff. Zu einer möglichen Differenzhaftung bei Ausnutzung eines bedingten Kapitals unten § 5 Rn 46.

105 Siehe dazu bspw. die Veröffentlichungen im Bundesanzeiger zu den Einladungen zu Gläubigerversammlungen und Abstimmungen ohne Versammlung der: 3W Power S.A., Luxemburg vom 20.3.2014; Centrolsolar Group AG, München vom 12.4.2013; Ekotechnika GmbH, Walldorf vom 12.3.2015; Pfleiderer Finance B.V., Deventer vom 27.6.2011; Singulus Technologies Aktiengesellschaft, Kahl am Main vom 29.12.2005; SolarWorld AG, Bonn vom 19.6.2013 und vom 20.6.2013; Wild Bunch AG, Berlin vom 26.7.2018.

106 Hopt/Seibt/*Thole* § 5 Rn 60. Aufnahmebereiter Dritter in diesem Sinne kann wie bei der Anleiherestrukturierung der SolarWorld AG auch der (ehemalige) Hauptgesellschafter sein, der auf diesem Weg die Möglichkeit erhält, an der Gesellschaft beteiligt zu bleiben. Siehe dazu *Thole* ZIP **2014** 2366. Kritisch zur alleinigen Beteiligung des Hauptgesellschafters und nicht auch der übrigen Altaktionäre *Florstedt* ZIP **2014** 1515 f.

107 Hopt/Seibt/*Thole* § 5 Rn 56.

108 Siehe dazu § 5 Rn 47 ff.

möchten oder auch auf den nicht werthaltigen Teil ihrer Forderungen formal nicht verzichten möchten. Auch die durch den Debt Equity Swap mit einer Vielzahl von Anleihegläubigern entstehende zersplitterte Aktionärsstruktur mag im Einzelfall nicht passen. Nach dem Wegfall des Sanierungserlasses kam es beim Debt Equity Swap für eine Übergangszeit außerdem zu ungewünschten Konsequenzen bei der Besteuerung.[109] Aber auch Gründe der Steueroptimierung auf Seiten der Investoren können im Einzelfall für das Debt Push-Up Modell sprechen.

39 Zur Umsetzung des Debt Push-Up Modells hat sich in der Praxis in erster Linie im Zusammenhang mit der Umsetzung von Sanierungen im Insolvenzplanverfahren aber auch als Mittel der Anleiherestrukturierung außerhalb des Insolvenzverfahrens[110] das folgende Modell bewährt: Ein für Zwecke der Restrukturierung gegründetes Vehikel, bspw. mit Sitz in Luxemburg, übernimmt die Verbindlichkeiten aus der Anleihe als neuer Schuldner und tritt schuldbefreiend für die Emittentin in die Anleihe ein (Schuldnerwechsel). Die Anleihegläubiger werden in Höhe der Schuldübernahme Gläubiger des Vehikels. Die Anleiheforderungen bestehen im Grundsatz auch nach Vollzug der Schuldübernahme in nominell unveränderter Höhe fort, werden aber nur aus freiem Vermögen des Vehikels, d.h. insbesondere aus den Erlösen aus einem Verkauf der neuen Aktien sowie aus etwaigen von der Emittentin auf die neuen Aktien ausgeschütteten Dividenden bedient. Die Schuldübernahme erfolgt hinsichtlich des überwiegenden Teil der Forderung regresslos. Wegen der Übernahme des werthaltigen Teils der Forderung entsteht eine Regressforderung gegen die (ehemalige) Emittentin. Diese werthaltige Regressforderung wird im Rahmen einer Sachkapitalerhöhung gegen neue Aktien in die (ehemalige) Emittentin eingebracht. Im Ergebnis haben die Anleihegläubiger nach dem so vollzogenen Emittentenwechsel eine in der Anleihe verbriefte Forderung gegen das Vehikel, welche wirtschaftlich unterlegt ist durch die neu ausgegebenen Aktien.

40 Hinsichtlich des Instruments, mit dem die Gläubiger an dem Vehikel beteiligt werden, weist das Modell eine hohe Flexibilität aus. Der oben beschriebene Emittentenwechsel ist nur eine Möglichkeit. Alternativ kann die von dem Vehikel übernommene Verbindlichkeit aus der Schuldverschreibung in ein flexibel ausgestaltbares anderes Instrument umgetauscht oder umgestaltet werden, welches je nach den Bedürfnissen der am Debt Equity Swap beteiligten Investoren mehr oder weniger stark ausgeprägte Züge eines eigenkapital- oder fremdkapitalähnlichen Instruments trägt. Möglich ist auch die Umgestaltung der Anleihe in ein nicht verbrieftes Schuldverhältnis, bspw. um eine mögliche Prospektpflicht zu vermeiden.[111]

e) Differenzhaftung

41 **aa) Forderungsbewertung und Differenzhaftung.** Problematisch ist in allen beschriebenen Strukturen die Forderungsbewertung und eine sich daraus möglicherweise ergebende Differenzhaftung. Da es sich bei den eingebrachten Anleiheforderungen (bzw im Debt Push-Up Modell bei der eingebrachten Regressforderung) um eine Sacheinlage handelt, muss diese nach allgemeinen Grundsätzen einer Wertprüfung unterzogen werden (§ 183 Abs 3 AktG i.V.m. §§ 33 Abs 3 bis 5, 34, 35 AktG). Der Wert der im Rahmen der Sachkapitalerhöhung eingebrachten Forderung ist gegenüber dem Registergericht nachzuweisen. Darauf kann verzichtet werden, wenn die im Rahmen der Sachkapitalerhö-

---

109 Siehe § 5 Rn 34.
110 Siehe dazu beispielsweise die im Bundesanzeiger veröffentlichten Einladungen zur Abstimmungen ohne Versammlung der Rickmers Holding AG, Hamburg vom 21.4.2017.
111 Siehe dazu § 5 Rn 48 ff.

hung eingebrachten Forderungen sich auf Anleihen beziehen, die an einem organisierten Markt (§ 2 Abs 11 WpHG), d.h. an einem regulierten Markt, gehandelt werden (§§ 183a Abs 1, 33a Abs 1 Nr 1 AktG). Dies trifft auf den überwiegenden Teil der Anleihen, die in der Praxis Gegenstand einer Anleiherestrukturierung sind, allerdings nicht zu. Diese werden vielmehr üblicherweise im Freiverkehr gehandelt. Entspricht der Wert der eingebrachten Vermögensgegenstände bei einer Sacheinlage nicht dem Nennbetrag des erhöhten Aktienkapitals, so entsteht nach Eintragung der Kapitalerhöhung in Höhe der Differenz eine verschuldensunabhängige Haftung der die Forderung einbringenden Gläubiger.[112] Anders als beim Debt Equity Swap im Insolvenzplanverfahren (§ 254 Abs 4 InsO) ist diese Haftung beim Debt Equity Swap außerhalb des Insolvenzverfahrens nicht gesetzlich ausgeschlossen.

bb) Einbringung der Forderung zum Nennwert. In der Literatur wird in diesem Zusammenhang teilweise vertreten, dass die Anleiheforderungen beim Debt Equity Swap stets zum Nennwert einzubringen sind.[113] Dann erübrigt sich eine Werthaltigkeitsprüfung und es besteht keine Gefahr einer damit verbundenen möglichen Differenzhaftung. Eine Werthaltigkeitskontrolle der Forderungen gegen die Gesellschaft sei im Rahmen eines Debt Equity Swaps weder zum Schutz der Gesellschaftsgläubiger noch der Gesellschafter erforderlich, die ordnungsgemäße Offenlegung sei vielmehr ausreichend. Bei der Umwandlung von Forderungen gegen die Gesellschaft in Eigenkapital handele es sich letztlich um einen bloßen Passivtausch, der die Interessen der Altgesellschafter nicht berühre, weil deren Gesellschaftsanteile in der Situation des Debt Equity Swaps entwertet sind, und der nicht geeignet sei, die Gläubiger über die Vermögensverhältnisse der Gesellschaft in die Irre zu führen.[114] 42

Für den Fall der Wandelanleihe wird vertreten, dass bei der Bedienung einer Pflichtwandelanleihe die Eigenschaft der Sacheinlage entfalle und die Forderungen damit zum Nennwert eingebracht werden.[115] Gemäß § 194 Abs 1 S 2 AktG ist der Tausch von Wandelschuldverschreibungen gegen Bezugsaktien im Zusammenhang mit einer bedingten Kapitalerhöhung nicht als Sacheinlage anzusehen. Damit bestünde die Möglichkeit die Anleihe per Gläubigerbeschluss durch Ergänzung eines Wandlungsrechts der Emittentin in eine Pflichtwandelanleihe zu überführen und auf diesem Weg die Werthaltigkeitsprüfung und das Risiko einer Differenzhaftung zu vermeiden. 43

cc) Einbringung der Forderung zum Verkehrswert. Die h.A. stellt demgegenüber auf den Verkehrswert der Forderung ab.[116] Da die Einbringung der Forderung als Sach- 44

112 Hüffer/*Koch* § 183 AktG Rn 21.

113 *Cahn/Simon/Theiselmann* Debt Equity Swap zum Nennwert! DB **2010** 1629 ff; *Cahn/Simon/Theiselmann* Nennwertanrechnung beim Debt Equity Swap! DB **2012** 501 ff; *Maier-Reimer* Debt Equity Swap, Gesellschaftsrecht in der Diskussion 2011, S 122 ff; *Spliedt* Debt-Equity-Swap und weitere Strukturänderungen, GmbHR **2012** 464; **de lege ferenda** *Cahn/Hutter/Kaulamo/Meyer/Weiß* WM **2014** 1309.

114 *Cahn/Hutter/Kaulamo/Meyer/Weiß* WM **2014** 1310.

115 *Maier-Reimer* FS Goette (2011) 306 ff.

116 *Altmeppen* Zur Rechtsstellung der Gläubiger im Konkurs gestern und heute, FS Hommelhoff (2012) S 13; *Brinkmann* Wege aus der Insolvenz eines Unternehmens – oder: Die Gesellschafter als Sanierungshindernis, WM **2011** 101; *Ekkenga* Neuerliche Vorschläge zur Nennwertanrechnung beim Debt-Equity-Swap, DB **2012** 331 ff; *Friedl* BB **2012** 1105; Hopt/Seibt/*Thole* § 5 Rn 67; *Hirte/Knof/Mock* Das Gesetz zur weiteren Erleichterung der Sanierung von Unternehmen, DB **2011** 642; Hüffer/*Koch* § 27 AktG Rn 17; MüKoAktG/*Pentz*[4] § 27 Rn 29; *Kleindiek* Debt-Equity-Swap im Insolvenzplanverfahren, FS Hommelhoff (2012) 550 ff; *Priester* Debt-Equity-Swap zum Nennwert? DB **2010** 1445 ff; *K. Schmidt* Gesellschaftsrecht und Insolvenzrecht im ESUG Entwurf, BB **2011** 1609; *Urlaub* Notwendige Änderungen im ESUG zur Verhinderung von Missbräuchen, ZIP **2011** 1045.

einlage zu qualifizieren ist, sind die regulären Bewertungsvorschriften für die Kapitalaufbringung bei Sachkapitalerhöhungen zu beachten. Daraus folgt eine Anrechnung auf die Einlageverpflichtung nur in Höhe des werthaltigen Teils der Forderung.[117] Die Gesetzesbegründung zum ESUG, nach der beim Debt Equity Swap im Insolvenzplanverfahren zur Frage der Werthaltigkeit des Anspruchs ein Bewertungsgutachten einzuholen ist, geht von einer Einbringung der Forderung zum Verkehrswert aus.[118] Die These, dass die Forderung beim Debt Equity Swap zum Nennwert einzubringen sei, lässt sich in die bestehende Systematik der Vorschriften zur Kapitalaufbringung nicht einordnen und läuft auf einen Bruch mit fundamentalen Prinzipien der Kapitalaufbringung hinaus.[119] Ohne eine Klarstellung des Gesetzgebers ist vor diesem Hintergrund beim Debt Equity Swap in der Praxis eine Einbringung der Forderung zum Nennwert nicht anzuraten.

45 Ungeklärt ist innerhalb der h.A., ob der Verkehrswert der Forderungen zu Liquidationswerten der Gesellschaft oder Fortführungswerten zu ermitteln ist, ob bei der Bewertung der eingebrachten Forderung also von einer Zerschlagung des Unternehmens oder dessen Fortführung auszugehen ist. Bei einer Forderungsbewertung innerhalb eines Insolvenzplanverfahrens sprechen die besseren Gründe für eine Bewertung der Forderung zu Liquidationswerten.[120] Aber auch außerhalb des Insolvenzverfahrens wird mit guten Gründen vertreten, eine Unternehmensbewertung nach Liquidationswerten zugrunde zu legen.[121] Aus Vorsichtsgründen ist in der Praxis jedenfalls zu empfehlen, die Bewertung zu Liquidationswerten zu ermitteln.

46 **dd) Umwandlung in Pflichtwandelanleihe.** Auch die Überführung der Anleihe mittels Beschluss der Gläubigerversammlung in eine Pflichtwandelanleihe ist kein geeigneter Weg, das Risiko einer Differenzhaftung zu vermeiden. Nach der h.M. muss das Wandlungsrecht bei der Emission der Schuldverschreibung bestanden haben und eine erst nachträgliche Begründung des Wandlungsrechts führt nicht zu einer Vermeidung des Risikos der Differenzhaftung.[122] Wenn die Aktiengesellschaft durch die nachträgliche Überführung der Anleihe in eine Pflichtwandelanleihe auf eine drohende Überschuldung reagiert, ist die Annahme, dass zwischen dem Ausgabebetrag und dem Wert der Rückzahlungsforderung keine erheblichen Unterschiede bestehen, nicht mehr gerechtfertigt.[123]

47 **f) Pflichtangebot.** Wenn der Debt Equity Swap dazu führt, dass sich 30% der Stimmrechte in der Hand eines Gesellschafters befinden, kann der Debt Equity Swap ein

---

117 BGH 26.3.1984 NJW **1984** 1891; BGH 15.1.1990 NJW **1990** 985; BGH 21.2.1994 NJW **1994** 1477 f; *Simon/Merkelbach* Gesellschaftsrechtliche Strukturmaßnahmen im Insolvenzplanverfahren nach dem ESUG NZG **2012** 123.

118 Begründung RegE. ESUG, BR-Drucks. 127/11 S 45.

119 *Altmeppen* Zur Rechtsstellung der Gläubiger im Konkurs gestern und heute, FS Hommelhoff (2012) 14.

120 *Altmeppen* Zur Rechtsstellung der Gläubiger im Konkurs gestern und heute, FS Hommelhoff (2012) 15; *Kleindiek* Debt-Equity-Swap im Insolvenzplanverfahren, FS Hommelhoff (2012) 555; *Simon/Merkelbach* Gesellschaftsrechtliche Strukturmaßnahmen im Insolvenzplanverfahren nach dem ESUG, NZG **2012** 124; **aA** *Eidenmüller/Engert* Reformperspektiven einer Umwandlung von Fremd- in Eigenkapital (Debt Equity Swap) im Insolvenzplanverfahren, ZIP **2009** 543.

121 *Hirte/Knof/Mock* Das Gesetz zur weiteren Erleichterung der Sanierung von Unternehmen, DB **2011** 642; **aA** *Eidenmüller/Engert* Reformperspektiven einer Umwandlung von Fremd- in Eigenkapital (Debt Equity Swap) im Insolvenzplanverfahren, ZIP **2009** 543.

122 *Friedl* BB **2012** 1106; Hopt/Seibt/*Thole* § 5 Rn 69; GroßkommAktG/*Frey*[4] § 194 AktG Rn 67, 75; MüKoAktG/*Fuchs*[4] § 194 Rn 8; Spindler/Stilz/*Rieckers* § 194 AktG Rn 7; **aA** *Maier-Reimer* FS Goette (2011) 306 ff.

123 GroßkommAktG/*Frey*[4] § 194 AktG Rn 67, 75.

Pflichtangebot an die übrigen Aktionäre (§§ 35, 29 WpÜG) auslösen. Dann kann ein Antrag auf Befreiung von der Pflicht zur Veröffentlichung eines Übernahmeangebots bei der BaFin nach § 37 WpÜG i.V.m. § 9 Abs 1 Nr 3 WpÜG-AV im Zusammenhang mit der Sanierung der Zielgesellschaft gestellt werden.

g) Prospektpflicht

aa) Praktische Schwierigkeiten bei Annahme einer Prospektpflicht. Wertpapiere und Vermögensanlagen dürfen im Inland nur auf Grundlage eines Prospekts öffentlich angeboten werden. In der Literatur umstritten ist, ob der Debt Equity Swap in den oben beschriebenen Konstellationen eine Prospektpflicht gemäß § 3 Abs 2 WpPG bzw § 6 VermAnlG auslöst.[124] Als zeitlicher Anknüpfungspunkt wird dabei auf den in der Einladung zur Gläubigerversammlung oder Abstimmung ohne Versammlung enthaltenen Beschlussvorschlag der Emittentin abgestellt.[125] Werden den Anleihegläubigern als Gegenleistung für den Umtausch ihrer Forderungen Wertpapiere angeboten, ist das WpPG einschlägig; bei einem Angebot von Vermögensanlagen im Debt Push-Up Modell kann je nach Ausgestaltung des Instruments auch das VermAnlG einschlägig sein. Allgemein ist mit einer Prospektpflicht im Zusammenhang mit einem Debt Equity Swap die besondere Schwierigkeit verbunden, dass das öffentliche Angebot von Wertpapieren (oder Vermögensanlagen) in Bezug auf den Adressatenkreis kaum steuerbar ist. Anders als bei der Emission einer Schuldverschreibung, bei der sich die Emittentin für die Ansprache bestimmter Investorenkreise entscheidet, können wegen der freien Übertragbarkeit der Schuldverschreibungen in der Situation eines Debt Equity Swaps die Anleihegläubiger, an die sich das Angebot zum Umtausch ihrer Schuldverschreibungen richtet, weit verstreut sein. Damit können kapitalmarktrechtliche Vorschriften einer Vielzahl von Jurisdiktionen betroffen sein. Bei Anleihegläubigern mit Sitz in einem EWR-Staat hilft in diesem Zusammenhang die Möglichkeit der Notifizierung des gebilligten Prospekts weiter. 48

Auch im Hinblick auf die der Emittentin tatsächlich zur Verfügung stehenden operativen Ressourcen kann eine Prospektpflicht in der praktischen Umsetzung mit erheblichen Belastungen verbunden sein. Für die parallele Vorbereitung, Erstellung, Billigung und Veröffentlichung eines Wertpapierprospekts vor Veröffentlichung der Einladung zur Gläubigerversammlung oder Abstimmung ohne Versammlung im Bundesanzeiger fehlt der Emittentin vielfach schlicht die erforderliche Zeit, wenn Ziel des Umtauschs der Anleihe die Vermeidung der Insolvenz der Emittentin ist.[126] Weitere praktische Schwierigkeiten ergeben sich in der Konstellation, in der ein von den Anleihegläubigern zu bestellender gemeinsamer Vertreter zur Verhandlung und Durchführung bspw. eines Debt Push-Up Modells ermächtigt werden soll, die rechtlichen Details der Struktur einschließlich der Identität des die neuen Aktien übernehmenden Vehikels und damit der Emittentin der den Gläubigern angebotenen Wertpapiere aber noch nicht feststehen. In diesen Fällen kann die Annahme einer Prospektpflicht dazu führen, dass bestimmte Strukturen zur Sanierung der Emittentin, die beim Debt Equity Swap eine Prospektpflicht auslösen, als Mittel der Sanierung von vornherein nicht in Betracht kommen. 49

bb) Gesetzliche Ausnahmen von der Prospektpflicht. Im Einzelfall kann die Emittentin je nach Zusammensetzung des Anleihegläubigerkreises möglicherweise von 50

124 Prospektpflicht grundsätzlich bejahend *Becker/Pospiech* NJW-Spezial **2014** 591; Friedl/Hartwig-Jacob/*Friedl/Schmidtbleicher* § 5 Rn 64; *J. Schneider* AG **2016** 345; Hopt/Seibt/*Thole* § 5 Rn 74.
125 *Becker/Pospiech* NJW-Spezial **2014** 592; Friedl/Hartwig-Jacob/*Friedl/Schmidtbleicher* § 5 Rn 64.
126 Langenbucher/Bliesener/Spindler/*Bliesener/Schneider* § 5 Rn 34.

den Ausnahmen von der Prospektpflicht gemäß § 3 Abs 2 WpPG bzw § 2 VermAnlG Gebrauch machen. Für eine Prospektpflicht nach dem WpPG können im Einzelfall die folgenden gesetzlichen Ausnahmetatbestände des § 3 Abs 2 WpPG zur Verfügung stehen: Angebot ausschließlich an qualifizierte Anleger (§ 3 Abs 2 Nr 1 WpPG), Angebot an weniger als 150 nicht qualifizierte Anleger pro EWR Staat (§ 3 Abs 2 Nr 2 WpPG) und Angebot an Anleger mit einem Mindestangebot von EUR 100.000 pro Anleger (§ 3 Abs 2 Nr 3 WpPG).[127] Diese Ausnahmen können im Einzelfall insbesondere bei Anleihen, die schon bei der Emission mit einer Stückelung von EUR 100.000 ausgegeben wurden, einschlägig sein. Bei Anleihen, die mit einer Stückelung von EUR 1.000 im Rahmen eines öffentlichen Angebots auch an Privatanleger emittiert wurden, werden sie dagegen praktisch kaum in Betracht kommen. Die Prospektpflicht für den Tausch der Anleihen im Zusammenhang mit einem Debt Equity Swap entfällt allerdings nicht schon allein deshalb, weil die Anleihe ursprünglich mit einer Stückelung von EUR 100.000 emittiert wurde oder eine Abwicklungsstelle die neuen Aktien zunächst übernimmt. Im Debt Push-Up Modell kann auf die Erfordernisse des Kapitalmarktrechts durch entsprechende Strukturierung des ausgegebenen Instruments Rücksicht genommen werden, indem die neu ausgegebenen Aktien in dem Vehikel verbleiben und das Vehikel seinerseits ein neues Instrument an die am Debt Equity Swap teilnehmenden Anleihegläubiger emittiert.

51 **cc) Generelle Ablehnung der Prospektpflicht.** Im Schrifttum wird vor diesem Hintergrund teilweise eine Prospektpflicht generell verneint.[128] Teilweise wird auch angenommen, dass eine Prospektpflicht jedenfalls beim Debt Equity Swap im Insolvenzplanverfahren entfällt.[129] Es handele sich nicht um ein öffentliches Angebot von Wertpapieren. Das Angebot beim Debt Equity Swap richte sich eben nicht an jedermann, sondern nur an die zur Wandlung berechtigten Anleihegläubiger.[130] Zudem sei die Einladung zur Gläubigerversammlung bzw Abstimmung ohne Versammlung kein Angebot zur Zeichnung von Wertpapieren und diene nur der Vorbereitung einer Entscheidung über die Ausübung von Gläubigerrechten.[131] Außerdem fehle es an der individuellen Anlageentscheidung der Gläubiger. Die einzig relevante Erklärung, die die Gläubiger abgeben würden, sei die Stimmabgabe in der Gläubigerversammlung oder in der Abstimmung ohne Versammlung. Der Beschluss sei dann für alle Gläubiger bindend unabhängig davon, ob sie teilgenommen haben oder überstimmt wurden.[132] Auch der Zweck der Prospektpflicht, die angesprochenen Anleger in die Lage zu versetzen, eine informierte Anlageentscheidung zu treffen, sei nicht berührt. Der Anleger habe in der Gläubigerversammlung ein umfassendes Informationsrecht. Das SchVG begründe ein in sich abgeschlossenen und eigenständiges Informations- und Beschlussregime und lasse sich nicht mit der Definition des öffentlichen Angebots i.S.d. WpPG in Einklang bringen.[133] Außerdem habe der Gläubiger seine Anlageentscheidung bereits mit Erwerb der Schuldver-

127 *Cahn/Hutter/Kaulamo/Meyer/Weiß* WM **2014** 1315.
128 Langenbucher/Bliesener/Spindler/*Bliesener/Schneider* § 5 Rn 34; *Cahn/Hutter/Kaulamo/Meyer/Weiß* WM **2014** 1313; wohl auch Theiselmann/*Lürken* S 227 Rn 131.
129 Hopt/Seibt/*Thole* § 5 Rn 75.
130 *Cahn/Hutter/Kaulamo/Meyer/Weiß* WM **2014** 1313; Theiselmann/*Lürken* S 227 Rn 131.
131 Langenbucher/Bliesener/Spindler/*Bliesener/Schneider* § 5 Rn 36.
132 *Cahn/Hutter/Kaulamo/Meyer/Weiß* WM **2014** 1314; Langenbucher/Bliesener/Spindler/*Bliesener/Schneider* § 5 Rn 37.
133 *Cahn/Hutter/Kaulamo/Meyer/Weiß* WM **2014** 1314; Langenbucher/Bliesener/Spindler/*Bliesener/Schneider* § 5 Rn 38.

schreibungen getroffen, die Umwandlung sei nur noch Disposition über ein früher getätigtes Investment.[134]

dd) Handhabung durch die BaFin. Die BaFin scheint allerdings davon auszugehen, dass der durch einen Mehrheitsbeschluss der Anleihegläubiger herbeigeführte Debt Equity Swap zu einer Prospektpflicht führen kann[135], wenngleich eine öffentliche Verlautbarung zu diesem Thema bisher nicht vorliegt. Andererseits scheint die BaFin bei bloßen Änderungen wie der Ergänzung einer Nachrangklausel auf der Grundlage von Mehrheitsbeschlüssen der Anleihegläubiger nicht in jedem Fall von einer Prospektpflicht auszugehen. Das kann sich aber dann ändern, wenn damit eine fundamentale Änderung der Anleihe einhergeht, bspw. im Fall der Schuldnerersetzung im Debt Push-Up Modell verbunden mit einer tiefgreifenden Änderung der Anleihebedingungen. 52

ee) Stellungnahme. Eher nicht überzeugend ist das Argument, dass sich das Angebot beim Debt Equity Swap nicht an die Öffentlichkeit richte.[136] Der Emittent hat keine konkrete Kenntnis über die Identität der Anleihegläubiger, an die er sich mit seinem Angebot richtet. So ist auch allgemein anerkannt, dass ein Umtauschangebot an bestehende Anleihegläubiger (Exchange Offer) grundsätzlich vom Begriff des öffentlichen Angebot umfasst sein kann.[137] 53

Tatsächlich ist aber der Zweck der Prospektpflicht in der Situation des Debt Equity Swaps nicht einschlägig. Das Informations- und Beschlussregime des SchVG sorgt für eine ausreichende Information der Gläubiger durch das Erfordernis eines Quorums und eines Beschlusses mit qualifizierter Mehrheit für einen Debt Equity Swap. Insoweit ist es praktisch kaum vorstellbar, dass eine Beschlussfassung ohne Mobilisierung und ausreichende Information der Anleihegläubiger zustande kommt. Damit einher gehen in der Regel durch Berater der Emittentin aufbereitete Unterlagen, wie bspw. eine Liquidationswertanalyse und ein durch einen Wirtschaftsprüfer angefertigtes Sanierungsgutachten, das den Anforderungen des IDW S-6 genügt. 54

Außerdem ist prospektrechtlich keine sinnvolle Abgrenzung zwischen einer nicht prospektpflichtigen bloßen Änderung der Anleihebedingungen und einer prospektpflichtigen erheblichen Umgestaltung des Wertpapiers möglich. So leuchtet zunächst einmal ein, dass nicht jede Änderung der Anleihebedingungen, bspw. die Anpassung des Zinssatzes, die Verlängerung der Laufzeit oder die Bestellung neuer Sicherheiten, zu einer Prospektpflicht führen sollte. Bejaht man grundsätzlich eine Prospektpflicht, stellt sich in diesem Zusammenhang aber die Frage, ob dies auch für erhebliche Umstrukturierungen des bestehenden Wertpapiers, bspw. die Einfügung einer Nachrangklausel, die gewinnabhängige Verzinsung oder einen Emittentenwechsel, gelten soll. Teilweise wird in diesem Zusammenhang vertreten, dass die Umgestaltung des Wertpapiers eine Prospektpflicht auslöst, wenn sie in ihren wirtschaftlichen Auswirkungen oder in einer Gesamtbetrachtung einem Debt Equity Swap nahe- oder gleichkomme.[138] Jedoch ist diese Abgrenzung fließend und kaum praktikabel. 55

---

134 Langenbucher/Bliesener/Spindler/*Bliesener/Schneider* § 5 Rn 38.
135 Friedl/Hartwig-Jacob/*Friedl/Schmidtbleicher*, § 5 Rn 61; Langenbucher/Bliesener/Spindler/*Bliesener/Schneider* § 5 Rn 36.
136 Friedl/Hartwig-Jacob/*Friedl/Schmidtbleicher* § 5 Rn 61.
137 Vgl nur *Groß*[7] § 2 WpPG Rn 10 mwN; siehe auch Assmann/Schlitt/von Kopp-Colomb/*von Kopp-Colomb/J. Schneider* § 2 WpPG Rn 47.
138 Assmann/Schlitt/von Kopp-Colomb/*von Kopp-Colomb/J. Schneider* § 2 WpPG Rn 66; *J. Schneider* AG **2016** 345.

56 Auch das Beispiel des Debt Equity Swap bei der Pflichtwandelanleihe über eine nachträgliche Einführung eines Wandlungsrechts der Emittentin verdeutlicht die Schwierigkeiten der prospektrechtlichen Einordnung von Umgestaltungen des Wertpapiers, die auf der Grundlage eines Beschlusses der Anleihegläubiger erfolgen. Sinnlos wäre es in diesem Zusammenhang von einer Prospektpflicht bei Ausübung des Wandlungsrechts durch die Emittentin auszugehen, weil zu diesem Zeitpunkt die Anleihegläubiger gar keine Möglichkeit mehr haben, den Umtausch ihrer Anleihen in Aktien der Emittentin zu verhindern. Dann stellt sich die Frage, ob eine Prospektpflicht an der Einladung zur Gläubigerversammlung oder Abstimmung ohne Versammlung oder am Abstimmungsvorgang anknüpfen sollte, obwohl hier nur die Ergänzung der Anleihebedingungen um ein Wandlungsrecht der Emittentin im Raum steht, dessen Ausübung durch die Emittentin noch ungewiss ist. Die wohl h.A. in der Literatur lehnt eine Prospektpflicht in dieser Konstellation richtigerweise ab.[139]

57 Zusammenfassend lässt sich festhalten, dass die besseren Argumente gegen eine Prospektpflicht aufgrund eines öffentlichen Angebots sprechen. Das SchVG begründet insoweit ein eigenes Informations- und Beschlussregime, welches den Regelungen des WpPG vorgeht.[140] Solange es keine öffentliche Verlautbarung der BaFin oder Klarstellung durch den Gesetzgeber gibt, wird die Emittentin sich in der Praxis auf die abweichende Sicht der BaFin einstellen müssen. Im Zweifelsfall ist eine Abstimmung mit der BaFin anzuraten.

58 Einstweilen hat die Praxis mit dem Erwerbsrechtemodell ein Mittel gefunden, die Prospektpflicht auf der zeitlichen Schiene so weit hinten zu verorten, dass eine Erstellung eines Prospekts zumindest praktisch umsetzbar ist. Das Erwerbsrecht selbst fällt weder unter das WpPG, weil es nicht verbrieft ist, noch unter das VermAnlG, weil es nicht in den Kreis der Vermögensanlagen gemäß § 1 Abs 2 Nr 1, 2, 4 oder 5 VerAnlG fällt.[141] Durch Festsetzung des Beginns der Erwerbsfrist auf einen Zeitpunkt nach Veröffentlichung des Prospektes kann sich die Emittentin die für die Prospekterstellung und das Billigungsverfahren notwendige Zeit verschaffen.[142]

59 **ff) Zulassung der neu ausgegebenen Aktien zum Börsenhandel.** Kommt man zu dem Ergebnis, dass im Einzelfall mangels öffentlichen Angebots von Wertpapieren keine Prospektpflicht besteht, befreit dies freilich nicht von der etwaigen Pflicht zur Veröffentlichung eines Wertpapierprospekts wegen der Zulassung der neu ausgegebenen Aktien zum Handel an einem organisierten Markt. Für die Zulassung ist die Erstellung eines Prospekts innerhalb eines Jahres gemäß § 3 Abs 4 WpPG i.V.m. § 69 BörsZulV erforderlich. Durch diese zeitliche Entzerrung ist die durch die Zulassung der Aktien ausgelöste Prospektpflicht weniger kritisch als die durch ein öffentliches Angebot ausgelöste Prospektpflicht.[143]

60 **5. Eingriff in Sicherheiten (§ 5 Abs 3 S 1 Nr 6 SchVG).** Beschlüsse über Sicherheiten können sich auf Garantien anderer Konzerngesellschaften beziehen, insbesondere

139 Assmann/Schlitt/von Kopp-Colomb/*von Kopp-Colomb*/*J. Schneider* § 2 WpPG Rn 66; *Cahn*/*Hutter*/*Kaulamo*/*Meyer*/*Weiß* WM **2014** 1313; Friedl/Hartwig-Jacob/*Friedl*/*Schmidtbleicher* § 5 Rn 57; *Groß*[7] § 2 WpPG Rn 14; Langenbucher/Bliesener/Spindler/*Bliesener*/*Schneider* § 5 Rn 34; Theiselmann/*Lürken* S 227 Rn 134.
140 Langenbucher/Bliesener/Spindler/*Bliesener*/*Schneider* § 5 Rn 38.
141 Langenbucher/Bliesener/Spindler/*Bliesener*/*Schneider* § 5 Rn 42.
142 Langenbucher/Bliesener/Spindler/*Bliesener*/*Schneider* § 5 Rn 41.
143 *Cahn*/*Hutter*/*Kaulamo*/*Meyer*/*Weiß* WM **2014** 1315.

die in der Praxis häufig vorkommende Garantie der Muttergesellschaft der Emittentin, wenn die Anleihe von einer Gruppengesellschaft, die als Finanzierungsvehikel dient, emittiert wurde. Der Begriff der Sicherheit in § 5 Abs 3 S 1 Nr 6 SchVG umfasst darüber hinaus aber sämtliche Personal-[144] und Sachsicherheiten[145], die zu einer Vermehrung der Haftungsmasse für die Anleihegläubiger führen.[146] Nicht erfasst sind schuldrechtliche Verpflichtungen der Emittentin, mit denen das Zahlungsversprechen ausgestaltet und abgesichert wird, wie Negativerklärung, Covenants und Kündigungsrechte.[147]

Wenn Sachsicherheiten zugunsten der Anleihegläubiger bestellt werden, bedarf es eines Sicherheitentreuhänders und des Abschlusses eines Sicherheitentreuhandvertrags. Der Sicherheitentreuhänder hält und verwaltet die Sicherheiten treuhänderisch für die Anleihegläubiger und gewährleistet eine einheitliche Verwaltung und Verwertung der Sicherheiten zugunsten der Anleihegläubiger. Die Sachsicherheiten werden üblicherweise nur zugunsten des Sicherheitentreuhänders bestellt. Um die wirksame Bestellung der akzessorischen Sicherheiten (wie Hypotheken und Pfandrechte an beweglichen Sachen und Rechten) zu gewährleisten, wird dem Sicherheitentreuhänder im Sicherheitentreuhandvertrag ein eigenes Forderungsrecht gegen die Sicherungsgeber in Form eines abstrakten Schuldanerkenntnisses oder eine atypische Gesamtgläubigerschaft (Parallel Debt) eingeräumt.[148] Eine direkte Bestellung zugunsten der einzelnen Anleihegläubiger wäre nicht praktikabel, da die akzessorischen Sicherheit mit jedem Übertragungsvorgang erlöschen würden. 61

Während Garantien und sonstige Personalsicherheiten auch von ausländischen Mitverpflichteten in der Regel dem gleichen Recht unterliegen wie die Anleihebedingungen, unterliegen Sachsicherheiten über ausländische Vermögenswerte in der Regel ausländischem Recht.[149] Da die Bestimmungen des SchVG zu Mehrheitsbeschlüssen für solche ausländischem Recht unterliegenden Verträge nicht anwendbar sind, sind die entsprechenden Mechanismen zur Anpassung der Sicherheiten im Sicherheitentreuhandvertrag abzubilden.[150] Bei Drittsicherheiten ist auf die Einbeziehung der Mitverpflichteten in den Anleihebedingungen nach § 22 SchVG zu achten.[151] 62

6. Kündigungsrechte (§ 5 Abs 3 S 1 Nr 8 und § 5 Abs 5 SchVG). Nach § 5 Abs 3 S 1 Nr 8 SchVG können die Gläubiger über den Verzicht auf das Kündigungsrecht oder dessen Beschränkung beschließen. § 5 Abs 5 SchVG enthält eine Regelung für den Fall, dass die Wirksamkeit der Kündigung an einen bestimmten Mindestanteil der insgesamt ausstehenden Schuldverschreibung gekoppelt ist. 63

a) Verbindlichkeit von Mehrheitsbeschlüssen auch für gekündigte Anleihen. Bis zur Klarstellung durch den BGH[152] bestand in der Praxis Unsicherheit darüber, ob ein 64

144 Dazu gehören bspw. die Garantie, die Bürgschaft und der Schuldbeitritt.
145 Dazu gehören bspw. Pfandrechte an Gesellschaftsanteilen, Bankkonten und gewerblichen Schutzrechten, Grundpfandrechte, die Sicherungsübereignung des Anlage- und Umlaufsvermögens, die Sicherungsabtretung von Forderungen und die Verpfändung bzw Sicherungsabtretung gewerblicher Schutzrechte.
146 Friedl/Hartwig-Jacob/*Friedl/Schmidtbleicher* § 5 Rn 68.
147 Hopt/Seibt/*Thole* § 5 Rn 77; siehe dazu unten § 5 Rn 87; **aA** Preuße/*Vogel* § 5 Rn 38.
148 *Diem/Jahn* S 227 ff.
149 *Diem/Jahn* S 154 Rn 14.
150 Siehe § 22 Rn 6.
151 Siehe § 22 Rn 4.
152 BGH 8.12.2015 ZInsO 2016 390; davor hatte der BGH in ähnlichem Zusammenhang schon entschieden, dass Beschlüsse der Gläubigerversammlung nach Ablauf der Laufzeit der Anleihe in das Rechtsverhältnis zwischen Emittentin und Anleihegläubiger eingreifen können, BGH 1.7.2014 NZG **2014** 1102 ff.

Anleihegläubiger nach erfolgter wirksamer Einzelkündigung durch einen Mehrheitsbeschluss der Gläubiger überhaupt noch gebunden werden kann. In dem vom BGH entschiedenen Fall hatte ein Anleihegläubiger nach Bekanntwerden der Notwendigkeit einer Restrukturierung Schuldverschreibungen der SolarWorld AG zu einem Preis deutlich unter dem Nennwert erworben. Kurz darauf kündigte der Anleihegläubiger die erworbenen Schuldverschreibungen gegenüber der Emittentin unter Hinweis auf ein in den Anleihebedingungen enthaltenes Kündigungsrecht wegen wesentlicher Verschlechterung der wirtschaftlichen Verhältnisse und verlangte die Rückzahlung zum vollen Nennwert. Die zeitlich nachfolgende Gläubigerversammlung fasste einen wirksamen Beschluss über einen Kündigungsverzicht. Die Vorinstanz hatte entschieden, dass der durch Beschluss erfolgte Ausschluss von Kündigungsrechten nicht rückwirkend eine zum Zeitpunkt der Beschlussfassung bereits wirksam ausgesprochene Kündigung erfasse.[153] Der BGH führt hierzu aus, dass sich durch die Kündigung die Gläubigerstellung bis zur vollständigen Erfüllung der Forderung nicht verändere. Erst dann sei das Schuldverhältnis beendet. Insoweit diene die Kündigung der Schuldverschreibung nur dazu, die Fälligkeit der darin verbrieften Forderung herbeizuführen.[154] Mit dem Gesetzeszweck, die Gläubiger einer Anleihe in der Krise des Schuldners auf der Grundlage vollständiger und richtiger Informationen in einem fairen und transparenten Verfahren an dessen vorinsolvenzlicher Sanierung gleichmäßig zu beteiligen, wäre es nicht zu vereinbaren, wenn Gläubiger, die die Schuldverschreibung vor der Beschlussfassung durch die Gläubigerversammlung oder sogar noch bis zum Vollzug eines solchen Beschlusses gekündigt haben, die Verbindlichkeit dieses Beschlusses nicht gegen sich gelten lassen müssten.[155]

65 **b) Gesetzliches außerordentliches Kündigungsrecht.** Außerdem besteht Uneinigkeit über die Frage, ob und in welchem Umfang neben den in den Anleihebedingungen etwaig formulierten vertraglichen Kündigungsgründen auch gesetzliche Kündigungsrechte der Anleihegläubiger bestehen, in die durch einen Mehrheitsbeschluss der Gläubiger eingegriffen werden kann. In den gesetzlichen Regelungen zur Inhaberschuldverschreibung (§§ 793ff BGB) oder im SchVG finden sich keine Regelungen dazu, unter welchen Umständen der einzelne Anleihegläubiger ein Recht hat, die Schuldverschreibung zu kündigen. In Rechtsprechung und Literatur besteht Einigkeit darüber, dass es ein irgendwie geartetes Lösungsrecht geben muss, insbesondere wenn der Emittent keine expliziten Kündigungsrechte in die Anleihebedingungen aufgenommen hat.

66 Aus § 490 BGB, der ein gesetzliches Kündigungsrecht des Darlehensgebers im Falle einer wesentlichen Verschlechterung der Vermögensverhältnisse des Darlehensnehmers vorsieht, ergibt sich ein solches Kündigungsrecht nach ganz überwiegender Auffassung nicht.[156] Bei der Anleihe handelt es sich um ein abstraktes Schuldversprechen und nicht um ein Darlehen.[157]

---

153 OLG Frankfurt 17.9.2014 ZInsO **2015** 153; ebenfalls im Zusammenhang mit der Anleiherestrukturierung der SolarWorld AG hatte das LG Bonn in einem anderen Fall die Wirksamkeit der Kündigung eines Anleihegläubigers mit der Begründung bejaht, dass der Eingriff in das Einzelkündigungsrecht außerhalb der Beschlusskompetenz der Gläubigerversammlung liege, LG Bonn 25.3.2014 ZInsO **2014** 1807.

154 BGH 8.12.2015 ZInsO **2016** 392.

155 BGH 8.12.2015 ZInsO **2016** 393.

156 BGH 31.5.2016 NZI **2016** 710; OLG Köln 9.7.2015 ZIP **2015** 1926; *Fischer* WM **2018** 1531; Hopt/Seibt/*Thole* § 5 Rn 99; *Seibt/Schwarz* ZIP **2015** 407; oben § 3 Rn 74; **aA** LG Köln BB **2012** 1821; *Baums* Kündigung von Unternehmensanleihen, S 11.

157 *Fischer* WM **2018** 1531; Hopt/Seibt/*Thole* § 5 Rn 99.

Überwiegend wird ein gesetzliches Kündigungsrecht des Anleihegläubigers aus § 314 Abs 1 BGB hergeleitet, der ein Kündigungsrecht der Vertragsparteien aus wichtigem Grund beim Dauerschuldverhältnis begründet.[158] Damit käme es für das Bestehen eines Kündigungsrechts darauf an, ob ein wichtiger Grund zur Kündigung vorliegt, der zur Unzumutbarkeit der Fortsetzung des Anleiheschuldverhältnisses führt.[159] Dieser mag dann auch in einer wesentlichen Verschlechterung der Vermögensverhältnisse des Anleiheschuldners liegen. 67

Dieser Maßstab des § 314 BGB wird der Vielzahl der unterschiedlichen Ausgestaltungen von Schuldverschreibungen nicht gerecht und berücksichtigt nicht im ausreichendem Maße, dass der Gläubiger sich jederzeit durch Veräußerung der Schuldverschreibung von dem Vertragsverhältnis zum Schuldner trennen kann.[160] Richtigerweise begründet die Schuldverschreibung kein Dauerschuldverhältnis im Sinne des § 314 Abs 1 BGB (aA § 3 Rn 74). Sie ist ein Schuldverhältnis sui generis. Als Rechtsgrundlage für das außerordentliche Kündigungsrecht bei Schuldverschreibungen ist auf § 242 BGB abzustellen.[161] Das erlaubt eine interessengerechte Aufteilung der Risiken zwischen Gläubiger und Schuldner unter Berücksichtigung der Art der Schuldverschreibung, die einerseits das Schutzbedürfnis des Anlegers und andererseits das Interesse der Emittentin an der Verhinderung missbräuchlicher Kündigungen berücksichtigt.[162] 68

c) Gesetzliches Kündigungsrecht nach Einberufung der Gläubigerversammlung. Kontrovers diskutiert wird die Frage, ob die Einberufung der Gläubigerversammlung durch die Emittentin einen gesetzlichen außerordentlichen Kündigungsgrund auslösen kann. Die Frage wurde vor der klarstellenden Entscheidung durch den BGH von den Gerichten uneinheitlich beurteilt.[163] Die überwiegende Ansicht in der Literatur steht einem solchen Kündigungsgrund eher ablehnend gegenüber.[164] Ein solches Kündigungsrecht hätte zur Folge, dass einzelne Anleihegläubiger die Insolvenz der Emittentin durch Fälligstellung ihrer Anleihen auslösen könnten, während die Mehrheit der Anleihegläubiger noch eine Lösung außerhalb des Insolvenzverfahrens nach dem Verfahren des SchVG verfolgt. Der BGH[165] hat in diesem Zusammenhang entschieden, dass der einzelne Gläubiger keine Möglichkeit haben soll, die in der einberufenen Versammlung erst zu diskutierenden Sanierungsschritte zu konterkarieren.[166] Vor dem Hintergrund der Herleitung des gesetzlichen Kündigungsrechts aus § 314 Abs 1 BGB stellt die Rechtsprechung teilweise auf den Gedanken ab, dass die Kündigungsrechte in Grenzen der AGB-Kontrolle abschließend in den Anleihebedingungen geregelt werden, ohne dass daneben gesetzliche Kündigungsrechte anwendbar sind. Insbesondere wenn die Anleihebedingungen ein außerordentliches Kündigungsrecht bei Stellung eines Insolvenzantrags, nicht aber bei einer bloßen Verschlechterung der Vermögensverhältnisse vorsehen, sei 69

158 BGH 31.5.2016 NZI **2016** 710; OLG Köln 9.7.2015 ZIP **2015** 1927; *Fischer* WM **2018** 1531; Hopt/Seibt/*Thole* § 5 Rn 99; *Florstedt* ZIP **2016** 651; *Florstedt/von Randow* ZBB **2014** 346 ff; Friedl/Hartwig-Jacob/*Hartwig-Jacob* § 3 Rn 120.
159 *Fischer* WM **2018** 1531.
160 Langenbucher/Bliesener/Spindler/*Bliesener/Schneider* § 5 Rn 102.
161 Langenbucher/Bliesener/Spindler/*Bliesener/Schneider* § 5 Rn 117.
162 Langenbucher/Bliesener/Spindler/*Bliesener/Schneider* § 5 Rn 118.
163 Kündigungsrecht bejahend LG Köln 26.1.2012 BB **2012** 1822; LG Bonn 25.3.2014 ZIP **2014** 1075; Kündigungsrecht ablehnend OLG München 22.6.2015 ZIP **2015** 2174; OLG Köln 9.7.2015 ZIP **2015** 1924.
164 *Fischer* WM **2018** 1531; *Florstedt/von Randow* ZBB **2014** 346 ff; *Seibt/Schwarz* ZIP **2015** 409; *Vogel* ZBB **2016** 180 f; **aA** *Ostermann* DZWIR **2015** 314 f.
165 BGH 31.5.2016 NZI **2016** 709.
166 Hopt/Seibt/*Thole* § 5 Rn 103.

die Annahme gerechtfertigt, dass vor der Stellung eines Insolvenzantrags kein solches Kündigungsrecht besteht.[167] Teilweise stellt die Rechtsprechung aber auch auf den Gedanken ab, dass eine Kündigung zur Unzeit erfolgt, wenn sie nach der Einladung zur Gläubigerversammlung aber vor der Beschlussfassung ausgesprochen wird.[168]

70 Wird bei der Beurteilung dieser Frage richtigerweise auf den Maßstab des § 242 BGB abgestellt[169], kommt man im Rahmen der Risikoallokation zwischen Schuldner und Gläubiger zu dem Ergebnis, dass der Anleihegläubiger mit dem Erwerb der Anleihe das Bonitätsrisiko der Emittentin übernommen hat, für das er durch die Verzinsung der Schuldverschreibung entlohnt wird, in dem Wissen, dass die Bonität während der Laufzeit Schwankungen unterliegen kann.[170] Weil die konkrete Risikoverteilung nicht durch § 242 BGB vorgegeben wird, liegt der Gedanke nahe, dass der bei der Emission der Schuldverschreibung festgelegte Katalog von Kündigungsgründen abschließend sein soll.[171] In der Regel löst die Einladung der Emittentin zu einer Gläubigerversammlung oder Abstimmung ohne Versammlung also kein gesetzliches Kündigungsrecht aus.

71 **d) Vertragliches Kündigungsrecht nach Einberufung der Gläubigerversammlung.** Häufig sehen Anleihebedingungen ein Recht des Anleihegläubigers zur Kündigung für den Fall vor, dass die Emittentin „eine allgemeine Schuldenregelung zugunsten ihrer Gläubiger anbietet". Dann stellt sich die Frage, ob vor dem Hintergrund dieser Formulierung ein vertragliches Kündigungsrecht besteht, wenn die Emittentin eine Mehrheitsbeschlussfassung mit dem Ziel der Herbeiführung einer Reduzierung der Hauptforderung oder eines (Teil-)Verzichts auf Zinszahlungen anstößt. Im Zusammenhang mit der Restrukturierung der Anleihe der SolarWorld AG haben das OLG Frankfurt[172] und das LG Bonn[173] ein vertragliches Kündigungsrecht auf Basis dieser Formulierung bejaht.

72 Richtigerweise wird wegen der Einladung der Emittentin zu einer Gläubigerversammlung oder Abstimmung ohne Versammlung in der Regel kein Kündigungsrecht ausgelöst. Die in Finanzierungsverträgen durchaus gängige Formulierung lehnt sich an internationale Vorbilder an und steht üblicherweise im Kontext mit der Beantragung oder Eröffnung eines Insolvenzverfahrens. Wenn die Einladung einer einzelnen Gläubigergruppe zu einer Gläubigerversammlung ein Kündigungsrecht auslösen würde, würden die Bemühungen der Emittentin, mit den Mitteln des SchVG eine Lösung außerhalb des Insolvenzverfahrens zu finden, geradezu konterkariert.[174] Das Anbieten einer allgemeinen Schuldenregelung ist vielmehr im Kontext der in dem Kündigungsgrund angesprochenen Insolvenzverfahren zu verstehen, als ein Angebot zu einer Schuldenregulierung mit der Allgemeinheit oder Gesamtheit der Gläubiger und nicht das Bemühen der Emittentin mit einer einzelnen Gläubigergruppe eine Restrukturierung eines einzelnen Finanzierungsinstruments herbeizuführen.[175] Vor dem Hintergrund dieser Diskussion ist es aber empfehlenswert, in den Anleihebedingungen eine Klarstellung aufzunehmen, dass das vertragliche Kündigungsrecht nicht schon durch die Einberufung der Gläubi-

167 OLG Frankfurt 17.9.2014 ZInsO **2015** 151.
168 OLG Köln 9.7.2015 ZIP **2015** 1928.
169 Siehe § 5 Rn 68.
170 Langenbucher/Bliesener/Spindler/*Bliesener*/*Schneider* § 5 Rn 118.
171 Langenbucher/Bliesener/Spindler/*Bliesener*/*Schneider* § 5 Rn 113, 120.
172 OLG Frankfurt 17.9.2014 ZInsO **2015** 152.
173 LG Bonn 25.3.2014 ZIP **2014** 1074.
174 *Vogel* ZBB **2016** 187.
175 *Seibt*/*Schwarz* ZIP **2015** 405.

gerversammlung oder Abstimmung ohne Versammlung, sondern erst bei einer allgemeinen Schuldenregelung mit allen Gläubigern ausgelöst wird.

e) Mindestschwelle (§ 5 Abs 5 SchVG). Gemäß § 5 Abs 5 SchVG kann die Emittentin in den Anleihebedingungen bestimmen, dass die Wirksamkeit der Kündigung von dem Erreichen einer Mindestschwelle der ausstehenden Schuldverschreibungen abhängt. Die in den Anleihebedingungen hierfür vorgesehene Schwelle darf nach § 5 Abs 5 S 1 SchVG nicht mehr als 25% der ausstehenden Schuldverschreibung betragen. In diesem Fall können die Gläubiger per Mehrheitsbeschluss innerhalb von 3 Monaten beschließen, dass die Wirksamkeit der Kündigung entfällt. 73

aa) Einzel- oder Gesamtkündigung. Die Einordnung des § 5 Abs 5 SchVG bereitet Schwierigkeiten. Insbesondere umstritten ist, ob der § 5 Abs 5 SchVG den Fall der Einzelkündigung überhaupt regelt oder nicht nur den Fall der Gesamtkündigung erfasst. 74

Die überwiegende Ansicht geht davon aus, dass sich der § 5 Abs 5 SchVG auf die Einzelkündigung bezieht. Das ist der Fall, wenn sich die Wirkung der Kündigung auf diejenigen Gläubiger beschränkt, die tatsächlich gekündigt haben.[176] 75

Die Gegenansicht stellt darauf ab, dass der § 5 Abs 5 SchVG nur den Fall erfasst, in dem die Anleihebedingungen vorsehen, dass ein Teil der Anleihegläubiger eine Kündigung für die Gesamtheit aller Anleihegläubiger ausspricht.[177] Die Regelung in § 5 Abs 5 SchVG orientiere sich an den international üblichen Bestimmungen über die Gesamtkündigung von Anleihen und die Möglichkeit der Rückgängigmachung einer solchen Kündigung.[178] Daran ist richtig, dass Anleihen, die englischem oder amerikanischem Recht unterliegen, häufig vorsehen, dass eine Minderheit von *mindestens* 25% der Gläubiger der ausstehenden Anleihen die Anleihe mit Wirkung für die Gesamtheit der Gläubiger kündigen kann.[179] Sodann kann eine einfache oder qualifizierte Mehrheit der Gläubiger die Kündigung wieder zurücknehmen. 76

Sollte der Gesetzgeber diese Vorbilder tatsächlich vor Augen gehabt haben, kann man die Regelung des § 5 Abs 5 SchVG nur als missglückt bezeichnen. Aus der Gesetzesbegründung ergibt sich jedenfalls, dass der Gesetzgeber davon ausging, dass eine Kündigung nach § 5 Abs 5 SchVG „Wirkung nur für diejenigen Gläubiger [entfaltet], die ihr zugestimmt haben“.[180] Auch die in § 5 Abs 5 S 1 SchVG vorgesehene Schwelle von nicht mehr als 25% passt nicht zu einer Regelung, die sich auf eine Gesamtkündigung der Anleihe bezieht. Für eine Gesamtkündigung der Anleihe wäre eine *Mindestschwelle* von 25% angezeigt. Eine *Höchstschwelle* von 25% kann sich sinnhafterweise nur auf eine Einzelkündigungsregelung beziehen. Die vom Arbeitskreis Reform des Schuldverschreibungsrechts vorgeschlagene Klarstellung hat der Gesetzgeber bislang nicht aufgegriffen. Der Reformentwurf schlägt vor, die Kündigung aus dem § 5 SchVG herauszunehmen und in einem neuen § 2a SchVG zu regeln, der zwei klar voneinander getrennte Alternativen unterscheidet. Nach dem Reformentwurf kann ein Kündigungsrecht mit Einzelwirkung an eine Schwelle (Quorum) von *höchstens* 25% der ausstehenden Schuldverschreibungen geknüpft werden. Eine Gesamtkündigung mit Wirkung für alle Gläubiger muss da- 77

---

176 Hopt/Seibt/*Thole* § 5 Rn 111; Friedl/Hartwig-Jacob/*Friedl/Schmidtbleicher* § 5 Rn 100; *Podewils* DStR **2009** 1916; Preuße/*Vogel* § 5 Rn 57; *Schlitt/Schäfer* AG **2009** 487.
177 Langenbucher/Bliesener/Spindler/*Bliesener/Schneider* § 5 Rn 81 ff.
178 Langenbucher/Bliesener/Spindler/*Bliesener/Schneider* § 5 Rn 88
179 *Balz* ZBB **2009** 412; *Baums* ZHR 177 (**2013**) 817; *Vogel* ZBB **2016** 181.
180 RegE, BT-Drucks. 16/12814 S 19.

gegen von Gläubigern erklärt wird, die *mindestens* 25% der ausstehenden Anleihen halten.[181]

78 Im Ergebnis wird man in der gegenwärtigen Fassung des SchVG wohl davon ausgehen müssen, dass sich die Regelung des § 5 Abs 5 SchVG auf ein Einzelkündigungsrecht bezieht, auch wenn unklar bleibt, worin der sachliche Grund für die Regelung zur Rücknahme der Kündigung durch die Mehrheit der Gläubiger liegt, insbesondere vor dem Hintergrund der Möglichkeit über einen Mehrheitsbeschluss der Gläubigerversammlung einen Verzicht auf das Kündigungsrecht auszusprechen. Ein sachlicher Grund für die Möglichkeit der Rücknahme der Kündigung durch die Mehrheit der Gläubiger erschließt sich wohl nur, wenn man die Regelung auf eine echte Gesamtkündigung bezieht.[182] Trotz dieses Widerspruchs bietet der gegenwärtige Gesetzeswortlaut aber keine ausreichende Basis für die Annahme, dass sich die Regelung des § 5 Abs 5 SchVG nur auf eine Kündigung mit Wirkung für alle Anleihegläubiger bezieht.

79 **bb) Einheitliche Erklärung der Kündigung (§ 5 Abs 5 SchVG).** Auch über die weiteren Voraussetzungen der Kündigungserklärung nach § 5 Abs 5 SchVG und ihre Rechtsfolgen besteht Uneinigkeit. Enthalten die Anleihebedingungen eine Mindestschwelle für die Kündigung, soll die Kündigung nach § 5 Abs 5 S 1 SchVG in einer einheitlichen Erklärung erfolgen. Das bedeutet wohl nicht, dass sich mehrere Gläubiger zusammentun und eine einheitliche Erklärung abgeben müssen. Das würde die Kündigung erheblich erschweren. Das Merkmal ist dahingehend zu verstehen, dass die Kündigung auf denselben Lebenssachverhalt gestützt sein muss.[183]

80 **cc) Leistungsverweigerungsrecht (§ 5 Abs 5 SchVG).** Auch über die Rechtsfolgen der Kündigung in dem Zeitraum zwischen Kündigungserklärung und Ablauf der dreimonatigen Frist für die Rücknahme der Kündigung gemäß § 5 Abs 5 S 2 SchVG besteht Uneinigkeit. Aus dem Wortlaut des § 5 Abs 5 S 2 SchVG ergibt sich, dass die Kündigung bis zu einer etwaigen Rücknahme durch die Mehrheit der Gläubiger schwebend wirksam ist.[184] Die Gesetzesbegründung geht für diesen Zeitraum von einem Leistungsverweigerungsrecht der Emittentin in Bezug auf die gekündigten Schuldverschreibungen aus.[185] Dagegen wird eingewandt, dass sich ein solches Leistungsverweigerungsrecht aus dem Gesetzeswortlaut nicht ergebe und ohne ausdrückliche Regelung in den Anleihebedingungen zu den Folgen einer Kündigungserklärung nicht von einem Leistungsverweigerungsrecht der Emittentin auszugehen ist.[186] Vor dem Hintergrund dieser Diskussion empfiehlt es sich, eine entsprechende Klarstellung in die Anleihebedingungen aufzunehmen.[187]

81 **dd) Rücknahmebeschluss (§ 5 Abs 5 SchVG).** Die Wirkung der Kündigung entfällt, wenn die Gläubiger dies mit Mehrheit innerhalb von drei Monaten beschließen. Die Frist, innerhalb derer der Mehrheitsbeschluss gefasst werden muss, beginnt mit Erreichen des Schwellenwerts für die Kündigungserklärung. Der objektiv zu bestimmende Fristbeginn kann im Einzelfall Schwierigkeiten bereiten, wenn die Kündigungserklärung gemäß An-

181 *Arbeitskreis Reform des Schuldverschreibungsrechts* ZIP **2014** 847.
182 Langenbucher/Bliesener/Spindler/*Bliesener/Schneider* § 5 Rn 94 f.
183 Hopt/Seibt/*Thole* § 5 Rn 109.
184 Hopt/Seibt/*Thole* § 5 Rn 114 f.
185 RegE, BT-Drucks. 16/12814 S 19.
186 Hopt/Seibt/*Thole* § 5 Rn 115; Langenbucher/Bliesener/Spindler/*Bliesener/Schneider* § 5 Rn 99; Veranneman/*Veranneman* § 5 Rn 46.
187 Langenbucher/Bliesener/Spindler/*Bliesener/Schneider* § 5 Rn 99.

leihebedingungen nicht gegenüber der Zahlstelle oder dem gemeinsamen Vertreter erfolgt, sondern gegenüber der Emittentin, weil dann nicht ohne weiteres ersichtlich ist, ob und wann der Schwellenwert erreicht wird.[188] Der Beschluss ist nach allgemeinen Regelungen, also durch eine ordnungsgemäß einberufene Gläubigerversammlung oder Abstimmung ohne Versammlung herbeizuführen.[189] Für den Beschluss genügt nach dem Wortlaut des § 5 Abs 5 SchVG die einfache Mehrheit der Stimmrechte.[190] Trotz dieser Wortwahl ist auch hier die einfache Mehrheit der *an der Abstimmung teilnehmenden* Stimmrechte gemeint und nicht die einfache Mehrheit der insgesamt ausstehenden Stimmrechte.[191] Nach dem Wortlaut des § 5 Abs 5 S 3 SchVG müssen aber in jedem Fall mehr Gläubiger zustimmen als gekündigt haben. Dies ist nach überwiegender Auffassung so zu verstehen, dass der Nennwert der von den zustimmenden Gläubigern gehaltenen Schuldverschreibungen den Nennwert der Schuldverschreibungen übersteigen muss, den die kündigenden Gläubiger halten.[192] Teilweise wird allerdings auch vertreten, dass es bei der Rücknahme der Kündigung auf eine Mehrheit nach Köpfen ankommt.[193] Der Wortlaut des § 5 Abs 5 S 3 SchVG bietet aber keine ausreichende Basis für die Annahme, dass von der Grundnorm des § 6 Abs 1 S 1 SchVG, nach der es bei Abstimmungen auf den Nennwert der von den abstimmenden Gläubigern gehaltenen Forderungen ankommt, abgewichen werden soll.

f) Vertragliche Gesamtkündigungsregelung. Eine vertragliche Regelung in den Anleihebedingungen zur Gesamtwirkung der Kündigung für alle Anleihegläubiger ist möglich und bei deutschen Recht unterliegenden High Yield Bonds üblich.[194] Auch wenn § 5 Abs 5 SchVG sich auf eine Kündigung mit Wirkung nur für die kündigenden Gläubiger bezieht, ist damit keine Vorentscheidung darüber getroffen, dass eine vertragliche Gesamtkündigungsregelung in den Anleihebedingungen unzulässig wäre. Insbesondere stellt eine solche Gesamtkündigungsregelung in den Anleihebedingungen keine unangemessene Benachteiligung im Sinne des § 307 Abs 1 BGB aus Sicht derjenigen Gläubiger dar, die ihre Schuldverschreibungen nicht kündigen möchten. Dafür sorgt die üblicherweise in den Anleihebedingungen vereinbarte Möglichkeit der Rücknahme einer solchen Gesamtkündigung durch die Mehrheit der Gläubiger, die für einen angemessenen Interessenausgleich sorgt. 82

g) Übertragung des Kündigungsrechts auf den gemeinsamen Vertreter. Per Beschluss der Gläubigerversammlung kann das Kündigungsrecht auch auf den gemeinsamen Vertreter übertragen werden und einheitlich durch den gemeinsamen Vertreter ausgeübt werden.[195] Soweit der Mehrheitsbeschluss nichts Abweichendes bestimmt, sind 83

---

188 Hopt/Seibt/*Thole* § 5 Rn 112; Veranneman/*Veranneman* § 5 Rn 47.
189 Friedl/Hartwig-Jacob/*Friedl/Schmidtbleicher* § 5 Rn 98; Hopt/Seibt/*Thole* § 5 Rn 112.
190 Dies steht in gewisser Weise im Widerspruch zu der Regelung in § 5 Abs 3 Nr 8 SchVG: während es für sonstige Eingriffe in das Kündigungsrecht, also auch die Rücknahme der Kündigung durch einzelne Gläubiger, eines Beschlusses mit qualifizierter Mehrheit bedarf, genügt für die Rücknahme der Kündigung, wenn die Anleihebedingungen eine Mindestschwelle für die Kündigung vorsehen, die einfache Mehrheit.
191 Friedl/Hartwig-Jacob/*Friedl/Schmidtbleicher* § 5 Rn 98; Hopt/Seibt/*Thole* § 5 Rn 112; Veranneman/*Veranneman* § 5 Rn 48.
192 Friedl/Hartwig-Jacob/*Friedl/Schmidtbleicher* § 5 Rn 98; Langenbucher/Bliesener/Spindler/*Bliesener/Schneider* § 5 Rn 91; *Podewils* DStR **2009** 1916; Theiselmann/*Lürken* S 224 Rn 118; Veranneman/*Veranneman* § 5 Rn 49.
193 Hopt/Seibt/*Thole* § 5 Rn 113; Preuße/*Vogel* § 5 Rn 54.
194 *Balz* ZBB **2009** 412.
195 Siehe dazu bspw. die Veröffentlichungen im Bundesanzeiger zu den Einladungen zu Gläubigerversammlungen und Abstimmungen ohne Versammlung der: Beate Uhse AG, Hamburg vom

die einzelnen Gläubiger in diesem Fall gemäß § 7 Abs 2 S 3 SchVG nicht mehr zur Ausübung des Kündigungsrechts berechtigt. Der Beschluss bedarf der qualifizierten Mehrheit, weil die Übertragung des Kündigungsrechts auf den gemeinsamen Vertreter den Kernbereich der Rechtsstellung des Anleihegläubigers betrifft und eine Beschränkung des Kündigungsrechts der einzelnen Gläubiger im Sinne des § 5 Abs 3 S 1 Nr 8 SchVG darstellt. Eine entsprechende Bestimmung in den Anleihebedingungen, die das Kündigungsrecht von vornherein auf den Vertragsvertreter überträgt, ist damit nicht möglich, da § 8 Abs 2 S 2 SchVG hierzu eine Ermächtigung für den Einzelfall verlangt.[196]

84 Hat die Gläubigerversammlung einen entsprechenden Beschluss zur Ermächtigung des gemeinsamen Vertreters gefasst, ist die Rechtslage im Zeitraum zwischen der Beschlussfassung durch die Gläubigerversammlung und der Vollziehbarkeit des Beschlusses nach § 21 Abs 2 SchVG unklar. Nach § 21 Abs 2 SchVG darf der gemeinsame Vertreter von der ihm durch Beschluss erteilten Ermächtigung (hier Ausübung des Kündigungsrechts) keinen Gebrauch machen, solange der zugrundeliegende Beschluss noch nicht vollzogen werden darf. Andererseits ist die Bestellung und Ermächtigung des gemeinsamen Vertreters mit Beschlussfassung grundsätzlich wirksam.[197] Damit stellt sich die Frage, von wem das Kündigungsrecht im Zeitraum zwischen Beschlussfassung und Vollziehbarkeit des Beschlusses ausgeübt werden kann. Da der wirksame Ausschluss des Kündigungsrechts der einzelnen Gläubiger einer Vollziehung durch Änderung der Anleihebedingungen bedarf, verbleibt das Kündigungsrecht bis zur Vollziehung jedenfalls auch bei den Gläubigern. Weil aber die Ermächtigung des gemeinsamen Vertreters mit Beschlussfassung wirksam wird, könnte der gemeinsame Vertreter im Übergangszeitraum unter Verstoß gegen die Regelung des § 21 Abs 2 S 1 SchVG ebenfalls eine Kündigung aussprechen. Für schuldhafte Verstöße haftet der gemeinsame Vertreter den Anleihegläubigern gegenüber nach § 7 Abs 3 SchVG.

85 **7. Schuldnerersetzung (§ 5 Abs 3 S 1 Nr 9 SchVG).** Bei der Ersetzung des Schuldners wird eine andere Person als der Emittent Schuldner der Anleiheforderung. Der bisherige Emittent scheidet als Primärschuldner aus. Nicht gemeint ist der Fall der Gesamtrechtsfolge nach Maßgabe des Umwandlungsgesetzes.[198] Zu einer Schuldnerersetzung kommt es auch im Rahmen des Debt Equity Swaps in der Variante des Debt Push-Up.[199] Nach einer Schuldnersetzung bedarf es der wertpapierrechtlichen Umsetzung des Schuldnerwechsels.[200]

86 Davon zu unterscheiden ist die Schuldnerersetzung auf Grundlage einer entsprechenden Befugnis in den Anleihebedingungen (dazu oben § 3 Rn 71). Mit dieser Regelung behält sich die Emittentin das Recht vor, den Schuldner ohne weitere Zustimmung der Gläubiger zu ersetzen. Eine solche Schuldnerersetzungsklausel findet sich üblicherweise bei über ausländische Finanzierungstöchter emittierten Anleihen, bei denen die Muttergesellschaft die Verbindlichkeiten aus der Anleihe garantiert.[201] Gründe für eine solche Schuldnerersetzung können steuerrechtliche Änderungen am Sitz der Emittentin oder

---

24.5.2016; GEWA 5 to 1 GmbH & Co. KG, Esslingen vom 4.6.2018; Q-Cells International Finance B.V., Rotterdam vom 10.10.2011; RENÉ LEZARD Mode GmbH, Schwarzach vom 9.1.2017; Singulus Technologies AG, Kahl am Main vom 18.9.2015; Smart Solutions Holding GmbH, München vom 13.9.2017.

196 **AA** Theiselmann/*Lürken* S 224 Rn 119.

197 Siehe § 21 Rn 14.

198 Hopt/Seibt/*Thole* § 5 Rn 82.

199 Siehe § 5 Rn 38 ff.

200 Hopt/Seibt/*Thole* § 5 Rn 82; Friedl/Hartwig-Jacob/*Friedl*/*Schmidtbleicher*, § 5 Rn 74; Preuße/*Vogel* § 5 Rn 46.

201 Langenbucher/Bliesener/Spindler/*Bliesener*/*Schneider* § 5 Rn 29.

deren Umstrukturierung sein.[202] Dieses Recht ist üblicherweise an die Voraussetzung geknüpft, dass die Muttergesellschaft aus der Garantie verpflichtet bleibt und die Nachfolgeschuldnerin sämtliche Verpflichtungen übernimmt. Eine solche Schuldnerersetzungsklausel, die Anlass, Verfahren, Folgen und Voraussetzungen des Schuldnerwechsels benennt und den Anleihegläubiger nach erfolgtem Schuldnerwechsel wirtschaftlich nicht wesentlich schlechter stellt, ist zulässig.[203]

8. Nebenbestimmungen (§ 5 Abs 3 S 1 Nr 10 SchVG). Zu den Nebenbestimmungen gehören einerseits diejenigen Anleihebedingungen, die keine Verpflichtungen der Emittentin begründen, wie bspw. Rechtswahl, Gerichtsstand, Regelungen zu den Zahlungsmodalitäten und zur Verbriefung.[204] Andererseits gehören dazu Handlungs- und Unterlassungsverpflichtungen der Emittentin, die neben dem eigentlichen Hauptleistungsversprechen bestehen. Das können beispielsweise Informationspflichten und die Verpflichtung zur Einhaltung von Finanzkennzahlen, eine Negativverpflichtung hinsichtlich der Besicherung anderer Verbindlichkeiten sowie Beschränkungen bei der Veräußerung von Vermögenswerten und bei Gewinnausschüttungen sein.[205] Da die Nebenbestimmungen nicht von dem Verweis in § 5 Abs 4 S 2 SchVG erfasst sind, ist bei der Bestimmung des Mehrheitserfordernisses für den Eingriff in eine Nebenbestimmung eine Bewertung im Einzelfall vorzunehmen.[206] Ob die Rechtswahl überhaupt geändert werden kann, wird in der Literatur zwar bezweifelt[207], ist aber zu bejahen. Das führt im Ergebnis dann zu der Möglichkeit des Opt-out aus dem Geltungsbereich des SchVG. 87

IV. Mehrheitserfordernisse (§ 5 Abs 4 SchVG)

1. Qualifizierte und einfache Mehrheit (§ 5 Abs 4 S 1 und 2 SchVG). Nach § 5 Abs 4 S 1 SchVG bedürfen die Beschlüsse grundsätzlich der einfachen Mehrheit der an der Abstimmung teilnehmenden Stimmrechte. Bei der überwiegenden Anzahl der gefassten Beschlüsse wird es sich allerdings um Beschlüsse handeln, durch welche der wesentliche Inhalt der Anleihebedingungen geändert wird. Diese bedürfen nach § 5 Abs 4 S 2 SchVG einer Mehrheit von mindestens 75% der teilnehmenden Stimmrechte. 88

a) Enthaltungen. Aus dem Wortlaut des § 5 Abs 4 SchVG ergibt sich nicht eindeutig, ob Enthaltungen zu den an der Abstimmung teilnehmenden Stimmrechten gehören. Wäre dies der Fall, würden sie sich faktisch wie Nein-Stimmen auswirken. Gegen die Mitberücksichtigung der Enthaltungen bei der Ermittlung der teilnehmenden Stimmrechte spricht in erster Linie die Parallele zum Aktienrecht.[208] Denn auch dort werden bei den abgegebenen Stimmen nach allgemeiner Meinung die Enthaltungen nicht berücksichtigt.[209] Außerdem spricht gegen eine Berücksichtigung von Enthaltungen, dass für die Feststellung der Beschlussfähigkeit nach § 15 Abs 3 S 1 SchVG ausschließlich auf die bloße Anwesenheit in der Versammlung abgestellt wird. Das Gesetz unterscheidet somit 89

---

202 Preuße/*Vogel* § 5 Rn 42; Friedl/Hartwig-Jacob/*Friedl/Schmidtbleicher* § 5 Rn 73.
203 Langenbucher/Bliesener/Spindler/*Bliesener/Schneider* § 5 Rn 29; Preuße/*Röh/Dörfler* § 4 Rn 22; **aA** OLG Frankfurt 27.3.2012 BB **2012** 1308.
204 Langenbucher/Bliesener/Spindler/*Bliesener/Schneider* § 5 Rn 32.
205 *Balz* ZBB **2009** 405ff.
206 Zur Abgrenzung von Beschlüssen die einer einfachen bzw qualifizierten Mehrheit bedürfen siehe § 5 Rn 90.
207 Hopt/Seibt/*Thole* § 5 Rn 85.
208 Langenbucher/Bliesener/Spindler/*Bliesener/Schneider* § 5 Rn 75; *Wasmann/Steber* ZIP **2014** 2012.
209 Hüffer/*Koch* § 133 AktG Rn 12 mwN.

zwischen der bloßen Anwesenheit einerseits und der Teilnahme an der Abstimmung andererseits. Die Enthaltung kann vor diesem Hintergrund nicht als Teilnahme an der Abstimmung im Sinne des § 5 Abs 4 S 1 SchVG gewertet werden.[210]

90 **b) Wesentliche Änderung.** Eine wesentliche Änderung der Anleihebedingungen liegt wegen der gesetzlichen Anordnung in § 5 Abs 4 S 2 SchVG stets in den Fällen des § 5 Abs 3 S 1 Nr 1–9 SchVG vor, nicht zwingend im Fall der Änderung von Nebenbestimmungen im Sinne des § 5 Abs 3 S 1 Nr 10 SchVG. Ob es sich im Einzelfall um eine wesentliche Änderung handelt, ist danach zu bestimmen, ob die vorgeschlagene Änderung in ihrer Intensität mit den in § 5 Abs 3 S 1 Nr 1–9 SchVG aufgeführten Fällen vergleichbar ist.[211] Zu berücksichtigen ist dabei, ob die Rückzahlungs- und Zinszahlungserwartung der Gläubiger durch die angestrebte Änderung beeinträchtigt werden kann.[212] Das wird bei dem Eingriff in einen Covenant in der Regel ebenso zu bejahen sein wie bei der Änderung der Rechtswahl oder der Verlagerung des Gerichtsstands in das Ausland.[213] Um das Risiko einer Anfechtung des Beschlusses nicht zu erhöhen, empfiehlt sich in der praktischen Anwendung im Zweifel von der Notwendigkeit einer qualifizierten Mehrheit auszugehen.[214]

91 **c) Bestellung und Ermächtigung des gemeinsamen Vertreters.** Die Bestellung des gemeinsamen Vertreters erfolgt für sich genommen mit der einfachen Mehrheit der Stimmen. Anders als Beschlüsse über die Änderung von Anleihebedingungen bedarf ein Beschluss über die Bestellung des gemeinsamen Vertreters nicht der Zustimmung des Schuldners.[215] Wird der gemeinsame Vertreter jedoch ermächtigt, wesentlichen Änderungen der Anleihebedingungen zuzustimmen oder wesentliche Rechte der Anleihegläubiger auszuüben, bedarf eine solche Ermächtigung der qualifizierten Mehrheit des § 5 Abs 4 S 2 SchVG.[216] Zur Bestimmung der Wesentlichkeit ist ein Vergleich mit den dem gemeinsamen Vertreter gesetzlich zustehenden Befugnissen zu ziehen, und festzustellen, ob die Ermächtigung über den üblichen Rahmen der gesetzlich zustehenden Befugnisse hinausgeht. Dem mit einfacher Mehrheit bestellten gemeinsamen Vertreter ist damit nur eine sehr eingeschränkte Vertretung der Anleihegläubiger möglich.[217] Zu den Ermächtigungsbeschlüssen, die einer qualifizierten Mehrheit bedürfen, gehören alle Ermächtigungen, die den Katalog der Beschlussgegenstände in § 5 Abs 3 S 1 Nr 1–9 SchVG betreffen. Darüber hinaus bedarf auch ein Beschluss, der den gemeinsamen Vertreter ermächtigt, die Kündigung für die Anleihegläubiger auszusprechen, einer qualifizierten Mehrheit.[218]

92 Einen Grenzfall stellt die in der Praxis vorkommende Ermächtigung des gemeinsamen Vertreters dar, für die Anleihegläubiger eine Erklärung abzugeben, dass die Zins- oder Hauptforderung aus der Schuldverschreibung nicht ernsthaft eingefordert wird. Es handelt sich dabei nicht um eine Stundung der Forderung, die Forderung wird vielmehr

---

210 *Wasmann/Steber* ZIP **2014** 2012.
211 Langenbucher/Bliesener/Spindler/*Bliesener/Schneider* § 5 Rn 76.
212 Hopt/Seibt/*Thole* § 5 Rn 95.
213 Hopt/Seibt/*Thole* § 5 Rn 95; Langenbucher/Bliesener/Spindler/*Bliesener/Schneider* § 5 Rn 76; *Schnorbus/Ganzer* WM **2014** 156.
214 Langenbucher/Bliesener/Spindler/*Bliesener/Schneider* § 5 Rn 76.
215 Friedl/Hartwig-Jacob/*Friedl/Schmidtbleicher* § 5 Rn 23; Langenbucher/Bliesener/Spindler/*Bliesener/Schneider* § 5 Rn 74.
216 *Gloeckner/Bankel* ZIP **2015** 2394; Hopt/Seibt/*Thole* § 5 Rn 94; Preuße/*Vogel* § 5 Rn 28.
217 Siehe dazu § 7 Rn 21 ff.
218 Siehe § 5 Rn 83.

ohne rechtlichen Bindungswillen trotz Fälligkeit absehbar nicht geltend gemacht. Eine solche Erklärung kann den Insolvenzgrund der Zahlungsunfähigkeit beseitigen. Das nicht ernsthafte Einfordern hat zur Folge, dass die betreffende Forderung bei der Ermittlung der fälligen Zahlungspflichten der Emittentin i.S.d. § 17 InsO nicht berücksichtigt wird.[219] Da ein solches faktisches nicht ernsthaftes Einfordern der Forderung einer rechtlich verbindlichen Stundung wirtschaftlich betrachtet nahe kommt, spricht viel dafür, dass auch für die Ermächtigung des gemeinsamen Vertreters zur Erklärung des nicht ernsthaften Einforderns eine qualifizierte Mehrheit erforderlich ist. Ohne gleichzeitige Übertragung des Kündigungsrechts auf den gemeinsamen Vertreter ist die Übertragung der Zuständigkeit für die Einziehung der Zinsen und Erklärung des nicht ernsthaften Einforderns jedoch ohnehin kaum praktikabel, da die Anleihegläubiger ansonsten bspw. bei Nichtzahlung der Zinsen ihr Kündigungsrecht ausüben und die Hauptforderung aus der Schuldverschreibung fällig stellen könnten. Der Beschluss zur Übertragung des Kündigungsrechts auf einen gemeinsamen Vertreter bedarf aber jedenfalls einer qualifizierten Mehrheit.[220]

2. Abweichende Bestimmungen (§ 5 Abs 4 S 3 SchVG). Es handelt sich bei den Mehrheitserfordernissen des § 5 Abs 4 S 1 und S 2 SchVG um Mindestanforderungen. Die Anleihebedingungen können nach § 5 Abs 4 S 3 SchVG höhere Mehrheitserfordernisse vorschreiben. Das bedarf einer gesetzlichen Regelung, da höhere Anforderungen an die Mehrheiten nicht zwangsläufig vorteilhaft für die Gläubiger sein müssen.[221] § 5 Abs 4 S 3 SchVG bezieht sich nicht auf die Beschlussfähigkeit (§ 15 Abs 3 SchVG). In die Anforderungen zur Beschlussfähigkeit kann nicht durch die Anleihebedingungen eingegriffen werden. Höhere Mehrheitserfordernisse können die Anleihebedingungen sowohl für die Mindestschwelle der an der Versammlung teilnehmenden Stimmrechte vorsehen als auch für die Berechnungsgrundlage der Mehrheit.[222] Anleihebedingungen können also beispielsweise vorsehen, dass bestimmte Änderungen mit 90% der teilnehmenden Stimmrechte anstatt mit 75% der teilnehmenden Stimmrechte oder mit 75% der ausstehenden Stimmrechte anstatt mit 75% der teilnehmenden Stimmrechte vorgenommen werden können. 93

V. Abstimmungsverfahren (§ 5 Abs 6 SchVG)

Beschlüsse der Anleihegläubiger können nach § 5 Abs 6 SchVG entweder in einer Gläubigerversammlung (§§ 9 bis 17 SchVG) oder in einer Abstimmung ohne Versammlung (§ 18 SchVG) gefasst werden. Davon abweichende Beschlussmechanismen erlaubt das Gesetz nicht. Nach § 5 Abs 6 S 2 SchVG können die Anleihebedingungen festlegen, dass nur eines dieser beiden Verfahren zulässig ist (siehe dazu § 18 Rn 3). Bei Nichterreichen des Quorums in der Abstimmung ohne Versammlung ist nach § 18 Abs 4 S 2 SchVG aber stets eine physische Gläubigerversammlung einzuberufen, die dann als zweite Versammlung im Sinne des § 15 Abs 3 S 3 SchVG gilt. Häufig anzutreffen ist eine Regelung in den Anleihebedingungen, nach welcher zunächst eine Abstimmung ohne Versammlung erfolgt. Dies dient der Aufwands- und Kostenreduktion, da das notwendige Quorum von 50% für die erste Gläubigerversammlung bzw Abstimmung ohne Versammlung in der Praxis regelmäßig nicht erreicht wird und sich die Anleihegläubiger darauf einstellen, 94

219 Vgl K. Schmidt/*K. Schmidt* § 17 InsO Rn 12.
220 Siehe § 5 Rn 83.
221 Friedl/Hartwig-Jacob/*Friedl/Schmidtbleicher* § 5 Rn 92.
222 Friedl/Hartwig-Jacob/*Friedl/Schmidtbleicher* § 5 Rn 92.

dass ein Beschluss erst in der zweiten Versammlung mit den geringeren Anforderungen an das Quorum zustande kommt.

§ 6
Stimmrecht

(1) [1]An Abstimmungen der Gläubiger nimmt jeder Gläubiger nach Maßgabe des Nennwerts oder des rechnerischen Anteils seiner Berechtigung an den ausstehenden Schuldverschreibungen teil. [2]Das Stimmrecht ruht, solange die Anteile dem Schuldner oder einem mit ihm verbundenen Unternehmen (§ 271 Absatz 2 des Handelsgesetzbuchs) zustehen oder für Rechnung des Schuldners oder eines mit ihm verbundenen Unternehmens gehalten werden. [3]Der Schuldner darf Schuldverschreibungen, deren Stimmrechte ruhen, einem anderen nicht zu dem Zweck überlassen, die Stimmrechte an seiner Stelle auszuüben; dies gilt auch für ein mit dem Schuldner verbundenes Unternehmen. [4]Niemand darf das Stimmrecht zu dem in Satz 3 erster Halbsatz bezeichneten Zweck ausüben.

(2) Niemand darf dafür, dass eine stimmberechtigte Person bei einer Gläubigerversammlung oder einer Abstimmung nicht oder in einem bestimmten Sinne stimme, Vorteile als Gegenleistung anbieten, versprechen oder gewähren.

(3) Wer stimmberechtigt ist, darf dafür, dass er bei einer Gläubigerversammlung oder einer Abstimmung nicht oder in einem bestimmten Sinne stimme, keinen Vorteil und keine Gegenleistung fordern, sich versprechen lassen oder annehmen.

Schrifttum

Baums (Hrsg.) Das neue Schuldverschreibungsrecht, 1. Aufl. 2013; *Grell/Splittgerber/Schneider* BGH ebnet den Weg für die Restrukturierung von Anleihen – alle Fragen geklärt? DB **2015** 111; *Horn* Anleihegläubiger und neues Schuldverschreibungsgesetz, ZHR 173 (**2009**) 12; *Maier-Reimer* Fehlerhafte Gläubigerbeschlüsse nach dem Schuldverschreibungsgesetz, NJW **2010** 1317; *Schnorbus/Ganzer* Einflussmöglichkeiten auf die Gläubigerversammlung im Zusammenhang mit der Änderung von Anleihebedingungen, WM **2014** 155; *Seibt* Praxisfragen der außerinsolvenzlichen Anleihenrestrukturierung nach dem SchVG, ZIP **2016** 997; *Thole* Der Debt Equity Swap bei der Restrukturierung von Anleihen, ZIP **2014** 2365; *Thole* Stimmverbote wegen Interessenkonflikten in der Gläubigerversammlung, FS Vallender (2015) 679.

Systematische Übersicht

A. Allgemeines

§ 6 Abs 1 S 1 SchVG stattet die Gläubiger mit einem Stimmrecht aus. Es bedarf hierzu einer ausdrücklichen gesetzlichen Regelung, weil das Stimmrecht und Stimmgewicht nicht schon wesensmäßig aus der Natur des Gläubigerverbands folgt und sich nicht zwingend aus sonstigem Recht ergibt.[1] Das Stimmrecht ist die technische Grundlage für die Mehrheits- und Willensbildung in der Gläubigerschaft und ist nicht Ausdruck eines irgendwie gearteten Herrschaftsverhältnisses zum Unternehmen.[2] Das Stimmrecht ist mit der Schuldverschreibung verbunden und kann an einen Dritten nicht isoliert ohne die Schuldverschreibung übertragen werden.[3] Der Gläubiger kann sich bei der Abstimmung durch einen jeden Dritten als Bevollmächtigten vertreten lassen (§ 14 Abs 1 S 1 SchVG) oder einen jeden Dritten ermächtigen, dass Stimmrecht aus fremden Schuldverschreibungen im eigenen Namen auszuüben.[4] 1

Außerdem enthalten § 6 Abs 1 S 2–4 SchVG Regelungen zum Ruhen des Stimmrechts und einem damit verbundenen Stimmverbot und § 6 Abs 2 und Abs 3 SchVG das Verbot, für die Stimmabgabe einen Vorteil zu gewähren bzw zu fordern. Ein Verstoß gegen diese Verbote kann als Ordnungswidrigkeit nach § 23 SchVG mit einer Geldbuße geahndet werden. 2

B. Stimmrecht

I. Berechnung des Stimmgewichts (§ 6 Abs 1 S 1 SchVG)

1. Stimmanteil. Der Umfang des Stimmrechts eines jeden Gläubigers bestimmt sich nach der Höhe seiner Forderung. Das Gewicht des Stimmrechts ergibt sich aus deren Verhältnis zur Gesamtsumme der Forderung aus ausstehenden Schuldverschreibungen. § 6 Abs 1 SchVG kennt zwei Arten, wie das Stimmrecht zu bemessen ist, entweder nach dem Nennwert oder bei nennwertlosen Schuldverschreibungen nach dem rechnerischen Anteil der Berechtigung an den ausstehenden Schuldverschreibungen.[5] Im Ergebnis wird in beiden Fällen das Stimmgewicht nach dem finanziellen Engagement im Verhältnis zu den anderen Gläubigern berechnet.[6] 3

Bei der Berechnung des Stimmrechts bleiben Nebenforderungen außer Betracht. Es kommt auch nicht darauf an, ob die Schuldverschreibung bereits voll bezahlt worden ist oder schon teilweise getilgt ist.[7] Ausstehend im Sinne des § 6 Abs 1 S 1 SchVG sind alle Schuldverschreibungen, die noch nicht vollständig zurückgezahlt sind.[8] Jede Schuldverschreibung der kleinsten Stückelung gewährt im Grundsatz eine Stimme.[9] Dieser Grundsatz kann bei einer fehlenden einheitlichen Stückelung durchbrochen werden. In diesen Fällen muss das Stimmrecht umgerechnet werden, indem der größte gemeinsame Teiler ermittelt wird. So wird vermieden, dass bei der Berechnung „freie Spitzen“ entstehen, 4

1 Hopt/Seibt/*Thole* § 6 Rn 2; ausführlich zur rechtlichen Einordnung Friedl/Hartwig-Jacob/*Schmidtbleicher* § 6 Rn 2; *Horn* ZHR 173 (**2009**) 46 ff.
2 Hopt/Seibt/*Thole* § 6 Rn 2.
3 Heidel/*Müller* § 6 Rn 1; Langenbucher/Bliesener/Spindler/*Bliesener*/*Schneider* § 6 Rn 2; **aA**, kein Abspaltungsverbot des Stimmrechts, Friedl/Hartwig-Jacob/*Schmidtbleicher* § 6 Rn 37.
4 Friedl/Hartwig-Jacob/*Schmidtbleicher* § 6 Rn 17; Veranneman/*Wasmann*/*Steber* § 14 Rn 3.
5 Hopt/Seibt/*Thole* § 6 Rn 4.
6 Hopt/Seibt/*Thole* § 6 Rn 5.
7 Heidel/Müller § 6 Rn 2; Langenbucher/Bliesener/Spindler/*Bliesener*/*Schneider* § 6 Rn 4a.
8 Friedl/Hartwig-Jacob/*Schmidtbleicher* § 6 Rn 4.
9 Hopt/Seibt/*Thole* § 6 Rn 9.

die bei der Berechnung des Stimmrechts wegfallen würden.[10] Modifikationen dieser Berechnung im Sinne von Mindestnennwerten für die Ausübung des Stimmrechts oder Mehrfach- bzw Höchststimmrechten kennt das SchVG nicht. Diese und alle weiteren Modifikationen des Stimmrechts in Anleihebedingungen verbietet § 5 Abs 1 S 2 SchVG.[11]

5 **2. Stimmberechtigter.** Stimmrechtsberechtigter ist der Anleihegläubiger, also derjenige, der aus dem Wertpapier berechtigt ist.

6 Daraus folgt für sicherungsübereignete Anleihen, dass das Stimmrecht beim Sicherungsnehmer liegt. Aus der Sicherungsvereinbarung zwischen Sicherungsgeber und Sicherungsnehmer mögen sich im Innenverhältnis Modalitäten für die Ausübung des Stimmrechts ergeben. Verstößt der Sicherungsnehmer bei der Ausübung des Stimmrechts gegen diese Modalitäten, bleibt dies für die gefassten Beschlüsse der Gläubigerversammlung ohne Wirkung, stellt also insbesondere keinen Anfechtungsgrund dar.[12]

7 Bei der Verpfändung der Schuldverschreibung verbleibt das Stimmrecht dagegen grundsätzlich beim Sicherungsgeber. Unterschiedlich beurteilt wird allerdings der Fall, in dem das Stimmrecht von der Verpfändungsabrede ausdrücklich miterfasst wird. Teilweise wird davon ausgegangen, dass in diesem Fall der Pfandgläubiger das Stimmrecht ausüben darf.[13] Überwiegend wird dagegen angenommen, dass auch in diesem Fall nur das Innenverhältnis zwischen Pfandgeber und Pfandgläubiger betroffen ist. Im Innenverhältnis kann der Pfandgeber verpflichtet sein, die Zustimmung des Pfandgläubigers einzuholen. Das kann sich aus §§ 1293, 1276 Abs 1 BGB oder vertraglicher Abrede ergeben.[14] Auf die wirksame Stimmabgabe durch den Anleihegläubiger in der Gläubigerversammlung oder Abstimmung ohne Versammlung hat dies aber keinen Einfluss. Hier ist das Stimmrecht dem Anleihegläubiger zugeordnet. Allerdings verbleibt die Möglichkeit der Legitimationszession, also die Ausübung des Stimmrechts durch den Pfandgläubiger im Rahmen einer Ermächtigung gemäß § 185 BGB.

8 Ebenso ist der Fall zu behandeln, in dem über die Anleihen ein Nießbrauchsrecht vereinbart wurde. Auch hier steht das Stimmrecht dem Anleihegläubiger und nicht dem Nießbraucher zu.[15] Verletzt der Anleihegläubiger bei der Ausübung des Stimmrechts seine Pflichten aus dem Nießbrauchsverhältnis, hat dies auf die Wirksamkeit der Stimmabgabe keinen Einfluss. Ein etwaiger Schaden des Nießbrauchers ist im Verhältnis zwischen Anleihegläubiger und Nießbraucher zu regulieren.

9 Im gewöhnlichen Fall der Wertpapierleihe in der Form eines Sachdarlehens wird der Entleiher Eigentümer der Schuldverschreibung und damit Stimmrechtsinhaber.[16] Bei der bloßen Überlassung der Schuldverschreibung bleibt hingegen der Verleiher Eigentümer und damit Stimmrechtsinhaber.

II. Ausschluss des Stimmrechts (§ 6 Abs 1 S 2–4 SchVG)

10 **1. Eigene Anleihen des Schuldners (§ 6 Abs 1 S 2 1. Alt. SchVG).** Gemäß § 6 Abs 1 S 2 1. Alt. SchVG ruht das Stimmrecht, kann also nicht wahrgenommen werden, solange

---

10 Friedl/Hartwig-Jacob/*Schmidtbleicher* § 6 Rn 3; Hopt/Seibt/*Thole* § 6 Rn 13; **aA** Preuße/*Vogel* § 6 Rn 7.
11 Friedl/Hartwig-Jacob/*Schmidtbleicher* § 6 Rn 3.
12 Friedl/Hartwig-Jacob/*Schmidtbleicher* § 6 Rn 11.
13 Hopt/Seibt/*Thole* § 6 Rn 34.
14 Friedl/Hartwig-Jacob/*Schmidtbleicher* § 6 Rn 13; Langenbucher/Bliesener/Spindler/*Bliesener*/*Schneider* § 6 Rn 3.
15 Friedl/Hartwig-Jacob/*Schmidtbleicher* § 6 Rn 12; Langenbucher/Bliesener/Spindler/*Bliesener*/*Schneider* § 6 Rn 3; **differenzierend** Hopt/Seibt/*Thole* § 6 Rn 37.
16 Zur Wertpapierleihe bei Schuldverschreibungen, deren Stimmrechte ruhen, siehe § 6 Rn 15.

Anleihen vom Schuldner selbst oder einem verbundenen Unternehmen gehalten werden. Als maßgeblicher Zeitpunkt für die Bestimmung, ob ein Stimmrecht ruht oder nicht, kommt es dabei auf den Zeitpunkt der Abstimmung an. Ein Ruhen des Stimmrechts ist also zu bejahen, wenn im Zeitpunkt der Abstimmung die Voraussetzungen des § 6 Abs 1 S 2 SchVG gegeben sind.[17] Ruhende Stimmrechte werden nach § 15 Abs 3 S 4 SchVG bei der Ermittlung der Beschlussfähigkeit der Gläubigerversammlung nicht mitgezählt.

Für den Begriff des verbundenen Unternehmens verweist § 6 Abs 1 S 2 SchVG auf 11 § 271 Abs 2 HGB. Damit sind vom Begriff des verbundenen Unternehmens alle Unternehmen erfasst, die als Mutter- oder Tochterunternehmen i.S.d. § 290 HGB in den Konzernabschluss eines Mutterunternehmens nach den Vorschriften über die Vollkonsolidierung einzubeziehen sind, das als oberstes Mutterunternehmen den am weitest gehenden Konzernabschluss aufzustellen hat oder einen befreienden Konzernabschluss nach § 291 HGB oder § 292 HGB aufstellen könnte. In diesem Zusammenhang stellt sich die Frage, ob der Verweis in § 6 Abs 1 S 2 1. Alt. SchVG auch einen Gesellschafter als natürliche Person umfasst oder eine Muttergesellschaft im außereuropäischen Ausland.

Für die natürliche Person gilt, dass jedenfalls Kaufleute nach überwiegender Auffas- 12 sung als Mutterunternehmen angesehen werden, wenn sie einen Konzernabschluss aufstellen könnten.[18] Wann ein befreiender Konzernabschluss aufgestellt werden kann, regelt ua § 291 HGB. Nach § 291 Abs 1 S 2 HGB kann ein befreiender Konzernabschluss von jedem Unternehmen unabhängig von seiner Rechtsform und Größe aufgestellt werden, wenn das Unternehmen, wäre es eine Kapitalgesellschaft mit Sitz in einem Mitgliedstaat der EU oder des EWR, zur Aufstellung eines Konzernabschlusses verpflichtet wäre. Darüber hinaus wird überwiegend vertreten, dass auch Muttergesellschaften im außereuropäischen Ausland vom Begriff des verbundenen Unternehmens in § 6 Abs 1 S 2 SchVG umfasst sind.[19] Richtigerweise dürfte der Verweis in § 6 Abs 1 S 2 SchVG vor dem Hintergrund seines Ziels, eine Verfälschung der Beschlüsse der Gläubiger durch Interessenkonflikte zu vermeiden[20], sämtliche Unternehmen und natürliche Personen erfassen, die dergestalt miteinander verbunden sind, dass das eine auf das andere mittelbar oder unmittelbar einen beherrschenden Einfluss ausüben kann. Das lässt sich dogmatisch aus einem nach allgemeinen Grundsätzen entwickelten Stimmverbot herleiten.[21] Vor diesem Hintergrund empfiehlt es sich in der Praxis zur Vermeidung von Anfechtungsrisiken bis zu einer Klärung durch die Gerichte, die Stimmrechte eines Mehrheitsgesellschafters als natürlicher Person und von beherrschenden Gesellschaften mit Sitz im außereuropäischen Ausland als ruhend anzusehen.

2. Für Rechnung des Schuldners (§ 6 Abs 1 S 2 2. Alt. SchVG). Das Stimmrecht 13 ruht gemäß § 6 Abs 1 S 2 2. Alt. SchVG ebenfalls für Schuldverschreibungen, die einem Dritten gehören, aber für Rechnung des Schuldners oder eines mit ihm verbundenen Unternehmens gehalten werden. Wegen der Konkretisierung des Begriffs „für Rechnung" wird auf die wertpapierhandelsrechtliche Vorschrift bei der Zurechnung von Stimmrechten in § 34 Abs 1 Nr 2 WpHG verwiesen.[22]

---

17 Hopt/Seibt/*Thole* § 6 Rn 20.
18 MüKoHGB/*Reiner*³ § 271 HGB Rn 20.
19 Friedl/Hartwig-Jacob/*Schmidtbleicher* § 6 Rn 23; Hopt/Seibt/*Thole* § 6 Rn 17; **aA** Theiselmann/*Lürken* S 215 Rn 83.
20 Begründung RegE., BT-Drucks. 16/12814 S 19.
21 Siehe dazu unten Rn 20.
22 Friedl/Hartwig-Jacob/*Schmidtbleicher* § 6 Rn 24; Hopt/Seibt/*Thole* § 6 Rn 19.

14 **3. Überlassen von Schuldverschreibungen (§ 6 Abs 1 S 3 SchVG).** Der Schuldner oder das mit ihm verbundene Unternehmen darf gemäß § 6 Abs 1 S 3 SchVG Schuldverschreibungen, deren Stimmrechte ruhen, einem anderen nicht zu dem Zweck überlassen, die Stimmrechte an seiner Stelle auszuüben. Einigkeit besteht darüber, dass § 6 Abs 1 S 3 SchVG über den Wortlaut hinaus Konstellationen erfasst, in denen die Schuldverschreibungen selbst zwar bei der Emittentin oder dem mit ihr verbundenen Unternehmen verbleiben, das Stimmrecht aber im Wege der Vertretung oder Legitimationszession (§ 185 BGB) von einem Dritten ausgeübt wird.[23]

15 Darüber hinaus wird allerdings teilweise angenommen, dass sich das Verbot auf diese Konstellation beschränkt und nicht den Fall erfasst, in dem die Schuldverschreibung einem Dritten überlassen wird verbunden mit einer vertraglichen Abrede über die Ausübung des Stimmrechts.[24] Überträgt die Emittentin oder das verbundene Unternehmen die Schuldverschreibungen an einen Dritten beispielsweise im Wege der Wertpapierleihe (Sachdarlehen), dann geht das Stimmrecht für den Zeitraum der Wertpapierleihe grundsätzlich auf den Entleiher über. Wird dies mit einer schuldrechtlichen Absprache über die Ausübung des Stimmrechts im Sinne der Emittentin verbunden, ist eine solche Konstellation vom Wortlaut des Verbots erfasst und es sind auch keine Gründe ersichtlich, warum das Verbot in dieser Konstellation nicht greifen soll. Der Wortlaut des § 6 Abs 1 S 3 SchVG fordert in diesem Zusammenhang eine finale Verknüpfung von Überlassung und Umgehung.[25] Erfasst ist also auch jede Übertragung der Schuldverschreibung verbunden mit einer Absprache über die Ausübung des Stimmrechts, die der Umgehung des Stimmrechtsverbots dient. Nicht erfasst ist dagegen die Übertragung der Schuldverschreibung ohne weitere Absprache über die Ausübung des Stimmrechts auch in Fällen, in denen es naheliegt, dass der Dritte in der konkreten Situation aufgrund gleichgelagerter Interessen das Stimmrecht im Sinne der Emittentin wahrnimmt.[26] In der Praxis begegnet man solchen Übertragungsvereinbarungen im Zusammenhang mit Maßnahmen der Präsenzsicherung.[27] Die Emittentin kann bspw. im Vorfeld der Gläubigerversammlung oder Abstimmung ohne Versammlung selbst oder durch einen Dritten einen Anleiherückkauf durchführen verbunden mit dem Aufruf an die Gläubiger, sich entweder selbst an der Abstimmung zu beteiligen oder ihre Schuldverschreibungen im Rahmen des öffentlichen Rückkaufangebots an die Emittentin oder einen aufnahmebereiten Dritten zu übertragen. Vor der Gläubigerversammlung oder Abstimmung ohne Versammlung werden die von der Emittentin rückerworbenen Schuldverschreibungen dann an einen Dritten übertragen, der an der Gläubigerversammlung oder Abstimmung ohne Versammlung teilnimmt. Dabei ist darauf zu achten, dass der Dritte in seinem Abstimmungsverhalten nicht durch vertragliche Abreden gebunden ist.

16 Nicht erfasst vom Wortlaut des Ausübungsverbots gemäß § 6 Abs 1 S 3 SchVG ist überraschenderweise der Fall, in dem eine Schuldverschreibung, deren Stimmrecht nach § 6 Abs 1 S 2 2. Alt. SchVG ruht, weil sie von einem Dritten für Rechnung des Schuldners gehalten wird, von diesem Dritten auf eine andere Person übertragen wird. Dabei handelt es sich wohl um ein Redaktionsversehen des Gesetzgebers.[28] Die Regelungslücke

---

23 Friedl/Hartwig-Jacob/*Schmidtbleicher* § 6 Rn 26; Hopt/Seibt/*Thole* § 6 Rn 23; Preuße/*Vogel* § 6 Rn 21.
24 So Hopt/Seibt/*Thole* § 6 Rn 24; Preuße/*Vogel* § 6 Rn 21.
25 *Schnorbus/Ganzer* WM **2014** 157.
26 *Seibt* ZIP **2016** 1000.
27 *Seibt* ZIP **2016** 1000, insbesondere Fn 26.
28 Friedl/Hartwig-Jacob/*Schmidtbleicher* § 6 Rn 24; Hopt/Seibt/*Thole* § 6 Rn 19; Veranneman/*Veranneman* § 6 Rn 14.

kann durch das aus allgemeinen Grundsätzen abgeleitete Stimmverbot geschlossen werden.[29] Ein Ausübungsverbot besteht im Ergebnis daher auch in den Fällen, in denen die Schuldverschreibungen einem anderen von einem Dritten überlassen werden, der die Schuldverschreibung für Rechnung der Emittentin oder eines mit ihr verbundenen Unternehmens hält.[30]

4. Ausübungsverbot (§ 6 Abs 1 S 4 SchVG). Nach § 6 Abs 1 S 4 SchVG darf niemand das Stimmrecht zu dem in § 6 Abs 1 S 3 SchVG bezeichneten Zweck ausüben. Das Verbot ist damit nicht nur an die Emittentin und das mit ihr verbundene Unternehmen gerichtet, sondern richtet sich auch an den Ermächtigten und Übertragungsempfänger. 17

5. Rechtsfolge von Verstößen. Der Verstoß gegen das an die Emittentin bzw an das mit ihr verbundene Unternehmen gerichtete Verbot der Überlassung von Stimmrechten bzw Schuldverschreibungen stellt eine Ordnungswidrigkeit gemäß § 23 Abs 1 Nr 1 SchVG dar. Ebenso stellt der Verstoß gegen das an den Ermächtigten bzw Übertragungsempfänger gerichtete Verbot der Ausübung der Stimmrechte gemäß § 23 Abs 1 Nr 2 SchVG eine Ordnungswidrigkeit dar. Da es sich bei § 6 Abs 1 S 3 und S 4 SchVG um ein gesetzliches Verbot handelt, ist ein etwaiges Rechtsgeschäft, mit dem sich der Übertragungsempfänger der Schuldverschreibung verpflichtet hat, die vormals ruhenden Stimmrechte im Sinne der Emittentin auszuüben, nach § 134 BGB nichtig. 18

Nicht eindeutig geregelt ist in § 6 SchVG die Rechtsfolge für in der Gläubigerversammlung oder Abstimmung ohne Versammlung unter Verstoß gegen das Verbot der Ausübung der Stimmrechte abgegebene Stimmen. Diese Stimmen dürfen bei der Abstimmung nicht gezählt werden.[31] Werden diese Stimmen dennoch gezählt, stellt das eine Verletzung des Gesetzes i.S.d. § 20 Abs 1 S 1 SchVG und damit einen Anfechtungsgrund dar.[32] Ob die Beachtung der ruhenden Stimmrechte zur Nichtigkeit des von der Gläubigerversammlung oder in der Abstimmung ohne Versammlung gefassten Beschlusses führen kann, ist dagegen fraglich. Teilweise wird das jedenfalls für den Fall angenommen, in dem die Mitwirkung des ruhenden Stimmrechts abstimmungsrelevant war, also das Ergebnis verändert hat.[33] Zwar ist allgemein anerkannt, dass es neben dem gesetzlich angeordneten Fall in § 5 Abs 2 S 2 SchVG auch im Schuldverschreibungsrecht weitere Fälle der Nichtigkeit von Gläubigerbeschlüssen geben kann.[34] Jedoch wird dies nur bei besonders schwerwiegenden und evidenten Beschlussmängeln bejaht.[35] Gerade in den oben beschriebenen Fällen der Übertragung von Schuldverschreibungen auf Dritte im Vorfeld der Gläubigerversammlung oder Abstimmung ohne Versammlung als Mittel der Präsenzsicherung kann die Grenze zwischen zulässigen Konstellationen der Übertragung auf einen Dritten mit gleichgelagerten Interessen ohne explizite Absprache zum Stimmverhalten und unzulässigen Konstellationen durchaus fließend sein. In der Regel wird in diesen Konstellationen auch bei Vorliegen einer verbotenen Absprache zwischen Emittentin und Übertragungsempfänger hinsichtlich des Stimmrechts keine Nichtigkeit des Beschlusses anzunehmen sein. 19

29 Siehe dazu § 6 Rn 20.
30 Hopt/Seibt/*Thole* § 6 Rn 24; Preuße/*Vogel* § 6 Rn 21.
31 Friedl/Hartwig-Jacob/*Schmidtbleicher* § 6 Rn 26.
32 Hopt/Seibt/*Thole* § 6 Rn 28; Preuße/*Vogel* § 6 Rn 24.
33 Hopt/Seibt/*Thole* § 6 Rn 28.
34 Siehe § 20 Rn 9 ff.
35 Siehe § 20 Rn 10; Baums/*Vogel* Der Rechtsschutz des Schuldverschreibungsgläubigers, S 47: „extreme Fälle kollusiven Zusammenwirkens"; *Maier-Reimer* NJW **2010** 1319.

20 **6. Ungeschriebenes Stimmverbote.** Neben den gesetzlich normierten Stimmverboten aus § 6 Abs 1 SchVG werden im Schrifttum noch weitere ungeschriebene Stimmverbote nach allgemeinen Grundsätzen angenommen.[36] Ein solches ungeschriebenes Stimmverbot wird überwiegend aus dem Grundsatz des Verbots, in eigener Sache zu richten, hergeleitet[37] und beispielsweise bejaht für den Bewerber um das Amt des gemeinsamen Vertreters bei der Abstimmung über seine Bestellung oder für den amtierenden gemeinsamen Vertreter bei der Abstimmung über seine Abberufung[38] und in Konstellationen, in denen der Gesellschafter als natürliche Person oder die Muttergesellschaft im außereuropäischen Ausland nicht vom Begriff des verbundenen Unternehmens in § 6 Abs 1 S 2 SchVG umfasst sind.[39] Teilweise werden solche aus allgemeinen Grundsätzen hergeleitete, gesetzlich nicht normierte Stimmverbote jedoch mit Hinweis auf die entsprechende Rechtsprechung des Reichsgerichts zum SchVG 1899[40] grundsätzlich abgelehnt.[41] Im Ergebnis ist das aus dem allgemeinen Grundsatz des Verbots, in eigener Sache zu richten, hergeleitete Stimmverbot ein geeigneter Weg, den oben aufgezeigten Lücken beim Begriff des verbundenen Unternehmens und dem Redaktionsversehen des Gesetzgebers beim Verweis auf für Rechnung der Emittentin gehaltene Anleihen in § 6 Abs 1 SchVG zu begegnen. Das Stimmverbot ist allerdings eng zu begrenzen auf die allgemein anerkannten Fallgruppen, namentlich auf Beschlüsse über die Befreiung eines einzelnen Gläubigers von einer Verbindlichkeit, über die Beendigung und Einleitung eines Rechtsstreits und die Vornahme eines Rechtsgeschäfts mit einem einzelnen Gläubiger.[42] Praktisch ergeben sich diese Konstellationen in der Regel nur, wenn entweder der gemeinsame Vertreter oder die Emittentin oder eine ihr nahe stehende Person als Anleihegläubiger betroffen ist. Außerhalb der vorgenannten Fallgruppen sind allgemeine Interessenkonflikte oder die Doppelstellung als Anleihegläubiger und sonstiger Gläubiger der Emittentin für sich genommen nicht geeignet, ein Stimmverbot zu begründen.[43]

21 Wegen des im Ordnungswidrigkeitenrecht geltenden Bestimmtheitsgrundsatz (§ 3 OWiG) umfasst der Verweis in § 23 Abs 1 SchVG nicht den Verstoß gegen ein ungeschriebenes Stimmverbot ohne gleichzeitige Verwirklichung eines Verstoßes gegen das Verbot in § 6 Abs 1 S 3 oder S 4 SchVG. Der Verstoß gegen ein ungeschriebenes Stimmverbot stellt also keine Ordnungswidrigkeit dar, wohl aber einen Anfechtungsgrund i.S.d. § 20 Abs 1 S 1 SchVG.

III. Verbot des Stimmenkaufs (§ 6 Abs 2 und 3 SchVG)

22 § 6 Abs 2 und 3 SchVG verbieten den Stimmenkauf und die Vorteilsannahme auf Seiten des Stimmberechtigten. Danach ist es verboten, einer stimmberechtigten Person für ein bestimmtes Abstimmungsverhalten einen Vorteil anzubieten, zu versprechen oder zu gewähren. Ebenso ist es dem Stimmberechtigten verboten, für ein bestimmtes Abstim-

36 Umfassend zum Stimmverbot in der Gläubigerversammlung im Insolvenzverfahren *Thole* FS Vallender, S 684 ff.
37 Friedl/Hartwig-Jacob/*Schmidtbleicher* § 6 Rn 28; Hopt/Seibt/*Thole* § 6 Rn 41; *Maier-Reimer* NJW **2010** 1321; Preuße/*Vogel* § 6 Rn 24; Veranneman/*Veranneman* § 6 Rn 16.
38 Friedl/Hartwig-Jacob/*Schmidtbleicher* § 6 Rn 29.
39 Friedl/Hartwig-Jacob/*Schmidtbleicher* § 6 Rn 30; *Schmidtbleicher* Die Anleihegläubigermehrheit, S 372 f.
40 RG 12.4.1935 RGZ **148** 14; RG 6.11.1936 RGZ **153** 55.
41 Langenbucher/Bliesener/Spindler/*Bliesener*/*Schneider* § 6 Rn 9.
42 Friedl/Hartwig-Jacob/*Schmidtbleicher* § 6 Rn 28; Preuße/*Vogel* § 6 Rn 24.
43 Hopt/Seibt/*Thole* § 6 Rn 41.

mungsverhalten einen Vorteil oder eine Gegenleistung zu fordern, sich versprechen zu lassen oder anzunehmen.

Das Verbot des Stimmenkaufs nach § 6 Abs 2 und Abs 3 SchVG ist vom Gleichbe- 23
handlungsgebot nach § 5 Abs 2 SchVG abzugrenzen. Während das Gleichbehandlungsgebot darauf abzielt, dass allen Anleihegläubigern die gleichen Bedingungen gewährt werden, zielt § 6 Abs 2 und Abs 3 SchVG auf den einem Gläubiger gewährten Vorteil ab, der unmittelbar die Stimmabgabe selbst betrifft, nicht aber den Vorteil, den ein Gläubiger daraus erzielt, dass die Anleihebedingungen geändert werden und der sich daraus ergibt, dass insgesamt die erforderliche Mehrheit erreicht wurde.[44] Es bedarf einer Vereinbarung, dass der Vorteil die Gegenleistung für das Abstimmungsverhalten darstellt und sich der Vorteilsnehmer seiner Entscheidungsfreiheit begibt.[45]

Die verschiedenen Ausformungen der sogenannten Teilnahme- oder Zustim- 24
mungsprämie („Incentive-“ oder „Consent-Fee“) finden ihre Grenze im Verbot des Stimmenkaufs. Damit ist die Gewährung finanzieller Anreize für die an der Gläubigerversammlung oder Abstimmung ohne Versammlung teilnehmenden bzw für den Beschlussvorschlag der Emittentin stimmenden Gläubiger gemeint. Werden solche finanziellen Anreize denjenigen Gläubigern gewährt, die sich überhaupt am Abstimmungsprozess beteiligen, ohne dabei ein bestimmtes Abstimmungsverhalten vorzugeben, liegt kein Verstoß gegen das Verbot des Stimmenkaufs vor, da die Zahlung der Prämie nicht mit einem bestimmten Abstimmungsverhalten verknüpft wird. Eine solche Teilnahmeprämie wird zunehmend häufiger bei breit gestreuten Anleihen mit kleiner Stückelung gezahlt, um einen Anreiz für die Teilnahme an der Gläubigerversammlung oder Abstimmung ohne Versammlung zu schaffen und das für die Beschlussfähigkeit notwendige Quorum zu erreichen. Auch bei Anleihen, die ausschließlich von institutionellen Investoren gehalten werden, ist die Zahlung einer Teilnahmeprämie übliche Praxis. Ebenso ist die Ausgestaltung unschädlich, in der die Emittentin die Zahlung der Prämie mit der weiteren Bedingung verknüpft, dass das erforderliche Quorum erreicht wird oder der Beschlussvorschlag von der notwendigen Mehrheit der Anleihegläubiger angenommen wird. Wenn dagegen die Prämie nur solchen Gläubigern gewährt wird, die sich an der Abstimmung beteiligen und für den Beschlussvorschlag der Emittentin stimmen, ist darin ein Verstoß gegen das Verbot des Stimmenkaufs zu sehen.[46] Der Verstoß gegen das Verbot des Stimmenkaufs kann also nicht allein deshalb verneint werden, weil die Prämie allen Gläubigern unter gleichen Bedingungen gewährt wird oder weil die beschlossene Änderung einheitlich wirkt.[47]

Ein Verstoß gegen das Verbot des Stimmenkaufs und der Vorteilsannahme ist eine 25
Ordnungswidrigkeit nach § 23 Abs 1 Nr 3 und Nr 4 SchVG. Das dem Stimmenkauf zugrundeliegende Rechtsgeschäft ist nichtig gemäß § 134 BGB.[48] Wiederum unterschiedlich wird die Rechtsfolge des Stimmenkaufs auf von der Gläubigerversammlung oder in der Abstimmung ohne Versammlung gefasste Beschlüsse beurteilt. Der BGH hat die Frage, ob ein Stimmenkauf Auswirkungen auf die Stimmabgabe und den gefassten Beschluss hat, offen gelassen.[49] In der Literatur wird die Frage kaum erörtert. Teilweise wird ohne weitere Begründung von der Nichtigkeit des Beschlusses ausgegangen.[50] Das kann nach den

---

44 *Grell/Splittgerber/Schneider* DB **2015** 113; *Thole* ZIP **2014** 2367.
45 *Grell/Splittgerber/Schneider* DB **2015** 113.
46 Ähnlich *Grell/Splittgerber/Schneider* DB **2015** 113.
47 *Thole* ZIP **2014** 2367; **aA** *Schnorbus/Ganzer* WM **2014** 158.
48 Friedl/Hartwig-Jacob/*Schmidtbleicher* § 6 Rn 34; Hopt/Seibt/*Thole* § 6 Rn 43; *Schnorbus/Ganzer* WM **2014** 157.
49 BGH 1.7.2014 ZInsO **2014** 1904.
50 *Grell/Splittgerber/Schneider* DB **2015** 113.

Ausführungen oben zu den Rechtsfolgen von Verstößen gegen das Ausübungsverbot ruhender Stimmrechte jedoch nicht überzeugen.[51] Richtigerweise führen Verstöße gegen das Verbot des Stimmenkaufs zur Anfechtbarkeit des Beschlusses.[52]

Vorbemerkungen zu den §§ 7, 8

Schrifttum

Antoniadis Kosten und Auslagen des gemeinsamen Vertreters von Anleihegläubigern im Insolvenzverfahren über das Vermögen des Emittenten – Nachrangige Insolvenzforderungen oder gar Masseverbindlichkeiten? NZI **2014** 785; *Blaufuß/Braun* Der gemeinsame Vertreter der Anleihegläubiger nach § 19 II 1 SchVG, NZI **2016** 5; *Brenner* Die Vergütung des gemeinsamen Vertreters nach § 7 VI SchVG außerhalb und in der Insolvenz des Emittenten, NZI **2014** 789; *Gloeckner/Bankel* Etablierung und Aufgaben des Gemeinsamen Vertreters nach dem Schuldverschreibungsgesetz, ZIP **2015** 2393; *Litten* Sorgfaltspflichten und Haftung des Anleihetreuhänders nach deutschem Recht, ZBB **2013** 32; *Podewils* Neuerungen im Schuldverschreibungs- und Anlegerschutzrecht – Das Gesetz zur Neuregelung der Rechtsverhältnisse bei Schuldverschreibungen aus Gesamtemissionen und zur verbesserten Durchsetzbarkeit von Ansprüchen von Anlegern aus Falschberatung, DStR **2009** 1914; *Rubner/Leuering* Der gemeinsame Vertreter der Anleihegläubiger, NZI-Spezial **2014** 15; *Schlitt/Schäfer* Die Restrukturierung von Anleihen nach dem neuen Schuldverschreibungsgesetz, AG **2009** 477; *Schmidtbleicher* Die Anleihegläubigermehrheit: eine institutionenökonomische, rechtsvergleichende und dogmatische Untersuchung, Diss. Frankfurt **2010**; *Schmolke* Der gemeinsame Vertreter im Referentenentwurf eines Gesetzes zur Neuregelung des Schuldverschreibungsgesetzes – Bestellung, Befugnisse, Haftung, ZBB **2009** 8; *Thole* Die Restrukturierung von Schuldverschreibungen im Insolvenzverfahren, ZIP **2014** 293; Baums/Cahn/*Vogel* Die Reform des Schuldverschreibungsrechts, **2004** 94.

A. Regelungsinhalt und Systematik

1 Während der Laufzeit einer Anleihe, vor allem während der Krise oder Insolvenz des Schuldners, müssen die Anleihegläubiger unter Umständen mit dem Schuldner kommunizieren und kollektive Entscheidungen treffen, um etwa eine Restrukturierung oder sonstige Änderungen der Anleihebedingungen vorzubereiten. Um dies zu ermöglichen, sehen die §§ 7 und 8 die Bestellung eines gemeinsamen Vertreters der Anleihegläubiger vor, der die Kommunikation zwischen dem Schuldner und den Anleihegläubigern koordinieren soll.

2 § 7 bestimmt, dass der gemeinsame Vertreter der Anleihegläubiger durch die Gläubigerversammlung im Bedarfsfall bestellt wird (Wahlvertreter). Daneben enthält § 7 im Wesentlichen Vorgaben für die Auswahl und Bestellung des Wahlvertreters, dessen Aufgaben und Befugnisse, die Beendigung des Amtes, die Haftung und die Kostentragung.

3 Nach § 8 ist es abweichend von § 7 jedoch auch möglich, den gemeinsamen Vertreter nicht erst im Bedarfsfall, sondern bereits in den Anleihebedingungen bei Vertragsschluss zu bestimmen (Vertragsvertreter). Für den Vertragsvertreter enthält § 8 Sonderregeln hinsichtlich der Fragen der Auswahl und Bestellung, Aufgaben und Befugnisse und der Haftung. Ansonsten wird in Abs 4 auf die Regeln des Wahlvertreters in § 7 Abs 2–4 verwiesen.

4 Für den Schuldner mag eine Bestellung in den Anleihebedingungen vorteilhaft sein, weil er zu einem späteren Zeitpunkt – insbesondere nach Ausbruch der Krise – keinen Einfluss mehr auf die Person des gemeinsamen Vertreters nehmen kann.

51 Siehe § 6 Rn 19.
52 *Schnorbus/Ganzer* WM **2014** 157; siehe § 20 Rn 25.

B. Normzweck

I. Koordinations- und Kommunikationsfunktion

Die Bestellung eines gemeinsamen Vertreters der Anleihegläubiger dient, unabhängig davon, ob dieser im Nachhinein durch die Gläubigerversammlung bestellt wurde oder bereits bei Vertragsschluss bestimmt wurde, der Stärkung der Rechte der Anleihegläubiger. Die Gläubiger einer Anleihe sind in der Regel sehr stark fragmentiert und haben unterschiedliche Interessen. Um in diesem Umfeld kollektive Entscheidungen treffen zu können, bedarf es einer Koordinationsfigur,[1] die die Interessen der Gläubiger bündelt, für die Gläubiger Verhandlungen mit dem Emittenten führt und die Gläubiger mit Informationen versorgt. Als rechtsgeschäftlicher Vertreter[2] kann der gemeinsame Vertreter für die Gläubiger dann verbindliche Vereinbarungen mit dem Emittenten treffen. Auch wenn eine Anlehnung an die Figur des besonderen Vertreter des Aktienrechts augenfällig ist, so unterscheidet sich der gemeinsame Vertreter des SchVG doch wesentlich durch die mangelnde Organstellung. 5

Der gemeinsame Vertreter ist damit einerseits Sprecher der Gläubiger gegenüber dem Emittenten. Die Interessen der Gläubiger sollen dem Emittenten gebündelt kommuniziert werden können und es soll sichergestellt werden, dass die Gläubiger über ausreichende Informationen verfügen, um fundierte Entscheidungen treffen zu können. Auf der anderen Seite ist der gemeinsame Vertreter der Anleihegläubiger auch Verhandlungspartner für den Emittenten, was insbesondere in einer Krise relevant ist, um etwa die Anleihebedingungen für alle Gläubiger verbindlich an die neue Situation anzupassen. 6

II. Beschleunigung des Verfahrens durch den Vertragsvertreter

Die Möglichkeit der Bestimmung eines gemeinsamen Vertreters bereits in den Anleihebedingungen nach § 8 soll zu einer Beschleunigung des Verfahrens führen.[3] Der Schuldner hat so bereits von Anfang an einen Verhandlungspartner und die Gläubiger können sofort Entscheidungen in der Sache treffen und müssen sich nicht zuvor um die Auswahl und Bestellung des gemeinsamen Vertreters kümmern. Da die Gläubiger hier allerdings keinen Einfluss auf die Person des gemeinsamen Vertreters haben, gelten strenge Anforderungen für die Auswahl des gemeinsamen Vertreters und der Aufgabenkreis ist im Vergleich zum Wahlvertreter begrenzt.[4] 7

III. Konfliktpotential

Eine nicht unerhebliche Schwierigkeit ergibt sich daraus, dass der gemeinsame Vertreter zwar im Interesse der Gläubiger handelt, seine Vergütung aber vom Schuldner erhält. Das hierdurch entstehende Spannungsfeld wird dadurch vergrößert, dass die Höhe der Vergütung nicht vorgegeben ist, sondern nur „angemessen" sein muss. Was angemessen ist, müsste im Streitfall in einem langwierigen Prozess zwischen Schuldner und gemeinsamen Vertreter gerichtlich geklärt werden. Um das zu vermeiden, wird der gemeinsame Vertreter versuchen, eine Einigung mit dem Schuldner zu erreichen, der 8

---

1 So auch Friedl/Hartwig-Jacob/*Wöckener* § 7 Rn 6; Veranneman/*Veranneman* §§ 7, 8 Rn 1 f; *Podewils* DStR **2009** 1914, 1918; *Schlitt/Schäfer* AG **2009** 477, 483.
2 RegE, BT-Drucks. 16/12814 S 19 f.
3 RegE, BT-Drucks. 16/12814 S 20.
4 RegE, BT-Drucks. 16/12814 S 21.

dabei versucht sein mag, eigene Interessen mit einfließen zu lassen. So wurden zB Fälle bekannt, in denen die Höhe der Vergütung an die Höhe des Verzichts der Gläubiger gekoppelt wurde, was offensichtlich nicht im Interesse der Gläubiger sein kann. Eine klare Vergütungsregelung zumindest der Höhe nach wäre daher dringend erforderlich. Insoweit ist der Gesetzgeber gefordert.

IV. Keine Kontroll- und Überwachungsfunktion

9 Teilweise wird dem gemeinsamen Vertreter eine Kontroll- und Überwachungsfunktion gegenüber dem Emittenten zugeschrieben.[5] Das Gesetz räumt ihm jedoch lediglich Informationsrechte gegenüber dem Schuldner ein, sodass ihm eine Kontrolle und Überwachung des Schuldners gesetzlich nicht möglich ist.[6] Dies gilt jedenfalls, soweit man die Kontroll- und Überwachungsfunktion weit als die Befugnis versteht, in geschäftliches Verhalten einzugreifen und unternehmerische Entscheidungen zu überprüfen.[7]

C. Frühere Regelung und Gesetzgebungsverfahren

10 Bereits das SchVG 1899 enthielt in den §§ 14–17 Regelungen zum gemeinsamen Vertreter. Diese wurden durch die Reform des Schuldverschreibungsgesetzes 2009 in den §§ 7, 8 inhaltlich und strukturell neu gefasst.[8] Insbesondere wurde dabei das Amt des gemeinsamen Vertreters mit weitergehenden Aufgaben und Befugnissen ausgestattet und eine eigenständige Regelungen zum Vertragsvertreter in § 8 geschaffen. Im Referentenentwurf war in den Regelungen zum gemeinsamen Vertreter zwar zunächst nicht vorgesehen, diesen bereits in den Anleihebedingungen festlegen zu können.[9] Diese Entscheidung wurde in der Literatur und Praxis jedoch kritisiert.[10] Im Regierungsentwurf wurde diese Möglichkeit daraufhin in § 8 geschaffen. Der Regierungsentwurf wiederum wurde hinsichtlich der Regelungen zum gemeinsamen Vertreter unverändert in die endgültige Fassung des Gesetzes übernommen.

§ 7
Gemeinsamer Vertreter der Gläubiger

(1) [1]Zum gemeinsamen Vertreter für alle Gläubiger kann jede geschäftsfähige Person oder eine sachkundige juristische Person bestellt werden. [2]Eine Person, welche

1. **Mitglied des Vorstands, des Aufsichtsrats, des Verwaltungsrats oder eines ähnlichen Organs, Angestellter oder sonstiger Mitarbeiter des Schuldners oder eines mit diesem verbundenen Unternehmens ist,**
2. **am Stamm- oder Grundkapital des Schuldners oder eines mit diesem verbundenen Unternehmens mit mindestens 20 Prozent beteiligt ist,**
3. **Finanzgläubiger des Schuldners oder eines mit diesem verbundenen Unternehmens mit einer Forderung in Höhe von mindestens 20 Prozent der**

5 Veranneman/*Veranneman* §§ 7, 8 Rn 2.
6 Friedl/Hartwig-Jacob/*Wöckener* § 7 Rn 6; *Schmidtbleicher* Die Anleihegläubigermehrheit, S 213.
7 Hopt/Seibt/*Thole* § 7 Rn 1.
8 Zur früheren Regelung im Vergleich siehe *Schmolke* ZBB **2009** 8.
9 Vgl § 6 SchVG-RefE und die allgemeine Begründung im RefE, S 21.
10 Siehe etwa die Stellungnahme des DAV zum RefE Nr 41/2008, http://www.gesmat.bundesgerichtshof.de/gesetzesmaterialien/16_wp/schuldverschreibungsg/stellung_dav_refe.pdf (letzter Abruf: 17.4.2018), S 5 f.

ausstehenden Anleihe oder Organmitglied, Angestellter oder sonstiger Mitarbeiter dieses Finanzgläubigers ist oder

4. auf Grund einer besonderen persönlichen Beziehung zu den in den Nummern 1 bis 3 aufgeführten Personen unter deren bestimmendem Einfluss steht,

muss den Gläubigern vor ihrer Bestellung zum gemeinsamen Vertreter die maßgeblichen Umstände offenlegen. [3]Der gemeinsame Vertreter hat die Gläubiger unverzüglich in geeigneter Form darüber zu unterrichten, wenn in seiner Person solche Umstände nach der Bestellung eintreten.

(2) [1]Der gemeinsame Vertreter hat die Aufgaben und Befugnisse, welche ihm durch Gesetz oder von den Gläubigern durch Mehrheitsbeschluss eingeräumt wurden. [2]Er hat die Weisungen der Gläubiger zu befolgen. [3]Soweit er zur Geltendmachung von Rechten der Gläubiger ermächtigt ist, sind die einzelnen Gläubiger zur selbständigen Geltendmachung dieser Rechte nicht befugt, es sei denn, der Mehrheitsbeschluss sieht dies ausdrücklich vor. [4]Über seine Tätigkeit hat der gemeinsame Vertreter den Gläubigern zu berichten.

(3) [1]Der gemeinsame Vertreter haftet den Gläubigern als Gesamtgläubigern für die ordnungsgemäße Erfüllung seiner Aufgaben; bei seiner Tätigkeit hat er die Sorgfalt eines ordentlichen und gewissenhaften Geschäftsleiters anzuwenden. [2]Die Haftung des gemeinsamen Vertreters kann durch Beschluss der Gläubiger beschränkt werden. [3]Über die Geltendmachung von Ersatzansprüchen der Gläubiger gegen den gemeinsamen Vertreter entscheiden die Gläubiger.

(4) Der gemeinsame Vertreter kann von den Gläubigern jederzeit ohne Angabe von Gründen abberufen werden.

(5) Der gemeinsame Vertreter der Gläubiger kann vom Schuldner verlangen, alle Auskünfte zu erteilen, die zur Erfüllung der ihm übertragenen Aufgaben erforderlich sind.

(6) Die durch die Bestellung eines gemeinsamen Vertreters der Gläubiger entstehenden Kosten und Aufwendungen, einschließlich einer angemessenen Vergütung des gemeinsamen Vertreters, trägt der Schuldner.

Systematische Übersicht

A. Auswahl der Person des Wahlvertreters

1 Nach § 7 Abs 1 können als gemeinsamer Vertreter sowohl geschäftsfähige natürliche Personen als auch sachkundige juristische Personen ausgewählt werden.

I. Geschäftsfähige natürliche Person

2 Eine natürliche Person kann nur dann als gemeinsamer Vertreter der Anleihegläubiger ausgewählt werden, wenn diese auch geschäftsfähig ist, denn der gemeinsame Vertreter ist an wirtschaftlichen Entscheidungen beteiligt und muss sich daher auch über die Bedeutung und Tragweite seiner Willenserklärungen bewusst sein. Sachkunde wie für juristische Personen wird hingegen nicht gefordert. Praktisch ist die Auswahl einer natürlichen Person zum gemeinsamen Vertreter allerdings kaum relevant.

II. Sachkundige juristische Person

3 In aller Regel wird vielmehr eine juristische Person zum gemeinsamen Vertreter der Anleihegläubiger bestellt werden, sofern diese sachkundig ist. Der Begriff der Sachkunde wird im SchVG allerdings nicht legal definiert und auf die Anforderungen an einen sachkundigen Anleger iSd § 3 SchVG kann nicht zurückgegriffen werden, da es hier um Sachkunde hinsichtlich vollkommen unterschiedlicher Materien geht. Die Sachkunde einer juristischen Person als gemeinsamer Vertreter setzt voraus, dass diese die wirtschaftlichen und rechtlichen Aufgaben des gemeinsamen Vertreters selbstständig bewältigen kann. Da der gemeinsame Vertreter im Rahmen seiner Tätigkeit insbesondere mit der wirtschaftlichen Situation des Emittenten befasst ist, sind vor allem Kenntnisse im Kapitalmarkt-, Handels-, Gesellschafts- und Steuerrecht erforderlich.[1] Neben rechtlichen Kenntnissen muss die Wahrnehmung der Aufgaben des gemeinsamen Vertreters auch durch eine entsprechende interne Organisation sichergestellt sein. Ob eine juristische Person diesen Anforderungen gerecht wird, ist im Einzelfall zu beurteilen. Nach der Gesetzesbegründung soll dies insbesondere bei Rechtsanwalts- oder Wirtschaftsprüfungsgesellschaften der Fall sein.[2] Daneben erfüllen jedoch auch Finanzdienstleistungsinstitute die Anforderungen regelmäßig. Neben juristischen Personen können auch rechtsfähige Personengesellschaften als gemeinsamer Vertreter der Anleihegläubiger

1 Veranneman/*Veranneman* §§ 7,8 Rn 6.
2 RegE, BT-Drucks. 16/12814 S 19.

ausgewählt werden. Dies war bereits nach dem SchVG 1899 möglich und aufgrund der Teilrechtsfähigkeit gibt es keinen Grund, diese von vornherein auszuschließen, zumal viele Rechtsanwalts- oder Wirtschaftsprüfungsgesellschaften in der Rechtsform der KG, GbR oder PartG betrieben werden.

III. Maßgeblicher Zeitpunkt

Der maßgebliche Zeitpunkt für diese Grundvoraussetzungen ist die Bestellung des 4 gemeinsamen Vertreters, d.h. die Beschlussfassung durch die Gläubigerversammlung. Ist der gemeinsame Vertreter zu diesem Zeitpunkt nicht geschäftsfähig beziehungsweise sachkundig, ist die Bestellung anfechtbar, § 20 Abs 1 S 1 Alt. 1. Dagegen führt ein späterer Wegfall der Geschäftsfähigkeit oder Sachkunde, etwa durch Abgang eines sachkundigen Organs, grundsätzlich nicht zur Beendigung des Grundgeschäfts (Geschäftsbesorgungsvertrag, siehe Rn 19) oder der Vollmacht (siehe Rn 15). Ist der gemeinsame Vertreter allerdings nicht nur vorübergehend geschäftsunfähig, erlischt die Vollmacht,[3] nicht jedoch das Grundverhältnis (Geschäftsbesorgungsvertrag). Zum Schutz der Gläubiger trifft den gemeinsamen Vertreter bei einem nachträglichen Wegfall der Geschäftsfähigkeit oder Sachkunde eine Offenbarungspflicht gem. § 7 Abs 1 S 2, 3 analog.[4] Die Gläubigergemeinschaft kann dann über eine jederzeit mögliche Abberufung des Vertreters entscheiden.

B. Interessenkonflikte

Um die Gefahr eines Interessenskonfliktes bei der Person des gemeinsamen Vertre- 5 ters zu mindern, sieht das Gesetz in § 7 Abs 1 S 2, 3 in bestimmten Fällen eine Offenbarungs- und Unterrichtungspflicht des gemeinsamen Vertreters gegenüber den Gläubigern vor.

I. Offenbarungspflicht

Bei Vorliegen der in § 7 Abs 1 S 2 genannten Umstände muss der gemeinsame Vertre- 6 ter die Gläubiger vor seiner Bestellung hierüber informieren, sodass diese eine ausreichende Informationsbasis haben, um darüber entscheiden zu können, ob sie an der Bestellung festhalten oder von dieser wegen des Interessenkonflikts absehen. Die in § 7 genannten Fallgruppen, in denen der Gesetzgeber eine Interessenkollision unwiderleglich vermutet, sind abschließend, um die Bestimmtheit zu gewährleisten und eine Ausuferung zu verhindern.[5] Dieses Informationsmodell bewirkt, dass die Gläubiger selbst für die Auswahl des gemeinsamen Vertreters verantwortlich sind und neben der Geschäftsfähigkeit bzw Sachkunde keine weiteren gesetzlichen Anforderungen an die Person des gemeinsamen Vertreters gestellt werden müssen.[6]

1. § 7 Abs 1 Satz 2 Nr 1: Organmitglied oder Mitarbeiter. Nach § 7 Abs 1 S 2 Nr 1 be- 7 steht eine Offenbarungspflicht des gemeinsamen Vertreters dann, wenn dieser Mitglied des Vorstandes, Aufsichts- oder Verwaltungsrats oder eines ähnlichen Organs des Schuldners ist. Ebenso wenn er Angestellter oder sonstiger Mitarbeiter des Schuldners oder eines mit diesem verbundenen Unternehmens iSd § 15 AktG ist. Sonstige Mitarbeiter

3 Palandt/*Ellenberger* § 168 Rn 3.
4 So auch Hopt/Seibt/*Thole* § 7 Rn 7; Friedl/Hartwig-Jacob/*Wöckener* § 7 Rn 12.
5 RegE, BT-Drucks. 16/12814 S 19.
6 RegE, BT-Drucks. 16/12814 S 19.

sind sämtliche Personen, die als Einzelperson vom Schuldner wirtschaftlich abhängig sind, wie etwa selbstständige Handelsvertreter.[7]

8 **2. § 7 Abs 1 Satz 2 Nr 2: Kapitalbeteiligungen.** Weiterhin muss der gemeinsame Vertreter offenlegen, wenn er mit mindestens 20% am Stamm- oder Grundkapital des Schuldners oder eines mit diesem verbundenen Unternehmen beteiligt ist. Maßgeblich ist dabei der nominelle Wert der Beteiligung, nicht dagegen die Verteilung der Stimmrechte.

9 **3. § 7 Abs 1 Satz 2 Nr 3: Gläubigerstellung.** Einen Interessenkonflikt vermutet der Gesetzgeber weiterhin in dem Fall, dass der gemeinsame Vertreter Finanzgläubiger des Schuldners oder eines mit diesem verbundenen Unternehmens mit einer Forderung in Höhe von mindestens 20% der ausstehenden Anleihe oder Organmitglied, Angestellter oder sonstiger Mitarbeiter eines solchen Finanzgläubigers ist. Unter den Begriff des Finanzgläubigers fallen aufgrund des weiten Wortlauts nicht nur Anleihegläubiger, sondern alle Arten von Fremdkapitalgebern, insbesondere etwa Darlehensgeber.[8]

10 **4. § 7 Abs 1 Satz 2 Nr 4: Persönliche Beziehung.** Eine Offenbarungspflicht des gemeinsamen Vertreters besteht insbesondere auch dann, wenn ein Dritter, der eines der Kriterien nach § 7 Abs 1 S 2 Nr 1–3 erfüllt, aufgrund einer besonderen persönlichen Beziehung bestimmenden Einfluss auf den gemeinsamen Vertreter hat. Eine besondere persönliche Beziehung ist dabei anzunehmen, wenn eine biographisch gewachsene Beziehung zwischen dem Dritten und dem gemeinsamen Vertreter besteht, aufgrund derer ein gegenseitiges, gesteigertes Zusammengehörigkeitsgefühl zwischen dem Dritten und dem gemeinsamen Vertreter entstanden ist und die von persönlichem Kontakt über einen längeren Zeitraum geprägt ist.[9] Dies ist etwa der Fall bei familiären Beziehungen, nicht dagegen bei rein wirtschaftlichen oder zweckrationalen Verbindungen. Ein bestimmender Einfluss resultiert aus der persönlichen Beziehung dann, wenn der Dritte hierdurch die Möglichkeit hat, das Verhalten des gemeinsamen Vertreters zu beeinflussen. Hierfür müssen zumindest objektive Anhaltspunkte, wie etwa ein Vertrag, ein Anspruch oder andere Mittel, die eine Beeinflussung bewirken können, gegeben sein.

11 **5. Rechtsfolgen bei Verstoß gegen die Offenbarungspflicht.** Für den Fall, dass einer der genannten Interessenkonflikte vorliegt, ist der gemeinsame Vertreter verpflichtet, diesen vor der Bestellung zu offenbaren. Die Offenlegung muss gegenüber den Gläubigern in ihrer Gesamtheit erfolgen, etwa im Rahmen einer Gläubigerversammlung. Wird gegen die Offenbarungspflicht verstoßen, stellt dies eine Verletzung des Gesetzes dar, was dazu führt, dass der Bestellungsbeschluss nach § 20 Abs 1 S 1 Alt. 1 anfechtbar ist. Anfechtungsberechtigt sind alle Gläubiger, die an der Abstimmung teilgenommen und gegen den Beschluss fristgerecht Widerspruch erklärt haben, vgl § 20 Abs 2 Nr 1. Falls die Voraussetzungen des § 20 Abs 2 Nr 2 vorliegen, können auch Gläubiger, die nicht an der Abstimmung teilgenommen haben, zur Anfechtung befugt sein. Zur Geltendmachung des Anfechtungsrechtes ist eine Anfechtungsklage innerhalb eines Monats nach Bekanntgabe des Beschlusses zu erheben, § 20 Abs 3.[10] Klagegegner der Anfechtungsklage

7 Veranneman/*Veranneman* §§ 7,8 Rn 11.
8 Preuße/*Nesselrodt* § 7 Rn 13.
9 Veranneman/*Veranneman* §§ 7,8 Rn 15.
10 Veranneman/*Wasmann*/*Steber* §§ 20 Rn 24.

ist immer der Schuldner, auch wenn er an der Bestellung des gemeinsamen Vertreters gar nicht beteiligt war.[11]

Im Gegensatz zu der Regelung in § 8 Abs 1 S 3, wonach die Bestellung von Organmit- 12
gliedern oder Mitarbeitern (§ 7 Abs 1 S 2 Nr 1) zur Nichtigkeit der Bestellung führt, soll die Bestellung solcher Personen nach § 7 durch Beschluss der Gläubiger möglich sein. Dies wird damit begründet, dass die Gläubiger aufgrund der vorherigen Offenlegung ausreichend informiert sind und daher bei der Abstimmung diese Faktoren berücksichtigen können. Legt der (künftige) gemeinsame Vertreter die Umstände nicht offen, könnte dies nicht nur einen Anfechtungsgrund darstellen, sondern auch zu einer Nichtigkeit des Beschlusses führen. Allerdings ist die Nichtigkeit von Beschlüssen im SchVG nur sehr vereinzelt geregelt (siehe hierzu die Kommentierung zu § 5). In der Literatur wird darüber hinaus über eine Orientierung an den Nichtigkeitsgründen aus § 241 AktG nachgedacht.[12] Da selbst über eine entsprechende Anwendung dieser Nichtigkeitsgründe der Verstoß gegen die Offenbarungspflicht nicht zu einer Nichtigkeit des Bestellungsbeschlusses führt, kommt diese Rechtsfolge nicht in Betracht.

Gemäß § 23 Abs 2, 3 stellt der Verstoß gegen die Offenbarungspflicht eine Ord- 13
nungswidrigkeit dar und ist mit Geldbuße bedroht.

II. Unterrichtungspflicht

Von der Offenbarungspflicht nach § 7 Abs 1 S 2 ist die Unterrichtungspflicht nach § 7 14
Abs 1 S 3 zu unterscheiden. Der gemeinsame Vertreter hat hiernach die Gläubiger unverzüglich zu unterrichten, wenn Umstände, die vor der Bestellung hätten offengelegt werden müssen, nach der Bestellung eintreten. Die Gläubiger sollen auf diese Weise die nötige Informationsgrundlage erlangen, um über eine mögliche Abberufung des gemeinsamen Vertreters entscheiden zu können.[13] Die Unterrichtung muss in hierfür geeigneter Form erfolgen. In Betracht kommt etwa eine Veröffentlichung im elektronischen Bundesanzeiger, eine Unterrichtung in einem Rundschreiben an alle Gläubiger oder eine Unterrichtung in der in den Anleihebedingungen vorgesehenen Weise. Eine Verletzung der Unterrichtungspflicht stellt keine Ordnungswidrigkeit dar, da § 23 Abs 2 nicht auf § 7 Abs 1 S 3 verweist. Dies ist aufgrund der Vergleichbarkeit der Pflichten misslich.[14]

C. Bestellung des gemeinsamen Vertreters

I. Bestellungsakt

Mit der Bestellung des gemeinsamen Vertreters der Anleihegläubiger ist in erster Li- 15
nie die rechtsgeschäftliche Erteilung der Vollmacht an diesen gemeint. Diese erfolgt durch einen Mehrheitsbeschluss in der Gläubigerversammlung. Welche Mehrheit für die Bestellung erforderlich ist, ist nicht speziell geregelt, sodass nach § 5 Abs 4 S 1 grundsätzlich die einfache Mehrheit der an der Abstimmung teilnehmenden Stimmrechte ausreicht. Aus den Anleihebedingungen kann sich abweichend hiervon jedoch auch eine höhere Mehrheit ergeben, § 5 Abs 4 S 3. Darüber hinaus wird nach der Gesetzesbegründung angenommen, dass eine qualifizierte Mehrheit der teilnehmenden Stimmrechte im Sinne des § 5 Abs 4 S 2 (75%) erforderlich ist, sofern der gemeinsame Vertreter die Anleihegläu-

11 Veranneman/*Wasmann*/*Steber* §§ 20 Rn 26.
12 Veranneman/*Wasmann*/*Steber* §§ 20 Rn 4 f.
13 RegE, BT-Drucks. 16/12814 S 19.
14 Langenbucher/Bliesener/Spindler/*Bliesener*/*Schneider* § 7 Rn 25.

biger auch bei Änderungen des wesentlichen Inhalts der Anleihebedingungen gegenüber dem Emittenten vertreten soll.[15] Auch wenn § 5 Abs 4 S 2 sich seinem Wortlaut nach nur auf den Beschluss der Gläubigerversammlung zu einer Änderung der Anleihebedingungen als solchen bezieht, erscheint es sachgerecht, die Mehrheitserfordernisse auch für die Ermächtigung des Vertreters vorzusehen. Denn mit Ermächtigung des Vertreters zur Änderung der Anleihebedingungen wird seine Rechtsmacht erweitert (siehe hierzu Abschnitt D. Aufgaben und Befugnisse des gemeinsamen Vertreters). Gleichzeitig sind die Gläubiger selbst nicht mehr zur Änderung der Anleihebedingungen befugt. Da eine Vollmacht nach allgemeinen Grundsätzen nur in dem eigenen Handlungsspielraum erteilt werden kann und andernfalls die Mehrheitserfordernisse durch Erteilung der Vollmacht umgangen werden könnten, müssen die Mehrheitserfordernisse bereits für die Vollmachtserteilung vorliegen.

16 Da die Erteilung einer Vollmacht ein einseitiges Rechtsgeschäft ist, bedarf es für die Wirksamkeit lediglich des Zugangs der Erklärung bei dem potentiellen gemeinsamen Vertreter. Neben der Vollmachtserteilung wird der gemeinsame Vertreter in dem Beschluss der Gläubigerversammlung jedoch auch mit weiteren Aufgaben betraut (§ 7 Abs 2). Aus diesem Grund bedarf es neben der Beschlussfassung in der Gläubigerversammlung auch einer Annahmeerklärung seitens der Person des gemeinsamen Vertreters.[16] Sinnvollerweise gibt der gemeinsame Vertreter seine Willenserklärung zuerst ab, die dann in den Beschluss der Gläubigerversammlung aufgenommen wird, um sicherzustellen, dass die Bestellung mit dem Beschluss zu den darin genannten Bedingungen auch tatsächlich erfolgt.

17 Neben der Beschlussfassung in der Gläubigerversammlung und der Annahme seitens des gemeinsamen Vertreters hat die wirksame Bestellung keine weiteren Voraussetzungen. Insbesondere bedarf es keiner Zustimmung des Schuldners. Die im Rahmen des § 4 vorgesehene Zustimmung des Emittenten bezieht sich lediglich auf Änderungen der Anleihebedingungen, worunter die Bestellung des gemeinsamen Vertreters nicht fällt. Auch eine Vollziehung nach § 21 Abs 1 ist aus diesem Grund nicht erforderlich. Allerdings muss der gemeinsame Vertreter beachten, dass er von der ihm erteilten Vollmacht oder Ermächtigung keinen Gebrauch machen darf, solange Vollzugshindernisse nach § 21 Abs 2 bestehen.

II. Art und Wirkung der Vertretungsmacht

18 Bei der Vertretungsmacht des gemeinsamen Vertreters handelt es sich um eine rechtsgeschäftliche Vertretungsmacht,[17] auf die die allgemeinen Stellvertretungsregeln des BGB (§§ 164 ff BGB) Anwendung finden.

III. Zugrundeliegendes Rechtsverhältnis

19 Von der Erteilung der Vollmacht im Außenverhältnis ist das zugrundeliegende Rechtsverhältnis im Innenverhältnis zu unterscheiden. Die Vertragsparteien und die vertragliche Ausgestaltung dieses Innenverhältnisses sind umstritten.[18] In der Praxis

---

15 RegE, BT-Drucks. 16/12814 S 19.

16 So auch Veranneman/*Veranneman* §§ 7, 8 Rn 21, 23; Hopt/Seibt/*Thole* § 7 Rn 17 f; **aA** Friedl/Hartwig-Jacob/*Wöckener* § 7 Rn 25.

17 Vgl RegE. BT-Drucks. 16/12814 S 19 f; BGH 14.7.2016 NZI **2016** 1014, 1015.

18 Siehe hierzu die vergleichende Darstellung in Hopt/Seibt/*Thole* § 7 Rn 22 ff; für ein Vertragsverhältnis zwischen dem gemeinsamen Vertreter und der Gesamtheit der Gläubiger: Veranneman/*Veranneman* §§ 7, 8

anerkannt ist, dass es sich jeweils um gleichlautende, entgeltliche Geschäftsbesorgungsverträge zwischen dem gemeinsamen Vertreter und den einzelnen Gläubigern handelt.[19] Die einzelnen Verträge sind derart ausgestaltet, dass die Gläubiger gegenüber dem gemeinsamen Vertreter nur als Gesamtheit auftreten. Vorbehaltlich vorrangiger Regelungen des SchVG sind auf dieses Verhältnis die Regeln des Auftragsrechts (§§ 663, 665 bis 670, 672 bis 674 BGB) anwendbar, § 675 Abs 1 BGB.[20] Im Falle der Unwirksamkeit des Vertrages, sind die Regeln der Geschäftsführung ohne Auftrag (§§ 677 ff BGB) anzuwenden. Zwischen dem Emittenten und dem gemeinsamen Vertreter besteht dagegen kein Vertragsverhältnis.[21]

IV. Bestellung mehrerer gemeinsamer Vertreter

Während § 14 Abs 5 SchVG 1899 regelte, dass mehrere Vertreter eine gemeinschaftliche Vertretungsmacht haben, sofern der Bestellungsbeschluss keine abweichende Regelung hierzu trifft, ist eine entsprechende Regelung im SchVG nicht mehr enthalten. Vereinzelt wird vertreten, dass dennoch eine Bestellung mehrerer Vertreter zulässig sein soll.[22] Auch wenn diese Überlegung theoretisch möglich ist,[23] hat sie keine praktische Relevanz, denn aus Sicht der Gläubiger ist kein Grund erkennbar, der für eine Bestellung mehrerer Vertreter spricht. Sollten diese mit der Arbeit des bestehenden gemeinsamen Vertreters unzufrieden sein, können sie ihn jederzeit abwählen und durch einen neuen Vertreter ersetzen (siehe hierzu Rn 53). Es ist nicht erkennbar, dass die Interessen der Gläubiger durch zwei Vertreter besser wahrgenommen werden, zumal bei mehreren Vertretern Kompetenzkonflikte entstehen können. Auch die Koordinationsfunktion des Vertreters, die gerade durch Bündelung der Interessen in einer Person entsteht, würde durch den Einsatz mehrerer Vertreter wieder ausgehöhlt.[24] Entscheidend gegen die Bestellung mehrerer Vertreter spricht zudem die Erhöhung der Kosten und das Problem, dass nicht geregelt ist, wer für die Kosten des zusätzlichen Vertreters aufkommen sollte (siehe hierzu ausführlich Rn 42). 20

D. Aufgaben und Befugnisse des gemeinsamen Vertreters

Nach § 7 Abs 2 S 1 ergeben sich die Aufgaben und Befugnisse des gemeinsamen Vertreters aus dem Gesetz oder aufgrund eines Mehrheitsbeschlusses der Gläubiger, d.h. dem Mandat selbst. 21

I. Gesetzlich vorgesehene Aufgaben

Der gesetzlich vorgesehene Aufgabenbereich des gemeinsamen Vertreters umfasst zum einen eine Berichtspflicht gegenüber den Gläubigern in ihrer Gesamtheit, § 7 Abs 2 S 4. Zum anderen hat der gemeinsame Vertreter das Recht zur Einberufung von Gläubigerversammlungen, § 9 Abs 1 S 1, oder Abstimmungen ohne Versammlung, § 18 Abs 1 iVm. § 9 Abs 1 S 1. Hierbei hat der gemeinsame Vertreter auch den Vorsitz der Gläubiger- 22

Rn 26; *Antoniadis* NZI **2014** 785, 786; für ein Vertragsverhältnis zwischen dem gemeinsamen Vertreter und dem Emittenten: *Thole* ZIP **2014** 293, 299; Hopt/Seibt/*Thole* § 7 Rn 28.

19 RG 11.5.1917 RGZ **90** 211, 214; RegE, BT-Drucks. 16/12814 S 20.

20 Siehe auch RegE. BT-Drucks. 16/12814 S 20.

21 AA *Thole* ZIP **2014** 293, 299.

22 Veranneman/*Veranneman* §§ 7, 8 Rn 24.

23 Hopt/Seibt/*Thole* § 7 Rn 32; Friedl/Hartwig-Jacob/*Wöckener* § 7 Rn 58.

24 Hopt/Seibt/*Thole* § 7 Rn 32.

versammlungen, § 15 Abs 1, bzw die Leitung der Abstimmungen ohne Versammlung inne, § 18 Abs 2 S 1. Weiterhin hat der gemeinsame Vertreter ein Recht, bestimmte Auskünfte durch den Schuldner zu verlangen, § 7 Abs 5. Dieser gesetzlich vorgeschriebene Aufgabenkreis des gemeinsamen Vertreters der Anleihegläubiger kann weder durch die Anleihebedingungen, § 5 Abs 1 S 2, noch durch Mehrheitsbeschluss der Gläubiger verkürzt werden.

23 **1. Berichtspflicht, § 7 Abs 2 Satz 4.** Nach § 7 Abs 2 S 4 muss der gemeinsame Vertreter den Gläubigern über seine Tätigkeit berichten. Da zwischen dem gemeinsamen Vertreter und den einzelnen Gläubigern im Innenverhältnis jeweils gleichlautende entgeltliche Geschäftsbesorgungsverträge bestehen, ergibt sich eine solche Pflicht bereits aus § 666 BGB. § 7 Abs 2 S 4 hat daher nur klarstellende Bedeutung.[25]

24 Dass nur jeweils einzelne Verträge mit den Gläubigern bestehen, führt jedoch nicht dazu, dass der gemeinsame Vertreter die Berichtspflicht auch gegenüber jedem einzelnen Gläubiger zu erfüllen hat. Vielmehr verpflichten sich die Gläubiger gegenüber dem gemeinsamen Vertreter nur in ihrer Gesamtheit aufzutreten, sodass die Berichtspflicht auch nur gegenüber der Gesamtheit der Gläubiger zu erfüllen ist.[26] Naheliegend kann dies etwa in der Gläubigerversammlung geschehen. Denkbar und vor allem kostensparend ist es jedoch, in der Mandatierung andere Informationswege für die Berichte des gemeinsamen Vertreters vorzusehen, etwa eine hierfür eingerichtete Internetseite.[27]

25 Die Berichtspflicht des gemeinsamen Vertreters umfasst dabei sämtliche für die Gläubigerversammlung relevanten Informationen, die sich aus der Tätigkeit des gemeinsamen Vertreters ergeben. Damit hängt der Umfang der Berichtspflicht vom Umfang der Befugnisse des gemeinsamen Vertreters ab und ist daher im Einzelfall zu beurteilen. Relevant sind dabei insbesondere Informationen, die für die Durchsetzung der Rechte der Gläubiger eine Rolle spielen, die Aufschluss darüber geben, ob der gemeinsame Vertreter seinen Pflichten nachkommt und die sonstige Interessen der Gläubiger betreffen. Die Gläubiger sollen durch die Berichte des gemeinsamen Vertreters in die Lage versetzt werden, künftige Entscheidungen, etwa über Weisungen oder Abstimmungen, aufgrund einer ausreichenden Informationsgrundlage treffen zu können. Jedenfalls von der Berichtspflicht umfasst sind die im Rahmen des § 7 Abs 5 erlangten Auskünfte des Schuldners oder die Tatsache, dass der Schuldner ein Auskunftsersuchen des gemeinsamen Vertreters zurückgewiesen hat. Auch umfasst ist in dem Fall der Stand möglicher Verhandlungen mit dem Schuldner hinsichtlich der Anleihebedingungen.

26 Ausnahmen von der Berichtspflicht sind dann zu machen, wenn der gemeinsame Vertreter durch die Weitergabe der Informationen gegen eine gesetzliche Vorschrift verstoßen oder sich sogar strafbar machen würde. Dies betrifft etwa im Rahmen der Tätigkeit erlangte Insiderinformationen oder vertrauliche Informationen aus einem Gläubigerausschuss im Insolvenzverfahren. In diesen Fällen hat der gemeinsame Vertreter ein Auskunftsverweigerungsrecht gegenüber den Gläubigern.

27 **2. Auskunftsrecht gegenüber dem Schuldner, § 7 Abs 5.** Gegenüber dem Schuldner hat der gemeinsame Vertreter das Recht, alle Auskünfte zu verlangen, die zur Erfüllung der ihm übertragenen Aufgaben erforderlich sind, § 7 Abs 5. Spiegelbildlich ist der Schuldner verpflichtet, alle an ihn mündlich, in Textform oder in sonstiger Weise gerich-

---

25 RegE. BT-Drucks. 16/12814 S 20.
26 RegE. BT-Drucks. 16/12814 S 20.
27 Vgl *Blaufuß/Braun* NZI **2016** 5, 8 f.

teten Fragen des gemeinsamen Vertreters zu beantworten und Auskunft über die relevanten Umstände zu geben. Gläubiger dieses Anspruchs ist nur der gemeinsame Vertreter, nicht dagegen die Gläubigergesamtheit oder die einzelnen Gläubiger selbst.

Voraussetzung des Auskunftsrechts ist jeweils, dass die fragliche Auskunft erforderlich zur Erfüllung der Aufgaben des gemeinsamen Vertreters ist. Der Umfang des Auskunftsrechts hängt damit vom Umfang des Aufgabenkreises des gemeinsamen Vertreters im Einzelfall ab.[28] Ist der gemeinsame Vertreter etwa auch zur Vertretung der Gläubiger bei Verhandlungen über wesentliche Änderungen der Anleihebedingungen befugt, kann er unter Umständen weitgehende Informationen vom Schuldner verlangen. Im Allgemeinen ist der Begriff der Erforderlichkeit weit auszulegen, da der gemeinsame Vertreter für die Gläubiger den alleinigen Informationskanal darstellt. Trotz der weiten Auslegung umfasst das Auskunftsrecht in keinem Fall die Teilnahme an Mitglieder- oder Gesellschaftsversammlungen. Ein derart weitgehendes Auskunftsrecht des gemeinsamen Vertreters würde aufgrund dessen Berichtspflicht die Anleihegläubiger als Fremdkapitalgeber zu sehr der Position der Aktionäre als Eigenkapitalgeber annähern. Hiervon wurde daher richtigerweise im RegE ausdrücklich Abstand genommen.[29] Darüber hinaus darf der Schuldner eine erforderliche Auskunft verweigern, wenn diese dazu geeignet ist, dem Schuldner erhebliche Nachteile zuzuführen oder wenn die Erteilung der Auskunft strafbar wäre (vgl § 138 Abs 3 AktG), denn Sinn und Zweck des Auskunftsrechts ist es gerade nicht, die wirtschaftliche Lage des Schuldners zu verschlechtern. 28

II. Aufgaben des gemeinsamen Vertreters aus der Mandatierung

Durch Beschluss der Gläubigerversammlung kann der gemeinsame Vertreter mit beliebigen weitergehenden Aufgaben ausgestattet werden. Dies ergibt sich aus der Autonomie der Gläubiger und stellt eine flexible Handhabung sicher.[30] Möglich ist es daher den gemeinsamen Vertreter generell oder für bestimmte Fälle etwa mit Kündigungen oder der gerichtlichen und außergerichtlichen Geltendmachung von Zahlungsansprüchen zu betrauen. 29

Die Befugnisse, die die Gläubigerversammlung dem gemeinsamen Vertreter erteilen kann, leiten sich dabei aus ihren eigenen Befugnissen her, sodass der gemeinsame Vertreter auch nur insoweit tätig werden kann. Es ist dagegen nicht möglich, dem gemeinsamen Vertreter darüber hinausgehende Befugnisse zu erteilen.[31] Beispielsweise kann der gemeinsame Vertreter durch Beschluss nur zur Zustimmung zu Änderungen der Anleihebedingungen ermächtigt werden, wenn die Gläubigerversammlung über ein ausreichendes Quorum verfügt, das für die Änderungen von Anleihebedingungen notwendig ist. 30

Die erforderlichen Mehrheiten für einen solchen Beschluss ergeben sich aus der allgemeinen Regelung des § 5 Abs 4. Danach ist grundsätzlich die einfache Mehrheit der an der Abstimmung teilnehmenden Stimmrechte erforderlich. Aus den Anleihebedingungen kann sich abweichend hiervon jedoch auch eine höhere Mehrheit ergeben, § 5 Abs 4 S 3. Darüber hinaus wird nach der Gesetzesbegründung angenommen, dass eine qualifizierte Mehrheit der teilnehmenden Stimmrechte im Sinne des § 5 Abs 4 S 2 (75%) erforderlich ist, sofern der gemeinsame Vertreter die Anleihegläubiger auch bei Ände- 31

28 Langenbucher/Bliesener/Spindler/*Bliesener*/*Schneider* § 7 Rn 36.
29 *Schlitt*/*Schäfer* AG **2009** 477, 483, 484.
30 RegE, BT-Drucks. 16/12814 S 20.
31 *Rubner*/*Leuering* NZI-Spezial **2014** 15, 16.

rungen des wesentlichen Inhalts der Anleihebedingungen gegenüber dem Emittenten vertreten soll.[32]

III. Verdrängendes Mandat des gemeinsamen Vertreters, § 7 Abs 2 Satz 3

32 Soweit der gemeinsame Vertreter dazu ermächtigt ist, die Rechte der Gläubiger geltend zu machen, sind diese, vorbehaltlich anderer Weisungen, nicht zur selbstständigen Geltendmachung dieser Rechte befugt. Dadurch soll eine effiziente und zentrale Geltendmachung sichergestellt werden, da eine individuelle Durchsetzung für den Schuldner und die Gläubiger sehr aufwändig wäre. Diese Zentralisierung ist insbesondere bei der Ausübung von Kündigungsrechten oder bei vorübergehenden Leistungsstörungen, die keinen unmittelbaren Schaden bei den einzelnen Gläubigern hervorrufen, vorteilhaft.

33 Durch ausdrücklichen Mehrheitsbeschluss kann jedoch von dieser vorrangigen Zuständigkeit des gemeinsamen Vertreters abgewichen werden, § 7 Abs 2 S 3 Hs. 2. Die hierfür in der Gläubigerversammlung erforderliche Mehrheit entspricht derjenigen, die erforderlich wäre, um den gemeinsamen Vertreter mit der Wahrnehmung des jeweiligen Gläubigerrechts zu betrauen. Nach dem Wortlaut der Vorschrift („die einzelnen Gläubiger“ statt „einzelne Gläubiger“) bleiben in diesem Fall durch den Gläubigerbeschluss alle einzelnen Gläubiger zur selbstständigen Geltendmachung der betroffenen Rechte befugt.[33] In der Praxis ist diese Möglichkeit bislang bedeutungslos.

34 Ansonsten gilt das verdrängende Mandat des gemeinsamen Vertreters uneingeschränkt. Insbesondere für den Fall, dass der gemeinsame Vertreter hinsichtlich der Geltendmachung eines bestimmten Gläubigerrechts untätig bleibt, fällt die Rechtszuständigkeit nicht automatisch wieder auf die einzelnen Gläubiger zurück, da dies zu einer unübersichtlichen Rechtslage für den Schuldner führen und der Intention des Gesetzgebers, eine einheitliche Geltendmachung sicherzustellen, widersprechen würde. Der gemeinsame Vertreter kann sich aber bei Untätigkeit Schadensersatzansprüchen aussetzen.

IV. Weisungsgebundenheit des gemeinsamen Vertreters, § 7 Abs 2 Satz 2

35 Der gemeinsame Vertreter hat die Weisungen der Anleihegläubiger zu befolgen, § 7 Abs 2 S 2. Diese können nur durch Mehrheitsbeschluss in der Gläubigerversammlung erteilt werden. An Weisungen einzelner Gläubiger ist der gemeinsame Vertreter hingegen nicht gebunden. § 7 Abs 2 S 2 ist lex specialis zu § 665 BGB, sodass der gemeinsame Vertreter von einer Weisung in keinem Fall abweichen darf, selbst wenn er den Umständen nach annehmen darf, dass die Gläubiger die Abweichung bei Kenntnis der Sachlage billigen würden.[34] In einem solchen Fall ist der gemeinsame Vertreter daher verpflichtet, mit den Gläubigern Rücksprache zu halten und nötigenfalls einen Mehrheitsbeschluss herbeizuführen.

V. Einsatz von Hilfspersonen

36 Bei der Erfüllung seiner Aufgaben darf der gemeinsame Vertreter sich durch Hilfspersonen unterstützen lassen, solange er wesentliche Handlungen wie die Vertretung

---

32 RegE, BT-Drucks. 16/12814 S 19.
33 Hopt/Seibt/*Thole* § 7 Rn 41.
34 BGH 14.7.2016 NZI **2016** 1014, 1015.

der Anleihegläubiger gegenüber dem Schuldner, den Vorsitz von Gläubigerversammlungen und die Erfüllung der Berichtspflicht selbst vornimmt.

E. Kostentragung

Nach § 7 Abs 6 trägt der Schuldner die durch die Bestellung eines gemeinsamen Ver- 37
treters der Gläubiger entstehenden Kosten und Aufwendungen, einschließlich einer angemessenen Vergütung des gemeinsamen Vertreters. Die Kosten für den gemeinsamen Vertreter sollen dem Schuldner auferlegt werden, da die Gläubiger nicht über gemeinsame Mittel verfügen.[35] Zwischen dem Schuldner und dem gemeinsamen Vertreter besteht zwar kein Vertragsverhältnis, jedoch statuiert § 7 Abs 6 eine gesetzliche Pflicht des Schuldners zur Tragung der Kosten und Aufwendungen.

I. Aufwendungen

Der Begriff der Aufwendungen ist im Sinne des Auftragsrechts (§ 670 BGB) zu ver- 38
stehen.[36] Hierunter fallen daher sämtliche freiwillige Vermögensopfer, die der gemeinsame Vertreter zur Erfüllung seiner Aufgaben macht und nach den Umständen auch für erforderlich halten durfte. Dies können beispielsweise Kosten für Reisen, Hilfskräfte, Gebühren oder Prozesskosten sein. Der gemeinsame Vertreter muss seine Aufwendungen gegenüber den Gläubigern, etwa durch eine Listenführung, transparent nachweisen.

II. Kosten

Nach § 7 Abs 6 muss der Schuldner auch die durch die Bestellung eines gemeinsa- 39
men Vertreters entstehenden Kosten tragen. Hierunter fällt insbesondere der Ersatz solcher Kosten, die typischerweise bei der Geschäftsbesorgung entstehen.

Daneben zählt zum Ersatz der Kosten vor allem aber die Zahlung einer angemesse- 40
nen Vergütung des gemeinsamen Vertreters.[37] Der Begriff der Angemessenheit wird im Gesetz nicht näher definiert und ist daher konfliktträchtig. Auch die Beschlüsse der Gläubiger, in denen in der Regel eine Vergütung festgelegt wird, können für die Beurteilung der Angemessenheit einer Vergütung nicht maßgeblich sein. Ebenso angreifbar ist ein pauschaler Betrag pro Jahr oder Monat des Tätigwerdens des gemeinsamen Vertreters, da die konkrete Tätigkeit des gemeinsamen Vertreters im Einzelfall sehr unterschiedlich ausfallen kann. Aus dem gleichen Grund ist auch eine Vergütung je nach Emissionssumme oder (Restrukturierungs-) Erfolg nicht angemessen. Die Vergütung müsste vielmehr von der Art und dem Umfang der konkreten Tätigkeit, der Komplexität der Aufgaben und den individuellen Fähigkeiten des gemeinsamen Vertreters abhängig sein.[38] Insoweit kann die marktübliche Vergütung einer entsprechenden Tätigkeit von Rechtsanwalts- oder Wirtschaftsprüfungsgesellschaften – regelmäßig also die Vergütung nach Zeitaufwand mit festen Stundensätzen, gegebenenfalls kombiniert mit einer Jahrespauschale für das Vorhalten von Organisationsstruktur und Versicherungen – als

---

35 RegE, BT-Drucks. 16/12814 S 20; OLG Dresden 22.7.2015 NZI **2015** 958, 959; **aA:** *Gloeckner/Bankel* ZIP **2015** 2393, 2399.
36 RegE, BT-Drucks. 16/12814 S 20.
37 Vgl dazu *Brenner* NZI **2014** 789.
38 Zur Angemessenheit siehe *Gloeckner/Bankel* ZIP **2015** 2393, 2400.

Maßstab herangezogen werden. Als Orientierungshilfe könnte auch das RVG dienen.[39] Direkt ist dieses Gesetz auf den gemeinsamen Vertreter – auch wenn es sich hierbei um einen Rechtsanwalt handelt – jedoch nicht anwendbar.[40] In der Praxis ist eine Vergütung nach RVG bislang nicht üblich.

41 Die Gläubiger können die Vergütung nicht bindend festlegen, da sie diese nicht tragen müssen. Wegen der Haftungsregelung auf das Zehnfache der jährlichen Vergütung nach § 8 Abs 3, die regelmäßig auch für den Vertreter nach § 7 Anwendung findet, sind die Gläubiger davon aber unmittelbar betroffen. Auch dieser Aspekt muss bei der Angemessenheit der Vergütung berücksichtigt werden.

III. Kostentragung bei mehreren Vertretern

42 Im Gesetz findet sich keine Kostenregelung für den Fall, dass mehrere gemeinsame Vertreter der Anleihegläubiger gleichzeitig bestellt werden. Aus der Gesetzesbegründung geht jedoch hervor, dass der Schuldner nur dazu verpflichtet ist, die Aufwendungen und Kosten für einen gemeinsamen Vertreter zu tragen,[41] wobei davon auszugehen ist, dass hiermit der erste bestellte Vertreter von mehreren gleichzeitig tätigen Vertretern gemeint ist.[42] Im Hinblick auf die Kostenregelung des zweiten gemeinsamen Vertreters kommt es in der Praxis somit zu erheblichen Schwierigkeiten. Die Gläubigerversammlung soll nämlich selbst nicht mit Kosten belastet werden und ohne Vergütung wird sich kaum eine Person für die Tätigkeit des gemeinsamen Vertreters finden lassen. Auch daraus ergibt sich die geringe praktische Bedeutung dieser Möglichkeit.

IV. Kostentragung in der Insolvenz

43 Zur Kostentragung in der Insolvenz siehe Rn 53ff.

F. Haftung

44 Nach § 7 Abs 3 S 1 haftet der gemeinsame Vertreter den Gläubigern als Gesamtgläubigern für die ordnungsgemäße Erfüllung seiner Aufgaben.

I. Haftungsvoraussetzungen

45 Voraussetzung einer Haftung des gemeinsamen Vertreters ist die Nicht- oder die Schlechterfüllung der ihm übertragenen Aufgaben und der ihm erteilten Weisungen. Bei vorsätzlicher oder fahrlässiger Pflichtverletzung hat er den Gläubigern den daraus entstehenden Schaden zu ersetzen. Dies wird zwar in § 7 Abs 3 nicht ausdrücklich angeordnet, ergibt sich jedoch aus § 280 Abs 1 BGB.[43] Das für die Anwendbarkeit des § 280 Abs 1 BGB erforderliche Schuldverhältnis wird mit Abschluss der entgeltlichen Geschäftsbesorgungsverträge zwischen dem gemeinsamen Vertreter und den einzelnen Gläubigern begründet (siehe Rn 19).

---

39 *Brenner* NZI **2014** 789, 791.
40 Hopt/Seibt/*Thole* § 7 Rn 72.
41 RegE, BT-Drucks. 16/12814 S 20.
42 RegE, BT-Drucks. 16/12814 S 20.
43 RegE, BT-Drucks. 16/12814 S 20.

II. Haftungsmaßstab

Bei seiner Tätigkeit hat der gemeinsame Vertreter die Sorgfalt eines ordentlichen und gewissenhaften Geschäftsleiters anzuwenden, § 7 Abs 3 S 1 Hs. 2. Damit wird ein besonderer Sorgfaltsmaßstab festgelegt, der dem § 93 Abs 1 S 1 AktG entlehnt ist.[44] 46

Fraglich ist, ob durch die Festlegung des besonderen Sorgfaltsmaßstabs dem gemeinsamen Vertreter auch die Exkulpationsmöglichkeit des § 93 Abs 1 S 2 AktG gewährt werden sollte. Ein Verweis auf die Vorschrift ist im Gesetzestext nicht zu finden. Die Exkulpationsregelung in § 93 Abs 1 S 2 AktG (sog. business judgement rule) soll den Vorstand bei unternehmerischen Entscheidungen privilegieren, wenn er sie unter optimalen Entscheidungsvoraussetzungen getroffen hat.[45] In diesem Fall soll keine Pflichtverletzung vorliegen. Grundsätzlich nimmt der gemeinsame Vertreter nicht die Aufgaben eines Vorstandsmitglieds wahr, sodass generell keine Parallele gezogen werden kann. 47

Nichtsdestotrotz muss auch der gemeinsame Vertreter eine Einschätzung und Analyse der wirtschaftlichen Situation des Schuldners vornehmen und darauf aufbauend eine unternehmerische Prognose über die zukünftige Entwicklung des Schuldnerunternehmens aufstellen.[46] Um eine Haftung für nicht zu vermeidende Fehleinschätzungen bei solchen Ermessensentscheidungen zu verhindern, sollte die aktienrechtliche Exkulpationsregel auch auf den gemeinsamen Vertreter anwendbar sein.[47] 47a

III. Haftungsbegrenzung

Nach § 7 Abs 3 S 2 kann die Haftung des gemeinsamen Vertreters durch Beschluss der Gläubiger beschränkt werden. Wie aus der Gesetzesbegründung hervorgeht, ist über den Wortlaut „beschränken" hinaus auch ein Ausschluss der Haftung möglich.[48] Genauere Anforderungen an die Haftungsbegrenzung wie sie in § 8 Abs 3 für den Vertragsvertreter vorgesehen sind, sind in § 7 nicht enthalten. Dennoch ist eine vollständige Haftungsfreistellung für vorsätzliches Handeln auch für den Wahlvertreter nicht möglich. Dies folgt aus der allgemeinen Grenze in § 276 Abs 3 BGB.[49] Daher kommt nur eine Beschränkung oder ein Ausschluss der Haftung wegen Fahrlässigkeit in Betracht. 48

Für den erforderlichen Beschluss bedarf es der einfachen Mehrheit der an der Abstimmung teilnehmenden Stimmrechte, § 5 Abs 4. In der Praxis wird von der Möglichkeit der Haftungsbegrenzung in der Regel dann Gebrauch gemacht, wenn sich andernfalls keine geeignete Person bereit erklären würde, die Aufgabe des gemeinsamen Vertreters zu übernehmen. 48a

In Anlehnung an § 8 Abs 3 ist eine Haftungsbeschränkung auf das 10-fache der jährlichen Vergütung verbreitet. 49

---

44 RegE, BT-Drucks. 16/12814 S 20.
45 Hüffer/Koch/*Koch* § 93 Rn 9.
46 *Litten* ZBB **2013** 32, 37.
47 RegE, BT-Drucks. 16/12814 S 20, so auch Friedl/Hartwig-Jacob/*Wöckener* § 7 Rn 47; Veranneman/*Veranneman* §§ 7, 8 Rn 69; Preuße/*Nesselrodt* § 7 Rn 78; **aA**: Langenbucher/Bliesener/Spindler/*Bliesener*/*Schneider* § 7 Rn 45; Heidel/*Müller* § 7 Rn 14, nach der **aA** kann die fehlende Exkulpationsmöglichkeit jedoch durch eine Haftungsfreistellung für Prognoseentscheidungen durch Gläubigerbeschluss (§ 7 Abs 3 S 2) ausgeglichen werden.
48 RegE, BT-Drucks. 16/12814 S 20.
49 Hopt/Seibt/*Thole* § 7 Rn 52.

IV. Beweislast

50 Grundsätzlich muss jede Partei die Voraussetzungen der ihr günstigen Norm beweisen.[50] Die Gesamtheit der Gläubiger müsste daher als Anspruchsteller beweisen, dass der gemeinsame Vertreter eine ihm übertragene Pflicht verletzt hat. Da das Verschulden nach § 280 Abs 1 S 2 BGB grundsätzlich widerleglich vermutet wird, müsste der gemeinsame Vertreter zu seiner Entlastung beweisen, dass er nicht schuldhaft gehandelt hat bzw dass die Voraussetzungen des Exkulpationstatbestandes vorliegen.[51]

51 Die Beweislastumkehr aus § 93 Abs 2 S 2 AktG ist nicht anwendbar. Da diese als Abweichung von den allgemeinen Grundsätzen der Normentheorie zu Lasten des gemeinsamen Vertreters gehen würde, hätte es für deren Anwendung einer gesetzlichen Regelung bedurft.[52]

V. Geltendmachung des Anspruchs durch die Anleihegläubiger

52 Der Schadensersatzanspruch gegen den gemeinsamen Vertreter steht den Anleihegläubigern als Gesamtgläubiger zu (§ 7 Abs 3 S 1). Nach § 428 BGB wäre demnach grundsätzlich jeder der Gläubiger voll forderungsberechtigt.[53] In Abweichung hierzu legt § 7 Abs 3 S 3 jedoch fest, dass die Gläubiger über die Geltendmachung von Ersatzansprüchen gegen den gemeinsamen Vertreter entscheiden. Folglich ist ein zuvor mit einfacher Mehrheit der Stimmen (vgl § 5 Abs 4 S 1) gefasster gemeinsamer Beschluss der Gläubiger erforderlich. In diesem Beschluss ist einerseits darüber zu entscheiden, ob die Ansprüche überhaupt geltend gemacht werden sollen und andererseits, wer die Ansprüche gegen den gemeinsamen Vertreter stellvertretend für alle geltend macht.[54] Diese zweite Einschränkung ist deshalb erforderlich, weil die Gläubiger als Gesamtheit nicht prozessfähig sind.[55] Hierbei ist zu beachten, dass der gemeinsame Vertreter nicht als Stellvertreter in Frage kommt. Dies folgt aus dem allgemeinen Rechtsgrundsatz, dass niemand als Vertreter eines anderen mit sich selbst prozessieren kann.[56]

52a Der gemeinsame Vertreter kann nach Belieben an einen ausgewählten Anleihegläubiger oder an jeden einzelnen von ihnen leisten.[57]

G. Beendigung der Tätigkeit des gemeinsamen Vertreters

I. Abberufung durch die Gläubigerversammlung

53 Nach § 7 Abs 4 kann der gemeinsame Vertreter von den Gläubigern jederzeit ohne Angabe von Gründen abberufen werden. Die Regelung entspricht dem § 671 Abs 1 BGB,[58] der auf einen entgeltlichen Geschäftsbesorgungsvertrag mangels Verweisung in § 675 BGB ansonsten nicht anwendbar gewesen wäre. Die Abberufung des gemeinsamen Vertreters erfordert einen Beschluss in der Gläubigerversammlung, der mit der gleichen

---

50 Saenger/*Saenger* § 286 Rn 58.
51 Langenbucher/Bliesener/Spindler/*Bliesener/Schneider* § 7 Rn 46.
52 BR-Stellungnahme zu § 7 Abs 3 in BT-Drucks. 16/12814 S 31; Veranneman/ *Veranneman* §§ 7, 8 Rn 70; Langenbucher/Bliesener/Spindler/*Bliesener/Schneider* § 7 Rn 47.
53 MüKoBGB/*Bydlinski* § 428 Rn 3.
54 RegE, BT-Drucks. 16/12814 S 20.
55 RegE, BT-Drucks. 16/12814 S 20.
56 Palandt/*Ellenberger* § 181 Rn 5.
57 Veranneman/*Veranneman* §§ 7, 8 Rn 74.
58 RegE, BT-Drucks. 16/12814 S 20.

Mehrheit der Stimmen gefasst werden muss, die bereits für dessen Bestellung erforderlich war.[59] In der Regel ist somit eine einfache Mehrheit der Stimmen ausreichend (siehe zu der Bestellung ausführlich Rn 15ff). Falls nicht mehrere gemeinsame Vertreter vorhanden sind oder nicht zeitgleich mit der Abberufung ein neuer gemeinsamer Vertreter bestellt wird, muss in dem Beschluss auch bestimmt werden, wer stellvertretend für alle Gläubiger die Kündigung aussprechen soll.[60]

II. Kündigung durch den gemeinsamen Vertreter

Der umgekehrte Fall, eine Kündigung durch den gemeinsamen Vertreter, wird in § 7 **54**
nicht geregelt. Die Zulässigkeit der Kündigung eines entgeltlichen Geschäftsbesorgungsvertrags (§ 675 BGB) richtet sich mangels Verweisung auf § 671 Abs 1 BGB nach allgemeinem Dienstvertragsrecht.[61] Der gemeinsame Vertreter ist daher gem. § 627 BGB zur fristlosen Kündigung auch ohne wichtigen Grund berechtigt, jedoch nicht zur Unzeit. Dies ergibt sich aus § 671 Abs 2 BGB sowie aus §§ 675, 627 Abs 2 BGB. Das Recht aus § 627 BGB, fristlos ohne wichtigen Grund kündigen zu können, ist jedoch abdingbar,[62] sodass eine vertragliche Beschränkung des Kündigungsrechts möglich ist. Da die Gläubiger gegenüber dem gemeinsamen Vertreter trotz Bestehens einzelner Verträge nur als Gesamtheit auftreten, muss die Kündigung gegenüber allen Gläubigern erklärt werden. Die Erklärung kann wirksam in der Gläubigerversammlung erfolgen.[63]

§ 8
Bestellung des gemeinsamen Vertreters in den Anleihebedingungen

(1) [1]Ein gemeinsamer Vertreter der Gläubiger kann bereits in den Anleihebedingungen bestellt werden. [2]Mitglieder des Vorstands, des Aufsichtsrats, des Verwaltungsrats oder eines ähnlichen Organs, Angestellte oder sonstige Mitarbeiter des Schuldners oder eines mit ihm verbundenen Unternehmens dürfen nicht bereits in den Anleihebedingungen als gemeinsamer Vertreter der Gläubiger bestellt werden. [3]Ihre Bestellung ist nichtig. [4]Dies gilt auch, wenn die in Satz 1 genannten Umstände nachträglich eintreten. [5]Aus den in § 7 Absatz 1 Satz 2 Nummer 2 bis 4 genannten Personengruppen kann ein gemeinsamer Vertreter der Gläubiger bestellt werden, sofern in den Emissionsbedingungen die maßgeblichen Umstände offengelegt werden. [6]Wenn solche Umstände nachträglich eintreten, gilt § 7 Absatz 1 Satz 3 entsprechend.

(2) [1]Mit der Bestellung ist der Umfang der Befugnisse des gemeinsamen Vertreters zu bestimmen. [2]Zu einem Verzicht auf Rechte der Gläubiger, insbesondere zu den in § 5 Absatz 3 Satz 1 Nummer 1 bis 9 genannten Entscheidungen, kann der Vertreter nur auf Grund eines Beschlusses der Gläubigerversammlung ermächtigt werden. [3]In diesen Fällen kann die Ermächtigung nur im Einzelfall erteilt werden.

(3) In den Anleihebedingungen kann die Haftung des gemeinsamen Vertreters auf das Zehnfache seiner jährlichen Vergütung begrenzt werden, es sei denn, dem gemeinsamen Vertreter fällt Vorsatz oder grobe Fahrlässigkeit zur Last.

---

59 RegE, BT-Drucks. 16/12814 S 20.
60 Veranneman/*Veranneman* §§ 7, 8 Rn 75.
61 MüKoBGB/*Heermann* § 675 Rn 25.
62 Jauernig/*Mansel* § 627 Rn 5.
63 Hopt/Seibt/*Thole* § 7 Rn 60.

(4) Für den in den Anleihebedingungen bestellten gemeinsamen Vertreter gilt § 7 Absatz 2 bis 6 entsprechend.

Systematische Übersicht

A. Auswahl der Person des Vertragsvertreters

1 Da der Emittent die Anleihebedingungen festlegt, ist es im Rahmen einer Bestellung des gemeinsamen Vertreters bereits in den Anleihebedingungen ihm alleine überlassen, die Person des Vertragsvertreters festzulegen. Folglich haben die Gläubiger keinen Einfluss auf die Auswahl der Person. Zum Ausgleich für diese Einschränkung der Gläubigerrechte werden in § 8 Abs 1 strengere Anforderungen an die Auswahl der Person gestellt als bei einer Bestellung durch die Gläubigerversammlung nach § 7.[1]

I. Unzulässige Personen

2 Gemäß § 8 Abs 1 S 2 dürfen Mitglieder des Vorstands, des Aufsichtsrats, des Verwaltungsrats oder eines ähnlichen Organs, Angestellte oder sonstige Mitarbeiter des Schuldners oder eines mit ihm verbundenen Unternehmens nicht zum gemeinsamen Vertreter in den Anleihebedingungen bestellt werden.

3 Die Aufzählung der Personen entspricht damit derjenigen in § 7 Abs 1 S 2 Nr 1. Es handelt sich folglich um eine der Fallgruppen, in denen der Gesetzgeber eine Interessenkollision unwiderleglich vermutet. Würde der Schuldner eine dieser Personen zum gemeinsamen Vertreter bestellen, wäre die Unabhängigkeit des Vertreters nicht gewährleistet. Diese Unabhängigkeit sicherzustellen, bezweckt § 8 Abs 1 S 2.[2]

4 Die Bestellung unzulässiger Personen ist gemäß § 8 Abs 1 S 3 ex tunc nichtig. Dies betrifft den Fall, dass das Bestellungshindernis bereits von Anfang an vorlag.[3] Maßgeblicher Zeitpunkt dafür ist – anders als bei § 7 – nicht der Zeitpunkt des Bestellvorgangs, sondern der Zeitpunkt des Wirksamwerdens der Bestellung.[4] Wirksam wird die Bestel-

1 RegE, BT-Drucks. 16/12814 S 20, 21.
2 *Rubner/Leuering* NJW-Spezial **2014** 15.
3 Langenbucher/Bliesener/Spindler/*Bliesener/Schneider* § 8 Rn 9.
4 Veranneman/*Veranneman* §§ 7, 8 Rn 30.

lung mit Wirksamwerden des entgeltlichen Geschäftsbesorgungsvertrags (zu der Bestellung des Vertragsvertreters siehe Rn 11).

Tritt das Bestellungshindernis nachträglich ein, ist die Bestellung ebenfalls nichtig, 5
§ 8 Abs 1 S 4. Bei dem Verweis auf Satz 1 anstatt auf Satz 2 muss es sich um ein Redaktionsversehen handeln, da in Satz 1 keine Umstände genannt sind.[5] Die Nichtigkeit tritt in diesem Fall mit ex nunc-Wirkung, d.h. ab dem Zeitpunkt des Eintretens der die Unzulässigkeit begründenden Umstände, ein.[6]

II. Anforderungen an die Person des Vertragsvertreters

Abgesehen von den in § 8 Abs 1 S 2 genannten Personen kann jede geschäftsfähige na- 6
türliche Person oder sachkundige juristische Person zum gemeinsamen Vertreter für alle Anleihegläubiger bestellt werden (siehe hierzu § 7 Rn 2, 3). Auch wenn dies in § 8 nicht wie in § 7 Abs 1 S 1 ausdrücklich klargestellt wird, muss die Regelung auf den Vertragsvertreter entsprechend angewendet werden.[7] Geschäftsfähigkeit bzw Sachkunde bei einem Vertragsvertreter nicht zu verlangen, stünde im Widerspruch zu dem Entschluss des Gesetzgebers, an die Auswahl des Vertragsvertreters strengere Anforderungen zu stellen.[8]

Im Unterschied zu § 7 kommt es auch hinsichtlich des Vorliegens der Geschäftsfähigkeit 7
bzw Sachkunde auf den Zeitpunkt des Wirksamwerdens der Bestellung an. Liegen die Voraussetzungen zu diesem Zeitpunkt nicht vor, ist die Bestellung mangels Beschluss nicht lediglich anfechtbar, sondern ex tunc unwirksam.[9] Fällt die uneingeschränkte Geschäftsfähigkeit oder Sachkunde später weg, gilt das unter § 7 Rn 4 Gesagte entsprechend.

III. Interessenkonflikte

Aus § 8 Abs 1 S 5 folgt, dass bei Vorliegen der in § 7 Abs 1 S 2 Nr 2 bis 4 genannten 8
Umstände eine Bestellung zum gemeinsamen Vertreter nicht ausgeschlossen ist, denn im Unterschied zu § 8 Abs 1 S 2 besteht bei den in § 7 Abs 1 S 2 Nr 2 bis 4 genannten Personengruppen nicht zwingend ein Näheverhältnis zum Schuldner.[10] Da ein Interessenkonflikt in diesen Fallgruppen jedoch möglich ist, sieht § 8 Abs 1 S 5 wie § 7 Abs 1 S 2 eine Offenbarungspflicht vor. Eine Offenlegung der Umstände hat in diesem Fall in den Emissionsbedingungen zu erfolgen. Die Gläubiger sind dadurch über einen möglicherweise bestehenden Interessenkonflikt informiert.

Tritt einer der Umstände nachträglich ein, gilt gemäß § 8 Abs 1 S 6 die Unterrich- 9
tungspflicht nach § 7 Abs 1 S 3 entsprechend. Die Unterrichtung muss in der in den Anleihebedingungen vorgesehenen Weise, zum Beispiel durch Veröffentlichung im elektronischen Bundesanzeiger oder über Clearing-Systeme, erfolgen.[11]

Ein Verstoß gegen die Offenbarungs- oder Unterrichtungspflicht ist jedoch nicht 10
bußgeldbewehrt, da § 23 den Fall nicht erfasst. Es kommt allerding eine Haftung des Schuldners gemäß §§ 21, 22 WpPG in Betracht.[12]

---

5 Preuße/*Nesselrodt* § 8 Rn 9.
6 Veranneman/*Veranneman* §§ 7, 8 Rn 30; Langenbucher/Bliesener/Spindler/*Bliesener*/*Schneider* § 8 Rn 10; **aA**: Preuße/*Nesselrodt* § 8 Rn 8.
7 *Bredow*/*Vogel* ZBB **2009** 153, 157.
8 Veranneman/*Veranneman* §§ 7, 8 Rn 31.
9 Hopt/Seibt/*Thole* § 8 Rn 2.
10 Preuße/*Nesselrodt* § 8 Rn 13.
11 Friedl/Hartwig-Jacob/*Wöckener* § 8 Rn 11.
12 Veranneman/*Veranneman* §§ 7, 8 Rn 36; Langenbucher/Bliesener/Spindler/*Bliesener*/*Schneider* § 8 Rn 13.

B. Bestellung des Vertragsvertreters

I. Bestellungsakt

11 Mit der Bestellung des gemeinsamen Vertreters der Anleihegläubiger ist in erster Linie die rechtsgeschäftliche Erteilung der Vollmacht an diesen gemeint.[13] Diese erfolgt mit Wirksamwerden des zugrundeliegenden Rechtsverhältnisses.[14] Der Umfang der Vertretungsmacht ist in den Anleihebedingungen genau festzulegen.[15]

II. Zugrundeliegendes Rechtsverhältnis

12 Im Innenverhältnis liegt ein entgeltlicher Geschäftsbesorgungsvertrag vor.[16] Fraglich ist jedoch, zwischen welchen Parteien der Vertrag zustande kommt.

13 Eine Möglichkeit des Vertragsschlusses wäre, dass der Schuldner mit dem gemeinsamen Vertreter einen entgeltlichen Geschäftsbesorgungsvertrag schließt, der als echter Vertrag zugunsten Dritter – der Anleihegläubiger – ausgestaltet ist.[17]

14 Die andere Möglichkeit wäre, dass der Schuldner als Vertreter ohne Vertretungsmacht für die Anleihegläubiger einen entgeltlichen Geschäftsbesorgungsvertrag mit dem gemeinsamen Vertreter schließt.[18] Für die Wirksamkeit des Vertrages bedarf es gemäß § 177 Abs 1 BGB der Genehmigung durch die Anleihegläubiger, welche in dem Erwerb einer Teilschuldverschreibung durch den jeweiligen Anleihegläubiger gesehen werden kann.[19]

15 Selbst wenn die Bestellung des gemeinsamen Vertreters in den Anleihebedingungen auch im Interesse des Schuldners erfolgt,[20] so ist die zweite Lösung eines Vertragsschlusses zwischen den Gläubigern und dem gemeinsamen Vertreter vorzugswürdig. Aus dem Verweis in § 8 Abs 4 auf § 7 Abs 6, nach dem die Kostentragung dem Schuldner auferlegt wird, kann geschlossen werden, dass der Gesetzgeber grundsätzlich nicht von einem Vertrag zwischen dem Schuldner und dem gemeinsamen Vertreter ausgegangen ist.[21]

III. Bestellung mehrerer Vertreter

16 § 8 Abs 1 geht von der Bestellung eines gemeinsamen Vertreters aus. Die Bestellung mehrerer Vertreter in den Anleihebedingungen ist nicht vorgesehen.[22]

17 Nicht geregelt ist, ob die Möglichkeit besteht, zusätzlich einen Wahlvertreter zu bestellen. Eine Alternativität zwischen beiden Formen ist, anders als noch im Diskussionsentwurf,[23] nicht vorgesehen.[24] Daher kommt es letztlich wohl auf die Auslegung des Bestellungsbeschlusses der Gläubiger im Einzelfall an, ob ein zusätzlicher Wahlvertreter neben dem Vertragsvertreter bestellt werden oder der ursprüngliche Vertragsvertreter

---

13 Friedl/Hartwig-Jacob/*Wöckener* § 8 Rn 12; Hopt/Seibt/*Thole* § 8 Rn 5.
14 Veranneman/*Veranneman* §§ 7, 8 Rn 39.
15 Friedl/Hartwig-Jacob/*Wöckener* § 8 Rn 14.
16 Friedl/Hartwig-Jacob/*Wöckener* § 8 Rn 13.
17 Dieser Ansicht folgend: Langenbucher/Bliesener/Spindler/*Bliesener/Schneider* § 8 Rn 4; Hopt/Seibt/*Thole* § 8 Rn 7.
18 Dieser Ansicht folgend: Veranneman/*Veranneman* §§ 7, 8 Rn 44; *Antoniadis* NZI **2014** 785, 786; *Brenner* NZI **2014** 789; Friedl/Hartwig-Jacob/*Wöckener* § 8 Rn 13.
19 *Antoniadis* NZI **2014** 785, 786.
20 Als Argument für die erste Lösung genannt in Hopt/Seibt/*Thole* § 8 Rn 7.
21 Veranneman/*Veranneman* §§ 7, 8 Rn 44.
22 Veranneman/*Veranneman* §§ 7, 8 Rn 40.
23 *Vogel* S 112.
24 *Schmolke* ZBB **2009** 8, 12.

damit gleichzeitig abberufen werden soll.[25] Hierbei ist jedoch zu berücksichtigen, dass eine Bestellung mehrerer Vertreter in der Praxis zu Problemen führt und zudem keine Vorteile bringt (siehe hierzu § 7 Rn 20). Aus diesem Grund wird die Wahl eines gemeinsamen Vertreters gleichzeitig immer die Abberufung des Vertragsvertreters zur Folge haben.

C. Aufgaben und Befugnisse des Vertragsvertreters

Gemäß § 8 Abs 4 gilt für den Vertragsvertreter § 7 Abs 2 entsprechend, sodass auch **18**
dieser die Aufgaben und Befugnisse hat, welche ihm durch Gesetz oder von den Gläubigern durch Mehrheitsbeschluss eingeräumt wurden.

Hinsichtlich der gesetzlichen Aufgaben und Befugnisse des gemeinsamen Vertreters **19**
siehe die Kommentierung zu § 7 Rn 22–28.

I. Erweiterung der Aufgaben und Befugnisse durch Mehrheitsbeschluss der Gläubiger

Die Gläubigerversammlung kann dem Vertragsvertreter alle Aufgaben und Befug- **20**
nisse übertragen, die ihr selbst zustehen.[26]

Eine Einschränkung folgt jedoch aus § 8 Abs 2 S 2. Im Gegensatz zum Wahlvertreter **21**
kann der Vertragsvertreter nicht allgemein zum Verzicht auf Gläubigerrechte ermächtigt werden.[27] Insbesondere die in § 5 Abs 3 S 1 Nr 1 bis 9 genannten Entscheidungen sollen grundsätzlich den Gläubigern überlassen bleiben, da sie bedeutende wirtschaftliche Auswirkungen haben. Eine Ermächtigung zum Verzicht auf Gläubigerrechte bedarf daher für jeden Einzelfall eines gesonderten Beschlusses durch die Gläubigerversammlung, § 8 Abs 2 S 3. Diese Einschränkung dient somit dem Schutz der Gläubiger, da sie den gemeinsamen Vertreter in den Anleihebedingungen nicht selbst gewählt haben.[28]

II. Erweiterung der Aufgaben und Befugnisse durch den Emittenten

Der Schuldner hat bereits mit der Bestellung des gemeinsamen Vertreters in den An- **22**
leihebedingungen dessen Befugnisse festzulegen, § 8 Abs 2 S 1. Unterbleibt eine Festlegung der Befugnisse in den Anleihebedingungen, gelten für den gemeinsamen Vertreter die gesetzlichen Mindestbefugnisse, da diese unter keinen Umständen eingeschränkt werden dürfen.[29] Der Emittent kann dem Vertreter folglich in den Anleihebedingungen über die gesetzlichen Mindestaufgaben und -Befugnisse hinaus weitergehende Rechte einräumen. Ein Mehrheitsbeschluss der Gläubiger ist hierfür nicht erforderlich, auch wenn die Abweichung von den gesetzlichen Aufgaben zu einer Verkürzung der Gläubigerrechte führt.[30] Auch hier gilt jedoch die Ausnahme des § 8 Abs 2 S 2, sodass eine Ermächtigung zum Verzicht auf Gläubigerrechte nur durch einen Gläubigerbeschluss im Einzelfall möglich ist.

25 Veranneman/*Veranneman* §§ 7, 8 Rn 41.
26 *Rubner/Leuering* NJW-Spezial **2014** 15, 16.
27 Veranneman/*Veranneman* §§ 7, 8 Rn 61.
28 Langenbucher/Bliesener/Spindler/*Bliesener/Schneider* § 8 Rn 17.
29 § 7 Rn 22.
30 Friedl/Hartwig-Jacob/*Wöckener* § 8 Rn 15.

D. Befugnisse der Gläubiger

23 Die einzelnen Gläubiger sind zur Wahrnehmung ihrer Rechte nicht mehr befugt, soweit diese auf den gemeinsamen Vertreter übertragen wurden (sog. verdrängendes Mandat), § 8 Abs 4 in Verbindung mit § 7 Abs 2 S 3. Eine selbstständige Geltendmachung der Rechte ist nur im Falle eines ausdrücklichen Mehrheitsbeschlusses möglich.

24 Den Gläubigern steht gegenüber dem gemeinsamen Vertreter jedoch ein Weisungsrecht zu, § 8 Abs 4, § 7 Abs 2 S 2. Von den ihm erteilten Weisungen darf der Vertreter unter keinen Umständen abweichen.[31] Eine Einschränkung des Weisungsrechts der Gläubiger in den Anleihebedingungen ist unzulässig.[32]

E. Haftung

25 Die Haftung des gemeinsamen Vertreters richtet sich über den Verweis in § 8 Abs 4 nach § 7 Abs 3. Auf die dortigen Ausführungen zur Haftung kann somit verwiesen werden.

26 Speziell für den Vertragsvertreter ist in § 8 Abs 3 jedoch die Möglichkeit einer Haftungsbegrenzung in den Anleihebedingungen ausdrücklich geregelt. Danach kann die Haftung für fahrlässiges Verhalten nur auf das Zehnfache seiner jährlichen Vergütung begrenzt werden. Ein Ausschluss oder eine Beschränkung für vorsätzliches oder grob fahrlässiges Verhalten ist nicht zulässig.

27 Ausweislich ihres eindeutigen Wortlauts gilt die Vorschrift jedoch nur für Haftungsbegrenzungen im Rahmen der Anleihebedingungen. Durch einen Mehrheitsbeschluss der Gläubigerversammlung kann daher auch für den Vertragsvertreter eine Haftungsbegrenzung unter den in § 8 Abs 3 genannten Minimalbetrag festgelegt werden.[33]

F. Beendigung der Tätigkeit des gemeinsamen Vertreters

I. Abberufung durch die Gläubiger

28 Gemäß § 8 Abs 4 in Verbindung mit § 7 Abs 4 kann der gemeinsame Vertreter von den Gläubigern jederzeit ohne Angabe von Gründen abberufen werden. Da die Gläubiger keinen Einfluss auf die Person des Vertragsvertreters haben, dient die jederzeitige Abberufungsmöglichkeit insbesondere ihrem Schutz.[34] Sollten sie ihre Interessen nicht ordnungsgemäß vertreten sehen, können sie gleichzeitig mit der Abberufung des Vertragsvertreters unmittelbar einen neuen von ihnen bestimmten Wahlvertreter bestellen. Dies hat im Ergebnis zur Folge, dass es sich bei dem Vertragsvertreter faktisch nur um einen vorläufigen Vertreter handelt.[35]

II. Abberufung durch den Emittenten

29 Folgt man der hier vertretenen Ansicht, dass kein Vertragsverhältnis zwischen dem Schuldner und dem gemeinsamen Vertreter vorliegt (siehe dazu Rn 15), kann dem

---

31 § 7 Rn 35.
32 Veranneman/*Veranneman* §§ 7, 8 Rn 66.
33 RegE, BT-Drucks. 16/12814 S 21; Preuße/*Nesselrodt* § 8 Rn 34 f; Langenbucher/Bliesener/Spindler/*Bliesener/Schneider* § 8 Rn 19.
34 *Schmolke* ZBB **2009** 8, 12.
35 RegE, BT-Drucks. 16/12814 S 21.

Schuldner kein Kündigungsrecht aus Vertrag zustehen.[36] Nach § 8 Abs 4 in Verbindung mit § 7 Abs 4 steht die Abberufungsmöglichkeit nur den Gläubigern zu. Folglich kann der Schuldner die Tätigkeit des gemeinsamen Vertreters nicht beenden.

III. Kündigung durch den gemeinsamen Vertreter

Zur Kündigung des Vertreters siehe Kommentierung zu § 7 Rn 54. 30

G. Kostentragung

Die Kostenregelung im Falle einer Bestellung eines gemeinsamen Vertreters in den 31
Anleihebedingungen entspricht durch den Verweis in § 8 Abs 4 auf § 7 Abs 6 derjenigen bei einem Wahlvertreter. Der Schuldner hat somit die Kosten und Aufwendungen des gemeinsamen Vertreters zu tragen. Davon umfasst ist insbesondere eine angemessene Vergütung für die Wahrnehmung der ihm zugewiesenen Aufgaben. Da sich die Zahlungspflicht des Schuldners aus dem Gesetz ergibt, kommt es nicht darauf an, ob ein Vertrag des gemeinsamen Vertreters mit dem Schuldner oder mit den Anleihegläubigern besteht.

Die Höhe der Vergütung ergibt sich für den Vertragsvertreter aus der Festlegung in 32
den Anleihebedingungen. Sie muss in jedem Fall angemessen sein. Insoweit gilt auch hier, dass die marktübliche Vergütung einer entsprechenden Tätigkeit von Rechtsanwalts- oder Wirtschaftsprüfungsgesellschaften als Maßstab herangezogen werden kann.[37]

Vorbemerkungen zu den §§ 9 bis 16

Die Vorschriften der §§ 9 bis 16, welche die allgemeinen Regelungen der Formalien 1
für die Einberufung und Durchführung der Gläubigerversammlung enthalten, stellen eine Weiterentwicklung der Vorgängervorschriften des Gesetzes betreffend die gemeinsamen Rechte der Besitzer von Schuldverschreibungen vom 4. Dezember 1899 (SchVG 1899) dar.[1] Dessen verfahrensrechtliche Vorgaben entsprachen nach Ansicht des Gesetzgebers nicht mehr den heutigen Gegebenheiten. Die Neuregelung der Vorschriften über die Gläubigerversammlung im Rahmen des SchVG sollte daher insbesondere dazu dienen, die Gläubigerversammlung für einen zunehmend internationalen Anlegerkreis und neue, insbesondere elektronische, Kommunikationsformen zu öffnen. Die Gläubiger sollten durch die Neuordnung in die Lage versetzt werden, auf Grundlage vollständiger und richtiger Informationen im Rahmen eines geordneten und fairen Verfahrens möglichst rasch eine Entscheidung treffen zu können.[2]

An dem gesetzlichen Leitbild des SchVG 1899 hielt der Gesetzgeber dabei unverän- 2
dert fest: Die Entscheidungsfindung der Gläubiger findet daher auch unter dem SchVG weiterhin in der Gläubigerversammlung statt.[3] Diese dient den Gläubigern zum einen als

36 Zu der Möglichkeit einer Kündigung bei Annahme eines Vertragsverhältnisses mit dem Schuldner siehe Hopt/Seibt/*Thole* § 8 Rn 7.
37 § 7 Rn 40.

1 Vgl §§ 3 ff SchVG 1899.
2 S Begründung des Regierungsentwurfs eines Gesetzes zur Neuregelung der Rechtsverhältnisse bei Schuldverschreibungen aus Gesamtemissionen und zur verbesserten Durchsetzbarkeit von Ansprüchen von Anlegern aus Falschberatung v. 29.4.2009, BT-Drucks. 16/12814 S 13 f.
3 Vgl §§ 1 Abs 1, 9 Abs 1 S 1.

Forum zur kollektiven Ausübung ihrer Rechte im Allgemeinen.[4] Zum anderen dient sie als organisatorischer Rahmen für etwaige Änderungen der Anleihebedingungen, die nach Maßgabe der §§ 5 und 6 zumindest eines Mehrheitsbeschlusses der Anleihegläubiger bedürfen.[5] Die Gläubigerversammlung bildet damit die Grundlage eines mit dem SchVG neu geschaffenen „Gläubigerorganisationsrechts".[6]

3 Konzeptionell hat die Ausgestaltung der Gläubigerversammlung in den §§ 9ff mit der insolvenzrechtlichen Gläubigerversammlung nach §§ 74ff InsO wenig gemein.[7] Sie ist eine reine Versammlung der Anleihegläubiger. Die insolvenzrechtliche Gläubigerversammlung dagegen stellt ein gerichtlich berufenes und geleitetes Organ der (begrenzten) Selbstverwaltung im Rahmen eines hoheitlich geprägten Verfahrens dar, welches der Befriedigung aller Gläubiger der Schuldnerin dient.[8] Damit weist die Gläubigerversammlung **deutliche Parallelen zur aktienrechtlichen Hauptversammlung** auf, an deren Vorschriften sich die Regelungen über die Gläubigerversammlung nach dem Willen des Gesetzgebers inhaltlich orientieren sollten.[9] Der gesetzgeberischen Intention folgend finden sich in den Vorschriften über die Gläubigerversammlung zahlreiche aktienrechtliche Regelungen der §§ 118ff AktG zur Hauptversammlung in gleicher oder zumindest ähnlicher Form wieder.[10] Die vom Gesetzgeber gewollte Nähe des SchVG zum Aktienrecht lässt sich insbesondere bei den Vorschriften zur Einberufung und Vorbereitung der Gläubigerversammlung nach §§ 9 bis 13[11], den Regelungen zur Organisation und Durchführung der Gläubigerversammlung nach §§ 14 bis 16[12] und den Beteiligungsrechten der Gläubiger[13] deutlich erkennen.

4 Die inhaltliche Ausrichtung des SchVG am Regelungskonzept des Aktienrechts hat im Schrifttum – trotz vereinzelter Kritik –[14] überwiegend Zustimmung erfahren.[15] Tatsächlich gibt es im Hinblick auf den Anlegerschutz, insbesondere bei Publikumsgesellschaften, vielfach einen Interessensgleichlauf zwischen Aktionären und Anleihegläubi-

---

4 Hopt/Seibt/*Binder* § 9 Rn 6.
5 Hopt/Seibt/*Binder* § 9 Rn 2.
6 Vgl *Horn* ZHR 173 **2009** 12, 25, 64; *ders.* BKR **2009** 446, 449; ebenso *Steffek* FS Hopt (2010) 2597, 2603.
7 Hopt/Seibt/*Binder* § 9 Rn 4.
8 Vgl *Stahlschmidt/Borowski* ZInsO **2018** 2445 f.
9 RegBegr. BT-Drucks. 16/12814 S 14.
10 Vgl Hauschild/Kallrath/Wachter/*Reinhard* § 17 Rn 535 ff.
11 Dies gilt insbesondere für die Vorschriften zur gerichtlichen Einberufungsermächtigung einer Minderheit nach § 9 Abs 2 bis 4 (vgl § 122 AktG), zur Einberufungsfrist und Anmeldung nach § 10 (vgl 123 AktG), zum Ort der Gläubigerversammlung nach § 11 (vgl § 121 Abs 5 AktG), zum Inhalt und zur Veröffentlichung der Einberufung nach § 12 (vgl § 121 Abs 3 und 4 AktG) und zur Tagesordnung nach § 13 (vgl §§ 121 Abs 3 S 2, 122 Abs 2, 124 Abs 1 und 4 AktG).
12 Dies gilt insbesondere für die Vorschriften zur Vertretung von Gläubigern nach § 14 (vgl § 134 Abs 3 und 4 und § 125 Abs 1 AktG), zum Teilnehmerverzeichnis nach § 15 Abs 2 (§ 129 Abs 1 S 2 AktG) und dem Abstimmungsverfahren und Niederschrift (vgl 16 Abs 2 und 3, die ausdrücklich auf die Regelungen des AktG verweisen). Auch die Kompetenzen des Versammlungsleiters wurden maßgeblich unter Zuhilfenahme aktienrechtlicher Auslegungsgrundsätze entwickelt, vgl dazu die Ausführungen bei § 15 Rn 14 ff.
13 Dies gilt insbesondere für die Vorschriften zum Teilnahmerecht nach § 10 und zum Auskunftsrecht nach § 16 Abs 1 sowie das mit dem Teilnahmerecht verbundene Rede- und Antragsstellungsrecht, bei denen sich die für die aktienrechtliche Hauptversammlung entwickelten Grundsätze auf die Organisation der Anleihegläubiger im Rahmen der Gläubigerversammlung übertragen lassen, vgl Hopt/Seibt/*Binder* § 9 Rn 11; Preuße/*Kirchner* § 14 Rn 5.
14 Vgl *Florstedt* RIW **2013** 583, 589 ff; *ders.* ZIP **2014** 1513; *Schmidtbleicher* Die Anleihegläubigermehrheit S 404; *Vogel* ZBB **2010** 211, 216 ff.
15 Vgl Hopt/Seibt/*Binder* § 9 Rn 3; Veranneman/*Wasmann/Steber* § 9 Rn 1.

gern.[16] Es ist daher verständlich, dass der Gesetzgeber versuchte, sich mit dem Aktiengesetz an einem bestehenden Rechtsrahmen für die Regelung von Mehrheitsentscheidungen zu orientieren, welcher sich – wenngleich nicht ohne eigene Probleme – in der Praxis größtenteils bewährt hat.[17]

Die konzeptionelle Anlehnung des SchVG an die Regelungen des AktG legt nahe, bei Auslegung der Vorschriften über die Gläubigerversammlung und der Füllung etwaiger Regelungslücken auf aktienrechtliche Grundsätze und die dazu ergangene Rechtsprechung zurückzugreifen.[18] Vor dem Hintergrund, dass das SchVG allerdings manche aktienrechtliche Regelungen nicht oder nur teilweise übernimmt und bisweilen auch Lücken oder eigenständige Regelungen enthält,[19] würde eine vorbehaltslose Übertragung aktienrechtlicher Wertungen auf die Vorschriften des SchVG zu Problemen führen.[20] Es ist daher stets **im Einzelfall zu entscheiden**, inwieweit sich die für das Aktienrecht entwickelten Lösungen auf einzelne Vorschriften des SchVG übertragen lassen und ob nicht gegebenenfalls eine vom Aktienrecht unabhängige, eigenständige Auslegung einer Vorschrift vorzugswürdig wäre.[21] Gleiches gilt für die anfechtungsrechtlichen Regelungen des § 20, die zwar grundsätzlich der aktienrechtlichen Regelung folgen, sich aber im Detail ebenfalls vom aktienrechtlichen Regelungsvorbild unterscheiden.[22] **5**

Anders als das Aktienrecht stellt das SchVG den Gläubigern gemäß §§ 5 Abs 6, 18 auch die Möglichkeit einer Beschlussfassung ohne Versammlung zur Verfügung.[23] Diese weitere Möglichkeit der Beschlussfassung ist jedoch nicht als Parallelverfahren zur Gläubigerversammlung ausgestaltet, sondern bietet lediglich eine vereinfachte Möglichkeit der Abstimmung, um den Gläubigern – besonders im Wiederholungsfall – den Aufwand einer physischen Präsenzversammlung zu ersparen.[24] Sie bietet daher prinzipiell keinen Raum für einen Austausch oder eine Diskussion zwischen Schuldner und Gläubigern.[25] Aus diesem Grund bleiben die Regelungen über die Einberufung und Durchführung der Gläubigerversammlung der §§ 9 ff trotz der alternativen Abstimmungsmöglichkeit weiterhin der maßgebliche Organisationsrahmen für die Willensbildung der Gläubiger.[26] Dennoch stellt die vom SchVG eingeführte Möglichkeit der Abstimmung **6**

---

16 Hopt/Seibt/*Binder* § 9 Rn 7 f; *Hopt* FS Schwark (2009) 441, 455 f; *Seibt* ZIP **2016** 997, 1001; im Einzelnen zur Vergleichbarkeit der Interessen auch *Cagalj* Restrukturierung von Anleihen S 145 ff; *Liebenow* Das Schuldverschreibungsgesetz S 49 ff; kritisch *Schmidtbleicher* Die Anleihegläubigermehrheit, *passim*.

17 Vgl Hopt/Seibt/*Binder* § 9 Rn 3; im Einzelnen: *Liebenow* Das Schuldverschreibungsgesetz S 108 ff.

18 Friedl/Hartwig-Jacob/*Schmidtbleicher* § 9 Rn 2; Veranneman/*Wasmann*/*Steber* § 9 Rn 1; Preuße/*Schindele* § 9 Rn 1.

19 So finden sich abweichende Regelungen u.a. bei der Berechnung der Anmeldefrist in § 10, die nicht das aktienrechtliche Modell der §§ 123 Abs 1 S 2, 121 Abs 7 AktG übernimmt, sowie bei den Vorschriften zum Vorsitz der Gläubigerversammlung nach § 15 Abs 1, dem Auskunftsrecht der Gläubiger nach § 16 und der Regelung der Beschlusspublizität in § 17.

20 Hopt/Seibt/*Binder* § 9 Rn 3, 5 ff mwN.

21 Veranneman/*Wasmann*/*Steber* § 9 Rn 1; *Seibt* ZIP **2016** 997, 1001; *Wasmann*/*Steber* ZIP **2014** 2005.

22 Vgl dazu die Ausführungen bei § 20 Rn 3.

23 RegBegr. BT-Drucks. 16/12814 S 14 und 24; *Schlitt*/*Schäfer* AG **2009** 477, 481.

24 Langenbucher/Bliesener/Spindler/*Bliesener*/*Schneider* § 18 Rn 1; Veranneman/*Hofmeister* § 18 Rn 3.

25 Vgl RegBegr. BT-Drucks. 16/12814 S 24; Veranneman/*Hofmeister* § 18 Rn 3. Inwieweit aufgrund der generellen Verweisung des § 18 Abs 1 auf die allgemeinen Vorschriften zur Einberufung und Durchführung einer Gläubigerversammlung nach §§ 9 ff den Gläubiger auch im Rahmen der Abstimmung ohne Versammlung zumindest ein Frage- bzw Auskunftsrecht einzuräumen ist, ist freilich **umstritten**: ablehnend Veranneman/*Hofmeister* § 18 Rn 3 f; befürwortend Friedl/Hartwig-Jacob/*Wöckener* § 18 Rn 2; Preuße/*Kirchner* § 18 Rn 28.

26 Vgl zu den weiteren Einzelheiten die Ausführungen bei § 18 Rn 1 ff.

ohne Versammlung für die Praxis eine wesentliche Verbesserung dar.[27] Sie schafft Raum für die verstärkte Nutzung der Digitalisierung zur effizienten und kostengünstigen Gestaltung des Abstimmungsprozesses, der – wie die zunehmende Anzahl von Online-Abstimmungen in jüngerer Zeit zeigt –[28] in der Praxis auch genutzt wird.[29]

6a Das Abhalten einer rein **virtuellen Gläubigerversammlung** ist im SchVG nicht vorgesehen. Auch das Aktienrecht sieht als Leitbild weiterhin die Präsenzversammlung vor.[30] Es gibt Aktionäreb in § 118 Abs 1 S 2 bis 5 AktG lediglich die Gelegenheit, auch online daran teilzunehmen.[31] Der Gesetzgeber hat anlässlich der Corona-Krise nun erstmals die Möglichkeit einer rein **virtuellen Hauptversammlung** geschaffen.[32] Es bleibt jedoch abzuwarten, ob sich diese in der Praxis bewährt und gegebenenfalls ihre Verstetigung im AktG findet. In einem solchen Fall wäre auch eine entsprechende Ergänzung des SchVG wünschenswert. Ansonsten käme – wie bei den Vorschriften über die Online-Teilnahme – aber gegebenenfalls auch eine analoge Anwendung der aktienrechtlichen Vorschriften über den Verweis in § 16 Abs 2 in Betracht.[33]

7 Bei der Gestaltung der §§ 9 bis 16 hat sich der Gesetzgeber bewusst für eine rein prozedurale Regelung entschieden und nur zwingende Mindestanforderungen für Vornahme von Mehrheitsentscheidungen von Gläubigern vorgegeben.[34] Inhaltlich sollen die Gläubiger in ihrer Entscheidung weitgehend frei bleiben. Stattdessen möchte der Gesetzgeber einen möglichst ungehinderten Informationszugang aller Gläubiger und ein transparentes Verfahren gewährleisten, um möglichst vielen Gläubigern zu ermöglichen, an der Abstimmung teilzunehmen. Dazu wird eine frühzeitige und umfassende Benachrichtigung der Gläubiger angeordnet und die Wirksamkeit der Beschlussfassung an gesetzliche Mehrheitserfordernisse geknüpft, um die nicht teilnehmenden Gläubiger zu schützen. Zudem wird mit der Möglichkeit der Anfechtung formell fehlerhafter Beschlüsse nach § 20 den Gläubigern auch eine individuelle Rechtsschutzmöglichkeit eröffnet.[35] Die Vorschriften der §§ 9 bis 16 dienen als Verfahrensvorschriften somit vorrangig dem Gläubigerschutz. Ihrer Einhaltung kommt daher eine überragende Bedeutung zu, da sich nur bei ordnungsgemäßer Einhaltung dieser Vorgaben die gesetzlich angeordnete Wirkung der Mehrheitsentscheidung eines Teils der Gläubiger für alle Gläubiger rechtfertigen lässt.[36]

8 Vor diesem Hintergrund des gläubigerschützenden Normwecks stellt sich die in der Praxis durchaus relevante Frage, ob auch die Abhaltung einer **Universal- bzw Vollversammlung** sämtlicher Gläubiger unter Verzicht auf die in den §§ 9 ff enthaltenen Form- und Fristerfordernisse möglich wäre. Teilweise wird dies für zulässig erachtet:[37] Das Institut der Vollversammlung sei im Kapitalgesellschaftsrecht allgemein anerkannt und in § 121 Abs 6 AktG bzw § 51 Abs 3 GmbHG auch ausdrücklich vorgesehen.[38] Auch wenn es

---

27 *Mühe* BKR **2017** 50, 57.
28 Vgl die Abstimmungen ohne Versammlung der innogy SE (2016/2017) oder der ENTEGA Netz AG (2019), bei denen den Gläubigern – neben der Möglichkeit der klassischen Stimmabgabe – jeweils auch ein digitales „Online-Verfahren" zur Stimmabgabe über die Clearingsysteme angeboten wurde.
29 Instruktiv: *Mühe* BKR **2017** 50 ff; vgl dazu auch die Ausführungen bei § 18 Rn 1 ff.
30 Vgl RegBegr. BT-Drucks. 16/11642 S 26.
31 Vgl Hüffner/*Koch* § 118 Rn 10 ff.
32 Vgl Art. 2 § 1 Abs 2 des Gesetz zur Abmilderung der Folgen der COVID-19-Pandemie im Zivil-, Insolvenz- und Strafverfahrensrecht v 27.3.2020 (COVInsAG).
33 Vgl dazu die Ausführungen beu § 16 Rn 41 f.
34 RegBegr. BT-Drucks. 16/12814 S 13.
35 Vgl RegBegr. BT-Drucks. 16/12814 S 14; Hopt/Seibt/*Binder* § 9 Rn 6.
36 Friedl/Hartwig-Jacob/*Schmidtbleicher* § 9 Rn 3.
37 So Friedl/Hartwig-Jacob/*Schmidtbleicher* § 9 Rn 49 ff.
38 Vgl zum Aktienrecht Hüffer/*Koch* § 121 Rn 19 ff; zum GmbH-Recht: Baumbach/Hueck/*Zöllner*/*Noack* § 51 Rn 31 ff.

an einer entsprechenden gesetzlichen Regelung im SchVG fehle und die Voraussetzungen für eine analoge Anwendung dieser Vorschriften nicht vorlägen, sei die Zulässigkeit einer Vollversammlung zumindest aus allgemeinen Rechtsgrundsätzen und dem Sinn der Einberufungsvorschriften (§ 242 BGB analog) unter den Voraussetzungen anzuerkennen, dass alle teilnahmeberechtigten Gläubiger anwesend oder vertreten waren, der Verzicht auf die Form- und Fristvorschriften offengelegt wurde und kein Gläubiger der Beschlussfassung wegen eines Verstoßes gegen die Einberufungsvorschriften widerspricht. **Dem ist im Ergebnis zuzustimmen:** Das SchVG erkennt in § 4 S 1 bereits an anderer Stelle die grundsätzliche Möglichkeit einer einvernehmlichen Willensbildung der Gläubiger auch außerhalb der Gläubigerversammlung an, ohne hierfür besondere Wirksamkeits- oder Formerfordernisse aufzustellen.[39] Sind sämtliche Gläubiger in der Gläubigerversammlung vertreten, ist auch der von den Verfahrensvorschriften des zweiten Abschnitts bezweckte Gläubigerschutz entbehrlich. Der Verweis auf eine mögliche Anfechtbarkeit der Beschlüsse[40] vermag in diesem Zusammenhang nicht zu überzeugen. Im Falle einer Vollversammlung dürfte es, sofern in der Versammlung kein Gläubiger Widerspruch zur Niederschrift erklärt, schon an einer Klagebefugnis im Sinne des § 20 Abs 2 Nr 1 fehlen.[41] Um etwaigen Beweisschwierigkeiten vorzubeugen, sollte bei Abhalten einer Vollversammlung jedoch stets darauf geachtet werden, dass das Vorliegen aller vorgenannten Voraussetzungen (Vollzähligkeit, Offenlegung, kein Widerspruch) ausdrücklich in der Versammlungsniederschrift dokumentiert wird.[42]

§ 9
Einberufung der Gläubigerversammlung

(1) [1]Die Gläubigerversammlung wird vom Schuldner oder von dem gemeinsamen Vertreter der Gläubiger einberufen. [2]Sie ist einzuberufen, wenn Gläubiger, deren Schuldverschreibungen zusammen 5 Prozent der ausstehenden Schuldverschreibungen erreichen, dies schriftlich mit der Begründung verlangen, sie wollten einen gemeinsamen Vertreter bestellen oder abberufen, sie wollten nach § 5 Absatz 5 Satz 2 über das Entfallen der Wirkung der Kündigung beschließen oder sie hätten ein sonstiges besonderes Interesse an der Einberufung. [3]Die Anleihebedingungen können vorsehen, dass die Gläubiger auch aus anderen Gründen die Einberufung verlangen können.

(2) [1]Gläubiger, deren berechtigtem Verlangen nicht entsprochen worden ist, können bei Gericht beantragen, sie zu ermächtigen, die Gläubigerversammlung einzuberufen. [2]Das Gericht kann zugleich den Vorsitzenden der Versammlung bestimmen. [3]Auf die Ermächtigung muss in der Bekanntmachung der Einberufung hingewiesen werden.

(3) [1]Zuständig ist das Gericht, in dessen Bezirk der Schuldner seinen Sitz hat oder mangels eines Sitzes im Inland das Amtsgericht Frankfurt am Main. [2]Gegen die Entscheidung des Gerichts ist die Beschwerde statthaft.

(4) Der Schuldner trägt die Kosten der Gläubigerversammlung und, wenn das Gericht dem Antrag nach Absatz 2 stattgegeben hat, auch die Kosten dieses Verfahrens.

39 Hopt/Seibt/*Thole* § 4 Rn 25; Preuße/*Röh*/*Dörfler* § 4 Rn 28.
40 So Veranneman/*Wasmann*/*Steber* § 9 Rn 2.
41 Vgl Friedl/Hartwig-Jacob/*Friedl* § 20 Rn 50.
42 Friedl/Hartwig-Jacob/*Schmidtbleicher* § 9 Rn 50.

Schrifttum

Binder Regulierungsinstrumente und Regulierungsstrategien im Kapitalgesellschaftsrecht, 2012; *Butzke* Die Hauptversammlung der Aktiengesellschaft, 5. Aufl. 2011; *Cagalj* Restrukturierung von Anleihen nach dem neuen Schuldverschreibungsgesetz, Diss. Freiburg 2012; *Eidenmüller* Die Banken im Gefangenendilemma: Kooperationspflichten und Akkordstörungsverbote im Sanierungsrecht ZHR 160 (**1996**) 343; *ders.* Unternehmenssanierung zwischen Markt und Gesetz, 1999; *Florstedt* Die Schranken der Majorisierung von Gläubigern RIW **2013** 583; *ders.* „Korporatives Denken" im Schuldverschreibungsrecht – ein Holzweg? ZIP **2012** 2286; *ders.* Reformbedarf und Reformperspektiven im Schuldverschreibungsrecht WiVerw **2014** 155; *Halberkamp/Gierke* Das Recht der Aktionäre auf Einberufung einer Hauptversammlung NZG **2004** 494; *Heldt* Die „kollektive Bindung" im Entwurf des Schuldverschreibungsgesetzes, FS Teubner (2009) 315; *ders.* Das neue Schuldverschreibungsgesetz, in *Grieser/Heemann* (Hrsg.) Bankaufsichtsrecht – Entwicklungen und Perspektiven **2009** 833; *Hirte* Kapitalgesellschaftsrecht, 9. Aufl. 2019; *Hofmann/Keller* Collective Action Clauses ZHR 175 (**2011**) 684; *Hopt* Neues Schuldverschreibungsrecht – Bemerkungen und Anregungen aus Theorie und Praxis, FS Schwark (2009) 441; *Hopt* 50 Jahre Anlegerschutz und Kapitalmarktrecht: Rückblick und Ausblick WM **2009** 1873; *Horn* Die Stellung der Anleihegläubiger nach neuem Schuldverschreibungsgesetz und allgemeinem Privatrecht im Licht aktueller Marktentwicklungen ZHR 173 (**2009**) 12; *ders.* Das neue Schuldverschreibungsgesetz und der Anleihemarkt BKR **2009** 446; *Kalss* Anlegerinteressen: Der Anleger im Handlungsdreieck von Vertrag, Verband und Markt, 1. Aufl. 2001; *Leber* Der Schutz und die Organisation der Obligationäre nach dem Schuldverschreibungsgesetz, Diss. Tübingen 2011; *Liebenow* Das Schuldverschreibungsgesetz als Anleiheorganisationsrecht und Gesellschaftsrecht, Diss. Bucerius Law School 2015; *Merkt* Kapitalmarktrecht, FS Hopt (2010) 2207; *Mertens* Das Minderheitsrecht nach § 122 Abs 2 AktG und seine Grenzen AG **1997** 481; *Mühe* Änderungen von Anleihebedingungen – Herausforderungen und praktische Erfahrungen bei der Durchführung von Gläubigerabstimmungen BKR **2017** 50; *Otto* Gläubigerversammlungen nach dem SchVG – Ein neues Tätigkeitsgebiet für Notare DNotZ **2012** 809; *Paulus* Schuldverschreibungen, Restrukturierungen, Gefährdungen WM **2012** 1109; *ders.* Internationales Restrukturierungsrecht RIW **2013** 577; *Podewils* Neuerungen im Schuldverschreibungs- und Anlegerschutzrecht – Das Gesetz zur Neuregelung der Rechtsverhältnisse bei Schuldverschreibungen aus Gesamtemissionen und zur verbesserten Durchsetzbarkeit von Ansprüchen von Anlegern aus Falschberatung DStR **2009** 1914; *Reinhard* Notarielle Tätigkeit im Rahmen des SchVG, in *Hauschild/Kallrath/Wachter* (Hrsg.) Notarhandbuch Gesellschafts- und Unternehmensrecht, 2. Aufl. 2017; *Reps* Rechtswettbewerb und Debt Governance bei Anleihen, Diss. München 2013; *Ruffner* Die ökonomischen Grundlagen eines Rechts der Publikumsgesellschaft, 2000; *Schlitt/Schäfer* Die Restrukturierung von Anleihen nach dem neuen Schuldverschreibungsgesetz AG **2009** 477; *K. Schmidt* Gesellschaftsrecht, 4. Aufl. 2002; *Schmidtbleicher* Die Anleihegläubigermehrheit, Diss. Frankfurt am Main 2010; *Uwe H. Schneider* Ist das SchVG noch zu retten? in *Baums* (Hrsg.) Das neue Schuldverschreibungsrecht (2013) 1; *Seibt* Praxisfragen der außerinsolvenzlichen Anleihenrestrukturierung nach dem SchVG ZIP **2016** 997; *Simon* Das neue Schuldverschreibungsgesetz und Treuepflichten im Anleiherecht als Bausteine eines außergerichtlichen Sanierungsverfahrens, Diss. Köln 2011; *Vogel* Die Vergemeinschaftung der Anleihegläubiger und ihre Vertretung nach dem Schuldverschreibungsgesetz, Diss. Osnabrück 1997; *ders.* Der Rechtsschutz des Schuldverschreibungsgläubigers, in *Baums* (Hrsg.) Das neue Schuldverschreibungsrecht (2013) 39; *ders.*, Restrukturierung von Anleihen nach dem SchVG – Neues Restrukturierungskonzept und offene Fragen ZBB **2010** 211; *Wasmann/Steber* Rechtsfragen im Zusammenhang mit der Durchführung einer Gläubigerversammlung nach dem Schuldverschreibungsgesetz ZIP **2014** 2005.

Systematische Übersicht

A. Allgemeines

§ 9 steht am Anfang der verfahrensrechtlichen Vorschriften über die Einberufung und Durchführung der Gläubigerversammlung. Die Vorschrift regelt wesentliche Fragen der Einberufung, namentlich die Einberufungsbefugnis (Absatz 1), die Einberufung auf Verlangen einer qualifizierten Gläubigerminderheit (Absatz 2 und 3) und die Kostentragung (Absatz 4). Sie stellt im Wesentlichen eine redaktionelle Neuordnung der früheren §§ 3 und 4 SchVG 1899 dar, die um das neue Einberufungsrecht des gemeinsamen Vertreters ergänzt wurden.[1] Sie bildet damit den konzeptionellen Rahmen, auf dem die nachfolgenden Vorschriften der §§ 10 bis 16 aufbauen.[2] 1

Zur Einberufung der Gläubigerversammlung sind im Grundsatz nur der Schuldner und der **gemeinsame Vertreter der Gläubiger** berechtigt. Aus besonderen Gründen kann aber im Einzelfall auch eine **qualifizierte Minderheit der Gläubiger**, deren Schuldverschreibungen zusammen 5 Prozent der ausstehenden Schuldverschreibungen ausmachen, die Einberufung der Gläubigerversammlung verlangen bzw gerichtlich erzwingen. Diese Regelung dient dem Minderheitenschutz und entspricht inhaltlich weitgehend der vergleichbaren Regelung zur Hauptversammlung in § 122 Abs 1 AktG.[3] 2

Die Einberufung der Gläubigerversammlung durch einen der Einberufungsberechtigten ist Wirksamkeitsvoraussetzung für die von der Gläubigerversammlung gefassten Beschlüsse. Eine fehlende Einberufungszuständigkeit stellt daher nach bestrittener, aber zutreffender Ansicht einen grundlegenden Mangel der Beschlussfassung dar, der nicht 3

1 RegBegr. BT-Drucks. 16/12814 S 21; Preuße/*Schindele* § 9 Rn 1.
2 Hopt/Seibt/*Binder* § 9 Rn 1.
3 RegBegr. BT-Drucks. 16/12814 S 21; Veranneman/*Wasmann*/*Steber* § 9 Rn 3.

lediglich zur Anfechtbarkeit, sondern – wie auch im Aktienrecht –[4] zur Nichtigkeit der Beschlüsse führt.[5]

4 Die Vorschrift des § 9 findet keine Anwendung, soweit die Anleihebedingungen vorsehen, dass die Beschlussfassung der Gläubiger ausschließlich durch Abstimmung ohne Versammlung erfolgt.[6] Dabei ist jedoch zu beachten, dass die Vorschriften der §§ 9 bis 16 gemäß § 18 Abs 1 auch auf die Abstimmung ohne Versammlung entsprechend anwendbar sind, soweit sich aus den weiteren Absätzen des § 18 nichts anderes ergibt.[7] Anleihebedingungen dürfen eine Abweichung von diesen Vorschriften zu Lasten der Gläubiger gemäß § 5 Abs 1 S 2 zudem nur dann vorsehen, soweit das SchVG dies ausdrücklich gestattet.[8]

B. Die Regelungen im Einzelnen

I. Einberufungszuständigkeit (Absatz 1)

5 **1. Einberufungsrecht des Schuldners und des gemeinsamen Vertreters (Absatz 1 Satz 1).** Gemäß Absatz 1 Satz 1 steht dem Schuldner und dem gemeinsamen Vertreter der Gläubiger jeweils ein **selbstständiges („originäres") Recht** zur Einberufung der Gläubigerversammlung zu. War die Einberufungszuständigkeit des Schuldners bereits nach alter Rechtslage gegeben,[9] stärkt das SchVG damit im Vergleich zum früheren Recht die Stellung des gemeinsamen Vertreters. Dieser hatte zuvor lediglich das Recht, unter Angabe des Zwecks und der Gründe vom Schuldner schriftlich die Einberufung der Gläubigerversammlung zu verlangen.[10] Diese Beschränkung, die missbräuchliche Einberufungen der Gläubigerversammlung verhindern sollte, findet im SchVG keine Grundlage mehr, da der gemeinsame Vertreter sowohl dem Schuldner nach allgemeinen Regeln für den Ersatz der Kosten einer grundlos einberufenen Versammlung als auch den Gläubigern für eine etwaige nicht ordnungsgemäße Erfüllung seiner Aufgaben nach § 7 Abs 3 S 1 haftet.[11] Dennoch dürfte in der Praxis, insbesondere bei Restrukturierungsfällen, die Einberufung durch den Schuldner weiterhin der Regelfall sein.[12]

6 Schuldner ist allein der Emittent der Schuldverschreibungen, nicht aber derjenige, der die Emission lediglich garantiert.[13] Handelt es sich beim Schuldner um eine **juristische Person bzw eine rechtsfähige Personengesellschaft**[14], so sind zunächst einmal die **organschaftlichen Vertreter bzw die vertretungsberechtigen Gesellschafter** berechtigt, die Gläubigerversammlung einzuberufen.[15] Ob in solchen Fällen darüber hinaus noch weitere Vertretungsberechtigte in Betracht kommen, ist umstritten: Teilweise wird vertreten, dass aufgrund des Fehlens einer dem § 121 Abs 2 AktG entsprechenden Regelung[16] auf die

4 Vgl § 241 Nr 1 AktG.
5 Hopt/Seibt/*Binder* § 9 Rn 17; Hopt/Seibt/*Kiem* § 20 Rn 31; **aA** Preuße/*Schindele* § 9 Rn 2 („anfechtbar"). Vgl zur Nichtigkeit von Beschlüssen auch die Ausführungen bei § 20 Rn 9 ff.
6 Vgl § 5 Abs 6 S 2 i.V.m. § 18.
7 S zur Abstimmung ohne Versammlung im Einzelnen die Ausführungen bei § 18 Rn 5 ff.
8 Preuße/*Schindele* § 9 Rn 1.
9 Vgl § 3 Abs 1 SchVG 1899.
10 Vgl § 3 Abs 2 SchVG 1899.
11 Friedl/Hartwig-Jacob/*Schmidtbleicher* § 9 Rn 9; Hopt/Seibt/*Binder* § 9 Rn 19.
12 *Seibt* ZIP **2016** 997, 1001; *Wilken/Schaumann/Zenker* § 9 Rn 223.
13 Preuße/*Schindele* § 9 Rn 2.
14 Dazu zählen insbesondere die Fälle der KGaA, vgl *Wilken/Schaumann/Zenker* § 9 Rn 224.
15 OLG Stuttgart 27.12.2016 NZG **2017** 665, 666; Veranneman/*Wasmann/Steber* § 9 Rn 5.
16 Nach § 121 Abs 2 AktG ist die Hauptversammlung grundsätzlich durch den Vorstand als Organ einzuberufen, sofern das Einberufungsrecht nicht durch Gesetz oder Satzung auch anderen Personen eingeräumt wird, vgl MüKoAktG/*Kubis* § 121 Rn 15; Spindler/Stilz/*Rieckers* § 121 Rn 12.

allgemeinen Grundsätze des Vertretungsrechts zurückgriffen werden könne, so dass auch lediglich **rechtsgeschäftlich Bevollmächtigte** wie Prokuristen und Handlungsbevollmächtigte zur wirksamen Einberufung der Gläubigerversammlung berechtigt seien.[17] Eine solche Sichtweise ist jedoch nicht nur aus Gründen der Rechtssicherheit bedenklich.[18] Vielmehr widerspricht sie auch dem Umstand, dass die Einberufung jedenfalls im Gesellschaftsrecht keinen rechtsgeschäftlichen Charakter besitzt und eine Anwendung zivilrechtlicher Vertretungsgrundsätze daher im Rahmen des SchVG zweifelhaft erscheint.[19] Hinzu kommt, dass mit der Beschlussfassung regelmäßig auch eine Gestaltung der Fremdkapitalfinanzierung verbunden sein dürfte, was eine originäre Maßnahme der Geschäftsführung darstellt.[20] Die besseren Gründe sprechen daher dafür, die wirksame Vertretung des Schuldners bei der Einberufung der Gläubigerversammlung auf die organschaftlichen Vertreter des Schuldners zu beschränken.[21] Handelt es sich beim Schuldner um eine **ausländische Gesellschaft** bemisst sich die Frage nach der Vertretung bei der Einberufung nach der jeweils für die Rechtsverhältnisse des Schuldners maßgeblichen Rechtsordnung (Gesellschafts- bzw Personalstatut).[22] Für den gemeinsamen Vertreter gelten die vorstehenden Erwägungen in Bezug auf juristische Personen und ausländische Gesellschaften entsprechend.[23]

Die Ausübung des Rechts zur Einberufung der Gläubigerversammlung ist an **keine besonderen Bedingungen oder Voraussetzungen** geknüpft. Sie liegt allein **im Ermessen** des Schuldners bzw des gemeinsamen Vertreters als Einberufungsbefugten.[24] Die Einberufung der Gläubigerversammlung setzt daher nicht mehr das Vorliegen einer Krise des Schuldners[25] oder eine Beschlussfassung über eine Änderung der Anleihebedingungen voraus, auch wenn dies regelmäßig der häufigste Grund der Einberufung sein dürfte.[26] Vielmehr kann die Einberufung auch zur allgemeinen Erörterung oder zur Einholung eines Meinungsbildes erfolgen, sofern die behandelten Themen insgesamt in die Zuständigkeit der Gläubigerversammlung fallen.[27] Ein etwaiger Rechtsmissbrauch im Sinne des § 242 BGB (analog) bildet insoweit die einzige Grenze des Einberufungsrechts.[28] Sofern allerdings eine qualifizierte Gläubigerminderheit die Einberufung verlangt, scheidet ein Ermessen aus. In diesem Fall sind der Schuldner bzw der gemeinsame Vertreter zur Einberufung verpflichtet.[29] 7

17 So Friedl/Hartwig-Jacob/*Schmidtbleicher* § 9 Rn 6; zustimmend *Wilken/Schaumann/Zenker* § 9 Rn 225.
18 Hopt/Seibt/*Binder* § 9 Rn 18.
19 Veranneman/*Wasmann/Steber* § 9 Rn 5.
20 Hopt/Seibt/*Binder* § 9 Rn 18; i.E. ebenso *Wilken/Schaumann/Zenker* § 9 Rn 226, nach denen für die Einberufung ebenfalls der Beschluss des zuständigen Kollegialorgans erforderlich sein soll; vgl zum Aktienrecht auch Spindler/Stilz/*Fleischer* § 76 Rn 18; MüKoAktG/*Spindler* § 76 Rn 15.
21 Übereinstimmend Hopt/Seibt/*Binder* § 9 Rn 18; Langenbucher/Bliesener/Spindler/*Bliesener/Schneider* § 9 Rn 5; Veranneman/*Wasmann/Steber* § 9 Rn 5; *Seibt* ZIP **2016** 997, 1001.
22 Friedl/Hartwig-Jacob/*Schmidtbleicher* § 9 Rn 7; Hopt/Seibt/*Binder* § 9 Rn 18; Veranneman/*Wasmann/Steber* § 9 Rn 5.
23 Langenbucher/Bliesener/Spindler/*Bliesener/Schneider* § 9 Rn 5.
24 Hopt/Seibt/*Binder* § 9 Rn 17; Langenbucher/Bliesener/Spindler/*Bliesener/Schneider* § 9 Rn 3.
25 Vgl RegBegr. BT-Drucks. 16/12814 S 14.
26 Vgl Friedl/Hartwig-Jacob/*Schmidtbleicher* § 9 Rn 4.
27 Preuße/*Schindele* § 9 Rn 3. Mit Blick auf den mit der Einberufung und Durchführung einer Gläubigerversammlung verbundenen zeitlichen und finanziellen Aufwand dürfte das Abhalten einer Gläubigerversammlung aus rein informatorischen Gründen allerdings wohl nur in Ausnahmefällen in Betracht kommen, vgl Hopt/Seibt/*Binder* § 9 Rn 17.
28 Preuße/*Schindele* § 9 Rn 3.
29 Vgl dazu die Ausführungen in Rn 10 ff.

8 Für die **Einberufung der zweiten Versammlung** im Sinne des § 15 Abs 3 S 2 und 3 sind weder der Schuldner noch der gemeinsame Vertreter befugt. Stattdessen ist nach § 15 Abs 3 S 2 hierfür allein der Vorsitzende der (ersten) Gläubigerversammlung zuständig. § 9 ist insoweit nicht anwendbar.[30]

9 Bei **Eröffnung eines Insolvenzverfahrens** ist nach § 19 Abs 2 S 2 ausschließlich das Insolvenzgericht zur Einberufung der (ersten) Gläubigerversammlung zuständig, auf der über die Bestellung eines gemeinsamen Vertreters Beschluss gefasst wird. Für weitere im Anschluss stattfindende Gläubigerversammlungen gilt dann wieder die allgemeine Regelung des § 9.[31] **Fraglich ist,** ob in diesen Fällen das Recht zur Einberufung der Geschäftsführung oder dem Insolvenzverwalter zusteht.[32] Hier ist zu differenzieren: Sofern die Gläubigerversammlung einen Massebezug aufweist, zählt die Einberufung dieser Gläubigerversammlung als masserelevante Geschäftsführungsmaßnahme zum Aufgabenbereich des Insolvenzverwalters und fällt damit in dessen Zuständigkeitsbereich.[33] Ob daneben noch Raum für eine mögliche Einberufungsbefugnis der Geschäftsführung für zumindest solche Gläubigerversammlungen verbleibt, die allein interne Belange der Anleihegläubiger behandeln oder deren Tagesordnung keinen Bezug zur Insolvenzmasse aufweist,[34] ist zweifelhaft.[35] Vor dem Hintergrund, dass es sich bei der Einberufung der Gläubigerversammlung nicht um einen gesellschaftsinternen Vorgang, sondern um den Umgang der Gesellschaft mit ihren Gläubigern handelt,[36] ist dies richtigerweise abzulehnen.[37]

10 **2. Einberufungspflicht auf Verlangen einer qualifizierten Minderheit (Absatz 1 Satz 2).** Absatz 1 Satz 2 räumt unter bestimmten Voraussetzungen auch einer qualifizierten Minderheit von Gläubigern das Recht ein, vom Schuldner oder dem gemeinsamen Vertreter die Einberufung einer Gläubigerversammlung oder die Durchführung einer Abstimmung ohne Versammlung verlangen. Dem Einberufungsverlangen ist stattzugeben, wenn sowohl die nachfolgenden formellen als auch materiellen Voraussetzungen erfüllt sind.[38]

a) Formelle Voraussetzungen

11 **aa) Quorum.** Nach Absatz 1 Satz 2 müssen Anleihegläubiger, die die Einberufung der Gläubigerversammlung verlangen, zusammen mindestens **fünf Prozent** der ausstehenden Schuldverschreibungen auf sich vereinen.[39] Diese Regelung entspricht im Wesentlichen der

---

30 BGH 2.12.2014 NZG **2015** 360 Rn 20 ff; Veranneman/*Wasmann*/*Steber* § 9 Rn 3 f.

31 OLG Zweibrücken 20.3.2013 ZInsO **2013** 2119, 2120; Friedl/Hartwig-Jacob/*Friedl* § 19 Rn 31 f; Veranneman/*Wasmann*/*Steber* § 9 Rn 3; Veranneman/*Rattunde* § 19 Rn 65 ff.

32 Vgl Veranneman/*Rattunde* § 19 Rn 68.

33 OLG Stuttgart 27.12.2016 NZG **2017** 665, 668; zustimmend *Lürken* GWR **2017** 38; *Schütze*/*Barthel* ZInsO **2017** 688.

34 So *Fischer* WM **2018** 1529, 1535; *Hacker*/*Kamke* NZI **2017** 125; Veranneman/*Rattunde* § 19 Rn 68.

35 Vgl OLG Stuttgart 27.12.2016 NZG **2017** 665, 668 f, wonach weitere Gläubigerversammlungen nach Eröffnung des Insolvenzverfahrens lediglich zur Entscheidung über eine der in § 5 Abs 3 aufgeführten Maßnahmen, zur Bestellung bzw Abberufung eines gemeinsamen Vertreters sowie zu den weiteren in Abs 1 S 2 aufgeführten Maßnahmen, oder – sofern die Anleihebedingungen dies vorsehen – zu weiteren in den Anleihebedingungen vorgesehenen Maßnahmen zulässig sein sollen.

36 Friedl/Hartwig-Jacob/*Schmidtbleicher* § 9 Rn 6.

37 Der Anwendungsbereich für solche Gläubigerversammlungen dürfte in der Praxis ohnehin äußerst gering sein, vgl *Hacker*/*Kamke* NZI **2017** 125.

38 Vgl zur Rechtsfolge eines berechtigten Einberufungsverlangens die Ausführungen bei Rn 26.

39 Friedl/Hartwig-Jacob/*Schmidtbleicher* § 9 Rn 16; Preuße/*Schindele* § 9 Rn 4.

vergleichbaren aktienrechtlichen Regelung in §122 Abs1 AktG.[40] Allerdings kann in den Anleihebedingungen auch eine niedrigere Schwelle festgelegt werden (vgl §5 Abs1 S2).[41] Auch kann ein einzelner Gläubiger das Verlangen zur Einberufung der Gläubigerversammlung stellen, wenn er die fünf Prozent-Schwelle bereits allein erreicht.[42] Bloße „Zufallsquoren", also wenn mehrere, voneinander unabhängige Einberufungsverlangen von Gläubiger, die für sich genommen jeweils das Quorum verfehlen, zusammen genommen das Quorum erreichen, sind dagegen – wie auch im Aktienrecht –[43] nicht ausreichend.[44]

Für die Berechnung des nötigen Quorums kommt es auf den Anteil der antragsstellenden Gläubiger am ausstehenden Gesamtnennbetrag der betroffenen, inhaltsgleichen Schuldverschreibungen an.[45] Ob dabei auch Schuldverschreibungen, deren Stimmrecht nach §6 Abs1 S2 ruht, zu berücksichtigen sind, ist umstritten: Teilweise wird dies mit Verweis auf §15 Abs 3 S 4 abgelehnt, wonach Schuldverschreibungen, deren Stimmrechte ruhen, bei der Beschlussfassung nicht als ausstehende Schuldverschreibungen gelten.[46] Diese Definition sei auch bei der Bestimmung des Quorums nach Absatz 1 Satz 2 zu berücksichtigen. Die dadurch vom Aktienrecht abweichende Berechnung sei wegen des unterschiedlichen Wortlauts gerechtfertigt, da das AktG ausdrücklich auf das „Grundkapital" Bezug nehme, so dass auch eigene (und damit „ruhende")[47] Aktien davon umfasst seien.[48] Im Ergebnis seien daher Schuldverschreibungen, deren Stimmrecht ruhe, bei der Bestimmung des Quorums nicht zu berücksichtigen.[49] Dagegen wird eingewandt, dass damit die unterschiedlichen Regelungszwecke der §§ 9 und 15 nicht hinreichend berücksichtigt werden würden.[50] Die Regelung des §15 Abs 3 S 4 sei aufgrund ihrer systematischen Stellung eine Spezialregelung und daher nicht verallgemeinerbar. De *lege lata* sei daher – wie im Aktienrecht – lediglich auf den Nennbetrag der ausstehenden Schuldverschreibungen abzustellen, ohne dass die Schuldverschreibungen, deren Stimmrechte ruhen, zu berücksichtigen wären. Nur so sei jedem Anleihegläubiger jederzeit die Feststellung möglich, ob der von ihm gehaltene Anteil das Quorum erreiche oder nicht.[51] Der letztgenannten Ansicht ist zuzugeben, dass eine klarstellende Definition der ausstehenden Schuldverschreibungen bereits in Absatz 1 hätte erfolgen können. Allerdings bestünde bei einer Nichtberücksichtigung ruhender Stimmrechte die Gefahr, dass der Emittent in diesem Fall den gesetzlich beabsichtigten Minderheitenschutz durch den Rückerwerb von Schuldverschreibungen wesentlich entwerten könnte, da dieser – im Gegensatz zum Rückerwerb eigener Aktien –[52] keinen Beschränkungen unterliegt. Das Initiativrecht der Minderheit hinge damit letztlich vom Ausmaß eines möglichen Rückerwerbs der Schuldverschreibungen durch die Emittentin ab.[53] Der Verweis auf die fehlende Bestimmbarkeit geht fehl, da die Berechnung des Abzugspostens für den Emittenten jederzeit eindeutig bestimmbar ist und sich eine etwaige Nichtberücksichtigung von Schuldverschreibungen nur zuguns- 12

40 Veranneman/*Wasmann*/*Steber* § 9 Rn 8.
41 Hopt/Seibt/*Binder* § 9 Rn 21; Langenbucher/Bliesener/Spindler/*Bliesener*/*Schneider* § 9 Rn 7.
42 Friedl/Hartwig-Jacob/*Schmidtbleicher* § 9 Rn 16; Langenbucher/Bliesener/Spindler/*Bliesener*/*Schneider* § 9 Rn 7; Veranneman/*Wasmann*/*Steber* § 9 Rn 8.
43 Vgl MüKoAktG/*Kubis* § 122 Rn 12.
44 Preuße/*Schindele* § 9 Rn 4; Hopt/Seibt/*Binder* § 9 Rn 21.
45 *Friedl*/Hartwig-Jacob/*Schmidtbleicher* § 9 Rn 16; Preuße/*Schindele* § 9 Rn 4.
46 Preuße/*Schindele* § 9 Rn 4; Veranneman/*Wasmann*/*Steber* § 9 Rn 8.
47 Vgl § 71b AktG.
48 Vgl zu § 122 AktG Hüffer/*Koch* § 122 Rn 3; MüKoAktG/*Kubis* § 122 Rn 6.
49 Veranneman/*Wasmann*/*Steber* § 9 Rn 8.
50 Vgl Friedl/Hartwig-Jacob/*Schmidtbleicher* § 9 Rn 17.
51 So Hopt/Seibt/*Binder* § 9 Rn 22.
52 Vgl §§ 71 ff AktG.
53 Zutreffend Friedl/Hartwig-Jacob/*Schmidtbleicher* § 9 Rn 18.

ten der Minderheit auswirken würde.[54] Auch ist nicht zu erkennen, weshalb innerhalb des SchVG ein unterschiedliches Verständnis der Begrifflichkeit der „ausstehenden Schuldverschreibungen" angezeigt sein sollte, sofern dies nicht ausdrücklich im Gesetz angelegt ist. Im Ergebnis ist es daher – in Übereinstimmung mit der überwiegenden Ansicht zur Parallelvorschrift des § 50 Abs 1 GmbHG – überzeugender, mit der wohl überwiegenden Ansicht von einer Nichtberücksichtigung von Schuldverschreibungen, deren Stimmrecht ruht, bei der Bestimmung des Quorums nach Absatz 1 Satz 2 auszugehen.[55]

13 **bb) Relevanter Zeitpunkt.** Nach dem Wortlaut des Absatz 1 Satz 2 muss die Gläubigereigenschaft zur Berechnung des Quorums zumindest **im Zeitpunkt des Zugangs des Einberufungsverlangens beim Adressaten** vorliegen.[56] Ein Vorbesitz binnen einer bestimmten Frist ist **nicht erforderlich.** Eine entsprechende Anwendung des § 122 Abs 1 S 3 AktG, wonach die Antragsteller nachzuweisen haben, dass sie seit mindestens 90 Tagen vor dem Tag des Zugangs des Verlangens Inhaber der Aktien sind, scheidet aus, da es schon an einer planwidrigen Regelungslücke fehlt.[57] Es ist daher legitim, wenn ein Gläubiger, im (unmittelbaren) Vorfeld eines Einberufungsverlangens Schuldverschreibungen auch oder ausschließlich für den Zweck erwirbt, das gesetzliche Quorum für das Einberufungsverlangen zu erreichen. Er handelt damit nicht rechtsmissbräuchlich.[58]

14 Auch das Erfordernis einer Mindesthaltefrist bis zur Entscheidung über die Einberufung der Gläubigerversammlung oder gar bis zur Gläubigerversammlung selber lässt sich dem SchVG nicht entnehmen.[59] Ob eine solche Haltefrist mit Blick auf die umstrittene Rechtslage bei der aktienrechtlichen Parallelvorschrift des § 122 Abs 1 AktG erforderlich ist,[60] ist zweifelhaft:[61] Gegen die Annahme eines solchen Erfordernisses spricht, dass das Quorum dann davon abhängen würde, wann der Adressat über den Antrag entscheidet bzw wann die Gläubigerversammlung angesetzt wird. Eine solche Auslegung zuungunsten der Gläubiger stünde aber dem von der Vorschrift bezweckten Minderheitenschutz entgegen.[62] Zudem wäre eine derartige Anforderung aus praktischen Gründen nur schwer handhabbar.[63] Im Ergebnis ist die Annahme eines solchen Erfordernisses daher zu Recht abzulehnen.[64]

15 **cc) Nachweis der Gläubigereigenschaft.** Der **Nachweis der Gläubigereigenschaft** ist nicht von Absatz 1 Satz 2 geregelt. Eine Pflicht zur Einberufung der Gläubigerver-

---

54 Vgl zur Parallelvorschrift des § 50 Abs 1 GmbHG entsprechend MüKoGmbHG/*Liebscher* § 50 Rn 16.

55 Vgl Langenbucher/Bliesener/Spindler/*Bliesener/Schneider* § 9 Rn 7; Preuße/*Schindele* § 9 Rn 4; Veranneman/*Wasmann/Steber* § 9 Rn 8; im Ergebnis wohl auch Friedl/Hartwig-Jacob/*Schmidtbleicher* § 9 Rn 17 f.

56 Friedl/Hartwig-Jacob/*Schmidtbleicher* § 9 Rn 26; Hopt/Seibt/*Binder* § 9 Rn 23; Langenbucher/Bliesener/Spindler/*Bliesener/Schneider* § 9 Rn 12; Preuße/*Schindele* § 9 Rn 5; Veranneman/*Wasmann/Steber* § 9 Rn 9.

57 Hopt/Seibt/*Binder* § 9 Rn 23.

58 Friedl/Hartwig-Jacob/*Schmidtbleicher* § 9 Rn 25; Preuße/*Schindele* § 9 Rn 5; Veranneman/*Wasmann/Steber* § 9 Rn 9.

59 Langenbucher/Bliesener/Spindler/*Bliesener/Schneider* § 9 Rn 12; Veranneman/*Wasmann/Steber* § 9 Rn 9; Preuße/*Schindele* § 9 Rn 5.

60 Im Aktienrecht wird das Erfordernis einer Haltefrist zumindest bis zur Entscheidung über die Einberufung der Hauptversammlung überwiegend bejaht, vgl Bürgers/Körber/*Reger* § 122 Rn 5; Hüffer/*Koch* § 122 Rn 3a; MüKoAktG/*Kubis* § 122 Rn 7; Spindler/Stilz/*Rieckers* § 122 Rn 13.

61 Eingehend Hopt/Seibt/*Binder* § 9 Rn 24 ff.

62 Preuße/*Schindele* § 9 Rn 5; Veranneman/*Wasmann/Steber* § 9 Rn 9.

63 Friedl/Hartwig-Jacob/*Schmidtbleicher* § 9 Rn 26.

64 Übereinstimmend Hopt/Seibt/*Binder* § 9 Rn 26; Preuße/*Schindele* § 9 Rn 5; Veranneman/*Wasmann/Steber* § 9 Rn 9.

sammlung besteht für den Adressaten aber nur dann, wenn ihm gegenüber die Gläubigereigenschaft auch nachgewiesen wird.[65] Eine bloße Behauptung der Gläubigereigenschaft ist nicht ausreichend.[66] Dem Adressaten muss die Prüfung ermöglicht werden, ob ihn eine Einberufungspflicht trifft.[67] In entsprechender Anwendung von § 10 Abs 3 S 2 sollte für den Nachweis in der Regel die Vorlage eines in Textform (§ 126b BGB) erstellten Depotauszugs des depotführenden Instituts ausreichen, soweit die Anleihebedingungen hierzu keine abweichende Regelung enthalten.[68] Zur Nachforschung sind der Schuldner bzw der gemeinsame Vertreter dann nicht verpflichtet.[69]

dd) Antragsstellung durch Dritte. Nach dem Wortlaut des Absatz 1 Satz 2 scheint es für die Geltendmachung des Verlangens allein auf die Gläubigerstellung anzukommen. Richtigerweise ist die Vorschrift jedoch – wie auch ihr aktienrechtliches Vorbild in § 122 Abs 1 AktG –[70] so auszulegen, dass das Verlangen nicht persönlich ausgeübt werden muss, sondern grundsätzlich auch durch Dritte vorgebracht werden kann, solange sie zur Ausübung des Stimmrechts aus den Schuldverschreibungen in der Gläubigerversammlung berechtigt wären. Damit steht auch dem (offenen oder verdeckten) Stellvertreter, sofern sich dessen Vollmacht auch auf die Geltendmachung des Minderheitenverlangens erstreckt, oder dem **Legitimationsschuldverschreibungsgläubiger** zu, die Einberufung der Gläubigerversammlung zu verlangen, sofern die durch sie vertretenen Schuldverschreibungen das notwendige Quorum erreichen.[71] Das bloße Nießbrauchrecht, ohne dass alle Rechte an den Schuldverschreibungen übertragen werden, oder die Bestellung **vertraglicher Pfandrechte** oder **Vollstreckungspfandrechte** an den Schuldverschreibungen reichen hingegen nicht aus.[72] 16

ee) Adressat. In Ermangelung einer diesbezüglichen Regelung ist es den Gläubigern freigestellt, an wen sie ihr Einberufungsverlangen richten. Das Verlangen zur Einberufung kann daher sowohl an den Schuldner als auch an den gemeinsamen Vertreter gerichtet werden.[73] Sind die Voraussetzungen des Absatz 1 Satz 2 erfüllt, muss der Adressat dem Verlangen nachkommen.[74] Um Unstimmigkeiten zu vermeiden, falls sich Anträge überschneiden oder möglicherweise beide Adressaten über denselben Antrag entscheiden müssen, ist jedoch zu empfehlen, den Antrag lediglich an einen Adressaten zu richten. Der andere Adressat sollte zudem vorsorglich über den Vorgang in Kenntnis gesetzt werden.[75] 17

ff) Form und sonstige Wirksamkeitserfordernisse. Bei dem Einberufungsverlangen handelt es sich um eine rechtsgeschäftsähnliche Handlung, auf welche die §§ 104 ff BGB entsprechend anwendbar sind.[76] Nach dem Wortlaut des Absatz 1 Satz 2 ist das Ver- 18

65 OLG Frankfurt am Main 7.6.2017 BeckRS **2017** 139918; Preuße/*Schindele* § 9 Rn 6.
66 Veranneman/*Wasmann/Steber* § 9 Rn 10.
67 Hopt/Seibt/*Binder* § 9 Rn 32; Langenbucher/Bliesener/Spindler/*Bliesener/Schneider* § 9 Rn 13.
68 OLG Frankfurt am Main 7.6.2017 BeckRS **2017** 139918; Friedl/Hartwig-Jacob/*Schmidtbleicher* § 9 Rn 28; Langenbucher/Bliesener/Spindler/*Bliesener/Schneider* § 9 Rn 13; Preuße/*Schindele* § 9 Rn 6; Veranneman/*Wasmann/Steber* § 9 Rn 10.
69 Hopt/Seibt/*Binder* § 9 Rn 26.
70 Vgl MüKoAktG/*Kubis* § 122 Rn 5; Spindler/Stilz/*Rieckers* § 122 Rn 6 f.
71 Friedl/Hartwig-Jacob/*Schmidtbleicher* § 9 Rn 19 f; Hopt/Seibt/*Binder* § 9 Rn 21.
72 Friedl/Hartwig-Jacob/*Schmidtbleicher* § 9 Rn 21 f; Hopt/Seibt/*Binder* § 9 Rn 21.
73 Friedl/Hartwig-Jacob/*Schmidtbleicher* § 9 Rn 29; Hopt/Seibt/*Binder* § 9 Rn 31; Preuße/*Schindele* § 9 Rn 8.
74 Veranneman/*Wasmann/Steber* § 9 Rn 11.
75 Ähnlich Hopt/Seibt/*Binder* § 9 Rn 31.
76 Preuße/*Schindele* § 9 Rn 8; Veranneman/*Wasmann/Steber* § 9 Rn 12.

langen schriftlich zu stellen. Formwahrend ist daher in jedem Fall die Schriftform (§ 126), was auch die elektronische Form (§§ 126 Abs 3, 126a BGB) mit einschließt.[77] Die Anleihebedingungen können weitere Formerleichterungen, wie etwa die Textform (§ 126b BGB), vorsehen.[78] Sofern die Anleihebedingungen keine ausdrückliche Regelung enthalten, ist anzuraten, sich am Wortlaut zu orientieren und für das Verlangen entweder die Schriftform oder die elektronische Form zu wählen.[79]

19 Das Einberufungsverlangen ist von sämtlichen Gläubigern, die zusammen das Quorum von 5 Prozent erreichen, zu unterzeichnen.[80] Für die Wahrung der Schriftform ist es jedoch nicht erforderlich, dass alle Gläubiger auf derselben Urkunde unterzeichnen.[81] Ausreichend ist, dass die Gläubiger auf separaten Urkunden wechselseitig aufeinander Bezug nehmen und das Verlangen materiell als einheitlicher Antrag erkennbar ist.[82] Wird der Antrag zulässigerweise durch einen Stellvertreter gestellt, ist ein Nachweis der Vollmacht prinzipiell nicht erforderlich.[83] Um aber das Risiko einer Zurückweisung des Verlangens durch den Adressaten analog § 174 S 1 BGB zu vermeiden, sollte in solchen Fällen stets eine Vollmachtsurkunde vorgelegt werden.[84]

20 **gg) Mindestinhalt des Einberufungsverlangen.** Besondere Vorgaben an den Inhalt des Einberufungsverlangens stellt Absatz 2 Satz 1 nicht. Das Verlangen auf Einberufung der Gläubigerversammlung muss jedoch klar erkennbar sein, also den darauf gerichteten Willen zum Ausdruck bringen.[85] Des Weiteren muss der Antrag eine Begründung enthalten, aus der hervorgeht, dass das Verlangen zur Einberufung auf einem besonderen Interesse beruht, wie es nach Maßgabe des Absatz 2 Satz 1 gefordert ist.[86] Hierbei handelt es sich bereits um ein formelles Erfordernis, da der Adressat in der Lage sein muss, einzuschätzen, ob die materiellen Voraussetzungen an das Verlangen überhaupt erfüllt sein können.[87] Die Mitteilung einer förmlichen Tagesordnung oder die bloße Kundgabe bestimmter Beschlussgegenstände ist dafür aber schon ausreichend.[88]

21 **b) Materielle Voraussetzungen.** Die Gläubiger können eine Einberufung der Gläubigerversammlung nur verlangen, wenn sie ein besonderes Interesse an der Einberufung geltend machen können.[89]

22 **aa) Gesetzlich vorgesehene Einberufungsgründe.** Absatz 1 Satz 2 selbst nennt insoweit nur zwei konkrete Beispiele für ein besonderes Interesse an der Einberufung: die Beschlussfassung über die Bestellung oder Abberufung eines gemeinsamen Vertreters

---

77 Hopt/Seibt/*Binder* § 9 Rn 30.
78 Friedl/Hartwig-Jacob/*Schmidtbleicher* § 9 Rn 30; Hopt/Seibt/*Binder* § 9 Rn 30; Veranneman/*Wasmann/Steber* § 9 Rn 12; **aA** Blersch/Goetsch/Haas/*Paul* § 9 Rn 5, nach denen Abs 1 S 2 zwingenden Charakter haben soll.
79 Hopt/Seibt/*Binder* § 9 Rn 30; ebenso für § 122 AktG Hüffer/*Koch* § 122 Rn 4.
80 Heidel/*Müller* § 9 Rn 2.
81 Hopt/Seibt/*Binder* § 9 Rn 30.
82 Friedl/Hartwig-Jacob/*Schmidtbleicher* § 9 Rn 30; Preuße/*Schindele* § 9 Rn 9; Veranneman/*Wasmann/Steber* § 9 Rn 12; vgl auch zu § 122 AktG MüKoAktG/*Kubis* § 122 Rn 12.
83 Vgl § 167 Abs 2 BGB.
84 Friedl/Hartwig-Jacob/*Schmidtbleicher* § 9 Rn 30; Hopt/Seibt/*Binder* § 9 Rn 30; Veranneman/*Wasmann/Steber* § 9 Rn 12.
85 Hopt/Seibt/*Binder* § 9 Rn 32; Preuße/*Schindele* § 9 Rn 8.
86 RegBegr. BT-Drucks. 16/12814 S 21.
87 Friedl/Hartwig-Jacob/*Schmidtbleicher* § 9 Rn 30; Hopt/Seibt/*Binder* § 9 Rn 32.
88 Blersch/Goetsch/Haas/*Paul* § 9 Rn 6; Preuße/*Schindele* § 9 Rn 8; Veranneman/*Wasmann/Steber* § 9 Rn 12.
89 RegBegr. BT-Drucks. 16/12814 S 21.

(Alt. 1) und die Beschlussfassung nach § 5 Abs 5 S 2 über das Entfallen der Wirkung der Kündigung (Alt. 2). In diesen Fällen ist ein weiterer Nachweis des besonderen Interesses entbehrlich.[90]

Die im Gesetz vorgesehenen Beispiele sind nicht abschließend. Vielmehr kommt 23
nach Absatz 1 Satz 2 Alt. 3 ein Einberufungsverlangen auch im Fall eines „sonstigen besonderen Interesses" der Gläubiger in Betracht.[91] Dementsprechend kann das Einberufungsverlangen zumindest auf solche Gegenstände gestützt werden, die **in vergleichbarer Weise in die Rechte der Gläubiger eingreifen** wie die ausdrücklich genannten Regelbeispiele.[92] Dazu zählen insbesondere die in § 5 Abs 3 Nr 1 bis 9 aufgeführten Maßnahmen, die einer Beschlussfassung durch eine qualifizierte Mehrheit bedürfen (§ 5 Abs 4 S 1).[93] Das erforderliche Interesse an der Einberufung ist auch zu bejahen, wenn ein gemeinsamer Vertreter bestellt werden soll.[94] Über die Frage, welche weiteren Fälle darüber hinaus in Betracht kommen, herrscht dagegen Unsicherheit.[95] Da das Gesetz jedoch ein „besonderes" Interesse verlangt und nach der gesetzlichen Konzeption die Anleihebedingungen zusätzliche Einberufungsgründe vorsehen können, sind hier richtigerweise restriktive Maßstäbe anzulegen. Weitere ungeschriebene Einberufungsgründe kommen daher nur in absoluten Ausnahmefällen in Betracht.[96] Folglich ist ein besonderes Interesse an der Einberufung zu verneinen, wenn die Gläubigerversammlung nur der Erörterung dient und keine Beschlussfassung vorgesehen ist.[97] Auch die bloße Aufhebung oder Änderung von Nebenbestimmungen der Schuldverschreibungen nach § 5 Abs 3 Nr 10 dürfte nicht geeignet sein, ein besonderes Interesse an der Einberufung zu begründen.[98] Ebenso fehlt das besondere Interesse, wenn der Beschluss einer Zustimmung des Schuldners bedarf und dieser die Zustimmung bereits verweigert hat.[99]

bb) Weitere Einberufungsgründe in den Anleihebedingungen. Gemäß Absatz 1 24
Satz 3 können die Anleihebedingungen weitere Einberufungsgründe vorsehen oder auf den Nachweis eines besonderen Interesses im Sinne von Absatz 1 Satz 2 gänzlich verzichten.[100] Aus Gründen der Rechtssicherheit ist es sinnvoll, entsprechende Regelungen für konkrete Beschlussgegenstände in den Anleihebedingungen einzufügen.[101] Dadurch lässt sich das Recht einer qualifizierten Minderheit, die Einberufung zu verlangen und auch gerichtlich durchzusetzen, erheblich erweitern.[102] Ob in diesem Zusammenhang auch der umfassende Verzicht auf den Nachweis eines besonderen Interesses sinnvoll ist, ist fraglich.[103] Folgt man dieser Empfehlung besteht für eine Zurückweisung eines Gläubigerverlangens kaum noch Raum, was den Anforderungen an die Effektivität und Effizienz der Gläubigerversammlung zuwiderlaufen würde.[104]

---

90 Hopt/Seibt/*Binder* § 9 Rn 27; Langenbucher/Bliesener/Spindler/*Bliesener/Schneider* § 9 Rn 9.
91 Veranneman/*Wasmann/Steber* § 9 Rn 13.
92 Preuße/*Schindele* § 9 Rn 7; Veranneman/*Wasmann/Steber* § 9 Rn 12; Hopt/Seibt/*Binder* § 9 Rn 27.
93 Friedl/Hartwig-Jacob/*Schmidtbleicher* § 9 Rn 32; Veranneman/*Wasmann/Steber* § 9 Rn 13.
94 OLG Zweibrücken 20.3.2013 BB **2014** 84.
95 Vgl Langenbucher/Bliesener/Spindler/*Bliesener/Schneider* § 9 Rn 11.
96 Hopt/Seibt/*Binder* § 9 Rn 27; **aA** Friedl/Hartwig-Jacob/*Schmidtbleicher* § 9 Rn 32.
97 Hopt/Seibt/*Binder* § 9 Rn 27; Preuße/*Schindele* § 9 Rn 7.
98 Veranneman/*Wasmann/Steber* § 9 Rn 13; **aA** Friedl/Hartwig-Jacob/*Schmidtbleicher* § 9 Rn 32.
99 *Kessler/Rühle* BB **2014** 907, 911; *Moser* BB **2015** 723; Veranneman/*Wasmann/Steber* § 9 Rn 13.
100 Preuße/*Schindele* § 9 Rn 7; Veranneman/*Wasmann/Steber* § 9 Rn 13.
101 Hopt/Seibt/*Binder* § 9 Rn 28.
102 Veranneman/*Wasmann/Steber* § 9 Rn 13
103 Dies empfiehlt Friedl/Hartwig-Jacob/*Schmidtbleicher* § 9 Rn 33 unter Bezugnahme auf international übliche Gestaltungstandards.
104 Ebenso Hopt/Seibt/*Binder* § 9 Rn 28.

25 **cc) Möglicher Einwand eines Rechtsmissbrauchs.** Der Adressat muss einem Einberufungsverlangen nicht nachkommen, wenn das Verlangen rechtsmissbräuchlich ist.[105] Wann ein solcher Rechtsmissbrauch gegeben ist, ist schwierig zu beurteilen. In jedem Fall ist die Prüfung stets eine **Frage des Einzelfalls**. Mit Blick auf die Parallelvorschrift des § 122 Abs 1 S 2 AktG liegt es nahe, bei der Beurteilung eines möglichen Rechtsmissbrauchs auf die bereits dort entwickelten, aktienrechtlichen Maßstäbe zurückzugreifen.[106] Zwar wird zutreffend darauf hingewiesen, dass die Anleihegläubiger in ihrer Eigenschaft als Kreditgeber im Gegensatz zu den Aktionären als Mitglieder eines korporativen Verbandes keiner gesteigerten Treuebindung gegenüber dem Schuldner unterliegen.[107] Dennoch lässt sich mit Blick auf den gesetzlich intendierten Minderheitenschutz eine vergleichbare Interessenlage zwischen der Gläubigerminderheit und der Aktionärsminderheit in Hinblick auf die Durchsetzung eines Einberufungsverlangens annehmen.[108] Mit Blick auf die mit einer Zurückweisung des Einberufungsverlangens verbundene Einschränkung des Minderheitenrechts sind bei der Beurteilung eines etwaigen Rechtsmissbrauchs daher auch im Rahmen des SchVG generell **restriktive Maßstäbe anzulegen.**[109] Vor diesem Hintergrund ist ein Einberufungsverlangen insbesondere dann zurückzuweisen, wenn die vorgebrachten Beschlussgegenstände nicht in den Kompetenzbereich der Gläubigerversammlung fallen, da dies Grundvoraussetzung für die Zulässigkeit des Einberufungsverlangens ist.[110] Ein Rechtsmissbrauch kommt ferner in Betracht, wenn der von der Minderheit verfolgte Beschlussvorschlag in einer vorangegangenen Gläubigerversammlung bereits mehrheitlich abgelehnt wurde und keine Anhaltspunkte für geänderte Mehrheitsverhältnisse in der Versammlung ersichtlich sind. Gleiches gilt, wenn das mit dem Verlangen verfolgte wirtschaftliche Ziel nicht erreichbar ist oder eine Gläubigerversammlung ohnehin bevorsteht und ein Zuwarten darauf zumutbar ist. Teilt der Adressat dagegen lediglich nicht die Einschätzung der Minderheit über den Inhalt oder den Anlass der begehrten Beschlussfassung oder deren Erfolgschancen, kommt ein Missbrauchseinwand nicht in Betracht.[111]

26 **c) Prüfung und Rechtsfolge des Einberufungsverlangens.** Der Adressat des Einberufungsverlangens hat dieses nach Erhalt unverzüglich, also ohne schuldhaftes Zögern (vgl § 121 Abs 1 S 1 BGB), zu prüfen und darüber zu entscheiden.[112] Setzt die Gläubigerminderheit im Verlangen eine (angemessene) Frist, kann der Adressat diese vollständig ausnutzen. Ein schuldhaftes Zögern scheidet in diesem Fall von vorneherein aus.[113] Sind sämtliche Voraussetzungen des Einberufungsverlangens erfüllt, besteht für den Adressaten eine Pflicht zur Einberufung. Ein Ermessensspielraum steht ihm in diesem Fall nicht zu.[114] Wird einem berechtigten Verlangen der Minderheit nicht entspro-

---

105 Hopt/Seibt/*Binder* § 9 Rn 29; Preuße/*Schindele* §9 Rn 11.
106 Friedl/Hartwig-Jacob/*Schmidtbleicher* § 9 Rn 25; Hopt/Seibt/*Binder* § 9 Rn 29 mwN.
107 Preuße/*Schindele* § 9 Rn 11.
108 Friedl/Hartwig-Jacob/*Schmidtbleicher* § 9 Rn 25.
109 Hopt/Seibt/*Binder* § 9 Rn 29.
110 Vgl Hopt/Seibt/*Binder* § 9 Rn 29. Vgl ebenso für § 122 AktG MüKoAktG/*Kubis* § 122 Rn 15 ff.
111 Zutreffend Hopt/Seibt/*Binder* § 9 Rn 29; Blersch/Goetsch/Haas/*Paul* § 9 Rn 8; *Kessler*/*Rühle* BB **2014** 907, 910 ff.
112 Heidel/*Müller* § 9 Rn 4; Preuße/*Schindele* § 9 Rn 12; Veranneman/*Wasmann*/*Steber* § 9 Rn 6; anders Friedl/Hartwig-Jacob/*Schmidtbleicher* § 9 Rn 34, der für ein eigenständiges Regime nach § 147 BGB analog plädiert.
113 Friedl/Hartwig-Jacob/*Schmidtbleicher* § 9 Rn 34; Veranneman/*Wasmann*/*Steber* § 9 Rn 6.
114 Hopt/Seibt/*Binder* § 9 Rn 34.

chen, kann diese sich gerichtlich selbst zur Einberufung der Gläubigerversammlung ermächtigen lassen.[115]

d) Rücknahme des Einberufungsverlangens. Die Rücknahme eines Einberufungs- 27
verlangen ist – wie im Aktienrecht –[116] jederzeit möglich.[117] Sie muss dabei jedoch aus Gründen der Rechtssicherheit den gleichen Formanforderungen genügen wie das Einberufungsverlangen.[118] Mit der Rücknahme wird das Einberufungsverlangen gegenstandslos. Der Adressat ist daher zur Absage einer bereits einberufenen Gläubigerversammlung berechtigt; die Wirksamkeit der Einberufung bleibt ansonsten unberührt. Haben mehrere Gläubiger die Einberufung verlangt, kann die Rücknahme auch nur durch einen Teil der Gläubiger erfolgen, sofern das Quorum dadurch nicht mehr erfüllt ist.[119]

II. Gerichtliche Ermächtigung zur Einberufung (Absatz 2 und 3)

1. Statthaftigkeit. Wenn der Schuldner bzw der gemeinsame Vertreter einem berech- 28
tigten Einberufungsverlangen der qualifizierten Gläubigerminderheit nicht nachkommen, können die erfolglos gebliebenen Gläubiger bei Gericht beantragen, zur Einberufung der Gläubigerversammlung selbst ermächtigt zu werden.[120] Der Antrag ist auch dann zulässig, wenn dem Einberufungsverlangen nur mit Einschränkungen oder Bedingungen nachgekommen oder die Entscheidung über den Antrag unangemessen verzögert wurde.[121]

Das Verfahren über die Berechtigung des Einberufungsverlangens richtet sich ge- 29
mäß § 23a Abs 1 S 1 Nr 2, Abs 2 Nr 4 GVG i.V.m. §§ 1, 375 Nr 16 FamFG nach den allgemeinen Vorschriften über die freiwillige Gerichtsbarkeit (unternehmensrechtliches Verfahren), soweit diese nicht durch abweichende Regelungen der Absätze 2 bis 4 überlagert werden.[122] Eine gerichtliche Durchsetzung des Einberufungsverlangens durch eine Leistungsklage im streitigen Verfahren ist ausgeschlossen.[123]

Verfahrensbeteiligter ist gemäß § 7 Abs 1 FamFG stets die qualifizierte Gläubiger- 30
minderheit als Antragsteller. Zum anderen hat das Gericht den Schuldner als Beteiligten nach § 7 Abs 2 Nr 1, Abs 3 FamFG hinzuzuziehen, da er bei Stattgabe des Antrags nach Absatz 4 sowohl die Kosten des Verfahrens als auch der folgende Gläubigerversammlung zu tragen hat.[124] Nicht hinzuzuziehen ist dagegen der gemeinsame Vertreter, da dieser prinzipiell nicht in seinen eigenen Rechten betroffen sein kann.[125]

2. Zulässigkeit

a) Antragserfordernis und -inhalt. Gemäß § 23 Abs 1 FamFG wird das Gericht nur 31
auf Antrag tätig. Bereits mit Antragstellung wird das Verfahren eingeleitet. Die vorherige

115 RegBegr. BT-Drucks. 16/12814 S 21.
116 Vgl Hüffer/*Koch* § 122 Rn 4; MüKoAktG/*Kubis* § 122 Rn 14.
117 Hopt/Seibt/*Binder* § 9 Rn 33.
118 Preuße/*Schindele* § 9 Rn 10.
119 Hopt/Seibt/*Binder* § 9 Rn 33.
120 RegBegr. BT-Drucks. 16/12814 S 21.
121 Friedl/Hartwig-Jacob/*Schmidtbleicher* § 9 Rn 34; Heidel/*Müller* § 9 Rn 4; Langenbucher/Bliesener/Spindler/*Bliesener*/*Schneider* § 9 Rn 16; Veranneman/*Wasmann*/*Steber* § 9 Rn 15.
122 Friedl/Hartwig-Jacob/*Schmidtbleicher* § 9 Rn 35.
123 Preuße/*Schindele* § 9 Rn 13.
124 Heidel/*Müller* § 9 Rn 4; Veranneman/*Wasmann*/*Steber* § 9 Rn 16.
125 Friedl/Hartwig-Jacob/*Schmidtbleicher* § 9 Rn 40; Veranneman/*Wasmann*/*Steber* § 9 Rn 16.

Zustellung oder Mitteilung der Antragsschrift an die übrigen Verfahrensbeteiligten ist nicht erforderlich.[126]

32 Der Antrag ist auf Ausspruch der Ermächtigung zur Einberufung der Gläubigerversammlung zu richten und muss dem abgelehnten Einberufungsverlangen inhaltlich im Kern entsprechen.[127] Die Begründung darf aber präzisiert werden.[128] Bei weitergehenden Änderungen ist hingegen ein erneutes Einberufungsverlangen erforderlich.[129]

33 **b) Antragsberechtigung und Quorum.** Der Antrag muss von denjenigen Gläubigern gestellt werden, deren Einberufungsverlangen erfolglos war.[130] Die Gläubigereigenschaft und das Quorum müssen vom Zeitpunkt des gerichtlichen Antrags bis zum **Zeitpunkt der letzten Tatsachenentscheidung** des Gerichts vorliegen.[131] Dass sich nicht alle am Einberufungsverlangen beteiligten Gläubiger an dem Antrag beteiligen, ist unschädlich, solange das gesetzlich geforderte Quorum weiterhin besteht.[132]

34 Wenn das Quorum nach dem Einberufungsverlangen unter die 5%-Schwelle sinkt, aber vor Antragsstellung durch das Hinzukommen neuer Gläubiger wieder erreicht wird, soll dies nach verbreiteter Ansicht – wie im Aktienrecht –[133] zur Unzulässigkeit des Antrags führen.[134] Es müsse dann zunächst ein **neues Verlangen** an den Schuldner oder gemeinsamen Vertreter gerichtet und abgelehnt werden, bevor eine gerichtliche Ermächtigung erneut beantragt werden könne.[135] Dieser Ansicht ist, um der Gläubigerminderheit mit Blick auf den Normzweck die Geltendmachung eines ansonsten berechtigten Verlangens nicht unnötig zu erschweren, nur mit der Einschränkung zuzustimmen, dass **ausnahmsweise kein erneutes Verlangen erforderlich** ist, sollte das Verlangen aus anderen Gründen als einem fehlenden Quorum abgelehnt worden sein und der Adressat bereits zu erkennen gegeben haben, dass er ein erneutes Verlangen ebenfalls aus denselben Gründen zurückweisen werde.[136] In solchen Fällen ist die Notwendigkeit, an einer „Quorumskontinuität“[137] festzuhalten, da sich durch die Änderung in der Zusammensetzung der Gläubigerminderheit ggf. auch eine andere Motivationslage beim Adressaten ergeben könnte,[138] nicht gegeben. Gleiches gilt für den Fall, dass zum Zeitpunkt des außergerichtlichen Einberufungsverlangens das Quorum noch nicht erreicht war, die 5%-Schwelle aber während des gerichtlichen Verfahrens überschritten wurde und der Schuldner bereits erklärt hat, dem Verlangen nicht nachkommen zu wollen. Auch in

---

126 Keidel/*Sternal* § 23 FamFG Rn 11.

127 Heidel/*Müller* § 9 Rn 4; Friedl/Hartwig-Jacob/*Schmidtbleicher* § 9 Rn 38; Veranneman/*Wasmann/Steber* § 9 Rn 18; vgl zu diesen formalen Anforderungen bereits die Ausführungen in Rn 11 ff.

128 Friedl/Hartwig-Jacob/*Schmidtbleicher* § 9 Rn 38; Veranneman/*Wasmann/Steber* § 9 Rn 18.

129 Hopt/Seibt/*Binder* § 9 Rn 37; Langenbucher/Bliesener/Spindler/*Bliesener/Schneider* § 9 Rn 19.

130 Veranneman/*Wasmann/Steber* § 9 Rn 17. Dies schließt auch Gesamtrechtsnachfolge ein, nicht aber rechtsgeschäftliche Einzelrechtsnachfolge, vgl Preuße/*Schindele* § 9 Rn 15.

131 Heidel/*Müller* § 9 Rn 4; Langenbucher/Bliesener/Spindler/*Bliesener/Schneider* § 9 Rn 17; Preuße/*Schindele* § 9 Rn 15; für § 122 AktG: OLG Düsseldorf 16.1.2004 NZG **2004** 239.

132 Friedl/Hartwig-Jacob/*Schmidtbleicher* § 9 Rn 27; Hopt/Seibt/*Binder* § 9 Rn 36; vgl zu § 122 AktG Hüffer/*Koch* § 122 Rn 10.

133 Vgl OLG Düsseldorf 16.1.2004 NZG **2004** 239; Hüffer/*Koch* § 122 Rn 10.

134 Blersch/Goetsch/Haas/*Paul* § 9 Rn 11; Friedl/Hartwig-Jacob/*Schmidtbleicher* § 9 Rn 27; Heidel/*Müller* § 9 Rn 4; Veranneman/*Wasmann/Steber* § 9 Rn 17; **aA** Langenbucher/Bliesener/Spindler/*Bliesener/Schneider* § 9 Rn 18.

135 Friedl/Hartwig-Jacob/*Schmidtbleicher* § 9 Rn 27; Hopt/Seibt/*Binder* § 9 Rn 36; Preuße/*Schindele* § 9 Rn 15.

136 Insoweit zutreffend Langenbucher/Bliesener/Spindler/*Bliesener/Schneider* § 9 Rn 18; Veranneman/*Wasmann/Steber* § 9 Rn 17.

137 Preuße/*Schindele* § 9 Rn 15.

138 So Hopt/Seibt/*Binder* § 9 Rn 36.

diesem Fall bedarf es ausnahmsweise keines erneuten außergerichtlichen Einberufungsverlangens.[139]

c) Frist. Eine Antragsfrist ist im Gesetz nicht vorgesehen. Die Stellung des gerichtlichen Antrags darf jedoch nicht unnötig verzögert werden, da gewährleistet sein muss, dass sich die Sach- und Rechtslage, die Grundlage der ablehnenden Entscheidung des Adressaten war, nicht grundlegend geändert hat.[140] Eine angemessene Prüfungsfrist von bis zu zwei Wochen sollte jedoch in jedem Fall noch als zulässig erachtet werden.[141] 35

d) Gerichtliche Zuständigkeit. Die sachliche Zuständigkeit für die Prüfung des Antrags liegt im Rahmen der freiwilligen Gerichtsbarkeit gemäß § 23a Abs 1 Nr 2, Abs 2 Nr 4 GVG i.V.m. § 375 Nr 16 FamFG bei den Amtsgerichten.[142] 36

Die ausschließliche örtliche Zuständigkeit liegt gemäß Absatz 3 Satz 1 Alt. 1 i.V.m. § 377 Abs 1 FamFG bei dem Amtsgericht, in dessen Bezirk der Schuldner seinen Sitz hat. Für Kapitalgesellschaften maßgeblich ist der Sitz, der durch die Satzung bzw den Gesellschaftsvertrag[143] bestimmt wird.[144] In diesem Zusammenhang ist zu beachten, dass hinsichtlich der örtlichen Zuständigkeit gemäß Absatz 3 Satz 1 Alt. 1 i.V.m. §§ 375 Nr 16, 376 Abs 1, 377 Abs 1 FamFG eine Zuständigkeitskonzentration für den gesamten Landgerichtsbezirk bei dem Amtsgericht erfolgt, in dessen Bezirk das Landgericht seinen Sitz hat.[145] Landesregierungen sind nach § 376 Abs 2 FamFG zudem ermächtigt, durch Rechtsverordnung abweichende oder zusätzliche Zuständigkeiten festzulegen.[146] Da mehrere Bundesländer von dieser Ermächtigung Gebrauch gemacht haben, sollte daher die Zuständigkeit des Gerichts im Einzelfall genauestens geprüft werden.[147] Hat der Schuldner seinen **Sitz im Ausland**, besteht gemäß Absatz 3 Satz 1 Alt. 2 eine ausschließliche örtliche Zuständigkeit des Amtsgerichts Frankfurt am Main.[148] 37

e) Rechtsschutzbedürfnis. In Anlehnung an den Zivilprozess ist auch im Verfahren der freiwilligen Gerichtsbarkeit ein Rechtsschutzbedürfnis erforderlich.[149] Dafür ist bereits ausreichend, wenn der von der Gläubigerminderheit gewählte Adressat dem Einberufungsverlangen nicht nachgekommen ist.[150] 38

Teilweise wird vertreten, es würde an einem Rechtsschutzbedürfnis fehlen, wenn das erfolglose Verlangen nur an den gemeinsamen Vertreter gerichtet gewesen sei und der Schuldner darüber nicht informiert wurde.[151] In einem solchen Fall sei dem Schuldner vor Stellung des gerichtlichen Antrags noch einmal die Gelegenheit zur Prüfung und gegebenenfalls Einberufung der Gläubigerversammlung einzuräumen. Eine Befassung des Gerichts sei in diesen Fällen nicht erforderlich, da der Antragsteller auf diese Weise 39

139 OLG Zweibrücken 20.3.2013 BB **2014** 84, Rz. 6 ff; Veranneman/*Wasmann/Steber* § 9 Rn 17.
140 Blersch/Goetsch/Haas/*Paul* § 9 Rn 12; Hopt/Seibt/*Binder* § 9 Rn 39.
141 Hopt/Seibt/*Binder* § 9 Rn 39.
142 Vgl Veranneman/*Wasmann/Steber* § 9 Rn 19.
143 Vgl §§ 5, 278 Abs 3 AktG; § 4a GmbHG; § 6 Nr 1 GenG.
144 Hopt/Seibt/*Binder* § 9 Rn 38.
145 Keidel/*Heinemann* § 376 FamFG Rn 4.
146 Keidel/*Heinemann* § 376 FamFG Rn 7.
147 Ausführliche Übersicht bei Keidel/*Heinemann* § 376 FamFG Rn 10 ff.
148 Heidel/*Müller* § 9 Rn 5; Friedl/Hartwig-Jacob/*Schmidtbleicher* § 9 Rn 37; Langenbucher/Bliesener/Spindler/*Bliesener/Schneider* § 9 Rn 21; Veranneman/*Wasmann/Steber* § 9 Rn 20.
149 Haußleiter/*Gomille* § 23 FamFG Rn 10.
150 Preuße/*Schindele* § 9 Rn 17; Veranneman/*Wasmann/Steber* § 9 Rn 21.
151 Vgl Hopt/Seibt/*Binder* § 9 Rn 40; Langenbucher/Bliesener/Spindler/*Bliesener/Schneider* § 9 Rn 22.

sein Begehren schneller und einfacher erreichen könne.[152] **Dem ist nicht zu folgen:** Eine solche Pflicht der Gläubigerminderheit lässt sich dem Gesetz nicht entnehmen.[153] Vielmehr steht es nach Absatz 1 Satz 2 der Gläubigerminderheit ausdrücklich frei, das Verlangen wahlweise an den Schuldner oder den gemeinsamen Vertreter zu richten. Dieses Wahlrecht würde praktisch umgangen, würde man eine vorherige Unterrichtungspflicht der Gläubigerminderheit gegenüber dem Schuldner annehmen. Mit Rücksicht auf den Schutzzweck der Norm ist die Annahme ungeschriebener Voraussetzungen restriktiv zu handhaben. Ohne gesetzliche Grundlage muss das etwaige Interesse des Schuldners, eine Kostentragung nach Absatz 4 zu vermeiden, hinter das Interesse der Gläubigerminderheit, die Ablehnung eines berechtigten Verlangens gerichtlich überprüfen zu lassen, zurücktreten.[154]

40 **3. Entscheidung des Gerichts.** Auf das Verfahren nach Absatz 2 findet der Amtsermittlungsgrundsatz nach § 26 FamFG Anwendung.[155] Danach hat das Gericht von Amts wegen die zur Feststellung der entscheidungserheblichen Tatsachen erforderlichen Ermittlungen durchzuführen. Das Gericht entscheidet dann gemäß § 38 Abs 1, 3 FamFG durch zu begründenden Beschluss.[156] War das Verlangen berechtigt, gibt das Gericht dem Antrag statt und ermächtigt die Gläubiger, die Einberufung der Gläubigerversammlung selber vorzunehmen.[157]

41 Das Gericht kann bei Stattgabe des Antrags der Gläubigerminderheit eine Frist setzen, innerhalb derer die Ausübung der gerichtlichen Ermächtigung zu erfolgen hat.[158] Einen konkreten Zeitpunkt oder Ort kann das Gericht dagegen nicht festsetzen.[159]

42 Im Rahmen der stattgebenden Entscheidung kann das Gericht nach Absatz 2 Satz 2 auch den Vorsitzenden der Gläubigerversammlung bestimmen. Hinsichtlich der Person des Vorsitzenden ist das Gericht in seiner Entscheidung frei.[160] Allerdings können die Antragsteller diesbezüglich einen Vorschlag machen.[161] Besteht die Gläubigerminderheit aus mehreren Gläubigern, sollte das Gericht mit Blick auf § 15 Abs 1, wonach der Einberufende den Vorsitz der Gläubigerversammlung zu führen hat, was bei einer Personenmehrheit nicht sinnvoll ist, einen Vorsitzenden bestimmen, um eine ordnungsgemäße Versammlungsleitung zu gewährleisten.[162]

43 **4. Rechtsschutz.** Gegen die Entscheidung des Gerichts ist gemäß Absatz 3 Satz 2 die Beschwerde statthaft.[163] Das zuständige Beschwerdegericht ist in den Angelegenheiten der freiwilligen Gerichtsbarkeit nach § 119 Abs 1 Nr 1b GVG das Oberlandesgericht.[164]

---

152 Vgl Friedl/Hartwig-Jacob/*Schmidtbleicher* § 9 Rn 39.
153 Preuße/*Schindele* § 9 Rn 17.
154 Überzeugend Veranneman/*Wasmann/Steber* § 9 Rn 21, die mit Recht darauf hinweisen, dass der Fall einer fehlenden Unterrichtung des Schuldners eher theoretischer Natur sein dürfte.
155 Langenbucher/Bliesener/Spindler/*Bliesener/Schneider* § 9 Rn 23.
156 Hopt/Seibt/*Binder* § 9 Rn 41.
157 Preuße/*Schindele* § 9 Rn 18; Veranneman/*Wasmann/Steber* § 9 Rn 22.
158 Langenbucher/Bliesener/Spindler/*Bliesener/Schneider* § 9 Rn 23; Preuße/*Schindele* § 9 Rn 18.
159 Langenbucher/Bliesener/Spindler/*Bliesener/Schneider* § 9 Rn 23.
160 Friedl/Hartwig-Jacob/*Schmidtbleicher* § 9 Rn 44.
161 Preuße/*Schindele* § 9 Rn 18.
162 Hopt/Seibt/*Binder* § 9 Rn 41; Langenbucher/Bliesener/Spindler/*Bliesener/Schneider* § 9 Rn 23; Veranneman/*Wasmann/Steber* § 9 Rn 23.
163 Preuße/*Schindele* § 9 Rn 18.
164 Zutreffend Heidel/*Müller* § 9 Rn 7; Veranneman/*Wasmann/Steber* § 9 Rn 25; vgl zum GVG auch *Haußleiter* Vorbemerkung zu §§ 58–69 FamFG Rn 9; **aA** Hopt/Seibt/*Binder* § 9 Rn 42; Friedl/Hartwig-Jacob/*Schmidtbleicher* § 9 Rn 42 nach denen gemäß § 72 Abs 1 GVG das Landgericht zuständig sein soll.

Gemäß Absatz 3 Satz 2 i.V.m. § 59 Abs 1 FamFG ist beschwerdeberechtigt, wer in seinen Rechten beeinträchtigt ist. Bei einer ablehnenden Entscheidung ist dies jedes Mitglied der qualifizierten Gläubigerminderheit. Bei einer stattgebenden Entscheidung ist der Schuldner beschwerdeberechtigt, da er ein Interesse an der Vermeidung der Kostenlast hat.[165]

Nach § 63 Abs 1 FamFG muss die Beschwerde innerhalb einer Monatsfrist eingelegt werden. Die Frist beginnt gemäß § 63 Abs 3 S 1 FamFG mit dem Zeitpunkt der schriftlichen Bekanntgabe des Beschlusses. Die Beschwerde hat keine aufschiebende Wirkung. Nach § 64 Abs 3 FamFG kann das Beschwerdegericht allerdings die Aussetzung der Vollziehung des angefochtenen Beschlusses anordnen.[166] Die Anordnung steht im pflichtgemäßen Ermessen des Gerichts und bedarf keines Antrags.[167] 44

In der Beschwerdeentscheidung kann die Rechtsbeschwerde zum BGH gemäß § 70 Abs 1, 2 FamFG zugelassen werden. Die Entscheidung über die Nichtzulassung und Zulassung der Beschwerde ist unanfechtbar.[168] Das Abhilfeverfahren nach § 68 Abs 1 FamFG findet zudem auch auf das Verfahren nach Absatz 3 Satz 2 Anwendung: Hält das Gericht, dessen Beschluss angefochten wird, die Beschwerde für begründet, hat es ihr abzuhelfen; andernfalls ist die Beschwerde unverzüglich dem Beschwerdegericht vorzulegen.[169] 45

5. Einberufung durch die Gläubigerminderheit. Gibt das Gericht dem Antrag der Gläubigerminderheit statt, führt dies zu einer Ersatzzuständigkeit kraft richterlicher Ermächtigung.[170] Die Gläubiger sind damit berechtigt, aber nicht verpflichtet, eine Gläubigerversammlung einzuberufen.[171] Hat das Gericht den Gläubigern eine Frist gesetzt, so muss die Einberufung innerhalb der vom Gericht gesetzten Frist erfolgen. Wurde vom Gericht keine Frist festgesetzt, müssen die Gläubiger die Ermächtigung nach überwiegender Ansicht zumindest **innerhalb einer angemessenen Frist** ausüben.[172] Die Länge dieser Frist bemisst sich nach den konkreten Umständen des Einzelfalls.[173] Je dringlicher die zu beschließenden Maßnahmen sind, umso kürzer ist die Frist zu bemessen.[174] 46

Die Einberufung und die darin enthaltene Tagesordnung der Gläubigerversammlung müssen sich im Rahmen der gerichtlichen Ermächtigung halten.[175] Daneben sind auch die für die Einberufung der Gläubigerversammlung geltenden **allgemeinen Vorschriften der §§ 10 ff** bei der Berufung der Versammlung durch die Gläubigerminderheit weiter zu beachten.[176] In der Bekanntmachung der Einberufung ist gemäß Absatz 2 Satz 3 auch **auf die Ermächtigung hinzuweisen**, damit die übrigen Gläubiger die Berechtigung der Gläubigerminderheit zur Einberufung erkennen können.[177] In der Praxis soll 47

165 Hopt/Seibt/*Binder* § 9 Rn 42.
166 Friedl/Hartwig-Jacob/*Schmidtbleicher* § 9 Rn 42.
167 Bumiller/Harders/Schwamb/*Bumiller* § 64 FamFG Rn 12.
168 Keidel/*Mayer-Holz* § 70 FamFG Rn 41.
169 Keidel/*Sternal* § 68 FamFG Rn 5.
170 Preuße/*Schindele* § 9 Rn 19.
171 Friedl/Hartwig-Jacob/*Schmidtbleicher* § 9 Rn 45; Hopt/Seibt/*Binder* § 9 Rn 43.
172 Langenbucher/Bliesener/Spindler/*Bliesener/Schneider* § 9 Rn 25; Veranneman/*Wasmann/Steber* § 9 Rn 26.
173 Friedl/Hartwig-Jacob/*Schmidtbleicher* § 9 Rn 47.
174 Hopt/Seibt/*Binder* § 9 Rn 43; Veranneman/*Wasmann/Steber* § 9 Rn 26.
175 Preuße/*Schindele* § 9 Rn 19.
176 Veranneman/*Wasmann/Steber* § 9 Rn 26.
177 RegBegr. BT-Drucks. 16/12814 S 21; Hopt/Seibt/*Binder* § 9 Rn 43.

dafür nach überwiegender Ansicht aber schon ein kurzer Hinweis (zB „kraft gerichtlicher Ermächtigung") genügen. Weitere Angaben sind nicht erforderlich.[178] Schließlich muss auch das erforderliche Quorum zum Zeitpunkt der Einberufung noch bestehen, da ansonsten keine materielle Grundlage für die Umsetzung des Einberufungsverlangen mehr besteht.[179]

48 Entspricht die Einberufung nicht den vorstehenden Vorgaben, so sind die von der Gläubigerversammlung gefassten Beschlüsse nach § 20 Abs 1 S 1 anfechtbar.[180]

III. Kostenregelung (Absatz 4)

49 **1. Kosten der Gläubigerversammlung.** Gemäß Absatz 4 trägt der Schuldner die **Kosten der Gläubigerversammlung.** Der Gesetzgeber differenziert dabei nicht, wer die Gläubigerversammlung einberuft. Der Schuldner hat deshalb auch dann die Kosten zu tragen, wenn die qualifizierte Gläubigerminderheit oder der gemeinsame Vertreter die Gläubigerversammlung einberufen.[181] Letzteren steht, sofern sie die Einberufung vornehmen, ein **Freistellungs- oder Kostenerstattungsanspruch** gegen den Schuldner zu.[182]

50 Zu den Kosten der Gläubigerversammlung zählen neben den Kosten für die Bekanntmachung der Einberufung und der Tagesordnung auch Sachkosten für Raummiete und notwendige Personalkosten.[183] Ein Freistellungsanspruch besteht ebenso hinsichtlich der Notarkosten, die aufgrund des Beurkundungserfordernisses gemäß § 16 Abs 3 S 1 stets entstehen.[184] Nicht erfasst sind hingegen Kosten und etwaige Spesen der Gläubiger, einschließlich Beraterkosten, die diesen im Zusammenhang mit ihrer Teilnahme an der Gläubigerversammlung entstehen, da diese unabhängig von der Einberufung und Durchführung der Gläubigerversammlung anfallen und daher von der Regelung des Absatz 4 nicht erfasst sind.[185]

51 **2. Kosten des gerichtlichen Verfahrens.** Des Weiteren hat der Schuldner, wenn das Gericht dem Antrag nach Absatz 2 stattgegeben hat, nach Absatz 4 auch die **Kosten des gerichtlichen Verfahrens** zu tragen. Absatz 4 verdrängt insoweit als *lex specialis* die allgemeine Regelung des § 81 Abs 1 FamFG, wonach das Gericht auch über die Gerichtskosten grundsätzlich nach billigem Ermessen zu entscheiden hat.[186] Umstritten ist, ob unter den Kosten des gerichtlichen Verfahrens neben den Gerichtskosten auch weite-

---

178 Heidel/*Müller* § 9 Rn 8; Langenbucher/Bliesener/Spindler/*Bliesener/Schneider* § 9 Rn 25; Veranneman/*Wasmann/Steber* § 9 Rn 26; ebenso zu § 122 AktG Hüffer/*Koch* § 122 Rn 12; **aA** Friedl/Hartwig-Jacob/*Schmidtbleicher* § 9 Rn 46, der auch die Angabe weiterer Details wie Gericht, Datum und Aktenzeichen für erforderlich hält, um den Gläubigern die Überprüfung zu ermöglichen.

179 Übereinstimmend Friedl/Hartwig-Jacob/*Schmidtbleicher* § 9 Rn 27; Hopt/Seibt/*Binder* § 9 Rn 43; Langenbucher/Bliesener/Spindler/*Bliesener/Schneider* § 9 Rn 25; Veranneman/*Wasmann/Steber* § 9 Rn 26.

180 Vgl dazu die Ausführungen bei § 20 Rn 20 ff.

181 Diese Kostenregelung zu Lasten des Schuldners begründet der Gesetzgeber mit der Erwägung, dass die Gläubigerversammlung vorrangig den Interessen des Schuldners dient, vgl RegBegr. BT-Drucks. 16/12814 S 21; kritisch dazu Blersch/Goetsch/Haas/*Paul* § 9 Rn 19.

182 Hauschild/Kallrath/Wachter/*Reinhard* § 17 Rn 537; Heidel/*Müller* § 9 Rn 9; Hopt/Seibt/*Binder* § 9 Rn 44; Veranneman/*Wasmann/Steber* § 9 Rn 28.

183 Hopt/Seibt/*Binder* § 9 Rn 44; Veranneman/*Wasmann/Steber* § 9 Rn 29.

184 Veranneman/*Wasmann/Steber* § 9 Rn 28; **aA** Heidel/*Müller* § 9 Rn 9 unter Verweis auf § 27 Nr 3 GNotKG.

185 Hopt/Seibt/*Binder* § 9 Rn 44; Veranneman/*Wasmann/Steber* § 9 Rn 29.

186 Preuße/*Schindele* § 9 Rn 22.

re Verfahrensaufwendungen der Antragsteller wie zB die **Kosten der anwaltlichen Beratung und Vertretung** zu verstehen sind: Nach der wohl überwiegenden Ansicht sollen diese Kosten mit Verweis auf das aktienrechtliche Schrifttum zur Parallelregelung des § 122 Abs 4 AktG zu den **außergerichtlichen Kosten** zählen,[187] die von der Kostenregelung des Absatz 4 nicht erfasst sind.[188] Gegen diese Sichtweise ist einzuwenden, dass Absatz 4 im Gegensatz zu § 122 Abs 4 AktG nicht von „Gerichtskosten", sondern von „Kosten des Verfahrens" spricht. Zu den Kosten zählen nach § 80 S 1 FamFG neben den Gerichtskosten (Gebühren und Auslagen) aber grundsätzlich auch die zur Durchführung des Verfahrens notwendigen Aufwendungen der Beteiligten, was auch die Erstattung von Gebühren und Auslagen eines Rechtsanwalts einschließt, sofern das Verfahren eine hinreichende Schwierigkeit aufweist,[189] was bei einem Verfahren nach Absatz 2 regelmäßig anzunehmen ist.[190] Dieser Streit ist freilich nur von bedingter Relevanz, da das Gericht gemäß § 81 Abs 1 FamFG auch über die Erstattung dieser Kosten nach billigem Ermessen entscheiden kann.[191]

Gibt das Gericht dem Antrag der Gläubigerminderheit nicht oder nur teilweise statt, 52
findet Absatz 4 keine Anwendung. In diesem Fall verbleibt es bei der allgemeinen Regelung, so dass das Gericht nach § 81 Abs 1 FamFG eine **Kostenentscheidung nach billigem Ermessen** treffen und eine vollständige oder teilweise Erstattung der Gerichtskosten anordnen kann.[192]

Unabhängig von der Kostentragung nach Absatz 4 bleiben die Antragssteller Kos- 53
tenschuldner für die Gerichtskosten. Ihnen steht jedoch im Falle eines Obsiegens ein Freistellungs- bzw Erstattungsanspruch gegen den Schuldner zu.[193]

§ 10 Frist, Anmeldung, Nachweis

(1) Die Gläubigerversammlung ist mindestens 14 Tage vor dem Tag der Versammlung einzuberufen.

(2) ¹Sehen die Anleihebedingungen vor, dass die Teilnahme an der Gläubigerversammlung oder die Ausübung der Stimmrechte davon abhängig ist, dass sich die Gläubiger vor der Versammlung anmelden, so tritt für die Berechnung der Einberufungsfrist an die Stelle des Tages der Versammlung der Tag, bis zu dessen Ablauf sich die Gläubiger vor der Versammlung anmelden müssen. ²Die Anmeldung muss unter der in der Bekanntmachung der Einberufung mitgeteilten Adresse spätestens am dritten Tag vor der Gläubigerversammlung zugehen.

(3) ¹Die Anleihebedingungen können vorsehen, wie die Berechtigung zur Teilnahme an der Gläubigerversammlung nachzuweisen ist. ²Sofern die Anleihebe-

187 Vgl zu § 122 Abs 4 AktG Hüffer/*Koch* § 122 Rn 14; MüKoAktG/*Kubis* § 121 Rn 76; Spindler/Stilz/*Rieckers* § 122 Rn 71.
188 Friedl/Hartwig-Jacob/*Schmidtbleicher* § 9 Rn 61 f; Heidel/*Müller* § 9 Rn 9; Hopt/Seibt/*Binder* § 9 Rn 44; Preuße/*Schindele* § 9 Rn 23; Langenbucher/Bliesener/Spindler/*Bliesener/Schneider* § 9 Rn 26.
189 Vgl Keidel/Weber § 80 FamFG Rn 15 f; Musielak/Borth/*Borth/Grandel* § 80 FamFG Rn 3.
190 Ebenso Veranneman/*Wasmann/Steber* § 9 Rn 30.
191 Friedl/Hartwig-Jacob/*Schmidtbleicher* § 9 Rn 62; Hopt/Seibt/*Binder* § 9 Rn 44; Preuße/*Schindele* § 9 Rn 23; Langenbucher/Bliesener/Spindler/*Bliesener/Schneider* § 9 Rn 26.
192 RegBegr. BT-Drucks. 16/12814 S 21; Langenbucher/Bliesener/Spindler/*Bliesener/Schneider* § 9 Rn 26; Veranneman/*Wasmann/Steber* § 9 Rn 30.
193 Friedl/Hartwig-Jacob/*Schmidtbleicher* § 9 Rn 61; Preuße/*Schindele* § 9 Rn 22; Veranneman/*Wasmann/Steber* § 9 Rn 30.

dingungen nichts anderes bestimmen, reicht bei Schuldverschreibungen, die in einer Sammelurkunde verbrieft sind, ein in Textform erstellter besonderer Nachweis des depotführenden Instituts aus.

Schrifttum

Baums Der Eintragungsstopp bei Namensaktien, FS Haar (2010) 15; *Ihrig/Wagner* Rechtsfragen bei der Vorbereitung von Hauptversammlungen börsennotierter Gesellschaften, FS Spiegelberger (2009) 722; *Noack/Zetzsche* Die Legitimation der Aktionäre bei Globalaktien und Depotverbuchung AG **2002** 651; *Pletsch* Die Berechnung von Rückwärtsfristen am Beispiel der Kündigungsfrist des § 19 Nr 4 VGB 88 VersR **2006** 483; *Repgen* Der Sonntag und die Berechnung rückwärtslaufender Fristen im Aktienrecht ZGR **2006** 121; *von Nussbaum* Zu Nachweisstichtag (record date) und Eintragungssperre bei Namensaktien NZG **2009** 456.

Vgl im Übrigen das weitere Schrifttum bei § 9.

Systematische Übersicht

A. Allgemeines

1 § 10 befasst sich mit Formalien der Einberufung. Die Vorschrift regelt Mindestvorgaben an die Einberufungsfrist der Gläubigerversammlung (Absatz 1), an ein etwaiges Anmeldeerfordernis zur Gläubigerversammlung (Absatz 2) sowie an die Form des Legitimationsnachweises zur Teilnahmeberechtigung an der Gläubigerversammlung (Absatz 3). Sie steht damit im engen Zusammenhang mit der Vorschrift des § 12 Abs 1, die die Mindestinhalte für die Einberufung zur Gläubigerversammlung enthält. Nach § 12 Abs 1 sind in der Einberufung auch die Bedingungen zu nennen, von denen die Teilnahme an der Gläubigerversammlung und die Ausübung des Stimmrechts abhängen, womit ein etwaiges Anmeldeerfordernis nach Absatz 2 sowie der Legitimationsnachweis nach Absatz 3 und etwaige diesbezügliche Sonderregelungen in den Anleihebedingungen gemeint sind.[1] In ihrer Struktur entsprechen die Regelungen des § 10 damit im Wesentlichen den aktienrechtlichen Parallelregelungen in § 123 Abs 1 bis 3 AktG, an denen sie sich nach Willen des Gesetzgebers orientieren sollen.[2] Obwohl teilweise inhaltliche Unterschiede bestehen, kann daher im Grundsatz auf die zum Aktienrecht entwickelten Grundsätze und Maßstäbe zurückgegriffen werden.[3]

1 Vgl dazu die Ausführungen bei § 12 Rn 5.
2 RegBegr. BT-Drucks. 16/12814 S 21.
3 Hopt/Seibt/*Binder* § 10 Rn 2; Preuße/*Schindele* § 10 Rn 1.

B. Die Regelungen im Einzelnen

I. Einberufungsfrist (Absatz 1)

1. Grundlagen. Nach Absatz 1 beträgt die Frist zur Einberufung einer Gläubigerversammlung **mindestens 14 Tage**. Sie ist damit kürzer als die vergleichbare aktienrechtliche Mindesteinberufungsfrist, die bloß 30 Tage beträgt.[4] Die relativ kurze Einberufungsfrist soll, insbesondere in insolvenznahen Szenarien, das Abhalten einer Gläubigerversammlung noch vor Stellung eines Insolvenzantrags ermöglichen, der nach § 15a Abs 1 S 1 InsO grundsätzlich unverzüglich, spätestens aber drei Wochen nach Eintritt der Zahlungsunfähigkeit oder Überschuldung gestellt werden muss.[5] Die Vorschrift möchte so einen Ausgleich zwischen dem regelmäßigen Interesse des Schuldners an einer zeitnahen Einberufung und dem Interesse der Gläubiger, sich angemessen auf die Teilnahme an der Gläubigerversammlung vorbereiten zu können, schaffen.[6] Im Ergebnis entspricht sie damit freilich weitgehend der alten Rechtslage des SchVG 1899, die zwar keine Einberufungsfrist kannte, aber für die damals noch erforderliche Hinterlegung der Schuldverschreibungen einen Mindestzeitraum von zwei Wochen zwischen der letzten Bekanntmachung der Einberufung und dem Tag der Versammlung vorsah.[7] 2

Da es sich bei der Vorgabe in Absatz 1 nur um eine Mindestfrist handelt, kann der Einberufende die Gläubigerversammlung jederzeit früher einberufen und eine **längere Frist** bemessen.[8] Dies bietet sich insbesondere in krisenfernen Szenarien an, wenn der Einberufende den Zeitraum im Vorfeld der Gläubigerversammlung zur Ansprache der Gläubiger nutzen möchte, um über die Beschlussgegenstände der Tagesordnung näher zu informieren und ggf. auch um Zustimmung für bestimmte Vorhaben zu werben. Auch die Anleihebedingungen können eine längere Einberufungsfrist vorsehen. Eine solche Regelung enthält keine nach § 5 Abs 1 S 2 verbotene Schlechterstellung der Gläubiger, da das Abhalten der Gläubigerversammlung vorrangig im Interesse des Schuldners ist und die längere Vorbereitungszeit auf die Versammlung den Gläubigern zugutekommt.[9] Gleichwohl ist eine ausdrückliche Regelung weniger flexibel, als die Entscheidung dem jeweils Einberufenden zu überlassen[10] und deshalb aus Praktikabilitätsgründen nicht empfehlenswert. 3

2. Fristenberechnung. Im Gegensatz zum Aktiengesetz ist eine ausdrückliche Regelung der Fristenberechnung in § 10 nicht enthalten. Für die Berechnung der Fristen ist daher auf die allgemeinen Vorschriften der §§ 186 ff BGB zurückzugreifen.[11] Eine entspre- 4

4 Vgl § 123 Abs 1 S 1 AktG.
5 Vgl RegBegr. BT-Drucks. 16/12814 S 21; Langenbucher/Bliesener/Spindler/*Bliesener*/*Schneider* § 10 Rn 1.
6 Vgl Friedl/Hartwig-Jacob/*Schmidtbleicher* § 10 Rn 2; Preuße/*Schindele* § 10 Rn 2; vgl zum vergleichbaren Dispositionsschutz der Mindesteinberufungsfrist bei der Hauptversammlung Hüffer/*Koch* § 123 Rn 1.
7 Vgl §§ 6 Abs 3, 10 Abs 2 SchVG 1899; vgl zur alten Rechtslage auch die Ausführungen bei Hopt/Seibt/*Binder* § 10 Rn 4.
8 Hopt/Seibt/*Binder* § 10 Rn 3; Preuße/*Schindele* § 10 Rn 2.
9 Preuße/*Schindele* § 10 Rn 2; Heidel/*Müller* § 10 Rn 1; Langenbucher/Bliesener/Spindler/*Bliesener*/*Schneider* § 10 Rn 1.
10 Vgl Hopt/Seibt/*Binder* § 10 Rn 3.
11 Langenbucher/Bliesener/Spindler/*Bliesener*/*Schneider* § 10 Rn 2; Heidel/*Müller* § 10 Rn 1; Veranneman/*Wasmann*/*Steber* § 10 Rn 2; *Otto* DNotZ **2012** 809, 814; Friedl/Hartwig-Jacob/*Schmidtbleicher* § 10 Rn 3; Preuße/*Schindele* § 10 Rn 3.

chende Anwendung der §§ 121 Abs 7, 123 Abs 1 S 2 AktG kommt mangels gesetzlicher Verweisung nicht in Betracht, da eine planwidrige Regelungslücke nicht erkennbar ist.[12]

5 Die Berechnung der Einberufungsfrist erfolgt rückwärts und beginnt mit dem Kalendertag vor der geplanten Gläubigerversammlung, die als fristauslösendes Ereignis analog § 187 BGB nicht mitzurechnen ist, und endet um 24:00 Uhr am letzten Tag der Frist.[13] **Ebenfalls nicht mitgezählt** wird der Tag der Bekanntmachung der Einberufung im Bundesanzeiger nach § 12 Abs 2.[14] Damit muss die volle Zeitspanne der Einberufungsfrist zwischen dem Tag der Bekanntmachung und dem Tag der Versammlung liegen.[15] Soweit die Anleihebedingungen zusätzliche Bekanntmachungsformen für die Einberufung festlegen,[16] kommt es auf den Tag der Vornahme der letzten dieser Bekanntmachungen an.[17] Zur Einhaltung der gesetzlichen Mindestfrist muss die Einberufung damit **spätestens am 15. Tag** vor dem Datum der Versammlung erfolgen.[18] Bei der Berechnung der Frist ist die zusätzliche Vorlaufzeit des Bundesanzeigers zu beachten, die üblicherweise zwei bis drei Werktage nach Eingabe an den Bundesanzeiger beträgt. Es ist daher zu empfehlen, neben der (Mindest-) Einberufungsfrist auch einen ausreichenden **zeitlichen Puffer** zwischen der Eingabe an und der öffentlichen Bekanntgabe der Einberufung durch den Bundesanzeiger einzuplanen.[19] Sehen die Anleihebedingungen vor, dass die Teilnahme der Gläubiger an der Versammlung oder die Ausübung der Stimmrechte von einer Anmeldung abhängen, ist die Berechnung gemäß Absatz 2 Satz 1 zudem anstelle des Versammlungstages auf den letzten Tag der Anmeldung abzustellen.[20]

6 Die Gläubigerversammlung kann grundsätzlich an **jedem beliebigen Wochentag** stattfinden.[21] § 193 BGB ist (auch analog) nicht anwendbar, da es weder um die Abgabe einer Willenserklärung noch um die Bewirkung einer Leistung innerhalb einer bestimmten Frist geht.[22] Um das nach § 15 Abs 3 S 1 erforderliche Quorum[23] nicht zu gefährden, sollte jedoch **nur in Ausnahmefällen** ein Sonntag oder ein Feiertag für den Tag der Versammlung in Betracht gezogen werden.[24]

II. Anmeldeerfordernis (Absatz 2)

7 **1. Grundlagen.** Im Gegensatz zum nach Absatz 3 erforderlichen Nachweis einer Legitimation[25] ist für die Teilnahme an der Gläubigerversammlung eine Anmeldung **grundsätzlich nicht erforderlich.**[26] Allerdings können die Anleihebedingungen nach Absatz 2 Satz 1 ein entsprechendes Anmeldeerfordernis der Gläubiger vorsehen.[27] Dieses kann

---

12 Hopt/Seibt/*Binder* § 10 Rn 5; Preuße/*Schindele* § 10 Rn 3; Heidel/*Müller* § 10 Rn 1; Langenbucher/Bliesener/Spindler/*Bliesener*/*Schneider* § 10 Rn 1.
13 Heidel/*Müller* § 10 Rn 1; *Wilken*/*Schaumann*/*Zenker* § 10 Rn 228.
14 Friedl/Hartwig-Jacob/*Schmidtbleicher* § 10 Rn 3; Hopt/Seibt/*Binder* § 10 Rn 6.
15 *Wilken*/*Schaumann*/*Zenker* § 10 Rn 229.
16 Vgl dazu die Ausführungen bei § 12 Rn 7.
17 Heidel/*Müller* § 10 Rn 1; Hopt/Seibt/*Binder* § 10 Rn 6; Preuße/*Schindele* § 10 Rn 3.
18 *Wilken*/*Schaumann*/*Zenker* § 10 Rn 229.
19 *Wilken*/*Schaumann*/*Zenker* § 10 Rn 230.
20 Heidel/*Müller* § 10 Rn 1; vgl dazu auch die Ausführungen in Rn 9.
21 Hopt/Seibt/*Binder* § 10 Rn 6.
22 Veranneman/*Wasmann*/*Steber* § 10 Rn 2; Preuße/*Schindele* § 10 Rn 3; Friedl/Hartwig-Jacob/*Schmidtbleicher* § 10 Rn 3; **aA** *Otto* DNotZ **2012** 809, 815.
23 Vgl dazu die Ausführungen bei § 15 Rn 70 ff.
24 Friedl/Hartwig-Jacob/*Schmidtbleicher* § 10 Rn 3; Veranneman/*Wasmann*/*Steber* § 10 Rn 2.
25 Vgl dazu die Ausführungen in Rn 16 ff.
26 Heidel/*Müller* § 10 Rn 2; Friedl/Hartwig-Jacob/*Schmidtbleicher* § 10 Rn 4.
27 Vgl RegBegr. BT-Drucks. 16/12814 S 21; Friedl/Hartwig-Jacob/*Schmidtbleicher* § 10 Rn 4.

sowohl die Teilnahme an der Versammlung (und damit auch die Stimmrechtsausübung) als auch nur die Ausübung des Stimmrechts von einer vorherigen Anmeldung abhängig machen.[28] Die gesetzliche Regelung geht dabei vom Vorliegen einer Annahmeobliegenheit aus, also dass die Anmeldung als zwingende Voraussetzung für die Teilnahme an der Versammlung bzw Stimmrechtsausübung vorgesehen ist.[29] Sehen die Anleihebedingungen dagegen nur eine freiwillige Möglichkeit zur Anmeldung vor, was zulässig ist,[30] liegt kein Anmeldeerfordernis im Sinne des SchVG vor. Die gesetzliche Regelung des Absatzes 2 findet dann keine Anwendung.[31]

Ob die Regelung eines Anmeldeerfordernisses in die Anleihebedingungen sinnvoll ist, ist eine **Frage des Einzelfalls**: Bei Anleihen mit überschaubarem Investorenkreis bietet eine Anmeldung nur geringen Mehrwert und kann im Falle eines schnellen Handlungsbedarfs sogar hinderlich sein.[32] In der Praxis ist die von Absatz 2 offerierte Möglichkeit daher bislang auf eher verhaltenes Interesse gestoßen.[33] Bei Anleihen mit einem größeren Investorenkreis, insbesondere Publikumsanleihen mit einem großen Kreis von Kleinanlegern (sog. „*Retail*"-Anleihen), kann die Festlegung eines Anmeldeerfordernisses aber sinnvoll sein, um die Vorbereitung und Durchführung der Gläubigerversammlung zu erleichtern.[34] Dabei sind die möglichen Erleichterungen bei der Planbarkeit von Räumlichkeiten und Verpflegung, der Erstellung des Teilnehmerverzeichnisses und der Beschleunigung der Einlasskontrollen und die zu erwartenden Probleme bei der praktischen Handhabung der Anmeldevoraussetzungen durch die Gläubiger gegeneinander abzuwägen.[35] Aus Gründen der Flexibilität ist in jedem Fall zu empfehlen, anstelle eines starren Anmeldeerfordernisses **lediglich eine Option** in den Anleihebedingungen vorzusehen, im Einzelfall eine Anmeldung der Gläubiger zu verlangen.[36] 8

Ist in den Anleihebedingungen eine Anmeldeobliegenheit der Gläubiger geregelt, führt dies zu einer faktischen **Verlängerung der Einberufungsfrist** um die in den Anleihebedingungen oder im Gesetz nach Absatz 2 Satz 2 vorgesehene Anmeldefrist.[37] In diesem Fall ist nach Absatz 2 Satz 1 bei der Berechnung der Einberufungsfrist der Tag der Versammlung durch den Tag zu ersetzen, bis zu dessen Ablauf sich die Gläubiger angemeldet haben müssen.[38] 9

2. Form und Frist der Anmeldung. Für die Form der Anmeldung enthält Absatz 2 keine Vorgabe. Die Anleihebedingungen können daher auch eine formlose Anmeldung 10

28 Hopt/Seibt/*Binder* § 10 Rn 8; Langenbucher/Bliesener/Spindler/*Bliesener/Schneider* § 10 Rn 5; ähnlich zu § 123 AktG MüKoAktG/*Kubis* § 123 Rn 9; **aA** Hüffer/*Koch* § 123 Rn 6, wonach das Anmeldeerfordernis stets gleichermaßen für Teilnahme und Stimmrechtsausübung gilt, da die Beschränkung auf die Ausübung des Stimmrechts nicht sinnvoll wäre.

29 Hopt/Seibt/*Binder* § 10 Rn 18.

30 Vgl Friedl/Hartwig-Jacob/*Schmidtbleicher* § 10 Rn 4; Langenbucher/Bliesener/Spindler/*Bliesener/Schneider* § 10 Rn 10.

31 Hopt/Seibt/*Binder* § 10 Rn 19, nach dem dieser Umstand zur Vermeidung von Rechtsunsicherheit in der Einberufung ausdrücklich klargestellt werden sollte.

32 *Mühe* BKR **2017** 50, 53.

33 *Wilken/Schaumann/Zenker* § 10 Rn 231; **aA** *Wasmann/Steber* ZIP **2014** 2005, 2007 („üblich", allerdings ohne Beleg).

34 Hopt/Seibt/*Binder* § 10 Rn 8; Preuße/*Schindele* § 10 Rn 4.

35 Eingehend dazu *Mühe* BKR **2017** 50, 53; *Wasmann/Steber* ZIP **2014** 2005, 2007.

36 Zu Recht *Mühe* BKR **2017** 50, 53.

37 Hopt/Seibt/*Binder* § 10 Rn 16; Friedl/Hartwig-Jacob/*Schmidtbleicher* § 10 Rn 5; Preuße/*Schindele* § 10 Rn 4.

38 RegBegr. BT-Drucks. 16/12814 S 21; vgl dazu auch die Ausführungen in Rn 4 ff.

oder die Benutzung bestimmter Anmeldeformulare vorsehen.[39] Eine Berufung auf die fehlende Nutzung eines in den Anleihebedingungen vorgesehenen Anmeldeformulars dürfte jedoch rechtsmissbräuchlich sein, wenn dem Einberufenden alle darin geforderten Informationen fristgerecht in anderer Form zugegangen sind.[40] Ist ein Anmeldeerfordernis in den Anleihebedingungen vorgesehen, sollten mit der Anmeldung idealerweise auch bereits diejenigen Informationen abgefragt werden, die zur Erstellung des Teilnehmerverzeichnisses nach § 15 Abs 2 erforderlich sind.[41]

11 Soweit in den Anleihebedingungen keine abweichenden Regelungen bestehen, muss die Anmeldung dem Einberufenden nach Absatz 2 Satz 2 spätestens am dritten Tag vor der Gläubigerversammlung zugehen. Die Anmeldefrist darf damit **höchstens drei Tage** betragen.[42] Dies soll sicherstellen, dass die Gläubigerversammlung in jedem Fall noch innerhalb der dreiwöchigen Insolvenzantragspflicht erfolgen kann.[43] Die Anleihebedingungen können eine kürzere Anmeldefrist vorsehen, da dies zugunsten der Gläubiger wirkt.[44] Wie bei der Einberufungsfrist ist auch die Anmeldefrist rückwärts vom Tag der Gläubigerversammlung nach den allgemeinen Vorschriften der §§ 186 ff BGB unter Ausschluss des § 193 BGB zu berechnen.[45] Dabei ist der Tag des Zugangs der Anmeldung, nicht aber der Tag der Versammlung mitzurechnen.[46]

12 **3. Zugang der Anmeldung.** Bei der Anmeldung handelt es sich um eine **einseitige, empfangsbedürftige Willenserklärung.**[47] Die Anmeldung ist daher nur wirksam, wenn sie dem Einberufenden auch zugeht.[48] Hierfür trägt im Grundsatz der Gläubiger die Beweislast.[49] Die Anmeldung ist **grundsätzlich an die gemäß Absatz 2 Satz 2 in der Bekanntmachung der Einberufung genannte Adresse** zu richten, bei der es sich um eine Postanschrift, aber auch eine Telefaxnummer oder E-Mail-Adresse handeln kann.[50] Auch alternative Adressangaben oder eine Empfangsvertretung sind zulässig.[51] Enthält die Einberufung keine Adressangabe, ist ausreichend, wenn die Anmeldung an die übliche Geschäftsadresse des Einberufenden erfolgt.[52] Ist eine solche nicht vorhanden, muss das Anmeldeerfordernis entfallen, da der Einberufende die Anmeldung nicht durch Missachtung seiner Obliegenheit aus Absatz 2 Satz 2 mutwillig verhindern kann.[53]

---

39 Langenbucher/Bliesener/Spindler/*Bliesener/Schneider* § 10 Rn 9; Preuße/*Schindele* § 10 Rn 5; vgl auch zu § 123 Abs 2 AktG: Hüffer/*Koch* § 123 Rn 6.
40 Zu Recht Langenbucher/Bliesener/Spindler/*Bliesener/Schneider* § 10 Rn 9.
41 Dazu zählen insbesondere Name, Wohnort und Sitz sowie die Zahl der vertretenen Stimmrechte, vgl Langenbucher/Bliesener/Spindler/*Bliesener/Schneider* § 10 Rn 6; Veranneman/*Wasmann/Steber* § 10 Rn 5; vgl zum Teilnehmerverzeichnis auch die Ausführungen bei § 15 Rn 54 ff.
42 Preuße/*Schindele* § 10 Rn 6; Veranneman/*Wasmann/Steber* § 10 Rn 6.
43 RegBegr. BT-Drucks. 16/12814 S 21; kritisch *Horn* BKR **2009** 446, 451.
44 Hopt/Seibt/*Binder* § 10 Rn 15; Langenbucher/Bliesener/Spindler/*Bliesener/Schneider* § 10 Rn 7; Preuße/*Schindele* § 10 Rn 6; Veranneman/*Wasmann/Steber* § 10 Rn 6.
45 Hopt/Seibt/*Binder* § 10 Rn 15; Veranneman/*Wasmann/Steber* § 10 Rn 6.
46 Hopt/Seibt/*Binder* § 10 Rn 15; Langenbucher/Bliesener/Spindler/*Bliesener/Schneider* § 10 Rn 7.
47 Langenbucher/Bliesener/Spindler/*Bliesener/Schneider* § 10 Rn 6; Veranneman/*Wasmann/Steber* § 10 Rn 5.
48 Dazu im Einzelnen Hopt/Seibt/*Binder* § 10 Rn 17.
49 Langenbucher/Bliesener/Spindler/*Bliesener/Schneider* § 10 Rn 8.
50 Preuße/*Schindele* § 10 Rn 5; Heidel/*Müller* § 10 Rn 2; Veranneman/*Wasmann/Steber* § 10 Rn 5.
51 Langenbucher/Bliesener/Spindler/*Bliesener/Schneider* § 10 Rn 8.
52 Preuße/*Schindele* § 10 Rn 5; Heidel/*Müller* § 10 Rn 2; Veranneman/*Wasmann/Steber* § 10 Rn 5.
53 Veranneman/*Wasmann/Steber* § 10 Rn 5.

4. Wirkung der Anmeldung. Wie auch die Anmeldung nach § 123 Abs 2 S 1 AktG[54] dient die Anmeldung nicht der Legitimation des Gläubigers, die davon sachlich zu trennen ist.[55] Die Anmeldung bewirkt daher **keine Verfügungssperre.**[56] Damit verliert der Gläubiger sein Teilnahme- bzw Stimmrecht, wenn er seine Schuldverschreibungen nach der Anmeldung, aber vor der Versammlung veräußert.[57] Umgekehrt kann er aber auch noch weitere Schuldverschreibungen während der Anmeldefrist erwerben.[58] 13

5. Folgen nicht ordnungsgemäßer Anmeldung. Umstritten ist, welche Folgen eine nicht ordnungsgemäße Anmeldung für die Gläubiger hat. Ist das Anmeldeerfordernis in den Anleihebedingungen als Voraussetzung für die Teilnahme an der Versammlung oder die Ausübung des Stimmrechts ausgestaltet,[59] hat der Vorsitzende, also nach § 15 Abs 1 grds. der Einberufende,[60] nach wohl überwiegender Ansicht die Pflicht, nicht ordnungsgemäß angemeldeten Gläubigern die Teilnahme an der Versammlung bzw Stimmrechtsabgabe **zu verweigern bzw verweigern zu lassen.**[61] Andere wollen hingegen nur ein Recht des Versammlungsleiters zur Zurückweisung anerkennen:[62] Da das Anmeldeerfordernis vorrangig dem Schutz des Einberufenden diene, stehe es auch zu seiner Disposition. Dem Einberufenden stehe es als Versammlungsleiter daher frei, auf ein in den Anleihebedingungen vorgesehenes Anmeldeerfordernis zu verzichten. Im Einzelfall könne er als Versammlungsleiter deshalb auch nicht ordnungsgemäß angemeldeten Gläubiger die Teilnahme an der Versammlung bzw an der Abstimmung gewähren, solange er damit nicht gegen das Gleichbehandlungsgebot aus § 4 S 2[63] verstoße. **Dies ist abzulehnen**: Mit Blick auf ggf. nicht erst erschienene Gläubiger, die der Versammlung möglicherweise wegen einer fehlenden Anmeldung ferngeblieben sind, dürfte eine nachträgliche Zulassung nicht ordnungsgemäß angemeldeter Gläubiger unter gleichzeitiger Beachtung des Gleichbehandlungsgebots kaum rechtssicher möglich sein. Aufgrund der, insbesondere bei Publikumsversammlungen, typischerweise nicht vollständig überschaubaren Zustände auf einer Präsenzveranstaltung lässt sich in der Praxis auch eine Abweisung einzelner Gläubiger in der Regel nicht ausschließen. Vor diesem Hintergrund erscheint es ratsam, der ansonsten bestehenden Gefahr möglicher Anfechtungsklagen wegen eines möglichen Verstoßes gegen das Gesetz oder die Anleihebedingungen durch die konsequente Nichtzulassung sämtlicher nicht ordnungsgemäß angemeldeter Gläubiger zu begegnen.[64] Etwas anderes kann nur für den Sonderfall gelten, wenn es sich nach der Zulassung der nicht ordnungsgemäß angemeldeten Gläubiger um eine Universal- bzw Vollversammlung handeln sollte, bei der zulässigerweise auf die Beachtung von Form- und Fristvorschriften verzichtet werden kann.[65] 14

---

54 Vgl dazu Hüffer/*Koch* § 123 Rn 6.
55 Heidel/*Müller* § 10 Rn 3; vgl zur Legitimation auch die Ausführungen in Rn 16 ff.
56 Vgl Langenbucher/Bliesener/Spindler/*Bliesener/Schneider* § 10 Rn 11; vgl auch zu § 123 Abs 2 AktG Grigoleit/*Herrler* § 123 Rn 5.
57 Hopt/Seibt/*Binder* § 10 Rn 9.
58 Langenbucher/Bliesener/Spindler/*Bliesener/Schneider* § 10 Rn 6.
59 Vgl dazu die Ausführungen in Rn 7.
60 Vgl dazu die Ausführungen bei § 15 Rn 4 ff.
61 Übereinstimmend Friedl/Hartwig-Jacob/*Schmidtbleicher* § 10 Rn 4; Heidel/*Müller* § 10 Rn 2; *Mühe* BKR **2017** 50, 53; Preuße/*Schindele* § 10 Rn 7; Veranneman/*Wasmann/Steber* § 10 Rn 4; *Wilken/Schaumann/Zenker* § 10 Rn 232.
62 So Hopt/Seibt/*Binder* § 10 Rn 18; Langenbucher/Bliesener/Spindler/*Bliesener/Schneider* § 10 Rn 8, 12.
63 Vgl dazu die Ausführungen bei § 4 Rn 47 ff.
64 Zu Recht Friedl/Hartwig-Jacob/*Schmidtbleicher* § 10 Rn 4; Heidel/*Müller* § 10 Rn 2; *Wilken/Schaumann/Zenker* § 10 Rn 232.
65 Vgl dazu die Ausführungen bei Vorbemerkungen zu den §§ 9 bis 16 Rn 8.

15 Grundsätzlich kann daher, sofern die Anleihebedingungen Anmeldeerfordernisse festlegen, nur derjenige, der die Anmeldevoraussetzungen erfüllt, auch an der Gläubigerversammlung teilnehmen bzw sein Stimmrecht ausüben. Der Gläubiger kann sich aber in der Gläubigerversammlung **durch einen Bevollmächtigten vertreten** lassen, auch wenn er zunächst nur persönlich angemeldet war.[66] Ist in den Anleihebedingungen kein Anmeldeerfordernis im Sinne von Absatz 2, sondern lediglich eine freiwillige Anmeldung der Gläubiger vorgesehen,[67] ist eine nicht ordnungsgemäße Anmeldung für die betroffenen Gläubiger ohne Konsequenzen.[68]

III. Nachweis der Legitimation (Absatz 3)

16 **1. Grundlagen.** Während das SchVG in Absatz 2 nur die fakultative Möglichkeit eines Anmeldeerfordernisses der Gläubiger vorsieht, setzt es nach Absatz 3 voraus, dass sich **jeder Gläubiger** für die Teilnahme an der Gläubigerversammlung **legitimieren muss.**[69] Um eine mögliche Anfechtbarkeit der Beschlussfassung zu vermeiden, muss gewährleistet sein, dass in der Gläubigerversammlung nur solche Personen oder etwaige Vertreter ihre Stimmrechte ausüben, denen die Rechte aus den Schuldverschreibungen zum Zeitpunkt der Abstimmung auch tatsächlich zustehen.[70] Der Versammlungsleiter bzw dessen Hilfspersonen haben deshalb bei jedem Erscheinenden zu prüfen, ob er teilnahmeberechtigt ist.[71] Absatz 3 regelt damit nicht die Frage, „ob" eine Legitimation erforderlich ist, sondern nur „wie" diese zu erfolgen hat.[72]

17 Wie der Nachweis im Detail auszusehen hat, ist in Absatz 3 nur ansatzweise geregelt. Die konkrete Ausgestaltung des Legitimationsnachweises ist nach Ansicht des Gesetzgebers keiner allgemeinverbindlichen Regelung zugänglich und soll daher weitestgehend der Praxis überlassen bleiben.[73] Nach Absatz 3 Satz 1 können jedoch die **Anleihebedingungen** hierzu allgemeine Vorgaben machen, wovon in der Praxis auch regelmäßig Gebrauch gemacht wird.[74] Dabei ist aber nur die Formulierung solcher Anforderungen zulässig, welche zur Feststellung der Identität und der Berechtigung des einzelnen Gläubigers unerlässlich sind.[75] Daher sollten die Anforderungen an den Gläubigernachweis auf einen möglichst reibungslosen Ablauf der Legitimationsprüfung ausgerichtet sein und auf das Nötigste beschränkt werden, um die Teilnahme an der Versammlung nicht unangemessen zu erschweren.[76] Möglich und zu empfehlen sind dabei insbesondere die Verwendung amtlicher Identitätsausweise wie Personalausweis, Reisepass, etc.[77]

18 Für den Regelfall einer zentral verwahrten Sammelurkunde gibt Absatz 3 Satz 2 – vorbehaltlich einer anderweitigen Regelung in den Anleihebedingungen – vor, dass ein besonderer **Nachweis in Textform** gemäß § 126b BGB **des depotführenden Instituts**

---

66 Heidel/*Müller* § 10 Rn 2; Langenbucher/Bliesener/Spindler/*Bliesener*/*Schneider* § 10 Rn 11; Preuße/*Schindele* § 10 Rn 7.
67 Vgl dazu die Ausführungen in Rn 7.
68 Hopt/Seibt/*Binder* § 10 Rn 18; Veranneman/*Wasmann*/*Steber* § 10 Rn 4.
69 Heidel/*Müller* § 10 Rn 3; Hopt/Seibt/*Binder* § 10 Rn 21.
70 RegBegr. BT-Drucks. 16/12814 S 21.
71 Hopt/Seibt/*Binder* § 10 Rn 21; Veranneman/*Wasmann*/*Steber* § 10 Rn 9.
72 *Wilken*/*Schaumann*/*Zenker* § 10 Rn 234.
73 RegBegr. BT-Drucks. 16/12814 S 21.
74 Eingehend dazu *Mühe* BKR **2017** 50, 51 f.
75 RegBegr. BT-Drucks. 16/12814 S 21.
76 *Mühe* BKR **2017** 50, 51; Friedl/Hartwig-Jacob/*Schmidtbleicher* § 10 Rn 7; Langenbucher/Bliesener/Spindler/*Bliesener*/*Schneider* § 10 Rn 14.
77 Hopt/Seibt/*Binder* § 10 Rn 22.

ausreicht. Darunter ist der Depotauszug desjenigen Instituts zu verstehen, das die Schuldverschreibungen für den Gläubiger „verwahrt", also ihm als letzten Inhaber des Rechts den Besitz vermittelt.[78] Das Regelungsmodell entspricht insoweit dem, was § 123 Abs 4 S 1 AktG auch für Inhaberaktien börsennotierter Gesellschaften vorsieht.[79] Dem Bestandsnachweis kommt damit eine umfassende Legitimations- und Befreiungswirkung in der Weise zu, dass der Gläubiger auf Nachweis der Bankbescheinigung grundsätzlich zur Versammlung zuzulassen ist.[80] Da es sich bei dem depotführenden Institut oftmals um ein ausländisches Kredit- oder Finanzdienstleistungsinstitut[81] handeln dürfte, sind auch Bescheinigungen in englischer Sprache als zulässig anzusehen.[82] Hält das depotführende Institut die Schuldverschreibungen für sich selbst oder ein mit ihm verbundenes Institut, kann es den Nachweis der Gläubigerstellung auch für sich selbst erbringen.[83]

2. Zeitpunkt. Aus Absatz 3 ergibt sich nicht, auf welchen Zeitpunkt sich der Nachweis der Gläubigerstellung zu beziehen hat.[84] Anders als im Aktienrecht ist im SchVG kein Stichtag (sog. **„Record Date"**) vorgesehen. Nach § 123 Abs 4 S 2 AktG ist in der Hauptversammlung einer börsennotierten Aktiengesellschaft bei Inhaberaktien nur derjenige stimmberechtigt, der am 21. Tag vor der Hauptversammlung Aktionär ist. Für Ausübung der versammlungsbezogenen Rechte wird der Aktionärsbestand damit quasi „eingefroren", um die Vorbereitung der Hauptversammlung zu erleichtern.[85] Der Gesetzgeber nimmt dabei bewusst in Kauf, dass die formelle Berechtigung des legitimierten Aktionärs und seine materiellen Berechtigung am Tag der Hauptversammlung ggf. auseinanderfallen können. Dies sei aus Gründen der Rechtssicherheit und zur Gewährleistung eindeutiger und einfacher Verfahrensabläufe hinzunehmen.[86] Diese aktienrechtliche Regelung ist auf die Organisationsvorschriften des SchVG **nicht übertragbar**. Ausweislich der Gesetzesbegründung zum SchVG sollen an den Abstimmungen der Gläubigerversammlung vielmehr nur diejenigen Personen teilnehmen, denen die Rechte aus den Schuldverschreibungen **im Zeitpunkt der Abstimmung** letztlich zustehen.[87] Daraus ergibt sich, dass sich der Nachweis nach Absatz 3 auf den **Zeitpunkt der Gläubigerversammlung bzw der Abstimmung** beziehen muss.[88] Den Nachweis kann der Gläubiger durch Vorlage einer Bankbescheinigung erbringen, die einen Sperrvermerk der Depotbank hinsichtlich der gehaltenen Schuldverschreibungen bis zum Ablauf des Tages der Gläubigerversammlung enthält.[89] 19

Ob die Anleihebedingungen – abweichend von der gesetzlichen Regelung – einen anderen Stichtag (Record Date) festlegen können, ist umstritten und noch nicht ab- 20

78 Vgl RegBegr. BT-Drucks. 16/12814 S 21; Langenbucher/Bliesener/Spindler/*Bliesener/Schneider* § 10 Rn 15; *Wilken/Schaumann/Zenker* § 10 Rn 235.

79 RegBegr. BT-Drucks. 16/12814 S 21; vgl zu § 123 Abs 4 AktG: Hüffer/*Koch* § 123 Rn 11.

80 Vgl zur AG MüKoAktG/*Kubis* § 123 Rn 45. Zum Nachweis in der Abstimmung ohne Versammlung vgl auch die Ausführungen bei § 18 Rn 41.

81 Vgl § 1 Abs 1 und 1a KWG.

82 Vgl zum Aktienrecht Hüffer/*Koch* § 123 Rn 11; Spindler/Stilz/*Rieckers* § 123 Rn 29b.

83 *Mühe* BKR **2017** 50, 52.

84 *Mühe* BKR **2017** 50, 53; Preuße/*Schindele* § 10 Rn 10.

85 Hüffer/*Koch* § 123 Rn 12.

86 Vgl RegBegr. BT-Drucks. 15/5092 S 14.

87 RegBegr. BT-Drucks. 16/12814 S 21.

88 Hopt/Seibt/*Binder* § 10 Rn 23; Friedl/Hartwig-Jacob/*Schmidtbleicher* § 10 Rn 8 ff; Langenbucher/Bliesener/Spindler/*Bliesener/Schneider* § 10 Rn 16; *Mühe* BKR **2017** 50, 53; Preuße/*Schindele* § 10 Rn 10; Veranneman/*Wasmann/Steber* § 10 Rn 11.

89 OLG München 22.6.2015 AG **2016** 94; Heidel/*Müller* § 10 Rn 3; Langenbucher/Bliesener/Spindler/*Bliesener/Schneider* § 10 Rn 16; *Otto* DNotZ **2012** 809, 816; Veranneman/*Wasmann/Steber* § 10 Rn 11; *Wilken/Schaumann/Zenker* § 10 Rn 236.

schließend geklärt.[90] Für die Annahme einer solchen Möglichkeit spricht, dass es auch bei der Gläubigerversammlung ein legitimes Interesse des Einberufenden bzw Versammlungsleiters bestehen kann, die Legitimationsprüfung durch Vorverlagerung auf einen Stichtag „beherrschbar" zu machen. Insbesondere bei größeren (Publikums-) Veranstaltungen könnte es zu praktischen Problemen führen, wenn der Versammlungsleiter und seine Hilfspersonen darauf beschränkt sind, die Legitimationsprüfung allein am Einlass des Veranstaltungsortes durchzuführen.[91] Dagegen lässt sich zwar einwenden, der Gesetzgeber habe die möglichen Probleme bei der Durchführung der Legitimationsprüfung gekannt und sich dennoch gegen eine Stichtagsregelung entschieden. Zudem stelle die Gesetzesbegründung auf den „Zeitpunkt der Abstimmung" und eine „Lösung vor Ort" ab. Ob dies aber schon den Rückschluss zulässt, dass eine mögliche Festlegung eines Stichtags in den Anleihebedingungen nach dem Willen des Gesetzgebers nicht gewollt sei,[92] ist zweifelhaft. Schließlich lässt sich der Gesetzesbegründung auch entnehmen, dass der Gesetzgeber die Prüfung der Legitimation vorrangig der Praxis überlassen wollte.[93] Der Wortlaut des Absatz 3 Satz 1 mit seiner Bezugnahme auf die Anleihebedingungen wie auch die Möglichkeit eines Anmeldeerfordernisses nach Absatz 2 Satz 1 sprechen in diesem Zusammenhang dafür, dass den Beteiligten dabei nicht nur bezüglich der Form, sondern auch bezüglich der Prüfung der Legitimation ein gewisser Gestaltungsspielraum zustehen dürfte.[94] Aus der gesetzgeberischen Entscheidung, auf ein Record Date im SchVG zu verzichten, kann daher nicht geschlossen werden, dass der Gesetzgeber eine davon abweichende Regelung in den Anleihebedingungen von vorneherein ausschließen wollte. In der Vorgabe eines Record Date wäre im Grundsatz auch keine Schlechterstellung der Gläubiger im Sinne des § 5 Abs 1 S 2 zu sehen:[95] Zwar könnte die Einführung eines Stichtags unter Umständen dazu führen, dass Gläubiger, die ihre Schuldverschreibungen erst nach diesem Stichtag erworben haben, von der Teilnahme an der Gläubigerversammlung ausgeschlossen wären und damit von ihrem Stimmrecht keinen Gebrauch mehr machen könnten. Umgekehrt würde ein Stichtag auch dazu führen, dass ein Gläubiger im Falle einer Veräußerung seiner Schuldverschreibungen nach Legitimierung dennoch seine versammlungsbezogenen Rechte in der Gläubigerversammlung ausüben könnte.[96] Wie auch im Aktienrecht ist aber davon auszugehen, dass die betroffenen Parteien ggf. auftretende Interessensdivergenzen vertraglich regeln werden, sofern sie diese für wirtschaftlich relevant halten.[97] Dennoch ist der § 5 Abs 1 S 2 als Grenze der Gestaltungsfreiheit zu beachten. Schließlich wäre bei willkürlichen Setzen eines verfrühten Stichtags von einer Abweichung von den Vorschriften der §§ 5 bis 21 zu Lasten der Gläubiger auszugehen. Liegt der in den Anleihebedingungen festgelegte Record Date allerdings noch innerhalb der nach Absatz 2 Satz 2 anerkannten oder in den

---

90 **Dafür** *Cagalj* Restrukturierung von Anleihen S 259; Heidel/*Müller* § 10 Rn 3; Hopt/Seibt/*Binder* § 10 Rn 24; Friedl/Hartwig-Jacob/*Schmidtbleicher* § 10 Rn 8 ff; Langenbucher/Bliesener/Spindler/*Bliesener*/*Schneider* § 10 Rn 16; Preuße/*Schindele* § 10 Rn 10; *Schlitt*/*Schäfer* AG **2009** 477, 481; *Wasmann*/*Steber* ZIP **2014** 2005, 2007; **ablehnend** Veranneman/*Wasmann*/*Steber* § 10 Rn 12; wohl auch *Wilken*/*Schaumann*/*Zenker* § 10 Rn 237; offen gelassen *Mühe* BKR **2017** 50, 52 f.

91 Friedl/Hartwig-Jacob/*Schmidtbleicher* § 10 Rn 9; **aA** Veranneman/*Wasmann*/*Steber* § 10 Rn 12; *Wilken*/*Schaumann*/*Zenker* § 10 Rn 237, die darauf verweisen, dieses Problem lasse sich in der Praxis schon durch Nutzung eines freiwilligen Anmeldeerfordernisses (nebst Legitimationsnachweis) lösen.

92 So *Mühe* BKR **2017** 50, 53.

93 Vgl RegBegr. BT-Drucks. 15/5092 S 14.

94 Vgl Friedl/Hartwig-Jacob/*Schmidtbleicher* § 10 Rn 10; Hopt/Seibt/*Binder* § 10 Rn 24.

95 **AA** Veranneman/*Wasmann*/*Steber* § 10 Rn 12.

96 Preuße/*Schindele* § 10 Rn 10.

97 Vgl zum Aktienrecht RegBegr. BT-Drucks. 15/5092 S 14; Hüffer/*Koch* § 123 Rn 12.

Anleihebedingungen geregelten Annahmefrist, kommt eine solche Schlechterstellung der Gläubiger nicht in Betracht.[98]

IV. Verfahrensfehler

Sofern die Gläubigerversammlung unter Verletzung der Mindestfrist nach Absatz 1 einberufen wurde, kann dies zur Anfechtbarkeit der in der Gläubigerversammlung getroffenen Beschlüsse aufgrund eines Gesetzesverstoßes nach Maßgabe des § 20 Abs 1 S 1 Alt. 1 führen.[99] Gleiches gilt, wenn dem Einberufenden bei der Festlegung oder Ausgestaltung der Anmeldeerfordernisse Verfahrensfehler unterlaufen oder eine nach Absatz 2 Satz 2 unzulässige Anmeldefrist vorgesehen werden sollte.[100] Sollte die Gläubigerversammlung unter Missachtung der in den Anleihebedingungen für die Anmeldung festgelegten Vorgaben zustande gekommen sein, kommt dagegen eine Anfechtbarkeit der getroffenen Beschlüsse wegen eines Verstoßes gegen die Anleihebedingungen nach § 20 Abs 1 S 1 Alt. 2 in Betracht.[101] 21

Soweit ordnungsgemäß legitimierte Gläubiger nicht zur Versammlung zugelassen und dadurch in ihrem Teilnahmerecht beschränkt werden, liegt ein Verstoß gegen Absatz 3 Satz 2 vor, der zur Anfechtbarkeit der in der Gläubigerversammlung gefassten Beschlüsse führt. Gleiches gilt, wenn der Versammlungsleiter nicht ordnungsgemäß legitimierte Gläubiger dennoch zur Versammlung zulässt.[102] 22

§ 11
Ort der Gläubigerversammlung

[1]Die Gläubigerversammlung soll bei einem Schuldner mit Sitz im Inland am Sitz des Schuldners stattfinden. [2]Sind die Schuldverschreibungen an einer Wertpapierbörse im Sinne des § 1 Absatz 3e des Kreditwesengesetzes zum Handel zugelassen, deren Sitz innerhalb der Mitgliedstaaten der Europäischen Union oder der anderen Vertragsstaaten des Abkommens über den Europäischen Wirtschaftsraum ist, so kann die Gläubigerversammlung auch am Sitz dieser Wertpapierbörse stattfinden. [3]§ 48 Absatz 2 des Wertpapierhandelsgesetzes bleibt unberührt.

Schrifttum

Bredow/Vogel Unternehmenssanierung und Restrukturierung von Anleihen – Welche Verbesserungen bringt das neue Schuldverschreibungsrecht? ZBB **2008** 221.

Vgl im Übrigen das weitere Schrifttum bei §§ 9 f.

98 Überzeugend Friedl/Hartwig-Jacob/*Schmidtbleicher* § 10 Rn 10; zustimmend Hopt/Seibt/*Binder* § 10 Rn 24; ähnlich auch *Cagalj* Restrukturierung von Anleihen S 259.

99 Blersch/Goetsch/Haas/*Paul* § 10 Rn 4; Hopt/Seibt/*Binder* § 10 Rn 7. Vgl dazu die Ausführungen bei § 20 Rn 21 ff.

100 Hopt/Seibt/*Binder* § 10 Rn 20.

101 Blersch/Goetsch/Haas/*Paul* § 10 Rn 6; Hopt/Seibt/*Binder* § 10 Rn 20.

102 Heidel/*Müller* § 10 Rn 4; Hopt/Seibt/*Binder* § 10 Rn 20; **einschränkend** Langenbucher/Bliesener/Spindler/*Bliesener/Schneider* § 10 Rn 17, nach denen ein Verstoß gegen Abs 3 S 2 u.U. zu verneinen, wenn die Nichtzulassung für das Ergebnis der Abstimmung (zB bei klaren Mehrheitsverhältnissen) irrelevant war und es daher an Kausalität fehlt.

Systematische Übersicht

A. Allgemeines

1 § 11 bestimmt, an welchem Ort die Gläubigerversammlung abzuhalten ist. Dies war im SchVG 1899 noch nicht geregelt.[1] Nach dem Willen des Gesetzgebers soll die gesetzliche Regelung Rechtssicherheit schaffen, um Streitigkeiten über eine etwaige Verletzung berechtigter Interessen oder Rechte der Gläubiger durch die Wahl eines bestimmten Versammlungsorts zu vermeiden.[2] Insoweit weist die Vorschrift Parallelen zu § 121 Abs 5 AktG auf, der § 11 zwar ähnelt, inhaltlich aber nur teilweise entspricht.[3] Eine Übertragung der zu dieser Vorschrift entwickelten Grundsätze auf § 11 ist daher nur bedingt möglich.[4] Ebenso wie diese dürfte § 11 jedoch dazu dienen, die Gläubiger vor einer willkürlichen Festlegung des Versammlungsortes zu schützen.[5] Für die Gläubiger soll vorhersehbar sein, mit welchem Aufwand sie für die Wahrnehmung ihrer Rechte in der Gläubigerversammlung rechnen müssen.[6]

2 Nach Satz 1 soll die Gläubigerversammlung im Regelfall am Sitz des Schuldners stattfinden. Alternativ kann die Gläubigerversammlung nach Satz 2 am Sitz einer Wertpapierbörse abgehalten werden, wenn dort die Schuldverschreibungen des Schuldners gehandelt werden. Zudem eröffnet Satz 3 eine weitere Möglichkeit, wenn die Voraussetzungen des § 48 Abs 2 WpHG (§ 30a Abs 2 WpHG a.F.) vorliegen. Hat der Schuldner seinen Sitz im Ausland, ist der Ort grundsätzlich beliebig wählbar.

B. Die Regelungen im Einzelnen

I. Schuldner mit Sitz im Inland

3 **1. Sitz des Schuldners (Satz 1).** Gemäß Satz 1 soll die Gläubigerversammlung **im Regelfall** am Sitz des Schuldners stattfinden, wenn der Schuldner seinen Sitz im Inland hat.[7] Bei einer Aktiengesellschaft kommt es auf den Satzungssitz nach § 5 AktG an.[8] Gleiches gilt für die Gesellschaft mit beschränkter Haftung (§ 4a GmbHG) und die Genossenschaft (§ 6 Abs 1 Nr 1 GenG).[9] Bei Personengesellschaften wie der OHG oder KG ist der Sitz der tatsächlichen Geschäftsführung maßgeblich.[10] Bei einem Doppelsitz besteht Wahl-

1 RegBegr. BT-Drucks. 16/12814 S 22.
2 RegBegr. BT-Drucks. 16/12814 S 22.
3 Hopt/Seibt/*Binder* § 11 Rn 1.
4 Friedl/Hartwig-Jacob/*Schmidtbleicher* § 11 Rn 1.
5 Friedl/Hartwig-Jacob/*Schmidtbleicher* § 11 Rn 1; vgl zu § 121 Abs 5 AktG: BGH 21.10.2014 NJW **2015** 336, 337; Hüffer/*Koch* § 121 Rn 12.
6 Hopt/Seibt/*Binder* § 11 Rn 1.
7 Veranneman/*Wasmann*/*Steber* § 11 Rn 1; Preuße/*Schindele* § 11 Rn 2.
8 Preuße/*Schindele* § 11 Rn 3; Friedl/Hartwig-Jacob/*Schmidtbleicher* § 11 Rn 2; Heidel/*Müller* § 11 Rn 1.
9 Preuße/*Schindele* § 11 Rn 3; Friedl/Hartwig-Jacob/*Schmidtbleicher* § 11 Rn 2.
10 Preuße/*Schindele* § 11 Rn 3; Hopt/Seibt/*Binder* § 11 Rn 2 mit Verweis auf die allgemeinen handelsrechtlichen Grundsätze, vgl dazu Baumbach/Hopt/*Roth* § 106 Rn 8.

freiheit.[11] Maßgeblich ist allein der Sitz **zum Zeitpunkt der Einberufung**. Eine spätere Änderung des Sitzes ist unschädlich.[12]

2. Sitz der Wertpapierbörse (Satz 2). Als Alternative kann die Gläubigerversammlung gemäß Satz 2 auch am Sitz einer Wertpapierbörse i.S.v. § 1 Abs 3e KWG innerhalb der Mitgliedsstaaten der Europäischen Union oder der anderen Vertragsstaaten des Abkommens über den Europäischen Wirtschaftsraum (EWR) stattfinden, wenn die Schuldverschreibungen an dieser Börse zum Handel zugelassen sind. Damit wird dem Schuldner eine weitere **gleichwertige Möglichkeit** für den Ort der Gläubigerversammlung eröffnet, die er nach seiner Wahl nutzen kann.[13] 4

Unter dem Begriff der Wertpapierbörse sind auch die Betreiber der Börsen sowie die Clearing-Stellen (§ 1 Abs 3e Nr 1 und Nr 2 KWG) zu verstehen.[14] Dem Wortlaut des Satz 2 entsprechend kommt aber auch in diesen Fällen nur der Sitz der Wertpapierbörse, nicht aber der Sitz des Betreibers oder der zu der Wertpapierbörse gehörenden Clearingstelle als Ort der Versammlung in Betracht.[15] Aus der Verwendung des Begriffs „Zulassung" im Wortlaut des Satz 2 ergibt sich außerdem, dass die Schuldverschreibungen zum Handel an einem regulierten Markt im Sinne von § 32 Abs 1 BörsG zugelassen sein müssen.[16] Die bloße Einbeziehung der Schuldverschreibungen in den Freiverkehr genügt dagegen nicht.[17] Der Freiverkehr ist keine Wertpapierbörse im Sinne des § 1 Abs 3e KWG, da er nicht „von den zuständigen staatlichen Stellen geregelt und überwacht wird". 5

3. Anwendbarkeit des § 48 Abs 2 WpHG (Satz 3). Gemäß Satz 3 bleibt die **wertpapierrechtliche Sonderregelung** des § 30a Abs 2 WpHG a.F. unberührt.[18] Nach der Neuordnung des WpHG im Rahmen des 2. Finanzmarktnovellierungsgesetzes (2. FiMaNoG) bezieht sich der Verweis nunmehr auf die inhaltsgleiche Vorschrift des § 48 Abs 2 WpHG.[19] Liegen die Voraussetzungen des § 48 Abs 2 WpHG vor, kann der Schuldner abweichend von Satz 1 und 2 die Gläubigerversammlung an **jedem beliebigen Ort in einem Mitgliedsstaat der EU oder einem Vertragsstaat des EWR** abhalten.[20] Dies setzt voraus, dass sich um Schuldverschreibungen im Sinne des § 48 Abs 1 Nr 6 WpHG mit einer Mindeststückelung im Wert von EUR 100.000 (bzw EUR 50.000 oder einem Fremdwährungsäquivalent, wenn die Schuldtitel bereits vor dem 31. Dezember 2010 zum Handel zugelassen worden sind) handelt, die Bundesrepublik Deutschland Herkunftsstaat des Schuldners im Sinne des § 2 Abs 13 WpHG ist und in dem Staat, in dem die Gläubigerversammlung stattfinden soll, die Gläubiger alle für die Wahrnehmung ihrer Rechte notwendigen Informationen erhalten oder Einrichtungen nutzen können.[21] Diese Sonderregelung greift damit nur dann ein, wenn die Schuldverschreibungen zum Handel an einem regulierten Markt im Inland oder einem anderen EU/EWR-Mitgliedsstaat zuge- 6

11 Preuße/*Schindele* § 11 Rn 3.
12 Veranneman/*Wasmann/Steber* § 11 Rn 1; Heidel/*Müller* § 11 Rn 1.
13 Hopt/Seibt/*Binder* § 11 Rn 5; Blersch/Goetsch/Haas/*Paul* § 11 Rn 3; Langenbucher/Bliesener/Spindler/*Bliesener/Schneider* § 11 Rn 3; **aA** *Horn* BKR **2009** 446, 451.
14 Veranneman/*Wasmann/Steber* § 11 Rn 2.
15 Hopt/Seibt/*Binder* § 11 Rn 4; **aA** Preuße/*Schindele* § 11 Rn 6.
16 Veranneman/*Wasmann/Steber* § 11 Rn 2; Preuße/*Schindele* § 11 Rn 6.
17 Hopt/Seibt/*Binder* § 11 Rn 4; Preuße/*Schindele* § 11 Rn 6; Veranneman/*Wasmann/Steber* § 11 Rn 2; **aA** Friedl/Hartwig-Jacob/*Schmidtbleicher* § 11 Rn 4.
18 RegBegr. BT-Drucks. 16/12814 S 22.
19 RegBegr. BT-Drucks. 18/10936 S 231.
20 Veranneman/*Wasmann/Steber* § 11 Rn 3; Preuße/*Schindele* § 11 Rn 7; Schwark/Zimmer/*Heidelbach* WpHG § 48 Rn 46.
21 Vgl § 48 Abs 2 S 2 WpHG.

lassen sind[22] und von vorneherein nur an **institutionelle Anleger** in der entsprechenden Mindeststückelung begeben oder in entsprechender Größenordnung von diesen erworben wurden.[23] Bei Publikumsanleihen scheidet eine Anwendung dagegen aus.[24]

7 **4. Andere Versammlungsorte.** Anders als es die Gesetzesbegründung vermuten lässt,[25] wird der Versammlungsort in § 11 nicht verbindlich festgelegt.[26] Durch die Ausgestaltung des § 11 als **Soll-Vorschrift** steht es dem Einberufenden daher grundsätzlich frei, einen anderen als die in § 11 bezeichneten Orte zu wählen.[27] Vor dem Hintergrund des Schutzzwecks der Norm, eine willkürliche Festlegung des Versammlungsortes zu Lasten der Gläubiger zu vermeiden,[28] ist eine **einschränkende Auslegung der Norm** geboten. Die Wahl eines anderen als der in § 11 genannten Orte wird man daher – auch mit Blick auf das ansonsten bestehende Anfechtungsrisiko –[29] nur dann als zulässig erachten können, wenn nachvollziehbare Gründe für ein Abweichen vom gesetzlichen Regelfall sprechen.[30] Als Beispiele lassen sich insoweit die Fälle nennen, in denen sich der Sitz des Schuldners als ungeeignet erweist, da etwa am Sitz des Schuldners keine angemessenen Räumlichkeiten zur Verfügung stehen, dieser Ort für die Gläubiger nur schwer zu erreichen ist oder ein anderer Versammlungsort für sämtliche Gläubiger günstiger wäre.[31]

8 In den Anleihebedingungen dürfen weitere Versammlungsorte festgelegt werden.[32] Die vereinzelt vertretene Ansicht, die dies mit Hinweis auf den von § 121 Abs 5 AktG abweichenden Wortlaut ablehnt,[33] vermag nicht zu überzeugen: Sie verkennt die Unterschiede, die zwischen dem korporationsrechtlichen Verhältnis der Aktionäre zur AG einerseits[34] und dem schuldrechtlich geprägten Verhältnis der Gläubiger zur Gesellschaft andererseits bestehen.[35] Eine dem Aktienrecht vergleichbare Satzungsstrenge im Sinne des § 23 Abs 5 AktG ist dem SchVG fremd.[36] Stattdessen besteht in Bezug auf die Anleihebedingungen grundsätzlich Gestaltungsfreiheit, die nach bestrittener, aber wohl überwiegender Ansicht der Inhaltskontrolle nach §§ 307 ff BGB unterliegt[37] und ansonsten aber erst in § 5 Abs 1 S 2 und dem allgemeinen Grundsatz von Treu und Glauben ihre Grenze findet.[38] Wenn man zu

---

22 Vgl Assmann/Schneider/Mülbert/*Mülbert* § 48 Rn 2 ff.
23 Assmann/Schneider/Mülbert/*Mülbert* § 48 Rn 35; Heidel/*Müller* § 11 Rn 4; Hopt/Seibt/*Binder* § 11 Rn 6.
24 *Wilken/Schaumann/Zenker* § 11 Rn 244.
25 RegBegr. BT-Drucks. 16/12814 S 22.
26 Blersch/Goetsch/Haas/*Paul* § 11 Rn 2; *Horn* BKR **2009** 446, 451; Hopt/Seibt/*Binder* § 11 Rn 3.
27 Friedl/Hartwig-Jacob/*Schmidtbleicher* § 11 Rn 3; Heidel/*Müller* § 11 Rn 2; Hopt/Seibt/*Binder* § 11 Rn 3; Blersch/Goetsch/Haas/*Paul* § 11 Rn 2.
28 Vgl dazu die Ausführungen bei Rn 1.
29 Vgl dazu die Ausführungen bei Rn 10.
30 Friedl/Hartwig-Jacob/*Schmidtbleicher* § 11 Rn 3; Hopt/Seibt/*Binder* § 11 Rn 3; einschränkend *Wilken/Schaumann/Zenker* § 11 Rn 243. Dies entspricht auch der überwiegenden Ansicht zu § 121 Abs 5 AktG, vgl Hüffer/*Koch* § 121 Rn 12 mwN.
31 Heidel/*Müller* § 11 Rn 2; Hopt/Seibt/*Binder* § 11 Rn 3; Preuße/*Schindele* § 11 Rn 5; Veranneman/*Wasmann*/*Steber* § 11 Rn 1.
32 Heidel/*Müller* § 11 Rn 2; Hopt/Seibt/*Binder* § 11 Rn 3; Blersch/Goetsch/Haas/*Paul* § 11 Rn 2; Langenbucher/Bliesener/Spindler/*Bliesener*/*Schneider* § 11 Rn 2.
33 Vgl Veranneman/*Wasmann*/*Steber* § 11 Rn 1 mit der Begründung, dass in § 121 Abs 5 S 1 AktG die Möglichkeit einer abweichenden Satzungsregelung ausdrücklich geregelt sei, in § 11 aber ein Verweis auf die Anleihebedingungen fehle.
34 Vgl zum kooperationsrechtlichen Charakter der Mitgliedschaft Hüffer/*Koch* § 1 Rn 2 und § 53a Rn 15.
35 Vgl dazu eingehend Hopt/Seibt/*Thole* § 4 Rn 5 ff, 10 f.
36 Vgl zur Satzungsstrenge allgemein Hüffer/*Koch* § 23 Rn 34 ff.
37 Vgl zum Streitstand Langenbucher/Bliesener/Spindler/*Bliesener*/*Spindler* § 3 Rn 19 ff; *Schlitt*/*Schäfer* AG **2009** 477, 485.
38 Vgl zu § 5 Abs 1 S 2 Langenbucher/Bliesener/Spindler/*Bliesener*/*Spindler* § 5 Rn 21.

Recht anerkennt, dass schon der Einberufende selbst in der Lage ist, „frei" über den Versammlungsort zu entscheiden,[39] muss die Festlegung eines von § 11 abweichenden Versammlungsorts erst recht in den Anleihebedingungen zulässig sein. Dies stellt keine Schlechterstellung der Gläubiger im Sinne des § 5 Abs 1 S 2 dar, sondern führt durch die damit verbundene Vorhersehbarkeit zu einer Besserstellung gegenüber dem Fall, in dem der Einberufende selbst über einen abweichenden Versammlungsort entscheidet.[40]

II. Schuldner mit Sitz im Ausland

Für Schuldner mit Sitz im Ausland trifft § 11 keine Regelung.[41] Daher besteht hin- 9
sichtlich des Versammlungsortes grundsätzlich Wahlfreiheit.[42] Ein sachlicher Grund ist nicht erforderlich. Die Auswahl des Versammlungsortes findet ihre Grenze erst in einem möglichen Rechtsmissbrauch.[43] Ein solcher ist in der Regel anzunehmen, wenn der gewählte Ort keinen Bezug zum Emittenten oder dem bekannten Gläubigerkreis aufweist.[44] Zudem können auch die Anleihebedingungen einen bestimmten Versammlungsort vorsehen.[45] In der Praxis ist zu empfehlen, einen Versammlungsort zu wählen, der eine möglichst hohe Präsenzquote verspricht, um die Beschlussfähigkeit der Gläubigerversammlung gemäß § 15 Abs 3 S 1 zu gewährleisten.[46] Da nach § 16 Abs 3 des Weiteren eine notarielle Niederschrift oder bei einer Versammlung im Ausland eine einer solchen vergleichbare Niederschrift erfolgen muss, ist grundsätzlich ein gut erreichbarer Versammlungsort in Deutschland zu empfehlen.[47] Hier bieten sich insbesondere Frankfurt am Main (vgl §§ 9 Abs 3, 20 Abs 3)[48] oder der Sitz der Wertpapierbörse an, an denen die Schuldverschreibungen im Sinne des Satz 2 zugelassen sind[49]. Bei Anleihen, die über eine ausländische Zweckgesellschaft emittiert wurden, bietet sich der Verwaltungssitz der typischerweise die Anleihe garantierenden Muttergesellschaft an.[50]

III. Verfahrensverstöße

§ 11 enthält selbst keine Rechtsfolge für die Wahl eines unzulässigen Versamm- 10
lungsortes.[51] Als Gesetzesverstoß kann die Wahl eines unzulässigen Versammlungsortes jedoch gemäß § 20 Abs 1 S 1 zur Anfechtbarkeit der in der Versammlung gefassten Beschlüsse führen.[52]

---

39 Siehe dazu oben Rn 6.
40 Im Ergebnis ebenso Langenbucher/Bliesener/Spindler/*Bliesener/Schneider* § 11 Rn 2.
41 Heidel/*Müller* § 11 Rn 4; **aA** Hopt/Seibt/*Binder* § 11 Rn 7; Friedl/Hartwig-Jacob/*Schmidtbleicher* § 11 Rn 6, wonach zumindest § 11 Abs 2 anwendbar ist.
42 Friedl/Hartwig-Jacob/*Schmidtbleicher* § 11 Rn 6; Langenbucher/Bliesener/Spindler/*Bliesener/Schneider* § 11 Rn 6; Veranneman/*Wasmann/Steber* § 11 Rn 5; *Wilken/Schaumann/Zenker* § 11 Rn 245.
43 Langenbucher/Bliesener/Spindler/*Bliesener/Schneider* § 11 Rn 6.
44 Langenbucher/Bliesener/Spindler/*Bliesener/Schneider* § 11 Rn 6.
45 Veranneman/*Wasmann/Steber* § 11 Rn 5; Preuße/*Schindele* § 11 Rn 8.
46 Veranneman/*Wasmann/Steber* § 11 Rn 5; zur Beschlussfähigkeit vgl § 15 Rn 70 ff.
47 Heidel/*Müller* § 11 Rn 4; Preuße/*Schindele* § 11 Rn 8.
48 Heidel/*Müller* § 11 Rn 4.
49 Hopt/Seibt/*Binder* § 11 Rn 7.
50 Friedl/Hartwig-Jacob/*Schmidtbleicher* § 11 Rn 6.
51 Hopt/Seibt/*Binder* § 11 Rn 8.
52 Heidel/*Müller* § 11 Rn 5; Langenbucher/Bliesener/Spindler/*Bliesener/Schneider* § 11 Rn 5; Preuße/*Schindele* § 11 Rn 9; Heidel/*Müller* § 11 Rn 5; Veranneman/*Wasmann/Steber* § 11 Rn 4; dies entspricht auch der aktienrechtlichen Rechtslage, vgl Hüffer/*Koch* § 121 Rn 12.

§ 12
Inhalt der Einberufung, Bekanntmachung

(1) In der Einberufung müssen die Firma, der Sitz des Schuldners, die Zeit und der Ort der Gläubigerversammlung sowie die Bedingungen angegeben werden, von denen die Teilnahme an der Gläubigerversammlung und die Ausübung des Stimmrechts abhängen.

(2) [1]Die Einberufung ist unverzüglich im Bundesanzeiger öffentlich bekannt zu machen. [2]Die Anleihebedingungen können zusätzliche Formen der öffentlichen Bekanntmachung vorsehen. [3]Die Kosten der Bekanntmachung hat der Schuldner zu tragen.

(3) Der Schuldner hat die Einberufung und die genauen Bedingungen, von denen die Teilnahme an der Gläubigerversammlung und die Ausübung des Stimmrechts abhängen, vom Tag der Einberufung an bis zum Tag der Gläubigerversammlung im Internet unter seiner Adresse oder, wenn eine solche nicht vorhanden ist, unter der in den Anleihebedingungen festgelegten Internetseite den Gläubigern zugänglich zu machen.

Schrifttum

Cranshaw Internationalisierung und Modernisierung – Bemerkungen zum geltenden und zum Referentenentwurf eines neuen Schuldverschreibungsgesetzes (SchVG) BKR **2008** 504; *Happ/Freitag* Die Mitternachsstund´ als Nichtigkeitsgrund? AG **1998** 493; *Simon* Restrukturierung von Schuldverschreibungen nach neuem SchuldVG CFL **2010** 159; *Steffek* Änderung von Anleihebedingungen nach dem Schuldverschreibungsgesetz, FS Hopt (2010) 2597.

Vgl im Übrigen das weitere Schrifttum bei §§ 9 ff.

Systematische Übersicht

A. Allgemeines

1 § 12 regelt Form und Inhalt der Einberufung der Gläubigerversammlung sowie deren Bekanntmachung. Die Vorschrift ergänzt und erweitert damit den früheren § 6 Abs 1 SchVG 1899.[1] Es soll sichergestellt werden, dass die Gläubiger hinreichend über die wesentlichen Aspekte der Versammlung informiert und auf die Voraussetzungen hingewiesen werden, die für die Teilnahme an der Versammlung sowie die Ausübung des Stimmrechts zu erfüllen sind.[2] Absatz 1 enthält die erforderlichen Mindestangaben der Einberufung. Absatz 2 und Absatz 3 regeln die Formen der Bekanntmachung. Die Modalitäten der Vorschrift ähneln den aktienrechtlichen Vorgaben zur Hauptversammlung in § 121 Abs 3 und 4 AktG. Die dazu entwickelten Grundsätze können daher – unter Beachtung der Besonderheiten des SchVG – zur Konkretisierung herangezogen werden.[3] Die

1 Friedl/Hartwig-Jacob/*Schmidtbleicher* § 12 Rn 1.
2 RegBegr. BT-Drucks. 16/12814 S 22.
3 Hopt/Seibt/*Binder* § 12 Rn 1; Preuße/*Schindele* § 12 Rn 1.

deckungsgleichen wertpapierrechtlichen Vorschriften der Parallelvorschrift des § 49 Abs 2 WpHG (§ 30b Abs 2 WpHG a.F.)[4] bleiben von der Vorschrift unberührt.[5] Im Gegensatz zu § 49 Abs 2 WpHG werden vom Anwendungsbereich des § 12 aber alle vom Schuldner begebenen Schuldverschreibungen erfasst.[6]

B. Die Regelung im Einzelnen

I. Inhalt der Einberufung (Absatz 1)

Nach Absatz 1 sind in der Einberufung zumindest die Firma, der Sitz des Schuldners, Zeit und Ort der Versammlung sowie die Bedingungen der Teilnahme und die Ausübung des Stimmrechts anzugeben. Absatz 1 enthält damit einen nicht abschließenden Katalog von emittenten-, wertpapier- und versammlungsbezogenen Mindestangaben, die in der Einberufung enthalten sein müssen. Diese können durch den Einberufenden oder die Anleihebedingungen ergänzt werden, soweit dadurch nicht die Verständlichkeit der Einberufung beeinträchtigt wird.[7] Darüber hinaus sind weitere Pflichtangaben der Einberufung zu beachten, die teilweise auch an anderen Stellen des SchVG zu finden sind.[8] 2

Der Begriff Firma ist im handelsrechtlichen Sinne zu verstehen (§ 17 Abs 1 HGB). Grundsätzlich ist auch der Rechtsformzusatz anzugeben, wobei Abkürzungen zu vermeiden sind.[9] In Bezug auf den **Sitz des Schuldners** sei grundsätzlich auf die Ausführungen bei § 11 Rn 3 verwiesen. Besteht ein Doppelsitz, sind beide Sitze zu nennen.[10] Firma und der Sitz des Schuldners sind so zu benennen, wie sie im Handelsregister eingetragen sind.[11] Bei Schuldnern mit Sitz im Ausland bestimmen sich Firma und Sitz nach dem jeweils anwendbaren Gesellschaftsstatut.[12] Hinsichtlich des Ortes ist die genaue postalische Anschrift und ggf. auch Bezeichnung des Versammlungsortes erforderlich. Wird vom gesetzlichen Regelfall nach § 11 abgewichen, sollte darauf vorsichtshalber hingewiesen werden.[13] Unter Zeit sind der Kalendertag (Datum) sowie der Beginn der Versammlung (Uhrzeit) zu verstehen.[14] Ist absehbar, dass die Versammlung mehr als einen Tag dauern könnte, sollte vorsorglich für beide Tage einberufen werden.[15] Eine Angabe über die voraussichtliche Dauer der Versammlung ist dagegen nicht erforderlich.[16] 3

Obwohl vom Gesetzeswortlaut nicht ausdrücklich gefordert, ist mit Rücksicht auf den Normzweck auch eine genaue **Bezeichnung der Schuldverschreibungen** durch 4

---

4 Die Vorschrift des § 30b WpHG a.F. wurde im Rahmen des 2. FiMaNoG lediglich neu nummeriert und inhaltsgleich in § 49 WpHG übernommen, vgl RegBegr. BT-Drucks. 18/10936 S 231.

5 Friedl/Hartwig-Jacob/*Schmidtbleicher* § 12 Rn 1; Veranneman/*Wasmann/Steber* § 12 Rn 4; *Wilken/Schaumann/Zenker* § 12 Rn 247.

6 *Wilken/Schaumann/Zenker* § 12 Rn 255.

7 Hopt/Seibt/*Binder* § 12 Rn 2; Langenbucher/Bliesener/Spindler/*Bliesener/Schneider* § 12 Rn 1; Preuße/*Schindele* § 12 Rn 2; Veranneman/*Wasmann/Steber* § 12 Rn 2.

8 *Wilken/Schaumann/Zenker* § 12 Rn 248; vgl dazu die Ausführungen bei Rn 4.

9 Vgl § 19 HGB, § 4 GmbHG, § 4 AktG und § 6 Abs 1 Nr 1 GenG.

10 Preuße/*Schindele* § 12 Rn 2; Veranneman/*Wasmann/Steber* § 12 Rn 1; vgl für das Aktienrecht MüKoAktG/*Kubis* § 121 Rn 33; Spindler/Stilz/*Rieckers* Rn 21.

11 Hopt/Seibt/*Binder* § 12 Rn 3; Preuße/*Schindele* § 12 Rn 2; Veranneman/*Wasmann/Steber* § 12 Rn 1.

12 Veranneman/*Wasmann/Steber* § 12 Rn 1.

13 Langenbucher/Bliesener/Spindler/*Bliesener/Schneider* § 12 Rn 4.

14 Friedl/Hartwig-Jacob/*Schmidtbleicher* § 12 Rn 3; Langenbucher/Bliesener/Spindler/*Bliesener/Schneider* § 12 Rn 5.

15 Vgl zum Aktienrecht Hüffer/*Koch* § 121 Rn 9.

16 *Wilken/Schaumann/Zenker* § 12 Rn 251.

Nennung der in der Globalurkunde oder in den Anleihebedingungen enthaltenen oder sonst marktüblichen Bezeichnungen (ISIN, WKN, Common Code) erforderlich.[17] Gleiches gilt für die ebenfalls aufzunehmende Bezeichnung der **Person des Einberufenden**, da nur dies den Gläubigern eine Prüfung der Einberufungsbefugnis ermöglicht.[18] Wird die Gläubigerversammlung durch eine gemäß § 9 Abs 2 gerichtlich ermächtigte Gläubigerminderheit einberufen, ergibt sich dieses Erfordernis auch schon aus § 9 Abs 2 S 3, wonach auf die gerichtliche Ermächtigung in der Einberufung ausdrücklich hinzuweisen ist.[19] Auf eine gemäß § 14 Abs 1 S 1 bestehende Möglichkeit der **Vertretung durch einen Bevollmächtigten** ist hinzuweisen.[20] Nach § 14 Abs 1 S 3 müssen zudem die **Wirksamkeitsvoraussetzungen einer solchen Vertretung** in der Einberufung offengelegt werden.[21] Zeitgleich mit der Einberufung ist nach § 13 Abs 2 S 1 auch die Tagesordnung der Gläubigerversammlung **mitsamt Beschlussvorschlägen** bekannt zu machen.[22] Obwohl das Gesetz insoweit von zwei separaten Dokumenten auszugehen scheint, ist es zulässig und in der Praxis üblich, Tagesordnung und Einberufung im Wege einer einheitlichen Bekanntmachung zu veröffentlichen.[23] Sehen die Anleihebedingungen nach § 16 Abs 2 die Möglichkeit einer Briefwahl oder einer **elektronischen Stimmabgabe** vor,[24] so sind deren Voraussetzungen in der Einberufung ebenfalls darzustellen.[25]

5 In der Einberufung sind auch die Bedingungen zu nennen, von deren Einhaltung die Teilnahme an der Versammlung und die Ausübung des Stimmrechts abhängen. Dazu zählen ein nach § 10 Abs 2 in den Anleihebedingungen ggf. geregeltes Anmeldeerfordernis[26] sowie der nach § 10 Abs 3 gesetzlich geforderte **Nachweis der Legitimation**[27] und etwaige diesbezügliche Regelungen in den Anleihebedingungen, sofern diese solche Regelungen vorsehen.[28] Diese müssen zwar nicht wörtlich, aber inhaltlich zutreffend und vollständig wiedergegeben werden.[29] § 12 enthält keine Ermächtigung, weitere Erfordernisse für die Teilnahme der Gläubiger an der Versammlung aufzustellen.[30]

II. Bekanntmachung der Einberufung (Absatz 2)

6 Nach Absatz 2 Satz 1 ist die Einberufung der Versammlung im Bundesanzeiger unverzüglich öffentlich bekannt zu machen. Die Verwendung des Merkmals „unverzüglich“ ist missverständlich, da die Einberufung erst durch die Bekanntgabe erfolgt.[31] Bei sachgerechter Auslegung kann sich das Merkmal – wie auch bei der Parallelvorschrift

17 Heidel/*Müller* § 12 Rn 2; Langenbucher/Bliesener/Spindler/*Bliesener/Schneider* § 12 Rn 7.
18 Preuße/*Schindele* § 12 Rn 5; Veranneman/*Wasmann/Steber* § 12 Rn 2; *Wilken/Schaumann/Zenker* § 12 Rn 253.
19 Vgl dazu die Ausführungen bei § 9 Rn 47.
20 Veranneman/*Wasmann/Steber* § 12 Rn 2.
21 Vgl dazu die Ausführungen bei § 14 Rn 14 ff.
22 Vgl dazu die Ausführungen bei § 13 Rn 15 ff.
23 Heidel/*Müller* § 12 Rn 2; Langenbucher/Bliesener/Spindler/*Bliesener/Schneider* § 12 Rn 9; *Wilken/Schaumann/Zenker* § 12 Rn 254.
24 Vgl dazu die Ausführungen bei § 16 Rn 36.
25 Friedl/Hartwig-Jacob/*Schmidtbleicher* § 12 Rn 5.
26 Vgl dazu die Ausführungen bei § 10 Rn 7 ff.
27 Vgl dazu die Ausführungen bei § 10 Rn 16 ff.
28 Hopt/Seibt/*Binder* § 12 Rn 7; *Wilken/Schaumann/Zenker* § 12 Rn 252.
29 Preuße/*Schindele* § 12 Rn 4.
30 Langenbucher/Bliesener/Spindler/*Bliesener/Schneider* § 12 Rn 6; Veranneman/*Wasmann/Steber* § 12 Rn 1.
31 Langenbucher/Bliesener/Spindler/*Bliesener/Schneider* § 12 Rn 11; Veranneman/*Wasmann/Steber* § 12 Rn 4.

des § 49 Abs 2 WpHG –[32] nur auf den Zeitraum zwischen dem Entschluss zur Einberufung und der Bekanntgabe der Einberufung beziehen.[33] In Ermangelung einer dem § 120 Abs 2 Nr 4 WpHG entsprechenden Sanktionsnorm ist das Merkmal im Rahmen des SchVG aber letztlich ohne Bedeutung.[34]

Zur Bekanntmachung ist stets der Einberufende verpflichtet.[35] Es genügt eine einmalige Bekanntmachung der Einberufung.[36] Anders als noch in § 6 Abs 1 SchVG 1899 ist eine zweite Bekanntmachung damit nicht mehr erforderlich.[37] Eine persönliche Einladung ist vom Gesetz nicht vorgesehen. Sie wäre angesichts des regelmäßig nicht bekannten Gläubigerkreises nicht praktikabel und ist wegen der typischerweise nach Bekanntgabe erfolgenden Information der Gläubiger durch ihre jeweilige Depotbank auch nicht notwendig.[38] Dem Schuldner steht es frei, die Einberufung neben der nach Absatz 2 Satz 1 erforderlichen Bekanntmachung auch auf andere Weise öffentlich bekanntzumachen oder in sonstiger Weise mitzuteilen.[39] Die Anleihebedingungen können auch **zusätzliche Bekanntmachungsformen** festlegen. Ist dies der Fall, so müssen für eine fehlerfreie Einberufung auch diese weiteren Bekanntmachungen in der Weise erfolgen, wie sie in den Anleihebedingungen vorgesehen sind. In der Regel ist daher die Aufnahme solcher zusätzlichen Bekanntmachungsformen in den Anleihebedingungen aus Praktikabilitätsgründen nicht zu empfehlen.[40] Sind in den Anleihebedingungen weitere Bekanntmachungen zur Einberufung vorgesehen, beginnt die Einberufungsfrist gemäß § 10 Abs 1[41] erst mit der letzten erforderlichen Bekanntmachung zu laufen.[42] 7

Auch wenn die Gesetzesbegründung ausdrücklich auf die Gepflogenheiten des internationalen Rechtsverkehrs Bezug nimmt,[43] enthält das SchVG – anders als die auf einen ähnlichen Adressatenkreis ausgerichteten, aber europäisch harmonisierten Gesetze des WpHG oder des WpPG –[44] keine gesetzliche Regelung, in welcher **Sprache die Bekanntmachung** zu erfolgen hat. Grundsätzlich ist von einer Veröffentlichung in deutscher Sprache auszugehen. Daneben ist, insbesondere bei Ansprache eines bekanntermaßen internationalen Investorenkreises, in der Regel auch die Veröffentlichung einer unverbindlichen Übersetzung in englischer Sprache zu empfehlen und in der Praxis auch üblich, um eine möglichst hohe Präsenzquote der Gläubiger und damit das Erreichen des nach § 15 Abs 3 S 1 erforderlichen Quorums[45] auf der Versammlung zu gewährleisten. In solchen Fällen bietet es sich aus Kosten- und Effizienzgesichtspunkten auch an, dem Einberufenden bzw Versammlungsleiter in den Anleihebedingungen das Ermessen einzuräumen, in welcher Sprache die Ansprache der Gläubiger oder Durchfüh- 8

---

32 Vgl zu § 49 Abs 2 WpHG Assmann/Schneider/Mülbert/*Mülbert* § 49 Rn 16 ff.
33 Friedl/Hartwig-Jacob/*Schmidtbleicher* § 12 Rn 11; *Simon* CFL **2010** 159, 162.
34 Im Ergebnis zutreffend Heidel/*Müller* § 12 Rn 3; Langenbucher/Bliesener/Spindler/*Bliesener/Schneider* § 12 Rn 11; Preuße/*Schindele* § 12 Rn 7; Veranneman/*Wasmann/Steber* § 12 Rn 4; *Wilken/Schaumann/Zenker* § 12 Rn 256.
35 Langenbucher/Bliesener/Spindler/*Bliesener/Schneider* § 12 Rn 12; vgl zur Person des Einberufenden die Ausführungen bei § 9 Rn 5 ff.
36 Friedl/Hartwig-Jacob/*Schmidtbleicher* § 12 Rn 10.
37 RegBegr. BT-Drucks. 16/12814 S 22; Preuße/*Schindele* § 12 Rn 1.
38 Preuße/*Schindele* § 12 Rn 7; Friedl/Hartwig-Jacob/*Schmidtbleicher* § 12 Rn 9.
39 Friedl/Hartwig-Jacob/*Schmidtbleicher* § 12 Rn 12; Langenbucher/Bliesener/Spindler/*Bliesener/Schneider* § 12 Rn 13; *Wilken/Schaumann/Zenker* § 12 Rn 257.
40 Preuße/*Schindele* § 12 Rn 7; Friedl/Hartwig-Jacob/*Schmidtbleicher* § 12 Rn 12; Veranneman/*Wasmann/Steber* § 12 Rn 5.
41 Vgl dazu die Ausführungen bei § 10 Rn 2 ff.
42 *Wilken/Schaumann/Zenker* § 12 Rn 258.
43 Vgl RegBegr. BT-Drucks. 16/12814 S 22.
44 Vgl § 50 Abs 2 WpHG i.V.m. § 3b WpAV, § 21 WpPG.
45 Vgl dazu die Ausführungen bei § 15 Rn 70 ff.

rung der Gläubigerversammlung erfolgen kann.[46] Wurden die Anleihebedingungen allein in englischer Sprache verfasst, kommt, insbesondere wenn sich die Anleihe durch eine Mindeststückelung von EUR 100.000 allein an institutionelle Anleger richtete (sog. Wholesale-Anleihe), auch eine rein englische Veröffentlichung der Einberufung in Betracht.

III. Veröffentlichung im Internet (Absatz 3)

9 Nach Absatz 3 hat der Schuldner die Einberufung und die Bedingungen, von denen die Teilnahme an der Gläubigerversammlung und die Ausübung des Stimmrechts abhängen, auch auf seiner Internetseite oder, sofern nicht vorhanden, auf einer in den Anleihebedingungen festgelegten Internetseite zugänglich zu machen. Um der zunehmenden Verbreitung dieses Mediums gerecht zu werden, möchte der Gesetzgeber damit in Anlehnung an das Aktienrecht die Funktion der Internetseite des Schuldners als künftiger Informationsbasis für alle Angelegenheiten der Anleihegläubiger stärken.[47] Weitere Veröffentlichungspflichten, die die Internetseite des Schuldners betreffen, finden sich deshalb auch bei der Veröffentlichung von Gegenanträgen gemäß § 13 Abs 4[48] sowie den Bekanntmachungen von Beschlüssen gemäß § 17 Abs 2[49] bzw der maßgeblichen Entscheidungen des Insolvenzverfahrens gemäß § 19 Abs 5[50].

10 Absatz 3 regelt **keine zusätzliche Form der Bekanntmachung**, sondern stellt lediglich eine **ergänzende Veröffentlichungspflicht** dar.[51] Sie trifft **allein den Schuldner.** Der Schuldner muss die in Absatz 3 genannten Informationen den Gläubigern daher auch dann zur Verfügung stellen, wenn nicht er, sondern der gemeinsame Vertreter oder eine gerichtlich ermächtigte Gläubigerminderheit die Einberufung der Versammlung vorgenommen hat.[52] Ausreichend ist, wenn die nach Absatz 3 erforderlichen Informationen nicht der Öffentlichkeit im Allgemeinen, sondern **ausschließlich den Gläubigern** zugänglich gemacht werden.[53] Dies kann etwa durch Einrichtung eines passwortgeschützten Bereichs geschehen.[54] Verfügt der Schuldner über keine eigene Internetseite, weil es sich beispielsweise um eine reine Finanzierungstochter handelt, bietet sich – sofern die Anleihebedingungen keine Sonderregelung enthalten – die Verwendung der Konzernseite oder die Einrichtung einer eigenen Internetseite für die geplante Versammlung an.[55] Neben der Einberufung, wie sie im Bundesanzeiger bekanntgemacht wurde,[56] ist dabei auch die Tagesordnung – sofern sie nicht bereits in der Einberufung enthalten ist –[57] den Gläubigern zugänglich zu machen.[58]

---

46 *Mühe* BKR **2017** 50, 56.
47 RegBegr. BT-Drucks. 16/12814 S 22; vgl auch Blersch/Goetsch/Haas/*Paul* § 12 Rn 8; Langenbucher/Bliesener/Spindler/*Bliesener/Schneider* § 12 Rn 14
48 Vgl dazu die Ausführungen bei § 13 Rn 28 ff.
49 Vgl dazu die Ausführungen bei § 17 Rn 6.
50 Vgl dazu die Ausführungen bei § 19 Rn 92.
51 Veranneman/*Wasmann/Steber* § 12 Rn 7.
52 Preuße/*Schindele* § 12 Rn 8; Veranneman/*Wasmann/Steber* § 12 Rn 10; *Wilken/Schaumann/Zenker* § 12 Rn 260.
53 RegBegr. BT-Drucks. 16/12814 S 22; Hopt/Seibt/*Binder* § 12 Rn 13; Heidel/*Müller* § 12 Rn 4.
54 Langenbucher/Bliesener/Spindler/*Bliesener/Schneider* § 12 Rn 15.
55 Veranneman/*Wasmann/Steber* § 12 Rn 7.
56 Der Verweis auf die „genauen“ Bedingungen der Teilnahme und Ausübung des Stimmrechts hat insoweit keine eigenständige Bedeutung, da diese ohnehin in der Einberufung enthalten sein müssen, vgl Veranneman/*Wasmann/Steber* § 12 Rn 8.
57 Vgl dazu die Ausführungen in Rn 4.
58 Veranneman/*Wasmann/Steber* § 12 Rn 8.

Die Unterlagen sind **vom Tag der Einberufung bis zum Tag der Gläubigerversammlung** im Internet gemäß Absatz 3 zugänglich zu machen.[59] Dabei ist mit Tag der Einberufung der Tag der Bekanntmachung im Bundesanzeiger gemeint.[60] Das Zugänglichmachen der nach Absatz 3 erforderlichen Informationen ist dabei erst nach Publikation der Einberufung durch den Bundesanzeiger sinnvoll, mit der nach dessen AGB in der Regel ab 15 Uhr zu rechnen ist. Am Tag der Gläubigerversammlung sollten die Informationen noch bis zu deren Ende verfügbar sein. Danach können die Informationen von der Internetseite wieder entfernt werden, da kein weiteres Informationsbedürfnis der Gläubiger mehr besteht.[61] Handelt es sich bei dem Schuldner nicht um den Einberufenden und erfährt er daher von der Einberufung erst so spät, dass ihm am Tag der Einberufung das Einstellen auf der Internetseite nicht mehr möglich ist, hat er dies nach Kenntniserlangung unverzüglich nachzuholen.[62] Die (ggf. verspätete) Veröffentlichung nach Absatz 3 lässt den Beginn der Einberufungsfrist nach § 10 Abs 1 unberührt, da dafür nur die Bekanntmachung nach Absatz 2 relevant ist.[63] 11

IV. Pflicht zur Kostentragung

Der Schuldner hat die Kosten der Bekanntmachung zu tragen.[64] Erfolgt die Einberufung durch den gemeinsamen Vertreter oder eine dazu gerichtlich ermächtigte Gläubigerminderheit steht dem Einberufenden ein **Freistellungs- bzw Erstattungsanspruch** gegen den Schuldner zu.[65] Die Pflicht der Kostentragung erstreckt sich nur auf die nach Absatz 2 erforderliche oder ggf. in den Anleihebedingungen vorgesehene Bekanntmachungen. Eine Kostentragungspflicht für sonstige Veröffentlichungen besteht nicht, da der Schuldner nicht mit unnötigen Kosten nicht notwendiger Veröffentlichungen belastet werden kann.[66] Führt dies zu Problemen, muss ggf. in Absprache mit dem Schuldner eine Lösung gefunden werden.[67] 12

V. Rechtsfolgen fehlerhafter Einberufungen oder Bekanntmachungen

Entspricht die Einberufung nicht den gesetzlichen Mindestanforderungen des Absatz 1 oder erfolgt ein Verstoß gegen die Pflichten aus Absatz 2 und Absatz 3, kann dies zur Anfechtbarkeit der in der Gläubigerversammlung gefassten Beschlüsse gemäß § 20 Abs 1 Alt. 1 führen.[68] In Bezug auf die mögliche Geltendmachung von Schadensersatzansprüchen bei fehlerhaften Einberufungen ist zu beachten, dass Verstöße gegen die Bekanntmachungspflicht nach Absatz 1 und 2 vom jeweils Einberufenden (Schuldner, gemeinsamer Vertreter oder Gläubigerminderheit) zu verantworten sind, während Ver- 13

---

59 Friedl/Hartwig-Jacob/*Schmidtbleicher* § 12 Rn 14.
60 Veranneman/*Wasmann/Steber* § 12 Rn 9.
61 Preuße/*Schindele* § 12 Rn 8; Veranneman/*Wasmann/Steber* § 12 Rn 9.
62 Veranneman/*Wasmann/Steber* § 12 Rn 10; in diese Richtung auch *Wilken/Schaumann/Zenker* § 12 Rn 261.
63 *Otto* DNotZ **2012** 809; *Wilken/Schaumann/Zenker* § 12 Rn 260.
64 Preuße/*Schindele* § 12 Rn 7; Friedl/Hartwig-Jacob/*Schmidtbleicher* § 12 Rn 15.
65 Dies kann im Insolvenzverfahren ein Risiko darstellen, vgl Blersch/Goetsch/Haas/*Paul* § 12 Rn 6.
66 Hopt/Seibt/*Binder* § 12 Rn 12; Veranneman/*Wasmann/Steber* § 12 Rn 6; *Wilken/Schaumann/Zenker* § 12 Rn 262.
67 Friedl/Hartwig-Jacob/*Schmidtbleicher* § 12 Rn 15.
68 RegBegr. BT-Drucks. 16/12814 S 22; Heidel/*Müller* § 12 Rn 5; Langenbucher/Bliesener/Spindler/*Bliesener/Schneider* § 12 Rn 10; Preuße/*Schindele* § 12 Rn 6; Veranneman/*Wasmann/Steber* § 12 Rn 11.

stöße gegen die Veröffentlichungspflicht nach Absatz 3 grundsätzlich zu Lasten des Schuldners gehen.[69]

§ 13
Tagesordnung

(1) Zu jedem Gegenstand, über den die Gläubigerversammlung beschließen soll, hat der Einberufende in der Tagesordnung einen Vorschlag zur Beschlussfassung zu machen.

(2) [1]Die Tagesordnung der Gläubigerversammlung ist mit der Einberufung bekannt zu machen. [2]§ 12 Absatz 2 und 3 gilt entsprechend. [3]Über Gegenstände der Tagesordnung, die nicht in der vorgeschriebenen Weise bekannt gemacht sind, dürfen Beschlüsse nicht gefasst werden.

(3) [1]Gläubiger, deren Schuldverschreibungen zusammen 5 Prozent der ausstehenden Schuldverschreibungen erreichen, können verlangen, dass neue Gegenstände zur Beschlussfassung bekannt gemacht werden; § 9 Absatz 2 bis 4 gilt entsprechend. [2]Diese neuen Gegenstände müssen spätestens am dritten Tag vor der Gläubigerversammlung bekannt gemacht sein.

(4) Gegenanträge, die ein Gläubiger vor der Versammlung angekündigt hat, muss der Schuldner unverzüglich bis zum Tag der Gläubigerversammlung im Internet unter seiner Adresse oder, wenn eine solche nicht vorhanden ist, unter der in den Anleihebedingungen festgelegten Internetseite den Gläubigern zugänglich machen.

Schrifttum

Arbeitskreis Reform des Schuldverschreibungsrechts Reform des Schuldverschreibungsgesetzes ZIP **2014** 845; *Arnold/Carl/Götze* Aktuelle Fragen bei der Durchführung der Hauptversammlung AG **2011** 349; *Bertelmann/Schönen* Gläubigerrechte und Emittentenpflichten bei der Abstimmung ohne Versammlung nach dem Schuldverschreibungsgesetz ZIP **2014** 353; *Horn* Änderungen bei der Vorbereitung und Durchführung der Hauptversammlung nach dem Referentenentwurf zum ARUG ZIP **2008** 1558; *Kocher* Zur Bedeutung von Beschlussvorschlägen der Verwaltung für die Fassung und Anfechtung von Hauptversammlungsbeschlüssen AG **2013** 406; *ders.* Der Einfluss festgelegter Stimmen auf Hauptversammlungen – Einschränkungen des Prinzips der ergebnisoffenen Präsenzversammlung? BB **2014** 2317; *Paschos/Goslar* Der Regierungsentwurf des Gesetzes zur Umsetzung der Aktionärsrechterichtlinie (ARUG) AG **2009** 14; *Reger* Keine Pflicht des Vorstands zur Ablehnung rechtsmissbräuchlicher Einberufungsverlangen NZG **2013** 536; *von Nussbaum* Neue Wege zur Online-Hauptversammlung durch das ARUG GWR **2009** 215; *Wieneke* Beschlussfassung der Hauptversammlung in Abweichung von den Vorschlägen der Verwaltung, FS Schwark (2009) 305.

Vgl im Übrigen das weitere Schrifttum bei §§ 9 ff.

Systematische Übersicht

69 Langenbucher/Bliesener/Spindler/*Bliesener/Schneider* § 12 Rn 16.

A. Allgemeines

§ 13 ergänzt die in § 12 enthaltenen allgemeinen Vorgaben zum Inhalt der Einberufung und Bekanntgabe um Gesichtspunkte, die spezifisch die Tagesordnung betreffen. Die Vorschrift ersetzt und erweitert die frühere Regelung des § 7 SchVG 1899, nach dessen Maßgabe der „Zweck der Versammlung" bekannt gemacht werden musste. Nach § 7 Abs 2 SchVG 1899 konnten Beschlüsse zudem nur über zuvor bereits angekündigte Gegenstände gefasst werden.[1] Inhaltlich orientiert sich § 13 an vergleichbaren Vorschriften des Aktienrechts, insbesondere an § 121 Abs 3 S 2, 122 Abs 2 AktG sowie § 124 Abs 1 und Abs 4 AktG.[2] Dies zeigt sich nicht zuletzt bei den in § 13 verwandten Begrifflichkeiten, wo – in Anlehnung an die Terminologie der §§ 121 ff AktG – ebenfalls zwischen Tagesordnungspunkten, Ergänzungsverlangen, Beschlussvorschlägen, Beschlussanträgen und Gegenanträgen unterschieden wird.[3] Es ist daher sachgerecht, sich auch bei der Auslegung von § 13 grundsätzlich an den zum Aktienrecht entwickelten Grundsätzen und Maßstäben zu orientieren.[4] Wie seine aktienrechtlichen Vorbilder dient auch § 13 dem Schutz der Versammlungsteilnehmer. Diese sollen rechtzeitig und ausreichend über den voraussichtlichen Ablauf und Inhalt der Versammlung informiert werden, damit sie sich angemessen auf die Versammlung vorbereiten und dort sinnvoll von ihren Teilnahmerechten Gebrauch machen können.[5] 1

Absatz 1 enthält die Pflicht des Einberufenden, eine Tagesordnung zu erstellen, die zu jedem Beschlussgegenstand auch einen konkreten Beschlussvorschlag enthält. Nach Absatz 2 ist diese Tagesordnung mit der Einberufung bekanntzumachen. Absatz 3 regelt ein etwaiges Ergänzungsverlangen einer qualifizierten Minderheit von Gläubigern. Absatz 4 befasst sich schließlich mit zusätzlichen Veröffentlichungspflichten des Schuldners bei Gegenanträgen von Gläubigern. 2

B. Die Regelungen im Einzelnen

I. Erfordernis von Tagesordnung und Beschlussvorschlägen (Absatz 1)

1. Tagesordnung

a) Pflicht und Inhalt. Wie sich aus Absatz 1 ergibt, hat der Einberufende, also wahlweise der Schuldner, der gemeinsame Vertreter oder eine gerichtlich dazu ermächtigte 3

1 Vgl § 7 Abs 2 i.V.m. § 6 Abs 1 und 2 SchVG 1899.
2 Ebenso Hopt/Seibt/*Binder* § 13 Rn 1; Langenbucher/Bliesener/Spindler/*Bliesener/Schneider* § 13 Rn 1.
3 Friedl/Hartwig-Jacob/*Schmidtbleicher* § 13 Rn 1.
4 Hopt/Seibt/*Binder* § 13 Rn 1; Preuße/*Schindele* § 13 Rn 1.
5 RegBegr. BT-Drucks. 16/12814 S 22; vgl auch Heidel/*Müller* § 13 Rn 1; Langenbucher/Bliesener/Spindler/*Bliesener/Schneider* § 13 Rn 1; vgl auch zum Aktienrecht Hüffer/*Koch* § 124 Rn 1; *Wieneke* FS Schwark (2009) 305, 306.

Gläubigerminderheit,[6] zunächst eine Tagesordnung zu erstellen.[7] Das Gesetz macht für den Inhalt dieser Tagesordnung keine weiteren Vorgaben. Vor dem Hintergrund des Sinn und Zwecks der Vorschrift, den Gläubigern eine ausreichende Informationsbasis für die Teilnahme an der Versammlung zu verschaffen,[8] müssen die Gläubiger jedoch bereits aus der Tagesordnung erkennen können, über welche Tagesordnungspunkte verhandelt und gegebenenfalls beschlossen werden soll.[9] Dies setzt eine geordnete Darstellung der Tagesordnungspunkte und eine konkrete, zumindest schlagwortartige **Bezeichnung der einzelnen Beschluss-** bzw (beschlusslosen) **Verhandlungsgegenstände** voraus.[10] Wie im Aktienrecht dürften auch hier abstrakte Überschriften oder bloße Schlagworte, wie beispielweise eine mögliche „Änderung der Anleihebedingungen", die Erforderlichkeit eines „Sanierungsbeitrags" oder schlicht „Verschiedenes", nicht genügen.[11] Schließlich können die Gläubiger aus solchen Formulierungen nicht erkennen, über was in der Versammlung konkret beschlossen und welche Auswirkungen die Beschlussfassung auf ihre Rechte als Gläubiger haben wird. Eine sachgemäße Vorbereitung der Versammlung ist ihnen auf diese Weise nicht möglich.[12] Ist die konkrete Bezeichnung eines Tagesordnungspunktes für sich genommen nicht ausreichend, kann sich im Einzelfall aber möglicherweise auch aus der Zusammenschau dieses Tagesordnungspunktes mit dem zugehörigen Beschlussvorschlag eine hinreichende Konkretisierung ergeben.[13]

4 **b) Bindungswirkung.** Die Tagesordnung hat zunächst eine **positive Bindungswirkung** dergestalt, dass der Versammlungsleiter jeden der ordnungsgemäß bekannt gemachten Tagesordnungspunkte in der Versammlung tatsächlich auch behandeln muss.[14] Das schlichte Übergehen eines bekannt gemachten Tagesordnungspunktes ist daher nicht zulässig. Über die Absetzung eines bekannt gemachten Tagesordnungspunktes kann vielmehr nach dem Beginn der Versammlung nur noch diese selbst entscheiden.[15] Wie bei der Hauptversammlung ist für die Behandlung eines Tagesordnungspunktes allerdings schon dessen bloßer Aufruf ausreichend, auch wenn die Beschlussfassung anschließend vertagt oder der zur Abstimmung gestellte Beschlussvorschlag danach sofort zurückgenommen wird.[16] Zudem kann der Versammlungsleiter auch von der ursprünglichen Reihenfolge der Tagesordnung abweichen, wenn ihm dies in der Gläubigerversammlung sachgerecht erscheint. Eine Bindung des Versammlungsleiters besteht insoweit nicht, da die von § 13 bezweckte Vorbereitung der Gläubiger auf die Versammlung von der Reihenfolge der Befassung nicht berührt wird.[17]

5 Nach Absatz 2 Satz 3 entfaltet die Tagesordnung darüber hinaus auch eine **negative Bindungswirkung**, so dass die Gläubigerversammlung nur über ordnungsgemäß be-

---

6 Vgl dazu die Ausführungen bei § 9 Rn 5 ff.

7 Hopt/Seibt/*Binder* § 13 Rn 2; Veranneman/*Wasmann*/*Steber* § 13 Rn 1.

8 Vgl dazu die Ausführungen in Rn 1.

9 Veranneman/*Wasmann*/*Steber* § 13 Rn 1; *Seibt* ZIP **2016** 997, 1002 f

10 Hopt/Seibt/*Binder* § 13 Rn 2; Veranneman/*Wasmann*/*Steber* § 13 Rn 1; vgl zu § 121 AktG auch Hüffer/*Koch* § 121 Rn 9; MüKoAktG/*Kubis* § 121 Rn 44.

11 Blersch/Goetsch/Haas/*Paul* § 13 Rn 3; Hopt/Seibt/*Binder* § 13 Rn 2; vgl zu § 121 Abs 3 S 2 AktG auch Hüffer/*Koch* § 121 Rn 9; MüKoAktG/*Kubis* § 121 Rn 46 ff.

12 Preuße/*Schindele* § 13 Rn 2.

13 Preuße/*Schindele* § 13 Rn 2; Hopt/Seibt/*Binder* § 13 Rn 2; für das Aktienrecht MüKoAktG/*Kubis* § 121 Rn 46.

14 Hopt/Seibt/*Binder* § 13 Rn 3; *Seibt* ZIP **2016** 997, 1005.

15 Zur etwaigen Rücknahme vor Beginn der Versammlung s die Ausführungen bei § 9 Rn 27.

16 Vgl zu § 121 Abs 3 S 2 AktG: MüKoAktG/*Kubis* § 121 Rn 45; Spindler/Stilz/*Rieckers* § 124 Rn 26.

17 Hopt/Seibt/*Binder* § 13 Rn 3; vgl auch zum Aktienrecht MüKoAktG/*Kubis* § 121 Rn 45.

kannt gemachte Gegenstände der Tagesordnung Beschlüsse fassen darf.[18] Für die ordnungsgemäße Bekanntmachung ist ein nur inhaltlicher Zusammenhang mit einem bekannt gemachten Tagesordnungspunkt nicht ausreichend.[19] Die Beschlussfassung über nicht oder nicht ordnungsgemäß bekannt gemachte Beschlussgegenstände setzt vielmehr grundsätzlich eine neue Versammlung mit entsprechend bekanntzumachender Tagesordnung voraus.[20] Dies gilt auch dann, wenn es sich um Beschlussgegenstände handelt, die auf Antrag einer qualifizierten Gläubigerminderheit nach Absatz 3 Satz 2 bekannt gemacht werden sollten.[21] Diese negative Bindungswirkung bezieht sich allerdings **nur auf Beschlussgegenstände**, nicht auf die dazu konkret unterbreiteten Beschlussvorschläge.[22] Ebenfalls nicht erfasst sind Anträge zu **bloßen Verfahrensgegenständen**, die keiner Beschlussfassung bedürfen und deshalb jederzeit zulässig sind.[23]

Ob diese negative Bindungswirkung im Einzelfall zu Gunsten des Einberufenden **6**
Einschränkungen unterliegen kann, ist umstritten. Vereinzelt wird vertreten, dass für den Fall, dass ein im Interesse der Gläubiger liegender wesentlicher Beschlussgegenstand unabsichtlich nicht oder nicht ordnungsgemäß bekanntgemacht wurde, Absatz 2 Satz 3 teleologisch zu reduzieren sei. Dem Einberufenden müsse es, sofern dies im wohlverstandenen Gläubigerinteresse sei, in entsprechender Anwendung von Absatz 3 Satz 2 gestattet sein, die Tagesordnung bis zum dritten Tag vor der Versammlung um den bisher fehlenden Beschlussgegenstand zu ergänzen und einen entsprechenden Beschlussvorschlag zu unterbreiten.[24] Ob es für diese Möglichkeit des „Nachreichens" ein praktisches Bedürfnis gibt, ist fraglich.[25] In jedem Fall geben jedoch weder das Gesetz noch dessen Begründung dazu Anlass, ein schutzwürdiges Interesse des Einzuberufenden an der Korrektur eines etwaigen Fehlers anzunehmen, dem im Einzelfall der Vorrang vor dem gesetzlich geschützten Interesse der Gläubiger an Rechtssicherheit hinsichtlich der auf der Versammlung zu besprechenden Themen einzuräumen wäre. Der Sinn und Zweck der Verfahrensvorschriften der §§ 9 ff SchVG spricht eher dafür, die den Gläubigern vom Gesetzgeber eingeräumte Prüfungszeit für eine angemessene Vorbereitung, wie sie ua in der Einberufungsfrist des § 10 Abs 1 zum Ausdruck kommt, als unabdingbare Untergrenze anzusehen. Für eine solche Sichtweise spricht auch der Umstand, dass die Gläubiger zur Ausübung ihrer Rechte auf Stellung eines Ergänzungsverlangens nach Absatz 3 oder eines Gegenantrags nach Absatz 4 verlässlich wissen müssen, welche Beschlussgegenstände und zugehörigen Beschlussempfehlungen aus Sicht des Einzuberufenden zu besprechen sind.[26] Um ein etwaiges Unterlaufen des Gläubigerschutzes durch dem Einberufenden diesbezüglich eingeräumte Gestaltungsspielräume von vorneherein auszuschließen, ist die vereinzelt geforderte Einschränkung der negativen Bindungswirkung deshalb im Ergebnis abzulehnen.[27]

---

18 Hopt/Seibt/*Binder* § 13 Rn 3; Langenbucher/Bliesener/Spindler/*Bliesener*/*Schneider* § 13 Rn 9; Preuße/*Schindele* § 13 Rn 6; *Seibt* ZIP **2016** 997, 1005.
19 Preuße/*Schindele* § 13 Rn 2.
20 Friedl/Hartwig-Jacob/*Schmidtbleicher* § 13 Rn 7; vgl auch zum Aktienrecht MüKoAktG/*Kubis* § 121 Rn 45.
21 Friedl/Hartwig-Jacob/*Schmidtbleicher* § 13 Rn 7.
22 Preuße/*Schindele* § 13 Rn 2; vgl dazu auch die Ausführungen in Rn 7 ff.
23 Hopt/Seibt/*Binder* § 13 Rn 3; Preuße/*Schindele* § 13 Rn 6.
24 Friedl/Hartwig-Jacob/*Schmidtbleicher* § 13 Rn 8.
25 Hopt/Seibt/*Binder* § 13 Rn 3.
26 Vgl dazu die Ausführungen in Rn 18 ff.
27 Zu Recht Hopt/Seibt/*Binder* § 13 Rn 3.

2. Beschlussvorschläge

7 **a) Pflicht und Inhalt.** Der Einberufende hat zu allen Tagesordnungspunkten, zu denen ein **Beschluss gefasst** werden soll, einen **Vorschlag zur Beschlussfassung** zu unterbreiten.[28] Erforderlich ist die Aufnahme einer **konkreten Beschlussempfehlung**, die antragsmäßig auszuformulieren ist. Der Beschlussvorschlag ist dazu als **geschlossene Frage** zu stellen, die sich allein mit Ja oder Nein beantworten lässt.[29] Dabei sind auch **Alternativ- und Eventualvorschläge** zulässig, da auch diese den Sinn und Zweck der Vorschrift, den Gläubigern eine angemessene Vorbereitung der Versammlung zu ermöglichen, nicht beeinträchtigen.[30]

8 Die Pflicht zur Formulierung eines konkreten Beschlussvorschlags bezieht sich nur auf solche Tagesordnungspunkte, die überhaupt eine Beschlussfassung erfordern, wie dies beispielsweise bei der Änderung der Anleihebedingungen oder der Bestellung bzw Abberufung des gemeinsamen Vertreters der Fall ist. Dienen Tagesordnungspunkte dagegen nur der Aussprache, der Behandlung von Verfahrenspunkten (wie zB der Feststellung der Beschlussfähigkeit oder bloße Verfahrensanträge) oder bloßen Informationszwecken, findet Absatz 1 keine Anwendung.[31]

9 Ist eine **Änderung der Anleihebedingungen** vorgesehen, muss nur der geänderte und nicht aber der ursprüngliche Wortlaut der Anleihebedingungen im Beschlussvorschlag enthalten sein und bekannt gemacht werden, da nur die neue Fassung der Anleihebedingungen Gegenstand des Beschlussvorschlags sein kann.[32] Es ist jedoch in der Regel zu empfehlen, auch eine Änderungsfassung der Anleihebedingungen in die Tagesordnung aufzunehmen, um den Gläubigern das schnelle Erfassen der gewünschten Änderungen und damit auch eine effiziente Vorbereitung der Entscheidung zu ermöglichen.[33]

10 Die Pflicht zur Vorlage eines Beschlussvorschlages trifft nach Absatz 1 stets den Einberufenden.[34] Dies gilt selbst dann, wenn die Einberufung nicht auf seine Initiative, sondern auf Verlangen einer qualifizierten Gläubigerminderheit nach § 9 Abs 1 S 2 erfolgte,[35] oder der betreffende Beschlussgegenstand erst auf Verlangen einer qualifizierten Gläubigerminderheit in die Tagesordnung aufgenommen wurde.[36] Eine dem § 124 Abs 3 S 3 Alt. 2 AktG vergleichbare Regelung, wonach die Vorschlagspflicht für Beschlussfassungen auf Verlangen einer Minderheit nicht der Verwaltung, sondern dieser Minderheit obliegt,[37] ist dem SchVG fremd.[38] Eine entsprechende Anwendung der aktienrechtlichen Regelung bzw eine teleologische Reduktion von Absatz 1 kommt aufgrund der bewussten

---

28 Hauschild/Kallrath/Wachter/*Reinhard* § 17 Rn 541; Heidel/*Müller* § 13 Rn 2; Hopt/Seibt/*Binder* § 13 Rn 4; *Otto* DNotZ **2012** 809, 815.
29 Heidel/*Müller* § 13 Rn 2; Friedl/Hartwig-Jacob/*Schmidtbleicher* § 13 Rn 2; Langenbucher/Bliesener/Spindler/*Bliesener/Schneider* § 13 Rn 4; Preuße/*Schindele* § 13 Rn 3; **aA** Veranneman/*Wasmann/Steber* § 13 Rn 5.
30 Hopt/Seibt/*Binder* § 13 Rn 5; Preuße/*Schindele* § 13 Rn 3; vgl zum Aktienrecht Hüffer/*Koch* § 124 Rn 17; MüKoAktG/*Kubis* § 124 Rn 40.
31 Veranneman/*Wasmann/Steber* § 13 Rn 2.
32 Hopt/Seibt/*Binder* § 13 Rn 4; Langenbucher/Bliesener/Spindler/*Bliesener/Schneider* § 13 Rn 5; Veranneman/*Wasmann/Steber* § 13 Rn 6.
33 Friedl/Hartwig-Jacob/*Schmidtbleicher* § 13 Rn 3; Heidel/*Müller* § 13 Rn 2.
34 Hauschild/Kallrath/Wachter/*Reinhard* § 17 Rn 541; Preuße/*Schindele* § 13 Rn 3.
35 Veranneman/*Wasmann/Steber* § 13 Rn 2.
36 Hopt/Seibt/*Binder* § 13 Rn 4.
37 Vgl dazu Hüffer/*Koch* § 124 Rn 24; MüKoAktG/*Kubis* § 124 Rn 32; Spindler/Stilz/*Rieckers* § 124 Rn 41.
38 Veranneman/*Wasmann/Steber* § 13 Rn 2.

gesetzgeberischen Entscheidung gegen die Aufnahme einer vergleichbaren Regelung nicht in Betracht.[39]

b) Bindungswirkung. In der Gläubigerversammlung ist der Einberufende an die in der Tagesordnung bekannt gemachten Beschlussvorschläge nicht gebunden.[40] Aufgrund des für die Gläubigerversammlung geltenden Mündlichkeitsprinzips[41] stellt ein bekannt gemachter Beschlussvorschlag vielmehr nur die Ankündigung eines erst in der Versammlung selbst zu stellenden Beschlussantrags dar und nur über diesen haben die Gläubiger tatsächlich zu befinden.[42] Der Einberufende kann daher einen Beschlussvorschlag gänzlich fallen lassen und von der Stellung eines entsprechenden Beschlussantrags absehen.[43] 11

Der Einberufende kann einen in der Tagesordnung enthaltenen Beschlussvorschlag aber auch **inhaltlich abändern** oder durch einen neuen Beschlussantrag ersetzen.[44] Dies ist für Fälle, in denen sich der von der Bekanntmachung inhaltlich abweichende Beschlussantrag lediglich auf **redaktionelle bzw stilistische Änderungen** oder die bloße Vornahme von **Korrekturen offensichtlicher Unrichtigkeiten** beschränkt, unbestritten.[45] Ob allerdings **darüber hinausgehende Abweichungen** vom Inhalt eines bekannt gemachten Beschlussvorschlags ohne Weiteres oder nur unter bestimmten Voraussetzungen zulässig sind, ist – wie im Aktienrecht –[46] umstritten, da sich auch das SchVG zu dieser Frage nicht verhält.[47] Von der **wohl überwiegenden Ansicht** wird mit Verweis auf den Schutzzweck der Vorschrift gefordert, inhaltliche Änderungen zum Schutz der Gläubiger vor unerwarteten Überraschungen nur dann zuzulassen, wenn für die inhaltliche Abweichung auch ein sachlicher Grund gegeben sei, also seit der Bekanntgabe der Tagesordnung neue Tatsachen aufgetreten oder dem Einberufenden bekannt geworden seien, die eine neue Beurteilung der Lage erforderten. Die Vorhersehbarkeit der Beschlussvorschläge sei auch für die in der Versammlung anwesenden Stimmrechtsvertreter von besonderer Bedeutung.[48] Andere wollen – unter Verweis auf die aktienrechtliche Paralleldiskussion – allein einen etwaigen Rechtsmissbrauch des Einberufenden als Grenze der Zulässigkeit anerkennen. Der mit § 13 verfolgte Zweck, eine angemessene Vorbereitung der Gläubiger zu ermöglichen, werde durch einen inhaltlich abweichenden Beschlussantrag nicht vereitelt, da mit der Möglichkeit abweichender (Gegen-) Anträge stets zu rechnen sei.[49] Für die erstgenannte Ansicht spricht, dass es bei 12

39 Blersch/Goetsch/Haas/*Paul* § 13 Rn 5; Hopt/Seibt/*Binder* § 13 Rn 4; Preuße/*Schindele* § 13 Rn 3; **aA** in Bezug auf das Ergänzungsverlangen Veranneman/*Wasmann*/*Steber* § 13 Rn 9.
40 Preuße/*Schindele* § 13 Rn 3.
41 Vgl dazu die Ausführungen bei § 16 Rn 7 ff.
42 Langenbucher/Bliesener/Spindler/*Bliesener*/*Schneider* § 13 Rn 4; Preuße/*Schindele* § 13 Rn 3; Veranneman/*Wasmann*/*Steber* § 13 Rn 3.
43 Preuße/*Schindele* § 13 Rn 3.
44 Friedl/Hartwig-Jacob/*Schmidtbleicher* § 13 Rn 8; Hopt/Seibt/*Binder* § 13 Rn 6; Langenbucher/Bliesener/Spindler/*Bliesener*/*Schneider* § 13 Rn 4.
45 Vgl zum Aktienrecht *Wieneke* FS Schwark (2009) 305, 312.
46 Vgl zum aktienrechtlichen Streitstand eingehend Hüffer/*Koch* § 124 Rn 17 mwN; *Wieneke* FS Schwark (2009) 305, 312 ff.
47 *Wilken*/*Schaumann*/*Zenker* § 13 Rn 265.
48 So Friedl/Hartwig-Jacob/*Schmidtbleicher* § 13 Rn 5; Hopt/Seibt/*Binder* § 13 Rn 6; Langenbucher/Bliesener/Spindler/*Bliesener*/*Schneider* § 13 Rn 4; Preuße/*Schindele* § 13 Rn 3.
49 So Veranneman/*Wasmann*/*Steber* § 13 Rn 5; vgl zur wohl hM zu § 124 Abs 3 AktG, die von einer grundsätzlichen Zulässigkeit abweichender Beschlussanträge ausgeht OLG Hamm 28.2.2005 AG **2005** 361, 363; Hüffer/*Koch* § 124 Rn 17; Spindler/Stilz/*Rieckers* § 124 Rn 26; *Wieneke* FS Schwark (2009) 305, 320 ff; **aA** und für die Erforderlichkeit eines sachlichen Grundes *Arnold*/*Carl*/*Götze* AG **2011** 349, 354 f; MüKoAktG/*Kubis* § 124 Rn 49; KölnKommAktG/Noack/*Zetzsche* Rn 62.

der Beschlussfassung in der Gläubigerversammlung im Gegensatz zur Hauptversammlung nicht um die originäre Willensbildung innerhalb eines Verbandes, sondern um eine etwaige Änderung eines Schuldverhältnisses geht, was den Rückgriff auf aktienrechtliche Maßstäbe erschwert.[50] Vor diesem Hintergrund könnte es geboten sein, bei möglichen Abweichungen von Beschlussvorschlägen im Rahmen des § 13 engere Maßstäbe an die Dispositionsfreiheit des Einberufenden anzulegen, als dies bei der Hauptversammlung der Fall wäre. Gleichwohl ist zu berücksichtigen, dass die Interessen von Aktionären und Gläubigern in Bezug auf einen etwaigen Schutz vor einer „Überrumpelung" in der Haupt- bzw Gläubigerversammlung sehr wohl miteinander vergleichbar sind.[51] Für die geforderte Einschränkung der Dispositionsfreiheit des Schuldners bietet das Gesetz zudem keine Anhaltspunkte. Eine solche Begrenzung erscheint aus materieller Sicht auch nicht geboten: Die Gläubiger können aufgrund der bekannt gemachten Tagesordnung erkennen, welche Beschlussgegenstände für sie oder den Schuldner wesentlich sind, und sich entsprechend darauf vorbereiten. Dabei werden sie, insbesondere bei kontroversen Punkten, die regelmäßig einer Aussprache bedürfen werden, auch damit rechnen müssen, dass es im Einzelfall zu inhaltlichen Abweichungen von den bekannt gemachten Beschlussvorschlägen kommen kann. Ist das inhalte Abweichen von einem bekannt gemachten Beschlussvorschlag das Ergebnis einer auf der Versammlung erfolgten Aussprache und Meinungsbildung, wäre es falsch darüber hinaus noch das weitere Vorliegen eines sachlichen Grundes zu verlangen. Wie bei der Hauptversammlung ist stattdessen auch bei der Gläubigerversammlung letztendlich dem Interesse der erschienenen Gläubiger an der Meinungsbildung in der Versammlung und der Fassung eines möglicherweise abweichenden, aber „richtigeren" Beschlusses der Vorrang vor den Interessen der nicht erschienenen Gläubiger an einer Abstimmung über die zuvor bekannt gemachten Beschlussvorschläge einzuräumen.[52] Alles andere würde dem Charakter der Gläubigerversammlung als Forum der Meinungsbildung und Gläubigerkommunikation widersprechen.[53] Etwaigen Härten für die Gläubiger kann insoweit bereits hinreichend durch eine Missbrauchskontrolle begegnet werden.[54] Ein etwaiger Korrekturbedarf ist jedoch **so früh wie möglich offenzulegen**, um den Gläubigern (und etwaigen Stimmrechtsvertretern) die Gelegenheit zu geben, sich auf die neuen Umstände einzustellen.[55]

13 **3. Keine Begründungs- oder Berichtspflicht.** Anders als das AktG[56] oder das UmwG[57] sieht das SchVG **keine Begründungs- oder Berichtspflichten** bezüglich einzelner Tagesordnungspunkte oder zugehöriger Beschlussvorschläge vor, die im Vorfeld oder während der Gläubigerversammlung zu erfüllen wären.[58] Weder die Aufnahme oder Nichtaufnahme von Tagesordnungspunkten noch darin enthaltene Beschlussvorschläge müssen daher begründet werden.[59] Dies gilt auch für solche Tagesordnungspunkte, die

---

50 Vgl Friedl/Hartwig-Jacob/*Schmidtbleicher* § 13 Rn 3.
51 Zutreffend Veranneman/*Wasmann/Steber* § 13 Rn 5.
52 Vgl zum Aktienrecht *Wieneke* FS Schwark (2009) 305, 322.
53 Vgl dazu die Ausführungen bei Vorbemerkungen zu den §§ 9 bis 16 Rn 2 f.
54 Zu Recht Veranneman/*Wasmann/Steber* § 13 Rn 5; vgl zum Aktienrecht auch Hüffer/*Koch* § 124 Rn 17; *Kocher* BB **2014** 2317, 2320 ff; *Wieneke* FS Schwark (2009) 305, 312 ff.
55 Vgl zum Aktienrecht *Wieneke* FS Schwark (2009) 305, 322 ff.
56 Vgl §§ 186 Abs 4 S 2, 293a, 327c Abs 2 AktG.
57 Vgl §§ 8, 127, 192 UmwG.
58 Friedl/Hartwig-Jacob/*Schmidtbleicher* § 13 Rn 4; Heidel/*Müller* § 13 Rn 2; Veranneman/*Wasmann/Steber* § 13 Rn 3; *Wilken/Schaumann/Zenker* § 13 Rn 264, 276 ff.
59 Hopt/Seibt/*Binder* § 13 Rn 2, 6; Preuße/*Schindele* § 13 Rn 2 f; *Seibt* ZIP **2016** 997, 1003. Ebenso auch die zur Rechtsform der GmbH ergangene Rechtsprechung, vgl BGH 30.11.1961 BB **1962** 110; für das Aktienrecht Hirte/Mülbert/Roth/*Butzke* § 124 AktG Rn 76.

erst auf Verlangen einer qualifizierten Gläubigerminderheit in die Tagesordnung aufgenommen wurden.[60] Der Einberufende dürfte jedoch regelmäßig ein Interesse daran haben, schon in der Tagesordnung eine ausführliche Begründung für diejenigen Tagesordnungspunkte bzw Beschlussvorschläge aufzunehmen, die der Zustimmung durch die Gläubiger bedürfen, um schon im Vorfeld der Versammlung aktiv für deren Zustimmung zu werben.[61] Dies bietet sich insbesondere für die Erläuterung beabsichtigter Änderungen der Anleihebedingungen, die Vorstellung etwaiger Sanierungskonzepte oder für die Erklärung des Nichtverfolgens alternativer (Sanierungs-) Maßnahmen an, um den Gläubigern ein umfassendes Bild von den Hintergründen der betreffenden Tagesordnungspunkte und den hinter den zugehörigen Beschlussvorschläge stehenden Motiven zu verschaffen.[62] In der Praxis ist es deshalb durchaus üblich, dass die Tagesordnung freiwillige Berichte oder Begründungen zu bestimmten Tagesordnungspunkten bzw Beschlussvorschlägen enthält.[63] Daneben wird, insbesondere in Sanierungssituationen, den Gläubigern häufig parallel auch freiwillig weiteres Begleitmaterial, wie beispielsweise Q&A-Kataloge, (Vorstands-) Präsentationen oder die Zusammenfassung erstellter Sanierungs- bzw Bewertungsgutachten, zur Verfügung gestellt, um eine ausreichende Präsenzquote und Zustimmung der Gläubiger in der Versammlung zu gewährleisten.[64] Die Auslegung von Unterlagen, die nicht bereits nach § 13 zugänglich gemacht wurden, ist in der Versammlung jedoch nicht erforderlich.[65]

Auch wenn dies in der Praxis unüblich ist, dürfte es zulässig sein, eine etwaige Be- 14
gründungspflicht des Schuldners für bestimmte Tagesordnungspunkte in den Anleihebedingungen vorzusehen.[66] Auf den gemeinsamen Vertreter oder auf eine gerichtlich ermächtigte Gläubigerminderheit lässt sich eine solche Verpflichtung jedoch nicht übertragen, da darin ein Verstoß gegen § 5 Abs 1 S 2 zu sehen wäre.[67]

II. Bekanntmachung der Tagesordnung (Absatz 2)

Nach Absatz 2 Satz 1 ist die Tagesordnung einschließlich der darin enthaltenen Be- 15
schlussgegenstände und -vorschläge **öffentlich bekannt zu machen**. Dafür sind nach Absatz 2 Satz 2 die Regelungen für die Einberufung gemäß § 12 Abs 2 und 3 entsprechend anzuwenden.[68] Die Bekanntmachung der Tagesordnung soll wie schon die Einberufung der Versammlung der Unterrichtung der Gläubiger über Zweck und Inhalt der Versammlung dienen und ihnen damit die Vorbereitung ihrer Entscheidung ermöglichen.[69] Schließlich bietet sich den Gläubigern erst auf Grundlage der veröffentlichten Tagesordnung die Gelegenheit, die geplanten Beschlussgegenstände zu sichten und eigene Beschlussvorschläge nach Absatz 3 einzubringen oder etwaige Gegenanträge nach Absatz 4 zu stellen.[70]

---

60 Preuße/*Schindele* § 13 Rn 2.
61 Friedl/Hartwig-Jacob/*Schmidtbleicher* § 13 Rn 4; *Wilken/Schaumann/Zenker* § 13 Rn 264, 283.
62 Heidel/*Müller* § 13 Rn 2; *Seibt* ZIP **2016** 997, 1003.
63 Vgl beispielsweise die Einberufungen zu den Gläubigerversammlungen der ENTEGA Netz AG (2019), Singulus Technologies AG (2015/2016), Ekosem-Agrar GmbH (2016) und der German Pellets GmbH (2016).
64 Vgl auch *Seibt* ZIP **2016** 997, 1003; *Wasmann/Steber* ZIP **2014** 2005, 2010; *Wilken/Schaumann/Zenker* § 13 Rn 284.
65 *Wilken/Schaumann/Zenker* § 13 Rn 284.
66 Veranneman/*Wasmann/Steber* § 13 Rn 3.
67 Friedl/Hartwig-Jacob/*Schmidtbleicher* § 13 Rn 4.
68 Vgl dazu die Ausführungen bei § 12 Rn 6 ff.
69 RegBegr. BT-Drucks. 16/12814 S 22.
70 Hopt/Seibt/*Binder* § 13 Rn 7; Friedl/Hartwig-Jacob/*Schmidtbleicher* § 13 Rn 6; Langenbucher/Bliesener/Spindler/*Bliesener/Schneider* § 13 Rn 5; Veranneman/*Wasmann/Steber* § 13 Rn 6.

16 Wie bei der Einberufung ist für die Bekanntmachung der Tagesordnung damit die einmalige Veröffentlichung im Bundesanzeiger sowie ggf. nach weiteren in den Anleihebedingungen festgelegten Bekanntmachungsformen innerhalb der Einberufungsfrist erforderlich.[71] Zusätzlich ist die Tagesordnung auch auf der Internetseite des Schuldners oder eines zuvor bestimmten Dritten zu veröffentlichen.[72] Verlängert sich durch ein Anmeldeerfordernis nach § 10 Abs 2[73] die Einberufungsfrist, gilt dies auch für die Bekanntmachung der Tagesordnung.[74] Verpflichtet zur Bekanntmachung ist der Einberufende, nicht der Schuldner.[75] Der Schuldner hat jedoch die Kosten der Bekanntmachung zu tragen,[76] auch wenn er nicht der Einberufende ist.[77]

17 Nach dem Wortlaut von Absatz 2 hat die Bekanntmachung der Tagesordnung „mit" der Einberufung zu erfolgen. Das Gesetz sieht die Tagesordnung damit nicht als zwingenden Bestandteil der Einberufung an. Es wäre daher auch zulässig beide Dokumente zeitgleich, aber getrennt voneinander bekannt zu machen, sofern sie **inhaltlich zumindest miteinander verknüpft** sind (zB durch wechselseitige Verweisung).[78] In der Praxis werden beide Dokumente jedoch typischerweise in einem einheitlichen Dokument zusammengefasst und bekannt gemacht.[79] Variiert die Bekanntgabe von Einberufung und Tagesordnung in zeitlicher Hinsicht, kann dies einen Grund für die Anfechtbarkeit der in der Versammlung gefassten Beschlüsse darstellen.[80]

III. Ergänzungsverlangen der Gläubiger (Absatz 3)

18 **1. Inhalt und Form.** Nach Absatz 3 Satz 1 Halbs 1 kann eine qualifizierte Gläubigerminderheit mit zusammen 5 Prozent der ausstehenden Schuldverschreibungen verlangen, neue Beschlussgegenstände auf die Tagesordnung setzen zu lassen.[81] Die Vorschrift soll, in Ergänzung zu den diesbezüglichen Regelungen zur Einberufung, die Minderheitenrechte der Gläubiger stärken und für eine gewisse „Waffengleichheit" zwischen dem Einberufenden und den Gläubigern in Bezug auf die in der Versammlung zu besprechenden Beschlussgegenstände sorgen.[82] In der (Restrukturierungs-) Praxis haben Ergänzungsverlangen jedoch bislang keine größere Rolle erlangt.[83]

19 Die Anforderungen an die qualifizierte Minderheit sind bei Absatz 3 Satz 1 Halbs 1 die gleichen wie bei einem Einberufungsverlangen nach § 9 Abs 1 S 2.[84] Für das Verfahren und die gerichtliche Durchsetzung des Anspruchs gelten nach Absatz 3 Satz 1 Halbs 2 die Regelungen des § 9 Abs 2 bis 4 entsprechend.[85] Auf die entsprechenden Ausführun-

---

71 Vgl Abs 2 S 2 i.V.m. § 12 Abs 2 S 1 und 2, § 10 Abs 1.
72 Vgl Abs 2 S 2 i.V.m. § 12 Abs 3.
73 Vgl dazu die Ausführungen bei § 10 Rn 7 ff.
74 Preuße/*Schindele* § 13 Rn 4.
75 Hopt/Seibt/*Binder* § 13 Rn 7.
76 Vgl Abs 2 S 2 i.V.m. § 12 Abs 2 S 3.
77 Langenbucher/Bliesener/Spindler/*Bliesener*/*Schneider* § 13 Rn 5.
78 Blersch/Goetsch/Haas/*Paul* § 13 Rn 8; Hopt/Seibt/*Binder* § 13 Rn 7; Preuße/*Schindele* § 13 Rn 4.
79 Veranneman/*Wasmann*/*Steber* § 13 Rn 6; *Wilken*/*Schaumann*/*Zenker* § 13 Rn 266.
80 Blersch/Goetsch/Haas/*Paul* § 13 Rn 8.
81 Ekkenga/*Schmidtbleicher* Kapitel 12 Rn 152; *Wilken*/*Schaumann*/*Zenker* § 13 Rn 269.
82 So Hopt/Seibt/*Binder* § 13 Rn 9.
83 *Wilken*/*Schaumann*/*Zenker* § 13 Rn 270.
84 Heidel/*Müller* § 13 Rn 3; Langenbucher/Bliesener/Spindler/*Bliesener*/*Schneider* § 13 Rn 7; Preuße/*Schindele* § 13 Rn 7.
85 Friedl/Hartwig-Jacob/*Schmidtbleicher* § 13 Rn 13 ff; Heidel/*Müller* § 13 Rn 4; Hopt/Seibt/*Binder* § 13 Rn 17; Langenbucher/Bliesener/Spindler/*Bliesener*/*Schneider* § 13 Rn 8; Preuße/*Schindele* § 13 Rn 7.

gen zu § 9 wird insoweit verwiesen.[86] Der Schuldner hat auch bei einem Ergänzungsverlangen nach Absatz 3 Satz 1 die Kosten der Bekanntmachung und ihrer etwaigen gerichtlichen Durchsetzung zu tragen, da diese Kosten im Zusammenhang mit der Gläubigerversammlung entstehen.[87]

Das Ergänzungsverlangen nach Absatz 3 Satz 1 ist **an den Einberufenden** zu richten.[88] Es muss zum Ausdruck bringen, welche neuen Beschlussgegenstände in die Tagesordnung aufgenommen werden sollen. Neu sind die Beschlussgegenstände dann, wenn sie in der Tagesordnung bislang keine Berücksichtigung gefunden haben.[89] Nach Absatz 3 Satz 1 kann das Verlangen – anders als bei der aktienrechtlichen Parallelregelung des § 122 Abs 2 AktG –[90] nur auf die Ergänzung solcher Beschlussgegenstände gerichtet sein, die auch tatsächlich eine Beschlussfassung erfordern. Das Verlangen der Aufnahme beschlussloser Verhandlungs- bzw Beratungsgegenstände ist dagegen nicht zulässig.[91] 20

Anders als für das Einberufungsverlangen nach § 9 Abs 1 S 2 sieht Absatz 3 Satz 1 für das Verlangen zur Ergänzung der Tagesordnung **kein Formerfordernis** vor.[92] Ob es sich dabei um eine bewusste gesetzgeberische Entscheidung oder bloß um ein redaktionelles Versehen handelt, ist umstritten.[93] Für die Praxis wird diese Frage dahinstehen können, da schon aus Dokumentationsgründen die Einhaltung des Schriftformerfordernisses nach § 9 Abs 1 S 2 auch für das Ergänzungsverlangen anzuraten ist. Dies schließt auch die in der Praxis häufig gewählte elektronische Form als E-Mail gemäß §§ 126 Abs 3, 126a BGB mit ein.[94] 21

Eine Pflicht der qualifizierten Gläubigerminderheit, das Ergänzungsverlangen zu begründen oder einen damit zusammenhängenden Beschlussvorschlag einzubringen, **besteht nicht**.[95] Eine solche Pflicht kann der Gläubigerminderheit wegen § 5 Abs 1 S 2 auch nicht in den Anleihebedingungen auferlegt werden, da eine derartige Regelung zu Lasten der Gläubigerminderheit wirken würde.[96] Es bietet sich jedoch auch bei einem Ergänzungsverlangen an, als Gläubigerminderheit konkrete Beschlussvorschläge zu machen und zu begründen, um über die Hintergründe der neuen Beschlussgegenstände zu informieren und bei den restlichen Gläubigern um Zustimmung zu werben.[97] Sind im Ergänzungsverlangen keine Beschlussvorschläge enthalten, ist der Einberufende nach 22

86 Vgl im Einzelnen die Ausführungen bei § 9 Rn 10 ff (§ 9 Abs 1 S 2) und § 9 Rn 28 ff (§ 9 Abs 2 bis 4).
87 Friedl/Hartwig-Jacob/*Schmidtbleicher* § 13 Rn 13; Heidel/*Müller* § 13 Rn 4; Hopt/Seibt/*Binder* § 13 Rn 17; Langenbucher/Bliesener/Spindler/*Bliesener/Schneider* § 13 Rn 8; Preuße/*Schindele* § 13 Rn 7.
88 Langenbucher/Bliesener/Spindler/*Bliesener/Schneider* § 13 Rn 7; Veranneman/*Wasmann/Steber* § 13 Rn 8.
89 Hopt/Seibt/*Binder* § 13 Rn 9; Preuße/*Schindele* § 13 Rn 7.
90 Vgl zu § 122 Abs 2 AktG Hölters/*Drinhausen* § 122 Rn 17; Hüffer/*Koch* § 122 Rn 9; MüKoAktG/*Kubis* § 122 Rn 31.
91 Eingehend Hopt/Seibt/*Binder* § 13 Rn 12.
92 Heidel/*Müller* § 13 Rn 3; Preuße/*Schindele* § 13 Rn 7.
93 **Für Ersteres** Heidel/*Müller* § 13 Rn 3; Preuße/*Schindele* § 13 Rn 7; Veranneman/*Wasmann/Steber* § 13 Rn 8; **aA** Friedl/Hartwig-Jacob/*Schmidtbleicher* § 13 Rn 9; Langenbucher/Bliesener/Spindler/*Bliesener/Schneider* § 13 Rn 6a („redaktionelles Versehen"); wohl auch Hopt/Seibt/*Binder* § 13 Rn 10.
94 Friedl/Hartwig-Jacob/*Schmidtbleicher* § 13 Rn 9; Hopt/Seibt/*Binder* § 13 Rn 10; Preuße/*Schindele* § 13 Rn 7; Veranneman/*Wasmann/Steber* § 13 Rn 8.
95 Friedl/Hartwig-Jacob/*Schmidtbleicher* § 13 Rn 10; Hopt/Seibt/*Binder* § 13 Rn 11; Veranneman/*Wasmann/Steber* § 13 Rn 9.
96 Hopt/Seibt/*Binder* § 13 Rn 11.
97 Friedl/Hartwig-Jacob/*Schmidtbleicher* § 13 Rn 10.

Absatz 1 verpflichtet, solche zu unterbreiten.[98] Eine dem § 124 Abs 3 S 3 Alt. 2 AktG entsprechende Befreiung von der Vorschlagspflicht ist im SchVG nicht vorgesehen.[99]

23 **2. Prüfung und Bekanntmachung.** Die auf Verlangen der qualifizierten Gläubigerminderheit zu ergänzenden neuen Beschlussgegenstände sind vom Einberufenden nach Absatz 3 Satz 2 bekannt zu machen. Keine Aussage enthält Absatz 3 Satz 2 dazu, wie die Bekanntmachung zu erfolgen hat. Der Regelungszusammenhang in § 13 lässt allerdings den Rückschluss zu, dass die Bekanntmachung nach Absatz 3 Satz 2 in der gleichen Weise zu erfolgen hat wie schon die Bekanntmachung der Tagesordnung nach Absatz 1.[100]

24 Entspricht das Ergänzungsverlangen den Anforderungen des Absatzes 3 Satz 1 Halbs 1 muss der Einberufende die um die neuen Beschlussgegenstände ergänzte Tagesordnung bekannt machen. Ihm steht insoweit **kein Ermessen** zu.[101] Der Einzuberufende hat daher das Recht und – im Zweifelsfall – auch die Pflicht, das Ergänzungsverlangen in Bezug auf das Vorliegen der Voraussetzungen zu prüfen, bevor er die um die neuen Beschlussgegenstände ergänzte Tagesordnung bekannt macht.[102] **Sachfremde oder offensichtlich rechtswidrige** Ergänzungsverlangen darf der Einberufende zurückweisen.[103] Im Fall eines überlangen Ergänzungsverlangens steht es ihm auch zu, die darin enthaltenen Beschlussgegenstände samt etwaiger Beschlussvorschläge und Begründung sachlich richtig zusammenzufassen und anschließend bekannt zu machen.[104]

25 Die Bekanntmachung hat nach Absatz 3 Satz 2 **spätestens am dritten Tag** vor der Gläubigerversammlung zu erfolgen. Daraus folgt, dass das Ergänzungsverlangen dem Einberufenden davor bereits zugegangen sein muss, ohne dass das Gesetz hierfür eine Frist bestimmt.[105] Vor dem Hintergrund, dass dem Einberufenden zumindest Zeit für die Prüfung der Berechtigung des Ergänzungsverlangens nach Maßgabe von Absatz 3 Satz 1 sowie für die ggf. erforderliche Formulierung fehlender Beschlussvorschläge einzuräumen ist, dürfte hier ein gewisser Vorlauf unabdingbar sein.[106] Dieser darf andererseits auch nicht allzu großzügig bemessen werden, um die Prüfungs- und Vorbereitungszeit der Gläubigerminderheit nicht unnötig zu beschränken und das Minderheitenrecht so auszuhöhlen.[107] Mit Blick auf die Paralleldiskussion zu § 122 Abs 2 AktG, wo bei ungleich längerer Einberufungsfrist eine Prüfungsfrist von ein bis vier Werktagen für angemessen erachtet wird,[108] dürfte dem Einberufenden daher zumindest **ein Werktag** zur Prüfung

98 Zutreffend Blersch/Goetsch/Haas/*Paul* § 13 Rn 5; Hopt/Seibt/*Binder* § 13 Rn 4; Preuße/*Schindele* § 13 Rn 3; **aA** Veranneman/*Wasmann*/*Steber* § 13 Rn 9; unklar Friedl/Hartwig-Jacob/*Schmidtbleicher* § 13 Rn 10.

99 Vgl dazu bereits die Ausführungen in Rn 10.

100 Friedl/Hartwig-Jacob/*Schmidtbleicher* § 13 Rn 12; Hopt/Seibt/*Binder* § 13 Rn 13; vgl dazu die Ausführungen in Rn 15 ff.

101 Hopt/Seibt/*Binder* § 13 Rn 14.

102 Friedl/Hartwig-Jacob/*Schmidtbleicher* § 13 Rn 11; ebenso zu § 122 Abs 2 AktG MüKoAktG/*Kubis* § 122 Rn 37; **einschränkend** Hopt/Seibt/*Binder* § 13 Rn 16 (nur Prüfungsbefugnis).

103 Friedl/Hartwig-Jacob/*Schmidtbleicher* § 13 Rn 11; Hopt/Seibt/*Binder* § 13 Rn 16; Langenbucher/Bliesener/Spindler/*Bliesener*/*Schneider* § 13 Rn 8.

104 Friedl/Hartwig-Jacob/*Schmidtbleicher* § 13 Rn 11; Langenbucher/Bliesener/Spindler/*Bliesener*/*Schneider* § 13 Rn 8.

105 Langenbucher/Bliesener/Spindler/*Bliesener*/*Schneider* § 13 Rn 7; *Mühe* BKR **2017** 50, 57.

106 Heidel/*Müller* § 13 Rn 3; Friedl/Hartwig-Jacob/*Schmidtbleicher* § 13 Rn 12; Veranneman/*Wasmann*/*Steber* § 13 Rn 9.

107 Hopt/Seibt/*Binder* § 13 Rn 13; vgl zum Aktienrecht Spindler/Stilz/*Rieckers* § 122 Rn 46.

108 Vgl MüKoAktG/*Kubis* § 122 Rn 38 („Prüfung muss an dem auf den Zugang des Verlangens folgenden Werktag abgeschlossen sein"); Spindler/Stilz/*Rieckers* § 122 Rn 46 („drei bis vier Tage").

zugestanden werden müssen.[109] Berücksichtigt man noch den zeitlichen Vorlauf von üblicherweise zwei bis drei Werktagen, der zwischen Einreichung und Veröffentlichung für den Bundesanzeiger einzuplanen ist, muss das Ergänzungsverlangen dem Einberufenden daher **spätestens vier Werktage** vor dem Tag der Bekanntmachung nach Absatz 3 Satz 2 zugegangen sein.[110] Geht das Ergänzungsverlangen dem Einberufenden nicht fristgemäß zu, muss es nicht bekanntgemacht werden.[111] In diesem Fall darf die Gläubigerversammlung mangels ordnungsgemäßer Bekanntmachung keinen Beschluss über den entsprechenden Beschlussgegenstand fassen.[112]

Bis zur Bekanntmachung der ergänzten Tagesordnung kann die Gläubigerminder- 26
heit ihr Ergänzungsverlangen jederzeit zurücknehmen. Nach Bekanntmachung ist dagegen nur noch die Gläubigerversammlung berechtigt, den Tagesordnungspunkt abzusetzen.[113]

3. Rechtsmissbrauch. Auch formal zulässige Ergänzungsverlangen können im 27
Grundsatz wegen Rechtsmissbrauchs unzulässig und damit unbeachtlich sein.[114] Schon bei einer möglichen Zurückweisung des Einberufungsverlangens nach § 9 Abs 1 S 2 war jedoch aufgrund der damit verbundenen Einschränkung des Minderheitenrechts Zurückhaltung geboten und die Möglichkeit eines Rechtsmissbrauchs daher nur in engen Grenzen anzuerkennen.[115] Berücksichtigt man, dass das Ergänzungsverlangen nach Absatz 3 Satz 1 – im Gegensatz zu einer missbräuchlichen Veranlassung der Einberufung – keinen nennenswerten Mehraufwand für den Einberufenden erzeugt, sind diesbezüglich richtigerweise noch engere Maßstäbe anzulegen.[116] Vor diesem Hintergrund dürfte der Einwand eines Rechtsmissbrauchs in Bezug auf ein Ergänzungsverlangen nach Absatz 3 nur in absoluten Ausnahmesituationen überhaupt in Betracht kommen oder gar zu rechtfertigen sein.[117]

IV. Gegenanträge der Gläubiger (Absatz 4)

Jeder Gläubiger kann zu Beschlussgegenständen, die in der Tagesordnung bekannt 28
gemacht wurden, eigene Beschlussvorschläge einbringen (sog. Gegenanträge).[118] Dieses Recht wird in Absatz 4 zwar nicht ausdrücklich geregelt, aber implizit vorausgesetzt.[119] Kündigen die Gläubiger ihre Gegenanträge **schon vor der Versammlung** an, ist der Schuldner nach Absatz 4 verpflichtet, diese Gegenanträge den Gläubigern unverzüglich bis zum Tag der Gläubigerversammlung im Internet unter seiner Adresse oder auf einer in den Anleihebedingungen festgelegen Internetseite eines Dritten zugänglich zu ma-

109 Hopt/Seibt/*Binder* § 13 Rn 13.
110 Hopt/Seibt/*Binder* § 13 Rn 13; Veranneman/*Wasmann*/*Steber* § 13 Rn 10; weitergehend *Mühe* BKR **2017** 50, 57 („mind. 6 Tage").
111 Langenbucher/Bliesener/Spindler/*Bliesener*/*Schneider* § 13 Rn 7; Veranneman/*Wasmann*/*Steber* § 13 Rn 9.
112 Preuße/*Schindele* § 13 Rn 7.
113 Hopt/Seibt/*Binder* § 13 Rn 13; Preuße/*Schindele* § 13 Rn 7; vgl zu § 122 Abs 2 AktG Hüffer/*Koch* § 122 Rn 9a.
114 Hopt/Seibt/*Binder* § 13 Rn 15; Preuße/*Schindele* § 13 Rn 7; vgl zu § 122 Abs 2 AktG OLG Düsseldorf 5.7.2012 NZG **2013** 546, 547 f; Hüffer/*Koch* § 122 Rn 9a; *Reger* NZG **2013** 536.
115 Vgl dazu die Ausführungen bei § 9 Rn 25.
116 Preuße/*Schindele* § 13 Rn 7.
117 Hopt/Seibt/*Binder* § 13 Rn 15.
118 RegBegr. BT-Drucks. 16/12814 S 22.
119 Hopt/Seibt/*Binder* § 13 Rn 19.

chen.[120] Die Veröffentlichungspflicht des Schuldners entspricht insoweit derjenigen nach § 12 Abs 3,[121] wonach der Schuldner schon die Einberufung und die Bedingungen der Teilnahme an der Versammlung und der Stimmrechtsausübung auf gleiche Weise zu veröffentlichen hat.[122] Wie dort ist auch nach Absatz 4 keine weitere Bekanntmachung im Bundesanzeiger gefordert.[123] Die Veröffentlichungspflicht nach Absatz 4 soll nach Ansicht des Gesetzgebers etwaige Informationsasymmetrien unter den Gläubigern vermeiden und ihnen eine angemessene Vorbereitung der Versammlung ermöglichen. Dies gebiete schon die Fairness.[124]

29 Wie sich im Umkehrschluss aus Absatz 4 ergibt, bleibt es den Gläubigern unbenommen, auf eine Vorankündigung zu verzichten und etwaige Gegenanträge erst ad hoc **in der Versammlung** zu stellen.[125] Solche Ad-hoc-Gegenanträge sind in der (Restrukturierungs-) Praxis, insbesondere im Zusammenhang mit der Bestellung des gemeinsamen Vertreters nach § 7, nicht selten.[126] Gläubiger können zudem auch bereits veröffentlichte Gegenanträge noch vor der Versammlung zurücknehmen oder in der Versammlung **fallen lassen.**[127] Nach bestrittener, aber zutreffender Ansicht können Gegenanträge auch erst in der zweiten Versammlung gestellt werden, soweit sich nicht aus dem Gesetz etwas anderes ergibt.[128]

30 Inhaltlich hat ein Gegenantrag nach Absatz 4 **wie ein Beschlussvorschlag** zu erfolgen und damit eine konkrete Beschlussempfehlung zu enthalten.[129] Die bloße Ankündigung eines Gläubigers, in der Versammlung gegen einen Beschlussvorschlag der Tagesordnung zu stimmen, reicht dafür nicht aus.[130] Im Unterschied zu § 126 Abs 1 S 1 AktG[131] muss ein Gläubiger seinen Gegenantrag jedoch **nicht begründen.**[132] Eine derartige Begründungspflicht kann aufgrund von § 5 Abs 1 S 2 auch nicht wirksam in den Anleihebedingungen festgesetzt werden, da dies eine Änderung zu Lasten der Gläubiger wäre.[133] Wie schon beim Ergänzungsverlangen, muss es dem Einberufenden gestattet sein, einen sprachlich und inhaltlich zu weit gefassten Gegenantrag richtig zusammenzufassen und diesen geänderten Antrag den Gläubigern danach zugänglich zu machen. Ist der angekündigte Gegenantrag **offensichtlich rechtsmissbräuchlich**, kann der Einberufende von einer Veröffentlichung absehen.[134]

---

120 Friedl/Hartwig-Jacob/*Schmidtbleicher* § 13 Rn 16; *Wilken/Schaumann/Zenker* § 13 Rn 271 f.
121 Heidel/*Müller* § 13 Rn 5; Veranneman/*Wasmann/Steber* § 13 Rn 11; Langenbucher/Bliesener/Spindler/*Bliesener/Schneider* § 13 Rn 12.
122 Vgl dazu die Ausführungen bei § 12 Rn 9 ff.
123 Preuße/*Schindele* § 13 Rn 8; Veranneman/*Wasmann/Steber* § 13 Rn 11.
124 RegBegr. BT-Drucks. 16/12814 S 22.
125 Hopt/Seibt/*Binder* § 13 Rn 19; Langenbucher/Bliesener/Spindler/*Bliesener/Schneider* § 13 Rn 12a; Preuße/*Schindele* § 13 Rn 8; Veranneman/*Wasmann/Steber* § 13 Rn 12; *Wilken/Schaumann/Zenker* § 13 Rn 273.
126 *Wilken/Schaumann/Zenker* § 13 Rn 274.
127 Friedl/Hartwig-Jacob/*Schmidtbleicher* § 13 Rn 19; *Wilken/Schaumann/Zenker* § 13 Rn 273.
128 Preuße/*Kirchner* § 15 Rn 17; Veranneman/*Wasmann/Steber* § 13 Rn 11; **aA** Hopt/Seibt/*Binder* § 15 Rn 26; vgl dazu auch die Ausführungen bei § 15 Rn 82.
129 Friedl/Hartwig-Jacob/*Schmidtbleicher* § 13 Rn 17; Hopt/Seibt/*Binder* § 13 Rn 19.
130 Veranneman/*Wasmann/Steber* § 13 Rn 11.
131 Vgl dazu Hölters/*Drinhausen* § 126 Rn 7; Spindler/Stilz/*Rieckers* § 126 Rn 11 ff.
132 Friedl/Hartwig-Jacob/*Schmidtbleicher* § 13 Rn 17; Hopt/Seibt/*Binder* § 13 Rn 19; Langenbucher/Bliesener/Spindler/*Bliesener/Schneider* § 13 Rn 10; Preuße/*Schindele* § 13 Rn 8; Veranneman/*Wasmann/Steber* § 13 Rn 13; *Wilken/Schaumann/Zenker* § 13 Rn 271.
133 Heidel/*Müller* § 13 Rn 5; Veranneman/*Wasmann/Steber* § 13 Rn 13; Langenbucher/Bliesener/Spindler/*Bliesener/Schneider* § 13 Rn 10.
134 Friedl/Hartwig-Jacob/*Schmidtbleicher* § 13 Rn 17.

Der Wortlaut des Absatz 4 enthält für die Ankündigung eines Gegenantrags **kein Formerfordernis.**[135] Der Gegenantrag sollte allerdings, ähnlich wie schon das Ergänzungsverlangen nach Absatz 3, bereits aus Dokumentationsgründen per E-Mail, Telefax oder Boten übermittelt werden.[136] 31

V. Rechtsfolgen fehlerhafter Bekanntmachung bzw Veröffentlichung

Nach Absatz 2 Satz 3 sind Beschlussfassungen über nicht oder nicht ordnungsgemäß bekanntgemachte Beschlussgegenstände unzulässig und damit anfechtbar.[137] Verstößt der Einberufende gegen die ordnungsgemäße Bekanntmachung der Tagesordnung oder von Beschlussvorschlägen, berechtigt dies zur Anfechtung der auf der Versammlung getroffenen Beschlüsse gemäß § 20 Abs 1 S 1, Alt. 1 i.V.m. Absatz 2 Satz 3.[138] Ebenso anfechtbar sind Beschlussfassungen, die unter Verstoß gegen die Pflicht zur Bekanntmachung eines Ergänzungsverlangens nach Absatz 3 oder zur Veröffentlichung von Gegenanträgen nach Absatz 4 zustande kommen.[139] 32

§ 14
Vertretung

(1) ¹Jeder Gläubiger kann sich in der Gläubigerversammlung durch einen Bevollmächtigten vertreten lassen. ²Hierauf ist in der Einberufung der Gläubigerversammlung hinzuweisen. ³In der Einberufung ist auch anzugeben, welche Voraussetzungen erfüllt sein müssen, um eine wirksame Vertretung zu gewährleisten.

(2) ¹Die Vollmacht und Weisungen des Vollmachtgebers an den Vertreter bedürfen der Textform. ²Wird ein vom Schuldner benannter Stimmrechtsvertreter bevollmächtigt, so ist die Vollmachtserklärung vom Schuldner drei Jahre nachprüfbar festzuhalten.

Schrifttum

Bachmann Verwaltungsvollmacht und „Aktionärsdemokratie“: Selbstregulative Ansätze für die Hauptversammlung AG **2001** 635; *Habersack* Aktienrecht und Internet ZHR 165 (**2001**) 172; *Hanloser* Proxy-Voting, Remote-Voting und Online-HV: § 134 III 3 AktG nach dem NaStraG NZG **2001** 355; *Hüther* Namensaktien, Internet und die Zukunft der Stimmrechtsvertretung AG **2001** 68; *Noack* Stimmrechtsvertretung in der Hauptversammlung nach NaStraG ZIP **2001** 57; *Reichert/Harbarth* Stimmrechtsvollmacht, Legitimationszession und Stimmrechtsausschluss in der AG AG **2001** 447; *van Laak/Ulbrich* Entsendung mehrere Stimmrechtsvertreter in die Hauptversammlung? AG **2006** 660; *Riegger* Hauptversammlung und Internet ZHR 165 (**2001**) 204; *Wiebe* Vorstandsmacht statt Bankenmacht? ZHR 166 (**2002**) 182.

Vgl im Übrigen das weitere Schrifttum bei §§ 9 ff.

---

135 Heidel/*Müller* § 13 Rn 5; Veranneman/*Wasmann/Steber* § 13 Rn 13; Langenbucher/Bliesener/Spindler/*Bliesener/Schneider* § 13 Rn 11; Preuße/*Schindele* § 13 Rn 8; **aA** *Bertelmann/Schönen* ZIP **2014** 353, 357 (Textform).
136 Friedl/Hartwig-Jacob/*Schmidtbleicher* § 13 Rn 18; Veranneman/*Wasmann/Steber* § 13 Rn 13.
137 Langenbucher/Bliesener/Spindler/*Bliesener/Schneider* § 13 Rn 9.
138 Hopt/Seibt/*Binder* § 13 Rn 20; *Wilken/Schaumann/Zenker* § 13 Rn 268.
139 Hopt/Seibt/*Binder* § 13 Rn 20; Langenbucher/Bliesener/Spindler/*Bliesener/Schneider* § 13 Rn 9.

Systematische Übersicht

A. Allgemeines

1 § 14 beschäftigt sich mit Fragen der **gewillkürten Stellvertretung.** Die Möglichkeit, sich als Gläubiger in der Versammlung vertreten zu lassen, war im SchVG 1899 noch nicht ausdrücklich geregelt. Sie wurde in § 8 Abs 1 SchVG 1899 lediglich stillschweigend vorausgesetzt.[1] Die Vorschrift, die **teilweise nur deklaratorisch** ist, bildet eine Schnittstelle zwischen den vorrangig im Vorfeld der Versammlung angesiedelten Vorschriften der §§ 9 bis 13 und den auf das Geschehen in der Versammlung abzielenden Vorschriften der §§ 15 und 16.[2] Sinn und Zweck der Vorschrift ist dabei zweierlei: Die Gläubiger sollen sich zum einen bewusst sein, dass sie ihre Rechte in der Versammlung auch durch die Bevollmächtigung Dritter an ihrer statt wahrnehmen können. Zum anderen möchte der Gesetzgeber gewährleisten, dass an den Abstimmungen der Gläubigerversammlung solche Bevollmächtigte stimmberechtigter Gläubiger teilnehmen, die dazu formal auch berechtigt sind.[3]

2 Vor diesem Hintergrund stellt Absatz 1 Satz 1 klar, dass sich Gläubiger in der Gläubigerversammlung durch einen Bevollmächtigten vertreten lassen können. Dies ist im Grunde überflüssig, da sowohl die Teilnahme an der Versammlung als auch die dort vorzunehmenden Rechtshandlungen oder Willenserklärungen **keinen höchstpersönlichen Charakter** haben, sodass für die Stellvertretung ohnehin auf die allgemeinen Vorschriften zurückzugreifen ist.[4] Absatz 1 Satz 2 und 3 enthalten – in Ergänzung zu den Vorschriften der §§ 9 bis 12 – spezielle Hinweispflichten zur Bevollmächtigung, die in die Einberufung aufzunehmen sind. Absatz 2 befasst sich schließlich mit den (Mindest-) Anforderungen an die Form und den Nachweis der Vollmacht und berücksichtigt dabei die insbesondere im Aktienrecht zunehmend bedeutende Bevollmächtigung von Stimmrechtsvertretern im Rahmen des sog. Proxy-Voting.[5] § 14 weist damit Parallelen zu den Regelungen der §§ 134 Abs 3 und 4, 125 Abs 1 S 4 AktG auf. Auf die dazu entwickelten Grundsätze kann, vorbehaltlich der unterschiedlichen Regelungszusammenhänge, bei der Auslegung des § 14 daher weitegehend zurückgegriffen werden.[6]

---

1 Hopt/Seibt/*Binder* § 14 Rn 1; Friedl/Hartwig-Jacob/*Schmidtbleicher* § 14 Rn 1.
2 Vgl Hopt/Seibt/*Binder* § 14 Rn 2.
3 RegBegr. BT-Drucks. 16/12814 S 23; vgl auch Preuße/*Kirchner* § 14 Rn 4.
4 Friedl/Hartwig-Jacob/*Schmidtbleicher* § 14 Rn 2; Preuße/*Kirchner* § 14 Rn 5; Veranneman/*Wasmann/Steber* § 14 Rn 1.
5 Friedl/Hartwig-Jacob/*Schmidtbleicher* § 14 Rn 1; vgl zum Proxy-Voting auch Hüffer/*Koch* § 134 Rn 26a ff.
6 Hopt/Seibt/*Binder* § 14 Rn 3; Preuße/*Kirchner* § 14 Rn 2.

Die Vorschrift regelt die Bevollmächtigung in der Gläubigerversammlung **nicht umfassend**. Stattdessen beschränkt sich der Gesetzgeber bewusst nur auf solche Aspekte, die zur Feststellung der Identität und Berechtigung des Vertreters unerlässlich sind. Ausgestaltung, Form und Prüfung der Vollmachtserteilung bleiben damit im Übrigen der Praxis überlassen, um auch Raum für die Berücksichtigung neuerer, insbesondere technischer, Entwicklungen zu geben.[7] 3

Der Anwendungsbereich des § 14 umfasst nur die rechtsgeschäftliche Stellvertretung einzelner Gläubiger.[8] Auf die Fälle der **gesetzlichen bzw organschaftlichen Vertretung** findet die Vorschrift daher **keine Anwendung**.[9] Diese Art der Stellvertretung ist jedoch ohne Weiteres zulässig und richtet sich nach den allgemeinen Grundsätzen des jeweils anwendbaren Rechts.[10] Ebenfalls nicht von § 14 erfasst, aber gleichwohl möglich, ist die **Legitimationszession gemäß § 185 Abs 1 BGB**, also die Übertragung der Befugnis, Rechte aus fremden Schuldverschreibungen im eigenen Namen geltend zu machen.[11] Das aktienrechtliche Verbot für Kreditinstitute und andere geschäftsmäßig handelnde Vertreter nach § 135 Abs 1, Abs 8 AktG findet insoweit keine Anwendung.[12] Außerhalb des Anwendungsbereichs von § 14 liegen zudem die Fälle der gemeinschaftlichen Vertretung der Gläubiger durch einen **gemeinsamen Vertreter**, die bereits in den §§ 7 und 8 ihre Regelung gefunden haben.[13] 4

B. Die Regelungen im Einzelnen

I. Vertretung durch Vollmacht

1. Inhalt und Form. Absatz 1 Satz 1 stellt klar, dass sich jeder Gläubiger in der Versammlung rechtsgeschäftlich vertreten lassen kann.[14] Die Erteilung der rechtsgeschäftlichen Vollmacht für die Vertretung in der Gläubigerversammlung richtet sich dabei grundsätzlich nach den **allgemeinen Vorschriften der §§ 164 ff BGB**.[15] Es bedarf daher einer wirksamen Vollmachtserteilung nach § 167 Abs 1 BGB.[16] Die Bevollmächtigung kann dabei als Sondervollmacht für eine Gläubigerversammlung erfolgen oder sich aus einer allgemeinen Vollmacht, die auch die Wahrnehmung der Rechte aus den Schuldverschreibungen umfasst, ergeben (zB Generalvollmacht oder Prokura).[17] Einmal erteilt, erstreckt sich die Bevollmächtigung auf alle Rechtshandlungen, die „in der Gläubiger- 5

7 RegBegr. BT-Drucks. 16/12814 S 23.
8 Veranneman/*Wasmann/Steber* § 14 Rn 2.
9 Heidel/*Müller* § 14 Rn 1; Hopt/Seibt/*Binder* § 14 Rn 1; Langenbucher/Bliesener/Spindler/*Bliesener/Schneider* § 14 Rn 2.
10 Hopt/Seibt/*Binder* § 14 Rn 17; Preuße/*Kirchner* § 14 Rn 8; Friedl/Hartwig-Jacob/*Schmidtbleicher* § 14 Rn 6; Veranneman/*Wasmann/Steber* § 14 Rn 2.
11 Hopt/Seibt/*Binder* § 14 Rn 18; Friedl/Hartwig-Jacob/*Schmidtbleicher* § 14 Rn 7; Langenbucher/Bliesener/Spindler/*Bliesener/Schneider* § 14 Rn 9; Preuße/*Kirchner* § 14 Rn 9; Veranneman/*Wasmann/Steber* § 14 Rn 3.
12 Hopt/Seibt/*Binder* § 14 Rn 18.
13 Heidel/*Müller* § 14 Rn 2; Langenbucher/Bliesener/Spindler/*Bliesener/Schneider* § 14 Rn 2; Preuße/*Kirchner* § 14 Rn 3. Vgl dazu die Ausführungen bei Vorbemerkungen zu den §§ 7, 8 Rn 1 ff.
14 Friedl/Hartwig-Jacob/*Schmidtbleicher* § 14 Rn 2; Heidel/*Müller* § 14 Rn 1.
15 Blersch/Goetsch/Haas/*Paul* § 14 Rn 2; Hopt/Seibt/*Binder* § 14 Rn 2; Langenbucher/Bliesener/Spindler/*Bliesener/Schneider* § 14 Rn 2; vgl auch zur Parallelregelung des § 134 AktG: Hüffer/*Koch* § 134 Rn 21; MüKoAktG/*Arnold* § 134 Rn 35.
16 Vgl dazu Jauernig/*Mansel* § 167 Rn 1.
17 Langenbucher/Bliesener/Spindler/*Bliesener/Schneider* § 14 Rn 2; Preuße/*Kirchner* § 14 Rn 14.

versammlung“ vorzunehmen sind, was nicht nur die Stimmrechtsausübung, sondern insbesondere auch das Rede-, Frage- und Antragsrecht umfasst.[18]

6 Nach allgemeinen Grundsätzen müsste der Bevollmächtigte prinzipiell eine Vollmachtsurkunde in Schriftform gemäß § 126 BGB vorlegen, um nicht Gefahr zu laufen, bei einseitigen empfangsbedürftigen Rechtsgeschäften wie beispielsweise der Stimmrechtsausübung[19] im Zweifelsfall nach § 174 S 1 BGB zurückgewiesen zu werden.[20] Wie bei der Hauptversammlung gemäß § 134 Abs 3 AktG[21] erfahren die allgemeinen Formvorschriften der Vollmachtserteilung daher eine Erleichterung,[22] indem auch bei der Gläubigerversammlung sowohl die Vollmacht als auch die Weisungen des Vollmachtgebers nach Absatz 2 Satz 1 **nur der Textform** im Sinne des § 126b BGB bedürfen.[23] Demzufolge muss die Vollmacht nur in einer Urkunde oder auf eine andere zur dauerhaften Wiedergabe in Schriftzeichen geeignete Weise abgegeben, die Person des Erklärenden benannt und der Abschluss der Erklärung durch Nachbildung der Namensunterschrift oder anders erkennbar gemacht werden.[24] Die Vollmacht kann auch per Fax, E-Mail oder SMS erteilt werden.[25] Ein möglicher Verstoß gegen das Formerfordernis führt gemäß § 125 S 1 BGB zur Nichtigkeit der Vollmacht.[26]

7 Das Erlöschen der Vollmacht richtet sich ebenfalls nach den allgemeinen Vorschriften der §§ 168 bis 173 BGB.[27] Nach § 168 S 1 BGB ist ein Widerruf der Vollmacht daher jederzeit formfrei möglich.[28] Absatz 2 Satz 1 findet insoweit keine Anwendung. Eine Besonderheit gegenüber dem Aktienrecht ist die Möglichkeit, die Vollmacht unbefristet und sogar unwiderruflich zu erteilen. Diese Möglichkeit besteht, da das Teilnahmerecht (einschließlich Rede-, Frage- und Antragsrecht) sowie das Stimmrecht nicht der Mitgliedschaft in einem korporativen Verband, sondern einem schuldrechtlichen Verhältnis entspringen. Ein Verstoß gegen das verbandsrechtliche Abspaltungsverbot ist daher nicht möglich.[29]

8 Aufgrund von § 5 Abs 1 S 2 können in den Anleihebedingungen keine strengeren Formvorschriften für die Vollmacht- und Weisungserteilung, wie etwa die Schriftform, oder gar inhaltliche Anforderungen zu Lasten der Gläubiger vorgesehen werden.[30] Die Anleihebedingungen können jedoch Regelungen enthalten, welche allein das Verfahren der Prüfung und des Nachweises der Stimmrechtsvertretung betreffen.[31]

---

18 Friedl/Hartwig-Jacob/*Schmidtbleicher* § 14 Rn 2; Heidel/*Müller* § 14 Rn 1; Hopt/Seibt/*Binder* § 14 Rn 4; Veranneman/*Wasmann/Steber* § 14 Rn 1.
19 Vgl Preuße/*Kirchner* § 16 Rn 47; vgl auch zum Aktienrecht MüKoAktG/*Arnold* § 133 Rn 23.
20 Vgl zu § 174 BGB.
21 Vgl dazu Hüffer/*Koch* § 134 Rn 22a; Spindler/Stilz/*Rieckers* § 134 Rn 69.
22 RegBegr. BT-Drucks. 16/12814 S 23; vgl auch Friedl/Hartwig-Jacob/*Schmidtbleicher* § 14 Rn 3; *Otto* DNotZ **2012** 809, 815; **aA** Veranneman/*Wasmann/Steber* § 14 Rn 4 („Verschärfung“ mit Verweis auf § 167 Abs 2 BGB).
23 Heidel/*Müller* § 14 Rn 2.
24 Preuße/*Kirchner* § 14 Rn 13.
25 Friedl/Hartwig-Jacob/*Schmidtbleicher* § 14 Rn 3; Veranneman/*Wasmann/Steber* § 14 Rn 4; vgl auch zum Aktienrecht Hüffer/*Koch* § 134 Rn 22a.
26 Veranneman/*Wasmann/Steber* § 14 Rn 4.
27 Preuße/*Kirchner* § 14 Rn 12.
28 Veranneman/*Wasmann/Steber* § 14 Rn 4.
29 Hopt/Seibt/*Binder* § 14 Rn 4.
30 Friedl/Hartwig-Jacob/*Schmidtbleicher* § 14 Rn 4; Heidel/*Müller* § 14 Rn 2; Hopt/Seibt/*Binder* § 14 Rn 5; Langenbucher/Bliesener/Spindler/*Bliesener/Schneider* § 14 Rn 8; Veranneman/*Wasmann/Steber* § 14 Rn 4, 9.
31 Vgl dazu die Ausführungen in Rn 14 ff.

2. Person des Bevollmächtigten

a) Grundsatz. Der einzelne Gläubiger kann, abgesehen von dem ggf. nach §§ 7 und 8 bestellten gemeinsamen Vertreter, jede natürliche oder juristische Person bevollmächtigen. Insoweit besteht Wahlfreiheit.[32] Wie im Aktienrecht ist dabei auch die Vertretung durch einen beschränkt geschäftsfähigen Vertreter im Sinne des § 165 BGB oder durch einen anderen Anleihegläubiger, der gleichzeitig das Stimmrecht aus den ihm selbst gehörenden Schuldverschreibungen geltend macht, möglich, ohne dass § 181 BGB dem entgegensteht.[33] Etwaige Einschränkungen in den Anleihebedingungen sind nach § 5 Abs 1 S 2 nicht zulässig, da sie zu Lasten der Gläubiger wirken würden.[34] 9

b) Stimmrechtsvertreter. Aus Absatz 2 Satz 2 Halbs 1 geht hervor, dass der Gläubiger auch einen vom Schuldner benannten Stimmrechtsvertreter bevollmächtigen kann.[35] Die Vorschrift verweist damit auf die Möglichkeit, sein Teilnahmerecht durch von der AG bestimmte Stimmrechtsvertreter ausüben zu lassen (sog. Proxy-Voting).[36] Diese Gestaltung ist im Aktienrecht aufgrund potenzieller Interessenkonflikte und möglicher Einflussnahme der Verwaltung auf die Abstimmung rechtspolitisch umstritten, wird in § 134 Abs 3 S 5 AktG aber ausdrücklich vorausgesetzt.[37] Wie im Aktienrecht sind auch im SchVG die konkreten Voraussetzungen für die Zulässigkeit des Proxy-Voting nicht ausdrücklich geregelt.[38] Es besteht daher Unklarheit, ob und wieweit im Rahmen des Absatz 2 Satz 2 auf die aktienrechtliche Diskussion zur Bevollmächtigung eines Stimmrechtsvertreters im Rahmen des § 134 Abs 3 S 5 AktG zurückgegriffen werden kann.[39] Dies gilt insbesondere in Bezug auf die im Aktienrecht wohl überwiegend vertretene, aber bestrittene Ansicht, dass in teleologischer Reduktion des § 134 Abs 3 S 5 AktG die Bevollmächtigung eines Stimmrechtsvertreters nur dann zulässig sein soll, wenn und soweit dieser eine ausdrückliche Weisung zu den einzelnen Beschlussgegenständen erhalten hat.[40] Zudem soll die Gesellschaft nach der im Aktienrecht wohl hM zwar eigene Arbeitnehmer, nicht aber Organmitglieder als Stimmrechtsvertreter benennen können, da letztere aufgrund des aus § 136 Abs 2 AktG ableitbaren Manipulationsverbots derart ungeeignet seien, dass sie nicht bevollmächtigt werden dürfen.[41] Schließlich dürfe die Willensbildung in der AG nicht derart erfolgen, dass die AG oder ihre Organe durch die Stimmrechtsausübung für die Aktionäre ein sich selbst stabilisierendes System errich- 10

32 Hopt/Seibt/*Binder* § 14 Rn 6; Preuße/*Kirchner* § 14 Rn 6; Veranneman/*Wasmann*/*Steber* § 14 Rn 5; **einschränkend** Heidel/*Müller* § 14 Rn 2; Langenbucher/Bliesener/Spindler/*Bliesener*/*Schneider* § 14 Rn 2 (nur natürliche Personen).

33 Hopt/Seibt/*Binder* § 14 Rn 6; vgl auch zur aktienrechtlichen Parallelvorschrift des § 134 Abs 3 AktG Hölters/*Hirschmann* § 134 Rn 48; Hüffer/*Koch* § 134 Rn 25; MüKoAktG/*Arnold* § 134 Rn 38.

34 Hopt/Seibt/*Binder* § 14 Rn 6.

35 Heidel/*Müller* § 14 Rn 3; Veranneman/*Wasmann*/*Steber* § 14 Rn 6.

36 Blersch/Goetsch/Haas/*Paul* § 14 Rn 7; Friedl/Hartwig-Jacob/*Schmidtbleicher* § 14 Rn 10; Hopt/Seibt/*Binder* § 14 Rn 9; vgl zum Aktienrecht Hüffer/*Koch* § 134 Rn 26a ff.

37 Blersch/Goetsch/Haas/*Paul* § 14 Rn 7; Friedl/Hartwig-Jacob/*Schmidtbleicher* § 14 Rn 10; Hopt/Seibt/*Binder* § 14 Rn 9; vgl zum Aktienrecht Hüffer/*Koch* § 134 Rn 26a ff.

38 Friedl/Hartwig-Jacob/*Schmidtbleicher* § 14 Rn 10; vgl zum Aktienrecht Hüffer/*Koch* § 134 Rn 26b.

39 Vgl Friedl/Hartwig-Jacob/*Schmidtbleicher* § 14 Rn 10; Hopt/Seibt/*Binder* § 14 Rn 9; Preuße/*Kirchner* § 14 Rn 6; Veranneman/*Wasmann*/*Steber* § 14 Rn 6.

40 Vgl Hüffer/*Koch* § 134 Rn 26b; *Hüther* AG **2001** 68, 71 ff; Hölters/*Hirschmann* § 134 Rn 51; MüKoAktG/*Arnold* § 134 Rn 41 f; **aA** Spindler/Stilz/*Rieckers* § 134 Rn 55 f.

41 Vgl Hüffer/*Koch* § 134 Rn 26b; Hölters/*Hirschmann* § 134 Rn 50; **aA** *Bunke* AG **2002** 57, 59 ff; Spindler/Stilz/*Rieckers* § 134 Rn 54 („Weisungserfordernis ausreichend").

ten.[42] Des Weiteren werden teilweise auch qualitative Anforderungen an die Professionalität und Unabhängigkeit des Stimmenvertreters von der Verwaltung gestellt.[43] Gegen die generelle Übertragung der aktienrechtlichen Maßstäbe spricht, dass eine § 136 Abs 2 AktG oder § 135 AktG vergleichbare Regelung im SchVG fehlt. Der argumentative Rückgriff auf das aus § 136 Abs 2 AktG abgeleitete Manipulationsverbot oder das zwischen Aktionär und Gesellschaft bestehende Treueverhältnis ist im Rahmen des SchVG nicht möglich, da sich diese Rechtsgedanken auf das schuldrechtlich geprägte Verhältnis zwischen Gläubiger und Schuldner nicht sinnvoll übertragen lassen, wo sich beide als Vertragsparteien mit zwangsläufig unterschiedlichen Interessen gegenüberstehen.[44] Gleichwohl ist aber auch im Verhältnis zwischen Gläubiger und Schuldner die Möglichkeit potenzieller Interessenkonflikte zwischen dem von der Verwaltung benannten Stimmrechtsvertreter und dem von ihm vertretenen Gläubiger anzuerkennen. Dies gilt umso mehr, als im Aktienrecht die Annahme gerechtfertigt ist, dass der von der AG benannte Stimmrechtsvertreter im Gesellschaftsinteresse und damit zumindest auch im Interesse des Aktionärs abstimmen wird, während diese Annahme für die Abstimmung in der Gläubigerversammlung nicht zutreffend ist. Die Gefahr eines potentiellen Interessenkonflikts zwischen Stimmrechtsvertreter und Vertretenem ist in der Gläubigerversammlung daher eher größer als in der Hauptversammlung.[45] Dennoch bietet die Rechtslage im Ergebnis *de lege lata* keine Anhaltspunkte, die eine Übertragung der aktienrechtlichen Maßstäbe und eine etwaige Einschränkung der Wahlfreiheit des Schuldners rechtfertigt.[46] Auch die Anleihebedingungen können solche Einschränkungen wegen eines ansonsten anzunehmenden Verstoßes gegen § 5 Abs 1 S 2 nicht vorsehen.[47] Die einzige Grenze der Stimmrechtsausübung dürfte damit das allgemeine Missbrauchsverbot bilden.[48] Insofern ist der Praxis anzuraten, im Falle der Nutzung von Stimmrechtsvertretern stets Weisungen für sämtliche Beschlussgegenstände zu erteilen.[49]

11 Macht der Gläubiger von der Möglichkeit der Bevollmächtigung eines vom Schuldner benannten Stimmrechtsvertreters Gebrauch, hat der Schuldner gemäß Absatz 2 Satz 2 Halbs 2 die Vollmachtserklärung (einschließlich etwaiger Weisungen) **für drei Jahre nachprüfbar aufzubewahren.**[50] Diese Aufbewahrungspflicht entspricht derjenigen in § 134 Abs 3 S 5 Halbs 1 AktG.[51] Sie dient Dokumentationszwecken und soll die Geltendmachung etwaiger Schadensersatzansprüche gegen den Vertreter während der regelmäßigen Verjährungsfrist des § 195 BGB erleichtern.[52] Gefordert ist nicht das Aufbewahren des Originals, aber zumindest die Speicherung in irgendeiner Form.[53]

---

42 Vgl *Habersack* ZHR 165 (**2001**) 172, 185; Hüffer/*Koch* § 134 Rn 26.
43 Hüffer/*Koch* § 134 Rn 26b; *Noack* ZIP **2001** 57, 62.
44 Vgl Veranneman/*Wasmann*/*Steber* § 14 Rn 6; **aA** Langenbucher/Bliesener/Spindler/*Bliesener*/*Schneider* § 14 Rn 6 (§ 136 Abs 2 AktG analog anwendbar).
45 Vgl Friedl/Hartwig-Jacob/*Schmidtbleicher* § 14 Rn 10; Hopt/Seibt/*Binder* § 14 Rn 9.
46 Im Ergebnis übereinstimmend Friedl/Hartwig-Jacob/*Schmidtbleicher* § 14 Rn 10; Heidel/*Müller* § 14 Rn 3; Hopt/Seibt/*Binder* § 14 Rn 9; Langenbucher/Bliesener/Spindler/*Bliesener*/*Schneider* § 14 Rn 5; Preuße/*Kirchner* § 14 Rn 6; Veranneman/*Wasmann*/*Steber* § 14 Rn 6.
47 Preuße/*Kirchner* § 14 Rn 6.
48 Friedl/Hartwig-Jacob/*Schmidtbleicher* § 14 Rn 10.
49 Ebenso Veranneman/*Wasmann*/*Steber* § 14 Rn 6.
50 Heidel/*Müller* § 14 Rn 3.
51 Preuße/*Kirchner* § 14 Rn 7.
52 RegBegr. BT-Drucks. 16/12814 S 23; kritisch Veranneman/*Wasmann*/*Steber* § 14 Rn 6.
53 Hopt/Seibt/*Binder* § 14 Rn 16; Preuße/*Kirchner* § 14 Rn 7.

c) Bevollmächtigung von Kreditinstituten (Depotstimmrecht). Die in § 135 AktG ausdrücklich vorgesehene und in der Praxis der Hauptversammlung äußerst bedeutsame Bevollmächtigung eines (depotführenden) Kreditinstitutes im Rahmen eines sog. **Auftrags- bzw Depotstimmrechts** ist im SchVG nicht geregelt.[54] Eine analoge Anwendung der aktienrechtlichen Vorschrift scheitert nach allgemeiner Ansicht an dem Erfordernis der planwidrigen Regelungslücke.[55] Dennoch ist die Bevollmächtigung eines (depotführenden) Kreditinstituts auch für die Gläubigerversammlung denkbar und nach allgemeinen Regeln möglich.[56] Ob eine solche Bevollmächtigung im Einzelfall sinnvoll ist, ist allerdings fraglich. Die Möglichkeit potentieller Interessenkonflikte ist in jedem Fall weitaus höher als im Aktienrecht, da es sich bei dem Kreditinstitut häufig auch um einen konkurrierenden Gläubiger handeln dürfte, dessen Interessen als Kreditgeber mit denen des Anleihegläubigers teilweise nur schwer vereinbar sein könnten.[57] 12

d) Mehrere Bevollmächtigte. Aufgrund der eingeräumten Wahlfreiheit kann ein Gläubiger grundsätzlich auch mehrere Personen bevollmächtigen, auch wenn Absatz 1 Satz 1 von der Vertretung durch einen Bevollmächtigten spricht.[58] Dass der Wortlaut keinen Ausschluss bedeutet, kann nicht zuletzt der Vergleich mit § 134 Abs 3 AktG belegen. So spricht § 134 Abs 3 S 1 AktG ebenfalls nur von einem Bevollmächtigten, obwohl § 134 Abs 3 S 2 AktG ausdrücklich die Möglichkeit der Ablehnung eines oder mehrerer Bevollmächtigten vorsieht. Im Aktienrecht ist daher allgemein anerkannt, dass ein Aktionär grundsätzlich auch mehrere Bevollmächtigte bestellen und ihnen Einzel- bzw Gesamtvollmacht erteilen kann.[59] In Ermangelung einer planwidrigen Regelungslücke kann die Vorschrift zwar nicht analog auf das SchVG angewendet werden.[60] Die Bevollmächtigung mehrerer Personen sollte aufgrund des Wortlauts und der vergleichbaren Interessenlage zum Aktienrecht dennoch möglich sein.[61] Dem Vorsitzenden der Gläubigerversammlung muss jedoch – wie im Aktienrecht –[62] das Recht eingeräumt werden, nur einen Bevollmächtigten zuzulassen und die übrigen zurückzuweisen.[63] Eine unbeschränkte Zahl von Bevollmächtigten könnte den Schuldner vor eine logistische Herausforderung stellen und den Ablauf der Versammlung stören, ohne dass dies ein anerkanntes Interesse der Gläubiger unbedingt erfordert.[64] 13

II. Durchführung der Legitimation

1. Prüfung und Nachweis der Legitimation. Lässt sich ein Gläubiger durch einen Bevollmächtigten vertreten, muss der dafür zuständige Vorsitzende der Versammlung in der Lage sein, die Stimmberechtigung des Gläubigers und die Identität und Berechtigung 14

---

54 Heidel/*Müller* § 14 Rn 4; Langenbucher/Bliesener/Spindler/*Bliesener*/*Schneider* § 14 Rn 7.
55 Hopt/Seibt/*Binder* § 14 Rn 10; Preuße/*Kirchner* § 14 Rn 6; Veranneman/*Wasmann*/*Steber* § 14 Rn 7.
56 Friedl/Hartwig-Jacob/*Schmidtbleicher* § 14 Rn 11; Heidel/*Müller* § 14 Rn 4; Langenbucher/Bliesener/Spindler/*Bliesener*/*Schneider* § 14 Rn 7; Veranneman/*Wasmann*/*Steber* § 14 Rn 7.
57 Friedl/Hartwig-Jacob/*Schmidtbleicher* § 14 Rn 11; Hopt/Seibt/*Binder* § 14 Rn 10.
58 Blersch/Goetsch/Haas/*Paul* § 14 Rn 3.
59 MüKoAktG/*Arnold* § 134 Rn 38; Spindler/Stilz/*Rieckers* § 134 Rn 64.
60 Preuße/*Kirchner* § 14 Rn 10.
61 Eingehend Hopt/Seibt/*Binder* § 14 Rn 7; ebenso Preuße/*Kirchner* § 14 Rn 10; Veranneman/*Wasmann*/*Steber* § 14 Rn 8.
62 Vgl Hölters/*Hirschmann* § 134 Rn 57; Spindler/Stilz/*Rieckers* § 134 Rn 64.
63 Preuße/*Kirchner* § 14 Rn 10; Veranneman/*Wasmann*/*Steber* § 14 Rn 8.
64 Preuße/*Kirchner* § 14 Rn 10; Hopt/Seibt/*Binder* § 14 Rn 8.

der bevollmächtigten Person prüfen zu können.[65] Das SchVG enthält hierzu keine inhaltlichen Vorgaben. Der Gesetzgeber wollte dies vielmehr bewusst offen lassen, um insbesondere zukünftigen technischen Entwicklungen genügend Raum zu geben.[66] Nach Absatz 1 Satz 3 obliegt die Ausgestaltung der Identitätsfeststellung und Legitimationsprüfung somit grundsätzlich dem Einberufenden.[67] Auch die Anleihebedingungen können in dieser Hinsicht Regelungen vorsehen. Ausweislich der Gesetzesbegründung und vor dem Hintergrund von § 5 Abs 1 S 2 darf es sich allerdings nur um solche Regelungen handeln, die für die **Feststellung der Identität und Legitimation des Vertreters** unerlässlich, also **zwingend erforderlich**, sind.[68]

15 Der Bevollmächtigte muss **seine Identität und Legitimation spätestens vor Beginn der Versammlung** gegenüber dem Vorsitzenden der Versammlung (oder dessen Hilfspersonen) nachweisen.[69] Dieser Nachweis kann grundsätzlich nur in der Vorlage einer Vollmachtsurkunde in Textform[70] und eines zum Identitätsnachweis geeigneten Dokuments (wie zB ein Personalausweis) bestehen.[71] Im Fall der Prokura ersetzt der (beglaubigte) Handelsregisterauszug die Vollmachtsurkunde.[72] Des Weiteren hat der Vertreter auch den Nachweis der **Legitimation des Vertretenen** zu erbringen.[73] Dazu ist beim Regelfall einer zentral verwahrten Sammelurkunde ein entsprechender Nachweis über den jeweiligen Bestand an Schuldverschreibungen durch das depotführende Kreditinstitut des Vertretenen in Textform ausreichend.[74] Nach bestrittener, aber zutreffender Ansicht können die Anleihebedingungen dabei auch die Erbringung des Legitimationsnachweises schon an einem Stichtag vor der Versammlung vorsehen (sog. **Record Date**).[75] Lässt man dies zu, ist es sinnvoll, auch den Nachweis der Legitimation des Vertreters auf diesen Tag vorzuverlegen.[76]

16 Ist der Vertreter nicht hinreichend in der Lage, seine Identität oder Legitimation nachzuweisen, kann der Vorsitzende ihm den Zutritt zur Versammlung und damit auch die Teilnahme an der Abstimmung verweigern.[77] Der Vorsitzende kann aber im Einzelfall auch das Nachreichen eines Legitimationsnachweises gestatten, sofern die Bevollmächtigung bereits vor Beginn der Versammlung wirksam erteilt worden ist.[78] Lässt er einen ausreichend legitimierten Vertreter nicht zu, kann das die in der Versammlung gefassten Beschlüsse anfechtbar machen.[79]

17 Sehen die Anleihebedingungen ein Anmeldeerfordernis im Sinne des § 10 Abs 2 vor,[80] kann der Vertreter sich für den Vertretenen anmelden.[81] Der Gläubiger kann sich zudem auch von einem Bevollmächtigten vertreten lassen, wenn er sich zunächst nur

---

65 Veranneman/*Wasmann*/*Steber* § 14 Rn 9.
66 RegBegr. BT-Drucks. 16/12814 S 23.
67 Veranneman/*Wasmann*/*Steber* § 14 Rn 9.
68 Friedl/Hartwig-Jacob/*Schmidtbleicher* § 14 Rn 5; Hopt/Seibt/*Binder* § 14 Rn 5; Veranneman/*Wasmann*/*Steber* § 14 Rn 9.
69 Preuße/*Kirchner* § 14 Rn 15.
70 Vgl dazu die Ausführungen in Rn 6.
71 Hopt/Seibt/*Binder* § 14 Rn 13.
72 Preuße/*Kirchner* § 14 Rn 14.
73 Hopt/Seibt/*Binder* § 14 Rn 11.
74 RegBegr. BT-Drucks. 16/12814 S 21; vgl dazu auch die Ausführungen bei § 10 Rn 16 ff.
75 Vgl zum Streitstand die Ausführungen bei § 10 Rn 20.
76 Hopt/Seibt/*Binder* § 14 Rn 11; wohl auch Preuße/*Kirchner* § 14 Rn 16.
77 Hopt/Seibt/*Binder* § 14 Rn 13; Preuße/*Kirchner* § 14 Rn 15.
78 Preuße/*Kirchner* § 14 Rn 15.
79 Hopt/Seibt/*Binder* § 14 Rn 13.
80 Vgl dazu die Ausführungen bei § 10 Rn 7 ff.
81 Friedl/Hartwig-Jacob/*Schmidtbleicher* § 14 Rn 5.

selbst persönlich angemeldet hatte.[82] Ein Anmeldeerfordernis für den Bevollmächtigten kann in den Anleihebedingungen dagegen nicht vorgesehen werden.[83]

Auf die ebenfalls zulässigen Fälle der **gesetzlichen bzw organschaftlichen Stellvertretung** oder der Legitimationszession nach § 185 Abs 1 BGB findet § 14 keine Anwendung.[84] In diesen Fällen ist auf die für die Legitimation des Vertreters üblichen Unterlagen wie Handelsregisterauszüge bzw Personenstandsunterlagen oder Bestellungsurkunden zurückzugreifen.[85] Anderes gilt für den Stimmboten, der keine eigene Erklärung abgibt, sondern nur die Abstimmungserklärung eines abwesenden Gläubigers überbringt. Auf diesen findet zwar § 14 ebenfalls keine Anwendung. Die Stimmabgabe ist jedoch unzulässig, da sie außerhalb der Versammlung erfolgt.[86] 18

2. Nutzung von Formularen. Die Anleihebedingungen können auch die Benutzung von Formularen für die Vollmachtserteilung vorsehen.[87] Allerdings darf dadurch die Vollmachtserteilung in anderer gesetzlich zulässiger Form nicht ausgeschlossen werden, da ansonsten ein Verstoß gegen § 5 Abs 1 S 2 anzunehmen ist.[88] 19

Besonderheiten können sich bei der Verwendung von Formularen ferner dann ergeben, wenn der Anwendungsbereich des **§ 48 Abs 1 Nr 6 WpHG**[89] eröffnet ist,[90] den ein Schuldner, dessen Herkunftsstaat die Bundesrepublik Deutschland ist, unabhängig von § 14 zu beachten hat.[91] Dies dürfte bei Anleihen, die sich ausschließlich an einen professionellen Anlegerkreis richten und an einem regulierten Markt im Inland oder einem sonstigen EU/EWR-Mitgliedsstaat zugelassen sind, regelmäßig der Fall sein. Ist der Anwendungsbereich eröffnet, muss der Schuldner sicherstellen, dass jeder stimmberechtigten Person **auf Verlangen** zusammen mit der Einberufung der Gläubigerversammlung oder nach deren Anberaumung **rechtzeitig ein Formular** für die Erteilung einer Vollmacht für die Gläubigerversammlung übermittelt wird.[92] Dies erfordert die Übermittlung eines Formulars **in Textform.**[93] Die bloße Veröffentlichung des Vollmachtsformulars auf der Internetseite des Schuldners ist, sollte der Anwendungsbereich des § 48 Abs 1 Nr 6 WpHG eröffnet sein, daher nicht ausreichend.[94] Auch die Übersendung eines elektronischen Dokuments ist nur dann zulässig, wenn dies ausdrücklich verlangt wurde und darüber hinaus die Voraussetzungen für eine Datenfernübertragung von Informationen nach § 49 Abs 3 WpHG vorliegen.[95] Das Formular ist nur „auf Verlangen" zu übermitteln. Es besteht daher keine Pflicht des Schuldners, das Formular unaufgefordert mit der Be- 20

---

82 Vgl dazu die Ausführungen bei § 10 Rn 15.
83 Friedl/Hartwig-Jacob/*Schmidtbleicher* § 14 Rn 5.
84 Heidel/*Müller* § 14 Rn 2; Hopt/Seibt/*Binder* § 14 Rn 17 f; vgl dazu bereits die Ausführungen in Rn 4.
85 Friedl/Hartwig-Jacob/*Schmidtbleicher* § 14 Rn 6; Preuße/*Kirchner* § 14 Rn 8 f; Veranneman/*Wasmann*/*Steber* § 14 Rn 2.
86 Hopt/Seibt/*Binder* § 14 Rn 19; vgl ebenso zum Aktienrecht Hüffer/*Koch* § 134 Rn 33.
87 Vgl RegBegr. BT-Drucks. 16/12814 S 23.
88 Hopt/Seibt/*Binder* § 14 Rn 14; Friedl/Hartwig-Jacob/*Schmidtbleicher* § 14 Rn 5.
89 § 48 WpHG entspricht wortgleich dem früheren § 30a WpHG a.F. und wurde mit Wirkung vom 3.1.2018 durch das 2. FiMaNoG vom 23.6.2017 (BGBl. I S 1693) lediglich neu nummeriert.
90 Hopt/Seibt/*Binder* § 14 Rn 15.
91 Vgl zu § 48 Abs 1 Nr 6 WpHG Assmann/Schneider/Mülbert/*Mülbert* § 48 Rn 31 ff sowie die Ausführungen bei § 11 Rn 6.
92 Heidel/*Müller* § 14 Rn 5; Veranneman/*Wasmann*/*Steber* § 14 Rn 10.
93 Assmann/Schneider/Mülbert/*Mülbert* § 48 Rn 34.
94 RegBegr. BT-Drucks. 16/12814 S 23; Friedl/Hartwig-Jacob/*Schmidtbleicher* § 14 Rn 9; Hopt/Seibt/*Binder* § 14 Rn 15; Preuße/*Kirchner* § 14 Rn 17.
95 Assmann/Schneider/Mülbert/*Mülbert* § 48 Rn 34.

kanntmachung der Einberufung im Bundesanzeiger an die Gläubiger zu schicken.[96] Gleichwohl dürfte es zweckmäßig sein, das Vollmachtsformular den Gläubigern zugleich mit der Einberufung und Tagesordnung zur Verfügung zu stellen.[97] Von „rechtzeitig" wird man zudem nur dann sprechen können, wenn das ausgefüllte Vollmachtsformular unter Berücksichtigung der Bearbeitungs- und Rücklaufzeiten noch in der Gläubigerversammlung Berücksichtigung finden kann.[98] Hat der Schuldner die Nutzung eines eigenen Formulars ohnehin als Voraussetzung der Bevollmächtigung vorgesehen und übermittelt dieses auf Verlangen der Gläubiger, besteht kein zusätzlicher Handlungsbedarf.[99]

21 Fraglich ist, ob die Pflicht des § 48 Abs 1 Nr 6 WpHG sich auch auf die Fälle der Einberufung durch den gemeinsamen Vertreter oder durch eine gerichtlich dazu ermächtigte Gläubigerminderheit erstreckt.[100] Dafür spricht, dass in § 48 Abs 1 Nr 6 WpHG eine solche Differenzierung nicht vorgesehen ist. Dementsprechend erscheint es angebracht, die Pflicht des Schuldners zum Vorhalten und Übermitteln von Vollmachtsformularen auch in solchen Fällen uneingeschränkt bestehen zu lassen.[101]

III. Hinweispflicht

22 **1. Inhalt und Form.** § 14 hat den Zweck, den Gläubigern die Teilnahmemöglichkeit über einen dazu bevollmächtigten Vertreter bewusst zu machen. Dies soll die Teilnahme der Gläubiger an der Versammlung fördern und damit auch die Beschlussfähigkeit im Sinne des § 15 Abs 3 gewährleisten. Gleichzeitig soll sichergestellt werden, dass nur rechtmäßig Bevollmächtigte stimmberechtigter Gläubiger an der Versammlung teilnehmen.[102]

23 Dementsprechend hat der Einberufende nach Absatz 1 Satz 2 schon in der Einberufung auf die **Möglichkeit der Vertretung** der Gläubiger durch einen Bevollmächtigten hinzuweisen.[103] Dieser Hinweis ist auch bei der nach § 12 Abs 3 geforderten Veröffentlichung der Einberufung im Internet zu berücksichtigen.[104] Nach Absatz 1 Satz 3 sind in der Einberufung zudem die notwendigen **Voraussetzungen für eine wirksame Stellvertretung** anzugeben.[105] Dieser Hinweispflicht kommt angesichts des Umstandes, dass dies bereits in § 12 Abs 1 angeordnet wird,[106] allerdings nur eine klarstellende Bedeutung zu.[107]

24 Des Weiteren hat der Einberufende in der Einberufung auch die für die Feststellung der Identität und Prüfung der Legitimation des Bevollmächtigten jeweils vorgesehenen Formalitäten sowie die formellen Anforderungen an die Vollmachtserteilung vollständig und in verständlicher Weise darzustellen.[108] Dabei sollte sich die Einberufung möglichst eng am Wortlaut des § 14 orientieren.[109] Auf genutzte Formulare muss in der Einberufung

---

96 Veranneman/*Wasmann/Steber* § 14 Rn 10.
97 Heidel/*Müller* § 14 Rn 5; Preuße/*Kirchner* § 14 Rn 17.
98 Schwark/Zimmer/*Heidelbach* WpHG § 48 Rn 45.
99 Friedl/Hartwig-Jacob/*Schmidtbleicher* § 14 Rn 9.
100 Hopt/Seibt/*Binder* § 14 Rn 15.
101 Friedl/Hartwig-Jacob/*Schmidtbleicher* § 14 Rn 9; Hopt/Seibt/*Binder* § 14 Rn 15; Veranneman/*Wasmann/Steber* § 14 Rn 10; **aA** Langenbucher/Bliesener/Spindler/*Bliesener/Schneider* § 14 Rn 12; wohl auch Preuße/*Kirchner* § 14 Rn 17.
102 Vgl Langenbucher/Bliesener/Spindler/*Bliesener/Schneider* § 14 Rn 1; Preuße/*Kirchner* § 14 Rn 4.
103 Heidel/*Müller* § 14 Rn 1; Langenbucher/Bliesener/Spindler/*Bliesener/Schneider* § 14 Rn 10.
104 Langenbucher/Bliesener/Spindler/*Bliesener/Schneider* § 14 Rn 11.
105 Hopt/Seibt/*Binder* § 14 Rn 12.
106 Vgl dazu die Ausführungen in § 12 Rn 4.
107 RegBegr. BT-Drucks. 16/12814 S 23; vgl auch Preuße/*Kirchner* § 14 Rn 17; Veranneman/*Wasmann/Steber* § 14 Rn 11.
108 RegBegr. BT-Drucks. 16/12814 S 23; vgl auch Friedl/Hartwig-Jacob/*Schmidtbleicher* § 14 Rn 8.
109 Preuße/*Kirchner* § 14 Rn 17.

ebenfalls hingewiesen und angegeben werden, wo die Gläubiger diese Formulare erhalten können.[110] Gleiches gilt für den Fall, dass die Anleihebedingungen Beschränkungen für die Zulassung mehrerer Bevollmächtigter vorsehen.[111]

2. Rechtsfolgen bei Verstößen gegen Hinweispflicht. Unterbleibt ein Hinweis auf die Möglichkeit der Stellvertretung oder sind die Erläuterungen bezüglich der Voraussetzungen einer wirksamen Vollmacht nicht ausreichend oder vorhanden, sind auf diesem Verfahrensfehler beruhende Beschlüsse anfechtbar. Davon ist im Regelfall auszugehen.[112] 25

§ 15
Vorsitz, Beschlussfähigkeit

(1) Der Einberufende führt den Vorsitz in der Gläubigerversammlung, sofern nicht das Gericht einen anderen Vorsitzenden bestimmt hat.

(2) ¹In der Gläubigerversammlung ist durch den Vorsitzenden ein Verzeichnis der erschienenen oder durch Bevollmächtigte vertretenen Gläubiger aufzustellen. ²Im Verzeichnis sind die Gläubiger unter Angabe ihres Namens, Sitzes oder Wohnorts sowie der Zahl der von jedem vertretenen Stimmrechte aufzuführen. ³Das Verzeichnis ist vom Vorsitzenden der Versammlung zu unterschreiben und allen Gläubigern unverzüglich zugänglich zu machen.

(3) ¹Die Gläubigerversammlung ist beschlussfähig, wenn die Anwesenden wertmäßig mindestens die Hälfte der ausstehenden Schuldverschreibungen vertreten. ²Wird in der Gläubigerversammlung die mangelnde Beschlussfähigkeit festgestellt, kann der Vorsitzende eine zweite Versammlung zum Zweck der erneuten Beschlussfassung einberufen. ³Die zweite Versammlung ist beschlussfähig; für Beschlüsse, zu deren Wirksamkeit eine qualifizierte Mehrheit erforderlich ist, müssen die Anwesenden mindestens 25 Prozent der ausstehenden Schuldverschreibungen vertreten. ⁴Schuldverschreibungen, deren Stimmrechte ruhen, zählen nicht zu den ausstehenden Schuldverschreibungen. ⁵Die Anleihebedingungen können jeweils höhere Anforderungen an die Beschlussfähigkeit stellen.

Schrifttum

Hoffmann-Becking Der Aufsichtsrat der AG und sein Vorsitzender in der Hauptversammlung NZG **2017** 281; *Just/Maiwald* Keine Ermächtigung einer Gläubigerminderheit zur Einberufung einer zweiten Versammlung der Schuldverschreibungsgläubiger nach Beschlussunfähigkeit der ersten Gläubigerversammlung EWiR **2015** 239; *Kessler/Rühle* Die Restrukturierung von Anleihen in Zeiten des SchVG 2009 BB **2014** 907; *Kocher/Feigen* Hilfspersonen des Versammlungsleiters NZG **2015** 620; *Kremer* Zur Praxis der Hauptversammlungsleitung, FS Hoffmann-Becking (2013) 697; *Lürken* „Opt In" auch bei nicht dem Schuldverschreibungsgesetz von 2009 unterfallenden Anleihen GWR **2014** 87; *Poelzig* Die Haftung des Leiters der Hauptversammlung AG **2015** 476; *Theusinger/Schilha* Die Leitung der Hauptversammlung – eine Aufgabe frei von Haftungsrisiken? BB **2015** 131; *Schürnbrand* Rechtsstellung und Verantwortlichkeit des Leiters der Hauptversammlung NZG **2014** 1211; *Stützle/Walgenbach* Leitung der Hauptversammlung

110 Preuße/*Kirchner* § 14 Rn 17.
111 Hopt/Seibt/*Binder* § 14 Rn 12; vgl dazu bereits die Ausführungen in Rn 13.
112 Preuße/*Kirchner* § 14 Rn 18.

und Mitspracherechte der Aktionäre in Fragen der Versammlungsleitung ZHR 155 (**1991**) 516; *von der Linden* Wer entscheidet über die Form der Stimmrechtsausübung in der Hauptversammlung? NZG **2012** 930; *ders.* Haftung für Fehler bei der Leitung von Hauptversammlungen NZG **2013** 208; *Wicke* Die Leitung der Hauptversammlung einer Aktiengesellschaft – Praxisrelevante Fragen und neuere Entwicklungen NZG **2007** 771.

Vgl im Übrigen das weitere Schrifttum bei §§ 9 ff.

Systematische Übersicht

A. Allgemeines

§ 15 enthält **wesentliche organisationsrechtliche Vorgaben zur Durchführung der Gläubigerversammlung**, ohne diese abschließend zu regeln.[1] Ähnlich wie die aktienrechtlichen Vorschriften zur Hauptversammlung zeichnet sich damit auch das SchVG in dieser Hinsicht durch Zurückhaltung aus.[2] Befasst sich Absatz 1 mit dem Vorsitz der Gläubigerversammlung, verpflichtet Absatz 2 den Vorsitzenden, ein Teilnehmerverzeichnis aufzustellen und es den Teilnehmern zugänglich zu machen. Absatz 3 bestimmt schließlich, unter welchen Voraussetzungen die Gläubigerversammlung beschlussfähig und wie im Fall mangelnder Beschlussfähigkeit zu verfahren ist.[3] Für Ablauf und Organisation der Gläubigerversammlung stellt § 15 damit, neben § 14 und § 16, die maßgebliche Vorschrift dar.[4] Die Regelungen in Absatz 2 und Absatz 3 basieren dabei auf den Regelungen der §§ 8, 11 Abs 2, Abs 3 und Abs 5 SchVG 1899, die sie in leicht abgewandelter Form übernehmen.[5] Im Aktienrecht findet nur Absatz 2 in der Parallelregelung des § 129 Abs 1 S 2 und Abs 4 S 1 AktG seine Entsprechung.[6] Die Notwendigkeit eines Versammlungsleiters ist im Aktiengesetz selbst nicht geregelt, sondern wird in verschiedenen Vorschriften nur erwähnt[7] und damit stillschweigend vorausgesetzt.[8] 1

Entsprechend ihrer unterschiedlichen Regelungsinhalte verfolgen die einzelnen Absätze des § 15 auch **verschiedene Regelungszwecke**: Absatz 1 legt die Verantwortlichkeit des Vorsitzenden für die ordnungsgemäße Durchführung der Gläubigerversammlung fest und weist ihm damit die **zentrale Rolle** in der Gläubigerversammlung zu.[9] Absatz 2 und Absatz 3 beinhalten eher generelle verfahrensrechtliche Vorgaben, die mittelbar auch den Gläubigern und dem Minderheitenschutz zugutekommen. Anhand des nach Absatz 2 zu erstellenden Teilnehmerverzeichnisses kann der Versammlungsleiter vor der Abstimmung **prüfen, ob eine Beschlussfähigkeit der Versammlung vorliegt**. Gleichzeitig erhalten die Gläubiger einen Nachweis, dass der Beschluss der Gläubigerversammlung ordnungsgemäß zustande kam.[10] Die Festsetzung eines gesetzlichen Mehrheitserfordernisses (Quorum) nach Absatz 3 wiederum verhindert, dass eine Gläubigerminderheit die übrigen Gläubiger „überrumpeln" und dadurch weitreichende Entscheidungen in der Gläubigerversammlung treffen kann. § 15 gibt damit **verfahrens-** 2

1 Langenbucher/Bliesener/Spindler/*Bliesener*/*Schneider* § 15 Rn 1.
2 Hopt/Seibt/*Binder* § 15 Rn 2; *Wasmann*/*Steber* ZIP **2014** 2005.
3 RegBegr. BT-Drucks. 16/12814 S 23.
4 Hopt/Seibt/*Binder* § 15 Rn 1.
5 Friedl/Hartwig-Jacob/*Schmidtbleicher* § 15 Rn 1.
6 Hopt/Seibt/*Binder* § 15 Rn 1; eingehend Preuße/*Kirchner* § 15 Rn 2.
7 Vgl § 118 Abs 4, § 122 Abs 3 S 2, § 130 Abs 2 sowie § 131 Abs 2 S 2 AktG.
8 Vgl Hüffer/*Koch* § 129 Rn 18; MüKoAktG/*Kubis* § 119 Rn 105.
9 Vgl Ekkenga/*Schmidtbleicher* Kapitel 12 Rn 159.
10 Preuße/*Kirchner* § 15 Rn 2.

rechtliche Mindeststandards für das Zustandekommen von Beschlüssen[11] vor, die die Gläubiger vor willkürlichen Eingriffen in ihre Rechtspositionen schützen sollen.[12]

3 Der Ablauf und die Durchführung der Gläubigerversammlung sind in den §§ 15 und 16 nur fragmentarisch geregelt, insbesondere eine konkrete Beschreibung der Aufgaben und Befugnisse des Versammlungsleiters fehlt. Anders als das Aktienrecht erkennt das SchVG auch kein Recht der Gläubigerversammlung auf Selbstorganisation in Gestalt einer Geschäftsordnung an.[13] Dies hat dazu geführt, dass sich die Praxis hinsichtlich der Organisation der Gläubigerversammlung im Wesentlichen an der aktienrechtlichen Hauptversammlung und der dazu ergangenen Rechtsprechung orientiert, soweit die dort anerkannten Maßstäbe mit der Rechtsnatur der Gläubigerversammlung vereinbar sind.[14] Im Übrigen besteht ein erheblicher Gestaltungsspielraum, der der Regelung durch die Anleihebedingungen zugänglich ist und durch den Versammlungsleiter in der Gläubigerversammlung genutzt werden kann.[15]

B. Die Regelungen im Einzelnen

I. Vorsitz der Gläubigerversammlung (Absatz 1)

4 **1. Person des Vorsitzenden.** Nach Absatz 1 führt der Einberufende den Vorsitz in der Gläubigerversammlung, sofern nicht das Gericht einen anderen Vorsitzenden bestimmt hat. Als mögliche Versammlungsleiter kommen nach § 9 Abs 1 S 1 daher sowohl der Schuldner als auch der gemeinsame Vertreter der Gläubiger oder die gerichtlich dazu ermächtigte qualifizierte Gläubigerminderheit in Betracht.[16] Die im Aktienrecht bestehende Gestaltungsfreiheit, den Vorsitzenden durch Satzung oder Geschäftsordnung zu bestimmen oder durch die Versammlung wählen oder abwählen zu lassen,[17] sieht das SchVG nicht vor.[18]

a) Schuldner

5 **aa) Allgemeines.** Die Einberufung der Versammlung durch den Schuldner dürfte in der Praxis der Regelfall sein.[19] Ist der Schuldner, wie üblich, eine **juristische Person**, fällt die von Absatz 1 angeordnete Zuständigkeit zur Versammlungsleitung dem jeweiligen Geschäftsführungsorgan des Schuldners als dessen organschaftlichem Vertreter zu.[20] Eine Vertretung durch das Aufsichtsorgan kommt nicht in Betracht, da dieses nicht zur Vertretung der juristischen Person im Außenverhältnis befugt

---

11 Eingehend zur Rechtsnatur des Beschlusses Preuße/*Kirchner* § 15 Rn 13.
12 Hopt/Seibt/*Binder* § 15 Rn 1.
13 Hopt/Seibt/*Binder* § 15 Rn 2; vgl zum Aktienrecht MüKoAktG/*Kubis* § 129 Rn 3 ff; Spindler/Stilz/*Wicke* § 129 Rn 1 ff.
14 Übersicht über den Ablauf der Gläubigerversammlung ua bei Ekkenga/*Schmidtbleicher* Kapitel 12 Rn 160 ff.
15 Hopt/Seibt/*Binder* § 15 Rn 2.
16 Vgl dazu auch die Ausführungen bei § 9 Rn 5 ff.
17 Vgl dazu *Hoffmann-Becking* NZG **2017** 281, 282; Hüffer/*Koch* § 129 Rn 18; MüKoAktG/*Kubis* § 119 Rn 108 ff; *Theusinger*/*Schilha* BB **2015** 131, 132.
18 Friedl/Hartwig-Jacob/*Schmidtbleicher* § 15 Rn 3; Hopt/Seibt/*Binder* § 15 Rn 17; *Seibt* ZIP **2016** 997, 1005.
19 *Seibt* ZIP **2016** 997, 1004 f; *Wasmann*/*Steber* ZIP **2014** 2005.
20 Hauschild/Kallrath/Wachter/*Reinhard* § 17 Rn 546; *Seibt* ZIP **2016** 997, 1005; Veranneman/*Wasmann*/*Steber* § 15 Rn 2.

ist.[21] Das Geschäftsführungsorgan kann die Leitungsbefugnis allerdings rechtsgeschäftlich an ein Mitglied des Aufsichtsorgans delegieren. Gleiches dürfte auch für Prokuristen und Generalbevollmächtigte gelten.[22]

bb) Kein Ausschluss der Geschäftsführung. Vereinzelt wird die Frage aufgeworfen, ob es mit dem Amt des Vorsitzenden überhaupt vereinbar sei, zugleich Mitglied der Geschäftsführung des Schuldners zu sein. Insbesondere bei Entscheidungen der Gläubigerversammlung über die Anleihebedingungen bestehe ein nicht zu übersehendes Eigeninteresse des Schuldners, welches den Interessen der Gläubiger entgegenstehen könne. Der Vorsitzende könne in solchen Konstellation, in denen er einerseits bereits Antragssteller sei, nicht auch noch andererseits das Gremium leiten, welches über seinen Antrag zu befinden habe. In solchen Fällen sei eine neutrale Amtsführung durch den Vorsitzenden nicht vorstellbar.[23] Dem ist zuzugeben, dass die Wahrnehmung der Versammlungsleitung durch ein Mitglied der Geschäftsführung des Schuldners im Einzelfall eine Herausforderung in Bezug auf die allgemein angenommene Pflicht des Vorsitzenden zur neutralen Amtsführung sein kann.[24] Danach hat der Vorsitzende nicht nur das Gebot der Gleichbehandlung aller Gläubiger zu beachten, sondern es auch zu vermeiden, Einfluss auf Inhalt und Verfahren der Abstimmung zu nehmen, soweit dies nicht zur Sicherstellung rechtmäßiger Beschlüsse geboten ist.[25] **Dennoch ist die geforderte Einschränkung mit der überwiegenden Ansicht abzulehnen:** Die in Absatz 1 angelegte Zuweisung des Vorsitzes der Versammlung an den Schuldner bzw. den gemeinsamen Vertreter zeigt, dass der Gesetzgeber akzeptiert, dass die Versammlung von jemandem geleitet wird, der einer der beiden möglichen Interessenssphären (Schuldner- oder Gläubigersphäre) zugeordnet werden kann.[26] Hätte der Gesetzgeber in jeder denkbaren Konstellation ein höheres Maß an Neutralität des Vorsitzenden sicherstellen und damit jede Besorgnis der Befangenheit des Vorsitzenden ausschließen wollen, so hätte er die gerichtliche Bestimmung eines Vorsitzenden gemäß § 9 Abs 2 S 2 nicht lediglich als Ausnahme geregelt, sondern als Regelfall festgesetzt.[27] Die in Absatz 1 getroffene Regelung macht indes deutlich, dass er dies nicht für nötig befand. Vor parteiischen, gar missbräuchlichen Entscheidungen der Geschäftsführung des Schuldners als Vorsitzenden der Versammlung sind die Gläubiger nach der gesetzgeberischen Wertung zudem bereits durch das ihnen zustehende Anfechtungsrecht nach § 20 hinreichend geschützt.[28] Somit besteht kein Anlass, die Mitglieder der Geschäftsführung von vorneherein vom Vorsitz der Versammlung auszuschließen.[29] 6

cc) Delegation innerhalb der Geschäftsführung. Ist das Geschäftsführungsorgan des Schuldners, wie üblich, mit mehr als einer Person besetzt und somit als **Kollegialorgan** strukturiert, ist zu unterscheiden: Bei Einzelvertretungsbefugnis von Organmitglie- 7

21 Heidel/*Müller* § 15 Rn 1; Langenbucher/Bliesener/Spindler/*Bliesener/Schneider* § 15 Rn 2; *Wasmann/Steber* ZIP **2014** 2005, 2006.
22 Vgl dazu die Ausführungen in Rn 8.
23 Friedl/Hartwig-Jacob/*Schmidtbleicher* § 15 Rn 6; zurückhaltender *Horn* ZHR 173 (**2009**) 12, 58 („besondere Anforderungen an Neutralität").
24 Preuße/*Kirchner* § 15 Rn 4.
25 Vgl Hopt/Seibt/*Binder* § 15 Rn 3.
26 Langenbucher/Bliesener/Spindler/*Bliesener/Schneider* § 15 Rn 2.
27 Veranneman/*Wasmann/Steber* § 15 Rn 2; *Wasmann/Steber* ZIP **2014** 2005, 2006.
28 Hopt/Seibt/*Binder* § 15 Rn 18; Veranneman/*Wasmann/Steber* § 15 Rn 2.
29 Im Ergebnis ebenso Hopt/Seibt/*Binder* § 15 Rn 18; Veranneman/*Wasmann/Steber* § 15 Rn 2; *Wasmann/Steber* ZIP **2014** 2005, 2006.

dern kommt die Vertretung des Schuldners durch jedes der einzelvertretungsberechtigen Organmitglieder in Betracht und es kann intern festgelegt werden, welche Person die Versammlungsleitung übernimmt. Welches Organmitglied die Einladung ausgesprochen hat, ist dabei unerheblich.[30] Sind die Mitglieder der Geschäftsführung dagegen nur zur **Gesamtvertretung** berechtigt, ist aus Praktikabilitätsgründen die Übertragung der Funktion des Vorsitzenden auf eine **Einzelperson** empfehlenswert. Dafür können die Mitglieder des vertretungsberechtigten Kollegialorgans einer Person aus ihren Reihen diese Position mittels eines förmlichen Organbeschlusses zuweisen. Weitere Maßnahmen sind darüber hinaus nicht erforderlich.[31]

8 **dd) Delegation auf Dritte.** Uneinigkeit besteht, ob der Vorsitz der Versammlung auch **auf einen Dritten delegiert** werden kann. **Teilweise** wird angenommen, das Gesetz gestatte nicht die Übertragung des Vorsitzes auf einen Dritten. Nach Absatz 1 habe schließlich nur der *Einberufende* den Vorsitz in der Gläubigerversammlung zu führen. Dies spreche dafür, dass der Einberufende die Versammlungsleitung höchstpersönlich wahrzunehmen habe.[32] Der Vorsitz der Versammlung sei zudem eine Aufgabe *sui generis*. Der Vorsitzende repräsentiere den Schuldner, so dass diese Aufgabe nur von dessen organschaftlichen Vertretern selbst wahrgenommen werden könne. Eine Delegation sei zwar innerhalb der Geschäftsführung, nicht aber durch Delegation auf einen Dritten möglich.[33] **Gegen eine solche Sichtweise spricht**, dass das Gesetz mit dem Schuldner und dem gemeinsamen Vertreter zwei Möglichkeiten als Regelfall der Versammlungsleitung vorsieht, bei denen es sich in der Praxis typischerweise um juristische Personen handeln dürfte. Daraus lässt sich ableiten, dass es dem Gesetzgeber auf die höchstpersönliche Wahrnehmung der Versammlungsleitung gerade nicht ankam.[34] Auch im Falle des § 9 Abs 2 S 2 ist es möglich, dass das Gericht einen Dritten zum Leiter der Versammlung zu bestimmt.[35] Das Gesetz geht also davon aus, dass Dritte grundsätzlich ebenfalls als Versammlungsleiter geeignet sind.[36] Zutreffenderweise kann sich der Einberufende daher – wie im Aktienrecht –[37] nach allgemeinen Grundsätzen von einem Dritten bei der Versammlungsleitung vertreten lassen.[38]

9 **b) Gemeinsamer Vertreter.** Nach § 7 Abs 1 S 1 Alt. 2 kann auch eine juristische Person als gemeinsamer Vertreter bestellt werden. Insoweit gelten die Darstellungen zum Schuldner entsprechend.

---

30 *Otto* DNotZ **2012** 809, 816; *Seibt* ZIP **2016** 997, 1005.

31 *Seibt* ZIP **2016** 997, 1005; *Otto* DNotZ **2012** 809, 816; **aA** Veranneman/*Wasmann/Steber* § 15 Rn 4; *Wasmann/Steber* ZIP **2014** 2005, 2006, wonach die übrigen Mitglieder auf der Versammlung zumindest anwesend sein, die einzelnen Maßnahmen des Vorsitzenden billigen und sich zu eigen machen müssen, ohne selbst in den Verlauf der Versammlung einzugreifen.

32 So Langenbucher/Bliesener/Spindler/*Bliesener/Schneider* § 15 Rn 2; wohl auch *Horn* ZHR 173 (**2009**) 12, 59.

33 So Hopt/Seibt/*Binder* § 15 Rn 18.

34 *Seibt* ZIP **2016** 997, 1005; *Wasmann/Steber* ZIP **2014** 2005, 2006.

35 Vgl dazu die Ausführungen bei § 9 Rn 42.

36 Vgl Veranneman/*Wasmann/Steber* § 15 Rn 3.

37 MüKoAktG/*Kubis* § 119 Rn 106.

38 Friedl/Hartwig-Jacob/*Schmidtbleicher* § 15 Rn 2; Hauschild/Kallrath/Wachter/*Reinhard* § 17 Rn 546; *Otto* DNotZ **2012** 809, 816; *Seibt* ZIP **2016** 997, 1005; Veranneman/*Wasmann/Steber* § 15 Rn 3; *Wasmann/Steber* ZIP **2014** 2005, 2006; wohl auch OLG Karlsruhe ZIP **2015** 2116, 2123; ebenso, aber für eine gesetzliche Klarstellung *Arbeitskreis Reform des Schuldverschreibungsrechts* ZIP **2014** 845, 847, 852f.

c) Gerichtlich ermächtigte qualifizierte Gläubigerminderheit. Erfolgte die Einberufung durch eine gerichtlich dazu ermächtigte Gläubigerminderheit, deren Schuldverschreibungen mehr als 5% der ausstehenden Schuldverschreibungen erreichen, ist entscheidend, ob das Gericht im Rahmen seiner stattgebenden Entscheidung zugleich gemäß § 9 Abs 2 S 2 den Vorsitzenden der Versammlung bestimmt hat. Bejahendenfalls übernimmt dieser den Vorsitz in der Gläubigerversammlung.[39] 10

Hat das Gericht keinen Vorsitzenden bestimmt, würde eine am Wortlaut orientierte Auslegung dazu führen, dass der Gläubigerminderheit in ihrer Gesamtheit der Vorsitz zusteht.[40] Dieses Ergebnis ist angemessen, sofern die Gläubigerminderheit aus einer Person besteht.[41] Sind es jedoch mehrere Gläubiger, führt eine solche Auslegung zu einem praktisch nicht durchführbaren Ergebnis, da die Versammlungsleitung nicht von mehreren Gläubigern gleichzeitig übernommen werden kann.[42] Die Literatur schlägt als Lösung vor, der Gläubigerminderheit das Recht abzusprechen, die Versammlung zu leiten.[43] Stattdessen soll es der Gläubigerversammlung obliegen, mit einfacher Mehrheit nach § 5 Abs 4 S 1 einen Vorsitzenden zu wählen.[44] Eine solche Vorgehensweise ist problematisch, da ungeklärt ist, wer diese Wahl leiten sollte und damit erhebliches Störpotenzial besteht.[45] Denkbar ist diese Vorgehensweise nur dann, wenn die Gläubiger sich auf einen Versammlungsleiter einigen können und keine Kampfabstimmung droht. Der beurkundende Notar hat dann jedoch weiterhin das Problem, dass zweifelhaft ist, wer das Abstimmungsergebnis rechtssicher feststellen kann.[46] Eine Feststellung des Ergebnisses ist aber nach § 130 Abs 2 AktG iVm § 16 Abs 2 und Abs 3 notwendig, um einen wirksamen Beschluss zu fassen.[47] Die Empfehlung, dass das Gericht in jedem Falle den Vorsitzenden bestimmen solle, wenn es dem Einberufungsverlangen stattgebe,[48] überzeugt, weil sie dieses Dilemma verhütet. Dies gilt umso mehr, als die für die Hauptversammlung überwiegend vertretene Ansicht, dass im Zweifelsfall der Einberufende, also der Vorstand, die Wahl zum Versammlungsleiter zu leiten habe,[49] im Fall der Gläubigerversammlung nicht weiter führt, weil die einberufende Gläubigerminderheit über keine vergleichbare Organisationsstruktur verfügt. Allenfalls ließe sich ggf. die im Aktienrecht zu dieser Frage vertretene Mindermeinung nutzbar machen, dass der älteste anwesende Gläubiger oder Bevollmächtigte in solchen Fällen die Wahl des Versammlungsleiters zu leiten hat.[50] Vor dem Hintergrund, dass im SchVG die Wahl des Versammlungsleiters durch die Versammlung eigentlich nicht vorgesehen ist, sind weitere Zweifel angebracht.[51] Ist kein Vorsitzender durch das Gericht bestimmt, wäre die konsequenteste 11

39 Langenbucher/Bliesener/Spindler/*Bliesener*/*Schneider* § 15 Rn 3.
40 Langenbucher/Bliesener/Spindler/*Bliesener*/*Schneider* § 15 Rn 4; Veranneman/*Wasmann*/*Steber* § 15 Rn 1.
41 *Wasmann*/*Steber* ZIP **2014** 2005.
42 Heidel/*Müller* § 15 Rn 1; Friedl/Hartwig-Jacob/*Schmidtbleicher* § 15 Rn 2; Hopt/Seibt/*Binder* § 15 Rn 17; *Wasmann*/*Steber* ZIP **2014** 2005.
43 Veranneman/*Wasmann*/*Steber* § 15 Rn 1.
44 Blersch/Goetsch/Haas/*Paul* § 15 Rn 3; Heidel/*Müller* § 15 Rn 1; Langenbucher/Bliesener/Spindler/*Bliesener*/*Schneider* § 15 Rn 4; Preuße/*Kirchner* § 15 Rn 4; *Otto* DNotZ **2012** 809; **aA** Friedl/Hartwig-Jacob/*Schmidtbleicher* § 15 Rn 3; Veranneman/*Wasmann*/*Steber* § 15 Rn 1.
45 *Otto* DNotZ **2012** 809, 816.
46 *Otto* DNotZ **2012** 809, 817.
47 MüKoAktG/*Kubis* § 130 AktG Rn 81.
48 Heidel/*Müller* § 15 Rn 1; Hopt/Seibt/*Binder* § 15 Rn 17.
49 MüKoAktG/*Kubis* § 119 Rn 111 mwN.
50 So Vorschlag bei Heidel/*Müller* § 15 Rn 1; ebenso zum Aktienrecht K. Schmidt/Lutter/*Ziemons* § 129 Rn 54; Wachter/*Wachter* § 129 Rn 42.
51 Friedl/Hartwig-Jacob/*Schmidtbleicher* § 15 Rn 3; Veranneman/*Wasmann*/*Steber* § 15 Rn 1.

Lösung daher, wenn die Gläubigerminderheit sich zunächst auf einen Vorsitzenden einigt. Denn dann wäre dem gesetzlichen Leitbild, dass der Einberufende die Versammlung leitet, weiterhin Genüge getan.[52] Im Übrigen sollte für den Fall, dass die Gläubigerminderheit aus mehreren Gläubigern besteht, stets darauf geachtet werden, dass das Gericht mit Blick auf Absatz 1 mit der Stattgabe des Antrags auch einen Vorsitzenden bestimmt, um eine ordnungsgemäße Versammlungsleitung zu gewährleisten.[53]

12 **2. Nichterscheinen des Vorsitzenden.** Auch für die Fälle, dass der Vorsitzende sein Amt niederlegt, nicht auf der Gläubigerversammlung erscheint oder aus sonstigen Gründen unpässlich ist, wird vorgeschlagen, dass die Gläubigerversammlung eine Person aus ihren Reihen mit einfacher Mehrheit zum Vorsitzenden wählt.[54] Dies ist abzulehnen. Aufgrund des insoweit eindeutigen Wortlauts von Absatz 1 ist stattdessen vorzugswürdig, zunächst den jeweils Einberufenden bestimmen zu lassen, wer den Vorsitz der Versammlung übernehmen soll. Erst wenn dieser ggf. darauf verzichtet, sollte auf die Wahl durch die Versammlung zurückgegriffen werden.[55]

13 **3. Persönliche Voraussetzungen.** Das Gesetz stellt im Übrigen keine persönlichen Voraussetzungen für die Person des Vorsitzenden auf. Die einzigen Schranken dürften sich insoweit aus den allgemeinen zivilrechtlichen Grundsätzen (zB fehlende Geschäftsfähigkeit, § 181 BGB) ergeben.[56] In praktischer Hinsicht wäre eine gewisse Erfahrung und Kompetenz im Umgang mit dem auf Gläubigerversammlung regemäßig zu erwartenden Konfliktpotenzial wünschenswert. Ist der Versammlungsleiter der Landessprache nicht mächtig, kann dies durch den Einsatz von Dolmetschern kompensiert werden.[57]

II. Aufgaben, Rechte und Kompetenzen des Vorsitzenden

14 **1. Allgemeines.** Wie auch im Aktienrecht sind die Aufgaben und Rechte des Vorsitzenden im SchVG nicht ausdrücklich geregelt.[58] Absatz 1 trifft zwar die Aussage, der Vorsitzende „führe" den Vorsitz der Gläubigerversammlung. Welche Kompetenzen ihm dafür zustehen und zu welchen Handlungen er im Einzelnen ermächtigt ist, lässt das SchVG aber weitestgehend offen.[59] Allein die Pflicht zum Aufstellen eines Teilnehmerverzeichnisses nach Absatz 2[60], die Möglichkeit zur Einberufung einer zweiten Versammlung nach Absatz 3 Satz 2[61] und die Feststellung des Ergebnisses der Beschlussfassung nach § 16 Abs 3 iVm § 130 Abs 2 S 3 AktG[62] werden explizit erwähnt.[63]

15 Fraglich ist daher, nach welchen Maßstäben sich die Rechtsstellung, Kompetenzen und Pflichten des Vorsitzenden in der Versammlung zu bemessen haben. Im Gegensatz

52 In diese Richtung bereits Friedl/Hartwig-Jacob/*Schmidtbleicher* § 15 Rn 2f.
53 Vgl dazu auch die Ausführungen bei § 9 Rn 42.
54 Heidel/*Müller* § 15 Rn 1; Preuße/*Kirchner* § 15 Rn 4.
55 Zu Recht Friedl/Hartwig-Jacob/*Schmidtbleicher* § 15 Rn 3.
56 Friedl/Hartwig-Jacob/*Schmidtbleicher* § 15 Rn 4; ebenso zum Aktienrecht MüKoAktG/*Kubis* § 119 Rn 106.
57 Friedl/Hartwig-Jacob/*Schmidtbleicher* § 15 Rn 8; ebenso zum Aktienrecht MüKoAktG/*Kubis* § 119 Rn 107.
58 Heidel/*Müller* § 15 Rn 2.
59 Langenbucher/Bliesener/Spindler/*Bliesener*/*Schneider* § 15 Rn 5; Preuße/*Kirchner* § 15 Rn 5; Veranneman/*Wasmann*/*Steber* § 15 Rn 5.
60 Vgl dazu die Ausführungen in Rn 53 ff.
61 Vgl dazu die Ausführungen in Rn 74 ff.
62 Vgl dazu die Ausführungen bei § 16 Rn 51 ff.
63 Friedl/Hartwig-Jacob/*Schmidtbleicher* § 15 Rn 9; *Wasmann*/*Steber* ZIP **2014** 2005, 2006.

zur aktienrechtlichen Hauptversammlung ist die Gläubigerversammlung nicht in die Organisationsverfassung des Schuldners integriert, sodass ein organbezogenes Funktionsverständnis des Vorsitzenden, wie es im Aktienrecht üblich ist, nicht als Maßstab herangezogen werden kann.[64] Die Rechtsstellung des Vorsitzenden der Gläubigerversammlung ist wegen seiner fehlender Einbindung in die korporationsrechtliche Verfasstheit des Schuldners nur bedingt mit der Rolle des aktienrechtlichen Versammlungsleiters vergleichbar, dem in der aktienrechtlichen Literatur wahlweise die Rolle als zeitweiliges Organ der Aktiengesellschaft[65] oder als Organgehilfe der Hauptversammlung[66] zugeschrieben wird. Stattdessen ist zu konstatieren, dass dem Einberufenden seine Aufgaben als Vorsitzender der Gläubigerversammlung auf Grund der Anleihebedingungen und des diese regulierenden SchVG zugewiesen werden. Seine Rechtsstellung ist daher nur als **Amt *sui generis*** zu verstehen.[67] Funktional sind beide Rollen aber dennoch miteinander vergleichbar. Denn in beiden Fällen ist der Vorsitzende berufen, für eine ordnungsgemäße Abwicklung der Versammlung und die sachgerechte Erledigung der Tagesordnung in einer angemessenen Dauer zu sorgen.[68] Für die insoweit vergleichbare Rolle des Versammlungsleiters der Hauptversammlung hat der BGH schon früh anerkannt, dass dem Versammlungsleiter für das Ausfüllen seiner Funktion sämtliche Rechte zustehen müssten, die er brauche, um einen ordnungsgemäßen Ablauf der Hauptversammlung herbeizuführen.[69] Gleiches muss im Grundsatz auch für den Vorsitzenden der Gläubigerversammlung gelten.[70]

Auch ohne explizite Regelung stehen dem Vorsitzenden daher alle Kompetenzen zu, 16
die sich aus der Funktion der Gläubigerversammlung und der ihm darin gesetzlich zugewiesenen Leitungsrolle ergeben.[71] Der Vorsitzende hat damit alle organisatorischen Rechte und Pflichten, die für eine **sachgerechte Durchführung der Versammlung** und die effektive Umsetzung der Versammlungsleitung erforderlich sind,[72] was insbesondere die Erledigung der nach § 13 bekannt gemachten Tagesordnung und der zugehörigen Beschlussgegenstände einschließt.[73]

Wie der Versammlungsleiter der Hauptversammlung hat dabei auch der Vorsitzende 17
der Gläubigerversammlung hinsichtlich seiner Amtsführung die Gebote der **Sachdienlichkeit** und der **Gleichbehandlung der Gläubiger** sowie das **Prinzip der Verhältnismäßigkeit** zu beachten.[74] Zudem muss er sich neutral verhalten und darf sich weder an den Interessen des Schuldners noch der Gläubiger orientieren. Dem **Neutralitätsgebot** unterliegt der Vorsitzende, obwohl er als Einberufender einem Lager zuzuordnen und somit zugleich interessierte Partei ist.[75] Die Neutralitätspflicht gebietet dem Vorsitzenden insbesondere sich jeder einseitigen Einflussnahme auf den Abstimmungsvorgang und

64 *Seibt* ZIP **2016** 997.
65 GroßkommAktG/*Mülbert* § 129 Rn 124; *Poelzig* AG **2015** 476, 478; *Schürnbrand* NZG **2014** 1211, 1212.
66 LG Ravensburg 8.5.2014 NZG **2014** 1233, 1234; MüKoAktG/*Kubis* § 119 Rn 184; *von der Linden* NZG 2013 208, 209 f; *Theusinger/Schilha* BB **2015** 131, 136 f.
67 Vgl Friedl/Hartwig-Jacob/*Schmidtbleicher* § 15 Rn 10; Hopt/Seibt/*Binder* § 15 Rn 18; *Seibt* ZIP **2016** 997, 1005.
68 Vgl zum Aktienrecht Hüffer/*Koch* § 129 Rn 22; *Theusinger/Schilha* BB **2015** 131, 132.
69 Vgl BGH 11.11.1965 NJW **1966** 43, 44.
70 Vgl Hopt/Seibt/*Binder* § 15 Rn 3; Preuße/*Kirchner* § 15 Rn 5.
71 Hopt/Seibt/*Binder* § 15 Rn 3; Preuße/*Kirchner* § 15 Rn 5; *Seibt* ZIP **2016** 997, 1005.
72 Langenbucher/Bliesener/Spindler/*Bliesener/Schneider* § 15 Rn 5; Preuße/*Kirchner* § 15 Rn 5.
73 Hopt/Seibt/*Binder* § 15 Rn 4.
74 Friedl/Hartwig-Jacob/*Schmidtbleicher* § 15 Rn 10; Preuße/*Kirchner* § 15 Rn 5; vgl für das Aktienrecht BGH NJW **2010** 1604, 1606; Hüffer/*Koch* § 129 Rn 22.
75 Hopt/Seibt/*Binder* § 15 Rn 3; Preuße/*Kirchner* § 15 Rn 4.

das Beschlussergebnis zu enthalten und das Zustandekommen anfechtbarer oder gar nichtiger Beschlüsse aufgrund offensichtlicher Mängel zu verhindern.[76] Dies hindert den Vorsitzenden jedoch nicht in seiner Eigenschaft als Einberufender sachbezogen für seine Beschlussvorschläge zu werben und sich entsprechend an der Aussprache zu beteiligen.[77]

18 **2. Aufgaben und Befugnisse.** Vor diesem Hintergrund kommen dem Vorsitzenden für die Führung der Gläubigerversammlung insbesondere die folgenden Aufgaben und Befugnisse zu, ohne die er seine Leitungsaufgabe nicht ausüben könnte.[78] Dabei kann wie im Aktienrecht zwischen **Leitungsaufgaben** und **Ordnungsbefugnissen** unterschieden werden.[79]

19 **a) Vorfeldmaßnahmen.** Im Vorfeld der Eröffnung der Gläubigerversammlung hat der Versammlungsleiter dafür Sorge zu tragen, dass nur **berechtigte Personen** Zugang zur Versammlung erhalten und zur Abstimmung zugelassen werden. Dazu zählen die stimmberechtigten Personen bzw. deren Vertreter und ihre ggf. notwendigen Begleiter.[80] Auch Gäste können zugelassen werden, wenn dafür sachliche Gründe vorliegen.[81] Um dieses **Zugangsrecht** zu sichern, hat der Versammlungsleiter den **störungsfreien Zugang zum Versammlungsraum** sicherzustellen und etwaige **Zugangshindernisse** rechtzeitig vor Beginn der Versammlung zu beseitigen.[82]

20 Umgekehrt hat der Vorsitzende **unberechtigten Personen** den Zutritt zur Versammlung zu verwehren. Dies kann auch die Anwendung von Ordnungsmaßnahmen im Rahmen des ihm zustehenden **Hausrechts** umfassen.[83] Der Vorsitzende trägt damit die Verantwortung für die Etablierung einer effektiven **Einlasskontrolle**, für die er auch Hilfspersonen einsetzen kann.[84] Er muss die in der Einberufung geforderten **Legitimationsnachweise** prüfen und nicht ordnungsgemäß legitimierten Personen zurückweisen.[85] Eine Pflicht zur Zurückweisung besteht allerdings nur bei offenkundigen Mängeln. Eine Nachforschungspflicht besteht insoweit nicht.[86] Im Rahmen der Einlasskontrolle ist auch das nach Absatz 2 erforderliche **Teilnehmerverzeichnis** zu erstellen,[87] da der Vorsitzende über die Zulassung der Teilnehmer zur Versammlung entscheidet und das Teilnehmerverzeichnis diese Entscheidung des Vorsitzenden dokumentiert.[88] Der die Versammlung begleitende Notar ist zur Prüfung der Identität oder Vertretungsmacht der Teilnehmer oder des Teilnehmerverzeichnisses zwar nicht verpflichtet. Er kann die Fest-

76 Vgl zum Aktienrecht GroßkommAktG/*Mülbert* § 129 Rn 134; MüKoAktG/*Kubis* § 119 Rn 151.
77 Vgl zum Aktienrecht GroßkommAktG/*Mülbert* § 129 Rn 135.
78 Heidel/*Müller* § 15 Rn 2; Langenbucher/Bliesener/Spindler/*Bliesener/Schneider* § 15 Rn 5; Preuße/*Kirchner* § 15 Rn 5; vgl zum Aktienrecht Spindler/Stilz/*Wicke* Anhang zu § 119 Rn 5.
79 Hopt/Seibt/*Binder* § 15 Rn 4; vgl zum Aktienrecht Hüffer/*Koch* § 129 Rn 22; MüKoAktG/*Kubis* § 119 Rn 122; *Theusinger/Schilha* BB **2015** 131, 132 f.
80 Hopt/Seibt/*Binder* § 15 Rn 5; *Seibt* ZIP **2016** 997, 1005; zur Teilnahme mehrerer Stellvertreter bereits die Ausführungen bei § 14 Rn 13.
81 *Seibt* ZIP **2016** 997, 1005.
82 Friedl/Hartwig-Jacob/*Schmidtbleicher* § 15 Rn 12.
83 Hopt/Seibt/*Binder* § 15 Rn 5.
84 Friedl/Hartwig-Jacob/*Schmidtbleicher* § 15 Rn 11; *Seibt* ZIP **2016** 997, 1005; vgl zum Aktienrecht auch *Kocher/Feigen* NZG **2015** 620 ff.
85 Vgl zur Legitimation des Gläubigers die Ausführungen bei § 10 Rn 16 ff. und zur Legitimation etwaiger Vertreter die Ausführungen bei § 14 Rn 14 ff.
86 Hopt/Seibt/*Binder* § 15 Rn 5.
87 Vgl zum Teilnehmerverzeichnis die Ausführungen in Rn 53 ff.
88 Hopt/Seibt/*Binder* § 15 Rn 20; vgl zum Aktienrecht GroßkommAktG/*Mülbert* § 129 Rn 44 ff.

stellungen des Vorsitzenden jedoch im Sinne einer Evidenzkontrolle überwachen und entsprechend **Hinweise** geben, sollten ihm offensichtliche Fehler oder Lücken im Teilnehmerverzeichnis auffallen.[89]

Schließlich hat der Versammlungsleiter die Sicherheit im Versammlungsraum zum Schutz der Gläubiger vor etwaigen Angriffen oder anderen Bedrohungen zu gewährleisten.[90] Dazu kann er, ebenso wie der Leiter der Hauptversammlung, auch **Sicherheitskontrollen** im Einlassbereich vorsehen oder externe Kräfte, zB Sicherheitspersonal oder die Polizei, zu Hilfe rufen. Die damit verbundenen Einschränkungen sind jedoch nur dann und soweit zulässig, als sie zur Abwendung des Sicherheitsrisikos tatsächlich erforderlich und darüber hinaus auch verhältnismäßig sind.[91] **21**

b) Eröffnung der Gläubigerversammlung. Der Vorsitzende hat die Gläubigerversammlung zu eröffnen. Mit der förmlichen Eröffnung ist die Versammlung konstituiert.[92] Es ist sinnvoll, wenn der Vorsitzende zunächst den (voraussichtlichen) Ablauf der Versammlung anhand der Tagesordnungspunkte kurz erläutert und die wesentlichen Akteure den Gläubigern vorstellt. Hierzu zählen insbesondere der beurkundende Notar sowie – sofern nicht personenidentisch mit dem Vorsitzenden – der Einberufende, der gemeinsame Vertreter sowie etwaige Vertreter des Schuldners.[93] Vor Eintritt in die Erledigung der Tagesordnung sollte auch eine Prüfung und Feststellung der **ordnungsgemäßen Einberufung** der Gläubigerversammlung und der **Beschlussfähigkeit** erfolgen.[94] Die Prüfung der Einberufung kann sich dabei auf offensichtliche Einberufungsmängel beschränken.[95] Wenn sämtliche Gläubiger anwesend sind und es sich daher um eine Vollversammlung handelt, ist eine Prüfung der Einberufungsvoraussetzungen entbehrlich, wenn keiner der Gläubiger der Beschlussfassung widerspricht.[96] **22**

Wie bei der Hauptversammlung sollte der Versammlungsleiter sodann den Gläubigern erklären, auf welche Räumlichkeiten sich der **sog. Präsenzbereich** erstreckt, in dem die Versammlung stattfindet. Es muss dabei technisch sichergestellt sein, dass die auf der Versammlung erfolgenden Redebeiträge sämtlich im Präsenzbereich zu hören sind.[97] **23**

Im Unterschied zur Hauptversammlung muss die **Versammlungssprache** der Gläubigerversammlung nicht zwingend Deutsch sein, insbesondere wenn es sich um einen ausländischen Schuldner handelt oder die Anleihebedingungen ausschließlich einen internationalen Investorenkreis in englischer Sprache adressieren.[98] Etwas anderes gilt, wenn die Anleihebedingungen ausschließlich in deutscher Sprache verfasst sind oder mit einem überwiegend deutschen Investorenkreis zu rechnen ist.[99] Unabhängig davon dürfte sich bei einem breiteren Investorenkreis jedoch regelmäßig anbieten, im **24**

---

89 Hauschild/Kallrath/Wachter/*Reinhard* § 17 Rn 544.
90 Friedl/Hartwig-Jacob/*Schmidtbleicher* § 15 Rn 13.
91 Hopt/Seibt/*Binder* § 15 Rn 5; vgl zum Aktienrecht auch Hüffer/*Koch* § 129 Rn 22; *Theusinger/Schilha* BB **2015** 131, 134.
92 Friedl/Hartwig-Jacob/*Schmidtbleicher* § 15 Rn 14.
93 Friedl/Hartwig-Jacob/*Schmidtbleicher* § 15 Rn 14.
94 Hopt/Seibt/*Binder* § 15 Rn 23; Veranneman/*Wasmann/Steber* § 15 Rn 16; *Wasmann/Steber* ZIP **2014** 2005, 2011.
95 Hopt/Seibt/*Binder* § 15 Rn 6.
96 Vgl dazu die Ausführungen bei Vorbemerkungen zu den §§ 9 bis 16 Rn 8; vgl zum Aktienrecht auch GroßkommAktG/*Mülbert* § 129 Rn 137.
97 Hopt/Seibt/*Binder* § 15 Rn 6.
98 Vgl Hopt/Seibt/*Binder* § 15 Rn 7; *Mühe* BKR **2017** 50, 56; vgl dazu auch bereits die Ausführungen bei § 12 Rn 8.
99 Friedl/Hartwig-Jacob/*Schmidtbleicher* § 15 Rn 16.

Voraus zumindest für die Möglichkeit einer Simultanübersetzung ins Englische zu sorgen.[100]

25 **c) Erledigung der Tagesordnung.** Mit dem Aufruf des ersten Tagesordnungspunktes tritt die Gläubigerversammlung in die Erledigung der Tagesordnung ein.[101] Kernaufgabe des Vorsitzenden ist nun die sachgerechte und effektive **Erledigung der Tagesordnung** einschließlich der damit verbundenen Beschlussfassungen.[102]

26 **aa) Bindungswirkung der Tagesordnung.** Die bekannt gemachte Tagesordnung bestimmt dabei in zweifacher Hinsicht den weiteren Gang der Gläubigerversammlung:[103] Zum einen hat die Tagesordnung zunächst eine **positive Bindungswirkung** dergestalt, dass der Versammlungsleiter jeden der ordnungsgemäß bekannt gemachten Tagesordnungspunkte in der Versammlung tatsächlich auch behandeln muss.[104] Allerdings liegt die endgültige Festlegung der Reihenfolge der Tagesordnungspunkte in der **alleinigen Leitungsbefugnis** des Vorsitzenden. Er ist in dieser Hinsicht nicht an die Reihenfolge der bekannt gemachten Tagesordnung gebunden, sondern kann davon abweichen, wenn ihm dies in der Gläubigerversammlung sachgerecht erscheint.[105] Er sollte allerdings von diesem Recht nur in Ausnahmefällen Gebrauch machen und auf die Abweichung ausdrücklich hinweisen, um etwaige Verwirrung zu vermeiden.[106]

27 Zum anderen entfaltet die Tagesordnung nach § 13 Abs 2 S 3 aber auch eine **negative Bindungswirkung**, so dass die Gläubigerversammlung nur über ordnungsgemäß bekannt gemachte Gegenstände der Tagesordnung Beschlüsse fassen darf.[107] Insoweit hat der Vorsitzende kein Ermessen.[108] Diese negative Bindungswirkung bezieht sich allerdings **nur auf Beschlussgegenstände**, nicht auf die dazu konkret unterbreiteten Beschlussvorschläge.[109] Ebenfalls nicht erfasst sind **Anträge** zu **bloßen Verhandlungsgegenständen**, die keiner Beschlussfassung bedürfen und deshalb jederzeit zulässig sind.[110]

28 **bb) Verfahren.** Der Vorsitzenden kann das Verfahren zur Erledigung der Tagesordnung im Übrigen nach seinem pflichtgemäßen Ermessen frei festlegen. In der Regel wird der Vorsitzende daher nach den einführenden Erläuterungen zunächst die vorläufige Beschluss(un-)fähigkeit der Versammlung feststellen.[111] Danach wird er eine Aussprache über die einzelnen Tagesordnungspunkte ermöglichen, die keinem festgelegten Muster zu folgen hat, sondern situationsbezogen und sachgerecht an die jeweiligen Verhältnisse anzupassen ist.[112] Der Vorsitzende kann beispielsweise zu jedem einzelnen Tagesordnungspunkt jeweils eine Aussprache mit anschließender Abstimmung vorsehen. Er kann

---

100 Vgl Friedl/Hartwig-Jacob/*Schmidtbleicher* § 15 Rn 16; Hopt/Seibt/*Binder* § 15 Rn 7.
101 Hopt/Seibt/*Binder* § 15 Rn 6.
102 *Seibt* ZIP **2016** 997, 1005.
103 Vgl dazu bereits die Ausführungen bei § 13 Rn 4 ff.
104 Hopt/Seibt/*Binder* § 15 Rn 7; *Seibt* ZIP **2016** 997, 1005.
105 Hopt/Seibt/*Binder* § 15 Rn 7; vgl auch zum Aktienrecht MüKoAktG/*Kubis* § 121 Rn 45. Vgl dazu auch die Ausführungen bei § 13 Rn 4.
106 Vgl zum Aktienrecht GroßkommAktG/*Mülbert* § 129 Rn 148.
107 Hopt/Seibt/*Binder* § 15 Rn 7; Langenbucher/Bliesener/Spindler/*Bliesener*/*Schneider* § 13 Rn 9; Preuße/*Schindele* § 13 Rn 6; *Seibt* ZIP **2016** 997, 1005.
108 Vgl dazu schon die Ausführungen in § 13 Rn 5.
109 Preuße/*Schindele* § 13 Rn 2.
110 Hopt/Seibt/*Binder* § 13 Rn 3; Preuße/*Schindele* § 13 Rn 6.
111 RegBegr. BT-Drucks. 16/12814 S 23; *Seibt* ZIP **2016** 997, 1005.
112 Friedl/Hartwig-Jacob/*Schmidtbleicher* § 15 Rn 17.

die Aussprache aber auch zunächst in Blöcken zusammenfassen bzw. in einer umfassenden Generaldebatte bündeln und anschließend über mehrere bzw. alle Tagesordnungspunkte unmittelbar nacheinander gebündelt abstimmen lassen.[113]

cc) Rederecht; Zulassung und Reihenfolge der Wortbeiträge. Jeder Gläubiger hat in der Gläubigerversammlung ein Rederecht, welches sich auch ohne gesetzliche Normierung schon aus dem Sachzusammenhang der physischen Zusammenkunft der Gläubiger zur Diskussion der in der Tagesordnung bekannt gemachten Tagesordnungspunkte ergibt.[114] Um einen geordneten Meinungsbildungsprozess zu gewährleisten, obliegt es jedoch dem Vorsitzenden, während der Versammlung den einzelnen Gläubigern das Wort zu erteilen sowie die Redezeit ggf. angemessen zu beschränken. Er kann über die **Zulassung von Wortmeldungen** entscheiden und auch die **Reihenfolge der Redebeiträge** sowie der zugehörigen Antworten festlegen.[115] Um Wortmeldungen der Gläubiger koordiniert und gerecht durchzuführen, kann es nützlich sein, Wortmeldungslisten auszulegen. Gläubiger oder deren Vertreter können sich dann unter Angabe des voraussichtlichen Inhalts ihrer Beiträge eintragen.[116] Bei der Festlegung der Redebeiträge ist der Vorsitzende nicht an die Reihenfolge der Wortmeldungen gebunden.[117] Bei der Festlegung der Reihenfolge hat der Vorsitzende nach pflichtgemäßem Ermessen zu handeln und sachgemäßen Kriterien zu folgen. Dabei hat er insbesondere den **Gleichheitsgrundsatz zu beachten.**[118] Die Reihenfolge der Redebeiträge sollte daher nicht willkürlich sein und einzelne Gläubiger gezielt benachteiligen. Unzulässig ist es daher, kritische Redebeiträge oder die Begründung von Gegenanträgen bewusst ans Ende der Aussprache zu positionieren.[119] Zulässig ist es jedoch, bei der Reihenfolge der Redner die Anzahl der von ihnen vertretenen Stimmrechte zu berücksichtigen oder den Beiträgen von Meinungsführern oder Minderheiten, die Gegenanträge gestellt haben, zunächst den Vorrang in der Aussprache einzuräumen.[120] Thematisch zusammengehörige Redebeiträge können im Sinne der Verfahrensökonomie gebündelt und zu Blöcken zusammengefasst werden.[121] Wiederholte Wortmeldungen sind erst nach vollständiger Erledigung der Rednerliste zuzulassen.[122] Es besteht zudem keine Verpflichtung, Wortmeldungen zu Verfahrensfragen vorrangig zu behandeln.[123] 29

dd) Fragerecht; Beantwortung von Fragen. Aus dem in § 16 Abs 1 vorgesehen Auskunftsrecht ergibt sich auch ein korrespondierendes **Fragerecht** eines jeden Gläubigers, in der Versammlung Fragen zu stellen, soweit dies zur sachgemäßen Beurteilung 30

113 Vgl zum Aktienrecht GroßkommAktG/*Mülbert* § 129 Rn 149; Hüffer/*Koch* § 129 Rn 22; *Kremer* FS Hoffmann-Becking (2013) 697, 698 f.
114 Ekkenga/*Schmidtbleicher* Kapitel 12 Rn 170.
115 Hopt/Seibt/*Binder* § 15 Rn 8; *Seibt* ZIP **2016** 997, 1005; vgl zum Aktienrecht auch Hüffer/*Koch* § 129 Rn 23.
116 Friedl/Hartwig-Jacob/*Schmidtbleicher* § 15 Rn 18.
117 Vgl OLG München AG **2011** 840, 843; Hüffer/*Koch* § 129 Rn 23; *Stützle*/*Walgenbach* ZHR 155 (**1991**) 516, 527 f.
118 Hopt/Seibt/*Binder* § 15 Rn 8; *Seibt* ZIP **2016** 997, 1005.
119 Hopt/Seibt/*Binder* § 15 Rn 8.
120 Friedl/Hartwig-Jacob/*Schmidtbleicher* § 15 Rn 20; Hopt/Seibt/*Binder* § 15 Rn 8; vgl zum Aktienrecht auch GroßkommAktG/*Mülbert* § 129 Rn 150; MüKoAktG/*Kubis* § 119 Rn 144.
121 Friedl/Hartwig-Jacob/*Schmidtbleicher* § 15 Rn 20.
122 Vgl zum Aktienrecht MüKoAktG/*Kubis* § 119 Rn 145.
123 Vgl zum Aktienrecht auch GroßkommAktG/*Mülbert* § 129 Rn 151.

eines Beschlussgegenstands oder Antrags auf der Tagesordnung erforderlich ist.[124] Der Vorsitzende kann im Rahmen seiner Leitungsbefugnis die zeitliche Abfolge der Beantwortung dieser Fragen in der Versammlung festlegen. Antworten auf Fragen muss der Vorsitzende daher nicht direkt im Anschluss an die Frage zulassen. Es bietet sich vielmehr in der Regel an, Fragen zunächst einmal zu sammeln und dann *en bloc* zu beantworten. Anschließend sollte noch kurz Gelegenheit für ggf. bestehende weitere Fragen oder eine erneute Stellungnahme gegeben und erst danach die Aussprache fortgesetzt werden.[125] Möglich ist es aber auch, die Beantwortung der Fragen erst am (vorläufigen) Schluss der Debatte erfolgen zu lassen.[126]

31 **ee) Behandlung von Verfahrensanträgen.** Die Gläubiger sind in der Gläubigerversammlung jederzeit berechtigt, sog. **Verfahrensanträge** zum Ablauf und den Modalitäten der Versammlung zu stellen.[127] Diese bedürfen, im Gegensatz zu Beschlussgegenständen, keiner Bekanntmachung durch die Tagesordnung.[128] Zu solchen Verfahrensanträgen zählen bei der Hauptversammlung insbesondere der Antrag auf Vertagung der Versammlung, Absetzung und Vertagung einzelner Tagesordnungspunkte, die vorzeitige Beendigung der Versammlung sowie die Form der Abstimmung.[129] Wie bei der Hauptversammlung ist auch in der Gläubigerversammlung zu entscheiden, wer für die Entscheidung über den Verfahrensantrag zuständig ist. Dies ist grundsätzlich der Vorsitzende, der kraft eigener Leitungsbefugnis über den Ablauf der Versammlung entscheidet. Eine Abstimmung durch die Gläubigerversammlung kommt allerdings im Einzelfall in Betracht, sofern der Gegenstand des Verfahrensantrags die alleinige Kompetenz des Vorsitzenden überschreitet.[130]

32 In der Praxis häufige Anträge, wie die über die **Einhaltung oder Abweichung der Reihenfolge von Tagesordnungspunkten**, die Wiedereröffnung der Rednerliste oder der Aussprache oder das Wiederaufgreifen beendeter Tagesordnungspunkte[131] sind entsprechend von dem Vorsitzenden kraft eigener Leitungskompetenz selbst zu entscheiden.[132] Dies gilt auch für die (kurzzeitige) Unterbrechung der Versammlung.[133]

33 Verfahrensanträge zur **Absetzung bzw. Vertagung einzelner Tagesordnungspunkte oder der Gläubigerversammlung** sind ebenfalls zulässig. Sie fallen allerdings in die Zuständigkeit der Gläubigerversammlung, da sie organisatorische Fragen betreffen, die über die Leitungskompetenz des Vorsitzenden hinausgehen. Der Vorsitzende ist nicht befugt, über diese Anträge selbst zu befinden. Er muss diese daher der Gläubigerversammlung zur Entscheidung vorlegen.[134]

---

124 RegBegr. BT-Drucks. 16/12814 S 23; *Seibt* ZIP **2016** 997, 1003; vgl dazu die Ausführungen bei § 16 Rn 4 ff.

125 Friedl/Hartwig-Jacob/*Schmidtbleicher* § 15 Rn 19.

126 Vgl zum Aktienrecht auch GroßkommAktG/*Mülbert* § 129 Rn 152.

127 Veranneman/*Wasmann/Steber* § 15 Rn 11; *Wasmann/Steber* ZIP **2014** 2005, 2007.

128 Vgl dazu die Ausführungen bei § 13 Rn 5, 8.

129 Vgl zum Aktienrecht GroßkommAktG/*Mülbert* § 129 Rn 118 ff, 174 ff; Hüffer/*Koch* § 129 Rn 23; MüKoAktG/*Kubis* § 119 Rn 152.

130 Heidel/*Müller* § 15 Rn 2; Langenbucher/Bliesener/Spindler/*Bliesener/Schneider* § 15 Rn 5; Veranneman/*Wasmann/Steber* § 15 Rn 11 ff; *Wasmann/Steber* ZIP **2014** 2005, 2007.

131 Vgl dazu die Ausführungen in Rn 36.

132 Langenbucher/Bliesener/Spindler/*Bliesener/Schneider* § 15 Rn 5; *Seibt* ZIP **2016** 997, 1006.

133 Hopt/Seibt/*Binder* § 15 Rn 14; vgl zum Aktienrecht auch GroßkommAktG/*Mülbert* § 129 Rn 174; Hüffer/*Koch* § 129 Rn 23; MüKoAktG/*Kubis* § 119 Rn 140.

134 Heidel/*Müller* § 15 Rn 2; Hopt/Seibt/*Binder* § 15 Rn 14; *Seibt* ZIP **2016** 997, 1006; Veranneman/*Wasmann/Steber* § 15 Rn 13; *Wasmann/Steber* ZIP **2014** 2005, 2008; vgl zum Aktienrecht GroßkommAktG/*Mülbert* § 129 Rn 175 f; Hüffer/*Koch* § 129 Rn 23; MüKoAktG/*Kubis* § 119 Rn 141.

Anders als bei Hauptversammlung[135] ist eine **Wahl oder Abwahl des Vorsitzenden** bei der Gläubigerversammlung – vorbehaltlich einer abweichenden Regelung in den Anleihebedingungen – nicht möglich.[136] Wer den Vorsitz in der Versammlung führt, ist in Absatz 1 abschließend geregelt. Der Vorsitzende kann einen solchen Antrag daher zurückweisen, ohne über ihn beschließen zu lassen.[137] 34

Ist die **Form der Abstimmung** in den Anleihebedingungen geregelt, so ist diese Regelung nach § 16 Abs 2 verbindlich und kann nicht von der Versammlung durch Verfahrensantrag abgeändert werden.[138] Anders verhält es sich, wenn die Anleihebedingungen keine Regelung vorsehen. In diesem Fall liegt die Form der Abstimmung grundsätzlich im Ermessen des Vorsitzenden, da das AktG hierzu keine besonderen Regelungen vorsieht, sondern die Regelung der Ausübung des Stimmrechts stattdessen nach § 134 Abs 4 AktG der Satzung zuweist.[139] Im Aktienrecht kann bei Fehlen einer entsprechenden Satzungsregelung auf Antrag eines Aktionärs die Hauptversammlung mit einfacher Mehrheit über eine Form der Abstimmung beschließen. Der Versammlungsleiter muss über diesen Antrag abstimmen lassen und ist dann an die Entscheidung der Hauptversammlung gebunden.[140] Dies wird bei Fehlen einer entsprechenden Regelung in den Anleihebedingungen auch für die Gläubigerversammlung gelten müssen.[141] 35

ff) Wiederaufgreifen beendeter Tagesordnungspunkte. Wurde ein Gegenstand der Tagesordnung **ohne Beschluss** abgeschlossen, kann der Vorsitzende die Debatte stets nochmal eröffnen, sofern er dies für sachdienlich hält.[142] Hat die Versammlung über einen bestimmten Tagesordnungspunkt dagegen bereits durch **wirksamen Beschluss** entschieden, steht den Gläubigern grundsätzlich kein Rede- und Fragerecht zu diesem Tagesordnungspunkt mehr zu. Allerdings kann der Vorsitzende auch hier im Einzelfall die nochmalige Befassung mit dem entsprechenden Tagesordnungspunkt **zur erneuten Beschlussfassung** zulassen. Dies soll – angelehnt an die vergleichbare Problematik in der Hauptversammlung – allerdings nur dann möglich sein, wenn ein dringendes Bedürfnis aufgrund neu eingetretener Tatsachen oder neuer Gesichtspunkte besteht, die vorher nicht Gegenstand der Aussprache waren, und die Versammlung dies ausdrücklich so beschließt.[143] Die Möglichkeit ist jedoch ausgeschlossen, wenn sie rechtsmissbräuchlich wäre, da einzelne Teilnehmer der ersten Beschlussfassung über den nunmehr wieder aufgegriffenen Tagesordnungspunkt nicht mehr anwesend sind.[144] Die Entscheidung über das Wiederaufgreifen liegt grundsätzlich im pflichtgemäßen Ermessen des Vorsitzenden, der die Entscheidung aber auch der Versammlung überlassen darf. Tritt ein neuer Aspekt zutage, der die tatsächliche Grundlage oder die Rechtmäßigkeit der Beschlussfassung in Frage stellt, soll der Vorsitzende jedoch zur erneuten Vorlage an die Versammlung verpflichtet sein.[145] 36

---

135 Vgl zum Aktienrecht GroßkommAktG/*Mülbert* § 129 Rn 118 ff.
136 Friedl/Hartwig-Jacob/*Schmidtbleicher* § 15 Rn 3; Hauschild/Kallrath/Wachter/*Reinhard* § 17 Rn 546.
137 Veranneman/*Wasmann/Steber* § 15 Rn 12; *Wasmann/Steber* ZIP **2014** 2005, 2007 f.
138 *Wasmann/Steber* ZIP **2014** 2005, 2008.
139 Friedl/Hartwig-Jacob/*Schmidtbleicher* § 16 Rn 25; *Wasmann/Steber* ZIP **2014** 2005, 2008; vgl zum Aktienrecht Hüffer/*Koch* § 134 Rn 34; MüKoAktG/*Kubis* § 119 Rn 156.
140 MüKoAktG/*Arnold* § 134 Rn 87; *Stützle/Walgenbach* ZHR 155 (**1991**) 516, 534 f; **aA** *von der Linden* NZG **2012** 930, 933 f.
141 Veranneman/*Wasmann/Steber* § 15 Rn 14; *Wasmann/Steber* ZIP **2014** 2005, 2008.
142 Hopt/Seibt/*Binder* § 15 Rn 12; vgl zum Aktienrecht MüKoAktG/*Kubis* § 119 Rn 139.
143 Hopt/Seibt/*Binder* § 15 Rn 12; vgl zum Aktienrecht GroßkommAktG/*Mülbert* § 129 Rn 171 ff.
144 Hopt/Seibt/*Binder* § 15 Rn 12.
145 Vgl zum Aktienrecht GroßkommAktG/*Mülbert* § 129 Rn 173; MüKoAktG/*Kubis* § 119 Rn 139; *Stützle/Walgenbach* ZHR 155 (**1991**) 516, 536 f.

37 **d) Leitung der Abstimmung.** Der Vorsitzende hat im Anschluss an die Aussprache auch die Abstimmung über die Beschlussanträge zu leiten.[146] Die Abstimmungsleitung des Vorsitzenden umfasst auch die Festlegung der Form der Stimmabgabe, sofern dies nicht in den Anleihebedingungen bestimmt oder durch einen gesonderten Beschluss der Gläubigerversammlung festgesetzt worden ist.[147] Weiterhin obliegt es dem Vorsitzenden, zu bestimmen, wie die abgegebenen Stimmen auszuzählen sind.[148] Sehen die Anleihebedingungen in dieser Hinsicht keine Regelung vor, kommen dafür die Vorschriften des AktG entsprechend zur Anwendung.[149] Um etwaigen Unklarheiten über den Ablauf und die Modalitäten des Abstimmungsverfahrens vorzubeugen, sollte der Vorsitzende dabei das Verfahren der Abstimmung vor deren Beginn **kurz erläutern** und die Art und Weise der Stimmabgabe veranschaulichen.[150] Zudem sollte unmittelbar vor der Abstimmung auch einmal die Beschlussfähigkeit der Versammlung anhand des Teilnehmerverzeichnisses überprüft werden, um eine etwaige Anfechtbarkeit der Beschlüsse zu vermeiden.[151]

38 Die Abstimmung kann aufgrund des in der Gläubigerversammlung herrschenden Mündlichkeitsprinzips nur über dort gestellte **Beschlussanträge** erfolgen.[152] Ein in der Tagesordnung bekannt gemachter Beschlussvorschlag stellt nur die Ankündigung eines erst in der Versammlung selbst zu stellenden Beschlussantrags dar.[153] Der Vorsitzende stellt in der Gläubigerversammlung daher die nach § 13 veröffentlichten Beschlussvorschläge als Beschlussanträge zur Abstimmung. Beschlussanträge können dabei nur zu Tagesordnungspunkten unterbreitet werden, zu denen auch ein Beschlussvorschlag in der Tagesordnung bekannt gemacht wurde.[154] Über Beschlussgegenstände, die nicht ordnungsgemäß in der Tagesordnung bekannt gemacht wurden, kann nach § 13 Abs 2 S 3 kein Beschluss gefasst werden.[155] Beschlussanträge, die sich nicht auf einen Beschlussgegenstand der Tagesordnung beziehen, sind vom Vorsitzenden **zurückzuweisen.**[156] Gleiches gilt für offensichtlich nichtige, rechtsmissbräuchliche oder sinnlose Beschlussanträge, die lediglich der Verzögerung der Versammlung dienen. Bei lediglich anfechtbaren Beschlussanträgen ist hingegen Zurückhaltung geboten, da die Rechtmäßigkeitskontrolle grundsätzlich Gerichten und nicht dem Vorsitzenden als Versammlungsleiter obliegt.[157]

39 Der Einberufende ist bei der Stellung der Beschlussanträge an die in der Tagesordnung bekannt gemachten Beschlussvorschläge **nicht gebunden.**[158] Er kann also auch einen Beschlussvorschlag gänzlich fallen lassen und auf die Stellung eines entsprechenden Beschlussantrags verzichten. Er kann zudem, innerhalb gewisser Grenzen, im Rahmen des Beschlussantrags auch von dem ursprünglichen Beschlussvorschlag inhaltlich

---

146 Friedl/Hartwig-Jacob/*Schmidtbleicher* § 15 Rn 24; Veranneman/*Wasmann/Steber* § 15 Rn 17; *Wasmann/Steber* ZIP **2014** 2005, 2011.
147 Veranneman/*Wasmann/Steber* § 15 Rn 17; vgl dazu auch die Ausführungen in Rn 35.
148 Veranneman/*Wasmann/Steber* § 15 Rn 17; vgl dazu auch die Ausführungen bei § 16 Rn 43 f.
149 RegBegr. BT-Drucks. 16/12814 S 23; vgl zum Aktienrecht GroßkommAktG/*Mülbert* § 129 Rn 167 ff.
150 Friedl/Hartwig-Jacob/*Schmidtbleicher* § 15 Rn 25.
151 Hopt/Seibt/*Binder* § 15 Rn 23; *Seibt* ZIP **2016** 997, 1005; Veranneman/*Wasmann/Steber* § 15 Rn 16.
152 Friedl/Hartwig-Jacob/*Schmidtbleicher* § 15 Rn 26.
153 Vgl dazu die Ausführungen bei § 13 Rn 11.
154 Hauschild/Kallrath/Wachter/*Reinhard* § 17 Rn 541; Heidel/*Müller* § 13 Rn 2; Hopt/Seibt/*Binder* § 13 Rn 4; *Otto* DNotZ **2012** 809, 815.
155 Vgl dazu die Ausführungen bei § 13 Rn 5 f.
156 Friedl/Hartwig-Jacob/*Schmidtbleicher* § 15 Rn 26.
157 Vgl zum Aktienrecht GroßkommAktG/*Mülbert* § 129 Rn 156; Hüffer/*Koch* § 129 Rn 23; MüKoAktG/*Kubis* § 119 Rn 151.
158 Preuße/*Schindele* § 13 Rn 3.

abweichen.[159] Gleiches gilt für Beschlussanträge über Beschlussgegenstände, die aufgrund eines Ergänzungsverlangens einer qualifizierten Gläubigerminderheit nach §§ 13 Abs 2 S 1, 9 Abs 2 bis 4 in die Tagesordnung aufgenommen wurden. Hier hat grundsätzlich die qualifizierte Gläubigerminderheit einen konkreten Beschlussantrag zu stellen. Insoweit ist es für die Antragsstellung allerdings bereits ausreichend, die Frage des Vorsitzenden zu bejahen, ob der Beschlussantrag in der schriftlich angekündigten Form gestellt wird; eine Verlesung ist nicht erforderlich. Gleiches gilt auch für etwaige Gegenanträge, die nach § 13 Abs 4 angekündigt und veröffentlicht wurden.[160]

Der Vorsitzende hat im Rahmen der ihn treffenden Überwachungspflichten für eine **40** wirksame Beschlussfassung zu sorgen. Er muss Beschlussanträge so formulieren, dass diese allgemein verständlich und hinreichend bestimmt sind. Bei unklaren oder unpräzise formulierten Anträgen muss der Vorsitzende sich um Aufklärung und Präzisierung bemühen.[161]

Die Reihenfolge, in der über die Beschlussanträge abgestimmt wird, liegt im Lei- **41** tungsermessen des Vorsitzenden.[162] Bei dieser Reihenfolge hat der Versammlungsleiter den **Vorrang von Verfahrensanträgen** gegenüber den Sachanträgen zu berücksichtigen.[163] Diese sind getrennt von den Sachanträgen zur Abstimmung zu stellen.[164] Ein wirksamer Verfahrensantrag setzt voraus, dass ein konkreter wichtiger Grund für die Verfahrensentscheidung besteht, der auch in objektiv nachvollziehbarer Weise im Antrag benannt ist.[165] Es muss zudem eine vorrangige Kompetenz der Gläubigerversammlung für die Beschlussfassung bestehen. Geht es dem Gläubiger daher nur um Leitungs- oder Ordnungsfragen, für die ausschließlich der Vorsitzende zuständig ist, liegt kein Antrag, sondern nur eine unverbindliche Anregung an den Vorsitzenden vor, die dieser übergehen kann.[166] Über die Reihenfolge der **Sachanträge** hat der Vorsitzende nach **pflichtgemäßem Ermessen** zu entscheiden. Dabei hat sich der Vorsitzende um eine **sachdienliche Abstimmungsreihenfolge** zu bemühen.[167] Der Vorsitzende sollte daher diejenige Art der Abstimmung wählen, die am schnellsten und sichersten zu einem eindeutigen Ergebnis kommt. Neben der Sachdienlichkeit ist hier auch der Gleichheitsgrundsatz zu beachten.[168] Bei **konkurrierenden Anträgen** sind überflüssige Abstimmungsgänge zu vermeiden.[169] Der Versammlungsleiter hat dazu, sofern möglich, Beschlussanträge und Gegenanträge zueinander ins Verhältnis zu stellen, um auf diese Weise Unterschiede zu verdeutlichen. Des Weiteren ist es ratsam, zunächst über den Antrag, dem der Vorsitzende die größere Erfolgsaussicht beimisst, abzustimmen.[170] Dem Vorsitzenden kommt insoweit ein gewisser Ermessensspielraum zu. Eine Grenze wird man hier erst ziehen

159 Preuße/*Schindele* § 13 Rn 3; vgl dazu bereits die Ausführungen bei § 13 Rn 11 f.
160 Friedl/Hartwig-Jacob/*Schmidtbleicher* § 15 Rn 27.
161 Hopt/Seibt/*Binder* § 15 Rn 13; vgl zum Aktienrecht auch GroßkommAktG/*Mülbert* § 129 Rn 153; MüKoAktG/*Kubis* § 119 Rn 150.
162 Veranneman/*Wasmann*/*Steber* § 15 Rn 17.
163 Vgl zum Aktienrecht *Stützle*/*Walgenbach* ZHR 155 (**1991**) 516, 530; MüKoAktG/*Kubis* § 119 Rn 152; *Theusinger*/*Schilha* BB **2015** 131, 133.
164 Vgl zum Aktienrecht GroßkommAktG/*Mülbert* § 129 Rn 160.
165 Vgl zum Aktienrecht GroßkommAktG/*Mülbert* § 129 Rn 154.
166 Vgl zum Aktienrecht MüKoAktG/*Kubis* § 119 Rn 152.
167 Friedl/Hartwig-Jacob/*Schmidtbleicher* § 15 Rn 28; vgl zum Aktienrecht GroßkommAktG/*Mülbert* § 129 Rn 157 ff; Hüffer/*Koch* § 129 Rn 23.
168 Vgl zum Aktienrecht GroßkommAktG/*Mülbert* § 129 Rn 161.
169 Preuße/Schindele/*Kirchner* § 15 Rn 5.
170 Friedl/Hartwig-Jacob/*Schmidtbleicher* § 15 Rn 28; Veranneman/*Wasmann*/*Steber* § 15 Rn 17.

können, wenn der Vorsitzende versucht, durch die Priorisierung das Ergebnis der Beschlussfassung zu beeinflussen.[171]

42 Der Vorsitzende hat in Übereinstimmung mit § 16 Abs 2 das Abstimmungsergebnis, also die Annahme oder Ablehnung der zur Abstimmung gestellten Beschlussanträge durch Auszählung der dazu abgegebenen Ja- und Nein-Stimmen, zu ermitteln.[172] Nach Durchführung der Auszählung und Ermittlung des Abstimmungsergebnisses hat der Vorsitzende die Beschlussergebnisse offiziell festzustellen.[173] Diese Feststellungen sind vom Notar in seine notarielle Niederschrift nach § 16 Abs 3 aufzunehmen.[174]

43 **e) Übertragung von Aufgaben auf Hilfspersonen.** Der Vorsitzende hat seine Aufgaben nicht ausschließlich höchstpersönlich wahrzunehmen. Wie auch der Versammlungsleiter der Hauptversammlung kann der Vorsitzende sich daher Hilfspersonen zur Erfüllung seiner Leitungsaufgaben und beim Vollzug von Ordnungsmaßnahmen bedienen, sofern er dies zur sachdienlichen Durchführung der Gläubigerversammlung für erforderlich hält.[175] Eine Unterstützung durch Hilfspersonen kommt dabei insbesondere bei der Erstellung des Teilnehmerverzeichnisses, der Durchführung von Einlass- und Sicherheitskontrollen sowie der Abstimmung und Stimmauszählung in Betracht. Ausgeschlossen von dieser Übertragung sind allein eigenständige Verfahrensentscheidungen rechtlicher oder tatsächlicher Natur, bei denen der Vorsitzende eine Ermessensentscheidung oder eine verfahrensbestimmende Feststellung zu treffen hat, sowie die Anordnung von Ordnungsmaßnahmen.[176]

44 **f) Ordnungsmaßnahmen.** Soweit dies für einen ordnungsgemäßen Ablauf der Versammlung und eine sachgerechte Erledigung der Tagesordnung erforderlich ist, kann der Vorsitzende sowohl gegen sämtliche als auch gegen einzelne Versammlungsteilnehmer Ordnungsmaßnahmen ergreifen.[177] Insoweit kann hinsichtlich Zuständigkeit, Art und Umfang der Ordnungsmaßnahmen grundsätzlich auf die bei der Hauptversammlung anerkannten Maßstäbe zurückgegriffen werden.[178]

45 **aa) Beschränkung des Rede- und Fragerechts; Wortentzug.** Auch wenn eine analoge Anwendung des § 131 Abs 2 S 2 AktG ausscheidet, steht dem Vorsitzenden der Gläubigerversammlung dabei insbesondere die **ungeschriebene Ermächtigung** zu, die Redezeit der Versammlungsteilnehmer sowohl durch generelle Maßnahmen gegenüber allen Versammlungsteilnehmern als auch individuelle Maßnahmen gegen einzelne Versammlungsteilnehmer zu begrenzen und steuern.[179] Ohne Steuerung und ggf. Begren-

---

171 Friedl/Hartwig-Jacob/*Schmidtbleicher* § 15 Rn 28; vgl zum Aktienrecht auch GroßkommAktG/*Mülbert* § 129 Rn 161; Hüffer/*Koch* § 129 Rn 23; MüKoAktG/*Kubis* § 119 Rn 153.

172 Veranneman/*Wasmann/Steber* § 15 Rn 18; *Wasmann/Steber* ZIP **2014** 2005, 2011 f; vgl zur Abstimmung auch die Ausführungen bei § 16 Rn 43 ff.

173 *Wasmann/Steber* ZIP **2014** 2005, 2012.

174 Veranneman/*Wasmann/Steber* § 15 Rn 19; vgl zur Niederschrift auch die Ausführungen bei § 16 Rn 49.

175 Vgl zum Aktienrecht Hüffer/*Koch* § 129 Rn 22.

176 Vgl zum Aktienrecht GroßkommAktG/*Mülbert* § 129 Rn 132; *Kocher/Feigen* NZG **2015** 620, 623.

177 OLG Karlsruhe 30.9.2015 ZIP **2015** 2116, 2123; Heidel/*Müller* § 15 Rn 2; Preuße/*Kirchner* § 15 Rn 5 f; *Seibt* ZIP **2016** 997, 1006; *Wasmann/Steber* ZIP **2014** 2005, 2007.

178 Hopt/Seibt/*Binder* § 15 Rn 15; Veranneman/*Wasmann/Steber* § 15 Rn 10; vgl zum Aktienrecht auch GroßkommAktG/*Mülbert* § 129 Rn 183 ff; Hüffer/*Koch* § 129 Rn 23; *Wicke* NZG **2007** 771, 772 ff.

179 Veranneman/*Wasmann/Steber* § 15 Rn 15; Hopt/Seibt/*Binder* § 15 Rn 9; *Seibt* ZIP **2016** 997, 1005; *Wasmann/Steber* ZIP **2014** 2005, 2010; vgl zum Aktienrecht Hüffer/*Koch* § 129 Rn 26 f; MüKoAktG/*Kubis* § 119 Rn 119 ff.

zung der Redezeit wird eine sachgerechte Erledigung der Tagesordnung häufig überhaupt nicht möglich sein.[180] Als **generelle Maßnahme** kann der Vorsitzende zum einen die Redezeit für alle Gläubiger begrenzen oder die Rednerliste schließen.[181] Ersteres bietet sich an, wenn aufgrund der Vielzahl der bekundeten Wortmeldungen eine Erledigung der Tagesordnung und damit auch die Durchführung der Gläubigerversammlung in zeitlich angemessener Dauer nicht möglich erscheint.[182] Als noch angemessen ist – in Anlehnung an das Aktienrecht – üblicherweise ein Zeitraum von zehn bis vierzehn Stunden anzusehen, sofern Mitternacht nicht in diesem Zeitrahmen überschritten wird.[183] Im letzteren Fall käme eine Anfechtbarkeit der Beschlüsse in Betracht, wenn die Versammlung wie üblich nur für einen Tag einberufen wurde.[184] Der Vorsitzende ist zum anderen auch berechtigt, **individuelle Redebeiträge** zu **begrenzen**, wenn der Redner sich ständig wiederholt, inhaltlich nicht zur Sache äußert oder gar die öffentliche Ordnung gefährdet, indem er seine Redezeit für unsachliche Anwürfe und Beleidigungen nutzt.[185] Im äußersten Fall kann der Vorsitzende dem Redner auch das **Wort entziehen.**[186]

Der Vorsitzende muss dabei allerdings stets den **Grundsatz der Verhältnismäßigkeit beachten.**[187] Begrenzt der Vorsitzende als **generelle Maßnahme** die allgemeine Redezeit, ohne Rücksicht auf konkret vorhandene Wortmeldungen zu nehmen, so ist dies nicht mehr verhältnismäßig. Auch kommt stets die individuelle Beschränkung oder Entziehung des Rederechts als ggf. milderes Mittel in Betracht. Der Vorsitzende sollte sich daher nur in dem Fall dazu entscheiden, die Rednerliste generell zu schließen, wenn die fortgeschrittene Zeit eine reguläre Debatte nicht mehr erlaubt oder die Versammlung ansonsten nicht mehr in angemessener Zeit beendet werden kann.[188] Bei größeren Veranstaltungen ist das Vorsehen einer generellen Redezeitbeschränkung in Form einer zeitlichen **Obergrenze** pro Redner üblich.[189] Bis wann eine solche Obergrenze noch als zulässig erachtet werden kann, ist eine Frage des Einzelfalls, für die es keine pauschale Vorgabe gibt.[190] In der Regel sollten Wortbeiträge aber nicht länger als 15 Minuten dauern, um eine effektive Aussprache zu gewährleisten. Eine prinzipielle Redezeitbeschränkung auf 10 Minuten sollte daher grundsätzlich zulässig sein. Zu einem späteren Zeitpunkt kann selbst eine Beschränkung auf fünf Minuten in Betracht kommen.[191] Der Vorsitzende hat auch hier den Gleichheitsgrundsatz zu beachten. Im Einzelfall kann aber dem Gläubiger das Überschreiten der Redezeit zu gestatten sein, wenn sachliche Gründe wie das Begründen eines Gegenantrags oder die Komplexität und das Gewicht des angesprochenen Themas ggf. längere Ausführungen erfordern. Der Vorsitzende hat einem 46

180 Friedl/Hartwig-Jacob/*Schmidtbleicher* § 15 Rn 21; Hopt/Seibt/*Binder* § 15 Rn 9; *Wasmann*/*Steber* ZIP **2014** 2005, 2010.
181 *Seibt* ZIP **2016** 997, 1005 f.
182 Friedl/Hartwig-Jacob/*Schmidtbleicher* § 15 Rn 21; Veranneman/*Wasmann*/*Steber* § 15 Rn 15; vgl zum Aktienrecht Hüffer/*Koch* § 131 Rn 42; MüKoAktG/*Kubis* § 119 AktG Rn 165 ff.
183 Preuße/*Kirchner* § 15 Rn 5; Veranneman/*Wasmann*/*Steber* § 15 Rn 5; *Wasmann*/*Steber* ZIP **2014** 2005, 2006; vgl zum Aktienrecht MüKoAktG/*Kubis* § 121 Rn 38; Spindler/Stilz/*Rieckers* § 121 Rn 80, jeweils mwN.
184 Vgl dazu die Ausführungen bei § 12 Rn 3.
185 Vgl zum Aktienrecht Hüffer/*Koch* § 131 Rn 53; MüKoAktG/*Kubis* § 119 AktG Rn 170.
186 Vgl zum Aktienrecht GroßkommAktG/*Mülbert* § 129 Rn 217; MüKoAktG/*Kubis* § 119 AktG Rn 172.
187 Veranneman/*Wasmann*/*Steber* § 15 Rn 15; Hopt/Seibt/*Binder* § 15 Rn 9.
188 Friedl/Hartwig-Jacob/*Schmidtbleicher* § 15 Rn 21; Preuße/*Kirchner* § 15 Rn 5; Hopt/Seibt/*Binder* § 15 Rn 10.
189 *Wasmann*/*Steber* ZIP **2014** 2005, 2010.
190 Friedl/Hartwig-Jacob/*Schmidtbleicher* § 15 Rn 22; Hopt/Seibt/*Binder* § 15 Rn 10.
191 Hopt/Seibt/*Binder* § 15 Rn 10; vgl zum Aktienrecht OLG Stuttgart 2.12.2014 ZIP **2015** 1120, 1126; Hüffer/*Koch* § 131 Rn 52; MüKoAktG/*Kubis* § 119 AktG Rn 165 f.

Gläubiger zudem grundsätzlich Gelegenheit zu geben, bereits begonnene Ausführungen zu beenden, sofern dies zeitnah möglich ist.[192]

47 Auch im Fall der **Begrenzung individueller Redebeiträge** ist der Vorsitzende an das Verhältnismäßigkeitsprinzip gebunden und sollte stets **zum mildesten Mittel** greifen.[193] Der Vorsitzende sollte den Gläubiger daher zunächst nur ermahnen, zur Ordnung rufen oder bitten, zur Sache zu kommen, und danach noch ein paar Minuten gewähren lassen. Die Begrenzung der Redezeit oder weitergehende Maßnahmen sind erst einmal „nur" anzudrohen. Falls dies nicht hilft, ist die Redezeitbeschränkung unter Vorgabe der verbleibenden Zeit rechtzeitig anzukündigen.[194] Ob im Einzelfall eine Redezeitbegrenzung angemessen ist, muss vor dem jeweiligen Hintergrund des Redebeitrags beurteilt werden. Es ist grundsätzlich größere Zurückhaltung in der Begrenzung von Redebeiträgen anzuwenden, soweit die Beiträge darauf abzielen, die restlichen Gläubiger von dem in ihre bereits konkretisierten Rechte einschneidenden Charakter bestimmter Beschlüsse der Versammlung zu überzeugen. Die Notwendigkeit einer solchen Zurückhaltung besteht dann nicht, wenn Beiträge den Eingriff befürworten und die wesentlichen Argumente hierfür bereits erläutert wurden.[195] Auf keinen Fall zulässig sind hingegen willkürliche Redebeschränkungen oder die Benachteiligung von Rednern, um eine mögliche Opposition gegen die vorgebrachten Beschlussvorschläge zu unterbinden.[196] Der Wortentzug sollte als schärferes Mittel gegenüber der bloßen Redezeitbeschränkung nur mit Bedacht eingesetzt werden. Ein Wortentzug kommt in der Regel erst dann in Betracht, wenn der Redner die ihm zugedachte Redezeit, trotz mehrmaliger Aufforderung, zum Ende zu kommen, überzieht oder derart unsachgemäße, beleidigende oder verleumderische Aussagen macht, dass eine sofortige Reaktion des Versammlungsleiters erforderlich ist, um einen geordneten Ablauf der Versammlung zu gewährleisten.[197]

48 Mit einer generellen oder individuellen Beschränkung der Redezeit oder einem Wortentzug geht noch nicht zwingend auch die Beschränkung oder der Entzug des Fragerechts[198] einher.[199] Kommt es zu einer Redezeitbeschränkung oder gar einem Wortentzug, hat der Vorsitzende daher darauf hinzuweisen, dass das Fragerecht davon im Grundsatz unberührt bleibt.[200] Der Vorsitzende kann einzelnen Versammlungsteilnehmern aber auch das Fragerecht entziehen, wenn sie hiervon rechtsmissbräuchlich Gebrauch machen, eine Vielzahl nicht sachdienlicher Fragen stellen oder die Fragen nur der Störung der Versammlung dienen.[201]

---

192 Vgl zum Aktienrecht auch OLG Frankfurt 26.6.2012 BB **2012** 2327, 2328; GroßkommAktG/*Mülbert* § 129 Rn 217.

193 Hopt/Seibt/*Binder* § 15 Rn 11; Preuße/*Kirchner* § 15 Rn 6; vgl zum Aktienrecht Hüffer/*Koch* § 129 Rn 27.

194 Hopt/Seibt/*Binder* § 15 Rn 11; vgl zum Aktienrecht auch GroßkommAktG/*Mülbert* § 129 Rn 216.

195 Friedl/Hartwig-Jacob/*Schmidtbleicher* § 15 Rn 22.

196 Friedl/Hartwig-Jacob/*Schmidtbleicher* § 15 Rn 20, 22; vgl zum Aktienrecht GroßkommAktG/*Mülbert* § 129 Rn 150.

197 Hopt/Seibt/*Binder* § 15 Rn 11; *Wasmann/Steber* ZIP **2014** 2005, 2007; vgl zum Aktienrecht GroßkommAktG/*Mülbert* § 129 Rn 217.

198 Vgl dazu die Ausführungen in Rn 30.

199 Vgl Friedl/Hartwig-Jacob/*Schmidtbleicher* § 15 Rn 22; **aA** Veranneman/*Wasmann/Steber* § 15 Rn 15; *Wasmann/Steber* ZIP **2014** 2005, 2010 f, die eine Differenzierung zwischen Rede- und Fragerecht wegen der schwierigen Abgrenzung im Einzelfall ablehnen; vgl zum Aktienrecht wie hier GroßkommAktG/*Mülbert* § 129 Rn 218; MüKoAktG/*Kubis* § 119 AktG Rn 171; *Wicke* NZG **2007** 771, 774.

200 Vgl zum Aktienrecht GroßkommAktG/*Mülbert* § 129 Rn 217.

201 *Wasmann/Steber* ZIP **2014** 2005, 2010; vgl zum Aktienrecht auch GroßkommAktG/*Mülbert* § 129 Rn 218; Hüffer/*Koch* § 131 Rn 42.

bb) Saalverweis. Neben der Beschränkung des Rede- und Fragerechts und dem Wortentzug, einschließlich einer typischerweise vorhergehenden Rüge oder Abmahnung, kommt zur Sanktionierung des Verhaltens der Versammlungsteilnehmer auch der Saalverweis in Betracht.[202] Dieser stellt als Eingriff in das Teilnahmerecht des Gläubigers das äußerste Mittel (***ultima ratio***) des Versammlungsleiters dar und ist deshalb mit äußerster Zurückhaltung einzusetzen.[203] Der Saalverweis setzt daher eine gravierende Störung des reibungslosen Ablaufs der Versammlung voraus. Eine solche ist regelmäßig erst anzunehmen, wenn einem Redner rechtmäßig das Wort entzogen wurde und dieser diese Anordnung einfach ignoriert. Auch von ständigen lauten Zwischenrufen oder Sprechchören, die den übrigen Teilnehmern das Verfolgen der Versammlung unmöglich machen, kann eine solche Störung ausgehen, nicht aber von Transparenten, sofern sie keinen beleidigenden Inhalt haben.[204] Beim Saalverweis ist im besonderen Maße der **Verhältnismäßigkeitsgrundsatz** zu beachten.[205] Er setzt daher stets eine vorherige Androhung voraus. Zur Behebung der vom Versammlungsteilnehmer ausgehenden Störung der Versammlung darf zudem kein milderes Mittel in Betracht kommen. Dabei muss der Versammlungsleiter sich allerdings nicht mit der „akustischen Stilllegung" des störenden Redners (zB durch Abschaltung des Mikrofons) begnügen, wenn davon auszugehen ist, dass der Gläubiger weiterhin die Versammlung stört. Ein des Saales verwiesener Versammlungsteilnehmer hat keinen Anspruch auf einen späteren Wiederzutritt in den Saal, auch nicht zur Stimmabgabe. Als milderes Mittel kommt im Einzelfall aber möglicherweise ein nur begrenzter Verweis aus dem Hauptsaal in Betracht, wenn sich der Störer in den umliegenden Präsenzbereichen aufhalten kann, wo er die Versammlung, ohne weiter zu stören, weiter mitverfolgen kann.[206] Der aus dem Saal entfernte Gläubiger kann zudem auch einen beliebigen noch im Saal befindlichen Dritten zur weiteren Ausübung seiner Mitgliedschaftsrechte bevollmächtigen.[207] 49

g) Beendigung der Gläubigerversammlung. Ist die Tagesordnung erledigt, dh sind alle Tagesordnungspunkte behandelt, die Abstimmung zu allen Beschlussgegenständen vollzogen und die Beschlussergebnisse vom Vorsitzenden festgestellt worden, darf und muss der Vorsitzende die **Versammlung schließen.**[208] Liegen offensichtlich unheilbare Beschlussmängel, insbesondere Einberufungsfehler, vor oder ist die nach Absatz 3 Satz 1 erforderliche Beschlussfähigkeit[209] der Versammlung nicht gegeben, hat der Vorsitzende die Versammlung **vorzeitig zu beenden**, da wirksame Beschlüsse dann nicht gefasst werden können.[210] 50

Eine vorzeitige Beendigung hat ebenfalls zu erfolgen, wenn die tatsächliche Dauer der Versammlung die in der Einberufung vorgesehene Dauer überschreitet.[211] Der Gläu- 51

202 Preuße/*Kirchner* § 15 Rn 6; *Wasmann/Steber* ZIP **2014** 2005, 2007.
203 Veranneman/*Wasmann/Steber* § 15 Rn 10; Hopt/Seibt/*Binder* § 15 Rn 11.
204 Vgl zum Aktienrecht BGH 11.11.1965 NJW **1966** 43, 45; MüKoAktG/*Kubis* § 119 AktG Rn 173 f.
205 Preuße/*Kirchner* § 15 Rn 6; *Wasmann/Steber* ZIP **2014** 2005, 2007.
206 Vgl zum Aktienrecht OLG Bremen 18.1.2007 NZG **2007** 468 f; GroßkommAktG/*Mülbert* § 129 Rn 219 ff; *Wicke* NZG **2007** 771, 773.
207 Vgl zum Aktienrecht Spindler/Stilz/*Wicke* Anhang zu § 119 Rn 5.
208 Friedl/Hartwig-Jacob/*Schmidtbleicher* § 15 Rn 29; Hopt/Seibt/*Binder* § 15 Rn 14; Veranneman/*Wasmann/Steber* § 15 Rn 19.
209 Vgl dazu die Ausführungen in Rn 70 ff.
210 Friedl/Hartwig-Jacob/*Schmidtbleicher* § 15 Rn 29; Hopt/Seibt/*Binder* § 15 Rn 14; Veranneman/*Wasmann/Steber* § 15 Rn 16; vgl zum Aktienrecht GroßkommAktG/*Mülbert* § 129 Rn 179; MüKoAktG/*Kubis* § 119 AktG Rn 160; Spindler/Stilz/*Wicke* Anhang zu § 119 Rn 8.
211 Friedl/Hartwig-Jacob/*Schmidtbleicher* § 15 Rn 29.

bigerversammlung kommt jedoch – wie der Hauptversammlung – in solchen Fällen eine vorrangige Entscheidungskompetenz zu. Sie kann daher mit einfacher Mehrheit auch ihre **Fortsetzung** beschließen, wenn der Beschluss im unmittelbaren Anschluss an die Schließungsverfügung des Vorsitzenden ergeht und kein Gläubiger den Saal bereits verlassen hat.[212]

52 **3. Mängel der Versammlungsleitung.** Verfahrensfehler des Vorsitzenden, die ihm bei der Ausübung seiner Leitungs- und Ordnungsbefugnisse unterlaufen, können zur Anfechtbarkeit der in Versammlung gefassten Beschlüsse nach § 20 führen, wenn sie sich auf das Beschlussergebnis ausgewirkt haben.[213] Die für eine erfolgreiche Beschlussanfechtung erforderliche Relevanz eines Verfahrensfehlers für den angefochtenen Beschluss ist insbesondere bei den Zulassungen nicht berechtigter Teilnehmer, unzulässigen Saalverweisen, fehlerhaften Rede- oder Fragezeitbeschränkungen oder der Nichtberücksichtigung von Stimmen in der Regel zu bejahen.[214]

53 Wie bei der Hauptversammlung kommt in Fällen von Verfahrensfehlern auch eine Haftung des Vorsitzenden in Betracht. Zwar scheidet die im Aktienrecht vertretene Haftung aus §§ 93 Abs 2, 116 S 1 AktG analog[215] in Ermangelung einer korporationsrechtlichen Gebundenheit des Vorsitzenden im Rahmen der schuldrechtlich geprägten Gläubigerversammlung aus. Es kommt aber eine vergleichbare Haftung nach § 280 Abs 1 BGB iVm dem Auftragsverhältnis nach Absatz 1 in Betracht.[216] Dabei ist jedoch bei Ermessensentscheidungen des Vorsitzenden bereits bei der Frage nach dem Vorliegen einer möglichen Pflichtverletzung zu berücksichtigen, ob die fehlerhafte Entscheidung aus der *ex ante*-Perspektive vertretbar war.[217] Im Übrigen kann auch ein haftungsausschließender Rechtsirrtum vorliegen, insbesondere wenn sich der Vorsitzende berechtigterweise auf die Einschätzung externer Berater verlässt.[218]

III. Teilnehmerverzeichnis (Absatz 2)

1. Aufstellung des Verzeichnisses (Absatz 2 Satz 1)

54 **a) Sinn und Zweck.** Nach Absatz 2 Satz 1 hat der Vorsitzende in der Gläubigerversammlung ein Verzeichnis der erschienenen oder durch Bevollmächtigte vertretenen Gläubiger aufzustellen. Diese Vorschrift entspricht im Wesentlichen der aktienrechtlichen Regelung des § 129 Abs 1 S 2 AktG.[219]

55 Mittels des Teilnehmerverzeichnisses hat der Vorsitzende zu dokumentieren, dass keine unbefugten Personen an der Abstimmung teilgenommen und die Gläubiger zu den einzelnen Beschlussgegenständen mit dem erforderlichen Quorum gemäß Absatz 3

---

212 **AA** Friedl/Hartwig-Jacob/*Schmidtbleicher* § 15 Rn 29 („nur einstimmig"); vgl ebenso zum Aktienrecht GroßkommAktG/*Mülbert* § 129 Rn 180; MüKoAktG/*Kubis* § 119 AktG Rn 160; Spindler/Stilz/*Wicke* Anhang zu § 119 Rn 8; *Stützle/Walgenbach* ZHR 155 (**1991**) 516, 539.

213 Heidel/*Müller* § 15 Rn 2; Hopt/Seibt/*Binder* § 15 Rn 16; Langenbucher/Bliesener/Spindler/*Bliesener/Schneider* § 15 Rn 5; Preuße/*Kirchner* § 15 Rn 7; vgl dazu auch die Ausführungen bei § 20 Rn 21 ff.

214 Vgl zum Aktienrecht GroßkommAktG/*Mülbert* § 129 Rn 229 ff.

215 Vgl zum Aktienrecht GroßkommAktG/*Mülbert* § 129 Rn 247 ff; *Poelzig* AG **2015** 476, 479.

216 Hopt/Seibt/*Binder* § 15 Rn 16.

217 **AA** Hopt/Seibt/*Binder* § 15 Rn 16, wonach dies erst haftungserleichternd zu berücksichtigen sei; vgl wie hier zum Aktienrecht GroßkommAktG/*Mülbert* § 129 Rn 252.

218 Vgl zum Aktienrecht GroßkommAktG/*Mülbert* § 129 Rn 255.

219 Hopt/Seibt/*Binder* § 15 Rn 19.

Satz 1 abgestimmt haben.[220] Die Gläubiger können so anhand des Teilnehmerverzeichnisses prüfen, ob der Beschluss der Gläubigerversammlung ordnungsgemäß zustande kam.[221] Das Teilnehmerverzeichnis erleichtert damit nicht nur die Feststellung der Beschlussfähigkeit, sondern dient auch zur Dokumentation der Beschlussergebnisse.[222]

b) Form. Wie das Teilnehmerverzeichnis aufzustellen ist, überlässt das SchVG dem Ermessen des Vorsitzenden. Der Vorsitzende kann daher – wie im Aktienrecht – das Teilnehmerverzeichnis alternativ in Papierform oder in elektronischer Form führen.[223] Dabei muss eine **klare und übersichtliche** Gestaltung gewährleistet sein, die dem durchschnittlichen Versammlungsteilnehmer eine angemessene Einsichtnahme gestattet.[224] Dafür wird sich regelmäßig eine Erfassung der Teilnehmer in elektronischer Form anbieten.[225] 56

c) Pflicht zur Aktualisierung. Aus Sinn und Zweck des Teilnehmerverzeichnisses folgt eine Pflicht zur laufenden Aktualisierung. Der Vorsitzende muss daher alle erforderlichen organisatorischen Vorkehrungen treffen, um eine fortlaufende Erfassung des Teilnehmerkreises zu gewährleisten.[226] Daher muss der Vorsitzende das Teilnehmerverzeichnis fortlaufend führen und an die Präsenz der versammelten Teilnehmer anpassen.[227] Das nachträgliche Erscheinen von Gläubigern oder das vorzeitige Verlassen der Versammlung ist daher im Teilnehmerverzeichnis zu vermerken, da nur so zu jedem Zeitpunkt die Beschlussfähigkeit sicher festgestellt werden kann.[228] Gerade bei einer Vielzahl von Versammlungsteilnehmern folgt daraus ein nicht unerheblicher organisatorischer Aufwand. Dieser kann aber durch Rückgriff auf bereits bei der Hauptversammlung erprobte Techniken gelöst werden, indem der Vorsitzende für die Abstimmung einen räumlich begrenzten Präsenzbereich vorsieht, zu dem der Teilnehmer nur durch Passieren einer Kontrollstelle Zutritt erhält und ihn auch wieder verlassen kann. Das Erfassen der An- bzw. Abwesenheit der Teilnehmer zur Erstellung des Teilnehmerverzeichnisses sollte daher bereits **mit der Einlasskontrolle** der Versammlung vorgenommen werden.[229] Dabei muss die Kontrollstelle auch die Legitimation der Besucher der Gläubigerversammlung prüfen.[230] Als verhältnismäßig wird man eine solche Eingangskontrolle aber nur ansehen dürfen, wenn sie sich auf Maßnahmen beschränkt, die zur 57

220 Langenbucher/Bliesener/Spindler/*Bliesener/Schneider* § 15 Rn 6; Preuße/*Kirchner* § 15 Rn 2; *Wasmann/Steber* ZIP **2014** 2005, 2007.
221 RegBegr. BT-Drucks. 16/12814 S 23; Langenbucher/Bliesener/Spindler/*Bliesener/Schneider* § 14 Rn 17; Hopt/Seibt/*Binder* § 15 Rn 19; Veranneman/*Wasmann/Steber* § 15 Rn 8.
222 Heidel/*Müller* § 15 Rn 3; Hopt/Seibt/*Binder* § 15 Rn 19; Veranneman/*Wasmann/Steber* § 15 Rn 6.
223 Heidel/*Müller* § 15 Rn 3.
224 Hopt/Seibt/*Binder* § 15 Rn 20; Preuße/*Kirchner* § 15 Rn 10; vgl zum Aktienrecht auch GroßkommAktG/*Mülbert* § 129 Rn 58; MüKoAktG/*Kubis* § 129 AktG Rn 41; Spindler/Stilz/*Wicke* § 129 Rn 32.
225 Hopt/Seibt/*Binder* § 15 Rn 20; Preuße/*Kirchner* § 15 Rn 10.
226 Hopt/Seibt/*Binder* § 15 Rn 20.
227 Heidel/*Müller* § 15 Rn 3; Langenbucher/Bliesener/Spindler/*Bliesener/Schneider* § 15 Rn 7; Preuße/*Kirchner* § 15 Rn 10.
228 Hopt/Seibt/*Binder* § 15 Rn 19; Preuße/*Kirchner* § 15 Rn 10; vgl zum Aktienrecht Hüffer/*Koch* § 129 Rn 10; MüKoAktG/*Kubis* § 119 Rn 19.
229 Friedl/Hartwig-Jacob/*Schmidtbleicher* § 15 Rn 31; Heidel/*Müller* § 15 Rn 3; Hopt/Seibt/*Binder* § 15 Rn 20; Langenbucher/Bliesener/Spindler/*Bliesener/Schneider* § 15 Rn 7; *Wasmann/Steber* ZIP **2014** 2005, 2007.
230 Hopt/Seibt/*Binder* § 15 Rn 20; Langenbucher/Bliesener/Spindler/*Bliesener/Schneider* § 15 Rn 7; Preuße/*Kirchner* § 15 Rn 9; Veranneman/*Wasmann/Steber* § 15 Rn 6.

Feststellung der Identität und Legitimation des einzelnen Gläubigers oder seines Bevollmächtigten zwingend notwendig sind.[231] Hält man ein *Record Date* in den Anleihebedingungen für zulässig,[232] muss sich der Nachweis der Legitimation auf den Zeitpunkt dieses Stichtags beziehen,[233] ansonsten ist grundsätzlich der Tag der Gläubigerversammlung maßgeblich.[234]

58 Sehen die Anleihebedingungen gemäß § 10 Abs 2 vor, dass sich die Gläubiger vor der Versammlung anzumelden haben, kann bereits im Vorfeld der Versammlung ein vorläufiges Teilnehmerverzeichnis anhand der sich anmeldenden Gläubiger erstellt werden, das im Rahmen der Einlasskontrolle dann nur noch zu finalisieren ist.[235]

59 **2. Inhalt des Verzeichnisses (Absatz 2 Satz 2).** Der Mindestinhalt des Teilnehmerverzeichnisses wird durch Absatz 2 Satz 2 vorgegeben. Danach müssen der Vorsitzende bzw. diejenigen Personen, auf die er die Aufgabe der Führung des Verzeichnisses delegiert hat, die Gläubiger unter Angabe ihres Namens, Sitzes oder Wohnorts sowie die Zahl der von jedem vertretenen Stimmrechte aufführen.[236]

60 **a) Name.** Ist der Gläubiger eine natürliche Person, so muss er seinen bürgerlichen Namen einschließlich des Vornamens angeben. Der für eine juristische Person oder Personengesellschaft auf der Gläubigerversammlung erschienene Vertreter muss stattdessen deren Firma gem. § 17 HGB nennen. Dies gilt auch für etwaige Bevollmächtigte, die unter Angabe des Namens und des Sitzes bzw. Wohnortes gesondert aufzuführen sind.[237] Den gesetzlichen oder den organschaftlichen Vertreter eines Gläubigers muss der Vorsitzende im Teilnehmerverzeichnis dagegen nicht erwähnen.[238] Um den Gläubigern weitgehende Prüfungsmöglichkeiten anhand des Teilnehmerverzeichnisses zu ermöglichen, schlägt eine Auffassung zwar vor, auch den Namen und Wohnort dieser Vertreter in das Verzeichnis aufzunehmen.[239] Mit dem Wortlaut des Gesetzes kann dies aber nicht in Einklang gebracht werden und ist daher abzulehnen. § 15 bezieht sich auf die Gläubiger sowie die sie ggf. vertretenden Bevollmächtigten, durch die sich gem. § 14 Abs 1 die jeweiligen Gläubiger vertreten lassen können. Gesetzliche oder organschaftliche Vertreter gelten gerade nicht als Bevollmächtigte im Sinne des § 14 Abs 1.[240] Sie sind schließlich nicht vom Gläubiger bevollmächtigt, sondern handeln im Rahmen ihrer gesetzlichen Stellung. Gleiches gilt für Unterbevollmächtigte solcher Vertreter, weil sich bei diesen die gesetzliche bzw. organschaftliche Vertretungsmacht nur fortsetzt. Angaben über Gläubiger, die – sofern die Anleihebedingungen dies zulassen – per Briefwahl oder über elektronische Kommunikation an der Abstimmung teilnehmen,[241] sind ebenfalls nicht erforderlich.[242]

---

231 Vgl dazu die Ausführungen bei Rn 20 f und bei § 10 Rn 17.
232 Vgl dazu die Ausführungen bei § 10 Rn 20.
233 Friedl/Hartwig-Jacob/*Schmidtbleicher* § 15 Rn 31.
234 Veranneman/*Wasmann/Steber* § 15 Rn 6; *Wasmann/Steber* ZIP **2014** 2005, 2007.
235 Hopt/Seibt/*Binder* § 15 Rn 20; Preuße/*Kirchner* § 15 Rn 10; Veranneman/*Wasmann/Steber* § 15 Rn 6; *Wasmann/Steber* ZIP **2014** 2005, 2007.
236 Heidel/*Müller* § 15 Rn 3; Hopt/Seibt/*Binder* § 15 Rn 19; Langenbucher/Bliesener/Spindler/*Bliesener/Schneider* § 15 Rn 7.
237 Preuße/*Kirchner* § 15 Rn 8.
238 Veranneman/*Wasmann/Steber* § 15 Rn 6.
239 Friedl/Hartwig-Jacob/*Schmidtbleicher* § 15 Rn 30.
240 Preuße/*Kirchner* § 14 Rn 8; Langenbucher/Bliesener/Spindler/*Bliesener/Schneider* § 14 Rn 2.
241 Vgl dazu die Ausführungen bei § 16 Rn 40 ff.
242 Veranneman/*Wasmann/Steber* § 15 Rn 6.

b) Wohnort. Als Wohnort ist die Gemeinde, in welcher der Gläubiger wohnt, im Verzeichnis anzugeben. Bei Personengesellschaften und juristischen Personen wird der statutarische Sitz verzeichnet.[243] 61

c) Zahl der vertretenen Stimmen. Der Vorsitzende und/oder seine Hilfspersonen müssen zudem die Zahl der vertretenen Stimmen in das Verzeichnis aufnehmen. Das Tatbestandsmerkmal „*vertreten*" darf man hierbei nicht als Fall der Stimmrechtsvertretung oder der Vertretung eines oder mehrerer Gläubiger verstehen.[244] Vielmehr ist damit die Anzahl der Stimmen gemeint, die der teilnehmende Gläubiger auf sich vereinigt.[245] Hält ein Gläubiger zum Beispiel Inhaberschuldverschreibungen im Nennwert von € 5.000 mit einer Stückelung von € 1.000, wobei € 1.000 je eine Stimme verleihen,[246] so *vertritt* er fünf Stimmen. Diese müssen der Vorsitzende bzw die von ihm für die Erstellung des Verzeichnisses beauftragten Personen entsprechend im Protokoll vermerken. Bei nennwertlosen Schuldverschreibungen entspricht eine Schuldverschreibung einer Stimme.[247] Angaben über Eigen- oder Fremdbesitz sind nicht in das Teilnehmerverzeichnis aufzunehmen.[248] 62

3. Publikation des Teilnehmerverzeichnisses (Absatz 2 Satz 3). Das Teilnehmerverzeichnis ist nach Absatz 2 Satz 3 vom Vorsitzenden zu unterschreiben und danach allen Gläubigern unverzüglich zugänglich zu machen. 63

a) Unterschrift. Vor der Zugänglichmachung muss der Vorsitzende der Versammlung das Teilnehmerverzeichnis **eigenhändig** unterschreiben.[249] Wird der Einberufende von einem nur zur Gesamtvertretung berechtigten Kollegialorgan vertreten, so sollten vorsorglich alle Mitglieder dieses Organs die Unterschrift leisten.[250] Dies gilt nicht, wenn etwa ein mit mehreren Personen besetztes Kollegialorgan schon vor der Versammlung die Führung des Vorsitzes an eines seiner Mitglieder delegiert hat. Hat der Einberufende den Vorsitz an einen Dritten delegiert,[251] so muss dieser das Verzeichnis unterfertigen. 64

b) Zugänglich machen. Das Teilnehmerverzeichnis ist zugänglich gemacht worden, wenn es den Gläubigern innerhalb der Anfechtungsfrist des § 20 Abs 3 S 1 **zur Einsicht und Kenntnisnahme bereitgestellt** worden ist.[252] Dem Vorsitzenden steht es dabei frei, wie und auf welche Art und Weise er das Verzeichnis veröffentlicht.[253] Dies kann auch auf der Internetseite des Schuldners geschehen.[254] Jedoch müssen die Gläubiger wissen, wo das Verzeichnis aufzufinden ist. Soll es also auf der Internetseite des Einberufenden veröffentlicht werden, empfiehlt es sich, die Gläubiger schon vorab in der Einberufung zu informieren. Überdies müssen die Gläubiger das Dokument in diesem Fall auch leicht 65

---

243 Hüffer/*Koch* § 129 Rn 3.
244 In diese Richtung aber wohl: Friedl/Hartwig-Jacob/*Schmidtbleicher* § 15 Rn 30.
245 Langenbucher/Bliesener/Spindler/*Bliesener/Schneider* § 15 Rn 7.
246 Beispiel gebildet nach Preuße/*Kirchner* § 15 Rn 8.
247 Preuße/*Kirchner* § 15 Rn 8.
248 Veranneman/*Wasmann/Steber* § 15 Rn 6.
249 Preuße/*Kirchner* § 15 Rn 11; *Wasmann/Steber* ZIP **2014** 2005, 2007.
250 Hopt/Seibt/*Binder* § 15 Rn 21; Langenbucher/Bliesener/Spindler/*Bliesener/Schneider* § 15 Rn 8; Veranneman/*Wasmann/Steber* § 15 Rn 6.
251 Vgl dazu die Ausführungen in Rn 8.
252 Veranneman/*Wasmann/Steber* § 15 Rn 8.
253 Langenbucher/Bliesener/Spindler/*Bliesener/Schneider* § 15 Rn 8.
254 Vgl RegBegr. BT-Drucks. 16/12814 S 23; Heidel/*Müller* § 15 Rn 3; Preuße/*Kirchner* § 15 Rn 11; Veranneman/*Wasmann/Steber* § 15 Rn 9.

auffinden können, weswegen sich eine Platzierung an hinreichend prominenter Stelle empfiehlt – üblicherweise in der Kategorie „Investor Relations".[255]

66 Mit der Erstellung und Veröffentlichung des Teilnehmerverzeichnisses verarbeitet der Vorsitzende auch personenbezogenen Daten im Sinne des Art. 4 der DSGVO[256]. Entsprechend hat er die Vorgaben der DSGVO bei der Erstellung und Veröffentlichung des Verzeichnisses zu beachten. Daher sollte das Verzeichnis bei Upload im Internet auch passwortgeschützt sein.[257] Da die Pflicht zur Zugänglichmachung zudem nur gegenüber den Gläubigern, nicht aber gegenüber der Allgemeinheit besteht, kommt anstelle der Implementierung eines Passwortschutzes auch in Betracht, das Teilnehmerverzeichnis nur auf Anforderung unter Nachweis der Gläubigerstellung zu übermitteln.[258] In diesen Fällen muss die Internetseite des Schuldners jedoch einen Hinweis darauf enthalten, wie und wo das Teilnehmerverzeichnis angefordert werden kann.[259]

67 **c) Unverzüglich.** Für die Gläubiger muss das Verzeichnis nach Unterzeichnung durch den Vorsitzenden unverzüglich, also gemäß § 121 Abs 1 S 1 BGB ohne schuldhaftes Zögern, zugänglich gemacht werden. Gemeint ist nicht – wie nach § 129 Abs 4 S 1 AktG – noch in der Versammlung, sondern **sobald wie möglich nach dem Ende der Versammlung.**[260] Ein Gläubiger muss das Teilnehmerverzeichnis so rechtzeitig einsehen können, dass er noch **innerhalb der Anfechtungsfrist** des § 20 Abs 3 S 1 Anfechtungsklage erheben kann, sofern er auf Grund der Durchsicht des Verzeichnisses zu dem Ergebnis gelangt, die Beschlüsse der Gläubigerversammlung seien mangelhaft.[261] Daher ist zu prüfen, wann die Veröffentlichung frühestens möglich ist und ob der verbleibende Zeitraum noch genügt, um eine Anfechtungsklage zu erheben.[262] Zutreffend erscheinen daher die Auffassungen, die eine Veröffentlichung **spätestens innerhalb von zwei bis fünf Tagen** nach der Versammlung empfehlen.[263] Bereitet es jedoch auf Grund der Umstände der abgehaltenen Versammlung besondere Schwierigkeiten das Verzeichnis zu finalisieren, wird man einen geringfügig längeren Zeitraum auch noch für zulässig erachten können. Nicht ausreichend ist allerdings die Veröffentlichung irgendwann im Laufe der Anfechtungsfrist.[264]

68 **d) Zuständigkeit.** Der Wortlaut der Vorschrift lässt offen, wer das Teilnehmerverzeichnis den Gläubigern zur Einsichtnahme zur Verfügung stellen muss. Der systematische Zusammenhang lässt aber keinen anderen Schluss zu, als dass diese Aufgabe den Vorsitzenden trifft. Lässt ein Dritter die Gläubiger Einsicht in das Verzeichnis nehmen, sind die Voraussetzungen des Absatzes 2 Satz 3 hingegen nicht erfüllt. Denn der Einsicht

---

255 Hopt/Seibt/*Binder* § 15 Rn 21; Preuße/*Kirchner* § 15 Rn 11.

256 Verordnung (EU) 2016/679 des Europäischen Parlaments und Rates vom 27. April 2016 zum Schutz natürlicher Personen bei der Verarbeitung personenbezogener Daten, zum freien Datenverkehr und zur Aufhebung der Richtlinie 95/46/EG (Datenschutz-Grundverordnung – DSGVO).

257 Friedl/Hartwig-Jacob/*Schmidtbleicher* § 15 Rn 34; Hopt/Seibt/*Binder* § 15 Rn 21; *Mühe* BKR **2017** 50, 57; Preuße/*Kirchner* § 15 Rn 11.

258 Friedl/Hartwig-Jacob/*Schmidtbleicher* § 15 Rn 34; Veranneman/*Wasmann*/*Steber* § 15 Rn 9.

259 *Mühe* BKR **2017** 50, 57.

260 Heidel/*Müller* § 15 Rn 3; Hopt/Seibt/*Binder* § 15 Rn 21; *Otto* DNotZ **2012** 809, 817; Veranneman/*Wasmann*/*Steber* § 15 Rn 8; *Wasmann*/*Steber* ZIP **2014** 2005, 2007.

261 RegBegr. BT-Drucks. 16/12814 S 23; Blersch/Goetsch/Haas/*Paul* § 15 Rn 7; Friedl/Hartwig-Jacob/*Schmidtbleicher* § 15 Rn 33; Hauschild/Kallrath/Wachter/*Reinhard* § 17 Rn 544; *Mühe* BKR **2017** 50, 57; Preuße/*Kirchner* § 15 Rn 11; Veranneman/*Wasmann*/*Steber* § 15 Rn 8.

262 Hopt/Seibt/*Binder* § 15 Rn 21.

263 Hopt/Seibt/*Binder* § 15 Rn 21; *Mühe* BKR **2017** 50, 57.

264 Friedl/Hartwig-Jacob/*Schmidtbleicher* § 15 Rn 33.

nehmende Teilnehmer hat in diesem Fall keine Gewähr für die Richtigkeit und Vollständigkeit des Verzeichnisses.

4. Mängel und Fehlen des Verzeichnisses. Ein fehlendes, fehlerhaftes oder zu spät vorgelegtes Verzeichnis stellt einen Verfahrensfehler nach § 20 Abs 1 S 1 dar. Allerdings führen solche Verfahrensfehler in der Regel nicht zur Anfechtbarkeit von Beschlüssen, weil es kaum denkbar ist, dass sich solche der Versammlung nachgelagerten Fehler auf in der Versammlung gefasste Beschlüsse auswirken. Damit fehlt schon die Kausalität.[265] 69

IV. Beschlussfähigkeit und zweite Versammlung (Absatz 3)

1. Mindestquorum (Absatz 3 Satz 1)

a) Regelung und gesetzgeberische Intention. Anders als die aktienrechtliche Hauptversammlung ist die Gläubigerversammlung nach Absatz 3 Satz 1 erst beschlussfähig, wenn die Anwesenden wertmäßig **mindestens die Hälfte der ausstehenden Schuldverschreibungen** vertreten.[266] Diese strengen Anforderungen an das für die Beschlussfähigkeit der Gläubigerversammlung erforderliche **Mindestquorum** dienen dem Schutz der Gläubigermehrheit vor dem Alleingang einer entschlossenen Minderheit. Sie sollen verhindern, dass weitreichende Beschlüsse, die eine Änderung der rechtlichen Verpflichtungen zur Folge haben, von einer kleinen Gruppe von anwesenden Gläubigern gefasst werden können. Die abwesenden Gläubiger sollen nicht von Zufallsmehrheiten auf der Versammlung „überrumpelt" werden.[267] 70

Absatz 3 Satz 1 bietet **mehr Flexibilität als die Vorgängerregelung** des § 11 Abs 2 SchVG 1899, bei der eine Einschränkung von Gläubigerrechten noch einer 75%-Mehrheit der abgegebenen Stimmen bedurfte, die zudem noch mindestens die Hälfte des Nennwerts der ausstehenden Schuldverschreibungen repräsentieren mussten. Nach Absatz 3 Satz 1 iVm § 5 Abs 4 S 2 sind Eingriffe in die Rechte von Gläubigern dagegen theoretisch schon mit einer Mehrheit von nur 37,5% der ausstehenden Schuldverschreibungen möglich.[268] Dennoch führt das Mindestquorum nach Absatz 3 Satz 1 in der Praxis regelmäßig zu Problemen, da die hohe Präsenzquote von 50%, insbesondere in Restrukturierungsfällen, sehr häufig verfehlt wird.[269] Das SchVG nimmt diese nicht unerhebliche **Erschwerung einer kollektiven Entscheidungsfindung** der Gläubiger aber zugunsten des Minderheitenschutzes bewusst in Kauf.[270] Dieser gegenüber dem Aktienrecht wesentlich stärker ausgeprägte Minderheitenschutz trägt dem Umstand Rechnung, dass sich die schuldrechtlich geprägte Rolle des Anleihegläubigers als Fremdkapitalgeber von der eher unternehmerisch geprägten Rolle des Aktionärs als Teilhaber unterscheidet.[271] Zwar 71

---

265 Hopt/Seibt/*Binder* § 15 Rn 22; Preuße/*Kirchner* § 15 Rn 12; vgl auch zum Aktienrecht GroßkommAktG/*Mülbert* § 129 Rn 90; Hüffer/*Koch* § 129 Rn 16.
266 Heidel/*Müller* § 15 Rn 4; Veranneman/*Wasmann*/*Steber* § 15 Rn 20.
267 Vgl BGH 2.12.2014 NZG **2015** 360, 363; OLG Schleswig 10.12.2013 AG **2014** 204, 207; Heidel/*Müller* § 15 Rn 5; Hopt/Seibt/*Binder* § 15 Rn 24; Langenbucher/Bliesener/Spindler/*Bliesener*/*Schneider* § 15 Rn 12; Preuße/*Kirchner* § 15 Rn 3, 15; Veranneman/*Wasmann*/*Steber* § 15 Rn 21.
268 Ekkenga/*Schmidtbleicher* Kapitel 12 Rn 228; Hopt/Seibt/*Binder* § 15 Rn 24; Langenbucher/Bliesener/Spindler/*Bliesener*/*Schneider* § 15 Rn 12.
269 *Seibt* ZIP **2016** 997, 1006.
270 Vgl BGH 2.12.2014 NZG **2015** 360, 363; Preuße/*Kirchner* § 15 Rn 15.
271 Heidel/*Müller* § 15 Rn 5; Langenbucher/Bliesener/Spindler/*Bliesener*/*Schneider* § 15 Rn 12; Preuße/*Kirchner* § 15 Rn 15.

möchte das SchVG einerseits, insbesondere in Sanierungssituationen, auch einer dazu bereiten Minderheit eine schnelle Lösung zum Wohle des Schuldners ermöglichen. Andererseits ist aber auch zu berücksichtigen, dass die Anleihegläubiger als bloße Fremdkapitalgeber über keine sich aus einer Verbandsmitgliedschaft ergebenden Kontroll- und Mitwirkungsrechte verfügen. Ihre einzige Möglichkeit der Interessenwahrnehmung besteht daher in der Teilnahme an der Gläubigerversammlung und der dort stattfindenden Abstimmung. Das gesetzlich angeordnete Mindestquorum möchte dementsprechend – zumindest bei der ersten Versammlung – durch eine hohe Präsenzquote einen gewissen Mindestschutz der Gläubiger vor Minderheitsentscheidungen sicherstellen.[272]

72 **b) Berechnung.** Für die Berechnung des Quorums ist auf die ausstehenden Schuldverschreibungen abzustellen. Es kommt also auf den **Gesamtnennbetrag des zum Zeitpunkt der Gläubigerversammlung tatsächlich valutierten Emissionsvolumens der Anleihe** an, wie es bei globalverbrieften Anleihen in der Sammelurkunde beim Zentralverwahrer hinterlegt ist.[273]

73 **c) Feststellung der Beschlussfähigkeit.** Der Vorsitzende ist im Rahmen seiner Leitungsbefugnis dafür verantwortlich, das Zustandekommen rechtswirksamer Beschlüsse sicherzustellen.[274] Er hat daher auch die Beschlussfähigkeit der Versammlung anhand des Teilnehmerverzeichnisses zu prüfen.[275] Diese Prüfung sollte zweckmäßigerweise bereits vor dem Eintritt in die Tagesordnung erfolgen und unmittelbar vor dem Beginn der Abstimmung(en) nochmals verifiziert werden. Schließlich kann es während der Versammlung durch Zu- und Abgänge ggf. zu Schwankungen in der Teilnehmerzahl kommen.[276] Wird das Quorum schon zu Beginn der Versammlung nicht erreicht, hat der Vorsitzende zu entscheiden, ob er zumindest noch eine (General-) Debatte zu den Tagesordnungspunkten zulassen möchte, da das Unterschreiten des gesetzlichen Quorums zwar die Beschlussfähigkeit, nicht aber die Verhandlungsfähigkeit der Versammlung betrifft.[277] Eine etwaig geführte (General-) Debatte und die darin beantworteten Fragen haben jedoch keine Ausstrahlungswirkung für die erneut einzuberufende Gläubigerversammlung, da der Gesetzgeber nicht von einer personenidentischen zweiten Versammlung ausgeht.[278] Ansonsten hat der Vorsitzende, wie auch in den Fällen des Verfehlens des Quorums unmittelbar vor der Abstimmung, die Versammlung (vorzeitig) zu beenden, da keine wirksamen Beschlüsse mehr gefasst werden können.[279] Ist eine mangelnde Beschlussfähigkeit der Gläubigerversammlung gegeben, hat der Vorsitzende dies in der Versammlung formal festzustellen, um zu dokumentieren, dass die Voraussetzung zur Einberufung einer zweiten Versammlung nach Absatz 3 Satz 2 gegeben ist.[280]

---

272 Hopt/Seibt/*Binder* § 15 Rn 23; kritisch Preuße/*Kirchner* § 15 Rn 15.
273 Hopt/Seibt/*Binder* § 15 Rn 23; Preuße/*Kirchner* § 15 Rn 14.
274 Hopt/Seibt/*Binder* § 15 Rn 3; Preuße/*Kirchner* § 15 Rn 4; *Seibt* ZIP **2016** 997, 1005.
275 Hauschild/Kallrath/Wachter/*Reinhard* § 17 Rn 545; Veranneman/*Wasmann*/*Steber* § 15 Rn 22; vgl dazu schon die Ausführungen in Rn 22, 54, 56.
276 Hopt/Seibt/*Binder* § 15 Rn 23; *Seibt* ZIP **2016** 997, 1005.
277 Friedl/Hartwig-Jacob/*Schmidtbleicher* § 15 Rn 37; Hopt/Seibt/*Binder* § 15 Rn 23.
278 Überzeugend Friedl/Hartwig-Jacob/*Schmidtbleicher* § 15 Rn 38; zustimmend Hopt/Seibt/*Binder* § 15 Rn 23.
279 Vgl dazu schon die Ausführungen in Rn 50.
280 Heidel/*Müller* § 15 Rn 6; Langenbucher/Bliesener/Spindler/*Bliesener*/*Schneider* § 15 Rn 13; Veranneman/*Wasmann*/*Steber* § 15 Rn 22.

d) Abgrenzung zu § 5. Die Feststellung der Beschlussfähigkeit nach Absatz 3 Satz 1 ist damit von den Bestimmungen zur Fassung von Mehrheitsbeschlüssen nach § 5 zu unterscheiden.[281] Während Absatz 3 das für das Zustandekommen wirksamer Beschlüsse erforderliche Quorum an in der Versammlung vertretenen Schuldverschreibungen bestimmt, setzt § 5 diese Beschlussfähigkeit voraus und regelt sodann, mit welcher Mehrheit der an der Abstimmung teilnehmenden Stimmrechte Beschlüsse zu fassen sind.[282] 74

2. Möglichkeit einer zweiten Gläubigerversammlung (Absatz 3 Satz 2 und 3)

a) Regelung und gesetzgeberische Intention. Verfehlt die (erste) Gläubigerversammlung das Mindestquorum nach Absatz 3 Satz 1 und wurde die mangelnde Beschlussfähigkeit in der Gläubigerversammlung festgestellt, kann der Vorsitzende nach Absatz 3 Satz 2 eine **zweite Versammlung** zum Zweck der erneuten Beschlussfassung **einberufen.**[283] 75

Die ordnungsgemäß einberufene zweite Versammlung ist nach Absatz 3 Satz 2 Halbs. 1 **grundsätzlich ohne Quorum beschlussfähig.**[284] Für Beschlüsse, für deren Wirksamkeit nach § 5 Abs 4 S 2 oder S 3 eine qualifizierte Mehrheit erforderlich ist,[285] müssen nach Absatz 3 Satz 3 Halbs. 2 jedoch mindestens 25% der ausstehenden Schuldverschreibungen vertreten sein.[286] Damit reicht in der zweiten Versammlung für die Beschlussfassung über wesentliche Änderungen der Anleihebedingungen im Ergebnis bereits eine Minderheit von Gläubigern aus, die nur 18,75% der ausstehenden Schuldverschreibungen repräsentieren.[287] Wird dieses eingeschränkte „**Beschlussquorum**" in der zweiten Versammlung nicht erreicht,[288] kann diese nur solche Beschlüsse fassen, die nach § 5 Abs 4 S 1 der einfachen Mehrheit der abgegebenen Stimmen bedürfen.[289] Solche Beschlüsse können in bestimmten Fällen mit nur einem anwesenden Gläubiger gefasst werden.[290] Für die Berechnung des Beschlussquorums gelten die in Rn 72 gemachten Ausführungen entsprechend. 76

Der grundsätzliche Wegfall des Quorums für die zweite Versammlung erklärt sich aus der gegenüber der (ersten) Gläubigerversammlung veränderten Interessenlage: Stößt die durch das Mindestquorum nach Absatz 3 Satz 1 geschützte Gelegenheit der Gläubiger, auf der (ersten) Gläubigerversammlung ihre Rechte auszuüben, nicht auf hinreichendes Interesse, soll dieses mangelnde Interesse der abwesenden Gläubiger keine Blockade zu Lasten der veränderungswilligen (anwesenden) Gläubiger bewirken können.[291] Ansonsten wäre das grundsätzliche gesetzgeberische Ziel gefährdet, dass die Gläubiger in der Krise des Schuldners durch Mehrheitsentscheidungen einen Beitrag zu dessen 77

281 Vgl dazu die Ausführungen bei § 5 Rn 5ff.
282 Langenbucher/Bliesener/Spindler/*Bliesener*/*Schneider* § 15 Rn 9; Hopt/Seibt/*Binder* § 15 Rn 23; Preuße/*Kirchner* § 15 Rn 14.
283 Hauschild/Kallrath/Wachter/*Reinhard* § 17 Rn 545; Preuße/*Kirchner* § 15 Rn 16; Veranneman/*Wasmann*/*Steber* § 15 Rn 23.
284 RegBegr. BT-Drucks. 16/12814 S 23; Langenbucher/Bliesener/Spindler/*Bliesener*/*Schneider* § 15 Rn 15; Preuße/*Kirchner* § 15 Rn 18.
285 Vgl dazu die Ausführungen bei § 5 Rn 88ff.
286 Hauschild/Kallrath/Wachter/*Reinhard* § 17 Rn 545; Hopt/Seibt/*Binder* § 15 Rn 28; Preuße/*Kirchner* § 15 Rn 18.
287 Vgl BGH 2.12.2014 NZG **2015** 360, 363; Ekkenga/*Schmidtbleicher* Kapitel 12 Rn 228.
288 Vgl zum Begriff Friedl/Hartwig-Jacob/*Schmidtbleicher* § 15 Rn 39.
289 *Otto* DNotZ **2012** 809, 817.
290 Preuße/*Kirchner* § 15 Rn 17.
291 Vgl Heidel/*Müller* § 15 Rn 6; Friedl/Hartwig-Jacob/*Schmidtbleicher* § 15 Rn 38; Langenbucher/Bliesener/Spindler/*Bliesener*/*Schneider* § 15 Rn 14.

Sanierung leisten können.[292] Die Regelung gewichtet vor diesem Hintergrund die Interessen des Schuldners höher als die etwaigen Interessen der nicht vertretenen Gläubiger, da in der Krise des Schuldners ein Interessengleichlauf des Schuldners und zumindest einer qualifizierten Mehrheit interessierter Gläubiger gegeben ist.[293] Der notwendige Minderheitenschutz wird insoweit durch die Kombination des in Absatz 3 Satz 3 Halbs. 2 angeordneten Beschlussquorum sowie den individuellen Rechtsschutz gewährt.[294]

78 **b) Einberufungsrecht des Vorsitzenden.** Die Entscheidung über die Einberufung der zweiten Versammlung trifft nach Absatz 3 Satz 2 allein der **Vorsitzende** der (ersten) Gläubigerversammlung. Die **Einberufungsrechte nach § 9 finden** auf die Einberufung der zweiten Versammlung **keine Anwendung**, da sie durch die Spezialregelung in Absatz 3 Satz 2 verdrängt werden.[295] Handelt es sich bei dem Einberufenden der (ersten) Gläubigerversammlung, wie üblich, um eine juristische Person,[296] ist unklar, ob damit die natürliche Person gemeint ist, die tatsächlich die Versammlungsleitung ausgeübt hat, oder der dazu nach Absatz 1 berechtigte Einberufende.[297] In der Praxis finden sich daher nicht selten Einberufungen zur 2. Versammlung, in denen sicherheitshalber sowohl der Versammlungsleiter als auch der originär Einberufende benannt werden.[298] Der Wortlaut von Absatz 3 Satz 2 und die funktionale Verbindung der Feststellung der Beschlussunfähigkeit mit dem Recht, die zweite Versammlung einzuberufen, sprechen für ein personales Verständnis.[299] Vor dem Hintergrund, dass die tatsächliche Versammlungsleitung jedoch an einen beliebigen Dritten delegiert werden kann[300] und die für eine schnelle Lösung zugunsten des Schuldners gegebene Möglichkeit der zweiten Versammlung in solchen Fällen nicht den persönlichen Befindlichkeiten bzw. Unpässlichkeiten einer natürlichen Person unterliegen sollte, dürfte ein **funktionales Verständnis vorzugswürdiger** sein, sodass stets dem Einberufenden der (ersten) Gläubigerversammlung auch das Recht zur Einberufung der zweiten Versammlung zusteht.[301]

79 Der Vorsitzende kann die Entscheidung über die Einberufung einer zweiten Versammlung nach **freiem Ermessen** treffen. Eine Einberufungspflicht besteht grundsätzlich nicht.[302] Ob sich eine solche Pflicht unter bestimmten Umständen ergeben kann, hat der BGH explizit offen gelassen.[303] Lehnt der Vorsitzende die Einberufung der zweiten Versammlung ab, kommt auch eine Ermächtigung einer qualifizierten Gläubigerminderheit zur Einberufung und deren gerichtliche Durchsetzung in analoger Anwendung von § 9 Abs 1 S 2, Abs 2 bis 4 nicht in Betracht, da es insoweit schon an einer planwidrigen Regelungslücke fehlt.[304] Das SchVG sieht auch keine Möglichkeit vor, diese Ermessens-

292 Vgl RegBegr. BT-Drucks. 16/12814 S 13.
293 Hopt/Seibt/*Binder* § 15 Rn 25; *Seibt* ZIP **2016** 997, 1006.
294 BGH 2.12.2014 NZG **2015** 360, 363.
295 BGH 2.12.2014 NZG **2015** 360, 362 ff; zustimmend Ekkenga/*Schmidtbleicher* Kapitel 12 Rn 190; Hopt/Seibt/*Binder* § 15 Rn 27; Veranneman/*Wasmann*/*Steber* § 15 Rn 23; in diese Richtung zuvor bereits Friedl/Hartwig-Jacob/*Schmidtbleicher* § 15 Rn 41; **aA** zuvor *Kessler*/*Rühle* BB **2014** 907, 911; *Lürken* GWR **2014** 87.
296 Vgl dazu die Ausführungen bei § 9 Rn 6.
297 Vgl dazu die Ausführungen in Rn 4 ff.
298 Beispiele bei *Seibt* ZIP **2016** 997, 1002.
299 *Seibt* ZIP **2016** 997, 1002.
300 Vgl dazu die Ausführungen in Rn 8.
301 Langenbucher/Bliesener/Spindler/*Bliesener*/*Schneider* § 15 Rn 14; Veranneman/*Wasmann*/*Steber* § 15 Rn 23; subsidiär auch *Seibt* ZIP **2016** 997, 1002.
302 BGH 2.12.2014 NZG **2015** 360, 364; Veranneman/*Wasmann*/*Steber* § 15 Rn 23.
303 Vgl BGH 2.12.2014 NZG **2015** 360, 364; vgl dazu auch Ekkenga/*Schmidtbleicher* Kapitel 12 Rn 193 ff.
304 BGH 2.12.2014 NZG **2015** 360, 362 f; Ekkenga/*Schmidtbleicher* Kapitel 12 Rn 191; Hopt/Seibt/*Binder* § 15 Rn 27; *Just*/*Maiwald* EWiR **2015** 239, 240; Langenbucher/Bliesener/Spindler/*Bliesener*/*Schneider* § 15 Rn 14.

entscheidung gerichtlich überprüfen zu lassen.[305] Unabhängig von der Entscheidung des Vorsitzenden steht es den nach § 9 Einberufungsberechtigten jedoch frei, jederzeit eine weitere (erste) Gläubigerversammlung einzuberufen, für die die Erleichterungen des Absatzes 3 Satz 3 jedoch nicht gelten.[306]

Eine Frist zur Entscheidung des Vorsitzenden über die Einberufung der zweiten Versammlung ist im SchVG nicht enthalten. Allerdings dürfte das Einberufungsrecht erlöschen, wenn eine neue (erste) Gläubigerversammlung von einem nach § 9 Einberufungsberechtigten einberufen wird.[307] 80

c) Anwendbare Vorschriften. Abgesehen von der Festlegung der Einberufungsbefugnis des Vorsitzenden und der Beschlussfähigkeit enthalten Absatz 3 Satz 2 und Satz 3 keine sonstigen Regelungen über die Einberufung und Durchführung der zweiten Versammlung.[308] Daher herrscht im Einzelnen **Uneinigkeit**, inwieweit die Vorschriften zur (ersten) Gläubigerversammlung auch auf die zweite Versammlung anzuwenden sind. Der Wortlaut des Absatzes 3 Satz 2 legt zunächst den Schluss nahe, dass insoweit die Vorschriften für die (erste) Gläubigerversammlung uneingeschränkte Anwendung finden.[309] Gegen eine solche Sichtweise spricht, dass schon der Wortlaut des SchVG durch die Verwendung unterschiedlicher Begrifflichkeiten erkennen lässt, dass die zweite Versammlung keine weitere „Gläubigerversammlung" ist, sondern vielmehr einen eigenständigen Spezialfall darstellt, wenn das Mindestquorum nach Absatz 3 Satz 1 in der (ersten) Gläubigerversammlung verfehlt wird.[310] Mit Blick auf die gesetzgeberische Intention, einer bereitwilligen Gläubigerminderheit mit dieser zweiten Versammlung eine schnelle Lösung für den Schuldner in der Krise zu ermöglichen, wäre es nur schwer vereinbar, sämtliche Verfahrensvorschriften auch bei der Einberufung und Durchführung der zweiten Versammlung uneingeschränkt beachten zu müssen.[311] Vor diesem Hintergrund erscheint eine differenzierte Lösung sachgerecht, die zwar eine grundsätzliche Anwendbarkeit der Verfahrensvorschriften nach §§ 10 ff für die zweite Versammlung bejaht, im Einzelnen aber Abweichungen zulassen möchte, die sich aus der Natur der zweiten Versammlung ergeben.[312] 81

Folglich sind auch bei der Einberufung der zweiten Versammlung die zweiwöchige Einberufungsfrist aus § 10 Abs 1 und ggf. deren Verlängerung durch ein Anmeldeerfordernis nach § 10 Abs 2 im Interesse des Gläubigerschutzes einzuhalten. Vor dem Hintergrund das Absatz 3 Satz 2, der von einer Einberufung der zweiten Versammlung „zum Zwecke der erneuten Beschlussfassung" spricht, haben Einberufung und Bekanntmachung – mit Ausnahme des neuen Datums und ggf. neuen Versammlungsortes nach § 11 – daher grundsätzlich **inhaltlich identisch** mit derjenigen zur (ersten) Gläubigerversammlung zu erfolgen.[313] Bereits zur (ersten) Gläubigerversammlung bekannt gemachte Tagesordnungsergänzungen bzw. zugänglich gemachte Gegenanträge sind dabei 82

305 BGH 2.12.2014 NZG **2015** 360, 364; bedauernd *Moser* BB **2015** 723.
306 Hopt/Seibt/*Binder* § 15 Rn 27; Veranneman/*Wasmann*/*Steber* § 15 Rn 23.
307 Veranneman/*Wasmann*/*Steber* § 15 Rn 23.
308 Vgl BGH 2.12.2014 NZG **2015** 360, 362.
309 So Heidel/*Müller* § 15 Rn 6; Langenbucher/Bliesener/Spindler/*Bliesener*/*Schneider* § 15 Rn 14; Preuße/*Kirchner* § 15 Rn 17.
310 Vgl BGH 2.12.2014 NZG **2015** 360, 362; *Just*/*Maiwald* EWiR **2015** 239, 240.
311 Hopt/Seibt/*Binder* § 15 Rn 26.
312 Insoweit übereinstimmend Ekkenga/*Schmidtbleicher* Kapitel 12 Rn 196 f; Friedl/Hartwig-Jacob/*Schmidtbleicher* § 15 Rn 41; Hopt/Seibt/*Binder* § 15 Rn 26; Veranneman/*Wasmann*/*Steber* § 15 Rn 24 f.
313 Friedl/Hartwig-Jacob/*Schmidtbleicher* § 15 Rn 41.

zu berücksichtigen.[314] Die Möglichkeit (weiterer) Tagesordnungsergänzungsverlangen nach § 13 Abs 3 ist **dagegen abzulehnen**, da dieses dem Wesen der zweiten Versammlung als Gelegenheit zur „erneuten" Beschlussfassung widersprechen würde.[315] Gleiches gilt für die Zulassung neuer Beschlussgegenstände durch den Vorsitzenden.[316] **Anders verhält es sich** jedoch mit Gegenanträgen, da diese zum einen nur zu bereits bestehenden Beschlussgegenständen und zum anderen jederzeit, also auch erst ad hoc in der Versammlung gestellt werden können und es dazu bei fehlender Beschlussfähigkeit der (ersten) Gläubigerversammlung ggf. keine Gelegenheit gab.[317] Es erscheint daher unbillig, den Gläubigern dieses wesentliche Recht zur Teilnahme an der Versammlung zu versagen. Sollten solche Gegenanträge bereits vor der zweiten Versammlung angekündigt werden, sind diese daher vom Schuldner auch nach § 13 Abs 4 zu veröffentlichen.[318]

83 Das Amt des Vorsitzenden wird auch bei der zweiten Versammlung durch Absatz 1 abschließend geregelt, dh der Vorsitzende der (ersten) Gläubigerversammlung ist auch der Vorsitzende der zweiten Versammlung.[319] Diese Rolle ist richtigerweise funktional zu verstehen, sodass es auf die konkrete natürliche Person, welche die Versammlungsleitung in der (ersten) Gläubigerversammlung innehatte, nicht zwingend ankommt.[320] Für die Kosten der zweiten Versammlung, einschließlich Einberufung und Bekanntmachung, steht dem Vorsitzenden ein Kostenersatz- und Freistellungsanspruch aus §§ 9 Abs 4, 12 Abs 2 S 3 analog gegen den Schuldner zu.[321]

84 Im Übrigen dürften die Vorschriften über die Einberufung und Durchführung der (ersten) Gläubigerversammlung auch auf die zweite Versammlung uneingeschränkte Anwendung finden.[322]

85 **3. Nichtberücksichtigung ruhender Stimmrechte (Absatz 3 Satz 4).** Absatz 3 Satz 4 stellt klar, dass Schuldverschreibungen, deren Stimmrechte ruhen, bei der Berechnung der Höhe der ausstehenden Schuldverschreibungen nach Absatz 3 Satz 1 bzw. Absatz 3 Satz 3 nicht zu berücksichtigen sind.[323] Von einem Ruhen des Stimmrechts ist nach § 6 Abs 1 S 2 auszugehen, solange die Anteile dem Schuldner oder einem mit ihm verbundenen Unternehmen (§ 271 Abs 2 HGB) zustehen oder für Rechnung des Schuldners oder eines mit ihm verbundenen Unternehmens gehalten werden.[324] In diesen Fällen besteht die Gefahr, dass der Schuldner das Stimmrecht in seinem Sinne ausübt bzw. ausüben lässt.[325]

---

314 *Seibt* ZIP **2016** 997, 1007; Veranneman/*Wasmann/Steber* § 15 Rn 24; **aA** Ekkenga/*Schmidtbleicher* Kapitel 12 Rn 197.

315 Friedl/Hartwig-Jacob/*Schmidtbleicher* § 15 Rn 41; *Seibt* ZIP **2016** 997, 1007; Veranneman/*Wasmann/Steber* § 15 Rn 24.

316 *Seibt* ZIP **2016** 997, 1007; **aA** wohl Ekkenga/*Schmidtbleicher* Kapitel 12 Rn 197; Friedl/Hartwig-Jacob/*Schmidtbleicher* § 15 Rn 41.

317 Vgl dazu die Ausführungen bei § 13 Rn 28 ff.

318 Veranneman/*Wasmann/Steber* § 15 Rn 25; wohl auch *Seibt* ZIP **2016** 997, 1007; **aA** Friedl/Hartwig-Jacob/*Schmidtbleicher* § 15 Rn 41.

319 Veranneman/*Wasmann/Steber* § 15 Rn 25.

320 Vgl dazu bereits die Ausführungen in Rn 77.

321 Friedl/Hartwig-Jacob/*Schmidtbleicher* § 15 Rn 42; Hopt/Seibt/*Binder* § 15 Rn 27; Veranneman/*Wasmann/Steber* § 15 Rn 25.

322 Veranneman/*Wasmann/Steber* § 15 Rn 25.

323 RegBegr. BT-Drucks. 16/12814 S 23; Ekkenga/*Schmidtbleicher* Kapitel 12 Rn 226; Hauschild/Kallrath/Wachter/*Reinhard* § 17 Rn 545; Heidel/*Müller* § 15 Rn 4; Langenbucher/Bliesener/Spindler/*Bliesener/Schneider* § 15 Rn 10; Veranneman/*Wasmann/Steber* § 15 Rn 20.

324 Vgl dazu die Ausführungen bei § 6 Rn 10 ff.

325 Friedl/Hartwig-Jacob/*Schmidtbleicher* § 15 Rn 36.

4. Vorsehen höherer Anforderungen (Absatz 3 Satz 5). Die Anforderungen an die Beschlussfähigkeit der Versammlung nach Absatz 3 Satz 1 und Satz 3 sind teilweise dispositiv. Wie Absatz 3 Satz 5 klarstellt, können die Anleihebedingungen jeweils höhere Anforderungen an die Beschlussfähigkeit, also ein höheres Quorum, vorsehen.[326] Niedrigere Anforderungen wären vor dem Hintergrund des von der Vorschrift bezweckten Gläubigerschutzes dagegen wegen eines Verstoßes gegen § 5 Abs 1 S 2 nicht zulässig.[327] 86

§ 16
Auskunftspflicht, Abstimmung, Niederschrift

(1) Der Schuldner hat jedem Gläubiger auf Verlangen in der Gläubigerversammlung Auskunft zu erteilen, soweit sie zur sachgemäßen Beurteilung eines Gegenstands der Tagesordnung oder eines Vorschlags zur Beschlussfassung erforderlich ist.

(2) Auf die Abgabe und die Auszählung der Stimmen sind die Vorschriften des Aktiengesetzes über die Abstimmung der Aktionäre in der Hauptversammlung entsprechend anzuwenden, soweit nicht in den Anleihebedingungen etwas anderes vorgesehen ist.

(3) [1]Jeder Beschluss der Gläubigerversammlung bedarf zu seiner Gültigkeit der Beurkundung durch eine über die Verhandlung aufgenommene Niederschrift. [2]Findet die Gläubigerversammlung im Inland statt, so ist die Niederschrift durch einen Notar aufzunehmen; bei einer Gläubigerversammlung im Ausland muss eine Niederschrift gewährleistet sein, die der Niederschrift durch einen Notar gleichwertig ist. [3]§ 130 Absatz 2 bis 4 des Aktiengesetzes gilt entsprechend. [4]Jeder Gläubiger, der in der Gläubigerversammlung erschienen oder durch Bevollmächtigte vertreten war, kann binnen eines Jahres nach dem Tag der Versammlung von dem Schuldner eine Abschrift der Niederschrift und der Anlagen verlangen.

Schrifttum

DAV Stellungnahme zum Referentenentwurf eines Gesetzes zur Neuregelung der Rechtsverhältnisse bei Schuldverschreibungen aus Anleihen und zur Anpassung kapitalmarktrechtlicher Verjährungsvorschriften 41/2008; *Ebenroth* Das Auskunftsrecht des Aktionärs und seine Durchsetzung im Prozess, Diss. FU Berlin 1970; *Lamers* Die Beurkundung der Hauptversammlung einer Aktiengesellschaft DNotZ **1962** 287; *Maier-Reimer* Fehlerhafte Gläubigerbeschlüsse nach dem Schuldverschreibungsgesetz NJW **2010** 1317; *Meilicke/Heidel* Das Auskunftsrecht des Aktionärs in der Hauptversammlung – Teil II DStR **1992** 113; *Noack* ARUG: das nächste Stück der Aktienrechtsreform in Permanenz NZG **2008** 441; *Podewils* Neuerungen im Schuldverschreibungs- und Anlegerschutzrecht DStR **2009** 1914; *Priester* Aufgaben und Funktionen des Notars in der Hauptversammlung DNotZ **2001** 661; *Reuter* Das Auskunftsrecht des Aktionärs – neuere Rechtsprechung zu § 131 AktG DB **1988** 2615; *Uwe H. Schneider* Geheime Abstimmung in der Hauptversammlung einer Aktiengesellschaft, FS Peltzer (2001) 425; *Uwe H. Schneider/Singhof* Die Weitergabe von Insidertatsachen in der konzernfreien Aktiengesellschaft, insbesondere im Rahmen der Hauptversammlung und an einzelne Aktionäre, FS Kraft (1998) 585; *Schulte* Die Niederschrift über die Verhandlung der Hauptversammlung einer Aktiengesellschaft AG **1985** 33; *Stützle/Walgenbach* Leitung der Hauptversamm-

---

326 RegBegr. BT-Drucks. 16/12814 S 23; Friedl/Hartwig-Jacob/*Schmidtbleicher* § 15 Rn 35; Heidel/*Müller* § 15 Rn 4; Hopt/Seibt/*Binder* § 15 Rn 23; Langenbucher/Bliesener/Spindler/*Bliesener/Schneider* § 15 Rn 11; Preuße/*Kirchner* § 15 Rn 18.

327 *Otto* DNotZ **2012** 809, 817; Veranneman/*Wasmann/Steber* § 15 Rn 21.

lung und Mitspracherechte der Aktionäre in Fragen der Versammlungsleitung ZHR 155 (**1991**) 516; *Trouet* Die Hauptversammlung – Organ der Aktiengesellschaft oder Forum der Aktionäre? NJW **1986** 1302; *Werner* Zur Treupflicht des Kleinaktionärs, FS Semler (1993) 419; *Wilhelm* Inkompetenz des Aktionärs und Auskunfts- und Klagerecht DB **2001** 520; *Wilhelmi* Der Notar in der Hauptversammlung der Aktiengesellschaft BB **1987** 1331.

Vgl im Übrigen das weitere Schrifttum bei §§ 9 ff.

Systematische Übersicht

A. Allgemeines

1 § 16 regelt in Ergänzung zu den §§ 14 und 15 weitere Gläubigerrechte und Pflichten des Schuldners, die für Ablauf und Organisation der Gläubigerversammlung wesentlich sind.[1] Absatz 1 statuiert eine Auskunftspflicht des Schuldners gegenüber dem auf der Versammlung anwesenden oder vertretenen Gläubiger. Sodann stellt Absatz 2 klar, dass auf die Abgabe und Auszählung der Stimmen vorrangig die Anleihebedingungen, sonst die aktienrechtlichen Vorschriften Anwendung finden. In Absatz 3 finden sich schließlich Mindestanforderungen an die Beschlussdokumentation um, die Richtigkeit und die nachträgliche Überprüfbarkeit des Abstimmungsprozesses zu gewährleisten.[2] Absatz 3 nimmt damit den § 9 SchVG 1899 auf, während Absatz 1 und 2 im SchVG 1899 keine Entsprechung hatten.[3]

2 Die in Absatz 1 geregelte Auskunftspflicht stärkt die Rechtsposition der Gläubiger und hat sowohl für den Emittenten als auch für die Gläubiger entscheidende Bedeutung.[4] Denn nur auf Basis angemessener Information kann der Gläubiger seine Rechte sinnvoll ausüben und nur unter dieser Prämisse wird er bereit sein, insbesondere in Restrukturierungssituationen, eine Änderung der Anleihebedingungen und einen etwaigen Verzicht auf eigene Rechte zu unterstützen.[5] Die aus der Handelbarkeit der Schuldverschreibungen resultierende Anonymität zwischen Emittent und Gläubigern wird deshalb durch das Auskunftsrecht durchbrochen. Diese Regelung findet ihre Rechtfertigung darin, dass eine Gläubigerversammlung typischerweise in Momenten anberaumt werden dürfte, wenn die (Not-)Lage des Emittenten eine schnelle und informierte Entscheidung der Gläubiger erfordert.[6] Mit der Auskunftspflicht des Schuldners korrespondiert auch ein ungeschriebenes Frage- bzw Rederecht des Gläubigers, soweit dies zur sachgemäßen Beurteilung eines Beschlussgegenstandes oder Tagesordnungsantrags erforderlich ist.[7] Sowohl das Auskunftsrecht als auch das Rede- und Fragerecht sind Ausfluss der Gläubigerstellung. Sie können daher in den Anleihebedingungen nicht wirksam abbedungen werden.[8]

3 Das in Absatz 1 geregelte Auskunftsrecht ähnelt demjenigen aus § 131 Abs 1 S 1 AktG, während Absatz 3 auf § 130 AktG verweist.[9] In Bezug auf Absatz 1 sind die für die Hauptversammlung geltenden Maßstäbe daher im Grundsatz entsprechend anwendbar.[10] In Absatz 2 hat sich der Gesetzgeber ausdrücklich für ein flexibles Zusammenspiel aus grundsätzlicher Geltung der aktienrechtlichen Vorschriften und der eigenen Selbstorganisation durch die Anleihebedingungen entschieden.[11] Die in Bezug genommenen aktienrechtlichen Vorschriften können zur Lückenfüllung im Rahmen des § 16 jedoch nicht pauschal entsprechend angewandt werden. Vielmehr ist stets sorgfältig zu prüfen, ob eine planwidrige Regelungslücke besteht und ob die Interessenlage tatsächlich vergleichbar ist. Ein gewichtiger Unterschied zwischen dem Aktienrecht und dem SchVG besteht generell darin, dass die Aktionäre dem Emittenten als Eigentümer entgegentre-

---

1 Hopt/Seibt/*Binder* § 16 Rn 1.
2 Langenbucher/Bliesener/Spindler/*Bliesener/Schneider* § 16 Rn 1.
3 Friedl/Hartwig-Jacob/*Schmidtbleicher* § 16 Rn 1.
4 Heidel/*Müller* § 16 Rn 1.
5 Hopt/Seibt/*Binder* § 16 Rn 3.
6 Langenbucher/Bliesener/Spindler/*Bliesener/Schneider* § 16 Rn 1; Heidel/*Müller* § 16 Rn 1.
7 RegBegr. BT-Drucks. 16/12814 S 23.
8 Hopt/Seibt/*Binder* § 16 Rn 3; *Wilken/Schaumann/Zenker* §§ 15, 16 Rn 307.
9 Hauschild/Kallrath/Wachter/*Reinhard* § 17 Rn 549.
10 Hauschild/Kallrath/Wachter/*Reinhard* § 17 Rn 549; Hopt/Seibt/*Binder* § 16 Rn 23; Preuße/*Kirchner* § 16 Rn 7 ff.
11 Hopt/Seibt/*Binder* § 16 Rn 1 f.

ten, denen auch das unternehmerische Risiko aufgebürdet ist, während die Anleihegläubiger ihm als Fremdkapitalgeber begegnen.[12]

B. Die Regelungen im Einzelnen

I. Auskunftspflicht (Absatz 1)

4 **1. Rechtsnatur und Zielrichtung.** Gemäß Absatz 1 muss der Schuldner jedem Gläubiger auf dessen Verlangen Auskunft erteilen, soweit sie zur sachgemäßen Beurteilung eines Gegenstands der Tagesordnung oder eines Vorschlags zur Beschlussfassung erforderlich ist. Damit gehen auch ein entsprechendes Fragerecht und folglich auch ein Rederecht der Gläubiger einher.[13] Ziel der Auskunftspflicht ist es, den Gläubiger die Möglichkeit zu geben, sich alle für die Beschlussfassung und den damit gegebenenfalls verbundenen Eingriff in ihre Rechte erforderlichen Informationen in der Versammlung zu verschaffen.[14]

5 **2. Berechtigter. Berechtigter** des Anspruchs ist jeder in der Gläubigerversammlung anwesende Gläubiger. Aus dem Wortlaut sowie der Systematik der Vorschrift folgt, dass das Auskunftsrecht ein Individualrecht ist, dessen Inhaber nur der einzelne Anleihegläubiger, nicht aber eine Minderheit als Kollektiv sein kann.[15] Es ist jedoch **kein höchstpersönliches Recht** und kann daher auf einen Stellvertreter übertragen werden.[16] Die Bevollmächtigung kann auch noch in der Gläubigerversammlung erfolgen.[17] Zudem kann der Gläubiger ein bereits gestelltes Auskunftsverlagen jederzeit wieder zurücknehmen.[18]

6 **3. Verpflichteter. Schuldner** der Auskunftspflicht ist der Schuldner, also der Emittent, unabhängig davon, wer die Gläubigerversammlung einberufen hat und wer ihr Vorsitzender ist.[19] Üblicherweise dürfte die Auskunftspflicht durch den gesetzlichen Vertreter des Schuldners erfüllt werden, also bei dem Regelfall einer juristischen Person durch den Vorstand bzw die Geschäftsführung. Da die Auskunftspflicht aber auf Informationsverschaffung, nicht auf persönliche Rechenschaft des Schuldners abzielt, muss die Auskunft nicht unmittelbar durch den Schuldner oder einen seiner gesetzlichen Vertreter ergehen. Vielmehr genügt es, dass die Auskunft dem Schuldner zurechenbar ist oder auf seine Veranlassung erfolgt.[20] Dies trägt dem Umstand Rechnung, dass der Schuldner bzw seine gesetzlichen Vertreter oftmals nicht alle Fragen selbst werden beantworten können. Der Schuldner bzw seine Vertreter können sich daher, insbesondere bei Themen, die besonderer Expertise bedürfen (wie beispielsweise rechtlichen oder bilanziellen Fragen), der Hilfe geeigneter Dritter (Mitarbeiter oder Externe) bedienen, sie mit der Recherche beauftragen oder sich deren Antworten dann zu Eigen machen.[21] Eine persönliche Anwesenheit des Schuldners bzw seiner gesetzlichen Vertreter ist in der Ver-

12 Vgl Wasmann/Steber ZIP **2014** 2005.
13 BT-Drucks. 16/12814 S 23; Veranneman/*Wasmann/Steber* § 16 Rn 1; *Seibt* ZIP **2016** 997, 1003; *Wasmann*/Steber ZIP **2014** 2005, 2008; *Wilken/Schaumann/Zenker* §§ 15, 16 Rn 307.
14 Friedl/Hartwig-Jacob/*Schmidtbleicher* § 16 Rn 5.
15 Blersch/Goetsch/Haas/*Paul* § 16 Rn 3; Ekkenga/*Schmidtbleicher* Kapitel 12 Rn 172; Veranneman/*Wasmann/Steber* § 16 Rn 2.
16 Hopt/Seibt/*Binder* § 16 Rn 22; Preuße/*Kirchner* § 16 Rn 8; vgl zum Aktienrecht LG Köln 2.4.1990 AG **1991** 38.
17 Preuße/*Kirchner* § 16 Rn 13.
18 Hopt/Seibt/*Binder* § 16 Rn 23; Preuße/Kirchner § 16 Rn 19.
19 Friedl/Hartwig-Jacob/*Schmidtbleicher* § 16 Rn 5; Veranneman/*Wasmann/Steber* § 16 Rn 3.
20 Friedl/Hartwig-Jacob/*Schmidtbleicher* § 16 Rn 5.
21 Preuße/*Kirchner* § 16 Rn 14; Veranneman/*Wasmann/Steber* § 16 Rn 3.

sammlung daher grundsätzlich nicht erforderlich. Es kann stattdessen auch nur ein Vertreter oder ein dazu veranlasster Dritter entsandt und zur Beantwortung der Fragen ermächtigt werden.[22] Allerdings besteht in diesen Fällen ein erhebliches Risiko, dass Fragen der Gläubiger unbeantwortet bleiben und daher in der Versammlung gefasste Beschlüsse nach § 20 anfechtbar sein könnten.[23]

4. Geltendmachung. Absatz 1 regelt nicht, auf welche Weise der Auskunftsanspruch geltend zu machen ist.[24] Die Geltendmachung des Anspruchs setzt nach Absatz 1 jedoch ein Auskunftsverlangen des Gläubigers voraus.[25] Eine allgemeine Rechenschaftspflicht des Schuldners besteht nicht.[26] Dabei gilt – wie in der Hauptversammlung – auch in der Gläubigerversammlung das **Prinzip der Mündlichkeit.**[27] Die Gläubiger können vom Schuldner daher grundsätzlich nur mündliche Auskunft auf die von ihnen gestellten Fragen verlangen.[28] Eine nachträgliche schriftliche Beantwortung ist nicht zulässig, da die begehrte Auskunft noch vor Erledigung des betroffenen Tagesordnungspunktes oder einer etwaigen Beschlussfassung erfolgen muss.[29] Der Schuldner muss sich deshalb zur Beantwortung der Fragen in der Gläubigerversammlung vorbereiten und alle notwendigen organisatorischen und personellen Vorkehrungen treffen, um eine mündliche Beantwortung sämtlicher Fragen noch in der Versammlung zu ermöglichen.[30] Die Detailtiefe der Antwort kann sich dabei an der jeweiligen Frage orientieren; konkrete Fragen sollten entsprechend konkret, pauschal gestellte Fragen können ebenso pauschal beantwortet werden.[31] 7

Einem Verlangen nach Vorlage von Dokumenten oder die Überlassung von Kopien muss der Schuldner nicht nachkommen.[32] Er kann dies jedoch freiwillig tun, wenn dies seinen Interessen entspricht.[33] In der Praxis wird eine solche freiwillige Information der Gläubiger oftmals schon mit der Bekanntmachung der Tagesordnung erfolgen, um eine ausreichende Präsenzquote und Zustimmung der Gläubiger in der Versammlung zu gewährleisten.[34] Das Auslegen zusätzlicher Unterlagen, zu denen insbesondere Jahresabschlüsse, Q&A-Kataloge, Vorstandspräsentationen und Zusammenfassungen erstellter Sanierungs- bzw Bewertungsgutachten zählen, ist in der Versammlung nicht erforderlich, wird in der Praxis aber ebenfalls regelmäßig freiwillig erfolgen.[35] Darüber hinaus kommt in Sanierungssituationen auch in Betracht, ausgewählte Stellen eines Sanierungsgutachtens auf konkrete Nachfrage eines Gläubigers in der Versammlung verlesen zu lassen, falls dies 8

---

22 Langenbucher/Bliesener/Spindler/*Bliesener/Schneider* § 16 Rn 7; Hopt/Seibt/*Binder* § 16 Rn 22; Veranneman/*Wasmann/Steber* § 16 Rn 3.
23 Vgl dazu die Ausführungen in Rn 31.
24 Hopt/Seibt/*Binder* § 16 Rn 23.
25 Langenbucher/Bliesener/Spindler/*Bliesener/Schneider* § 16 Rn 6; Preuße/Kirchner § 16 Rn 15.
26 Hopt/Seibt/*Binder* § 16 Rn 23; vgl zum Aktienrecht Bürgers/Körber/*Reger* § 131 Rn 3; Spindler/Stilz/*Siems* § 131 Rn 18.
27 Hopt/Seibt/*Binder* § 16 Rn 4; Veranneman/*Wasmann/Steber* § 16 Rn 5; vgl zum Aktienrecht MüKoAktG/*Kubis* § 131 AktG Rn 29, 85.
28 Hopt/Seibt/*Binder* § 16 Rn 25; Veranneman/*Wasmann/Steber* § 16 Rn 6; *Wasmann*/Steber ZIP **2014** 2005, 2008.
29 Heidel/*Müller* § 16 Rn 1; Veranneman/*Wasmann/Steber* § 16 Rn 6.
30 Hopt/Seibt/*Binder* § 16 Rn 25; Langenbucher/Bliesener/Spindler/*Bliesener/Schneider* § 16 Rn 7.
31 Hopt/Seibt/*Binder* § 16 Rn 25.
32 Hopt/Seibt/*Binder* § 16 Rn 25; Veranneman/*Wasmann/Steber* § 16 Rn 6; *Wasmann*/Steber ZIP **2014** 2005, 2008.
33 Heidel/*Müller* § 16 Rn 1; *Seibt* ZIP **2016** 997, 1003.
34 Vgl dazu die Ausführungen bei § 13 Rn 13.
35 *Seibt* ZIP **2016** 997, 1004; Veranneman/*Wasmann/Steber* § 16 Rn 10; *Wilken/Schaumann/Zenker* § 13 Rn 284.

zur sachgemäßen Beurteilung eines Tagesordnungspunktes oder eines Beschlussvorschlags erforderlich sein sollte und kein Auskunftsverweigerungsrecht[36] in Bezug auf die zu verlesenden Informationen besteht.[37] Eine solche Erforderlichkeit dürfte jedoch in der Regel nicht gegeben sein, da die verlangten Informationen den Gläubigern zumeist bereits im Vorfeld der Gläubigerversammlung offengelegt worden sein dürften.[38]

9 Ob das Mündlichkeitsprinzip bedingt, dass auch das „Verlangen" des Gläubigers, also die Geltendmachung seines Auskunftsrechts, im Grundsatz mündlich zu erfolgen hat, ist – wie im Aktienrecht – umstritten, mit der wohl überwiegenden Ansicht aber zu bejahen, da sichergestellt sein muss, dass das Auskunftsverlangen allen Versammlungsteilnehmern bekannt ist.[39] Hat ein Gläubiger sein Auskunftsverlangen daher bereits im Vorfeld der Versammlung gestellt oder auf sonstige Weise öffentlich angekündigt oder hat er seine Frage lediglich in Textform beim Schuldner eingereicht, so muss diese Frage in der Versammlung grundsätzlich noch einmal mündlich wiederholt werden.[40] Dies kann auch durch einen anderen Gläubiger erfolgen.[41] In der Praxis bietet es sich jedoch zur Vermeidung von Rechtsunsicherheiten an, dass der Versammlungsleiter eine eingereichte Frage, sofern keine ausdrückliche Rücknahme des Auskunftsverlangens erfolgte, mündlich vorträgt, um den Schuldner die Gelegenheit zu geben, diese in der Versammlung zu beantworten.[42] Öffentlich auf bestimmten Anleihegläubigerforen gestellte oder anderweitig bekanntgemachte Fragen im Vorfeld der Versammlung sind dagegen, sofern sie nicht ausdrücklich in der Versammlung wiederholt werden, unbeachtlich.[43]

10 Auskunftsverlangen der Gläubiger sind nach allgemeinen Regeln der §§ 133, 157 BGB auszulegen. Dabei ist als Maßstab der Empfängerhorizont eines objektiv denkenden Durchschnittsgläubigers heranzuziehen.[44] Bestehen Unklarheiten, hat der Versammlungsleiter im Rahmen seines Leitungsermessens nachzufragen.[45] Das Auskunftsverlangen bedarf auch keiner Begründung.[46] Um die Vorbereitung zu erleichtern, kann eine Vorankündigung des Auskunftsverlagens, insbesondere bei komplexen Fragen oder Sachverhalten, sinnvoll sein. Sie ist jedoch nicht erforderlich.[47]

11 Eine bestimmte Sprache ist für das Auskunftsverlangen gesetzlich nicht vorgeschrieben.[48] Erfolgt die Fragestellung in der Versammlungssprache, die – anders als bei

36 Vgl dazu die Ausführungen in Rn 22 ff.
37 Vgl OLG Köln 13.1.2014 ZIP **2014** 268, 270; Hopt/Seibt/*Binder* § 16 Rn 21; *Seibt* ZIP **2016** 997, 1004; *Wasmann/Steber* ZIP **2014** 2005, 2010.
38 Veranneman/*Wasmann/Steber* § 16 Rn 10; *Wasmann/Steber* ZIP **2014** 2005, 2010.
39 So Heidel/*Müller* § 16 Rn 1; Preuße/*Kirchner* § 16 Rn 8; *Seibt* ZIP **2016** 997, 1003; Veranneman/*Wasmann/Steber* § 16 Rn 5; **aA** Hopt/Seibt/*Binder* § 16 Rn 23; Langenbucher/Bliesener/Spindler/*Bliesener/Schneider* § 16 Rn 6. Für ein Mündlichkeitserfordernis im Aktienrecht: OLG Frankfurt 17.7.2007 AG **2007** 672, 675; OLG Frankfurt 19.9.2006 AG **2007** 451, 452; LG Köln 2.4.1990 AG **1991** 38; Hüffer/*Koch* Rn 9; MüKoAktG/*Kubis* § 131 Rn 29; **aA** K. Schmidt/Lutter/*Spindler* § 131 Rn 24; Spindler/Stilz/*Siems* § 131 AktG Rn 19.
40 Heidel/*Müller* § 16 Rn 1.
41 *Seibt* ZIP **2016** 997, 1003.
42 *Seibt* ZIP **2016** 997, 1003; Veranneman/*Wasmann/Steber* § 16 Rn 5; *Wasmann*/Steber ZIP **2014** 2005, 2008.
43 *Seibt* ZIP **2016** 997, 1003.
44 Preuße/Kirchner § 16 Rn 17.
45 Hopt/Seibt/*Binder* § 16 Rn 23; vgl zum Aktienrecht MüKoAktG/*Kubis* § 131 Rn 28.
46 Preuße/Kirchner § 16 Rn 18; Veranneman/*Wasmann/Steber* § 16 Rn 2; vgl zum Aktienrecht MüKoAktG/*Kubis* § 131 AktG Rn 30.
47 Langenbucher/Bliesener/Spindler/*Bliesener/Schneider* § 16 Rn 7; Hopt/Seibt/*Binder* § 16 Rn 23; Preuße/Kirchner § 16 Rn 18; Veranneman/*Wasmann/Steber* § 16 Rn 5.
48 Veranneman/*Wasmann/Steber* § 16 Rn 7.

der Hauptversammlung –[49] nicht zwingend Deutsch sein muss,[50] oder in der Sprache der Anleihebedingungen, so ist dies in jedem Fall als zulässig anzusehen.[51] Bei einem internationalen Investorenkreis bietet sich auch hier eine Übersetzung der Fragen und Antworten zumindest ins Englische bzw Deutsche an.[52]

5. Reichweite und Grenzen der Auskunftspflicht

a) Zeitlicher und örtlicher Anwendungsbereich. Die Auskunftspflicht des 12
Schuldners wird durch Absatz 1 in zeitlicher und örtlicher Hinsicht begrenzt, da der Gläubiger den Auskunftsanspruch **„in der Gläubigerversammlung"** geltend machen muss.[53] Er muss daher zur Geltendmachung entweder selber anwesend oder wirksam vertreten sein.[54] Im Vergleich zum AktG kennt das SchVG damit kein kollektives Informationsrecht in Form von Berichtspflichten, die der vorherigen Information und Vorbereitung auf die in der Versammlung zu besprechenden Tagesordnungspunkte dienen.[55] Diese verbandsrechtlichen Berichtspflichten finden im Aktienrecht ihre Berechtigung in der Annahme, dass sich bestimmte Sachverhalte aufgrund ihrer Komplexität oder der Intensität des damit möglicherweise verbundenen Rechtseingriffs in die Stellung des Aktionärs als Teilhaber nicht für eine kurze Erklärung innerhalb der Versammlung eignen und daher eines gewissen Vorlaufs bedürfen, um eine informierte Entscheidung der Anteilseigner zu ermöglichen.[56] Eine Übertragung dieser aktienrechtlichen Berichtspflichten auf die Gläubigerversammlung ist jedoch in Ermangelung einer planwidrigen Regelungslücke abzulehnen. Mit Blick auf die rein schuldrechtlich geprägte Beziehung zwischen Gläubiger und Schuldner ist auch keine vergleichbare Interessenlage gegeben.[57] Vorbehaltlich der Regelung weiterer Informationsrechte bzw -pflichten in den Anleihebedingungen sind die Informationsrechte der Gläubiger nach dem SchVG damit auf die Ausübung in der Gläubigerversammlung beschränkt.[58]

b) Sachlicher Anwendungsbereich. Die begehrte Auskunft muss zudem zur 13
„sachgemäßen Beurteilung eines Gegenstands der Tagesordnung oder eines Vorschlags zur Beschlussfassung erforderlich" sein.[59]

aa) Keine Analogie zu § 131 Abs 1 AktG. Eine ähnliche Formulierung verwendet 14
auch § 131 Abs 1 S 1 AktG. Dort ist eine Aktionär Auskunft „über Angelegenheiten der Gesellschaft" zu erteilen ist, soweit dies zur sachgemäßen Beurteilung des Gegenstands der Tagesordnung erforderlich ist. Dies ist nach allgemeiner Ansicht weit auszulegen.[60] Unter Angelegenheiten der Gesellschaft ist danach alles zu verstehen, was sich auf die

49 Vgl zum Aktienrecht Hüffer/*Koch* Rn 9; MüKoAktG/*Kubis* § 131 Rn 27; großzügiger Spindler/Stilz/*Siems* § 131 AktG Rn 19.
50 Vgl dazu die Ausführungen bei § 15 Rn 24.
51 Vgl *Bertelmann/Schönen* ZIP **2014** 353, 362; Hopt/Seibt/*Binder* § 16 Rn 23; Veranneman/*Wasmann/Steber* § 16 Rn 7.
52 Preuße/Kirchner § 16 Rn 16.
53 Hopt/Seibt/*Binder* § 16 Rn 23; Langenbucher/Bliesener/Spindler/*Bliesener/Schneider* § 16 Rn 2.
54 Hopt/Seibt/*Binder* § 16 Rn 4.
55 Ekkenga/*Schmidtbleicher* Kapitel 12 Rn 172; Friedl/Hartwig-Jacob/*Schmidtbleicher* § 16 Rn 3 f.
56 Friedl/Hartwig-Jacob/*Schmidtbleicher* § 16 Rn 3.
57 Eingehend Friedl/Hartwig-Jacob/*Schmidtbleicher* § 16 Rn 4.
58 Langenbucher/Bliesener/Spindler/*Bliesener/Schneider* § 16 Rn 2; Veranneman/*Wasmann/Steber* § 16 Rn 4.
59 Langenbucher/Bliesener/Spindler/*Bliesener/Schneider* § 16 Rn 3.
60 Spindler/Stilz/*Siems* § 131 Rn 23.

Gesellschaft und ihre Tätigkeit bezieht, also alle Tatsachen und Umstände, die Vermögens-, Finanz- und Ertragslage der AG sowie ihre rechtlichen und tatsächlichen Verhältnisse zu Dritten betreffen.[61] Ob ein ähnliches Verständnis im Rahmen des Absatzes 1 angezeigt ist, ist zweifelhaft. Gegen eine solche Sichtweise spricht nicht nur der abweichende Wortlaut, sondern auch der strukturelle Unterschied der zwischen der korporativen Teilhabe des Aktionärs und der schuldrechtlichen Beziehung des Anleihegläubigers zur Gesellschaft besteht.[62] Das Auskunftsrecht der Anleihegläubiger beruht – anders als das der Aktionäre – nicht auf der Mitgliedschaft.[63] Anders als im Aktienrecht geht es bei der Auskunftspflicht nach Absatz 1 daher nicht um ein verfassungsrechtlich durch Artikel 14 GG garantiertes Auskunftsrecht des das gesamte Unternehmensrisiko mittragenden Eigentümers gegenüber dem Vorstand als dem Verwalter seines Eigentums, sodass eine Auskunft zu allen relevanten Aspekten der Gesellschaft gerechtfertigt ist.[64] Vielmehr ist das Auskunftsrecht des SchVG von der schuldrechtlichen Beziehung zwischen dem Anleihegläubiger als Fremdkapitalgeber und der Gesellschaft als Schuldner geprägt. Da der Anleihegläubiger lediglich mit dem Risiko eines Ausfalls des Schuldners im Insolvenzfall und eines etwaigen Eingriffs in seine Gläubigerrechte belastet ist, erscheint eine Beschränkung des Auskunftsrecht nach Absatz 1 auf solche Angelegenheiten gerechtfertigt, die zur Beurteilung dieses Risikos erforderlich sind.[65] Nur insoweit besteht die Notwendigkeit, dem Gläubiger Informationen zu erteilen, die eine ausreichende Grundlage für die Wahrnehmung seiner Rechte bilden können.[66] Dies kann im Einzelfall jedoch auch eine höhere Detailtiefe der Auskunft in der Gläubigerversammlung erfordern, als dies in der Hauptversammlung gegenüber Aktionären der Fall wäre.[67] Richtigerweise können die aus dem Aktienrecht bekannten Grundsätze und Erwägungen zur Bestimmung der inhaltlichen Reichweite der Auskunftspflicht daher nicht auf das SchVG übertragen werden.[68] Der Auskunftsanspruch des Anleihegläubigers ist andersgelagert, als der des Aktionärs.[69] Inhaltlich wird sich das Auskunftsverlangen daher im Zweifel auf diejenigen Angelegenheiten des Schuldners beschränken müssen, die zumindest mittelbar dessen Bonität oder diejenige etwaiger Garanten, etwaige Gründe eines Zahlungsausfall bzw -verzugs und Maßnahmen zu deren Abhilfe oder den Umgang mit der Anleihe, auch im Verhältnis zu anderen Gläubigern, einschließlich den Hintergründen für eine gewünschten Anpassung der Anleihebedingungen betreffen.[70] Im Einzelfall könnte dabei auch Auskunft über Dritte, wie zB eine die Anleihe garantierende Konzerngesellschaft, verlangt werden, soweit dies zur Bewertung der Bonität des Schuldners oder sonstiger Verhandlungsgegenstände erforderlich ist und der Schuldner dazu Auskunft geben kann.[71] Allgemeine Fragen zur Unternehmenspolitik, zur Entlas-

---

61 GroßkommAktG/Decher § 131 Rn 82; Hüffer/*Koch* § 131 Rn 12; ähnlich MüKoAktG/*Kubis* § 131 Rn 36.
62 Langenbucher/Bliesener/Spindler/*Bliesener/Schneider* § 16 Rn 4; Preuße/*Kirchner* § 16 Rn 20.
63 Hopt/Seibt/*Binder* § 16 Rn 5.
64 Preuße/*Kirchner* § 16 Rn 20; *Wasmann/Steber* ZIP **2014** 2005, 2008.
65 Veranneman/*Wasmann/Steber* § 16 Rn 8; *Wasmann/Steber* ZIP **2014** 2005, 2008.
66 Friedl/Hartwig-Jacob/*Schmidtbleicher* § 16 Rn 6.
67 Friedl/Hartwig-Jacob/*Schmidtbleicher* § 16 Rn 6; Hopt/Seibt/*Binder* § 16 Rn 7.
68 Langenbucher/Bliesener/Spindler/*Bliesener/Schneider* § 16 Rn 4; Hopt/Seibt/*Binder* § 16 Rn 5; Preuße/*Kirchner* § 16 Rn 20; *Wilken/Schaumann/Zenker* §§ 15, 16 Rn 308.
69 Hopt/Seibt/*Binder* § 16 Rn 7.
70 Friedl/Hartwig-Jacob/*Schmidtbleicher* § 16 Rn 7; Langenbucher/Bliesener/Spindler/*Bliesener/Schneider* § 16 Rn 5; Friedl/Hartwig-Jacob/*Schmidtbleicher* § 16 Rn 6; Veranneman/*Wasmann/Steber* § 16 Rn 9; *Wasmann/Steber* ZIP **2014** 2005, 2008; *Wilken/Schaumann/Zenker* §§ 15, 16 Rn 308.
71 Langenbucher/Bliesener/Spindler/*Bliesener/Schneider* § 16 Rn 5; Hopt/Seibt/*Binder* § 16 Rn 21.

tung oder zu Personalentscheidungen des Vorstands, scheiden dagegen von vorneherein aus, da der Anleihegläubiger – im Unterschied zum Aktionär – nicht zur umfassenden Bewertung der Geschäftsführung berufen ist.[72]

bb) Bezug zu einem Tagesordnungspunkt oder einem Beschlussvorschlag. Das Auskunftsverlangen muss sich des Weiteren konkret auf einen Gegenstand der Tagesordnung oder einen Vorschlag zur Beschlussfassung beziehen. Dafür genügt, dass das Auskunftsverlangen einen thematischen Bezug zu einem Tagesordnungspunkt oder Beschlussvorschlag aufweist.[73] 15

Darüber hinaus ist dem Merkmal aber auch eine Beschränkung in **zeitlicher Hinsicht** zu entnehmen ist, wobei Uneinigkeit besteht, welchen Umfang dieser Beschränkung beizumessen ist. Manche fordern, dass das Auskunftsverlangen sich auf den gerade behandelten Tagesordnungspunkt beziehen müsse; früher gestellte Fragen habe der Gläubiger am relevanten Punkt daher zu wiederholen.[74] Die Gegenansicht geht davon aus, dass ein Auskunftsverlangen bis zur Behandlung des betroffenen Tagesordnungspunktes jederzeit gestellt werden könne, d.h. auch bei Gelegenheit früherer Tagesordnungspunkte für einen nachfolgenden Tagesordnungspunkt. Auskunftsverlangen, die erst nach der Erörterung des betroffenen Tagesordnungspunktes erfolgten, seien vom Versammlungsleiter aber als rechtsmissbräuchlich zurückzuweisen, wenn die Verspätung nicht gerechtfertigt werde.[75] Begründet wird das damit, dass der Wortlaut von Absatz 1 anders als die aktienrechtliche Parallelvorschrift § 131 Abs 1 AktG nur einen Bezug zu „einem" Gegenstand der Tagesordnung, nicht zu „dem" konkreten Gegenstand der Tagesordnung fordert. Freilich solle dem Schuldner das Recht zukommen, die Beantwortung des Auskunftsverlangens bis zum passenden Tagesordnungspunkt aufzuschieben.[76] Im Ergebnis dürfte die letztgenannte Ansicht überzeugender sein, da sie dem Schuldner die Prüfung des Bezugs zur Tagesordnung in gleichem Umfang wie die erste Ansicht ermöglicht, den Gläubiger aber weniger stark belastet. Ansonsten bestünde die Gefahr, dass der Gläubiger den Bezug seiner Frage zu einem Tagesordnungspunkt anders einordnet als der Schuldner und sein Auskunftsverlangen zulässig zurückgewiesen wird. Er könnte dadurch abgeschreckt werden, die Frage beim passenden Tagesordnungspunkt erneut zu stellen. Diese Ansicht ist auch besser vereinbar mit der allgemeinen Befugnis des Versammlungsleiters, die zeitliche Abfolge der Beantwortung von Fragen in der Versammlung im Rahmen seines Leitungsermessens festzulegen. Antworten auf Fragen muss der Vorsitzende daher nicht direkt im Anschluss an die Frage zulassen. Vielmehr können Fragen auch zunächst einmal gesammelt und dann *en bloc* beantwortet werden. Möglich ist es auch, die Beantwortung der Fragen erst am (vorläufigen) Schluss der Debatte erfolgen zu lassen, sofern dies dem sachgerechten Ablauf der Versammlung dienlich ist.[77] 16

Ob der nach Absatz 1 erforderliche Bezug im Einzelfall vorliegt, ist aus Sicht eines objektiv denkenden, durchschnittlichen Gläubigers zu beurteilen.[78] Bereits erteilte Auskünfte sind dabei grundsätzlich zu berücksichtigen. Aber auch bereits beantwortete Fragen können erneut zu beantworten sein, wenn sie zur sachgemäßen Beurteilung 17

---

72 Hopt/Seibt/*Binder* § 16 Rn 7; *Seibt* ZIP **2016** 997, 1003.
73 Hopt/Seibt/*Binder* § 16 Rn 7.
74 Preuße/*Kirchner* § 16 Rn 22.
75 Hopt/Seibt/*Binder* § 16 Rn 6.
76 Hopt/Seibt/*Binder* § 16 Rn 6.
77 Vgl dazu die Ausführungen bei § 15 Rn 30.
78 Langenbucher/Bliesener/Spindler/*Bliesener*/*Schneider* § 16 Rn 3; Veranneman/*Wasmann*/*Steber* § 16 Rn 9; ähnlich im Aktienrecht Hüffer/*Koch* § 131 Rn 22.

eines Tagesordnungspunktes oder Beschlussvorschlags dienlich sind.[79] Die Motivation des Fragenden ist dagegen, vorbehaltlich eines etwaigen Rechtsmissbrauchs, irrelevant.[80]

18 **cc) Erforderlichkeit.** Der Auskunftsgegenstand muss schließlich nicht nur inhaltlich auf einen Tagesordnungspunkt oder einen Beschlussvorschlag Bezug nehmen, sondern auch zu dessen sachgemäßer Beurteilung erforderlich sein. An die Beurteilung der Erforderlichkeit ist dabei **kein strenger Maßstab** anzulegen.[81] Mit der Einschränkung sollen lediglich solche Auskunftsverlangen ausgeschlossen werden, die die Gläubigerversammlung mit überflüssigen, für eine sachgemäße Beurteilung des Beschluss- oder sonstigen Gegenstands der Tagesordnung unerheblichen Fragen belasten würden.[82] Derartige Fragen würden dem Sinn und Zweck der Gläubigerversammlung, den Gläubiger ein Forum zur kollektiven Ausübung ihrer Rechte zu bieten,[83] entgegenstehen.[84] Es geht damit vorrangig um die Möglichkeit einer Missbrauchskontrolle.[85]

19 Wie im Aktienrecht ist dabei für die Beurteilung der Erforderlichkeit auf den Standpunkt eines **objektiv denkenden Durchschnittsgläubigers** abzustellen, der die Gesellschaftsverhältnisse nur aufgrund allgemein bekannter Tatsachen kennt und für den deshalb die Auskunft nicht nur ein unwesentliches Element zur Beurteilung eines konkreten Tagesordnungspunktes oder Beschlussvorschlags darstellt.[86] Wollte man dagegen als Beurteilungsmaßstab die subjektiven Kenntnisse des Auskunft verlangenden Gläubigers heranziehen, wäre dem Versammlungsleiter eine Überprüfung der Zulässigkeit des Auskunftsverlangens in der Regel nicht möglich.[87] Zudem bestünde bei Anwendung dieses Maßstabs die Gefahr, dass Beschränkungen des Auskunftsrechts zu extensiv gehandhabt würden, sodass das Auskunftsrecht keinen Beitrag zur kollektiven Willensbildung mehr leisten könnte.

20 Die Erforderlichkeit einer Auskunft kann danach unter dreierlei Gesichtspunkten zu verneinen sein:[88] Die gewünschte Information kann in **qualitativer Hinsicht** unmaßgeblich sein, da sie für eine sachgemäße Beurteilung des betreffenden Tagesordnungspunktes oder Beschlussvorschlages nicht erheblich ist.[89] Das ist der Fall, wenn die geforderte Auskunft als Entscheidungsgrundlage ungeeignet ist oder lediglich ein irgendwie gearteter, loser Zusammenhang zu einem Tagesordnungspunkt oder Beschlussvorschlag besteht.[90] Daneben ist die Erforderlichkeit auch noch in **quantitativer Hinsicht** an der Anzahl der Fragen sowie an deren Detaillierungsgrad zu messen, der in einem angemessenen Verhältnis zu Relevanz der Fragen für die sachgemäße Beurteilung des Tages-

---

79 Preuße/*Kirchner* § 16 Rn 24, 26.
80 Preuße/*Kirchner* § 16 Rn 25.
81 Hopt/Seibt/*Binder* § 16 Rn 8.
82 Ekkenga/*Schmidtbleicher* Kapitel 12 Rn 173; Hopt/Seibt/*Binder* § 16 Rn 8; vgl zum Aktienrecht BGH 14.1.2014 NZG **2014** 423, 424; Hüffer/*Koch* § 131 AktG Rn 21.
83 Vgl dazu die Ausführungen bei den Vorbemerkungen zu den §§ 9 bis 16 Rn 2.
84 Preuße/*Kirchner* § 16 Rn 21.
85 Hopt/Seibt/*Binder* § 16 Rn 8; Preuße/*Kirchner* § 16 Rn 28; Veranneman/*Wasmann/Steber* § 16 Rn 9.
86 Preuße/*Kirchner* § 16 Rn 24; Veranneman/*Wasmann/Steber* § 16 Rn 9; vgl zum Aktienrecht BGH 18.10.2004 NJW **2005** 828, 829; BGH 14.1.2014 NZG **2014** 423, 424; Bürgers/Körber/*Reger* § 131 Rn 11; Hüffer/*Koch* § 131 AktG Rn 22.
87 Hopt/Seibt/*Binder* § 16 Rn 9; Preuße/*Kirchner* § 16 Rn 25
88 Vgl Hopt/Seibt/*Binder* § 16 Rn 9.
89 Preuße/*Kirchner* § 16 Rn 27.
90 Hopt/Seibt/*Binder* § 16 Rn 10; vgl zum Aktienrecht BGH 14.1.2014 NZG **2014** 423, 424; Hüffer/*Koch* § 131 AktG Rn 23.

ordnungspunktes oder Beschlussvorschlags stehen muss.[91] Die Erforderlichkeit ist deshalb in der Regel zu bezweifeln, wenn derselbe Gläubiger eine Vielzahl von Auskunftsverlangen stellt, die in keinem Verhältnis zu seinem Informationsbedürfnis stehen und/oder der geforderte Detaillierungsgrad der Informationen unangemessen hoch ist.[92] Ist das Auskunftsverlangen in dieser Weise nicht erforderlich, so entfällt das Auskunftsrecht jedoch nicht unmittelbar. Vielmehr hat der Versammlungsleiter als milderes Mittel den Gläubiger zunächst dazu aufzufordern, seine Fragen in Anzahl und/oder Detailtiefe zu beschränken.[93]

Allgemeingültige Maßstäbe lassen sich in diesem Zusammenhang aber schwer finden. Die Erforderlichkeit des Auskunftsverlagens ist daher immer an den **Umstände des konkreten Einzelfalles**, insbesondere des Auskunftsbegehren und des konkreten Tagesordnungspunktes oder Beschlussvorschlags, zu bemessen.[94] 21

6. Auskunftsverweigerung

a) Grundlagen. Anders als im Aktienrecht sind im SchVG **keine Auskunftsverweigerungsrechte** bezüglich zulässiger Auskunftsverlangen vorgesehen.[95] Dieses Schweigen wirft die Frage auf, ob dem Schuldner dennoch in bestimmten Fällen ein Auskunftsverweigerungsrecht zusteht.[96] Eine pauschale analoge Anwendung der Auskunftsverweigerungsrechte nach § 131 Abs 3 S 1 AktG, wie sie teilweise *de lege ferenda* gefordert wird,[97] kommt dabei *de lege lata* nach einhelliger Ansicht aufgrund des Fehlens einer planwidrigen Regelungslücke und einer vergleichbaren Interessenlage nicht in Betracht.[98] 22

Nach vielfacher Ansicht dürfte jedoch zumindest teilweise an die in § 131 Abs 3 S 1 AktG geregelten Fallgruppen anzuknüpfen sein,[99] da auch im Rahmen der Gläubigerversammlung **im Einzelfall** Auskünfte verlangt werden können, die im Falle ihrer Erteilung den Interessen des Schuldners in nicht zu rechtfertigender Weise zuwiderlaufen.[100] Die rechtliche Herleitung des Auskunftsverweigerungsrechts und dessen Reichweite sind jedoch im Einzelfall umstritten.[101] 23

b) Fallgruppen

aa) Drohender Nachteil für Schuldner oder ein mit ihm verbundenes Unternehmen. So kommt ein Auskunftsverweigerungsrecht in Anlehnung an § 131 Abs 3 S 1 24

---

91 Hopt/Seibt/*Binder* § 16 Rn 11 f; Preuße/*Kirchner* § 16 Rn 21, 28; vgl zum Aktienrecht BGH 14.1.2014 NZG **2014** 423, 424; Bürgers/Körber/*Reger* § 131 Rn 11; Hüffer/*Koch* § 131 Rn 24.

92 Hopt/Seibt/*Binder* § 16 Rn 11 f.

93 Hopt/Seibt/*Binder* § 16 Rn 16; Preuße/*Kirchner* § 16 Rn 28; vgl insoweit auch zum Aktienrecht GroßkommAktG/*Decher* § 131 Rn 137; Hüffer/*Koch* § 131 Rn 24.

94 Vgl Preuße/*Kirchner* § 16 Rn 21; Hopt/Seibt/*Binder* § 16 Rn 12; *Seibt* ZIP **2016** 997, 1003; vgl zum Aktienrecht Hüffer/*Koch* § 131 Rn 25.

95 Heidel/*Müller* § 16 Rn 3; Veranneman/*Wasmann*/*Steber* § 16 Rn 11.

96 Langenbucher/Bliesener/Spindler/*Bliesener*/*Schneider* § 16 Rn 8.

97 Vgl *Arbeitskreis Reform des Schuldverschreibungsrechts* ZIP **2014** 845, 847, 853; dazu Langenbucher/Bliesener/Spindler/*Bliesener*/*Schneider* § 16 Rn 9 f; in diese Richtung auch *Baums* ZHR 177 (**2013**) 807, 813.

98 Ekkenga/*Schmidtbleicher* Kapitel 12 Rn 174; Friedl/Hartwig-Jacob/*Schmidtbleicher* § 16 Rn 10 f; Hauschild/Kallrath/Wachter/*Reinhard* § 17 Rn 549; Hopt/Seibt/*Binder* § 16 Rn 14; Preuße/*Kirchner* § 16 Rn 31; *Wasmann*/*Steber* ZIP **2014** 2005, 2009.

99 Veranneman/*Wasmann*/*Steber* § 16 Rn 11.

100 Ekkenga/*Schmidtbleicher* Kapitel 12 Rn 174; Langenbucher/Bliesener/Spindler/*Bliesener*/*Schneider* § 16 Rn 8.

101 Hauschild/Kallrath/Wachter/*Reinhard* § 17 Rn 549.

Nr 1 AktG in Betracht, wenn die Erteilung der Auskunft nach vernünftiger kaufmännischer Beurteilung geeignet ist, zu einer Schädigung des Schuldners oder eines mit ihm verbundenen Unternehmen zu führen. Hintergrund dieses Auskunftsverweigerungsrechts ist, dass die verlangte Information durch ihre Offenlegung gegenüber Dritten, die nicht an der Versammlung teilnehmen, zu einem Nachteil für die Gesellschaft oder für ein mit ihr verbundenes Unternehmen führen könnte.[102] Dass ein Bedürfnis für ein solches Recht, das dem Schutz berechtigter Geheimhaltungsinteressen der Gesellschaft oder ihr verbundener Unternehmen dient, grundsätzlich auch im Rahmen der Gläubigerversammlung besteht, ist nicht von der Hand zu weisen. Die Interessenslage ist insoweit mit derjenigen auf der Hauptversammlung vergleichbar.[103] Die Annahme eines solchen Auskunftsverweigerungsrechts ist daher berechtigt, unabhängig davon, ob man es aus einer entsprechenden Anwendung des § 131 Abs 3 S 1 Nr 1 AktG herleitet oder auf einen allgemeinen Rechtsmissbrauchseinwand stützt, der auf die Treue- und Rücksichtnahmepflicht der Anleihegläubiger untereinander zurückzuführen ist.[104] Informationen, an denen ein gerechtfertigtes Geheimhaltungsinteresse des Schuldners besteht, müssen daher auch auf Nachfrage nicht offengelegt werden.[105] Eine Beschränkung dieses Auskunftsverweigerungsrechts lediglich auf die Fälle, in denen es nicht nur um Nachteile des Schuldners oder der mit ihm verbundenen Unternehmen, sondern auch um die Vermeidung von Nachteilen für das Kollektiv der Gläubiger geht,[106] ist abzulehnen. Das Erfordernis der Benachteiligung der Interessen der (restlichen) Gläubiger erscheint unangemessen und ist schwerlich zu begründen.[107] Allerdings dürfte die praktische Bedeutung dieses Auskunftsverweigerungsrechts nur begrenzt sein, da die im Aktienrecht üblichen Anwendungsfälle wie die Offenlegung interner Berechnungen, von Forschungs- und Entwicklungsergebnissen oder von strategischen Unternehmenszielen[108] in der Regel zur sachgemäßen Beurteilung des betreffenden Tagesordnungspunktes nicht erforderlich sein dürften. Insgesamt sind in Bezug auf die Gläubigerversammlung daher nur wenige Konstellationen denkbar, in denen dem Schuldner ein an § 131 Abs 3 S 1 Nr 1 AktG angelehntes Verweigerungsrecht zusteht.[109] Zu diesen dürften nicht öffentlich bekannte Markt- und Wettbewerbsanalysen, Geschäftspläne mit künftiger Margenerwartung oder vertrauliche Vertragsinhalte mit Dritten zählen.[110]

25 **bb) Strafbarkeit der Auskunftserteilung.** § 131 Abs 3 S 1 Nr 5 AktG gestattet dem Vorstand, in der Hauptversammlung die Auskunft zu verweigern, soweit er sich durch die Erteilung der Auskunft strafbar machen würde. Die Vorschrift lediglich deklaratorische Bedeutung und ist Ausdruck des allgemeinen Rechtsgrundsatzes, das niemand zu

---

102 *Wasmann/Steber* ZIP **2014** 2005, 2009; *Wilken/Schaumann/Zenker* §§ 15, 16 Rn 311; vgl zum Aktienrecht MüKoAktG/*Kubis* § 131 Rn 115.
103 Übereinstimmend Hopt/Seibt/*Binder* § 16 Rn 16; Veranneman/*Wasmann/Steber* § 16 Rn 14; *Wilken/Schaumann/Zenker* §§ 15, 16 Rn 312.
104 Für die analoge Anwendung von § 131 Abs 3 S 1 Nr 1 AktG Langenbucher/Bliesener/Spindler/*Bliesener/Schneider* § 16 Rn 8; Veranneman/*Wasmann/Steber* § 16 Rn 14; *Wasmann/Steber* ZIP **2014** 2005, 2009 f; *Wilken/Schaumann/Zenker* §§ 15, 16 Rn 311 f; für den Rechtsmissbrauchsgedanken Friedl/Hartwig-Jacob/*Schmidtbleicher* § 16 Rn 10 ff; Hopt/Seibt/*Binder* § 16 Rn 16 f; im Ergebnis zustimmend, aber begründungsoffen *Seibt* ZIP **2016** 997, 1003 f.
105 Veranneman/*Wasmann/Steber* § 16 Rn 14.
106 So Friedl/Hartwig-Jacob/*Schmidtbleicher* § 16 Rn 12.
107 Hopt/Seibt/*Binder* § 16 Rn 17; Veranneman/*Wasmann/Steber* § 16 Rn 14; *Wasmann/Steber* ZIP **2014** 2005, 2010.
108 Vgl MüKoAktG/*Kubis* § 131 Rn 115.
109 Hopt/Seibt/*Binder* § 16 Rn 17.
110 *Seibt* ZIP **2016** 997, 1004.

einer Straftat gezwungen werden kann.[111] Dieser Rechtsgedanke ist auch auf die Gläubigerversammlung übertragbar, unabhängig davon, ob man dies direkt auf den *nemo-tenetur*-Grundsatz stützt oder eine analoge Anwendung von § 131 Abs 3 S 1 Nr 5 AktG befürwortet.[112]

Fraglich ist, ob dem Schuldner entsprechend auch ein Auskunftsverweigerungsrecht in Bezug auf mögliche Insiderinformationen im Sinne von Artikel 7 der Marktmissbrauchsverordnung (MMVO)[113] zusteht, sofern er sich diesbezüglich zum Aufschub der Offenlegung gemäß Artikel 17 Abs 4 MMVO entschieden hat.[114] Schließlich ist eine unbefugte Offenlegung von Insiderinformationen gemäß Artikel 14 lit c) MMVO i.V.m. § 119 Abs 3 Nr 3 WpHG strafbewehrt. Vielfach wird behauptet, die Weitergabe einer Insiderinformation durch den Schuldner sei in diesem Fall zulässig. Auf ein Auskunftsverweigerungsrecht könne der Schuldner sich insoweit nicht berufen, da die Weitergabe nicht unbefugt sei. In Übereinstimmung mit Artikel 10 Abs 1 S 1 MMVO erfolge sie vielmehr „im Zuge der normalen Erfüllung von Aufgaben“, da zum Aufgabenkreis des Schuldners im Rahmen der Gläubigerversammlung auch die Auskunftserteilung nach Absatz 1 gehöre. Die mögliche Begehung einer Ordnungswidrigkeit durch Verletzung der Ad-hoc-Pflichten sei davon zu trennen.[115] **Dem ist nicht zu folgen.** So hat der EuGH schon in seiner Grøngaard und Bang-Entscheidung[116] in denkbar engster Auslegung entschieden, dass die Offenlegung von Insiderinformationen nur dann als gerechtfertigt angesehen werden kann, wenn sie für die Ausübung einer Arbeit oder eines Berufs oder für die Erfüllung einer Aufgabe „unerlässlich“ ist.[117] Das Auskunftsersuchen eines Aktionärs gemäß § 131 Abs 1 AktG ist jedoch kein Umstand, der die Weitergabe einer Insiderinformation als erforderlich oder gar als unerlässlich rechtfertigen könnte.[118] Schließlich gewährt § 131 Abs 1 AktG dem Aktionär kein Anspruch auf unbeschränkte Rechenschaft über die Verwaltung des von ihm investierten Kapitals.[119] Die Mitteilung einer aufgeschobenen Insiderinformation durch den Vorstand in der Hauptversammlung ist daher als Verstoß gegen Artikel 14 lit c) MMVO anzusehen und dem Vorstand ein diesbezügliches Auskunftsverweigerungsrecht nach § 131 Abs 3 Nr 5 AktG zuzubilligen.[120] Für die Gläubigerversammlung können insoweit keine anderen Maßstäbe gelten. Die Offenlegung einer aufgeschobenen Insiderinformation kann daher in der Gläubigerversammlung durch 26

111 Vgl Hüffer/*Koch* § 131 Rn 62; MüKoAktG/*Kubis* § 131 Rn 132.
112 Für Ersteres Friedl/Hartwig-Jacob/*Schmidtbleicher* § 16 Rn 13; für eine analoge Anwendung von § 131 Abs 3 S 1 Nr 5 AktG Langenbucher/Bliesener/Spindler/*Bliesener*/*Schneider* § 16 Rn 8; *Wilken*/*Schaumann*/*Zenker* §§ 15, 16 Rn 313; im Ergebnis zustimmend, aber ohne Entscheidung Hopt/Seibt/*Binder* § 16 Rn 19; *Seibt* ZIP **2016** 997, 1003; Veranneman/*Wasmann*/*Steber* § 16 Rn 12; *Wasmann*/*Steber* ZIP **2014** 2005, 2009.
113 Verordnung (EU) Nr 596/2014 des Europäischen Parlaments und des Rates vom 16. April 2014 über Marktmissbrauch (Marktmissbrauchsverordnung) und zur Aufhebung der Richtlinie 2003/6/EG des Europäischen Parlaments und des Rates und der Richtlinien 2003/124/EG, 2003/125/EG und 2004/72/EG der Kommission.
114 Vgl Friedl/Hartwig-Jacob/*Schmidtbleicher* § 16 Rn 15; Langenbucher/Bliesener/Spindler/*Bliesener*/*Schneider* § 16 Rn 8.
115 Friedl/Hartwig-Jacob/*Schmidtbleicher* § 16 Rn 14 f; Hopt/Seibt/*Binder* § 16 Rn 19; Veranneman/*Wasmann*/*Steber* § 16 Rn 13; *Wasmann*/*Steber* ZIP **2014** 2005, 2009; ebenso zum Aktienrecht Hölters/*Drinhausen* § 131 Rn 34; K. Schmidt/Lutter/*Spindler* § 131 Rn 84; Spindler/Stilz/*Siems* § 131 Rn 50.
116 EuGH 22.11.2005 ZIP **2006**, 123, 126.
117 Assmann/Schneider/Mülbert/*Assmann* Art. 10 MMVO Rn 20 f.
118 Assmann/Schneider/Mülbert/*Assmann* Art. 10 MMVO Rn 34 f mwN.
119 *Uwe H. Schneider*/*Singhof* FS Kraft (1998) 585, 595.
120 Assmann/Schneider/Mülbert/*Assmann* Art. 10 MMVO Rn 35.

den Schuldner verweigert werden.[121] Die Reichweite dieses Auskunftsverweigerungsrechts dürfte jedoch nicht sehr weitgehend sein. Denn typischerweise dürften, insbesondere in der Krise des Schuldners, keine berechtigten Interessen vorliegen, die einen Aufschub der Offenlegung von Insiderinformationen noch in der Gläubigerversammlung rechtfertigen könnten.[122] Im Übrigen bleibt es dem Schuldner unbenommen, den bestehenden Konflikt durch die entsprechende Veröffentlichung der aufgeschobenen Insiderinformation vor oder während der Versammlung aufzulösen.[123]

27 **cc) Bereits anderweitig veröffentlichte Informationen.** Fraglich ist, ob auch ein Auskunftsverweigerungsrecht in Anlehnung an § 131 Abs 3 Nr 7 AktG in Betracht kommt, soweit die Auskunft auf der Internetseite der Gesellschaft über mindestens sieben Tage vor Beginn und in der Hauptversammlung durchgängig zugänglich ist. Sinn und Zweck der Regelung, die Versammlung von typischen Standardfragen, vom Vortrag von Statistiken, Listen, Regularien und Aufstellungen zu entlasten und dadurch Zeit zu gewinnen für eine inhaltliche Diskussion,[124] wäre grundsätzlich auch auf die Situation der Gläubigerversammlung übertragbar. Auch wenn eine derartige Regelung *de lege ferenda* möglicherweise auch für das SchVG sinnvoll wäre, ist eine Analogie doch in Ermangelung einer planwidrigen Regelungslücke abzulehnen.[125] Wurde die vom Gläubiger erbetene Information jedoch bereits zulässigerweise im Rahmen der Begründung der Tagesordnung nach § 13 Abs 2 bekannt gemacht,[126] kann der Schuldner darauf verweisen. Ein weiteres Auskunftsverlangen des Gläubigers wäre in diesem Fall rechtsmissbräuchlich.[127]

28 **dd) Weitere Fallgruppen.** Die weiteren in § 131 Abs 3 S 1 Nr 2 bis 4 und Nr 6 AktG normierten Fälle eines Auskunftsverweigerungsrechts eignen sich nach allgemeiner Ansicht inhaltlich nicht für eine Übertragung auf die Gläubigerversammlung.[128]

29 **7. Beschränkungen des Frage- und Rederechts; Protokollierung.** Neben dem eng begrenzten Auskunftsverweigerungsrecht des Schuldners steht auch dem Vorsitzenden der Gläubigerversammlung die **ungeschriebene Ermächtigung** zu, das Rede- und Fragerecht der Versammlungsteilnehmer zu begrenzen und zu steuern.[129] So kann der Vorsitzende als generelle Maßnahme insbesondere einen **zeitlichen Rahmen** für die Ausübung des Rede- und Fragerechts vorgegeben. Der Vorsitzende ist aber auch berechtigt, **individuelle Redebeiträge** zu begrenzen und dem Redner im äußersten Fall auch das **Wort entziehen**, sofern dies für die weitere Durchführung der Versammlung erforderlich ist.[130] Mit einer individuellen Beschränkung der Redezeit oder einem Wortentzug geht jedoch noch nicht zwingend auch eine Beschränkung oder der Entzug des Frage-

121 Zu Recht Langenbucher/Bliesener/Spindler/*Bliesener/Schneider* § 16 Rn 8; vgl ebenso zum Aktienrecht Hüffer/*Koch* § 131 Rn 62.
122 Vgl Friedl/Hartwig-Jacob/*Schmidtbleicher* § 16 Rn 15; *Wasmann/Steber* ZIP **2014** 2005, 2009.
123 Hopt/Seibt/*Binder* § 16 Rn 19; Veranneman/*Wasmann/Steber* § 16 Rn 13.
124 Vgl RegBegr. BT-Drucks. 15/5092 S 17; Hüffer/*Koch* § 131 Rn 64 f; MüKoAktG/*Kubis* § 131 Rn 141 ff.
125 Friedl/Hartwig-Jacob/*Schmidtbleicher* § 16 Rn 17; Hopt/Seibt/*Binder* § 16 Rn 20; Preuße/*Kirchner* § 16 Rn 35.
126 Vgl dazu bereits die Ausführungen bei § 13 Rn 13.
127 Friedl/Hartwig-Jacob/*Schmidtbleicher* § 16 Rn 17.
128 Hopt/Seibt/*Binder* § 16 Rn 18.
129 Friedl/Hartwig-Jacob/*Schmidtbleicher* § 16 Rn 19; Preuße/*Kirchner* § 16 Rn 30; *Wilken/Schaumann/Zenker* §§ 15, 16 Rn 314.
130 Vgl dazu bereits die Ausführungen bei § 15 Rn 45 ff.

rechts einher.[131] Kommt es zu einer Redezeitbeschränkung oder gar einem Wortentzug, hat der Vorsitzende daher darauf hinzuweisen, dass das Fragerecht davon im Grundsatz unberührt bleibt.[132] Der Vorsitzende kann einzelnen Versammlungsteilnehmern aber auch das Fragerecht entziehen, wenn sie hiervon rechtsmissbräuchlich Gebrauch machen, eine Vielzahl nicht sachdienlicher Fragen stellen oder die Fragen nur der Störung der Versammlung dienen.[133] Er kann zudem Fragen thematisch ordnen und von deren Beantwortung absehen, wenn diese im Zuge der Versammlung bereits beantwortet wurden.[134] Darüber hinaus stehen dem Vorsitzenden in Bezug auf das Fragerecht auch alle sonstigen Eingriffsbefugnisse zu, die geeignet sind, einen geordneten Ablauf der Gläubigerversammlung sicherzustellen.[135]

Ist ein Gläubiger der Ansicht, dass die Schuldnerin die vollständige Beantwortung seiner Frage verweigert, hat er keinen Anspruch, die Frage oder den Grund der Verweigerung in die nach § 16 Abs 3 S 1 anzufertigende notarielle Niederschrift über die Versammlung aufnehmen zu lassen, da das SchVG eine dem § 131 Abs 5 AktG entsprechende Regelung nicht enthält und das Auskunftsrecht in der Gläubigerversammlung in Absatz 1 eine eigenständige Reglung gefunden hat.[136] Es ist jedoch eine freiwillige Aufnahme von Fragen und Antworten bzw etwaigen Verweigerungsgründen in die notarielle Niederschrift denkbar, um in dieser Hinsicht eine transparente Dokumentationslage zu schaffen und etwaigen Gläubigerklagen vorzubeugen.[137] 30

8. Rechtsfolgen verweigerter Auskunft. Kommt der Schuldner seiner Auskunftspflicht trotz eines berechtigten Auskunftsverlangens nach Absatz 1 nicht oder nicht vollständig nach oder erteilt er dabei unrichtige Informationen, so sind die in der Versammlung gefassten Beschlüsse nach § 20 Abs 1 S 2 anfechtbar, wenn ein objektiv urteilender Gläubiger die Erteilung der Information als wesentliche Voraussetzung für sein Abstimmungsverhalten angesehen hätte.[138] Dies ist eine hohe Hürde, weshalb die Anfechtungsklage gegen Beschlüsse der Gläubigerversammlung aufgrund einer Verletzung der Auskunftspflicht nur in Ausnahmefällen erfolgreich sein dürfte.[139] 31

Anstelle einer Beschlussanfechtung kommt auch die klageweise Erzwingung des Auskunftsverlangens in Betracht. Liegen die Voraussetzungen von Absatz 1 vor, steht dem Gläubiger ein materiell-rechtlicher Anspruch gegen den Schuldner auf Erteilung der verlangten Auskunft zu.[140] Das Erlöschen dieses Anspruchs bemisst sich nach allgemeinen Regeln.[141] Der Anspruch auf Auskunft ist daher erst vor dem Hintergrund der vorste- 32

131 Vgl Friedl/Hartwig-Jacob/*Schmidtbleicher* § 15 Rn 22; **aA** Veranneman/*Wasmann/Steber* § 15 Rn 15; *Wasmann/Steber* ZIP **2014** 2005, 2010 f, wonach eine Differenzierung zwischen Rede- und Fragerecht ablehnen ist; vgl zum Aktienrecht wie hier GroßkommAktG/*Mülbert* § 129 Rn 218; MüKoAktG/*Kubis* § 119 Rn 171; *Wicke* NZG **2007** 771, 774.

132 Vgl zum Aktienrecht GroßkommAktG/*Mülbert* § 129 Rn 217.

133 Friedl/Hartwig-Jacob/*Schmidtbleicher* § 16 Rn 20; *Wasmann/Steber* ZIP **2014** 2005, 2010; vgl zum Aktienrecht auch GroßkommAktG/*Mülbert* § 129 Rn 218; Hüffer/*Koch* § 131 Rn 42.

134 Friedl/Hartwig-Jacob/*Schmidtbleicher* § 16 Rn 19.

135 Ekkenga/*Schmidtbleicher* Kapitel 12 Rn 175.

136 Heidel/*Müller* § 16 Rn 3; Preuße/*Kirchner* § 16 Rn 36; Veranneman/*Wasmann/Steber* § 16 Rn 17; *Wilken/Schaumann/Zenker* §§ 15, 16 Rn 315 f.

137 Preuße/*Kirchner* § 16 Rn 36; *Wasmann/Steber* ZIP **2014** 2005, 2011; *Wilken/Schaumann/Zenker* §§ 15, 16 Rn 317.

138 Ekkenga/*Schmidtbleicher* Kapitel 12 Rn 172; Langenbucher/Bliesener/Spindler/*Bliesener/Schneider* § 16 Rn 12; Preuße/*Kirchner* § 16 Rn 37.

139 Veranneman/*Wasmann/Steber* § 16 Rn 15.

140 Hopt/Seibt/*Binder* § 16 Rn 22.

141 Vgl § 362 Abs 1 BGB.

henden Ausführungen dann als erfüllt anzusehen, wenn die Auskunft unter angemessener Berücksichtigung des erkennbar berechtigten Informationsbedürfnisses des Gläubigers vollständig, zutreffend und sachgemäß erteilt wurde. Anders als § 132 AktG enthält das SchVG zwar keine ausdrücklichen Regelungen für ein gerichtliches Verfahren. Der Gläubiger kann seinen Anspruch auf Auskunftserteilung aber im Wege der Leistungsklage geltend zu machen.[142] Das Verfahren ist von der Anfechtungsklage unabhängig und richtet sich nach den allgemeinen Verfahrensvoraussetzungen und -vorschriften der ZPO, nicht nach dem FamFG.[143] Es dürfte wegen des zeitlichen Ablaufs jedoch oftmals schon am Rechtsschutzbedürfnis fehlen.[144]

33 Ob eine erfolgreiche Leistungsklage auch Bindungswirkung für ein möglicherweise nachfolgendes Anfechtungsverfahrens entfaltet, wird unterschiedlich beurteilt. Vor dem Hintergrund, dass es sich um zwei voneinander getrennte Verfahren handelt, spricht jedoch vieles dafür, nur von einer Bindung in Bezug auf die Verfahrensbeteiligten (*inter partes*) auszugehen.[145] Dies entspricht auch im Aktienrecht der mittlerweile herrschenden Meinung.[146] Der Ausgang der Leistungsklage hat damit keine Auswirkungen auf den Ausgang des Anfechtungsverfahrens.

II. Abstimmung (Absatz 2)

34 **1. Allgemeines.** Absatz 2 verzichtet auf zwingende Vorgaben hinsichtlich der Form der Stimmabgabe und der Modalitäten der Auszählung. Stattdessen kommen, soweit die Anleihebedingungen keine eigenen Regelungen zur Abstimmung und Auszählung der Stimmen enthalten, die „Vorschriften des Aktiengesetzes über die Abstimmung in der Hauptversammlung" zur Anwendung.[147] Diese „dynamische" Verweisung auf das Aktienrecht ist nicht unproblematisch, da das Aktienrecht selbst keine Regelung des Abstimmungsverfahrens enthält, sondern in § 134 Abs 4 AktG und § 118 Abs 1 und 2 AktG ebenfalls vorrangig auf entsprechende Satzungsregelungen verweist.[148] Diese sind für die Gläubiger jedoch unerheblich, da sie nicht daran gebunden sind.[149] Sollte die Satzung keine Regelung enthalten, fällt die Festlegung der Abstimmungsmodalitäten in die Leitungsbefugnis des Versammlungsleiters.[150] Damit läuft der Verweis in Absatz 2 im Grunde leer.[151]

35 Die Bezugnahme auf das Aktienrecht nach Absatz 2 ist daher so auszulegen, dass für die Abstimmung in der Gläubigerversammlung auf die bewährten Methoden und Praktiken der Abstimmung und Auszählung in der Hauptversammlung zurückzugreifen ist.[152]

---

142 Hopt/Seibt/*Binder* § 16 Rn 24; Preuße/*Kirchner* § 16 Rn 38; Veranneman/*Wasmann*/*Steber* § 16 Rn 16.
143 Friedl/Hartwig-Jacob/*Schmidtbleicher* § 16 Rn 21; Hopt/Seibt/*Binder* § 16 Rn 24; Veranneman/*Wasmann*/*Steber* § 16 Rn 16.
144 Langenbucher/Bliesener/Spindler/*Bliesener*/*Schneider* § 16 Rn 12.
145 Heidel/*Müller* § 16 Rn 3; Preuße/*Kirchner* § 16 Rn 38; Veranneman/*Wasmann*/*Steber* § 16 Rn 16; **aA** Friedl/Hartwig-Jacob/*Schmidtbleicher* § 16 Rn 21; unklar Hopt/Seibt/*Binder* § 16 Rn 24.
146 Vgl BGH 16.2.2009 NZG **2009** 342, 347; MüKoAktG/*Kubis* § 132 Rn 62; Hüffer/*Koch* § 132 Rn 2.
147 Heidel/*Müller* § 16 Rn 4; Langenbucher/Bliesener/Spindler/*Bliesener*/*Schneider* § 16 Rn 13.
148 Langenbucher/Bliesener/Spindler/*Bliesener*/*Schneider* § 16 Rn 15; Hopt/Seibt/*Binder* § 16 Rn 26; Veranneman/*Wasmann*/*Steber* § 16 Rn 22; vgl zum Aktienrecht GroßkommAktG/*Mülbert* § 129 Rn 167.
149 *Otto* DNotZ **2012** 809, 818; Preuße/*Kirchner* § 16 Rn 44.
150 GroßkommAktG/*Mülbert* § 129 Rn 168; Hüffer/*Koch* § 134 Rn 34; MüKoAktG/*Arnold* § 134 Rn 86 f.
151 *Otto* DNotZ **2012** 809, 818.
152 Ekkenga/*Schmidtbleicher* Kapitel 12 Rn 168; Friedl/Hartwig-Jacob/*Schmidtbleicher* § 16 Rn 25; Hauschild/Kallrath/Wachter/*Reinhard* § 17 Rn 547; Hopt/Seibt/*Binder* § 16 Rn 26; Preuße/*Kirchner* § 16 Rn 48.

Damit soll aus Sicht des Gesetzgebers gewährleistet werden, dass insbesondere zukünftige technische Erleichterungen auch für das SchVG entsprechende Geltung finden.[153] Die Regelung der Abstimmung folgt damit dem gesetzgeberischen Leitbild, das Recht der Gläubigerversammlung weitgehend am Recht der Hauptversammlung zu orientieren.[154]

Die offene Formulierung in Absatz 2 eröffnet damit für die Ausgestaltung der Anleihebedingungen einen erheblichen Gestaltungsspielraum. Sowohl in Bezug auf die Form der Stimmabgabe als auch auf die Modalitäten der Stimmauszählung besteht weitgehend Gestaltungsfreiheit.[155] So können die Anleihebedingungen u.a. Verfahren für die Teilnahme an der Abstimmung vorsehen, die keine physische Präsenz in der Versammlung voraussetzen (zB Briefwahl). Darüber hinaus können die Anleihebedingungen auch bestimmen, dass der Vorsitzende weitgehend frei über die Form der Stimmabgabe entscheiden kann.[156] Dies ist in der aktienrechtlichen Praxis allgemein üblich[157] und auch für die Gläubigerversammlung zu empfehlen. Fehlt jede Regelung in den Anleihebedingungen, obliegt es zwar ebenfalls dem Vorsitzenden die Form der Stimmabgabe und die Modalitäten der Stimmenauszählung im Rahmen seiner Leitungsbefugnis festzulegen.[158] In diesem Fall kann jedoch auf Verfahrensantrag eines Gläubigers die Gläubigerversammlung mit einfacher Mehrheit auch eine andere Form der Abstimmung beschließen. Der Versammlungsleiter ist dann an die Entscheidung der Hauptversammlung gebunden.[159] Um hier unnötigen Streit zu vermeiden, ist daher die Aufnahme einer möglichst offenen Kompetenzzuweisung an den Vorsitzenden in die Anleihebedingungen empfehlenswert. Dies gibt dem Vorsitzenden die Möglichkeit, auf unvorhergesehene Umstände in der Gläubigerversammlung (zB Ausfälle eingeplanter Hilfsmittel) und technische Neuerungen flexibel zu reagieren.[160] 36

2. Stimmabgabe

a) Willenserklärung. Die Abgabe der Stimme ist wie im Aktienrecht als **empfangsbedürftige Willenserklärung** anzusehen.[161] Sie ist gegenüber dem Vorsitzenden als Versammlungsleiter bzw dessen Empfangsvertreter abzugeben und gemäß § 130 Abs 1 BGB mit Zugang wirksam wird.[162] Die Möglichkeit, die Stimmabgabe zu widerrufen, ist nach allgemeinen zivilrechtlichen Grundsätzen zu beurteilen und ist daher in der Regel nicht zulässig.[163] Die allgemeinen Anfechtungsregeln gemäß §§ 119 ff BGB gelten jedoch uneingeschränkt.[164] 37

---

153 RegBegr. BT-Drucks. 16/12814 S 23; Hopt/Seibt/*Binder* § 16 Rn 26; Preuße/*Kirchner* § 16 Rn 40.
154 RegBegr. BT-Drucks. 16/12814 S 14; vgl dazu auch bereits die Ausführungen bei Vorbemerkungen zu den §§ 9 bis 16 Rn 3 ff.
155 Hopt/Seibt/*Binder* § 16 Rn 27; Preuße/*Kirchner* § 16 Rn 42.
156 Hopt/Seibt/*Binder* § 16 Rn 27; Veranneman/*Wasmann/Steber* § 16 Rn 18.
157 Hüffer/*Koch* § 134 Rn 34; MüKoAktG/*Arnold* § 134 Rn 86.
158 Veranneman/*Wasmann/Steber* § 16 Rn 22; *Wasmann/Steber* ZIP **2014** 2005, 2011.
159 Vgl dazu die Ausführungen bei § 15 Rn 35.
160 Langenbucher/Bliesener/Spindler/*Bliesener/Schneider* § 16 Rn 14; Hopt/Seibt/*Binder* § 16 Rn 27; Veranneman/*Wasmann/Steber* § 16 Rn 21; Preuße/*Kirchner* § 16 Rn 45 f; vgl auch zum Aktienrecht MüKoAktG/*Arnold* § 134 Rn 86.
161 Langenbucher/Bliesener/Spindler/*Bliesener/Schneider* § 16 Rn 15.
162 Friedl/Hartwig-Jacob/*Schmidtbleicher* § 16 Rn 25; Hopt/Seibt/*Binder* § 16 Rn 28; Preuße/*Kirchner* § 16 Rn 47; vgl zum Aktienrecht MüKoAktG/*Arnold* § 133 Rn 23.
163 Hopt/Seibt/*Binder* § 16 Rn 28; **aA** sofern Maßnahme noch nicht vollzogen ist und ein wichtiger Grund vorliegt Preuße/ *Kirchner* § 16 Rn 47; vgl für das Aktienrecht und mit der hM die Möglichkeit eines Widerrufs ebenfalls ablehnend Hüffer/*Koch* § 133 Rn 19; Spindler/Stilz/*Rieckers* § 133 Rn 21.
164 Hopt/Seibt/*Binder* § 16 Rn 28.

38 **b) Arten der Stimmabgabe.** Sofern nicht anders durch die Anleihebedingungen oder einen etwaigen Beschluss der Gläubigerversammlung vorgegeben, hat der Vorsitzende über die Art der Stimmabgabe im Rahmen seiner Leitungsbefugnis nach **pflichtgemäßen Ermessen** zu entscheiden. Dabei sollte er die Abstimmungsmodalitäten so wählen, dass sich, unabhängig von der Form der Stimmrechtsabgabe, das Abstimmungsergebnis möglichst zuverlässig und zweifelsfrei ermitteln lässt und zugleich der Abstimmungsvorgang möglichst wenig Zeit in Anspruch nimmt.[165] Entscheidend ist, dass das Ergebnis im Hinblick auf § 130 Abs 2 AktG überprüfbar ist.[166]

39 Abhängig vom Versammlungsort und der Zahl der anwesenden Gläubiger steht es dem Vorsitzenden somit frei, ob er einer **offenen (unverkörperten)** Stimmabgabe, beispielsweise durch Handaufheben, Aufstehen von den Plätzen oder Zuruf, oder einer **verdeckten (verkörperten)** Stimmabgabe, beispielsweise durch schriftliche Stimmabgabe, mittels Stimmkarten oder elektronisch, den Vorzug gibt. Bei kleinen Versammlungen bietet sich typischerweise eine offene Stimmabgabe an. Die Zahl der jeweils abgegebenen Stimmen kann dann anhand des Teilnehmerverzeichnisses ermittelt werden. Bei größeren Versammlungen ist hingegen typischerweise eine Stimmabgabe über Stimmkarten oder per elektronischer Stimmabgabe vorzugswürdig.[167] Die Anzahl der abgegebenen Stimmen lässt sich dabei entweder der Stimmkarte selbst entnehmen oder ist über eine fortlaufende Nummerierung anhand des Teilnehmerverzeichnisses ermitteln.[168] Als Sonderform ist auch eine **geheime Abstimmung** nach umstrittener, aber wohl überwiegender Meinung zulässig, auf die die Gläubiger jedoch keinen individualrechtlichen Anspruch haben.[169]

40 Entsprechend der gesetzgeberischen Intention ermöglicht die offene Formulierung in Absatz 2 Gläubigern auch die in § 118 Abs 2 AktG ausdrücklich geregelte Möglichkeit, ihre Stimmen per Brief oder elektronischer Post abzugeben, soweit die Sendung unverfälscht und dem Absender eindeutig zurechenbar ist.[170] Für eine solche „Briefwahl" ist die Zulassung verschiedener Kommunikationsmöglichkeiten denkbar. Neben der Schriftform nach § 126 BGB kommen auch die elektronische Form gemäß § 126a BGB und die Textform gemäß § 126b BGB, insbesondere unter Verwendung eines dafür zur Verfügung gestellten Internetformulars, in Betracht.[171] Über Briefwahl abstimmende Gläubiger sind in der Gläubigerversammlung nicht „präsent" und gelten daher nicht als Teilnehmer der Versammlung.[172] Sie sind weder in das Teilnehmerverzeichnis nach § 15 Abs 2 aufzu-

---

165 Hopt/Seibt/*Binder* § 16 Rn 29; *Otto* DNotZ **2012** 809, 818; Preuße/*Kirchner* § 16 Rn 48; vgl zum Aktienrecht Hüffer/*Koch* § 134 Rn 35; MüKoAktG/*Arnold* § 134 Rn 88.

166 RegBegr. BT-Drucks. 16/12814 S 23; Friedl/Hartwig-Jacob/*Schmidtbleicher* § 16 Rn 25; Preuße/*Kirchner* § 16 Rn 52.

167 Hopt/Seibt/*Binder* § 16 Rn 29; Friedl/Hartwig-Jacob/*Schmidtbleicher* § 16 Rn 25; Preuße/*Kirchner* § 16 Rn 48; Veranneman/*Wasmann*/*Steber* § 16 Rn 18; vgl zum Aktienrecht Hüffer/*Koch* § 134 Rn 35.

168 Preuße/*Kirchner* § 16 Rn 48.

169 Hopt/Seibt/*Binder* § 16 Rn 29; Preuße/*Kirchner* § 16 Rn 48; vgl zum Streitstand im Aktienrecht Hüffer/*Koch* § 134 Rn 35, MüKoAktG/*Arnold* § 134 Rn 92 f; Spindler/Stilz/*Rieckers* § 134 Rn 82, jeweils mwN.

170 RegBegr. BT-Drucks. 16/12814 S 23; Hauschild/Kallrath/Wachter/*Reinhard* § 17 Rn 547; Langenbucher/Bliesener/Spindler/*Bliesener*/*Schneider* § 16 Rn 15; Friedl/Hartwig-Jacob/*Schmidtbleicher* § 16 Rn 23; Preuße/*Kirchner* § 16 Rn 48; Veranneman/*Wasmann*/*Steber* § 16 Rn 19; **aA** *Otto* DNotZ **2012** 809, 818; vgl zum Aktienrecht Hüffer/*Koch* § 118 Rn 15.

171 Hopt/Seibt/*Binder* § 16 Rn 30; vgl zum Aktienrecht Hüffer/*Koch* § 118 Rn 17; *Noack* NZG **2008** 441, 444 f.

172 Hopt/Seibt/*Binder* § 16 Rn 30; Preuße/*Kirchner* § 16 Rn 51; Veranneman/*Wasmann*/*Steber* § 16 Rn 19.

nehmen[173], noch bei der Feststellung der Beschlussfähigkeit nach § 15 Abs 3[174] zu berücksichtigen.[175] Aus dem Umkehrschluss zu Absatz 3 Satz 4 folgt, dass sie auch keine Abschrift der Niederschrift oder ihrer Anlagen verlangen können.[176] Im Übrigen sind die lediglich über Briefwahl teilnehmenden Gläubiger auch nicht nach § 20 Abs 2 Nr 1 anfechtungsberechtigt.[177]

Ob Absatz 2 so verstanden werden kann, dass auch die Möglichkeit zur Online-Teilnahme nach § 118 Abs 1 S 2 bis 5 AktG von der Verweisung erfasst ist, ist umstritten. **41**
Im Gegensatz zur Briefwahl gäbe eine solche Online-Teilnahme nicht nur die Möglichkeit zur Abstimmung, sondern würde tatsächlich auch eine Teilnahme an der Versammlung ermöglichen.[178] Online-Teilnehmer sind zwar nicht physisch anwesend, nehmen aber durch Zuschaltung gleichwohl an der Versammlung teil und können daher auch ihre Rechte als Teilnehmer umfassend ausüben. Sie zählen deshalb zur Präsenz.[179]

Teilweise wird gegen die Möglichkeit einer Online-Teilnahme vorgebracht, die An- **42**
nahme einer Verweisung auf § 118 Abs 1 S 2 bis 5 AktG überdehne den Wortlaut des Absatzes 2, der nur bezüglich „Abgabe und Auszählung der Stimmen", nicht aber für die „Teilnahme" auf das Aktienrecht verweise. Die Ermöglichung einer Online-Teilnahme laufe deshalb im Ergebnis auf eine analoge Anwendung des § 118 Abs 1 S 2 bis 5 AktG hinaus. Eine planwidrige Regelungslücke sei jedoch nicht gegeben, da sich der Gesetzgeber des SchVG bei Schaffung des Absatzes 2 im Einzelnen mit den Regeln der Hauptversammlung auseinandergesetzt habe. Ohne klare gesetzgeberische Entscheidung bestehe für den Rechtsanwender daher ein nicht überschaubares Anfechtungsrisiko.[180] Andere befürworten die Zulassung einer Online-Teilnahme an der Gläubigerversammlung mit dem Argument, die Teilnahmemöglichkeit nach § 118 Abs 1 S 2 bis 5 AktG umfasse zwingend auch die Ausübung von Stimmrechten auf elektronischem Wege.[181] Die Zulassung der Online-Versammlung sei deshalb mit dem Wortlaut („Abgabe von Stimmen") des Absatzes 2 vereinbar.[182] **Für die letztgenannte Ansicht spricht**, dass der Gesetzgeber des ARUG[183] mit der Einführung des § 118 Abs 1 S 2 bis 5 AktG den Zweck verfolgte, den Aktionären die Ausübung ihrer Mitwirkungsrechte zu erleichtern und damit auch die Präsenzquote in der Hauptversammlung zu stärken.[184] Dieser Sinn und Zweck ist auch auf die Gläubigerversammlung übertragbar. Des Weiteren sollte Absatz 2 nach der gesetzgeberischen Intention dazu dienen, die Anwendung neuer technischer Entwicklungen im Aktienrecht auch im Rahmen der Gläubigerversammlung zu ermöglichen. Dabei ging es dem Gesetzgeber ausdrücklich darum, die „technischen Erleichterungen bei der Beschlussfassung, die zur Umsetzung der Aktionärsrechterichtlinie im Aktiengesetz vorgesehen sind", mit der Verweisung in Absatz 2 zu erfassen.[185] Eine der Neuerungen des ARUG war aber gerade die Einräumung der Möglichkeit der Online-

173 Vgl dazu die Ausführungen bei § 15 Rn 54 ff.
174 Vgl dazu die Ausführungen bei § 15 Rn 70 ff.
175 Veranneman/*Wasmann/Steber* § 16 Rn 19; Hopt/Seibt/*Binder* § 16 Rn 30.
176 Veranneman/*Wasmann/Steber* § 16 Rn 19.
177 Hopt/Seibt/*Binder* § 16 Rn 30; Preuße/*Kirchner* § 16 Rn 51.
178 Vgl zum Aktienrecht Hüffer/*Koch* § 118 Rn 10 ff.
179 Vgl zum Aktienrecht Hüffer/*Koch* § 118 Rn 12 ff; MüKoAktG/*Kubis* § 118 Rn 80.
180 Ekkenga/*Schmidtbleicher* Kapitel 12 Rn 167; Friedl/Hartwig-Jacob/*Schmidtbleicher* § 16 Rn 24; *Otto* DNotZ **2012** 809, 818; Veranneman/*Wasmann/Steber* § 16 Rn 20.
181 Preuße/*Kirchner* § 16 Rn 50.
182 Hopt/Seibt/*Binder* § 16 Rn 31.
183 Gesetzes zur Umsetzung der Aktionärsrechterichtlinie (ARUG) v. 30. Juli 2009, BGBl. I S 2479.
184 RegBegr. BT-Drucks. 16/11642 S 26.
185 RegBegr. BT-Drucks. 16/12814 S 23.

Teilnahme an der Versammlung. Damit sprechen die besseren Argumente dafür, die Möglichkeit der Online-Teilnahme auch für die Anleihegläubiger anzunehmen.[186]

3. Auszählung

43 **a) Allgemeines.** Zur Ermittlung des Abstimmungsergebnisses hat der Vorsitzende zunächst die abgegebenen gültigen Stimmen festzustellen. Damit sind insbesondere etwaige Stimmverbote, beispielsweise gemäß § 6 Abs 1 S 2, zu prüfen.[187] Im Anschluss hat er die gültigen Stimmen auszuzählen, wofür er sich Hilfspersonen bedienen kann, die gegebenenfalls unter notarieller Aufsicht tätig sind.[188]

44 Das Aktienrecht enthält für die Art und Weise der Stimmenauszählung keine Vorgaben.[189] Über den Verweis nach Absatz 2 ist daher in Bezug auf die Handhabung der Stimmenauszählung ebenfalls nicht auf das AktG, sondern auf aktienrechtliche Gepflogenheiten zurückzugreifen.[190] Dabei bedient sich die aktienrechtliche Praxis zur Ermittlung des Abstimmungsergebnisses üblicherweise entweder des Additionsverfahrens oder des Subtraktionsverfahrens.[191] Die Entscheidung, welches Verfahren im Einzelfall gewählt wird, liegt – vorbehaltlich einer besonderen Regelung in den Anleihebedingungen – im **pflichtgemäßen Ermessen** des Vorsitzenden, der die gewählte Form der Auszählung vor der Abstimmung zu verkünden hat.[192] Anders als bei der Art der Stimmabgabe ist eine Vorgabe der Gläubigerversammlung bezüglich der Stimmenauszählung im Wege eines Verfahrensantrags nicht möglich, da es sich bei der Auszählung um eine originäre Zuständigkeit des Vorsitzenden handelt.[193]

45 Sofern eine Briefwahl stattgefunden hat oder eine elektronischen Teilnahme ermöglicht wurde, hat der Vorsitzende die so abgegebenen Stimmen hinzuzurechnen.[194] Eine Pflicht, die Gläubigerversammlung über die eingegangenen Briefwahlstimmen vor der Abstimmung zu informieren, besteht nicht.[195]

46 **b) Additionsverfahren.** Beim Additionsverfahren, welches insbesondere bei kleineren Versammlungen üblich ist, erfolgt zunächst eine getrennte Auszählung der abgegebenen Ja- und Nein-Stimmen. Beide Summen werden anschließend addiert, um die Gesamtzahl der abgegebenen Stimmen zu erhalten. Enthaltungen werden nicht mitgezählt.[196]

47 **c) Subtraktionsverfahren.** Im Rahmen des – vor allem bei größeren Versammlungen üblichen – Subtraktionsverfahrens werden nur die Stimmenthaltungen sowie dieje-

---

186 Ebenso Heidel/*Müller* § 16 Rn 4; Langenbucher/Bliesener/Spindler/*Bliesener*/*Schneider* § 16 Rn 15; Hopt/Seibt/*Binder* § 16 Rn 31.
187 Hauschild/Kallrath/Wachter/*Reinhard* § 17 Rn 548.
188 Friedl/Hartwig-Jacob/*Schmidtbleicher* § 16 Rn 26; Hopt/Seibt/*Binder* § 16 Rn 32; Veranneman/*Wasmann*/*Steber* § 15 Rn 18; vgl zum Aktienrecht GroßkommAktG/*Mülbert* § 129 Rn 169.
189 Hopt/Seibt/*Binder* § 16 Rn 32.
190 Preuße/*Kirchner* § 16 Rn 53.
191 Veranneman/*Wasmann*/*Steber* § 16 Rn 23; Preuße/*Kirchner* § 16 Rn 54.
192 Ekkenga/*Schmidtbleicher* Kapitel 12 Rn 168; Friedl/Hartwig-Jacob/*Schmidtbleicher* § 16 Rn 26; Hopt/Seibt/*Binder* § 16 Rn 32; Preuße/*Kirchner* § 16 Rn 46; Veranneman/*Wasmann*/*Steber* § 16 Rn 23.
193 Veranneman/*Wasmann*/*Steber* § 16 Rn 23; vgl zum Aktienrecht GroßkommAktG/*Mülbert* § 129 Rn 169; MüKoAktG/*Kubis* § 119 Rn 157.
194 Vgl zum Aktienrecht GroßkommAktG/*Mülbert* § 129 Rn 169.
195 Vgl zum Aktienrecht *Noack* WM **2009** 2289, 2291; *Kocher* BB **2014** 2317, 2318.
196 Hopt/Seibt/*Binder* § 16 Rn 33; Preuße/*Kirchner* § 16 Rn 55; vgl zum Aktienrecht MüKoAktG/*Arnold* § 133 Rn 30; Spindler/Stilz/*Rieckers* § 133 Rn 25.

nigen Stimmen gezählt, die erwartungsgemäß die geringste Addition erfordern, also in der Regel die Nein-Stimmen. Von der Gesamtzahl der vertretenen Stimmrechte werden dann die Enthaltungen, die ungültigen Stimmen und die gezählten Nein-Stimmen abgezogen, um so die Zahl der Ja-Stimmen zu ermitteln. Dabei wird zugrunde gelegt, dass jeder, der nicht ausdrücklich mit „Nein" stimmt oder sich ausdrücklich enthält, mit „Ja" stimmt.[197] Um eine exakte Stimmenauszählung zu garantieren, setzt die Anwendung des Subtraktionsverfahrens allerdings eine laufende Aktualisierung des Teilnehmerverzeichnisses voraus. Sollte der Vorsitzende im Einzelfall Zweifel an der Richtigkeit des Teilnehmerverzeichnisses haben, sollte er das Additionsverfahren anwenden.[198] Der Vorsitzende sollte zudem die Gläubiger darauf hinweisen, dass ihre Stimmrechte bei Schweigen als „Ja" gezählt werden.[199]

d) Einsatz technischer Mittel zur Stimmauszählung. Bei der Stimmauszählung kann sich der Vorsitzende auch technischer Mittel bedienen.[200] Voraussetzung ist jedoch auch hier, dass deren Ergebnis im Hinblick auf § 130 Abs 2 AktG nachweisbar und überprüfbar sein muss.[201] **48**

4. Feststellung des Beschlussergebnisses. Nach der Durchführung der Abstimmung und Auszählung der Stimmen hat der Vorsitzende das Beschlussergebnis festzustellen und die Feststellung in die notarielle Niederschrift nach Absatz 3 Satz 3 i.V.m. § 130 Abs 2 S 1 AktG aufnehmen zu lassen.[202] **49**

5. Rechtsfolgen bei Rechtsverletzung durch technische Störungen. Werden aufgrund von technischen Störungen Rechtsverletzungen bei der Abstimmung verursacht, kommt eine Anfechtung der Beschlüsse in Betracht, wenn der Schuldner vorsätzlich oder grob fahrlässig handelte.[203] **50**

III. Niederschrift (Absatz 3)

1. Überblick. Gemäß § 16 Abs 3 S 1 bedarf jeder Beschluss der Gläubigerversammlung zu seiner Gültigkeit der Beurkundung durch eine über die Verhandlung aufgenommene Niederschrift. Satz 2 bestimmt die Person, die die Niederschrift aufzunehmen hat, in Abhängigkeit von dem Ort der Gläubigerversammlung; im Inland ist dies ein Notar. Während Satz 3 für den Inhalt der Niederschrift auf § 130 Abs 2 bis 4 AktG verweist, normiert Satz 4 die Berechtigung, Abschriften von der Niederschrift zu erhalten. **51**

2. Gegenstand der Niederschrift (Absatz 3 Satz 1). Beurkundungspflichtig sind nach dem Wortlaut des § 16 Abs 3 S 1 die in der Versammlung gefassten Beschlüsse. Darunter fallen Sachbeschlüsse und Wahlen ebenso wie Beschlüsse zu Verfahrensfragen, und zwar jeweils sowohl positive als auch ablehnende.[204] Wie bei der Niederschrift der **52**

---

197 Preuße/*Kirchner* § 16 Rn 56 f; vgl zum Aktienrecht MüKoAktG/*Arnold* § 133 Rn 31; Spindler/Stilz/*Rieckers* § 133 Rn 26.
198 Friedl/Hartwig-Jacob/*Schmidtbleicher* § 16 Rn 26.
199 Preuße/*Kirchner* § 16 Rn 56.
200 Friedl/Hartwig-Jacob/*Schmidtbleicher* § 16 Rn 26; Preuße/*Kirchner* § 16 Rn 58.
201 RegBegr. BT-Drucks. 16/12814 S 23.
202 Ekkenga/*Schmidtbleicher* Kapitel 12 Rn 168; Friedl/Hartwig-Jacob/*Schmidtbleicher* § 16 Rn 27; Veranneman/*Wasmann/Steber* § 15 Rn 19; *Wasmann/Steber* ZIP **2014** 2005, 2012.
203 Preuße/*Kirchner* § 16 Rn 59.
204 Veranneman/*Wasmann/Steber* § 16 Rn 24; Preuße/*Kirchner* § 16 Rn 60.

Hauptversammlung einer AG beurkundet der Notar keine Willenserklärungen, sondern seine Wahrnehmung sonstiger Erklärungen und Tatsachen in der Form der §§ 36, 37 BeurkG.[205] Die Niederschrift ist dabei Ergebnisprotokoll, nicht Wort- oder Verlaufsprotokoll.[206] Zum weiteren Inhalt der Niederschrift s Rn 60ff.

53 Die Kernaufgabe des Notars bei einer Gläubigerversammlung liegt in der Aufnahme der Niederschrift. Über seine Dokumentationsfunktion hinaus ist der Notar in der Gläubigerversammlung nicht zur Beratung oder Belehrung verpflichtet.[207] Dem Notar obliegen lediglich – ähnlich wie bei der Hauptversammlung der AG – in beschränktem Umfang Prüfungs-, Hinweis- und Einwirkungspflichten.[208] Demzufolge hat der Notar zu prüfen, ob evidente Verstöße gegen die Einhaltung der Einberufungsfrist gemäß § 10 Abs 1 und 2 oder die Mindestangaben der Einberufung gemäß §§ 12 Abs 1, 13 Abs 2 S 1 vorliegen.[209] Die Evidenzkontrolle erstreckt sich auf die Rechtmäßigkeit der Beschlussvorschläge sowie die Überwachung des Versammlungsleiters bei dessen Feststellung der Präsenz und der Abstimmungsergebnisse. Der Notar ist nicht verpflichtet, die Identität der Beteiligten oder ihre Vertretungsmacht zu prüfen. Der Notar hat dem Versammlungsleiter aber einen Hinweis zu geben, wenn ihm auffällt, dass das von diesem gemäß § 15 Abs 2 aufzustellende Teilnehmerverzeichnis unvollständig oder fehlerhaft ist.[210] Ist ein Beschluss evident und nach allgemein geteilter Auffassung nichtig, darf der Notar die Beurkundung nach zutreffender Auffassung ablehnen.[211] Verfolgt die Beschlussfassung erkennbar unerlaubte oder unredliche Zwecke, ist der Notar gemäß § 4 BeurkG, § 14 BNotO zur Ablehnung seiner Mitwirkung verpflichtet.

3. Inländische oder ausländische Versammlung (Absatz 3 Satz 2)

54 **a) Versammlung im Inland.** Findet die Gläubigerversammlung im Inland statt, ist die Niederschrift durch einen Notar anzufertigen, § 16 Abs 3 S 2 Halbsatz 1. Bei dem Notar muss es sich – selbstverständlich – um einen deutschen Notar handeln.[212] In örtlicher Hinsicht ist ein Notar zu beauftragen, in dessen Amtsbereich – das ist in der Regel der Amtsgerichtsbezirk, in dem der Notar seinen Amtssitz hat, vgl § 10a Abs 1 BNotO – die Gläubigerversammlung stattfindet. In den engen Grenzen des § 10a Abs 2 BNotO darf der Notar auch außerhalb seines Amtsbereichs tätig werden. Wenn er dabei die Grenzen des Oberlandesgerichtsbezirks verlässt, in dem sein Amtssitz liegt, werden diese Grenzen von § 11 Abs 2 BNotO noch einmal enger gezogen. Verstößt der Notar gegen die Bestimmungen seiner örtlichen Zuständigkeit, führt dies gemäß § 11 Abs 3 BNotO selbst dann nicht zur Unwirksamkeit der Urkunde, wenn er eine Gläubigerversammlung protokolliert, die außerhalb der Grenzen des Bundeslandes stattfindet, in dem er bestellt wurde.

---

205 Preuße/*Kirchner* § 16 Rn 69; Veranneman/*Wasmann/Steber* § 16 Rn 26.
206 Hopt/Seibt/*Binder* § 16 Rn 38.
207 Preuße/*Kirchner* § 16 Rn 67; Hauschild/Kallrath/Wachter/*Reinhard* § 17 Rn 536; zur Hauptversammlung der AG s Bürger/Körber/*Reger* § 130 Rn 27; Spindler/Stilz/*Wicke* § 130 Rn 32.
208 Preuße/*Kirchner* § 16 Rn 67; Hopt/Seibt/*Binder* § 16 Rn 36; zur Hauptversammlung der AG Hüffer/Koch § 130 Rn 12.
209 Preuße/*Kirchner* § 16 Rn 67; Hopt/Seibt/*Binder* § 16 Rn 36 („summarische Rechtsmäßigkeitsprüfung"); Hauschild/Kallrath/Wachter/*Reinhard* § 17 Rn 541.
210 Hauschild/Kallrath/Wachter/*Reinhard* § 17 Rn 544; ähnlich Preuße/*Kirchner* § 16 Rn 67.
211 Preuße/*Kirchner* § 16 Rn 68; Hauschild/Kallrath/Wachter/*Reinhard* § 17 Rn 536.
212 Preuße/*Kirchner* § 16 Rn 65; Veranneman/*Wasmann/Steber* § 16 Rn 26.

55 Gehört der Notar dem vertretungsberechtigten Organ des Schuldners an, ist er vorbefasst oder an dem Schuldner beteiligt, sind die Mitwirkungsverbote des § 3 Abs 1 Nr 6, Nr 7 und Nr 9 BeurkG zu beachten. Sollte der Notar Anleihen halten, deren Bedingungen in der Gläubigerversammlung geändert werden sollen, liegt systematisch eine Analogie zu § 3 Abs 1 Nr 9 BeurkG näher als die Anwendung von § 3 Abs 1 Nr 1 BeurkG (Mitberechtigung).[213] Die Gläubigereigenschaft begründet demnach erst ab einem Anleihebetrag von nominal EUR 2.500 ein Mitwirkungsverbot (die Schwelle von 5 % des Emissionsvolumens dürfte praktisch kaum relevant werden). § 3 Abs 1 Nr 1 BeurkG greift aber ein, wenn der Notar als Gläubiger an der Versammlung teilnimmt oder sich vertreten lässt.[214] Ein Verstoß gegen die Mitwirkungsverbote des § 3 BeurkG begründet eine Amtspflichtverletzung des Notars, berührt aber nicht die Wirksamkeit der von ihm errichteten Niederschrift.[215] Jenseits der Mitwirkungsverbote wird der Notar, der zugleich Anleihegläubiger ist, stets prüfen, ob er seine Tätigkeit wegen Befangenheit gemäß § 16 Abs 2 BNotO ablehnt.

56 Der Notar wird von demjenigen ausgewählt und beauftragt, der zu der Gläubigerversammlung eingeladen hat.[216] Das ist im Regelfall des § 9 Abs 1 Alt 1 der Schuldner, im Fall des § 9 Abs 1 Alt. 2 der gemeinsame Vertreter der Gläubiger und im Fall des § 9 Abs 2 S 1 die gerichtlich ermächtigten Gläubiger. Der Notar wird gemäß § 20 Abs 1 S 2 BNotO („Beurkundung von Versammlungsbeschlüssen") tätig, so dass er gemäß § 15 Abs 1 S 1 BNotO grundsätzlich verpflichtet ist, einen Auftrag zur Protokollierung einer Gläubigerversammlung anzunehmen (sog. Urkundsgewährungspflicht). Zu der aus der Beauftragung des Notars resultierenden Kostenlast (vgl § 29 Nr 1 GNotKG) s Rn 74.

57 **b) Zweite Versammlung im Sinne des § 18 Abs 4 Satz 2.** Hat eine Abstimmung ohne Versammlung die Beschlussfähigkeit verfehlt, kann der Abstimmungsleiter gemäß § 18 Abs 4 S 2 eine Gläubigerversammlung zu denselben Beschlussgegenständen einberufen, die als zweite Versammlung im Sinne des § 15 Abs 3 S 3 mit entsprechend reduzierter Mindestpräsenz gilt (s dazu § 15 Rn 75 ff). Ist die Abstimmung vom Schuldner einberufen worden und der Abstimmungsleiter daher gemäß § 18 Abs 2 S 2 Variante 1 ein Notar, ist umstritten, ob gemäß dem Wortlaut des § 18 Abs 4 S 2 der Notar oder als Korrektur eines gesetzgeberischen Redaktionsversehens der Schuldner für die Einberufung der Gläubigerversammlung zuständig ist (s dazu § 18 Rn 50). Aufgrund der unklaren Rechtslage ist es ratsam, die Gläubigerversammlung vorsichtshalber sowohl von dem Schuldner als auch von dem Notar einberufen zu lassen.[217]

58 Falls ein Notar (allein oder gemeinsam mit dem Schuldner) zu einer Gläubigerversammlung einberuft und ihr entsprechend § 15 Abs 1 vorsitzt, sollte er einen Auftrag, die Niederschrift über dieselbe Gläubigerversammlung zu errichten, gemäß § 16 Abs 2 BNotO wegen Befangenheit ablehnen. Die Situation unterscheidet sich von der Leitung und Protokollierung einer Abstimmung ohne Versammlung, bei der beiden Rollen sehr wohl von demselben Notar ausgefüllt werden können (s dazu § 18 Rn 55). Die Situation bei der Gläubigerversammlung gleicht der einer Hauptversammlung einer AG. Sollte es zu Streit zwischen den Anwesenden über die Ordnungsmäßigkeit der Einberufung, der Rechtmäßigkeit von Ordnungsmaßnahmen, der Beantwortung von Fragen oder das Bestehen von

213 Ähnlich Preuße/*Kirchner* § 16 Rn 66.
214 Preuße/*Kirchner* § 16 Rn 66.
215 Eylmann/Vaasen/*Miermeister*/*de Buhr* § 3 BeurkG Rn 67.
216 Hopt/Seibt/*Binder* § 16 Rn 36; Preuße/*Kirchner* § 16 Rn 64; *Otto* DNotZ **2012** 809, 818.
217 So auch die Empfehlung in § 18 Rn 50.

Stimmverboten kommen, würde der Notar in der Niederschrift gleichsam als Richter in eigener Sache agieren. Zur Selbstablehnung ist der Notar auf jeden Fall berechtigt; ob aus dem Recht auch eine Pflicht erwächst, ist umstritten.[218]

59 **c) Versammlung im Ausland.** Findet die Gläubigerversammlung außerhalb Deutschlands statt, muss eine Niederschrift gewährleistet sein, die der Niederschrift durch einen Notar gleichwertig ist, § 16 Abs 3 S 2 Halbsatz 2. Die Formulierung stellt auf den Text und nicht dessen Autor ab. Dem Wortlaut entsprechend hält eine Mindermeinung den Autor denn auch für irrelevant.[219] Eine andere Auffassung stellt zusätzlich zur Gleichwertigkeit der Niederschrift auf die Qualifikation des Schriftführers ab.[220] In der Tat spiegelt sich in der Verlässlichkeit einer Niederschrift notwendigerweise die Unparteilichkeit und juristische Qualifikation der Person, die sie errichtet hat. Richtigerweise verlangt die überwiegende Auffassung darüber hinaus, dass die Niederschrift von einer Person errichtet wird, die berechtigt ist, am Ort der Versammlung eine öffentliche Urkunde zu errichten und damit einem deutschen Notar auch funktional vergleichbar ist.[221] Diese Anforderung folgt bereits aus § 16 Abs 3 S 1, der von „beurkunden" spricht, also eine Urkundsperson als Urheber der Niederschrift verlangt.[222]

4. Inhalt der Niederschrift (Absatz 3 Satz 3)

60 **a) Verweis auf § 130 Abs 2 bis 4 AktG.** Für die Niederschrift über die Gläubigerversammlung verweist § 16 Abs 3 S 3 auf § 130 Abs 2 bis 4 AktG. Daraus ergeben sich im Wesentlichen die folgenden Anforderungen (zu der Sonderregelung in § 130 Abs 2 S 2 AktG sogleich):[223]

- In die Niederschrift sind Ort und der Tag der Verhandlung, der Name des Notars sowie die Art und das Ergebnis der Abstimmung und die Feststellung des Vorsitzenden über die Beschlussfassung aufzunehmen (§ 130 Abs 2 S 1 AktG).
- Der Niederschrift sind die Belege über die Einberufung der Versammlung als Anlage beizufügen, wenn sie nicht unter Angabe ihres Inhalts in der Niederschrift aufgeführt sind (§ 130 Abs 3 AktG).
- Die Niederschrift ist von dem Notar zu unterschreiben (§ 130 Abs 4 S 1 AktG).

61 § 130 Abs 2 S 2 AktG, der für börsennotierte Gesellschaften ergänzende Angaben zu den Abstimmungsergebnissen fordert, ist auf die Gläubigerversammlung nur sinngemäß anzuwenden. Ob der Schuldner börsennotiert ist, kann für die Protokollierung einer Gläubigerversammlung keinen Unterschied machen. Stattdessen ist darauf abzustellen, ob die Anleihe, deren Bedingungen geändert werden sollen, börsennotiert ist.[224] „Bör-

---

218 Eingehend hierzu Eylmann/Vaasen/*Frenz* § 16 BNotO Rn 3.

219 Langenbucher/Bliesener/Spindler/*Bliesener/Schneider* § 16 SchVG Rn 16.

220 Friedl/Hartwig-Jacob/*Schmidtbleicher* § 16 Rn 33; Hopt/Seibt/*Binder* § 16 Rn 37 mit Verweis auf den Streitstand zur Auslandsbeurkundung einer Hauptversammlung.

221 Veranneman/*Wasmann/Steber* § 16 Rn 26; Preuße/*Kirchner* § 16 Rn 65; Heidel/*Müller* § 16 Rn 5; Blersch/Goetsch/Haas/*Paul* § 16 Rn 18. Hopt/Seibt/*Binder* § 16 Rn 37 Fn 172 bezweifelt, dass diese Anforderungen in jedem Land erfüllt werden können; wo dies tatsächlich nicht der Fall ist, muss auf die funktionale Gleichwertigkeit der Urkundsperson verzichtet werden.

222 Veranneman/*Wasmann/Steber* § 16 Rn 26.

223 Zu Einzelheiten s MüKoAktG/*Kubis* § 130 Rn 44 ff.

224 Preuße/*Kirchner* § 16 Rn 75; *Otto* DNotZ **2012** 809, 819. **AA** Heidel/*Müller* § 16 SchVG Rn 6; Langenbucher/Bliesener/Spindler/*Bliesener/Schneider* § 16 Rn 20, die ohne Begründung auf die Börsennotierung der Gesellschaft abstellen.

sennotierung" ist im Sinne von § 3 Abs 2 AktG auszulegen; der Freiverkehr fällt nicht darunter.[225]

Die Auffassung, die die zusätzlichen Angaben aus § 130 Abs 2 S 2 AktG ohne Differenzierung nach einer Börsennotierung stets für erforderlich hält,[226] verdient keinen Zuspruch. Es ist nicht einzusehen, warum die Beschlussdokumentation unterschiedlichen Regeln folgen sollte abhängig davon, ob sie Aktien oder Schuldverschreibungen betrifft, wenn sich die Regeln für Gläubigerversammlungen in dieser Frage darauf beschränken, die Regeln für Hauptversammlungen für entsprechend anwendbar zu erklären. Vorsorglich sei darauf hingewiesen, dass ein etwaiger Verstoß gegen § 130 Abs 2 S 2 AktG auch dann nicht zur Nichtigkeit des Beschlusses führen würde, wenn man (unzutreffend) § 241 Nr 2 AktG auf Beschlüsse der Gläubigerversammlung anwendet (s dazu Rn 69), weil diese Bestimmung in § 130 Abs 1 nur Verstöße gegen Satz 1, nicht aber gegen die Sätze 2 und 3 erfasst. Ungeachtet der hier geführten Diskussion ist die verbreitete Praxis zu begrüßen, ausführliche Angaben zu den Abstimmungsergebnissen auch dann zu machen, wenn sie gesetzlich nicht geboten sind. 62

Kommt § 130 Abs 2 S 2 AktG zur Anwendung, sind in der Niederschrift folgende zusätzliche Angaben zu machen (hier bereits auf die Gegebenheiten einer Gläubigerversammlung angepasst): 63
- die Zahl der Schuldverschreibungen, für die gültige Stimmen abgegeben wurden,[227]
- den Anteil des durch die gültigen Stimmen vertretenen Nennbetrags am Gesamtbetrag der Anleihe,
- die Zahl der für einen Beschluss abgegebenen Stimmen, Gegenstimmen und gegebenenfalls die Zahl der Enthaltungen.[228]

Abweichend von § 130 Abs 2 S 2 AktG kann der Versammlungsleiter die Feststellung über die Beschlussfassung entsprechend § 130 Abs 2 S 3 AktG für jeden Beschluss darauf beschränken, dass die erforderliche Mehrheit erreicht wurde, falls kein Gläubiger eine umfassende Feststellung gemäß Satz 2 verlangt. In der Niederschrift sind die Ergebnisse so aufzunehmen, wie sie vom Versammlungsleiter verkündet wurden.[229] 63a

b) Weiterer zwingender Inhalt? § 16 Abs 3 S 3 verweist weder auf § 130 Abs 1 S 2 AktG, nach welchem Minderheitsverlangen im Sinne der §§ 120 Abs 1 S 2 und 137 AktG zu protokollieren sind, noch auf § 131 Abs 5 AktG, nach welchem ein Aktionär bei einer verweigerten Auskunft verlangen kann, dass seine Frage und der Grund für die Auskunftsverweigerung in die Niederschrift aufgenommen werden. Aus dem SchVG ergibt sich somit keine Pflicht des Notars, solche Vorgänge zu protokollieren. Ihre Aufnahme wird aber häufig sinnvoll sein. Zudem wird im Aktienrecht aus den Betreuungspflichten des Notars eine über die spezialgesetzlich geregelten Inhalte hinausgehende Pflicht zur Protokollierung von Vorgängen auf der Hauptversammlung abgeleitet, wobei hier vieles streitig ist.[230] Zustimmung verdient die Position, die die Pflicht zur Protokollie- 64

225 Hüffer/*Koch* § 3 Rn 6.
226 Hopt/Seibt/*Binder* § 16 Rn 40; Friedl/Hartwig-Jacob/*Schmidtbleicher* § 16 Rn 32.
227 Ebenfalls zulässig und arithmetisch gleichbedeutend ist es, die Nennbeträge der Schuldverschreibungen zu nennen, für die gültige Stimmen abgegeben wurden; die Praxis gibt Gläubigerpositionen üblicherweise in Nennbeträgen und nicht in Stücken an.
228 Siehe Fn 225.
229 MüKoAktG/Kubis § 130 Rn 70.
230 Zum Meinungsstand s Spindler/Stilz/*Wicke* § 130 Rn 12f.

rung auf solche Umstände und Vorgänge beschränkt, die unmittelbar beschlussrelevant oder anfechtungserheblich sind.[231] Dies gilt auch für die Protokollierung der Gläubigerversammlung,[232] da aus § 16 Abs 3 S 3 der Rechtsgedanke abzuleiten ist, dass insoweit grundsätzlich dieselben Maßstäbe wie für die Protokollierung einer Hauptversammlung zu gelten haben. Daher sind wesentliche Ordnungsmaßnahmen des Versammlungsleiters, tatsächliche oder vermeintliche Verstöße gegen Stimmverbote sowie nicht zur Abstellung zugelassene oder übergangene Anträge von Gläubigern zu protokollieren.[233] Weitere Angaben beispielsweise zur Person des Versammlungsleiters oder zu Feststellungen des Versammlungsleiters über die Ordnungsgemäßheit der Einberufung[234] sind, wenn nicht verpflichtend, so doch jedenfalls zweckmäßig.

65 **c) Insbesondere Widersprüche.** Die Regelungen zur Gläubigerversammlung sehen – anders als diejenigen zur Abstimmung ohne Versammlung (s § 18 Rn 63ff) – einen Widerspruch nicht ausdrücklich vor. Jedoch macht § 20 Abs 2 Nr 1 ein Anfechtungsrecht von der fristgerechten Erklärung eines Widerspruchs abhängig, und zwar ausdrücklich auch für Beschlussfassungen in der Gläubigerversammlung. Es entspricht daher allgemeiner Meinung[235], dass den Gläubigern in der Versammlung ein Widerspruchsrecht zusteht. In Anlehnung an § 245 Nr 1 AktG ist der Widerspruch zur Niederschrift des Notars zu erklären, und zwar bis zum Schluss der Versammlung.[236] Aus der Beweisfunktion der notariellen Niederschrift folgt die Verpflichtung des Notars, in der Versammlung erklärte Widersprüche in seine Niederschrift aufzunehmen.[237]

66 **5. Sprache der Niederschrift.** Die Niederschrift ist grundsätzlich auf Deutsch zu errichten, vgl § 5 Abs 1 BeurkG. Allerdings kann der Notar gemäß § 5 Abs 2 BeurkG Urkunden „auf Verlangen" auch in einer anderen Sprache errichten, wenn er der Sprache hinreichend kundig ist. Fraglich ist, wer den Wunsch nach einer fremdsprachlichen Protokollierung äußern muss. In der aktienrechtlichen Literatur wird die parallele Frage zur Niederschrift einer Hauptversammlung dahingehend beantwortet, dass sämtliche anwesenden Beteiligten die Protokollierung in dieser Sprache verlangen.[238] Dies lässt sich ohne weiteres auf die Gläubigerversammlung übertragen. Das Verlangen, in einer Fremdsprache zu protokollieren, dürfte stillschweigend erklärt sein, wenn die Versammlung ohne Widerspruch eines Anwesenden in der betreffenden Sprache durchgeführt wird. Sind die Anleihebedingungen nicht auf Deutsch verfasst und wird die Gläubigerversammlung in der Sprache der Anleihebedingungen durchgeführt, muss das Verlangen des Versammlungsleiters genügen, in dieser Sprache zu protokollieren;[239] der Widerspruch eines teilnehmenden Gläubigers wäre treuwidrig und damit unbeachtlich.

---

231 Hüffer/*Koch* § 130 Rn 5; Grigoleit/*Herrler* § 130 Rn 8; ähnlich OLG Düsseldorf 28.3.2003 NZG **2003** 816, 819; Bürgers/*Reger* § 130 Rn 18 („für das Zustandekommen des Beschlusses wesentlich").
232 Hopt/Seibt/*Binder* § 16 Rn 38; Preuße/*Kirchner* § 16 Rn 62; Veranneman/*Wasmann*/*Steber* § 16 Rn 24.
233 Ähnlich Hopt/Seibt/*Binder* § 16 Rn 42; zur AG Bürgers/*Reger* § 130 Rn 19.
234 Hopt/Seibt/*Binder* § 16 Rn 42 hält die Protokollierung dieses Punktes für verpflichtend.
235 Vgl nur *Otto* DNotZ **2012** 809, 820; Preuße/*Kirchner* § 16 Rn 39.
236 Preuße/*Kirchner* § 16 Rn 39; zur AG Hüffer/*Koch* § 245 Rn 14.
237 *Otto* DNotZ **2012** 809, 820; Heidel/*Müller* § 16 Rn 6; Hopt/Seibt/*Binder* § 16 Rn 42. **AA** Preuße/*Kirchner* § 16 Rn 61, die die Aufnahme nur empfiehlt, ähnlich Veranneman/*Wasmann*/*Steber* § 16 Rn 24.
238 Vgl Spindler/Stilz/*Wicke* § 130 AktG Rn 24 mwN.
239 *Otto* DNotZ **2012** 809, 819. Preuße/*Kirchner* § 16 Rn 70 hält eine Protokollierung in der Fremdsprache in diesem Fall zumindest für zweckmäßig.

67 Ist die Niederschrift in der Fremdsprache aufgenommen, in der die Anleihebedingungen verfasst sind, haben Gläubiger keinen Anspruch auf eine Übersetzung der Niederschrift ins Deutsche.[240] Umgekehrt dürfte den Schuldner eine vertragliche Nebenpflicht treffen, Gläubigern, die eine Schuldverschreibung mit fremdsprachigen Anleihebedingungen gezeichnet haben, eine deutschsprachige Versammlungsniederschrift in die Sprache der Anleihebedingungen zu übersetzen. In der Praxis werden solche Übersetzungen in der Regel bereitgestellt.

68 **6. Korrektur der Niederschrift.** Der Notar kann seine Niederschrift einer Gläubigerversammlung ohne weiteres bis zu dem Zeitpunkt inhaltlich ändern, zu dem er sich der errichteten Urkunde entäußert hat.[241] Für die Korrektur der Niederschrift – die als Protokoll der Wahrnehmungen des Notars eine Tatsachenurkunde iSv § 36 BeurkG ist (s Rn 52) – gilt § 44a Abs 2 BeurkG.[242] Nach Satz 1 der Vorschrift kann der Notar offensichtliche Unrichtigkeiten auch nach Abschluss der Niederschrift durch einen von ihm zu unterschreibenden Nachtragsvermerk richtigstellen. Ergibt sich im Übrigen nach Abschluss der Niederschrift die Notwendigkeit einer Änderung oder Berichtigung, sieht Satz 3 vor, dass der Notar hierüber eine besondere Niederschrift aufzunehmen hat. Bei der Berichtigung durch eine ergänzende Niederschrift müssen der Versammlungsleiter oder die in der Hauptversammlung anwesenden Aktionäre nicht mitwirken.[243] § 44a Abs 2 BeurkG sieht für Korrekturen nach Abschluss der Niederschrift eine zeitliche Beschränkung weder für offensichtliche Unrichtigkeiten noch für andere Unrichtigkeiten vor.[244]

69 **7. Rechtsfolgen eines Beurkundungsmangels.** Ein Verstoß gegen § 16 Abs 3 Sätze 1 bis 3 kann gemäß § 20 Abs 1 S 1 die Anfechtbarkeit der mangelhaft beurkundeten Beschlüsse nach sich ziehen (zu den Voraussetzungen und Wirkungen einer erfolgreichen Anfechtung s die Kommentierung zu § 20). Eine § 241 Nr 2 AktG entsprechende Vorschrift, die für bestimmte Beurkundungsmängel die Nichtigkeit des Beschlusses anordnet, enthält das SchVG nicht. Das SchVG regelt die Anfechtungsklage als einzigen Rechtsbehelf und kennt keine Nichtigkeitsklage. Dennoch möchte ein Teil der Literatur[245] die Nichtigkeitsgründe des § 241 Nr 2 AktG auf die Niederschrift einer Gläubigerversammlung übertragen, andere[246] nehmen Nichtigkeit zumindest bei besonders schwerwiegenden und offenkundigen Gesetzesverstößen an, insbesondere wenn eine Beurkundung vollständig unterblieben ist. Der zweiten Meinung ist zu folgen; für besonders krasse Rechtsverstöße besteht ein schwerlich abweisbares Bedürfnis, die Unwirksamkeit von Beschlüssen auch außerhalb der formellen und zeitlichen Grenzen der Anfechtungskla-

240 *Otto* DNotZ **2012** 809, 819 zieht als Argument die fehlende Registerpublizität der Niederschrift heran (s dazu Rn 70).
241 BGH 10.10.2017 NJW **2018** 52 Rn 36; BGH 16.2.2009 NJW **2009** 2207 Rn 11; Eylmann/Vaasen/*Limmer* § 44a BeurkG Rn 17 (jeweils zur Niederschrift der Hauptversammlung einer AG).
242 BGH 10.10.2017 NJW **2018** 52 Rn 25 f (zur Niederschrift der Hauptversammlung einer AG); Hopt/Seibt/*Binder* § 16 Rn 45.
243 BGH 10.10.2017 NJW **2018** 52 1. Leitsatz; Eylmann/Vaasen/*Limmer* § 44a BeurkG Rn 17 (jeweils zur Niederschrift der Hauptversammlung einer AG); **aA** Preuße/*Kirchner* § 16 Rn 71.
244 BGH 10.10.2017 NJW **2018** 52 Rn 34; *Winkler* § 44a BeurkG Rn 30 (jeweils zur Niederschrift der Hauptversammlung einer AG).
245 Friedl/Hartwig-Jacob/*Friedl* § 20 Rn 99; Preuße/*Vogel* § 20 Rn 15; Blersch/Goetsch/Haas/*Paul* § 20 Rn 25; wohl auch *Maier-Reimer* NJW **2010** 1317, 1319.
246 Preuße/*Kirchner* § 16 Rn 78; Hopt/Seibt/*Binder* § 16 Rn 47; *Podewils* DStR **2009** 1914, 1918; *Otto* DNotZ **2012** 809, 825.

ge geltend zu machen. Für eine weitergehende Analogie zu § 241 Nr 2 AktG fehlt es aber an einer Regelungslücke, da angesichts der engen Anlehnung des SchVG an das AktG nicht vorstellbar ist, dass der Gesetzgeber des SchVG die aktienrechtlichen Nichtigkeitstatbestände übersehen hat – zumal unter anderem der Zivilrechtsauschuss des Deutschen Anwaltvereins[247] im Gesetzgebungsverfahren die Einführung einer Nichtigkeitsklage in das SchVG angeregt hat. Die fehlende, aber nicht bereits eine (grob) fehlerhafte Beurkundung führt demnach zur Nichtigkeit der davon betroffenen Beschlüsse.[248] Zur prozessualen Geltendmachung der Nichtigkeit s § 20 Rn 14 ff.

70 **8. Erteilung von Abschriften (Absatz 3 Satz 4).** Gemäß § 16 Abs 3 S 4 kann jeder Gläubiger, der in der Gläubigerversammlung erschienen oder durch Bevollmächtigte vertreten war, binnen eines Jahres nach dem Tag der Versammlung von dem Schuldner eine Abschrift der Niederschrift und der Anlagen verlangen. Die Bestimmung ist gegenüber § 17 abzugrenzen: § 17 schafft Transparenz für jedermann für die in einer Gläubigerversammlung gefassten Beschlüsse (siehe die dortige Kommentierung). Im Übrigen wird die Öffentlichkeit nicht über Ergebnisse oder Verlauf der Gläubigerversammlung informiert. Insbesondere ist anders als bei der Hauptversammlung einer Aktiengesellschaft (vgl § 130 Abs 5 AktG) nicht vorgeschrieben, dass eine Abschrift der Versammlungsniederschrift zum Handelsregister eingereicht wird.[249]

71 Anspruch auf eine Abschrift haben nur die erschienenen bzw vertretenen Gläubiger. Das sind diejenigen Gläubiger, die gemäß § 15 Abs 2 S 1 in das Teilnehmerverzeichnis aufzunehmen sind. Der Anspruch ist binnen eines Jahres nach dem Tag der Versammlung geltend zu machen; es gelten die §§ 187 Abs 2, 188 Abs 2, 193 BGB (Berechnungsbeispiel: Wenn die Versammlung am 4.2. des Jahres 01 stattfand, muss der Anspruch vor Ablauf des 4.2. des Jahres 02 erhoben werden bzw, falls dieser Tag ein Sonntag ist, bis zum Ablauf des 5.2.). Die Frist ist eine Ausschlussfrist.[250]

72 Ist ein Gläubiger versehentlich nicht ins Teilnehmerverzeichnis aufgenommen worden, steht dies seinem Anspruch auf Erhalt einer Abschrift nicht entgegen; er muss dann aber seine Teilnahme an der Gläubigerversammlung mit geeigneten Mitteln nachweisen. Ist einem Gläubiger bzw dessen Vertreter die Teilnahme an der Versammlung zu Unrecht versagt worden, kann er sich nicht auf § 16 Abs 3 S 4 stützen, sondern muss seine Rechte gemäß § 20 Abs 2 Nr 2 Alt 1 verfolgen.

73 Der Anspruch auf Erteilung einer Abschrift richtet sich gegen den Schuldner, nicht gegen den die Versammlung protokollierenden Notar.[251] Konsequenterweise ist auch nur eine einfache Abschrift der Versammlungsniederschrift geschuldet, keine notariell beglaubigte Abschrift (§ 39 BeurkG)[252] oder gar eine Ausfertigung (§ 47 BeurkG).[253]

74 **9. Kosten.** Die Kosten der Beurkundung der Niederschrift trägt zunächst derjenige, der den Notar beauftragt hat (§ 29 Nr 1 GNotKG). Ist der Beauftragende der Schuldner, verbleiben die Kosten beim ihm gemäß § 9 Abs 4 als Kosten der Gläubigerversamm-

---

247 Stellungnahme 41/2008, 12.
248 Die abweichende Meinung in Hauschild/Kallrath/Wachter/*Reinhard* § 17 Rn 554, 585 wird aufgegeben.
249 Preuße/*Kirchner* § 16 Rn 82; Veranneman/*Wasmann*/*Steber* § 16 Rn 28.
250 Zu Begriff und Rechtsfolgen s MüKoBGB/*Grothe* Vor § 194 Rn 10 ff.
251 Preuße/*Kirchner* § 16 Rn 80; Hopt/Seibt/*Binder* § 16 Rn 46.
252 Veranneman/*Wasmann*/*Steber* § 16 Rn 28; dieselben in *Wasmann*/*Steber* ZIP **2014** 2005, 2013.
253 Preuße/*Kirchner* § 16 Rn 80; Hopt/Seibt/*Binder* § 16 Rn 46.

lung.[254] Haben der gemeinsame Vertreter der Gläubiger oder die vom Gericht ermächtigten Gläubiger den Notar beauftragt (s Rn 56), sind sie gegenüber dem Notar verpflichtet, haben aber nach § 9 Abs 4 einen Kostenerstattungsanspruch gegen den Schuldner.[255]

Das GNotKG enthält keine ausdrückliche Regelung zu den Notargebühren für die Protokollierung der Gläubigerversammlung. § 108 GNotKG (betreffend den Geschäftswert) und Nr 21100 KV (betreffend die Gebührenhöhe) gelten unmittelbar nur für Beschlüsse von Organen einer Gesellschaft, einer Stiftung oder eines Vereins. Die Gläubigerversammlung ist jedoch kein Organ des Schuldners, da sie nicht für den Schuldner handelt.[256] Die strukturelle Nähe von Hauptversammlung und Gläubigerversammlung spricht dennoch für eine analoge Anwendung.[257] Demnach fallen für die Protokollierung der Gläubigerversammlung gemäß Nr 21100 KV 2,0 Gebühren aus einem gemäß § 108 GNotKG zu bestimmenden (und gemäß dessen Abs 5 auf EUR 5 Mio. begrenzten) Geschäftswert an.[258] 75

Die mit der Erteilung von Abschriften der Niederschrift verbundenen Kosten sind ebenfalls vom Schuldner zu tragen.[259] Ob dies unmittelbar aus § 9 Abs 4[260] folgt oder aus der Anwendung des in ihm verkörperten Rechtsgedankens, kann dahinstehen. Da nur einfache Abschriften gefordert sind (s Rn 73), die der Schuldner durch Vervielfältigung selbst herstellen kann, fallen in der Regel nur Übermittlungskosten in unwesentlicher Höhe an.[261] 76

§ 17
Bekanntmachung von Beschlüssen

(1) [1]Der Schuldner hat die Beschlüsse der Gläubiger auf seine Kosten in geeigneter Form öffentlich bekannt zu machen. [2]Hat der Schuldner seinen Sitz im Inland, so sind die Beschlüsse unverzüglich im Bundesanzeiger zu veröffentlichen; die nach § 50 Absatz 1 des Wertpapierhandelsgesetzes vorgeschriebene Veröffentlichung ist jedoch ausreichend. [3]Die Anleihebedingungen können zusätzliche Formen der öffentlichen Bekanntmachung vorsehen.

(2) Außerdem hat der Schuldner die Beschlüsse der Gläubiger sowie, wenn ein Gläubigerbeschluss die Anleihebedingungen ändert, den Wortlaut der ursprünglichen Anleihebedingungen vom Tag nach der Gläubigerversammlung an für die Dauer von mindestens einem Monat im Internet unter seiner Adresse oder, wenn

---

254 Preuße/*Kirchner* § 16 Rn 64; Veranneman/*Wasmann*/*Steber* § 16 Rn 25; Hopt/Seibt/*Binder* § 16 Rn 36; *Otto* DNotZ **2012** 809, 818.

255 Preuße/*Kirchner* § 16 Rn 64; Hopt/Seibt/*Binder* § 16 Rn 36 (unter Hinweis auf die entsprechende Mehrheitsmeinung zu § 122 AktG); im Ergebnis ebenso die übrigen in Fn 252 Zitierten sowie Langenbucher/Bliesener/Spindler/*Bliesener*/*Schneider* § 16 Rn 17.

256 Streifzug GNotKG Rn 1967.

257 Ebenso Hauschild/Kallrath/Wachter/*Reinhard* § 17 Rn 588; Hopt/Seibt/*Binder* § 16 Rn 36. **AA** Heidel/*Müller* § 16 Fn 15; Veranneman/*Wasmann*/*Steber* § 16 Rn 25, welche jeweils § 97 GNotKG heranziehen, sowie Streifzug GNotKG Rn 1967, der auf die Auffangnorm § 36 I GNotKG zurückgreift. Praktisch zeigt sich der Unterschied zwischen den Auffassungen vor allem in der Geltung der Wertgrenze des § 108 Abs 5 GNotKG (EUR 5 Mio.); s dazu Fn 256.

258 Hopt/Seibt/*Binder* § 16 Rn 36. Diesen Höchstbetrag setzt auch Streifzug GNotKG Rn 1967 an, was von seinem Standpunkt aus allerdings nicht konsequent ist.

259 Preuße/*Kirchner* § 16 Rn 80; Veranneman/*Wasmann*/*Steber* § 16 Rn 28.

260 Heidel/*Müller* § 16 Rn 6.

261 Ähnlich Veranneman/*Wasmann*/*Steber* § 16 Rn 28; dieselben in *Wasmann*/*Steber* ZIP **2014** 2005, 2013.

eine solche nicht vorhanden ist, unter der in den Anleihebedingungen festgelegten Internetseite der Öffentlichkeit zugänglich zu machen.

Schrifttum

Baums Weitere Reform des Schuldverschreibungsrechts! ZHR 177 (**2013**) 807; *Pirner/Lebherz* Wie nach dem Transparenzrichtlinie-Umsetzungsgesetz publiziert werden muss, AG **2007** 19; *Wasmann/Steber* Rechtsfragen im Zusammenhang mit der Durchführung einer Gläubigerversammlung nach dem Schuldverschreibungsgesetz, ZIP **2014** 2005.

Systematische Übersicht

A. Allgemeines

1 Die Emittentin ist verpflichtet, die Beschlüsse der Gläubiger öffentlich bekannt zu machen (§ 17 Abs 1 SchVG) und zusätzlich die Beschlüsse für eine bestimmte Zeit der Öffentlichkeit im Internet zugänglich zu machen (§ 17 Abs 2 SchVG). § 17 SchVG trägt dem Informationsbedürfnis der Anleihegläubiger Rechnung, insbesondere derjenigen, die an der Versammlung nicht teilgenommen haben, weil nur bei der Gläubigerversammlung anwesende Gläubiger bzw durch Bevollmächtigte vertretene Gläubiger einen Anspruch auf Erteilung einer Abschrift der Niederschrift haben (§ 16 Abs 3 SchVG). Die Vollziehung der Beschlüsse nach § 21 Abs 1 SchVG genügt dem Informationsbedürfnis der Anleihegläubiger nicht, weil die Anleihegläubiger im Regelfall der Girosammelverwahrung von der Anpassung der bei der Wertpapiersammelbank hinterlegten Globalurkunde nichts mitbekommen.[1]

2 Mit der öffentlichen Bekanntmachung beginnt der Lauf der einmonatigen Anfechtungsfrist (§ 20 Abs 3 SchVG). In der Literatur wird bemängelt, dass das Publikationsregime des § 17 SchVG zu kurz greife, weil es den Investor im Unklaren darüber lasse, ob der Beschluss der Gläubigerversammlung vollzogen und daher wirksam ist oder nicht.[2]

B. Öffentliche Bekanntmachung (§ 17 Abs 1 SchVG)

3 **1. Emittentin mit Sitz im Inland.** Hat die Emittentin ihren Sitz im Inland, sind die Beschlüsse im Bundesanzeiger unverzüglich zu veröffentlichen. Diese Verpflichtung entfällt, wenn die Emittentin einer Veröffentlichungspflicht nach § 50 Abs 1 WpHG unterliegt und dieser Verpflichtung nachkommt. Danach muss eine Inlandsemittentin von an einem organisierten Markt zugelassenen Anleihen[3] sämtliche Änderungen der Anleihebedingungen nach den Vorschriften der WpAV (§ 22 WpAV i.V.m. §§ 3a, 3b WpAV) unverzüglich über Medien in der gesamten EU und den Mitgliedsstaaten des EWR veröffent-

---

1 Heidel/*Müller* § 17 Rn 1; Langenbucher/Bliesener/Spindler/*Bliesener/Schneider* § 17 Rn 1.
2 *Baums* ZHR 177 (**2013**) 813 f.
3 Erforderlich ist m.a.W. ein Listing im regulierten Markt, zum genauen persönlichen Anwendungsbereich des § 50 WpHG siehe Assmann/Schneider/Mülbert/*Mülbert* § 50 WpHG Rn 2 ff.

lichen.[4] Inhaltlich verlangt § 50 Abs 1 WpHG zwar keine Veröffentlichung der vollständigen Beschlüsse. Insoweit ist der Verweis in § 17 Abs 1 SchVG aber als Verweis auf die Art und Weise der Bekanntmachung zu verstehen, es ist also stets der vollständige Inhalt der Beschlüsse zu veröffentlichen. Andererseits reicht eine Veröffentlichung der vollständigen Beschlüsse nach § 17 Abs 1 SchVG aus, nicht erforderlich ist die Veröffentlichung des Wortlauts der geänderten Anleihebedingungen.[5] Fällt die Emittentin beispielsweise bei im Freiverkehr gelisteten Anleihen nicht unter den Anwendungsbereich des § 50 Abs 1 WpHG, bleibt es bei der Pflicht zur Veröffentlichung im Bundesanzeiger gemäß § 17 Abs 1 SchVG, eine freiwillige Veröffentlichung nach § 50 Abs 1 WpHG befreit nicht von dieser Pflicht.[6]

Daneben können die Anleihebedingungen zusätzliche Anforderungen an die öffentliche Bekanntmachung vorsehen, beispielsweise die Verpflichtung, die Anleihegläubiger auch über das Clearing System zu informieren. Üblicherweise wird in den Anleihebedingungen wegen der Bekanntmachung von Beschlüssen nach dem SchVG aber lediglich auf die gesetzlichen Bestimmungen verwiesen. 4

2. Emittentin mit Sitz im Ausland. Für eine Emittentin mit Sitz im Ausland enthält § 17 SchVG keine Vorgaben zur Art und Weise der Publikation. Das ist deswegen misslich, weil von der ordnungsgemäßen Bekanntmachung die Ingangsetzung der Anfechtungsfrist nach § 20 Abs 3 SchVG abhängt. Fällt die Emittentin nicht unter § 50 WpHG oder eine entsprechende Vorschrift eines anderen Staates der EU bzw des EWR, empfiehlt sich dennoch eine Orientierung an § 22 WpAV und damit die Veröffentlichung über Medien in der gesamten EU und den Mitgliedsstaaten des EWR.[7] Die alleinige Veröffentlichung im Internet nach § 17 Abs 2 SchVG genügt nicht.[8] Auch eine Emittentin mit Sitz im Ausland hat die Beschlüsse vor dem Hintergrund des Regelungszwecks des § 17 Abs 1 SchVG unverzüglich bekannt zu machen.[9] 5

C. Veröffentlichung im Internet

Zusätzlich muss die Emittentin die Beschlüsse sowie die ursprünglichen Anleihebedingungen, wenn diese durch die Beschlüsse geändert werden, im Internet zugänglich machen. Dies hat vom Tag nach der Gläubigerversammlung für die Dauer von mindestens einem Monat auf der Internetseite der Emittentin oder, falls die Emittentin nicht über eine eigene Internetseite verfügt, über eine in den Anleihebedingungen angegebene Internetseite zu erfolgen. Die Internetseite muss für die Dauer der Zugänglichmachung permanent frei verfügbar sein.[10] Eine Pflicht zur Zugänglichmachung auch der neuen abgeänderten Anleihebedingungen besteht nicht.[11] 6

4 Siehe zum Publikationsregime Assmann/Schneider/Mülbert/*Mülbert* § 50 WpHG Rn 17 ff; *Pirner/Lebherz* AG **2007** 21.
5 Langenbucher/Bliesener/Spindler/*Bliesener/Schneider* § 17 Rn 6; *Wasmann/Steber* ZIP **2014** 2012; **aA** Preuße/*Kirchner* § 17 Rn 4.
6 Langenbucher/Bliesener/Spindler/*Bliesener/Schneider* § 17 Rn 3.
7 Preuße/*Kirchner* § 17 Rn 7; Veranneman/*Hofmeister* § 17 Rn 7.
8 Friedl/Hartwig-Jacob/*Schmidtbleicher* § 17 Rn 9; Langenbucher/Bliesener/Spindler/*Bliesener/Schneider* § 17 Rn 4; Veranneman/*Hofmeister* § 17 Rn 7.
9 Hopt/Seibt/*Binder* § 17 Rn 3.
10 Hopt/Seibt/*Binder* § 17 Rn 8.
11 Hopt/Seibt/*Binder* § 17 Rn 7; Langenbucher/Bliesener/Spindler/*Bliesener/Schneider* § 17 Rn 9; *Wasmann/Steber* ZIP **2014** 2012; **aA** Preuße/*Kirchner* § 17 Rn 8.

D. Rechtsfolgen bei Verstößen

7 Es handelt sich bei § 17 SchVG um eine Ordnungsvorschrift, deren Verletzung nicht zur Anfechtbarkeit der in der Versammlung gefassten Beschlüsse führt.[12] Von der ordnungsgemäßen Bekanntmachung der Beschlüsse gemäß § 17 Abs 1 SchVG hängt allerdings die Ingangsetzung der Anfechtungsfrist nach § 20 Abs 3 SchVG ab.

§ 18
Abstimmung ohne Versammlung

(1) Auf die Abstimmung ohne Versammlung sind die Vorschriften über die Einberufung und Durchführung der Gläubigerversammlung entsprechend anzuwenden, soweit in den folgenden Absätzen nichts anderes bestimmt ist.

(2) [1]Die Abstimmung wird vom Abstimmungsleiter geleitet. [2]Abstimmungsleiter ist ein vom Schuldner beauftragter Notar oder der gemeinsame Vertreter der Gläubiger, wenn er zu der Abstimmung aufgefordert hat, oder eine vom Gericht bestimmte Person. [3]§ 9 Absatz 2 Satz 2 ist entsprechend anwendbar.

(3) [1]In der Aufforderung zur Stimmabgabe ist der Zeitraum anzugeben, innerhalb dessen die Stimmen abgegeben werden können. [2]Er beträgt mindestens 72 Stunden. [3]Während des Abstimmungszeitraums können die Gläubiger ihre Stimme gegenüber dem Abstimmungsleiter in Textform abgeben. [4]In den Anleihebedingungen können auch andere Formen der Stimmabgabe vorgesehen werden. [5]In der Aufforderung muss im Einzelnen angegeben werden, welche Voraussetzungen erfüllt sein müssen, damit die Stimmen gezählt werden.

(4) [1]Der Abstimmungsleiter stellt die Berechtigung zur Stimmabgabe anhand der eingereichten Nachweise fest und erstellt ein Verzeichnis der stimmberechtigten Gläubiger. [2]Wird die Beschlussfähigkeit nicht festgestellt, kann der Abstimmungsleiter eine Gläubigerversammlung einberufen; die Versammlung gilt als zweite Versammlung im Sinne des § 15 Absatz 3 Satz 3. [3]Über jeden in der Abstimmung gefassten Beschluss ist eine Niederschrift aufzunehmen; § 16 Absatz 3 Satz 2 und 3 gilt entsprechend. [4]Jeder Gläubiger, der an der Abstimmung teilgenommen hat, kann binnen eines Jahres nach Ablauf des Abstimmungszeitraums von dem Schuldner eine Abschrift der Niederschrift nebst Anlagen verlangen.

(5) [1]Jeder Gläubiger, der an der Abstimmung teilgenommen hat, kann gegen das Ergebnis schriftlich Widerspruch erheben binnen zwei Wochen nach Bekanntmachung der Beschlüsse. [2]Über den Widerspruch entscheidet der Abstimmungsleiter. [3]Hilft er dem Widerspruch ab, hat er das Ergebnis unverzüglich bekannt zu machen; § 17 gilt entsprechend. [4]Hilft der Abstimmungsleiter dem Widerspruch nicht ab, hat er dies dem widersprechenden Gläubiger unverzüglich schriftlich mitzuteilen.

(6) Der Schuldner hat die Kosten einer Abstimmung ohne Versammlung zu tragen und, wenn das Gericht einem Antrag nach § 9 Absatz 2 stattgegeben hat, auch die Kosten des Verfahrens.

---

12 Heidel/*Müller* § 17 Rn 4; Hopt/Seibt/*Binder* § 17 Rn 9; Langenbucher/Bliesener/Spindler/*Bliesener*/*Schneider* § 17 Rn 11; Preuße/*Kirchner* § 17 Rn 11.

Schrifttum

Arbeitskreis Reform des Schuldverschreibungsrechts Reform des Schuldverschreibungsgesetzes ZIP **2014** 845; *Bertelmann/Schönen* Gläubigerrechte und Emittentenpflichten bei der Abstimmung ohne Versammlung nach dem Schuldverschreibungsgesetz, ZIP **2014** 353; *Cagalj* Restrukturierung von Anleihen nach dem Schuldverschreibungsgesetz, 2012; *Horn* Die Stellung der Anleihegläubiger nach neuem Schuldverschreibungsgesetz und allgemeinem Privatrecht im Licht aktueller Marktentwicklungen, ZHR **173** 12; *Maier-Reimer* Fehlerhafte Gläubigerbeschlüsse nach dem Schuldverschreibungsgesetz, NJW **2010** 1317; *Mühe* Änderungen von Anleihebedingungen – Herausforderungen und praktische Erfahrungen bei der Durchführung von Gläubigerabstimmungen, BKR **2017** 50; *Otto* Gläubigerversammlungen nach dem SchVG – Ein neues Tätigkeitsgebiet für Notare, DNotZ **2012** 809; *Podewils* Neuerungen im Schuldverschreibungs- und Anlegerschutzrecht, DStR **2009** 1914; *Schnorbus/Ganzer* Einflussmöglichkeiten auf die Gläubigerversammlung im Zusammenhang mit der Änderung von Anleihebedingungen, WM **2014** 155.

Systematische Übersicht

I. Einleitung

1 Das SchVG 1899 kannte keine Abstimmung ohne Versammlung. Die mit der Reform von 2009 eingeführte Neuerung spielt in der Praxis inzwischen eine wichtige Rolle.[1] Viele Schuldner, die die Bedingungen einer von ihnen begebenen Schuldverschreibung ändern möchten, verfolgen ihr Vorhaben primär über eine Abstimmung ohne Versammlung. Die Abstimmung ohne Versammlung ist für den Schuldner in der Regel kostengünstiger,[2] da der mit einer Präsenzversammlung verbundene Aufwand entfällt (Saalmiete, Sicherheitsdienst, Versammlungsdienstleister (Einlasskontrolle, Stimmauszählung), Konferenztechnik, Catering, etc.). Zudem ist der Aufwand für die Gläubiger, an der Beschlussfassung teilzunehmen, denkbar niedrig, was die Chancen des Schuldners erhöht, dass das für eine wirksame Beschlussfassung erforderliche Quorum erreicht wird (s dazu Rn 49).

2 Die Abstimmung ohne Versammlung gemäß SchVG ist eine moderne Form der Willensbildung. Das AktG kennt dieses Institut nicht. § 118 Abs 1 S 2 AktG gestattet zwar, die Hauptversammlung zu „virtualisieren", indem ein Aktionär seine Rechte im Wege elektronischer Kommunikation ausübt. Wegen der damit verbundenen praktischen Unwägbarkeiten und daraus resultierenden rechtlichen Risiken wird diese Option aber kaum genutzt.[3] Zudem ist der Aktionär auch bei der Online-Teilnahme an einer Hauptversammlung zwar nicht an einen Ort, aber an einen Termin gebunden. Demgegenüber gewährt die zwingend mehrtägige Abstimmung ohne Versammlung (s dazu Rn 19) dem Gläubiger mehr Flexibilität. Der Preis für diese Flexibilität ist das Fehlen einer Aussprache der Gläubiger und damit der Möglichkeit, dass ein Gläubiger seinen Willen im Lichte der Beiträge anderer Gläubiger oder der Antworten des Schuldners bildet. Offenbar gewichten Schuldner und Gläubiger diesen Verlust in der Praxis niedriger als die mit einer Abstimmung ohne Versammlung verbundenen Vorteile. Allerdings wird zu Recht darauf hingewiesen, dass die Abstimmung ohne Versammlung dort kein geeignetes Instrument ist, wo erkennbar Diskussionsbedarf besteht.[4] Rechtlich ist eine (formal zulässige) Abstimmung ohne Versammlung der Gläubigerversammlung dennoch gleichgestellt.[5] Ein Gläubiger kann einen im Wege der Abstimmung gefassten Beschluss nicht mit der Begründung angreifen, dass der Beschlussgegenstand nur im Rahmen einer Gläubigerversammlung angemessen behandelt werden konnte; er kann lediglich versuchen, seine Auffassung dadurch durchzusetzen, dass er gegen den Beschlussvorschlag stimmt oder

---

1 Veranneman/*Hofmeister* § 18 Rn 1; zutreffend prognostiziert von Friedl/Hartwig-Jacob/*Wöckener* § 18 Rn 1.

2 Veranneman/*Hofmeister* § 18 Rn 2. Die Begründung zum Regierungsentwurf nennt die Aufwandsreduzierung für Gläubiger und Schuldner als wesentliches Anliegen, vgl BT-Drucks. 16/12814 S 24 (zu § 18).

3 Hüffer/*Koch* § 118 Rn 10 mwN.

4 Vgl *Horn* ZHR **173** 12, 62; Blersch/Goetsch/Haas/*Paul* § 18 Rn 3 in Anlehnung an BT-Drucks. 16/12814 S 24 (zu § 18).

5 Langenbucher/Bliesener/Spindler/*Bliesener/Schneider* § 18 Rn 1; Heidel/*Müller* § 18 Rn 1.

der Abstimmung fernbleibt (mit dem Ziel, dass die Abstimmung das Quorum verfehlt, s dazu Rn 49).

II. Zulässigkeit der Abstimmung ohne Versammlung

§ 5 Abs 6 S 1 bestimmt, dass die Gläubiger entweder in einer Gläubigerversammlung oder im Wege einer Abstimmung ohne Versammlung beschließen. Der sich anschließende Satz 2 ist indes doppeldeutig: „Die Anleihebedingungen können ausschließlich eine der beiden Möglichkeiten vorsehen." Diese Ausschließlichkeit kann als Alternativverhältnis zwischen einer Gläubigerversammlung und einer Abstimmung ohne Versammlung verstanden werden; das „oder" in Satz 1 wäre dann ein „entweder/oder". Allerdings ist nicht zu erkennen, warum ein Schuldner gehalten sein sollte, sich bei Begebung einer Schuldverschreibung dauerhaft und für alle Anlässe auf eine von zwei zulässigen Formen der Willensbildung zu beschränken. Stattdessen ist § 5 Abs 6 S 2 so auszulegen, dass „ausschließlich" Gläubigerversammlungen und Abstimmungen ohne Versammlung gestattet sind, aber keine andere Form der Willensbildung. Diese Auslegung wird durch die Regierungsbegründung bestätigt[6] und entspricht der allgemeinen Meinung: Anleihebedingungen können eine Form oder beide Formen der Willensbildung eröffnen oder die Frage ungeregelt lassen (s § 5 Rn 94). In der Praxis eröffnen Anleihebedingungen in aller Regel beide Optionen. 3

Unzulässig ist eine Abstimmung ohne Versammlung, durch die während eines laufenden Insolvenzverfahrens ein gemeinsamer Vertreter bestellt werden soll. Wie sich aus § 19 Abs 2 S 2 ergibt, kann eine solche Bestellung nur von einer Gläubigerversammlung beschlossen werden.[7] 4

III. Verweis auf die Vorschriften zur Gläubigerversammlung (Absatz 1)

Auf die Abstimmung ohne Versammlung sind gemäß § 18 Abs 1 die Vorschriften über die Einberufung und Durchführung der Gläubigerversammlung entsprechend anzuwenden, soweit in den weiteren Absätzen des § 18 nichts anderes bestimmt ist. Einbezogen sind damit grundsätzlich die §§ 9 bis 16.[8] Soweit diese Bestimmungen auf die Abstimmung ohne Versammlung Anwendung finden, ist dies nachfolgend im Einzelnen dargestellt. 5

IV. Abstimmungsleiter (Absatz 2)

1. Person des Abstimmungsleiters. Gemäß § 18 Abs 2 S 1 wird die Abstimmung vom Abstimmungsleiter geleitet. Wer das ist, bestimmen die drei Varianten des § 18 Abs 2 S 2: (1) ein vom Schuldner beauftragter Notar, (2) der gemeinsame Vertreter der Gläubiger, wenn er zur Abstimmung aufgefordert hat, oder (3) „eine vom Gericht bestimmte Person". 6

a) Notar. Die Variante 1 bestimmt den Abstimmungsleiter für den praktischen Regelfall, in dem der Schuldner zur Abstimmung auffordert. Eine solche Abstimmung kann 7

6 Vgl BT-Drucks. 16/12814 S 19 (zu § 5).
7 **Zu den Einzelheiten s** § 19 Rn 9 ff; Blersch/Goetsch/Haas/*Paul* § 18 Rn 24.
8 Zum Teil wird auch § 17 zitiert (vgl Preuße/*Kirchner* § 18 Rn 9), der zwar vor den Regelungen zur Abstimmung ohne Versammlung in § 18 steht, aber allgemein für Beschlüsse gilt; wie hier auch Veranneman/*Hofmeister* § 18 Rn 8.

nur durch einen Notar geleitet werden. Gestritten wird über die Frage, ob der Notar in Deutschland bestellt sein muss[9] oder ob entsprechend § 16 Abs 2 auch ein „gleichwertiger" ausländischer Notar beauftragt werden kann[10]. Die Parallele zu § 16 Abs 2 überzeugt; es ist nicht einzusehen, dass ein inländischer Notar bei einer Gläubigerversammlung substituiert werden kann, bei einer Abstimmung aber nicht.

8 Da die Abstimmung ohne Versammlung nicht an einem bestimmten Ort stattfindet, sondern die Gläubiger ihre Stimmen gegenüber dem Abstimmungsleiter als einem Abwesenden abgeben, kann ein deutscher Notar dem Grundsatz nach als Leiter einer Abstimmung ohne Versammlung tätig werden, ohne dass die räumlichen Beschränkungen in den §§ 10a, 11 BNotO auf den Amtsbereich bzw den Amtsbezirk Bedeutung erlangen. Demnach ist insbesondere ohne Relevanz, ob sich der Sitz des Schuldners innerhalb des Amtsbereichs des beauftragten Notars befindet. Das gilt freilich nur dann, wenn die Anleihebedingungen bzw die Aufforderung zur Abstimmung nicht erfordern, dass der Abstimmungsleiter seinen Amtsbereich verlässt – was allerdings auch unüblich wäre.

9 Der in Rn 8 geschilderte Grundsatz erfährt allerdings eine wesentliche Einschränkung: Sollte die Abstimmung ohne Versammlung nicht beschlussfähig sein, kann der Abstimmungsleiter gemäß § 18 Abs 4 S 2 eine Gläubigerversammlung einberufen, die als zweite Versammlung im Sinne des § 15 Abs 3 S 3 gilt (s dazu Rn 50). Gemäß § 15 Abs 1 führt der Einberufende den Vorsitz in der Gläubigerversammlung. Ob tatsächlich der Notar als Abstimmungsleiter und nicht vielmehr der Schuldner, in dessen Auftrag er handelt, für die Einberufung der Gläubigerversammlung zuständig ist, ist umstritten; in der Praxis laden zuweilen Schuldner und Notar vorsorglich gemeinsam zu der Versammlung ein. Jedenfalls dann, wenn der Notar als (Mit-)Einberufender gemäß § 15 Abs 1 auch den Vorsitz in der Gläubigerversammlung übernehmen soll, beanspruchen selbstverständlich die §§ 10a, 11 BNotO Geltung. Falls der spätere Versammlungsort außerhalb seines Amtsbereichs liegen würde, sollte der Notar daher bereits den Auftrag zur Leitung der Abstimmung ohne Versammlung vorsorglich ablehnen (wozu er berechtigt ist, s Rn 12).

10 **b) Gemeinsamer Vertreter.** Die Variante 2 nennt ihre Voraussetzung selbst: Hat der gemeinsame Vertreter zur Abstimmung aufgefordert, hat er sie auch zu leiten. Der Gesetzgeber hat sich bewusst dagegen entschieden, eine solche Abstimmung durch einen Notar leiten zu lassen, da die Gläubiger nicht über gemeinsame Mittel verfügten und der gemeinsame Vertreter den Schuldner nicht verpflichten könne.[11] Der gemeinsame Vertreter kann die Abstimmungsleitung auch nicht auf einen Dritten übertragen. Die Regierungsbegründung zum SchVG kommt zu dem Schluss, dass der gemeinsame Vertreter nur ausnahmsweise zu einer Abstimmung auffordern werde, um mit der Abstimmungsleitung verbundene Haftungsrisiken zu vermeiden.[12]

---

9 Heidel/*Müller* § 18 Rn 3; Hopt/Seibt/*v. Wissel/Diehn* § 18 Rn 47.

10 Veranneman/*Hofmeister* § 18 Rn 18; Preuße/*Kirchner* § 18 Rn 12; Langenbucher/Bliesener/Spindler/*Bliesener/Schneider* § 20 Rn 9; wohl auch *Horn* ZHR **173** 12, 60. Nach Friedl/Hartwig-Jacob/*Wöckener* § 18 Rn 12 ist Gleichwertigkeit nicht erforderlich; sein Argument, dass keine besondere Sachkunde erforderlich sei, weil gläubigerinitiierte Abstimmungen auch nicht von einem Notar geleitet würden, lässt unberücksichtigt, dass der Unabhängigkeit des Abstimmungsleiters bei einer Abstimmung nach Aufforderung durch den Schuldner größeres Gewicht zukommt.

11 Vgl RegBegr. zum SchVG, BT-Drucks. 16/12814 S 24 (zu § 18).

12 Vgl BT-Drucks. 16/12814 S 24 (zu § 18).

c) Gerichtlich bestellter Abstimmungsleiter. Die Variante 3 erschließt sich durch den Verweis in § 18 Abs 2 S 3 auf § 9 Abs 2 S 2. Gemeint ist der Fall, dass Gläubiger, die zusammen mindestens 5 % der ausstehenden Schuldverschreibungen erreichen, eine Abstimmung ohne Versammlung verlangen, der Schuldner diesem Verlangen aber nicht nachkommt und das Gericht die die Abstimmung betreibenden Gläubiger daher zur Einberufung ermächtigt (§ 18 Abs 1 iVm § 9 Abs 1 S 2, Abs 2 S 1). Die Bestellung des Abstimmungsleiters durch das Gericht ist entgegen dem Wortlaut des § 9 Abs 2 S 2 nicht optional („kann"), sondern obligatorisch („muss"), weil keine Auffangregelung besteht, wer die Abstimmung in Abwesenheit einer gerichtlichen Entscheidung leiten sollte.[13] Es besteht insbesondere keine Reservezuständigkeit für einen Notar. 11

2. Notar als Abstimmungsleiter. Der Notar als Abstimmungsleiter ist nicht Beobachter, sondern Akteur. Er errichtet die Niederschrift als Tatsachenurkunde iSv § 36 BeurkG.[14] Dabei protokolliert er seine eigene Tätigkeit. Das ist eine ungewöhnliche Konstellation, die aber in der BNotO eine Vorlage findet. Gemäß § 20 Abs 1 S 2 BNotO kann der Notar Verlosungen und Auslosungen nicht nur beaufsichtigen, sondern selbst vornehmen.[15] Diese Grundsätze lassen sich auf die Rolle des Notars als Leiter einer Abstimmung ohne Versammlung übertragen. Die Abstimmungsleitung ist keine Urkundstätigkeit im Sinne der §§ 10a Abs 2, 20–22 BNotO, sondern eine „sonstige Betreuung der Beteiligten auf dem Gebiete vorsorgender Rechtspflege" im Sinne von § 24 Abs 1 BNotO. Der Notar kann den Auftrag zur Abstimmungsleitung daher ablehnen, § 15 Abs 1 S 2 BNotO gilt nicht.[16] 12

Ähnlich wie bei der Protokollierung einer Gläubigersammlung (s dazu § 16 Rn 53) obliegen dem Notar bei der Leitung der Abstimmung in beschränktem Umfang Prüfungs-, Hinweis- und Einwirkungspflichten. Demzufolge hat der Notar die Aufforderung zur Stimmabgabe sowie die Beschlussvorschläge auf evidente Rechtsverstöße zu prüfen.[17] Ist ein Beschluss evident und nach allgemein geteilter Auffassung nichtig, darf der Notar die Beurkundung nach zutreffender Auffassung ablehnen.[18] Verfolgt die Beschlussfassung erkennbar unerlaubte oder unredliche Zwecke, ist der Notar gemäß § 4 BeurkG, § 14 BNotO zur Ablehnung verpflichtet. 13

Gehört der Notar dem vertretungsberechtigten Organ des Schuldners an, ist er vorbefasst oder an dem Schuldner beteiligt, sind die Mitwirkungsverbote des § 3 Abs 1 Nr 6, Nr 7 und Nr 9 BeurkG zu beachten. Sollte der Notar Anleihen halten, deren Bedingungen in der Gläubigerversammlung geändert werden sollen, liegt systematisch eine Analogie zu § 3 Abs 1 Nr 9 BeurkG näher als die Anwendung von § 3 Abs 1 Nr 1 BeurkG (Mitberechtigung).[19] Die Gläubigereigenschaft begründet demnach erst ab einem Anleihebetrag von nominal EUR 2.500 ein Mitwirkungsverbot (die Schwelle von 5 % des Emissionsvolumens dürfte praktisch kaum relevant werden). § 3 Abs 1 Nr 1 BeurkG greift aber ein, wenn der Notar als Gläubiger an der Abstimmung teilnimmt oder sich vertreten lässt.[20] Ein 14

13 Friedl/Hartwig-Jacob/*Wöckener* § 18 Rn 14; *Veranneman/Hofmeister* § 18 Rn 17.
14 *Otto* DNotZ **2012** 809, 821; Hauschild/Kallrath/Wachter/*Reinhard* § 17 Rn 558.
15 Eylmann/Vaasen/*Limmer* § 20 BNotO Rn 16; Rundschreiben der BNotK v. 2.8.1994.
16 So auch Hopt/Seibt/*v. Wissel/Diehn* § 18 Rn 46.
17 Preuße/*Kirchner* § 16 Rn 67; Hopt/Seibt/*Binder* § 16 Rn 36 („summarische Rechtsmäßigkeitsprüfung"); Hauschild/Kallrath/Wachter/*Reinhard* § 17 Rn 541 (jeweils zur Gläubigerversammlung).
18 Preuße/*Kirchner* § 16 Rn 68; Hauschild/Kallrath/Wachter/*Reinhard* § 17 Rn 536 (jeweils zur Gläubigerversammlung).
19 Ähnlich Preuße/*Kirchner* § 16 Rn 66.
20 Preuße/*Kirchner* § 16 Rn 66.

Verstoß gegen die Mitwirkungsverbote des § 3 BeurkG begründet eine Amtspflichtverletzung, berührt aber nicht die Wirksamkeit der von ihm errichteten Niederschrift.[21] Jenseits der Mitwirkungsverbote wird der Notar, der zugleich Anleihegläubiger ist, stets prüfen, ob er seine Tätigkeit wegen Befangenheit gemäß § 16 Abs 2 BNotO ablehnt.

15 **3. Haftung.** Fraglich ist, nach welchen Maßstäben ein Abstimmungsleiter für Fehler haftet, insbesondere wenn ein Beschluss nur durch sein rechtswidriges Verhalten zustande kommt oder er umgekehrt eine wirksame Beschlussfassung verhindert hat. Ist Abstimmungsleiter der gemeinsame Vertreter der Gläubiger oder eine gemäß § 18 Abs 2 S 1 vom Gericht bestimmte Person, liegt eine Parallele zur Haftung des Versammlungsleiters einer Aktiengesellschaft nahe. Dort werden Ansprüche aus Organhaftung, eine rechtsgeschäftliche Haftung sowie ein bloße deliktische Haftung diskutiert.[22] Höchstrichterliche Rechtsprechung fehlt bislang. Beschränkt man die Haftung auf deliktische Anspruchsgrundlagen, kommt praktisch nur § 826 BGB in Betracht, für dessen Anwendung aber in aller Regel der Schädigungsvorsatz fehlen dürfte.[23]

16 Klarer liegt der Fall, wenn ein Notar als Abstimmungsleiter agiert. Dieser haftet nach § 19 BNotO. Da die Abstimmungsleitung eine Tätigkeit nach § 24 Abs 1 BNotO darstellt (s Rn 12), kann er sich nicht auf die Haftungsprivilegierung des § 19 Abs 1 S 2 BNotO berufen. Damit unterliegt der Notar einer strengeren Haftung, als sie für sonstige Abstimmungsleiter diskutiert wird. Eine solche Differenzierung ist gerechtfertigt, da der Notar als „professioneller" und vergüteter (s Rn 75) Abstimmungsleiter agiert.[24] Allerdings ist zu berücksichtigen, dass für die Leitung der Abstimmung angesichts vieler offener Rechtsfragen nicht immer ein „sicherer Weg" eröffnet ist. Dem Notar, der in einem solchen Fall die vorhandene Rechtsprechung und Literatur auswertet und sodann eine vertretbare Abwägung trifft, wird häufig keine Fahrlässigkeit vorgeworfen werden können.[25]

V. Aufforderung zur Stimmabgabe (Absatz 3)

17 § 18 Abs 3 regelt die Aufforderung zur Stimmabgabe, allerdings nur unvollständig. Die Aufforderung zur Stimmabgabe hat für die Abstimmung ohne Versammlung dieselbe Funktion wie die Einberufung für die Gläubigerversammlung. § 18 Abs 3 beschränkt sich auf Vorgaben zum Abstimmungszeitraum sowie zu Form und Voraussetzungen der Stimmabgabe. Die Regelungen werden über § 18 Abs 1 durch die §§ 9 bis 14 ergänzt, soweit die darin enthaltenen Bestimmungen auf die Aufforderung zur Stimmabgabe übertragbar sind.

18 **1. Zuständigkeit.** Die Aufforderung zur Stimmabgabe ergeht nicht vom Abstimmungsleiter, sondern gemäß §§ 18 Abs 1, 9 Abs 1 von demselben Personenkreis, der auch eine Gläubigerversammlung einberufen kann:[26] Das sind der Schuldner, der gemeinsame Vertreter der Gläubiger und eine Gläubigerminderheit gemäß § 9 Abs 2 S 1. Dies bedeutet, dass Gläubiger, deren Schuldverschreibungen zusammen 5 % der ausstehenden Schuldverschreibungen erreichen und die berechtigterweise eine Beschlussfas-

---

21 Eylmann/Vaasen/*Miermeister/de Buhr* § 3 BeurkG Rn 67.
22 MüKoAktG/*Kubis* § 119 Rn 184 ff mwN.
23 So MüKoAktG/*Kubis* § 119 Rn 186.
24 Zur Relevanz dieser Kriterien für die Haftung s MüKoAktG/*Kubis* § 119 Rn 185.
25 Zum Fahrlässigkeitsmaßstab bei § 19 BNotO s Eylmann/Vaasen/*Frenz* § 19 BNotO Rn 23 ff.
26 Veranneman/*Hofmeister* § 18 Rn 9; Friedl/Hartwig-Jacob/*Wöckener* § 18 Rn 4.

sung verlangen, deren Verlangen aber nicht entsprochen wird, die Wahl haben, bei Gericht die Einberufung einer Gläubigerversammlung oder die Durchführung einer Abstimmung ohne Versammlung zu beantragen (zu Einzelheiten s § 9 Rn 28ff).

2. Inhalt der Aufforderung

a) Angaben zum Abstimmungszeitraum (Abssatz 3 Sätze 1 und 2). Gemäß § 18 Abs 3 S 1 ist in der Aufforderung zur Stimmabgabe der Zeitraum anzugeben, innerhalb dessen die Stimmen abgegeben werden können. Der Sprachgebrauch „abgeben" ist unpräzise; die Stimmen sind empfangsbedürftige Willenserklärungen und müssen dem Abstimmungsleiter während des Abstimmungszeitraums zugehen (s Rn 45). Dieser Zeitraum muss gemäß § 18 Abs 3 S 2 mindestens 72 Stunden betragen. Laut der Regierungsbegründung zum SchVG[27] sollte der Zeitraum so bemessen sein und so gelegt werden, dass der zeitgerechte Zugang der Stimme bei einer üblichen Übermittlung per Post erwartet werden kann, wobei das Risiko des rechtzeitigen Zugangs beim abstimmenden Gläubiger verbleibe. Daher wird zum Teil gefordert, den Abstimmungszeitraum frei von Wochenend- oder Feiertagen zu halten, wenn er nur den Mindestzeitraum von 72 Stunden umfasst.[28] Da der zur Abstimmung Auffordernde in aller Regel an einer wirksamen Beschlussfassung und deshalb daran interessiert ist, dass das Teilnahmequorum des § 18 Abs 4 S 2 iVm § 15 Abs 3 S 1 erreicht wird (s Rn 49), wird ein kurzer Abstimmungszeitraum in der Praxis tatsächlich auf Werktage gelegt. Zwingend ist dies aber nicht, auch nicht bei international gestreuten Schuldverschreibungen.[29] In der Praxis wird ohnehin überwiegend per E-Mail oder Telefax abgestimmt; Stimmzugänge per Post sind eher selten. Die auf den Postlauf gestützte Argumentation der Regierungsbegründung (und der ihr folgenden Literatur) mutet daher etwas antiquiert an; das SchVG behandelt die Kommunikation via elektronischer Medien selbst als Regelfall zB in den §§ 12 Abs 2 und 3, 13 Abs 2 und 4, 17 Abs 2, 18 Abs 5 S 3. 19

Für die Frist zwischen der Bekanntmachung der Aufforderung und dem Beginn der Abstimmungszeitraums gilt § 10 Abs 1 über § 18 Abs 1 engsprechend: Demnach muss die Aufforderung mindestens 14 Tage vor dem Beginn des Abstimmungszeitraums veröffentlicht werden.[30] Sofern für die Teilnahme an der Abstimmung eine vorherige Anmeldung erforderlich ist, verlängert sich die Frist entsprechend § 10 Abs 2.[31] Zu den Einzelheiten der Fristberechnung s § 10 Rn 4ff. 20

b) Angaben zur Form der Stimmabgabe (Absatz 3 Sätze 3 und 4). Gemäß § 18 Abs 3 Sätze 3 und 4 können die Gläubiger ihre Stimmen in Textform abgeben, wobei die Anleihebedingungen auch andere Formen der Stimmabgabe vorsehen können. Die Verknüpfung beider Sätze durch das „auch" macht deutlich, dass Anleihebedingungen die Textform nicht durch strengere Formen verdrängen dürfen, sondern nur zusätzliche Abstimmungswege für die Gläubiger eröffnen können.[32] In der Praxis belassen Anleihebedingungen es meistens bei der Textform. Die Aufforderung zur Stimmabgabe kann Abstimmungsformen gegenüber den Anleihebedingungen weder erweitern noch be- 21

27 AllgM, vgl nur Veranneman/*Hofmeister* § 18 Rn 20, 23; Preuße/*Kirchner* § 18 Rn 13.
28 Preuße/*Kirchner* § 18 Rn 21; Friedl/Hartwig-Jacob/*Wöckener* § 18 Rn 26.
29 Hopt/Seibt/*v. Wissel/Diehn* § 18 Rn 105.
30 Veranneman/*Hofmeister* § 18 Rn 10; Hopt/Seibt/*v. Wissel/Diehn* § 18 Rn 66.
31 Hopt/Seibt/*v. Wissel/Diehn* § 18 Rn 68. Zur Zulässigkeit einer Anmeldepflicht bei der Abstimmung ohne Versammlung s Fn 41.
32 *Horn* ZHR **173** 12, 61; Veranneman/*Hofmeister* § 18 Rn 25; Preuße/*Kirchner* § 18 Rn 22.

schränken; sie darf aber selbstverständlich die Empfangswege präzisieren, auf denen Stimmen in Textform übermittelt werden können.

22 Die durch § 18 Abs 3 S 3 eröffnete Textform verweist auf § 126b BGB, was eine Abstimmung bspw. per Telefax, E-Mail oder Internetformular gestattet.[33] Auch bei der Stimmabgabe über die Clearingsysteme lässt sich die Textform wahren.[34] Die Regierungsbegründung zum SchVG formuliert zur Nutzung elektronischer Übertragungsmöglichkeiten, dass Schuldner und Abstimmungsleiter Sorge für die Integrität und Authentizität der übermittelten Stimmen zu tragen hätten, enthält sich aber bewusst weiterer Vorgaben.[35] Für die ähnliche Konstellation der Stimmabgabe von Abwesenden bei einer Gläubigerversammlung wird die E-Mail (ebenso wie ein Brief) zu einem zulässigen Übermittlungsmedium erklärt, wenn „die Sendung unverfälscht ist und dem Absender eindeutig zugerechnet werden kann".[36] Nähme man diese Anforderungen wörtlich, wären sie nicht zu erfüllen: Man müsste hierfür nicht nur den Absender identifizieren, sondern auch den gesamten Übertragungsweg kontrollieren, um rechtssicher Manipulation ausschließen zu können. Wenn der Gesetzgeber die Textform erlaubt und weder Schriftform noch notarielle Form verlangt, nimmt er stets Verfälschungsrisiken in Kauf. Schuldner und Abstimmungsleiter müssen im elektronischen Verkehr keine Manipulationshürden errichten, die höher sind als bei einem Telefax (wo die Absenderkennung, die der Empfänger auf dem Telefax liest, leicht zu verändern ist) oder bei einer postalisch übermittelten Erklärung (bei welcher der Urheber nur bei einer öffentlichen Beglaubigung feststeht).[37] Dennoch bleibt das Risiko, dass Anfechtungskläger dem Abstimmungsverfahren „Integrität und Authentizität" absprechen und fordern, dass der Abstimmungsleiter beispielsweise per E-Mail abgegebene Stimmen nicht berücksichtigen darf. Wie oben dargelegt kann ein derartiger Einwand nicht durchgreifen. Es entspricht denn auch breiter Praxis, elektronische Übertragungswege für die Stimmabgabe zuzulassen.

23 Die Angaben zur Form der Stimmabgabe schließen die Adresse ein, an die die Stimme zu senden ist. Den Anforderungen des SchVG ist Genüge getan, wenn wenigstens ein Abstimmungsweg eröffnet wird. In der Praxis werden aber üblicherweise mehrere Abstimmungswege ermöglicht (Telefax, E-Mail, Post, Abstimmung über Clearing-Systeme), da der zur Abstimmung Auffordernde wegen des Teilnahmequorums (s Rn 49) daran interessiert ist, das Verfahren für die Gläubiger möglichst niederschwellig zu gestalten. Zu Recht wird dem Einberufenden empfohlen, (unverbindlich) Formulare für die Stimmabgabe bereitzustellen, um das Risiko unwirksamer oder unklarer Stimmabgaben zu reduzieren und die Stimmauszählung zu erleichtern.[38]

24 **c) Angaben zu Voraussetzungen der Stimmabgabe (Absatz 3 Satz 5).** Gemäß § 18 Abs 3 S 5 muss die Aufforderung zur Stimmabgabe im Einzelnen angeben, welche Anforderungen zu erfüllen sind, damit die Stimmen gezählt werden. Dies bedeutet eine Informationspflicht,[39] aber keine Ermächtigungsgrundlage, solche Anforderungen zu

---

33 MüKoBGB/*Einsele* § 126b Rn 11; zweifelnd bei einem Internetformular Veranneman/*Hofmeister* § 18 Rn 24.

34 Heidel/*Müller* § 18 Rn 2; Langenbucher/Bliesener/Spindler/*Bliesener*/*Schneider* § 18 Rn 7. Instruktiv hierzu *Mühe* BKR **2017** 50, 51 f

35 Vgl BT-Drucks. 16/12814 S 24 (zu § 18).

36 Vgl BT-Drucks. 16/12814 S 23 (zu § 16); die Parallele zieht auch Veranneman/*Hofmeister* § 18 Rn 26.

37 **AA** Veranneman/*Hofmeister* § 18 Rn 27, der ohne Begründung zwischen dem Übermittlungsrisiko des Postwegs und der elektronischen Stimmübermittlung differenzieren will.

38 Veranneman/*Hofmeister* § 18 Rn 24; Hopt/Seibt/*v. Wissel*/*Diehn* § 18 Rn 109.

39 BT-Drucks. 16/12814 S 24 (zu § 18).

schaffen.[40] Vielmehr müssen die Anforderungen bereits in den Anleihebedingungen enthalten sein. Die Aufforderung kann die Vorgaben der Anleihebedingungen präzisieren, aber nicht verschärfen. Umgekehrt sollte zulässig sein, wenn die Aufforderung die Stimmabgabe gegenüber den Bestimmungen in den Anleihebedingungen für alle Gläubiger gleichermaßen erleichtert. Relevant wird diese Option insbesondere dann, wenn sich herausstellt, dass die in den Anleihebedingungen vorgesehenen Anforderungen impraktikabel oder sogar unerfüllbar sind (Beispiel: zum Nachweis der Teilnahmeberechtigung ist in den Anleihebedingungen eine Bestätigung der Depotbank vorgesehen, die maßgebliche Banken nicht abzugeben bereit sind). Gläubiger können insofern keinen Vertrauensschutz geltend machen.

Die gemäß Abs 3 S 5 abzugebenden Voraussetzungen der Stimmabgabe betreffen **25** neben einer etwaigen Anmeldepflicht[41] Nachweise im Sinne von § 10 Abs 3 (s § 10 Rn 16 ff), den Abstimmungszeitraum (Abs 3 Sätze 1 und 2, s Rn 19) und die Form der Stimmabgabe (Abs 3 S 4, s Rn 21 ff).[42]

Anzugeben sind zudem die Anforderungen, die an den Nachweis einer wirksamen **26** Vertretung der Gläubiger gestellt werden. Über § 18 Abs 1 gilt § 14 Abs 2: Eine bei der Abstimmung verwandte Vollmacht bedarf der Textform; die Vollmacht an einen vom Schuldner benannten Stimmrechtsvertreter ist vom Schuldner drei Jahre nachprüfbar festzuhalten. Eine gesetzliche Regelung zum Nachweis der gesetzlichen Vertretungsmacht besteht nicht; für inländische Gläubiger genügt ein aktueller (unbeglaubigter) Handelsregisterauszug.[43] In der Praxis sehen Anleihebedingungen häufig Erleichterungen für den Nachweis organschaftlicher Vertretungsmacht sowie des Handels mit Prokura in der Form vor, dass Registerauszüge und ähnliche Nachweise für die Vertretungsmacht erbeten, aber nicht gefordert werden. Man möchte damit Dokumentationsaufwand ersparen, vor allem Gläubigern aus solchen Ländern, in denen kein dem deutschen Handelsregister vergleichbares Register besteht (in denen aber viele institutionelle Investoren angesiedelt sind, bspw. die USA, Jersey, Cayman Islands, etc.). Eine solche Nachweiserleichterung muss konsequenterweise auch auf die Frage ausstrahlen, ob der Abstimmende mit organschaftlicher (kein gesonderter Nachweis erforderlich) oder mit rechtsgeschäftlicher Vertretungsmacht (Vollmachtsurkunde in Textform vorzulegen) gehandelt hat – was für viele ausländische Jurisdiktionen nicht aus öffentlichen Quellen recherchierbar ist.

d) Sonstige gesetzlich vorgeschriebene Inhalte der Aufforderung. Über die in **27** § 18 Abs 3 genannten Inhalte hinaus muss die Aufforderung mindestens die folgenden Angaben enthalten: (i) die Firma und den Sitz des Schuldners (§§ 12 Abs 1, 18 Abs 1), (ii) die Tagesordnung (§§ 13 Abs 2 S 1, 18 Abs 1), (iii) Vorschläge zu den Gegenständen der Tagesordnung (§§ 13 Abs 1, 18 Abs 1). In § 12 Abs 1 ist die Angabe des Ortes der Gläubigerversammlung vorgesehen. Diese Angabe wird bei der Abstimmung ohne Versammlung durch die Angaben ersetzt, wo und wie die Gläubiger ihre Stimmen abzugeben haben (s dazu Rn 19, 23).[44]

---

40 Möglicherweise **aA** Veranneman/*Hofmeister* § 18 Rn 28, 28a; Friedl/Hartwig-Jacob/*Wöckener* § 18 Rn 32.

41 Eine Anmeldepflicht kann nach hM auch für die Abstimmung vorgesehen werden, Preuße/*Kirchner* § 18 Rn 16; Langenbucher/Bliesener/Spindler/*Bliesener/Schneider* § 10 Rn 6; **aA** *Otto* DNotZ **2012** 809, 821, allerdings ohne nähere Begründung.

42 Heidel/*Müller* § 18 Rn 2.

43 Zur Hauptversammlung einer AG vgl MüKoAktG/*Kubis* § 123 Rn 43.

44 Langenbucher/Bliesener/Spindler/*Bliesener/Schneider* § 18 Rn 7a; Hopt/Seibt/*v. Wissel/Diehn* § 18 Rn 95.

28 **e) Weitere Inhalte der Aufforderung.** Würde sich eine Aufforderung auf den gesetzlich vorgeschriebenen Inhalt beschränken, wäre sie für die Gläubiger aus sich heraus kaum verständlich bzw angemessen zu beurteilen. Dieser Befund wiegt umso schwerer, als anders als bei der Gläubigerversammlung keine Aussprache unter Beteiligung aller Teilnehmer stattfindet, bei der sich Informationslücken unkompliziert schließen lassen. Gläubiger, insbesondere institutionelle Marktteilnehmer, deren Zeitbudget für die Analyse einer Aufforderung zur Stimmabgabe begrenzt ist, dürften so kaum zur Teilnahme motiviert werden. Da der Auffordernde aber das Teilnahmequorum des § 18 Abs 4 S 2 iVm § 15 Abs 3 S 1 erreichen möchte (s Rn 49), werden die Aufforderungen in der Praxis in aller Regel deutlich ausführlicher gestaltet. Auch wenn insofern keine rechtliche Verpflichtung besteht,[45] sind Angaben zu den folgenden Punkten jedenfalls empfohlen:[46] (i) Benennung des Auffordernden, (ii) Bezeichnung der Schuldverschreibung (ggf. unter Angabe von ISIN- oder WKN-Nummern), (iii) Benennung des Abstimmungsleiters, (iv) Angabe der Internetseite, auf der die Gläubiger die in § 12 Abs 3 bestimmten Informationen finden, (v) Angaben zu Beschlussfähigkeit und erforderlichen Beschlussmehrheiten, (vi) rechtliche und wirtschaftliche[47] Folgen der angestrebten Beschlüsse bzw ihrer Nichtfassung, mit anderen Worten: ein Bericht zu den Gründen für die vorgeschlagenen Beschlüsse, (vi) Hinweise zur Möglichkeit, Ergänzungsverlangen und Gegenanträge zu stellen (s dazu Rn 34 f).

29 **f) Finanzielle Anreize für Abstimmungsbeteiligung?** In der Praxis scheitern Abstimmungen ohne Versammlungen nicht selten daran, dass das Teilnahmequorum verfehlt wird (s Rn 49). Die notwendige Beschlussmehrheit ist demgegenüber die niedrigere Hürde, nicht zuletzt deswegen, weil sich der zur Abstimmung Auffordernde – in der Regel der Schuldner – im Vorfeld typischerweise mit wesentlichen Gläubigern abstimmt und ein Vorhaben, dass in diesem Stadium nicht die notwendige Unterstützung findet, nicht weiter verfolgt. Vor diesem Hintergrund ist es für den Auffordernden häufig günstiger, wenn sich ein Gläubiger mit negativem Votum an der Abstimmung beteiligt, als wenn der Gläubiger der Abstimmung fernbleibt. Um möglichst viele Gläubiger zur Teilnahme zu motivieren, lobt der Schuldner in der Aufforderung zur Stimmabgabe zuweilen eine Barzahlung für alle abstimmenden Gläubiger aus.[48] Einige institutionelle Gläubiger fordern zuweilen sogar eine solche Beteiligungsprämie zur Honorierung des bei ihnen durch die Abstimmung ausgelösten Verwaltungsaufwands (zur Zulässigkeit eines solchen finanziellen Anreizes s § 6 Rn 22 ff).

30 Ein seiner Ausgestaltung nach zulässiger Beteiligungsanreiz muss nicht unbedingt bereits in der Aufforderung zur Abstimmung enthalten sein. Der Schuldner kann die Zahlung auch zu einem späteren Zeitpunkt ausloben, beispielsweise wenn Rückmeldungen von Gläubigern nahelegen, dass der angestrebte Beschluss ohne eine Beteiligungsprämie zu scheitern droht. Die Auslobung ist sogar noch während des Abstimmungszeitraums möglich, wenn auch diejenigen begünstigt werden, die zum Zeitpunkt der Auslobung ihre Stimme bereits abgegeben haben, und zwar unabhängig vom Inhalt ihrer Stimmabgabe.

---

45 Hopt/Seibt/*v. Wissel/Diehn* § 18 Rn 70 ff sprechen von „Erfordernissen"; wobei unklar bleibt, ob sie die zusätzlichen Angaben für rechtlich oder nur praktisch geboten halten.

46 Ausführlich Hopt/Seibt/*v. Wissel/Diehn* § 18 Rn 71 ff, an deren Kommentierung sich die folgende Zusammenfassung orientiert.

47 **AA** Hopt/Seibt/*v. Wissel/Diehn* § 18 Rn 92, die dafür votieren, dass die wirtschaftlichen Auswirkungen innerhalb des Auskunftsrechts diskutiert werden. Es liegt aber im Interesse des Auffordernden, bilaterale Dialoge möglichst entbehrlich zu machen.

48 Ausführlich *Schnorbus/Ganzer* WM **2014** 155, 157.

3. Form. Für die Form der Aufforderung gelten über § 18 Abs 1 die Bestimmungen zur Einberufung in § 12 Abs 2 entsprechend: Die Aufforderung ist unverzüglich im Bundesanzeiger öffentlich bekannt zu machen. Sofern die Anleihebedingungen zusätzliche Formen der öffentlichen Bekanntmachung vorsehen, sind auch diese Formen einzuhalten.[49] Zudem sind gemäß § 12 Abs 3 die Einberufung und die genauen Bedingungen, von denen die Teilnahme an der Gläubigerversammlung und die Ausübung des Stimmrechts abhängen, vom Tag der Einberufung an bis zum Tag der Gläubigerversammlung im Internet unter der Adresse des Schuldners oder, wenn eine solche nicht vorhanden ist, unter der in den Anleihebedingungen festgelegten Internetseite den Gläubigern zugänglich zu machen. 31

Die Aufforderung zur Stimmabgabe ist in derselben Sprache abzufassen wie die Anleihebedingungen. Bei international gestreuten Schuldverschreibungen, deren Bedingungen auf Deutsch formuliert sind, ist die Bereitstellung einer englischen Übersetzung üblich und sinnvoll[50], wenn auch rechtlich nicht geboten. 32

4. Wiederholung der Abstimmung? Führt die Abstimmung nicht zu dem von dem Auffordernden angestrebten Beschluss – sei es, dass das Quorum zur Beschlussfähigkeit nicht erreicht wurde, sei es, dass die erforderliche Mehrheit verfehlt wurde –, stellt sich die Frage, ob der Auffordernde erneut eine Abstimmung ohne Versammlung einleiten kann, die denselben Beschlussvorschlag zum Gegenstand hat. Für den Fall, dass die erste Beschlussfassung an der mangelnden Beschlussfähigkeit gescheitert ist, kann der Abstimmungsleiter eine Gläubigerversammlung als eine „zweite Versammlung" im Sinne von § 15 Abs 3 S 3 mit einem reduzierten Quorum einberufen (§ 18 Abs 4 S 2; s dazu Rn 50). Diese Möglichkeit verbietet aber nicht, erneut zu einer „ersten Abstimmung" aufzufordern. Auch dann, wenn eine Beschlussfähigkeit am Mehrheitserfordernis gescheitert ist, muss eine Wiederholung der Abstimmung grundsätzlich möglich sein. Allerdings wäre eine erneute Aufforderung rechtsmissbräuchlich, wenn sich die maßgeblichen Umstände seit der letzten Abstimmung nicht geändert haben, es also keinen Anlass gibt zu vermuten, dass das Ergebnis der Abstimmung diesmal anders ausfallen würde. Der Schuldner, der die Kosten der Abstimmung gemäß § 18 Abs 6 Halbsatz 1 zu tragen hat, wird dies im eigenen Interesse sorgfältig prüfen; ihm kommt dabei eine Einschätzungsprärogative zu. Für den gemeinsamen Vertreter und Gläubiger, die gemäß § 18 Abs 1 iVm § 9 Abs 1 erneut zur Abstimmung auffordern möchten, fehlt die Kostenlast als Entscheidungskorrektiv, so dass ein strengerer Maßstab angelegt werden sollte (s § 9 Rn 49 ff).[51] 33

VI. Ergänzungs- und Gegenanträge (Absatz 1 iVm § 13 Absatz 3 und 4)

Gläubiger, deren Schuldverschreibungen zusammen 5 % der ausstehenden Schuldverschreibungen erreichen, können gemäß § 18 Abs 1 iVm § 13 Abs 3 auch im Vorfeld einer Abstimmung ohne Versammlung Ergänzungsanträge stellen.[52] Die neuen Beschlussgegenstände müssen gemäß § 13 Abs 3 S 2 spätestens am dritten Tag vor dem Beginn des Abstimmungszeitraums bekannt gemacht sein (zu Einzelheiten s § 13 Rn 18 ff). Für den 34

49 Hopt/Seibt/*v. Wissel/Diehn* § 18 Rn 143.
50 Hopt/Seibt/*v. Wissel/Diehn* § 18 Rn 135.
51 Zu der parallelen Diskussion zu § 122 s MüKoAktG/*Kubis* § 122 Rn 20.
52 *Bertelmann/Schönen* ZIP **2014** 353, 354; Veranneman/*Hofmeister* § 18 Rn 13a; Friedl/Hartwig-Jacob/*Wöckener* § 18 Rn 9; Hopt/Seibt/*v. Wissel/Diehn* § 18 Rn 151.

Fall, dass der Auffordernde dem Ergänzungsverlangen nicht nachkommt, ordnet § 13 Abs 2 S 1 Halbsatz 2 die entsprechende Geltung von § 9 Abs 2 bis 4 an. Die Gläubiger können in diesem Fall also eine gesonderte Gläubigerversammlung einberufen oder zu einer gesonderten Abstimmung auffordern.[53]

35 Stellt ein Gläubiger vor Beginn des Abstimmungszeitraums einen Gegenantrag, ist dieser gemäß § 18 Abs 1 iVm § 13 Abs 4 unverzüglich im Internet zugänglich zu machen und zur Abstimmung zu stellen.[54] Die bloße Ankündigung eines Gegenantrags vor Beginn des Abstimmungszeitraums ist dagegen unbeachtlich, ebenso wie die Formulierung eines Gegenantrags zu einem Zeitpunkt, zu dem der Schuldner ihn trotz unverzüglichen Handelns nicht mehr vor dem Beginn des Abstimmungszeitraums im Internet zugänglich machen kann.[55]

VII. Auskunftspflicht des Schuldners (Absatz 1 iVm § 16 Absatz 1)?

36 Fraglich ist, ob § 16 Abs 1 über § 18 Abs 1 auf die Abstimmung ohne Versammlung anwendbar ist, so dass der Schuldner jedem Gläubiger zu Auskünften verpflichtet ist, soweit sie zur sachgemäßen Beurteilung eines Gegenstands der Tagesordnung oder eines Vorschlags zur Beschlussfassung erforderlich sind. Eine solche Pflicht wird zum Teil für die Dauer des Abstimmungszeitraums bejaht; der Schuldner könne beispielsweise ein für die Gläubiger zugängliches Internetforum schaffen, in dem an ihn herangetragene Fragen beantwortet werden.[56] Die Gegenauffassung weist auf die strukturellen Unterschiede der virtuellen Abstimmung zu einer Präsenzversammlung hin; bei der Abstimmung ohne Versammlung könne während des laufenden Abstimmungsverfahrens nicht sichergestellt werden, dass die erfragten Informationen allen Gläubigern vor ihrer Stimmabgabe zur Kenntnis gelangen.[57] Dem ist zuzustimmen. Falls Gläubiger ergänzende Informationen für entscheidungsrelevant und eine Abstimmung ohne Versammlung daher für ihre Willensbildung für ungeeignet halten, bleibt ihnen nur, den angestrebten Beschluss durch ihr Abstimmungsverhalten (Nichtteilnahme oder Ablehnung) scheitern zu lassen und so auf die Durchführung einer Gläubigerversammlung hinzuwirken.[58] *v. Wissel/Diehn* lehnen ein Auskunftsrecht während des Abstimmungszeitraums ab, bejahen es aber für den Zeitraum der Aufforderung zur Abstimmung bis zum Beginn des Abstimmungszeitraums.[59] Diesem Vorschlag ist nicht zu folgen; er überdehnt die entsprechende Anwendung von § 16 Abs 1, der nur ein Auskunftsrecht während, aber nicht vor der Gläubigerversammlung eröffnet.

---

53 Hopt/Seibt/*v. Wissel/Diehn* § 18 Rn 152.

54 Ausführlich *Bertelmann/Schönen* ZIP **2014** 353, 355 f; Veranneman/*Hofmeister* § 18 Rn 13b; Friedl/Hartwig-Jacob/*Wöckener* § 18 Rn 9; Hopt/Seibt/*v. Wissel/Diehn* § 18 Rn 154.

55 *Bertelmann/Schönen* ZIP **2014** 353, 355 ff; Veranneman/*Hofmeister* § 18 Rn 13b; Friedl/Hartwig-Jacob/*Wöckener* § 18 Rn 9 scheinen demgegenüber auf den Beginn des Abstimmungszeitraums selbst abzustellen. Der *Arbeitskreis Reform des Schuldverschreibungsrechts* ZIP **2014** 845, 847, 854 möchte *de lege ferenda* die Drei-Tage-Frist des § 13 Abs 3 S 2 für Ergänzungsanträge auch auf Gegenanträge anwenden.

56 Friedl/Hartwig-Jacob/*Wöckener* § 18 Rn 21; Preuße/*Kirchner* § 18 Rn 28.

57 Ausführlich *Bertelmann/Schönen* ZIP **2014** 353, 358 ff; Heidel/*Müller* § 18 Rn 5; Langenbucher/Bliesener/Spindler/*Bliesener/Schneider* § 18 SchVG Rn 21 f; Veranneman/*Hofmeister* § 18 Rn 15. Der *Arbeitskreis Reform des Schuldverschreibungsrechts* ZIP **2014** 845, 847, 853 ff plädiert *de lege ferenda* für einen Ausschluss einer Auskunftspflicht.

58 Ähnlich Heidel/*Müller* § 18 Rn 5.

59 Vgl Hopt/Seibt/*v. Wissel/Diehn* § 18 Rn 170 ff; ebenso in einer hilfsweisen Überlegung *Bertelmann/Schönen* ZIP **2014** 353, 359 f, die ein Auskunftsrecht *de lege lata* aber ablehnen (s Fn 57).

Von einer Auskunftspflicht zu sondern ist die Frage, ob der Schuldner berechtigt ist, Fragen einzelner Gläubiger zu beantworten, die diese vor oder während des Abstimmungszeitraums an ihn richten. Die Frage ist zu bejahen; das SchVG schränkt die Kommunikation zwischen dem Schuldner und seinen Gläubigern nicht ein. Die Bekanntmachung einer Aufforderung zur Abstimmung ändert daran nichts. Falls der Schuldner allerdings Fragen einzelner Gläubiger beantwortet, spricht im Sinne der Gleichbehandlung der Gläubiger viel für die Übertragung des Rechtsgedankens aus § 131 Abs 4 S 1 AktG, dass in diesem Fall auch jeder andere Gläubiger dieselbe Auskunft vom Schuldner verlangen kann. 37

VIII. Stimmberechtigung, Teilnehmerverzeichnis (Absatz 4 Satz 1)

1. Stimmberechtigung. § 18 Abs 4 S 1 Halbsatz 1 verpflichtet den Versammlungsleiter, die Berechtigung zur Stimmabgabe anhand der eingereichten Nachweise festzustellen. Die Maßstäbe für die Prüfung der Stimmberechtigung entsprechen jenen für den Leiter einer Gläubigerversammlung, der die Teilnahmeberechtigung der Erschienenen festzustellen hat (s dazu § 15 Rn 19 ff).[60] Orientierung bieten auch die Maßstäbe, die für die Prüfung der Teilnahmeberechtigung an der Hauptversammlung einer Aktiengesellschaft durch den Versammlungsleiter entwickelt worden sind.[61] Das bedeutet insbesondere, dass sich der Abstimmungsleiter hinsichtlich der Authentizität der ihm übermittelten Stimmen auf eine Plausibilitätsprüfung beschränken kann.[62] 38

Es ist theoretisch denkbar, dass ein Gläubiger das Stimmrecht aus einer Schuldverschreibung ausübt und sie noch während des Abstimmungszeitraums veräußert, so dass auch der Erwerber der Schuldverschreibung noch an der Abstimmung teilnehmen kann. Die Anleihebedingungen können eine solche Verdoppelung des Stimmrechts auf verschiedene Weise vermeiden, beispielsweise indem sie eine Anmeldepflicht, ein Record Date[63] (entsprechend § 123 Abs 4 S 2 AktG; s § 10 Rn 20) oder einen „Sperrvermerk" in dem besonderen Nachweis des depotführenden Instituts vorsehen, also die Bestätigung der Depotbank, dass über die fraglichen Schuldverschreibungen bis zum Ende der Abstimmungszeitraum nicht verfügt werden kann.[64] Sofern die Anleihebedingungen die Möglichkeit der Mehrfachabstimmung nicht sicher ausschließen, hat der Abstimmungsleiter weder die Pflicht noch die Befugnis, diese Lücke zu füllen.[65] 39

a) Anmeldung. Gemäß § 10 Abs 2 können Anleihebedingungen die Teilnahme an einer Gläubigerversammlung oder die Ausübung der Stimmrechte davon abhängig machen, dass sich die Gläubiger vor der Versammlung anmelden. Mangels einer eigenständigen Regelung gilt diese Option für die Abstimmung ohne Versammlung über § 18 Abs 1 entsprechend (näher dazu Fn 41). Falls Anleihebedingungen vorsehen, dass die Gläubiger 40

---

60 Zu den entsprechend anwendbaren Grundsätzen für die Prüfung der Teilnahmeberechtigung bei der Hauptversammlung einer Aktiengesellschaft vgl MüKoAktG/*Kubis* § 123 Rn 41 ff.

61 Vgl MüKoAktG/*Kubis* § 123 Rn 41 ff.

62 So zur Prüfung der Authentizität von Online-Aktionären MüKoAktG/*Kubis* § 123 Rn 42.

63 Dass das SchVG anders als § 123 Abs 4 kein Record Date vorsieht, schließt nicht aus, dass die Anleihebedingungen ein solches vorsehen. Ausführlich mit Nachweis der Gegenauffassung *Mühe* BKR **2017** 50, 52 f.

64 Die ersten beiden Beispiele auch bei Veranneman/*Hofmeister* § 18 Rn 33.

65 Im Ergebnis ebenso Hopt/Seibt/*v. Wissel*/*Diehn* § 18 Rn 183. **AA** Veranneman/*Hofmeister* § 18 Rn 33, nach welchem der Abstimmungsleiter „Vorkehrungen" zu treffen habe, ohne die realen Möglichkeiten des Abstimmungsleiters zu problematisieren.

ihre Teilnahme an der Abstimmung bei der einberufenden Partei – also in der Regel dem Schuldner – anzumelden haben, ist der Einberufende verpflichtet, die Anmeldungen an den Abstimmungsleiter weiterzuleiten und ihm ergänzende Auskünfte zu erteilen, insbesondere zu dem Zeitpunkt, zu dem ihm die jeweiligen Anmeldungen zugegangen sind. Der Abstimmungsleiter hat die Anmeldungen daraufhin zu würdigen, ob sie den in den Anleihebedingungen bestimmten Voraussetzungen genügen. Für die Frage der Rechtzeitigkeit der Anmeldungen kann er sich grundsätzlich auf die Angaben des Schuldners stützen. Um etwaige Manipulationen des Einberufenden durch die Zulassung verspäteter Anmeldungen zu erschweren, sollte der Abstimmungsleiter darauf drängen, die Anmeldungen jeweils nach Eingang, spätestens zeitnah nach dem Ende der Anmeldefrist zu erhalten.

41 **b) Nachweis zur Stimmberechtigung.** Wie ein Gläubiger seine Berechtigung zur Stimmabgabe nachzuweisen hat, ist für die Abstimmung ohne Versammlung nicht eigens geregelt. Über § 18 Abs 1 findet daher § 10 Abs 3 S 1 Anwendung, der diese Frage dem Regelungsbereich der Anleihebedingungen zuordnet (s dazu § 10 Rn 16ff). Für den Fall, dass die Anleihebedingungen keine eigene Regelung treffen – was sie in der Praxis jedoch in der Regel tun –, ergibt sich aus § 10 Abs 3 S 2, dass die Berechtigung zur Teilnahme an einer Abstimmung ohne Versammlung im Fall von sammelverbrieften Schuldverschreibungen durch einen in Textform erstellten besonderen Nachweis des depotführenden Instituts[66] nachzuweisen ist. Die zu dem aktienrechtlichen Pendant des § 123 Abs 4 AktG entwickelten Grundsätze gelten entsprechend: Dem Bestandsnachweis kommt umfassende Legitimations- und Liberationswirkung zu, so dass der Besitzer einer solchen Bankbescheinigung grundsätzlich zur Abstimmung zuzulassen ist.[67] Wer die Depotbank zur Ausstellung eines besonderen Nachweises veranlassen kann, für den streitet eine Vermutung zugunsten seiner Vertretungsmacht; solcherart kann der Bestandsnachweis einen Nachweis der Vertretungsmacht ersparen. Das ist hilfreich, weil der Abstimmungsleiter in der Praxis nur selten eine lückenlose Dokumentation der organschaftlichen oder rechtsgeschäftlichen Vertretungsverhältnisse erhält, insbesondere nicht von Gläubigern, die in Ländern ansässig sind, die kein dem deutschen Handelsregister entsprechendes Register führen. Generell gilt, dass sich der Abstimmungsleiter hinsichtlich der Authentizität der ihm übermittelten Stimmen grundsätzlich auf eine Plausibilitätsprüfung beschränken kann.[68] Ist eine Depotbank selbst Gläubigerin, kann sie die Bankbescheinigung in eigener Sache ausstellen.[69]

42 **c) Insbesondere: Prüfung der Vertretungsmacht.** Zu den Nachweisanforderungen für Fälle gesetzlicher bzw organschaftlicher Vertretung einerseits und solchen rechtsgeschäftlicher Vertretung andererseits s Rn 26. Fehlt eine Vollmacht oder ist die organschaftliche Vertretungsmacht des Abstimmenden oder Vollmachtgebers nicht mit geeigneten Unterlagen nachgewiesen, ist der Abstimmungsleiter nicht verpflichtet, den Gläubiger zu kontaktieren und ihn zur Nachbesserung aufzufordern. Sehen Anleihebedingungen Erleichterungen für den Nachweis organschaftlicher Vertretungsmacht sowie des Handels mit Prokura vor, indem Registerauszüge und ähnliche Nachweise für die Vertretungsmacht erbeten, aber nicht gefordert werden, muss diese Nachweiserleichterung konsequenterweise auf die Frage ausstrahlen, ob der Abstimmende mit organ-

66 S zu dem Begriff MüKoAktG/*Kubis* § 123 Rn 31.
67 Vgl § 15 Rn 18; zur AG MüKoAktG/*Kubis* § 123 Rn 45.
68 So zur Prüfung der Authentizität von Online-Aktionären MüKoAktG/*Kubis* § 123 Rn 42.
69 So auch *Mühe* BKR **2017** 50, 52 mit ausführlicher Begründung.

schaftlicher (kein gesonderter Nachweis erforderlich) oder mit rechtsgeschäftlicher Vertretungsmacht (Vollmachtsurkunde in Textform vorzulegen) gehandelt hat – was für viele ausländische Jurisdiktionen nicht aus öffentlichen Quellen recherchierbar ist. Zu Abrufen aus dem Handelsregister ist der Abstimmungsleiter nicht verpflichtet, erst recht nicht zur Recherche in ausländischen Registern. Wird erkennbar in Vollmacht abgestimmt, kann er eine Stimme nur berücksichtigen, wenn eine Vollmachtsurkunde vorgelegt wird. Ist eine Vollmachtsurkunde übermittelt, gilt eine in den Abstimmungsbedingungen vorgesehene Beweiserleichterung der organschaftlichen Vertretungsmacht auch für die Legitimation des Vollmachtgebers.

2. Teilnehmerverzeichnis. Gemäß § 18 Abs 4 S 1 Halbsatz 2 erstellt der Notar ein Verzeichnis der stimmberechtigten Gläubiger. Näheres ist zum Teilnehmerverzeichnis einer Abstimmung ohne Versammlung nicht geregelt. Über den Verweis in § 18 Abs 1 sind daher die Bestimmungen in § 15 Abs 2 ergänzend heranzuziehen. Demnach hat das Verzeichnis die erschienenen – lies: teilnehmenden – oder durch Bevollmächtigte vertretenen Gläubiger aufzuführen. Diese Gläubiger sind unter Angabe ihres Namens, Sitzes oder Wohnorts sowie der Zahl der von jedem vertretenen Stimmrechte aufzuführen (s dazu § 15 Rn 59 ff). Schließlich ist das Verzeichnis in entsprechender Anwendung des § 15 Abs 2 S 3 Halbsatz 1 vom Abstimmungsleiter zu unterschreiben. **43**

Das Teilnehmerverzeichnis ist allen Gläubigern unverzüglich zugänglich zu machen, § 15 Abs 2 S 3 Halbsatz 2 (s dazu § 15 Rn 63 ff). **44**

IX. Durchführung der Abstimmung

§ 18 Abs 3 S 2 formuliert, dass die Gläubiger ihre Stimmen während des Abstimmungszeitraums gegenüber dem Abstimmungsleiter abgeben. Die „Abgabe" der Stimmen ist nicht im Sinne von § 130 Abs 1 S 1 BGB als Gegenbegriff zum Zugang einer Willenserklärung zu verstehen, vielmehr kommt es auf den Zugang der Stimmen bei dem Abstimmungsleiter während des Abstimmungszeitraums an.[70] Das Risiko des Zugangs innerhalb des Abstimmungszeitraums trägt der Gläubiger.[71] Nach der Regierungsbegründung zum SchVG[72], der sich die Literatur angeschlossen hat,[73] bleibt nicht nur eine verspätet zugegangene Stimme unberücksichtigt, sondern auch eine solche, die dem Abstimmungsleiter vor Beginn des Abstimmungszeitraums zugeht. **45**

Eine verfrüht oder in sonstiger Weise unwirksam abgegebene Stimme kann während des Abstimmungszeitraums erneut abgegeben werden. Der Abstimmungsleiter ist aber nicht verpflichtet, sich an den betreffenden Gläubiger zu wenden, um ihn auf die Unwirksamkeit der bisherigen Stimmabgabe und die Möglichkeit einer zweiten Stimmabgabe aufmerksam zu machen.[74] Unschädlich ist es, wenn Gläubiger ihre Stimmen vor Beginn des Abstimmungszeitraums einem Boten übergeben, der die Stimmen sammelt und nach Beginn des Abstimmungszeitraums an den Abstimmungsleiter weiterreicht. **46**

70 Preuße/*Kirchner* § 18 Rn 21; Friedl/Hartwig-Jacob/*Wöckener* § 18 Rn 26.
71 BT-Drucks. 16/12814 S 24 (zu § 18).
72 Vgl BT-Drucks. 16/12814 S 24 (zu § 18).
73 Vgl statt aller Veranneman/*Hofmeister* § 18 Rn 21 (mit einleuchtender Argumentation). *Mühe* (BKR **2017** 50, 54) kritisiert diese Rechtslage.
74 **AA** zum Nachweis der Gläubigerstellung unter Verweis auf ein „gleichberechtigtes Abstimmungsverfahren" *Mühe* BKR **2017** 50, 53. Der Abstimmungsleiter ist kein Berater der Gläubiger, die jeweils selbst für die Einhaltung der Vorgaben verantwortlich sind, damit ihre Stimme gezählt werden kann.

Dieser Bote kann auch der Schuldner bzw ein von dem Schuldner beauftragter Dienstleister sein.[75]

47 Bei der Stimmauszählung sind stets alle Ja- und Nein-Stimmen sowie die Enthaltungen zu erfassen und zu dokumentieren.[76] Es wird also stets im Additionsverfahren abgestimmt. Wenn derselbe Gläubiger während des Abstimmungszeitraums zweimal oder häufiger über denselben Beschlussantrag abstimmt, soll nur die erste Stimmabgabe zu berücksichtigen sein.[77] Dem ist im Hinblick auf die Wertung des § 130 Abs 1 S 2 BGB grundsätzlich zuzustimmen. Allerdings ist die zweite (rechtzeitige) Stimmabgabe zu berücksichtigen, wenn der Gläubiger seine erste Stimmabgabe gegenüber dem Notar etwa wegen eines Erklärungsirrtums (§ 119 Abs 1 Alt 2 BGB) anficht.[78] Im Falle der widersprüchlichen Stimmabgabe eines Gläubigers über einen Antrag und einen Gegenantrag, bei der sich der Erklärungswille des Gläubigers nicht durch Auslegung ermitteln lässt – zu einer Nachfrage bei dem Gläubiger ist der Abstimmungsleiter nicht verpflichtet –, sind die Stimmen des betreffenden Gläubigers nicht zu berücksichtigen.[79]

48 *Mühe* legt zutreffend dar, dass der Versammlungsleiter berechtigt ist, dem Schuldner sowie Gläubigern während des Abstimmungszeitraums Auskunft über den Abstimmungsstand zu geben.[80] Es besteht kein gesetzliches Verbot für derartige Auskünfte; sie können im Gegenteil förderlich sein, um die Beteiligung an der Abstimmung zu erhöhen[81] bzw eine zweite Versammlung frühzeitig vorbereiten zu können.[82]

X. Beschlussfähigkeit (Absatz 4 Satz 2)

49 **1. Ermittlung der Beschlussfähigkeit.** § 18 Abs 4 S 2 setzt für die Abstimmung Beschlussfähigkeit voraus, ohne sie zu definieren. Hierfür ist über § 18 Abs 1 auf § 15 Abs 3 S 1 zurückgreifen, der die Beschlussfähigkeit für die Gläubigerversammlung regelt. Vorausgesetzt ist demnach, dass die Teilnehmer wertmäßig mindestens die Hälfte der ausstehenden Schuldverschreibungen vertreten. Fraglich ist, ob die Beschlussfähigkeit stets anhand der Zahl der abgegebenen Stimmen zu ermitteln ist[83] oder dann, wenn sich die Gläubiger für die Abstimmung anmelden mussten, anhand der Anmeldungen[84] (so dass auch solche Gläubiger zur Beschlussfähigkeit beitragen, die trotz vorheriger Anmeldung später keine Stimmen abgeben). Die Nähe des § 18 Abs 4 S 1, nach welchem das Verzeichnis der stimmberechtigten Gläubiger anhand der eingereichten Nachweise zu erstellen ist, zu seinem Folgesatz, der die Folge einer fehlenden Beschluss-

---

75 *Mühe* BKR **2017** 50, 52 spricht ungenau von Stimmrechtsvertretern. Der in der Praxis zuweilen zwischengeschaltete Dienstleister („Tabulation Agent“) gibt aber keine eigenen Erklärungen ab, sondern leitet nur die Stimmen der Gläubiger gebündelt weiter.

76 Preuße/*Kirchner* § 18 Rn 29.

77 Veranneman/*Hofmeister* § 18 Rn 33; Langenbucher/Bliesener/Spindler/*Bliesener/Schneider* § 18 SchVG Rn 15.

78 Ein Widerruf wird überwiegend für unzulässig gehalten, vgl *Mühe* BKR **2017** 50, 55. Zum Meinungsstand bei der AG s MüKoAktG/*Schröer* § 133 Rn 26.

79 Veranneman/*Hofmeister* § 18 Rn 32a; Langenbucher/Bliesener/Spindler/*Bliesener/Schneider* § 18 Rn 15.

80 Vgl *Mühe* BKR **2017** 50, 56.

81 Eine möglichst breite Basis der Willensbildung dient der Legitimation des Abstimmungsergebnisses.

82 *Mühe* BKR **2017** 50, 56.

83 Veranneman/*Hofmeister* § 18 Rn 14; Langenbucher/Bliesener/Spindler/*Bliesener/Schneider* § 18 Rn 11.

84 Preuße/*Kirchner* § 18 Rn 27.

fähigkeit regelt, spricht für die zweite Auffassung, die die Anmeldungen für maßgeblich hält. Stellt man demgegenüber nur auf die abgegebenen Stimmen ab, sind auch Enthaltungen[85] und solche Stimmen mitzuzählen, die inhaltlich unwirksam sind (etwa weil sie unklar oder widersprüchlich abgegeben sind), nicht aber solche, die formell unwirksam sind (bspw. wegen einer verspäteten Anmeldung oder eines Vertretungsmangels).[86]

2. Gläubigerversammlung beim Verfehlen des Quorums. Die Wiederholung einer Abstimmung, die das Quorum verfehlt hat, kann mit reduzierter Mindestpräsenz nur in Form einer Gläubigerversammlung als sog. zweite Versammlung durchgeführt werden (§ 18 Abs 4 S 2 iVm § 15 Abs 3 S 3). Diese Versammlung ist generell beschlussfähig; lediglich für Beschlüsse, zu deren Wirksamkeit eine qualifizierte Mehrheit erforderlich ist, müssen die Anwesenden mindestens 25% der ausstehenden Schuldverschreibungen vertreten (s dazu § 15 Rn 76f). Für die Einberufung dieser Gläubigerversammlung ist gemäß § 18 Abs 4 S 2 der Abstimmungsleiter zuständig, welcher gemäß § 15 Abs 1 auch den Vorsitz in der von ihm einberufenen Gläubigerversammlung zu übernehmen hätte. Ein Teil der Literatur korrigiert diese Zuweisung für den Fall, dass ein Notar als Leiter einer vom Schuldner einberufenen Abstimmung agiert, und erklärt gemäß den §§ 18 Abs 1, 9 Abs 1 S 1 den Schuldner für zuständig, weil der Notar diese Rolle weder funktional noch logistisch sinnvoll erfüllen könne.[87] In der Tat gibt die Regierungsbegründung zum SchVG keinen Anhalt dafür, dass der Gesetzgeber die Folgen einer unterschiedslosen Zuweisung der Einberufungskompetenz an den Versammlungsleiter bedacht hat; es spricht daher viel dafür, dass es sich dabei um ein Redaktionsversehen handelt. Dennoch hält ein anderer Teil der Literatur den Wortlaut des § 18 Abs 4 S 2 für maßgeblich und damit den Notar für zuständig.[88] Bis zu einer höchstrichterlichen Entscheidung der Frage stellt es für die Praxis den sichersten Weg dar, wenn in der geschilderten Konstellation Schuldner und Notar gemeinsam zur zweiten Gläubigerversammlung einladen, um dem Zuständigkeitsstreit aus dem Weg zu gehen. Die sich gemäß § 15 Abs 1 anschließende Frage, wer die Gläubigerversammlung leitet, lässt sich mit diesem praktischen Behelf nicht vermeiden, weil eine „Doppelspitze" nicht zulässig wäre. Zur Möglichkeit des Schuldners, den Vorsitz der Gläubigerversammlung zu delegieren, bzw zur Möglichkeit der Gläubigersammlung, einen Versammlungsleiter zu wählen, s § 15 Rn 8. 50

XI. Niederschrift (Absatz 4 Satz 3)

Über jeden in einer Abstimmung ohne Versammlung gefassten Beschluss ist eine Niederschrift aufzunehmen, § 18 Abs 4 S 3 Halbsatz 1. Die Niederschrift ist Gültigkeitsvoraussetzung für die mit ihr dokumentierten Beschlüsse.[89] Gemäß § 18 Abs 4 S 3 51

85 AllgM, vgl nur *Preuße/Kirchner* § 18 Rn 27; *Veranneman/Hofmeister* § 18 Rn 14.
86 Ohne Differenzierung nach Gründen für die Berücksichtigung unwirksamer Stimmen Veranneman/*Hofmeister* § 18 Rn 14; Langenbucher/Bliesener/Spindler/*Bliesener/Schneider* § 18 Rn 11; Heidel/*Müller* § 18 SchVG Rn 4.
87 Veranneman/*Hofmeister* § 18 Rn 30; Preuße/*Kirchner* § 18 Rn 27; Hauschild/Kallrath/Wachter/*Reinhard* § 17 Rn 566.
88 Langenbucher/Bliesener/Spindler/*Bliesener/Schneider* § 18 Rn 11; Hopt/Seibt/*v. Wissel/Diehn* § 18 Rn 190. Ausführlich *Mühe* BKR **2017** 50, 55f, die überzeugend für eine Änderung der Rechtslage plädiert, ebenso *Arbeitskreis Reform des Schuldverschreibungsrechts* ZIP **2014** 845, 847, 854.
89 Langenbucher/Bliesener/Spindler/*Bliesener/Schneider* § 18 Rn 15; Preuße/*Kirchner* § 18 Rn 30.

Halbsatz 2 gilt § 16 Abs 3 Sätze 2 und 3 entsprechend. Nach § 16 Abs 3 S 2 ist die Niederschrift durch einen Notar aufzunehmen, wenn die Gläubigerversammlung im Inland stattfindet; bei einer Gläubigerversammlung im Ausland muss eine Niederschrift gewährleistet sein, die der Niederschrift durch einen Notar gleichwertig ist. § 16 Abs 3 S 3 verweist auf § 130 Abs 2 bis 4 AktG.

52 **1. Gegenstand der Niederschrift.** Gegenstand der Niederschrift sind die in der Abstimmung gefassten Beschlüsse. Kommt kein Beschluss zustande, weil das erforderliche Quorum verfehlt wird, bedarf es daher keiner Niederschrift.[90] Die Verfehlung des Quorums ergibt sich aus dem Teilnehmerverzeichnis, das der Abstimmungsleiter nach § 18 Abs 4 iVm 15 Abs 2 aufstellt und das allen Gläubigern zugänglich zu machen ist.[91]

53 **2. Niederschrift zwingend durch Notar?** Der Verweis in § 18 Abs 4 S 3 auf § 16 Abs 3 S 2 verlangt eine notarielle Niederschrift über die in einer Abstimmung ohne Versammlung gefassten Beschlüsse. Gleiches ergibt sich aus dem Verweis der §§ 16 Abs 3 S 3, 18 Abs 4 S 3 auf § 130 Absätze 2 und 4 AktG. Diese Verweise werden teilweise zu Redaktionsversehen erklärt; die Niederschrift soll nach dieser Auffassung vom Versammlungsleiter zu errichten sein.[92] Dies soll sich aus dem unterschiedlichen Wortgebrauch „Niederschrift aufnehmen" (§ 18 Abs 4 S 3) und „beurkunden" (§ 16 Abs 3 S 1, § 130 Abs 1 AktG) ergeben,[93] obwohl der Gesetzgeber in § 16 Abs 3 S 2 im Anschluss an S 1 zeigt, dass er die Begriffe synonym versteht. Inhaltlich wird angeführt, dass der Notar, der die Abstimmung nicht selbst geleitet habe, nicht in der Lage sei, die Stimmabgabe während des gesamten Abstimmungszeitraums zu verfolgen; hier sei der Abstimmungsleiter sachnäher.[94] Dieser Einwand ist richtig, greift aber nicht durch. Wenn ein Notar die Hauptversammlung einer Publikumsgesellschaft protokolliert, kann er auch nicht im Einzelnen prüfen, ob die Hilfskräfte des Versammlungsleiters Teilnehmer zu Recht oder zu Unrecht zu der Versammlung zulassen oder abweisen; entsprechend beschränken sich seine Pflichten bei der Stimmauszählung auf eine Evidenzprüfung und Stichproben, erst recht beim Einsatz von EDV.[95] Es gibt daher keinen überzeugenden Grund, von einem Redaktionsversehen auszugehen, wenn das SchVG sogar zweifach – in § 16 Abs 3 S 2 und durch den Verweis in § 16 Abs 3 S 3 auf § 130 Abs 2, 4 AktG – eine notarielle Niederschrift verlangt.

54 Da die Abstimmung ohne Versammlung nicht an einem bestimmten Ort stattfindet, sondern die Gläubiger ihre Stimmen gegenüber dem Abstimmungsleiter als einem Abwesenden abgeben, kann ein Notar die Abstimmung ohne Versammlung protokollieren, ohne dass die räumlichen Beschränkungen in den §§ 10a, 11 BNotO auf den Amtsbereich bzw den Amtsbezirk Bedeutung erlangen. Demnach ist insbesondere ohne Relevanz, ob sich der Sitz des Schuldners innerhalb des Amtsbereichs des beauftragten Notars befindet (zur Tätigkeit eines Notars als Abstimmungsleiter siehe bereits Rn 8).

55 **3. Notar als Abstimmungsleiter und Urkundsperson.** Wenn die Abstimmung von einem Notar geleitet wird, kann dieser die Niederschrift über die Abstimmung nach

---

90 Hopt/Seibt/*v. Wissel/Diehn* § 18 Rn 194.

91 Hopt/Seibt/*v. Wissel/Diehn* § 18 Rn 194.

92 Vgl *Maier-Reimer* NJW **2010** 1317, 1318 (zu § 130 AktG); Hopt/Seibt/*v. Wissel/Diehn* § 18 Rn 197 ff (zu § 16 Abs 3 S 2); im Ergebnis auch Friedl/Hartwig-Jacob/*Wöckener* § 18 Rn 35; offen *Otto* DNotZ **2012** 809, 822.

93 Hopt/Seibt/*v. Wissel/Diehn* § 18 Rn 199 f.

94 *Maier-Reimer* NJW **2010** 1317, 1318; Hopt/Seibt/*v. Wissel/Diehn* § 18 Rn 201.

95 Zu den Aufgaben des Notars in der Hauptversammlung vgl Hauschild/Kallrath/Wachter/*Haupt* § 17 Rn 350 ff.

allgM aufnehmen.[96] Einige Stimmen raten jedoch von dieser Praxis ab, weil der protokollierende Notar auf diese Weise seine Kontrollfunktion einbüße.[97] Indes bedarf der Notar als Leiter einer Abstimmung ohne Versammlung keiner Kontrolle. Er agiert als unparteiischer Amtsträger. Die Situation ist nicht mit der einer Hauptversammlung einer AG vergleichbar, die typischerweise vom Aufsichtsratsvorsitzenden geleitet wird. Die Legitimierung notariellen Handelns durch das Hinzuziehen eines zweiten Notars (oder eines Zeugen) stellt im Beurkundungsrecht einen Ausnahmefall dar (vgl §§ 22, 25, 29 BeurkG). Dem Schuldner ist es aber unbenommen, einen anderen Notar mit der Protokollierung zu beauftragen als den Notar, der die Abstimmung leitet.

4. Inländische oder ausländische Abstimmung. Aufgrund des Verweises des § 18 Abs 4 S 3 auf § 16 Abs 3 S 2 hängt die Frage, wer die Niederschrift aufzunehmen hat, davon ab, ob die Abstimmung ohne Versammlung im Inland oder im Ausland stattfindet. Im ersten Fall ist sie durch einen (deutschen) Notar aufzunehmen, im zweiten Fall durch einen gleichwertigen ausländischen Funktionsträger (s § 16 Rn 59). Allerdings gibt es bei der Abstimmung ohne Versammlung keinen Versammlungsort (s Rn 24). Zur Differenzierung zwischen In- und Ausland wird vorgeschlagen, auf den Geschäfts- bzw Wohnsitz des Abstimmungsleiters abzustellen.[98] Vorzugswürdig erscheint die (postalische) Adresse, die in der Aufforderung für die Stimmabgabe angegeben ist, als ein eindeutiges und für die Gläubiger transparentes Abgrenzungskriterium. Sie wird im Regelfall mit dem Geschäfts- bzw Wohnsitz des Abstimmungsleiters zusammenfallen. 56

5. Inhalt der Niederschrift. Für den Inhalt der Niederschrift einer Abstimmung ohne Versammlung gelten über die Verweise in §§ 16 Abs 3 S 3, 18 Abs 4 die Bestimmungen in § 130 Absätze 2 bis 4 AktG. Die Niederschrift ist als Tatsachenprotokoll im Sinne der §§ 36 f BeurkG zu errichten. Allerdings protokolliert der Notar, der selbst Abstimmungsleiter ist, nicht seine Wahrnehmungen von der Versammlungsleitung eines Dritten, sondern seine eigenen Feststellungen.[99] Statt Ort und Tag der Verhandlung (§ 130 Abs 2 S 1 AktG) ist bei der Abstimmung ohne Versammlung der Zeitraum anzugeben, innerhalb dessen die Stimmen abgegeben werden konnten. Im Übrigen gelten dieselben Grundsätze wie bei der Niederschrift einer Gläubigerversammlung (s § 16 Rn 60 ff). Allerdings kann bei Schuldverschreibungen, die im regulierten Markt gehandelt werden und damit analog § 3 Abs 2 AktG börsennotiert sind, von der beschränkten Beschlussfeststellung gemäß § 130 Abs 2 S 3 AktG kein Gebrauch gemacht werden, weil keine Gläubiger anwesend sind, die eine umfassende Feststellung verlangen könnten.[100] Zusätzlich zu dem Mindestinhalt der Niederschrift gemäß § 130 Absätze 2 bis 4 AktG sind alle unmittelbar für die Wirksamkeit der Beschlüsse relevanten Umstände zu vermerken.[101] 57

6. Sprache der Niederschrift. Die Niederschrift wird in aller Regel auf Deutsch abgefasst. Notwendig ist dies aber nicht. Wenn die Anleihebedingungen und die Aufforde- 58

---

96 *Otto* DNotZ **2012** 809, 821 f (mit Verweis auf den ähnlichen Fall, in dem ein Notar eine Versteigerung leitet); *Mühe* BKR **2017** 50, 55. Veranneman/*Hofmeister* § 18 Rn 34; Preuße/*Kirchner* § 18 Rn 32 und *Cagalj* Restrukturierung von Anleihen S 288 f, von *Mühe* (BKR **2017** 50, 55) als Gegenstimme gewertet, kritisieren lediglich die Rechtslage.

97 Preuße/*Kirchner* § 18 Rn 32. Ihr tritt *Otto* (DNotZ **2012** 809, 821) überzeugend entgegen.

98 Veranneman/*Hofmeister* § 18 Rn 34.

99 *Maier-Reimer* NJW **2010** 1317, 1318.

100 *Otto* DNotZ **2012** 809, 822.

101 Weiter wohl Hopt/Seibt/*v. Wissel/Diehn* § 18 Rn 205; zum Meinungsstand zur Protokollierung der Hauptversammlung einer AG s Hauschild/Kallrath/Wachter/*Haupt* § 17 Rn 462 ff.

rung zur Stimmabgabe in einer Fremdsprache verfasst sind, kann – und sollte – die Niederschrift ebenfalls in dieser Sprache verfasst werden. Ist Abstimmungsleiter ein Notar, gilt grundsätzlich § 5 Abs 2 BeurkG: Damit der Notar eine Urkunde in einer anderen Sprache als Deutsch errichten kann, müssen die Beteiligten dies verlangen. Da die Gläubiger bei einer Abstimmung ohne Versammlung nicht anwesend sind, ist der Wunsch des Abstimmungsleiters[102] oder – falls der Notar selbst als Abstimmungsleiter fungiert (s Rn 7) – der Wunsch des den Notar beauftragenden Schuldners maßgeblich.

59 **7. Korrektur der Niederschrift.** Der Notar kann seine Niederschrift einer Abstimmung ohne Versammlung ohne weiteres bis zu dem Zeitpunkt inhaltlich ändern, zu dem er sich der errichteten Urkunde entäußert hat.[103] Für die Korrektur der Niederschrift – die als Protokoll der Wahrnehmungen des Notars eine Tatsachenurkunde iSv § 36 BeurkG ist (s Rn 12) – gilt § 44a Abs 2 BeurkG.[104] Nach Satz 1 der Vorschrift kann der Notar offensichtliche Unrichtigkeiten auch nach Abschluss der Niederschrift durch einen von ihm zu unterschreibenden Nachtragsvermerk richtigstellen. Ergibt sich im Übrigen nach Abschluss der Niederschrift die Notwendigkeit einer Änderung oder Berichtigung, sieht Satz 3 vor, dass der Notar hierüber eine besondere Niederschrift aufzunehmen hat. § 44a Abs 2 BeurkG sieht für Korrekturen nach Abschluss der Niederschrift eine zeitliche Beschränkung weder für offensichtliche Unrichtigkeiten noch für andere Unrichtigkeiten vor.[105]

60 **8. Rechtsfolgen eines Beurkundungsmangels.** Ein Verstoß gegen § 16 Abs 3 Sätze 1 bis 3 kann gemäß § 20 Abs 1 S 1 die Anfechtbarkeit der mangelhaft beurkundeten Beschlüsse nach sich ziehen (zu den Voraussetzungen und Wirkungen einer erfolgreichen Anfechtung siehe die Kommentierung zu § 20). Eine § 241 Nr 2 AktG entsprechende Vorschrift, die für bestimmte Beurkundungsmängel die Nichtigkeit des Beschlusses anordnet, enthält das SchVG nicht. Das SchVG regelt die Anfechtungsklage als einzigen Rechtsbehelf und kennt keine Nichtigkeitsklage. Dennoch möchte ein Teil der Literatur[106] die Nichtigkeitsgründe des § 241 Nr 2 AktG auf die Niederschrift einer Gläubigerversammlung übertragen, andere[107] nehmen Nichtigkeit zumindest bei besonders schwerwiegenden und offenkundigen Gesetzesverstößen an, insbesondere wenn eine Beurkundung vollständig unterblieben ist. Der zweiten Meinung ist zu folgen; für besonders krasse Rechtsverstöße besteht ein schwerlich abweisbares Bedürfnis, die Unwirksamkeit von Beschlüssen auch außerhalb der formellen und zeitlichen Grenzen der Anfechtungsklage geltend zu machen. Für eine weitergehende Analogie zu § 241 Nr 2 AktG fehlt es aber an einer Regelungslücke, da angesichts der engen Anlehnung des SchVG an das AktG nicht vorstellbar ist, dass der Gesetzgeber des SchVG die aktienrechtlichen Nichtigkeitstatbestände übersehen hat – zumal unter anderem der Zivilrechtsauschuss

---

102 So *Otto* DNotZ **2012** 809, 819 für Gläubigerversammlungen.
103 BGH 10.10.2017 NJW **2018** 52 Rn 36; BGH 16.2.2009 NJW **2009** 2207 Rn 11; Eylmann/Vaasen/*Limmer* § 44a BeurkG Rn 17 (jeweils zur Niederschrift der Hauptversammlung einer AG).
104 BGH 10.10.2017 NJW **2018** 52 Rn 25 (zur Niederschrift der Hauptversammlung einer AG); Hopt/Seibt/*Binder* § 16 Rn 45.
105 BGH 10.10.2017 NJW **2018** 52 Rn 34; Winkler § 44a BeurkG Rn 30 (jeweils zur Niederschrift der Hauptversammlung einer AG).
106 Friedl/Hartwig-Jacob/*Friedl* § 20 Rn 99; Preuße/*Vogel* § 20 Rn 15; Blersch/Goetsch/Haas/*Paul* § 20 Rn 25; wohl auch *Maier-Reimer* NJW **2010** 1317, 1319.
107 Preuße/*Kirchner* § 16 Rn 78; Hopt/Seibt/*Binder* § 16 Rn 47; *Podewils* DStR **2009** 1914, 1918; *Otto* DNotZ **2012** 809, 825.

des Deutschen Anwaltvereins[108] im Gesetzgebungsverfahren die Einführung einer Nichtigkeitsklage in das SchVG angeregt hat. Die fehlende, aber nicht bereits eine (grob) fehlerhafte Beurkundung führt demnach zur Nichtigkeit der davon betroffenen Beschlüsse.[109] Zur prozessualen Geltendmachung der Nichtigkeit s § 20 Rn 14ff.

XII. Erteilung von Abschriften (Absatz 4 Satz 4)

Gemäß § 18 Abs 4 S 4 hat der Schuldner – nicht der Abstimmungsleiter[110] – jedem Gläubiger, der an der Abstimmung teilgenommen hat, eine Abschrift der Niederschrift nebst Anlagen zuzusenden, wenn der Gläubiger dies innerhalb eines Jahres nach Ablauf des Abstimmungszeitraums verlangt. Aus § 18 Abs 6 folgt, dass der Schuldner die Kosten der Abschrift zu tragen hat.[111] Für die Teilnahme genügt nicht, sich für die Abstimmung angemeldet zu haben. Der widersprechende Gläubiger muss seine Stimme abgegeben haben.[112] Enthaltungen sind mitzuzählen, ebenso solche Stimmen, die inhaltlich unwirksam (weil unklar oder widersprüchlich abgegeben) sind, nicht aber solche, die formell unwirksam sind – beispielsweise wegen eines Vertretungsmangels oder weil der Gläubiger aus sonstigen Gründen nicht zur Abstimmung zugelassen[113] wurde. **61**

XIII. Bekanntmachung von Beschlüssen (Absatz 1 iVm § 17)

Für die Bekanntmachung von Beschlüssen, die in einer Abstimmung ohne Versammlung gefasst wurden, gelten keine Besonderheiten gegenüber Beschlüssen der Gläubigerversammlung.[114] Dasselbe gilt für die Pflicht, Beschlüsse und ggf. den Wortlaut der ursprünglichen Anleihebedingungen über das Internet zugänglich zu machen. Gemäß § 18 Abs 1 finden hier § 17 Abs 1 und 2 Anwendung. Die Pflichten treffen (nur) den Schuldner, nicht (auch) den Abstimmungsleiter.[115] Der Abstimmungsleiter hat dem Schuldner die für die Bekanntmachung erforderlichen Informationen zur Verfügung zu stellen. **62**

XIV. Widerspruch (Absatz 5)

Gemäß § 18 Abs 5 kann jeder Gläubiger, der an der Abstimmung teilgenommen hat, binnen zwei Wochen nach der Bekanntmachung der Beschlüsse beim Abstimmungsleiter schriftlich Widerspruch gegen das Ergebnis erheben. Für die Gläubigerversammlung ist der Widerspruch nicht gesondert geregelt; ähnlich wie im Aktienrecht wird der Widerspruch für dort gefasste Beschlüsse im Rahmen der Anfechtungsklage selbstverständlich vorausgesetzt (§ 245 Nr 1 AktG bzw § 20 Abs 2 Nr 1).[116] Daher regelt § 18 Abs 5 **63**

---

108 Stellungnahme 41/2008, 12.
109 Die abweichende Meinung in Hauschild/Kallrath/Wachter/*Reinhard* § 17 Rn 554, 585 wird aufgegeben.
110 **AA** Hopt/Seibt/*v. Wissel/Diehn* § 18 Rn 212, den klaren Wortlaut des § 18 Abs 4 S 4 ignorierend.
111 Preuße/*Kirchner* § 18 Rn 33.
112 Veranneman/*Hofmeister* § 18 Rn 37; Hopt/Seibt/*v. Wissel/Diehn* § 18 Rn 226.
113 Dass die Zulassung zur Abstimmung eine Voraussetzung der Teilnahme ist, folgt aus der Gegenüberstellung von § 20 Abs 2 Nr 1 SchVG (Anfechtungsrecht des Gläubigers, der an der Abstimmung teilgenommen hat) und § 20 Abs 2 Nr 2 Alt 1 SchVG (Anfechtungsrecht des Gläubigers, der nicht zur Abstimmung zugelassen wurde).
114 Langenbucher/Bliesener/Spindler/*Bliesener/Schneider* § 18 Rn 16; Heidel/*Müller* § 18 Rn 6.
115 **AA** für die Abstimmung ohne Versammlung scheinbar Hopt/Seibt/*v. Wissel/Diehn* § 18 Rn 214; unklar Friedl/Hartwig-Jacob/*Wöckener* § 18 Rn 22.
116 S § 16 Rn 65.

Voraussetzungen und Verfahren des Widerspruchs speziell für die Abstimmung ohne Versammlung.

64 **1. Widerspruchsbefugnis, Form und Frist.** Befugt zur Erhebung des Widerspruchs ist jeder Gläubiger, der an der Abstimmung teilgenommen hat (zum Begriff der Teilnahme s Rn 61).

65 Für die Schriftlichkeit des Widerspruchs gilt die gesetzliche Schriftform (§ 126 BGB).[117] Der Widerspruch bedarf keiner Begründung.[118] Die Bezeichnung „Widerspruch" muss nicht wörtlich verwandt werden; es genügt, wenn deutlich wird, dass der Gläubiger den rechtlichen Bestand des gefassten Beschlusses angreifen möchte.[119]

66 Die Widerspruchsfrist beträgt zwei Wochen ab Bekanntmachung des angegriffenen Beschlusses. Die Widerspruchsfrist beginnt mit der Erfüllung der Anforderungen des § 17 Abs 1. Ob und wann der Schuldner demgegenüber seinen Pflichten aus § 17 Abs 2 nachkommt, ist in diesem Zusammenhang unerheblich. Zwar ist § 17 insgesamt mit „Bekanntmachung von Beschlüssen" überschrieben. Tatsächlich spricht aber nur § 17 Abs 1 von einer Bekanntmachung, während in Absatz 2 von „Zugänglichmachen" die Rede ist. Für die Fristberechnung gelten die allgemeinen Regeln (§§ 187 Abs 1, 188 Abs 2 BGB). Der Widerspruch muss dem Abstimmungsleiter innerhalb der Frist zugehen.[120]

67 **2. Gegenstand des Widerspruchs.** Laut hM können Gegenstand eines Widerspruchs gemäß § 18 Abs 5 keine inhaltlichen Mängel sein, sondern nur formelle Fehler wie Zählfehler, die Berücksichtigung ungültiger Stimmen oder sonstige formale Fehler.[121] Diese Beschränkung wird daraus hergeleitet, dass sich der Widerspruch laut § 18 Abs 5 gegen das „Ergebnis" der Abstimmung richtet; dies stehe in Kontrast zu § 20 Abs 2 Nr 1, der den Widerspruch gegen einen (in einer Gläubigerversammlungen oder in einer Abstimmungen ohne Versammlung gefassten) „Beschluss" zur Voraussetzung für dessen klageweise Anfechtung macht.[122] Der unterschiedliche Sprachgebrauch könne nicht zufällig sein. Da der Widerspruch bei der Gläubigerversammlung (ebenso wie im Aktienrecht) nicht geregelt sei, sondern im Kontext der Anfechtungsklage lediglich vorausgesetzt werde, müsse es neben dem Widerspruch nach § 18 Abs 5 auch einen ungeregelten Widerspruch geben, und zwar nicht nur für die Gläubigerversammlung (wo dies in der Tat so ist), sondern auch für die Rüge materieller Beschlussmängel im Rahmen der Abstimmung ohne Versammlung.[123] Auf den ungeregelten Widerspruch sollen dann Form und Frist des Widerspruchs aus § 18 Abs 5 analog angewandt werden, allerdings nicht die dort ebenfalls geregelte Abhilfebefugnis (dazu Rn 69ff).[124]

68 Die Differenzierung der hM erscheint künstlich. Sie unterstellt, dass der Gesetzgeber „Ergebnis" und „Beschluss" gegeneinander abgrenzen und so bewusst eine Regelungslücke schaffen wollte – die dann sogleich unter Rückgriff auf die gesetzliche Regelung geschlossen werden soll. Näher liegt es anzunehmen, dass der Gesetzgeber „Ergebnis" nicht enger als „Beschluss", sondern beide Begriffe synonym verstanden hat.[125] Die Be-

117 Preuße/*Kirchner* § 18 Rn 36.
118 Hopt/Seibt/*v. Wissel*/*Diehn* § 18 Rn 230.
119 Hopt/Seibt/*v. Wissel*/*Diehn* § 18 Rn 229.
120 Veranneman/*Hofmeister* § 18 Rn 40; Friedl/Hartwig-Jacob/*Wöckener* § 18 Rn 35.
121 Vgl Veranneman/*Hofmeister* § 18 Rn 38; Friedl/Hartwig-Jacob/*Wöckener* § 18 Rn 36.
122 S vorstehende Fn.
123 Veranneman/*Hofmeister* § 18 Rn 38; Preuße/*Kirchner* § 18 Rn 37.
124 Veranneman/*Hofmeister* § 18 Rn 3; Heidel/*Müller* § 18 Rn 6; Langenbucher/Bliesener/Spindler/*Bliesener*/*Schneider* § 18 Rn 18.
125 Hopt/Seibt/*v. Wissel*/*Diehn* § 18 Rn 230.

gründung zum Regierungsentwurf des SchVG stellt § 18 Abs 5 in unmittelbaren Zusammenhang zu § 20 Abs 2 Nr 1[126] und belegt damit, dass die unterschiedliche Wortwahl keine sachliche Differenz bedeutet. Mit dem Widerspruch gemäß § 18 Abs 5 kann ein Gläubiger daher sowohl materielle als auch formelle Fehler rügen.

3. Entscheidung über den Widerspruch. Der Abstimmungsleiter kann dem Widerspruch abhelfen. Nach der hier vertretenen Auffassung gilt dies auch für Widersprüche, mit denen Gläubiger materielle Fehler rügen (dazu Rn 67f). Zwar mag der Abstimmungsleiter mit der Beurteilung inhaltlicher Rügen überfordert sein, so dass er im Einzelfall keine Abhilfe leisten kann.[127] Er ist weder berechtigt noch verpflichtet, Beweis zu erheben, falls der Erfolg einer Sachrüge von streitigem Sachvortrag abhängt. Rechtsfragen hat er aber zu prüfen. Verfügt der Abstimmungsleiter nicht selbst über die erforderliche Fachkompetenz (wie es bei einem Notar als Abstimmungsleiter zu unterstellen wäre), darf er Rechtsrat einholen. Die damit verbundenen Kosten gehören zu den Kosten der Abstimmung (s dazu Rn 72). 69

Hilft der Abstimmungsleiter dem Widerspruch ab, hat er das Ergebnis gemäß § 18 Abs 5 S 3 unverzüglich bekanntzumachen; § 17 ist entsprechend anzuwenden. Eine Begründung für die gewährte Abhilfe ist gesetzlich nicht verlangt,[128] wird aber in aller Regel sinnvoll sein. Die Abhilfeentscheidung kann ihrerseits mit einem Widerspruch angegriffen werden, für den die Bestimmungen des § 18 Abs 5 entsprechend gelten.[129] Der Abstimmungsleiter ist zwar nicht verpflichtet, die Niederschrift an seine Abhilfeentscheidung anzupassen.[130] Eine Berichtigung der Niederschrift gemäß § 44a Abs 2 BeurkG (s dazu Rn 59) dient allerdings der Rechtsklarheit.[131] 70

Hilft der Abstimmungsleiter dem Widerspruch nicht ab, hat er dies dem widersprechenden Gläubiger unverzüglich schriftlich mitzuteilen, § 18 Abs 5 S 4. Für die Schriftform gilt § 126 BGB. Zu einer Begründung seiner Entscheidung ist der Abstimmungsleiter nicht verpflichtet.[132] Das Gesetz sieht zwar vor, dass dem widersprechenden Gläubiger die Nichtabhilfeentscheidung unverzüglich mitzuteilen ist – insofern gilt die Legaldefinition des § 121 Abs 1 S 1 BGB –, schreibt aber keine Frist vor, innerhalb derer über den Widerspruch zu entscheiden ist. Aus dem Zusammenhang zwischen Widerspruch und Anfechtungsklage wird zu Recht gefordert, dass die Entscheidung möglichst so rechtzeitig getroffen wird, dass dem Gläubiger Gelegenheit bleibt, im Falle der Nichtabhilfe Anfechtungsklage zu erheben (vgl §§ 20 Abs 2 Nr 1, Abs 3 S 1).[133] Denn andernfalls kann das Widerspruchsverfahren nicht dazu beitragen, Anfechtungsklagen zu vermeiden. Der Gläubiger verliert durch eine verspätete Entscheidung aber keine Rechte.[134] Seine Anfechtungsbefugnis hängt gemäß § 20 Abs 2 Nr 1 daran, dass er Widerspruch erhoben hat, nicht daran, dass dieser beschieden wird. Daher beinhaltet eine verspätete Entscheidung auch keine konkludente Zurückweisung des Widerspruchs.[135] Hilft der Abstimmungslei- 71

126 BT-Drucks. 16/12814 S 24 (zu § 18).
127 Hopt/Seibt/*v. Wissel/Diehn* § 18 Rn 224.
128 Veranneman/*Hofmeister* § 18 Rn 42.
129 Langenbucher/Bliesener/Spindler/*Bliesener/Schneider* § 18 Rn 18a; Friedl/Hartwig-Jacob/*Wöckener* § 18 Rn 40.
130 So auch Hopt/Seibt/*v. Wissel/Diehn* § 18 Rn 236; **aA** Veranneman/*Hofmeister* § 18 Rn 41.
131 Zur Anwendung von § 44a Abs 2 BeurkG auf die Niederschrift der Hauptversammlung einer AG s BGH 10.10.2017 NJW **2018** 52.
132 BT-Drucks. 16/12814 S 25 (zu § 18). Die Literatur hat sich dem allgemein angeschlossen, vgl nur Preuße/*Kirchner* § 18 Rn 39.
133 Vgl Preuße/*Kirchner* § 18 Rn 39; Friedl/Hartwig-Jacob/*Wöckener* § 18 Rn 35.
134 Dies verkennen Heidel/*Müller* § 18 Rn 6; Hopt/Seibt/*v. Wissel/Diehn* § 18 Rn 236.
135 Veranneman/*Hofmeister* § 18 Rn 41; **aA** die in Fn 134 Zitierten.

ter dem Widerspruch ab, nachdem Anfechtungsklage erhoben wurde, erledigt sich diese. Umgekehrt erledigt eine Klageerhebung nicht den Widerspruch.[136]

XV. Kosten (Absatz 6)

72 **1. Kostentragung durch den Schuldner.** Nach § 18 Abs 6 Halbsatz 1 hat der Schuldner hat die Kosten einer Abstimmung ohne Versammlung zu tragen. Die Kostentragung wird im zweiten Halbsatz auch für das Verfahren angeordnet, in dem ein Gericht einem Antrag nach § 9 Abs 2 stattgegeben hat, also Gläubiger vom Gericht ermächtigt wurden, eine Abstimmung ohne Versammlung einzuberufen, weil ihrem berechtigtem Verlangen danach nicht entsprochen wurde. § 18 Abs 6 spiegelt damit die Regelung in § 9 Abs 4 für die Gläubigerversammlung. Aus § 18 Abs 1 iVm § 12 Abs 2 S 3 folgt, dass der Schuldner auch die Kosten der Aufforderung zur Abstimmung zu tragen hat.[137]

73 Die Kostentragungslast des Schuldners erstreckt sich nach hM auch auf ein etwaiges Widerspruchsverfahren.[138] Nach der Gegenmeinung gilt dies nur dann, wenn das Widerspruchsverfahren erfolgreich ist.[139] Der Gegenmeinung ist jedenfalls für die Kosten des widersprechenden Gläubigers zuzustimmen. Sofern dem Schuldner durch den Widerspruch Kosten entstehen, sind diese der Abstimmung ohne Verfahren zuzuordnen und von ihm zu tragen.

74 **2. Vergütung des Abstimmungsleiters.** Zu den Kosten der Abstimmung ohne Versammlung zählt insbesondere die Vergütung des Abstimmungsleiters. Ist Abstimmungsleiter der gemeinsame Vertreter der Gläubiger, ist seine Tätigkeit im Rahmen der allgemeinen Regelung (§ 7 Abs 6) zu vergüten (s § 7 Rn 37). Hat das Gericht den Abstimmungsleiter nach §§ 9 Abs 2 S 2, 18 Abs 2 S 3 auf Verlangen von Gläubigern eingesetzt, wird dieser in der Regel keine Vergütung für die Abstimmungsleitung verlangen können. Zum einen nehmen die Gläubiger mit der Abstimmung ihre Interessen wahr, so dass eine Vergütung nicht geboten erscheint. Zum anderen sieht § 9 Abs 4 nur einen Kostenersatzanspruch vor, der anders als die parallele Vorschrift § 7 Abs 6 für den gemeinsamen Vertreter keinen Vergütungsanspruch einschließt.

75 Wird die Abstimmung von einem Notar geleitet, gilt für dessen Vergütung das GNotKG. Das GNotKG enthält indes keinen Gebührentatbestand, der die Tätigkeit als Leiter einer Abstimmung ohne Versammlung ausdrücklich erfasst. Auf den ersten Blick scheint eine Analogie zu den Gebührenbestimmungen für die Aufnahme einer notariellen Niederschrift einer Hauptversammlung nahezuliegen. Diese Analogie trägt jedoch nicht, weil die Rolle des Notars in einer Hauptversammlung im Kern die eines Beobachters ist, der seine Wahrnehmungen in der Niederschrift festhält. Die Leitung einer Abstimmung geht über eine Beobachterrolle prägend hinaus; Verantwortung und Aufwand, die mit dieser Funktion verbunden sind, sind auch nicht mit der Beratung des Versammlungsleiters vergleichbar.[140] Für notarielle Amtstätigkeiten, für die das GNotKG keine Gebühr bestimmt und die nicht mit anderen gebührenpflichtigen Tätigkeiten zusammenhängen, ordnet § 126 GNotKG an, dass der Notar eine angemessene Gegenleistung in Geld zu vereinbaren hat. Die Leitung einer Abstimmung ohne Versammlung fällt

---

136 Veranneman/*Hofmeister* § 18 Rn 41.
137 Hopt/Seibt/*v. Wissel/Diehn* § 18 Rn 155.
138 Vgl Langenbucher/Bliesener/Spindler/*Bliesener/Schneider* § 18 Rn 19, ausführlich Veranneman/*Hofmeister* § 18 Rn 45.
139 Vgl Heidel/*Müller* § 18 Rn 6.
140 **AA** Streifzug GNotKG Rn 1968.

unter diese Norm.[141] Die Angemessenheit der Vergütung ist unter Berücksichtigung aller Umstände des Geschäfts zu beurteilen, insbesondere des Umfangs und der Schwierigkeit (vgl § 126 Abs 1 S 3 GNotKG). Da Rolle und Aufwand des Abstimmungsleiters (wie dargelegt) über die der Protokollierung einer Hauptversammlung hinausgehen, dürfte eine angemessene Vergütung in der Regel über, aber nur ausnahmsweise unter, der Gebühr liegen, die dem Notar nach § 108 Abs 1, Abs 5 GNotKG iVm KV 21100 GNotKG für die Aufnahme einer Niederschrift über eine Hauptversammlung zusteht, deren Beschlussgegenstand dem der Abstimmung ohne Versammlung entspricht.

Vorbemerkungen zu § 19

A. Regelungsgegenstand und Systematik

§ 19 trifft Regelungen für den Fall, dass ein Insolvenzverfahren über das Vermögen des Emittenten eröffnet wird. Bei den Regelungen des § 19 handelt es sich um insolvenzrechtliche Vorschriften.[1] Während § 19 Abs 1 eine Aussage zu dem generellen Rangverhältnis zwischen Schuldverschreibungsgesetz und Insolvenzordnung trifft, enthalten die Absätze 2 bis 5 Sondervorschriften, die eine Abweichung von dem grundsätzlichen Rangverhältnis statuieren. 1

Die Absätze 2 bis 5 regeln insbesondere die Organisation der Anleihegläubiger und die Durchsetzung ihrer Rechte im Insolvenzverfahren.[2] Zu dem Zweck der Durchsetzung ihrer Rechte wird nach § 19 Abs 2 die Bestellung eines gemeinsamen Vertreters der Anleihegläubiger angeregt. Um eine solche Bestellung zu ermöglichen, hat das Insolvenzgericht neben der allgemeinen Insolvenzgläubigerversammlung noch eine Versammlung der Anleihegläubiger einzuberufen. Wird ein gemeinsamer Vertreter gewählt, ordnet § 19 Abs 3 an, dass dieser alleine ermächtigt ist, die Rechte der Anleihegläubiger geltend zu machen. Dies dient der Entlastung und Professionalisierung des Verfahrens, insbesondere bei breit gestreuten Anleihen mit vielen Privatanlegern. 2

B. Normzweck

Die Regelungen des § 19 bezwecken vor allem die Sicherung einer effizienten Durchführung des Insolvenzverfahrens bei einem Schuldner, der Schuldverschreibungen ausgegeben hat.[3] 3

Im Insolvenzverfahren des Emittenten soll in der Regel ein gemeinsamer Vertreter der Anleihegläubiger bestellt werden, sofern dies noch nicht vor Eröffnung geschehen ist. Durch die Bündelung der Stimmen der Anleihegläubiger können deren Rechte effizienter wahrgenommen werden. Dadurch, dass der Insolvenzverwalter mit dem gemeinsamen Vertreter der Gläubiger nur noch einen festen Ansprechpartner hat, soll zudem eine Beschleunigung des Insolvenzverfahrens erzielt werden.[4] Der gemeinsame Vertreter im Insolvenzverfahren dient damit nicht nur der koordinierten Interessenwahrnehmung 4

141 Hopt/Seibt/v. Wissel/*Diehn* § 18 Rn 242; Bormann/Diehn/Sommerfeldt/*Diehn* § 126 GNotKG Rn 40 (mit instruktiver Mustervereinbarung). **AA** Streifzug GNotKG Rn 1968.

1 RegE, BT-Drucks. 16/12814 S 25.
2 Preuße/*Scherber* § 19 Rn 1.
3 Friedl/Hartwig-Jacob/*Friedl* § 19 Rn 6.
4 *Leuering* NZI **2009** 638, 640.

durch die Anleihegläubiger, sondern gleichzeitig auch der Effizienz des Insolvenzverfahrens.[5]

5 § 19 verpflichtet die Anleihegläubiger jedoch nicht zu einer Bestellung eines gemeinsamen Vertreters.[6] Es kann daher auch Insolvenzverfahren geben, in denen die Schuldverschreibungsgläubiger dem Insolvenzverwalter einzeln wie alle anderen Insolvenzgläubiger gegenüber treten. Insbesondere wenn nur wenige institutionelle Großanleihegläubiger die Mehrheit der Anleihe halten, liegt dies nahe.

C. Entstehungsgeschichte

6 Bereits das SchVG 1899 enthielt in den §§ 18, 19 und 19a Sonderbestimmungen für den Fall des Konkurses des Emittenten.

7 Diese Regelungen wurden im neuen Schuldverschreibungsgesetz in § 19 zusammengefasst. Da das SchVG 1899 jedoch nur geringfügige Eingriffe in die Gläubigerrechte ermöglichte, eignete sich das Gesetz nicht für eine Sanierung.[7] Aus diesem Grund hat der Gesetzgeber das Schuldverschreibungsgesetz im Jahr 2009 modernisiert und in § 19 SchVG Änderungen vorgenommen. Dazu gehört insbesondere die Regelung des grundsätzlichen Vorrangs der Insolvenzordnung in § 19 Abs 1.[8]

8 Die Regelungen zum gemeinsamen Vertreter in § 18 Abs 3, 4 SchVG 1899 wurden jedoch im Wesentlichen unverändert in § 19 Abs 2, 3 übernommen.[9]

9 § 19a SchVG 1899, der im Zuge der Insolvenzrechtsreform im Jahre 1994 eingefügt wurde, und Regelungen zum Insolvenzplanverfahren vorsah, ist in § 19 Abs 4 SchVG unverändert geblieben.

§ 19
Insolvenzverfahren

(1) Ist über das Vermögen des Schuldners im Inland das Insolvenzverfahren eröffnet worden, so unterliegen die Beschlüsse der Gläubiger den Bestimmungen der Insolvenzordnung, soweit in den folgenden Absätzen nichts anderes bestimmt ist. § 340 der Insolvenzordnung bleibt unberührt.

(2) Die Gläubiger können durch Mehrheitsbeschluss zur Wahrnehmung ihrer Rechte im Insolvenzverfahren einen gemeinsamen Vertreter für alle Gläubiger bestellen. Das Insolvenzgericht hat zu diesem Zweck eine Gläubigerversammlung nach den Vorschriften dieses Gesetzes einzuberufen, wenn ein gemeinsamer Vertreter für alle Gläubiger noch nicht bestellt worden ist.

(3) Ein gemeinsamer Vertreter für alle Gläubiger ist allein berechtigt und verpflichtet, die Rechte der Gläubiger im Insolvenzverfahren geltend zu machen; dabei braucht er die Schuldurkunde nicht vorzulegen.

(4) In einem Insolvenzplan sind den Gläubigern gleiche Rechte anzubieten.

(5) Das Insolvenzgericht hat zu veranlassen, dass die Bekanntmachungen nach den Bestimmungen dieses Gesetzes zusätzlich im Internet unter der durch § 9 der Insolvenzordnung vorgeschriebenen Adresse veröffentlicht werden.

---

5 *Thole* ZIP **2014** 293, 296.
6 RegE, BT-Drucks. 16/12814 S 25.
7 Veranneman/*Rattunde* § 19 Rn 5.
8 Veranneman/*Rattunde* § 19 Rn 6.
9 Preuße/*Scherber* § 19 Rn 3.

Schrifttum

Siehe Vorbemerkungen zu den §§ 7, 8.

Systematische Übersicht

A. Anwendungsbereich

Die Regelungen des SchVG, einschließlich § 19, gelten gem. § 1 SchVG für nach deutschem Recht begebene inhaltsgleiche Schuldverschreibungen aus Gesamtemissionen. § 19 findet darüber hinaus erst ab Eröffnung eines Insolvenzverfahrens über das Vermögen des Anleiheschuldners Anwendung. Voraussetzung ist folglich ein Eröffnungsbeschluss nach § 27 InsO.[1] Im vorläufigen Insolvenzverfahren ist § 19 SchVG daher noch nicht anwendbar.[2] **1**

1 Veranneman/*Rattunde* § 19 Rn 16.
2 Langenbucher/Bliesener/Spindler/*Bliesener*/*Schneider* § 19 Rn 4.

2 Zusätzlich verlangt § 19 Abs 1 S 1 eine Eröffnung im Inland. Die Vorschrift ist somit erst dann anwendbar, wenn die Insolvenzgerichte im Inland (Deutschland) für die Eröffnung des Insolvenzverfahrens zuständig sind.[3] Die internationale Zuständigkeit für Insolvenzverfahren innerhalb der EU-Mitgliedstaaten richtet sich nach Art. 3 EuInsVO, wonach grundsätzlich auf den Ort des Mittelpunkts der hauptsächlichen Interessen (COMI) des Schuldners abzustellen ist.[4] Außerhalb des Anwendungsbereichs der EuInsVO richtet sich die Zuständigkeit nach § 3 InsO. Danach ist ein deutsches Insolvenzgericht zuständig, wenn der Schuldner seinen allgemeinen Gerichtsstand oder einen davon abweichenden Mittelpunkt einer selbstständigen wirtschaftlichen Tätigkeit im Inland hat.[5]

3 Nach dem Staat der Eröffnung des Hauptinsolvenzverfahrens richtet sich grundsätzlich auch das anwendbare Insolvenzrecht. Dies folgt für Insolvenzverfahren innerhalb der EU aus Art. 7 EuInsVO sowie für das autonome internationale Insolvenzrecht aus § 335 InsO. Abweichend hiervon regeln Art. 12 EuInsVO bzw § 340 InsO eine Sonderanknüpfung für organisierte Märkte im Sinne des § 2 Abs 11 WpHG.[6] Die Teilnehmer eines organisierten Marktes sollen dem Recht des Staates unterliegen, das für diesen Markt gilt. Gemäß § 19 Abs 1 S 2 soll diese Sonderregelung auch für Insolvenzverfahren der Emittenten von Schuldverschreibungen gelten.

4 Auch eine Eröffnung eines Partikular- oder Sekundärverfahrens im Inland eröffnet die Anwendbarkeit des § 19.[7]

B. Vorrangige Anwendbarkeit des Insolvenzrechts (§ 19 Abs 1)

5 Gem. § 19 Abs 1 S 1 sollen die Vorschriften der Insolvenzordnung grundsätzlich vorrangig angewendet werden. Damit wird eine allgemeine Rangordnung zwischen der Insolvenzordnung und dem Schuldverschreibungsgesetz festgelegt,[8] die nicht – wie der Wortlaut zunächst vermuten lässt – nur für die Beschlüsse der Anleihegläubiger gilt.[9] Eine Abweichung von dem Vorrang der Insolvenzordnung gilt nur für die Sonderregelungen in § 19 Abs 2 bis 4.[10] Der Vorrang der Regelungen der Insolvenzordnung gilt allerdings nicht uneingeschränkt, sondern immer nur soweit sich Gegenstände der Insolvenzordnung und des Schuldverschreibungsgesetzes überlagern.[11]

6 Da § 19 erst ab Eröffnung des Verfahrens gilt, greift der Vorrang des Insolvenzrechts auch erst ab diesem Zeitpunkt. Davor sind die Vorschriften des SchVG weiter anwendbar. Dies hat jedoch nicht zur Folge, dass die Regelungen der InsO zum Eröffnungsverfahren auf die Schuldverschreibungsgläubiger keine Anwendung finden.[12] Für die Schuldverschreibungsgläubiger wird im Eröffnungsverfahren keine Ausnahme gemacht.

3 RegE, BT-Drucks. 16/12814 S 25.
4 Mankowski/Müller/J. Schmidt/*Mankowski* EuInsVO Art. 3 Rn 6.
5 MüKoInsO/*Ganter*/*Lohmann* § 3 Rn 24.
6 MüKoInsO/*Jahn*/*Fried* § 340 Rn 3.
7 Preuße/*Scherber* § 19 Rn 13.
8 RegE, BT-Drucks. 16/12814 S 25.
9 *Thole* ZIP **2014** 293, 295.
10 RegE, BT-Drucks. 16/12814 S 25.
11 Kayser/Thole/*Knof* Anh. zu § 38 Rn 109.
12 Blersch/Goetsch/Haas/*Paul* § 19 SchVG Rn 8.

C. Verhältnis zu § 5 Abs 1 Satz 1 SchVG

Problematisch ist das Verhältnis des § 19 zu § 5 Abs 1 S 1. Da § 19 im zweiten Abschnitt des Schuldverschreibungsgesetzes angesiedelt ist, könnte die Anwendbarkeit des § 19 wie die der anderen Gläubigerorganisationsrechte dieses Abschnitts von einer Regelung in den Anleihebedingungen abhängig sein. Die Zulässigkeit von Mehrheitsbeschlüssen nach den §§ 5–21 ergibt sich nämlich allein aus den Anleihebedingungen.[13] Das Verhältnis zwischen § 5 und § 19 wird insbesondere bei der Frage nach einer Pflicht zur Einberufung einer Anleihegläubigerversammlung nach § 19 relevant. Der Wortlaut beider Vorschriften ist dahingehend nicht eindeutig. Für eine Dispositionsbefugnis des Emittenten in Bezug auf § 19 spricht die systematische Stellung der Vorschrift im zweiten Abschnitt des Schuldverschreibungsgesetzes.[14] Weder § 5 noch § 19 enthalten eine Ausnahmeregelung, dass für den Beschluss der Gläubiger in § 19 der allgemeine Grundsatz aus § 5 Abs 1 S 1 nicht gelten soll. Allerdings spricht vieles dafür, dass § 19 unabhängig von einer Regelung in den Anleihebedingungen Anwendung finden soll. Bei § 19 handelt es sich laut Gesetzesbegründung um eine insolvenzrechtliche Spezialregelung.[15] Zudem ist die Bestellung eines gemeinsamen Vertreters „in aller Regel wünschenswert“[16], da dieser durch die Interessenbündelung für eine effizientere Durchführung des Insolvenzverfahrens sorgt. Aus diesem Grund darf die Bestellung eines gemeinsamen Vertreters nach Insolvenzeröffnung nicht mehr durch den Schuldner blockiert werden können. Auf die Bestellung eines Insolvenzverwalters kann er schließlich ebenso wenig einwirken. Daher sprechen Sinn und Zweck der Vorschrift § 19 dafür, dass sie unabdingbar und nicht von der Ausgestaltung der Anleihebedingungen abhängig sein soll.[17] 7

Der BGH hat sich zu der Frage bislang nicht konkret geäußert, lässt jedoch eine Sympathie für die Bestellung des Vertreters auch ohne Regelung in den Anleihebedingungen erkennen.[18] Solange die Frage höchstrichterlich nicht eindeutig geklärt ist, ist eine Bestellung eines gemeinsamen Vertreters nach Insolvenzeröffnung bei fehlender Ermächtigung in den Anleihebedingungen risikobehaftet.[19] In der Praxis stellt sich dieses Problem jedoch nur selten, da die Anleihebedingungen in der Regel eine Bestellung eines gemeinsamen Vertreters zulassen. 8

D. Die Anleihegläubigerversammlung (§ 19 Abs 2)

Nach § 19 Abs 2 S 2 hat das Insolvenzgericht eine Anleihegläubigerversammlung einzuberufen, wenn noch kein gemeinsamer Vertreter bestellt ist. Die Anleihegläubigerversammlung soll folglich die Bestellung eines gemeinsamen Vertreters ermöglichen. 9

I. Einberufung

1. Zuständigkeit. Die Einberufung dieser speziellen Anleihegläubigerversammlung hat durch das nach §§ 2, 3 InsO örtlich zuständige Insolvenzgericht zu erfolgen. Funktio- 10

13 Hopt/Seibt/*Knapp* § 19 Rn 20.
14 LG Hamburg 12.10.2017 ZIP **2017** 2418, 2421; ebenfalls AG Neuruppin 8.12.2016 ZIP **2017** 627.
15 RegE, BT-Drucks. 16/12814 S 25.
16 RegE, BT-Drucks. 16/12814 S 25.
17 *Brenner* NZI **2014** 789, 790; *Hofmann* FS Kübler (2015) 265, 267; Hopt/Seibt/*Knapp* § 19 Rn 20.
18 BGH 16.11.2017 WM **2018** 42, 44; Anm. *Thole* ZIP **2017** 2315, 2317.
19 *Wilken/Schaumann/Zenker* ZIP Anleihen in Restrukturierung und Insolvenz Rn 499.

nell zuständig ist gem. § 3 Nr 2 lit e) RPflG der Rechtspfleger. Bei der Zuständigkeit des Insolvenzgerichts handelt es sich um eine ausschließliche Zuständigkeit.[20] Da der abschließende Wortlaut des § 19 Abs 2 S 2 nur eine Einberufung durch das Insolvenzgericht zulässt, scheidet eine Anwendung des § 9 aus, sodass eine Einberufung durch die dort genannten Personen, wie dem Schuldner oder dem gemeinsamen Vertreter, die vor Eröffnung des Insolvenzverfahrens zur Einberufung einer Anleihegläubigerversammlung befugt sind, im Insolvenzverfahren grundsätzlich ausgeschlossen ist.[21] Unklar ist jedoch, ob eine Umgehung der ausschließlichen Zuständigkeit des Insolvenzgerichts die Unwirksamkeit der in dieser falsch einberufenen Anleihegläubigerversammlung erfolgten Bestellung des gemeinsamen Vertreters zur Folge hätte.

11 **2. Frist.** Eine Frist für die Einberufung ist in § 19 – anders als noch im SchVG 1899 – nicht vorgesehen. Nach der Vorgängervorschrift sollte eine Einberufung „unverzüglich" erfolgen.[22] Auch ohne ausdrückliche Regelung sollte der Grundsatz der Unverzüglichkeit weiterhin für die Einberufung der Anleihegläubigerversammlung gelten.[23] Da der Sinn und Zweck dieser speziellen Anleihegläubigerversammlung in der Ermöglichung einer Wahrnehmung der Interessen der Anleihegläubiger besteht, sollte diese in einem engen zeitlichen Zusammenhang mit dem Eröffnungsbeschluss, jedenfalls zeitlich vor der allgemeinen Insolvenzgläubigerversammlung und vor Ablauf der Fristen für die Anmeldung der Forderungen, erfolgen.[24]

12 **3. Modalitäten der Einberufung.** Aus dem Wortlaut des § 19 Abs 2 S 2 wird deutlich, dass die Einberufung der Anleihegläubigerversammlung *„nach den Vorschriften dieses Gesetzes"* zu erfolgen hat. Die Modalitäten der Einberufung richten sich folglich nach den Vorschriften des Schuldverschreibungsgesetzes.[25]

13 Aus diesem Grund gilt auch für die Anleihegläubigerversammlung im Insolvenzverfahren eine Einberufungsfrist von mindestens 14 Tagen vor dem Tag der Versammlung, § 10 Abs 1. Die in § 13 aufgestellten Vorgaben zur Tagesordnung sind ebenfalls anwendbar, wobei als Tagesordnungspunkt für die Anleihegläubigerversammlung nach § 19 einzig und allein die Bestellung des gemeinsamen Vertreters in Betracht kommt.[26]

14 **4. Pflicht zur Einberufung.** Fraglich ist, ob das Insolvenzgericht zu einer Einberufung der Anleihegläubigerversammlung verpflichtet ist oder ob es davon zum Beispiel aus Kostengründen absehen kann.[27]

15 Der Wortlaut des § 19 Abs 2 S 2 „Das Insolvenzgericht hat...einzuberufen..." spricht grundsätzlich für eine Pflicht zur Einberufung.[28] Diese entfällt nach der gesetzlichen Anordnung nur dann, wenn bereits ein gemeinsamer Vertreter der Anleihegläubiger vor der Eröffnung bestellt worden ist (§§ 7, 8).[29] Voraussetzung ist nicht nur, dass ein Bestellungsbeschluss gefasst worden ist, dieser muss auch wirksam und vollziehbar

---

20 Friedl/Hartwig-Jacob/*Friedl* § 19 Rn 20.
21 Friedl/Hartwig-Jacob/*Friedl* § 19 Rn 20.
22 Veranneman/*Rattunde* § 19 Rn 51.
23 Preuße/*Scherber* § 19 Rn 26.
24 Blersch/Goetsch/Haas/*Paul* § 19 SchVG Rn 15; Kayser/Thole/*Knof* Anh. zu § 38 Rn 31.
25 Kayser/Thole/*Knof* Anh. zu § 38 Rn 32.
26 Kayser/Thole/*Knof* Anh. zu § 38 Rn 35.
27 *Thole* ZIP **2014** 293, 296.
28 *Wilken/Schaumann/Zenker* ZIP Anleihen in Restrukturierung und Insolvenz Rn 501.
29 Friedl/Hartwig-Jacob/*Friedl* § 19 Rn 21.

sein.[30] Soweit ein gemeinsamer Vertreter vor Insolvenzeröffnung wirksam bestellt worden ist, wäre die Einberufung einer Anleihegläubigerversammlung überflüssig, da der Zweck der Anleihegläubigerversammlung bereits erreicht ist. Daher steht dem Gericht in diesem Fall auch kein Ermessen zu, unabhängig von einer entsprechenden Pflicht trotzdem eine Einberufung vorzunehmen.[31] Der Gesetzeswortlaut des § 19 Abs 2 S 2 sieht die Einberufung ausdrücklich nur zu dem Zweck der Bestellung vor.

Auch ohne dass es sich unmittelbar aus dem Wortlaut des § 19 Abs 2 S 2 ergibt, entfällt die Pflicht des Gerichts zur Einberufung auch für den Fall, dass alle Schuldverschreibungsgläubiger mit ihren Forderungen nachrangige Insolvenzgläubiger nach § 39 Abs 2 InsO sind.[32] Denn als nachrangige Gläubiger dürfen sie ihre Forderungen meist gar nicht erst zur Tabelle anmelden (vgl § 174 Abs 3 InsO), sodass sie in diesem Fall nicht am Insolvenzverfahren teilnehmen und daher auch keinen gemeinsamen Vertreter benötigen.[33] Der Zweck der Einberufung, nämlich die Bestellung eines gemeinsamen Vertreters in erster Linie zur Anmeldung und Durchsetzung der Forderungen, könnte bei nachrangigen Forderungen gar nicht erreicht werden.[34] Die Abhaltung einer Anleihegläubigerversammlung würde dann nur unnötige Kosten verursachen.[35] 16

Falls die Anleihebedingungen des Emittenten die Wahl eines gemeinsamen Vertreters nach § 19 Abs 2 nicht vorsehen, ist das Gericht dennoch zur Einberufung einer Anleihegläubigerversammlung verpflichtet. Denn die Wahl eines gemeinsamen Vertreters muss den Anleihegläubigern durch das Gericht grundsätzlich ermöglicht werden und steht nicht zur Disposition des Emittenten (siehe Rn 7). 17

§ 19 begründet folglich keine allgemeine Pflicht zur Einberufung einer Anleihegläubigerversammlung. Diese besteht nur, wenn noch kein gemeinsamer Vertreter bestellt ist und die Anleihegläubiger nicht alle nachrangige Insolvenzgläubiger sind.[36] Liegen diese Voraussetzungen vor, darf das Gericht nicht allein aus Kostengründen von einer Einberufung absehen.[37] 18

5. Rechtsschutz. Nach § 6 Abs 1 S 1 InsO unterliegen Entscheidungen des Insolvenzgerichts nur dann einem Rechtsmittel, wenn die sofortige Beschwerde im Gesetz ausdrücklich vorgesehen ist. Gegen die Untätigkeit des Insolvenzgerichts, eine Anleihegläubigerversammlung nach § 19 einzuberufen, ist weder in der Insolvenzordnung noch im Schuldverschreibungsgesetz ausdrücklich ein Rechtsmittel geregelt. Aus diesem Grund könnte eine sofortige Beschwerde zu versagen sein.[38] Teilweise wird dem Schuldner und jedem Schuldverschreibungsgläubiger gegen die Ablehnungsentscheidung des Insolvenzgerichts das Recht der sofortigen Beschwerde nach § 34 Abs 1 InsO analog zugestanden, falls die Entscheidung zusammen mit dem Eröffnungsbeschluss ergeht.[39] Da allerdings allein das Untätigbleiben des Gerichts mit dem Rechtsmittel angegriffen werden soll, fehlt es schon an einer Entscheidung iSd § 6 InsO, sodass eine sofortige Beschwerde – auch in analoger Anwendung – nicht in Betracht kommt.[40] 19

30 Friedl/Hartwig-Jacob/*Friedl* § 19 Rn 21.
31 **AA**: *Wilken/Schaumann/Zenker* ZIP Anleihen in Restrukturierung und Insolvenz Rn 502.
32 Veranneman/*Rattunde* § 19 Rn 50.
33 Veranneman/*Rattunde* § 19 Rn 50.
34 Kayser/Thole/*Knof* Anh. zu § 38 Rn 29.
35 Bürgers/Körber/*Müller* § 19 Rn 4.
36 LG Hamburg 12.10.2017 ZIP **2017** 2418; AG Neuruppin 8.12.2016 ZIP **2017** 627.
37 *Thole* ZIP **2014** 293, 296.
38 LG Hamburg 12.10.2017 ZIP **2017** 2418, 2419.
39 *Cranshaw* juris-PR-InsR 10/2017 Anm. 4 S 6.
40 Hopt/Seibt/*Knapp* § 19 Rn 32.

20 Denkbar wäre auch die Anwendung der sofortigen Beschwerde nach § 75 Abs 3 InsO analog. Als Argument dafür wird angebracht, dass es aufgrund der Anwendbarkeit der Vorschriften der Insolvenzordnung auf die Beschlüsse der Gläubiger (§ 19 Abs 1) nur naheliegend sei, auch bei einer Verweigerung der Einberufung der Anleihegläubigerversammlung die Insolvenzordnung heranzuziehen.[41] Allerdings wird die sofortige Beschwerde in § 75 Abs 3 InsO als Rechtsmittel gegen die Ablehnung des Antrags auf Einberufung gewährt. Die Einberufung der Anleihegläubigerversammlung erfolgt allerdings ohne Antrag,[42] sodass es auch keinen Antragsteller gibt, dem das Rechtsmittel zustehen könnte. Selbst eine analoge Anwendung der Vorschrift scheidet daher aus.

21 Da somit kein Rechtsmittel gegen das Untätigbleiben des Insolvenzgerichts besteht, muss den Anleihegläubigern in diesem Fall trotz der grundsätzlich ausschließlichen Einberufungszuständigkeit des Insolvenzgerichts das Minderheitenrecht nach § 9 Abs 2 zugestanden werden.[43] Ausschließlich für den Fall, dass das Insolvenzgericht seiner Einberufungspflicht nicht nachkommt, haben die Anleihegläubiger folglich das Recht, bei Gericht zu beantragen, sie zur Einberufung der Anleihegläubigerversammlung zu ermächtigen. Die Kosten einer solchen durch die Anleihegläubiger einberufenen Anleihegläubigerversammlung sollten ebenso wie die Kosten der ansonsten durch das Insolvenzgericht einberufenen Anleihegläubigerversammlung als Masseverbindlichkeiten zu qualifizieren sein (siehe Rn 25), da die Untätigkeit des Insolvenzgerichts nicht zum Nachteil der Anleihegläubiger führen sollte.

II. Durchführung

22 Die Durchführung der Anleihegläubigerversammlung obliegt demjenigen, der sie leitet. Im Gegensatz zu § 18 Abs 2 SchVG 1899, der konkret festlegte, dass das Insolvenzgericht die Versammlung leitet, trifft der neue § 19 Abs 2 S 2 keine Aussage zu der Leitung der Anleihegläubigerversammlung.[44] Einer solchen Festlegung bedarf es allerdings auch nicht, da sich die zwingende Leitung des Insolvenzgerichts sowohl aus den insolvenzrechtlichen Regeln als auch aus den Vorschriften des SchVG ergibt. Nach § 15 Abs 1 steht dem Einberufenden der Vorsitz in der Anleihegläubigerversammlung zu. Einberufender ist in dem Fall das Insolvenzgericht. Auch nach § 76 Abs 1 InsO steht dem Insolvenzgericht die Leitung der allgemeinen Insolvenzgläubigerversammlung zu.[45]

23 § 19 Abs 2 S 2 besagt, dass das Insolvenzgericht eine Anleihegläubigerversammlung „*nach den Vorschriften dieses Gesetzes*“ einzuberufen hat. Fraglich ist, ob sich nur die Einberufung der Anleihegläubigerversammlung oder auch dessen Durchführung nach den Vorschriften des Schuldverschreibungsgesetzes richten soll. Der Wortlaut ist diesbezüglich nicht eindeutig.[46] Für eine Geltung für die gesamte Anleihegläubigerversammlung nach § 19 Abs 2 spricht, dass es sich um eine spezielle Versammlung der Schuldverschreibungsgläubiger handelt und das Schuldverschreibungsgesetz daher das speziellere Gesetz ist. Zudem hat der Gesetzgeber keine insolvenzrechtliche Sonderregelung für die Durchführung der Anleihegläubigerversammlung nach § 19 Abs 2 S 2 angeordnet.[47] Gegen eine Durchführung der Anleihegläubigerversammlung nach den Vorschriften des

41 *Fischer* WM **2018** 1529, 1533.
42 Veranneman/*Rattunde* § 19 Rn 50; Friedl/Hartwig-Jacob/*Friedl* § 19 Rn 22.
43 Friedl/Hartwig-Jacob/*Friedl* § 19 Rn 25; Blersch/Goetsch/Haas/*Paul* § 19 SchVG Rn 16.
44 Friedl/Hartwig-Jacob/*Friedl* § 19 Rn 27.
45 Hopt/Seibt/*Knapp* § 19 Rn 38.
46 Hopt/Seibt/*Knapp* § 19 Rn 38.
47 Friedl/Hartwig-Jacob/*Friedl* § 19 Rn 27.

Schuldverschreibungsgesetzes spricht jedoch der aus § 19 Abs 1 S 1 folgende generelle Vorrang des Insolvenzrechts.[48] Zudem ist es effizienter, wenn das Insolvenzgericht, das für die Leitung und damit für die Durchführung zuständig ist (siehe Rn 22), die ihm vertrauten Vorschriften der InsO anwenden kann.[49] Im Ergebnis gelten für die Durchführung der Anleihegläubigerversammlung somit richtigerweise die Vorschriften des Insolvenzrechts, insbesondere die §§ 74 ff InsO.

Anders als andere Anleihegläubigerversammlungen vor Insolvenzeröffnung kann diese spezielle Versammlung aufgrund der zwingenden Leitung durch das Insolvenzgericht nicht gemäß § 11 S 2 außerhalb Deutschlands durchgeführt werden.[50] Die Anleihegläubigerversammlung muss zudem als physische Versammlung abgehalten werden.[51] Eine Abstimmung der Schuldverschreibungsgläubiger ohne Anleihegläubigerversammlung ist ausgeschlossen. § 18 ist auf die Anleihegläubigerversammlung nach § 19 nicht anwendbar. **24**

III. Kosten

Die Tragung der Kosten für die Einberufung und Durchführung der Anleihegläubigerversammlung ist im Gesetz nicht explizit geregelt. Die Kosten könnten jedoch über § 54 Nr 1 InsO als Masseverbindlichkeiten vorweg zu berichtigen sein.[52] Dafür müsste es sich bei den Kosten um Gerichtskosten handeln. Der Begriff „Gerichtskosten" ist ein feststehender Begriff, der ausschließlich die im abschließenden Kostenverzeichnis in der Anlage zum GKG aufgeführten Gebühren und Auslagen umfasst.[53] Die Einberufung und Durchführung der Anleihegläubigerversammlung nach § 19 SchVG ist dort nicht geregelt, sodass allenfalls eine analoge Anwendung des § 54 Nr 1 InsO in Betracht kommt. Da diese Kosten nach Insolvenzeröffnung entstehen und die Einberufung durch das Insolvenzgericht erfolgt, ist die für die Analogie erforderliche Vergleichbarkeit der Interessenlagen gegeben.[54] Daher sind die Kosten für die Einberufung und Durchführung der Anleihegläubigerversammlung wie Kosten des Insolvenzverfahrens nach § 54 Nr 1 InsO zu behandeln. **25**

IV. Beschlüsse

1. Beschlussinhalt. Nach dem Wortlaut des § 19 ist die Anleihegläubigerversammlung eindeutig auf den Zweck beschränkt, einen gemeinsamen Vertreter der Anleihegläubiger zu bestellen. Fraglich ist, ob darüber hinaus weitere Beschlüsse durch die Schuldverschreibungsgläubiger gefasst werden können. Da der gemeinsame Vertreter auch nach Insolvenzeröffnung im Innenverhältnis von den Weisungen der Schuldverschreibungsgläubiger abhängig ist (siehe Rn 49), sollten solche Weisungsbeschlüsse, die in unmittelbarem Zusammenhang mit der Bestellung des gemeinsamen Vertreters stehen, bereits in der ersten Anleihegläubigerversammlung der Schuldverschreibungsgläubiger gefasst werden können. Dadurch wird erreicht, dass der gemeinsame Vertreter unmittelbar nach seiner Bestellung seine Tätigkeit ausführen kann.[55] Andere Beschlüsse, **26**

48 Kayser/Thole/*Knof* Anh. zu § 38 Rn 39.
49 Hopt/Seibt/*Knapp* § 19 Rn 38.
50 Blersch/Goetsch/Haas/*Paul* § 19 SchVG Rn 13.
51 Friedl/Hartwig-Jacob/*Friedl* § 19 Rn 27.
52 Veranneman/*Rattunde* § 19 Rn 55; Friedl/Hartwig-Jacob/*Friedl* § 19 Rn 34.
53 Kayser/Thole/*Knof* Anh. § 38 Rn 73.
54 *Wilken/Schaumann/Zenker* ZIP Anleihen in Restrukturierung und Insolvenz Rn 539.
55 Hopt/Seibt/*Knapp* § 19 Rn 43.

wie zB die Änderung der Anleihebedingungen, können in dieser durch das Insolvenzgericht einzuberufenden ersten Anleihegläubigerversammlung nicht wirksam gefasst werden.[56] (Zu der Zulässigkeit einer Änderung der Anleihebedingungen siehe Rn 81ff).

27 **2. Beschlussfassung.** Für die Beschlussfähigkeit in der Anleihegläubigerversammlung nach § 19 Abs 2 S 2 ist kein bestimmtes Beschlussquorum vorgesehen. Die Anforderungen des § 15 Abs 3 finden keine Anwendung, sodass es für die Beschlussfähigkeit der Anleihegläubigerversammlung ausreicht, wenn lediglich ein stimmberechtigter Anleihegläubiger anwesend ist.[57]

28 Stimmberechtigt ist gemäß § 77 Abs 1 InsO jeder Gläubiger, der seine Forderung angemeldet hat, soweit diese nicht vom Insolvenzverwalter bestritten worden ist. Das Problem hierbei ist jedoch, dass die Forderungen in der Regel erst durch den gemeinsamen Vertreter angemeldet werden.[58] § 77 Abs 1 InsO kann daher für die Beschlussfassung in der Anleihegläubigerversammlung nach § 19 Abs 2 S 2 noch keine Anwendung finden.[59] Aus diesem Grund ist auf § 6 zurückzugreifen, der das Stimmrecht für die Beschlüsse im SchVG regelt.[60] Danach ist jeder Schuldverschreibungsgläubiger in Höhe seines Nennwertes stimmberechtigt.

29 **3. Beschlusskontrolle.** Grundsätzlich erfolgt eine gerichtliche Kontrolle der Beschlüsse der Anleihegläubigerversammlung durch die in § 20 eingeräumte Möglichkeit der Anfechtung des Beschlusses. Nach Insolvenzeröffnung wird die Anwendbarkeit dieser Norm des Schuldverschreibungsgesetzes jedoch durch das Insolvenzrecht verdrängt. § 19 Abs 1 S 1 regelt ausdrücklich, dass die Beschlüsse der Gläubiger nach Insolvenzeröffnung der Insolvenzordnung unterliegen, soweit nicht in § 19 Abs 2–4 abweichendes geregelt ist. Ausdrücklich wird § 20 in den Absätzen des § 19 nicht für anwendbar erklärt. Hinsichtlich der Bestellung des gemeinsamen Vertreters ergibt sich aus § 19 Abs 2 S 2 zwar, dass die Einberufung der Anleihegläubigerversammlung zur Beschlussfassung über die Bestellung des Vertreters den Vorschriften des Schuldverschreibungsgesetzes unterliegt, der Beschluss selbst und damit auch dessen Kontrolle sind davon jedoch nicht erfasst.[61] Aus diesem Grund findet eine Beschlusskontrolle nicht nach § 20, sondern nach § 78 InsO statt.[62] § 78 InsO ist auch die passendere Norm, da dem Rechtsbehelf – im Unterschied zu § 20 – keine aufschiebende Wirkung zukommt.[63] So ist der bestellte gemeinsame Vertreter trotz Einlegung eines Rechtsbehelfs weiter befugt, die Forderungen der Schuldverschreibungsgläubiger zur Tabelle anzumelden und seinen übrigen Aufgaben nachzugehen.[64]

30 Antragsberechtigt nach § 78 InsO sind alle Gläubiger der betreffenden Schuldverschreibung.[65]

---

56 Veranneman/*Rattunde* § 19 Rn 59.
57 *Horn* BKR **2014** 449.
58 Veranneman/*Rattunde* § 19 Rn 58.
59 Kayser/Thole/*Knof* Anh. zu § 38 Rn 40.
60 Veranneman/*Rattunde* § 19 Rn 58.
61 BGH 16.11.2017 NZI **2018** 133, 134.
62 BGH 16.11.2017 NZI **2018** 133; zustimmend: *Thole* ZIP **2017** 2315; *Lürken* EWiR **2017** 757, 758; *Moser* WuB **2018** 239, 241.
63 *Thole* ZIP **2017** 2315, 2316.
64 Hopt/Seibt/*Knapp* § 19 Rn 54.
65 BGH 16.11.2017 WM **2018** 42, 43.

V. Weitere Anleihegläubigerversammlungen

31 Im neuen SchVG findet sich keine Regelung dazu, ob außer der ersten Anleihegläubigerversammlung nach § 19 Abs 2 weitere Versammlungen der Anleihegläubiger im Insolvenzverfahren zulässig sind und wie diese durchzuführen sind. § 19 Abs 2 S 2 erfasst nur die erste vom Insolvenzgericht einzuberufende Anleihegläubigerversammlung.[66] In der Regel soll in dieser Anleihegläubigerversammlung ein gemeinsamer Vertreter bestellt werden. Falls es zu einer Bestellung kommt, ist der Zweck der Anleihegläubigerversammlung erreicht.[67]

32 Falls jedoch in der ersten Anleihegläubigerversammlung kein gemeinsamer Vertreter bestellt wurde und aufgrund neuer Entwicklungen im Insolvenzverfahren eine erneute Abstimmung der Schuldverschreibungsgläubiger zu einem anderen Ergebnis führen könnte, muss eine erneute Anleihegläubigerversammlung möglich sein, denn die Bestellung eines gemeinsamen Vertreters entspricht dem grundsätzlichen Willen des Gesetzgebers.[68] Diese weiteren Anleihegläubigerversammlungen richten sich jedoch nicht nach § 19 Abs 2, sondern nach den allgemeinen Regeln des Schuldverschreibungsgesetzes, also vorliegend vor allem nach § 9.[69] Der in § 19 Abs 1 S 1 statuierte Anwendungsvorrang des Insolvenzrechts hat nicht zur Folge, dass § 9 im Insolvenzverfahren des Emittenten nicht mehr anwendbar ist.[70] Dafür besteht kein Bedürfnis. § 19 bezweckt lediglich, dass die Schuldverschreibungsgläubiger den anderen Insolvenzgläubigern gleichgestellt werden und nicht zusätzliche Rechte aus dem Schuldverschreibungsgesetz genießen.[71] Eine erneute Anleihegläubigerversammlung, in der über die Bestellung eines gemeinsamen Vertreters abgestimmt wird, beeinflusst die anderen Insolvenzgläubiger nicht. Somit spricht nichts gegen eine Zulässigkeit einer weiteren schuldverschreibungsrechtlichen Anleihegläubigerversammlung nach § 9 Abs 1 auch im eröffneten Insolvenzverfahren.

33 Auch für den Fall, dass ein gemeinsamer Vertreter bereits in der ersten Anleihegläubigerversammlung nach § 19 Abs 2 bestellt wurde, kann noch ein Bedürfnis für die Einberufung weiterer schuldverschreibungsrechtlicher Anleihegläubigerversammlungen bestehen, denn nur in einer Versammlung der Schuldverschreibungsgläubiger können Weisungsbeschlüsse für den Vertreter gefasst werden.[72] Auch der Wunsch nach einer Abberufung und Neuwahl eines gemeinsamen Vertreters kann eine weitere Anleihegläubigerversammlung erforderlich machen.[73]

34 In diesen weiteren Anleihegläubigerversammlungen der Schuldverschreibungsgläubiger können alle nach dem Schuldverschreibungsgesetz zulässigen Beschlüsse gefasst werden (ausführlich zur Zulässigkeit einer Änderung der Anleihebedingungen siehe Rn 81 ff).[74] Einschränkend ist nur zu beachten, dass die Beschlüsse der Schuldverschreibungsgläubiger die anderen Insolvenzgläubiger nicht unmittelbar betreffen dürfen.[75]

---

66 Hopt/Seibt/*Knapp* § 19 Rn 57.
67 Kayser/Thole/*Knof* Anh. zu § 38 Rn 61.
68 OLG Zweibrücken 20.3.2013 ZInsO **2013** 2119, 2120.
69 OLG Zweibrücken 20.3.2013 ZInsO **2013** 2119, 2120; Kayser/Thole/*Knof* Anh. zu § 38 Rn 64; Veranneman/*Rattunde* § 19 Rn 68.
70 OLG Zweibrücken 20.3.2013 ZInsO **2013** 2119, 2120.
71 *Thole* ZIP **2014** 293, 298.
72 Hopt/Seibt/*Knapp* § 19 Rn 58.
73 Veranneman/*Rattunde* § 19 Rn 67.
74 Hopt/Seibt/*Knapp* § 19 Rn 58, 59.
75 *Wilken/Schaumann/Zenker* ZIP Anleihen in Restrukturierung und Insolvenz Rn 558.

35 Die Kosten der weiteren Anleihegläubigerversammlungen sind von denen der ersten Anleihegläubigerversammlung zu unterscheiden. Da im Gegensatz zu der ersten Anleihegläubigerversammlung nach § 19 Abs 2 nicht das Insolvenzgericht für die Einberufung zuständig ist, sind die Kosten nicht als Masseverbindlichkeiten nach § 54 Nr 1 InsO anzusehen.[76] Nicht nur die in diesen weiteren Anleihegläubigerversammlungen getroffenen Beschlüsse, sondern auch die damit verbundenen Kosten dürfen die anderen Insolvenzgläubiger nicht belasten. Aus diesem Grund kann es sich nicht um Masseverbindlichkeiten handeln.[77] Dies kommt nur ausnahmsweise dann in Betracht, wenn der Insolvenzverwalter der Einberufung weiterer Anleihegläubigerversammlungen ausdrücklich zugestimmt hat, vgl § 55 Abs 1 Nr 1 InsO. Die Einordnung als Insolvenzforderung nach § 38 InsO scheidet ebenfalls aus, da die Kosten erst nach Insolvenzeröffnung entstehen. Bei den Kosten handelt es sich vielmehr um solche, die den Anleihegläubigern durch ihre Teilnahme am Insolvenzverfahren erwachsen, sodass sie nachrangige Insolvenzforderungen nach § 39 Abs 1 Nr 2 InsO begründen.[78]

E. Der gemeinsame Vertreter im Insolvenzverfahren (§ 19 Abs 2, 3)

I. Im vorläufigen Insolvenzverfahren

36 Da § 19 im Eröffnungsverfahren noch nicht anwendbar ist, kommt eine Bestellung des gemeinsamen Vertreters in diesem Verfahrensstadium nur aufgrund der allgemeinen Vorschriften des Schuldverschreibungsgesetzes in Betracht. Die Bestellung richtet sich folglich nach §§ 7, 8. Aufgrund der dadurch für den Schuldner entstehenden Kosten ist eine sorgfältige Abwägung und zudem die Zustimmung des vorläufigen Insolvenzverwalters bzw vorläufigen Sachwalters erforderlich,[79] soweit die Kosten als Masseverbindlichkeiten begründet werden sollen.

II. Im eröffneten Insolvenzverfahren

37 **1. Bestellung in der Anleihegläubigerversammlung.** Soweit bis zum Eröffnungsbeschluss noch kein gemeinsamer Vertreter der Anleihegläubiger bestellt worden ist, kann die Bestellung in der durch das Insolvenzgericht einberufenen Anleihegläubigerversammlung nach § 19 durch Beschluss der anwesenden, stimmberechtigten Anleihegläubiger erfolgen. Die Bestellung wird aufgrund der Interessenkonzentration aller Anleihegläubiger in einer Person als wünschenswert angesehen.[80] Allerdings sind die Gläubiger nicht verpflichtet, tatsächlich einen gemeinsamen Vertreter zu bestellen.[81] Für den Beschluss genügt die einfache Mehrheit der teilnehmenden Stimmen.[82]

38 Das Grundverhältnis zwischen Schuldner bzw Anleihegläubigern und dem gemeinsamen Vertreter ist in der gleichen Art und Weise ausgestaltet wie bei einer Bestellung des gemeinsamen Vertreters nach § 7.[83] Es werden gleichlautende, entgeltliche Geschäftsbesorgungsverträge zwischen dem gemeinsamen Vertreter und den einzelnen Gläubigern geschlossen (hierzu ausführlich § 7 Rn 19).

---

76 Hopt/Seibt/*Knapp* § 19 Rn 69.
77 **AA**: *Lürken* GWR **2013** 499.
78 Schmidt/*Westpfahl*/*Seibt* Sanierungsrecht, Anh. zu § 39 Rn 61; Veranneman/*Rattunde* § 19 Rn 71.
79 Veranneman/*Rattunde* § 19 Rn 38.
80 RegE, BT-Drucks. 16/12814 S 25.
81 RegE, BT-Drucks. 16/12814 S 25.
82 *Horn* BKR **2014** 449.
83 Hopt/Seibt/*Knapp* § 19 Rn 71.

Zu einem gemeinsamen Vertreter der Anleihegläubiger im Insolvenzverfahren kann jede geschäftsfähige Person oder eine sachkundige juristische Person bestellt werden, vgl § 7 Abs 1.[84] § 7 Abs 1 gilt auch im Insolvenzverfahren uneingeschränkt, sodass das Vorliegen der in § 7 Abs 1 S 2 genannten Umstände eine Bestellung zum gemeinsamen Vertreter im Insolvenzverfahren nicht ausschließt.[85] Aufgrund der vergleichbaren Interessenlage bei der Wahl eines gemeinsamen Vertreters vor und nach Insolvenzeröffnung gilt dann allerdings auch die Offenbarungspflicht nach § 7 Abs 1 S 2 und S 3 in Bezug auf potentielle Interessenkonflikte (siehe § 7 Rn 6 ff).[86] Falls die Schuldverschreibungsgläubiger Zweifel an der Unabhängigkeit des gemeinsamen Vertreters hegen, kann dieser zudem in einer neuen Anleihegläubigerversammlung abgewählt und ein neuer Vertreter bestellt werden (hierzu genauer Rn 68).[87] Ausgeschlossen für das Amt des gemeinsamen Vertreters der Anleihegläubiger ist der Insolvenzverwalter, da dieser gemäß § 56 Abs 1 InsO eine von den Gläubigern und dem Schuldner unabhängige Person sein muss.[88] Für den Eigenverwalter gilt der Ausschluss nicht, da auf ihn das Unabhängigkeitserfordernis nach § 56 Abs 1 InsO nicht angewendet werden kann und dem Schuldverschreibungsgesetz ebenfalls kein Grund für einen Ausschluss des eigenverwaltenden Schuldners als gemeinsamen Vertreter entnommen werden kann. Gemäß § 7 Abs 1 S 2 kann auch ein Organmitglied des Schuldners zum gemeinsamen Vertreter gewählt werden. 39

2. Rechtsmacht des gemeinsamen Vertreters. Die Rechtsmacht des gemeinsamen Vertreters im Insolvenzverfahren ergibt sich aus § 19 Abs 3. Nach dieser Vorschrift ist der gemeinsame Vertreter allein berechtigt und verpflichtet, die Rechte der Gläubiger im Insolvenzverfahren geltend zu machen. Allerdings ist zur Klarstellung zwischen der Rechtsmacht im Außenverhältnis und im Innenverhältnis zu unterscheiden. 40

a) im Außenverhältnis. Der Umfang der Befugnisse des gemeinsamen Vertreters im Außenverhältnis ergibt sich aus § 19 Abs 3. Es handelt sich somit um eine Rechtsmacht, die zwar auf dem Beschluss der Gläubiger beruht, sich aber dem Umfang nach aus dem Gesetz ergibt.[89] Danach ist der gemeinsame Vertreter allein berechtigt und verpflichtet, im Insolvenzverfahren die Rechte der Gläubiger aus und im Zusammenhang mit ihren Schuldverschreibungen geltend zu machen. Der gemeinsame Vertreter wird folglich zur Wahrnehmung insolvenzspezifischer Rechte bestellt.[90] Da es sich jedoch nur um die Wahrnehmung der Rechte einer bestimmten Personengruppe (der Anleihegläubiger) handelt, ist der gemeinsame Vertreter ein rechtsgeschäftlicher Vertreter und kein organschaftlicher oder gesetzlicher Vertreter.[91] Die Rechtsmacht des gemeinsamen Vertreters im Außenverhältnis kann nicht beschränkt werden.[92] 41

Im Gegensatz zu § 7 stellt § 19 einen umfassenden Pflichtenkatalog für den gemeinsamen Vertreter in der Insolvenz auf.[93] Für den gemeinsamen Vertreter nach §§ 7 oder 8, 42

---

84 Veranneman/*Rattunde* § 19 Rn 73.
85 Blersch/Goetsch/Haas/*Paul* § 19 SchVG Rn 23.
86 Friedl/Hartwig-Jacob/*Friedl* § 19 Rn 48; Hopt/Seibt/*Knapp* § 19 Rn 71.
87 Blersch/Goetsch/Haas/*Paul* § 19 SchVG Rn 23.
88 Friedl/Hartwig-Jacob/*Friedl* § 19 Rn 48; Langenbucher/Bliesener/Spindler/*Bliesener*/*Schneider* § 19 Rn 23.
89 *Horn* BKR **2014** 449, 450.
90 Hopt/Seibt/*Knapp* § 19 Rn 75.
91 *Fischer* WM **2018** 1529, 1534.
92 Hopt/Seibt/*Knapp* § 19 Rn 74.
93 *Gloeckner*/*Bankel* ZIP **2015** 2393, 2397.

der bereits vor Insolvenzeröffnung bestellt wurde, bedeutet dies eine Erweiterung des Umfangs seiner Aufgaben ab dem Zeitpunkt der Eröffnung.[94]

43 Da § 19 Abs 3 dem gemeinsamen Vertreter die alleinige Geltendmachung der Gläubigerrechte einräumt, sind die Gläubiger ab dem Zeitpunkt der Insolvenzeröffnung nicht mehr zur Geltendmachung befugt. Von diesem Grundsatz kann – anders als dies nach § 7 Abs 2 S 3 noch vor dem Eröffnungsbeschluss möglich ist – auch nicht durch einen Mehrheitsbeschluss der Anleihegläubigerversammlung abgewichen werden.[95] Es kommt somit zu einer umfassenden „Kompetenzverdrängung".[96] Die alleinige Geltendmachung der Rechte durch den gemeinsamen Vertreter soll eine rechtssichere und zügige Durchführung des Insolvenzverfahrens und gleichzeitig eine Gleichbehandlung der Gläubiger gewährleisten.[97]

44 Zu den konkreten Aufgaben des gemeinsamen Vertreters gehören die Teilnahme an den insolvenzrechtlichen Gläubigerversammlungen, in der dieser sämtliche Schuldverschreibungsgläubiger bei Abstimmungen vertritt, sowie die Geltendmachung von Rechten aus den Schuldverschreibungen.[98] Die Rechte aus einer ungesicherten Schuldverschreibung werden mit Eintritt des Insolvenzfalles bei dem Emittenten regelmäßig zu einfachen Insolvenzforderungen.[99] Daher hat der Vertreter auch für die Anmeldung der Forderungen zur Insolvenztabelle zu sorgen und Zahlungen entgegenzunehmen, sofern die Abwicklung nicht über einen Börsendienstleister wie zB Clearstream erfolgt.[100] Im Unterschied zu den übrigen Insolvenzgläubigern, die ihre Forderungen nach § 174 InsO anmelden, muss der gemeinsame Vertreter der Anmeldung keine Schuldurkunde beifügen, § 19 Abs 3 Hs. 2. Dies erleichtert dem Vertreter die Wahrnehmung seiner Aufgaben und macht die Forderungsanmeldung effizienter.[101] Ungeklärt ist, wie die Anmeldung der Forderungen konkret zu erfolgen hat. Denkbar ist sowohl die Anmeldung jeder einzelnen Forderung als auch die globale Anmeldung des Gesamtnennbetrags aller Forderungen aus der Schuldverschreibungsserie.[102] Gegen eine Globalanmeldung der Forderungen spricht der Grundsatz der Bestimmbarkeit. Allerdings sind dem gemeinsamen Vertreter in der Regel nicht alle Anleihegläubiger namentlich bekannt.[103] Dies spricht dafür, dass er eine globale Anmeldung der Schuldverschreibungsserie als Ganzes ohne Nennung der Forderungsinhaber vornehmen kann.[104] Die Anmeldung jeder einzelnen Forderung durch den gemeinsamen Vertreter ist zudem nicht effizient und hätte zur Folge, dass die Bestellung des gemeinsamen Vertreters dann kaum noch Vorteile bringen würde.

45 Falls eine Bestellung des gemeinsamen Vertreters erst später im Insolvenzverfahren erfolgt, sind die Schuldverschreibungsgläubiger bis dahin selbst befugt, die Anmeldung ihrer Forderungen zur Tabelle vorzunehmen. Das verdrängende Mandat des gemeinsamen Vertreters besteht erst ab dem Zeitpunkt seiner Bestellung, sodass den Gläubigern zuvor alle Rechte aus ihren Schuldverschreibungen zustehen und ihnen deren Geltendmachung obliegt. Da die meisten Insolvenzgläubiger ihre Forderungen möglichst zeit-

94 RegE, BT-Drucks. 16/12814 S 25.
95 RegE, BT-Drucks. 16/12814 S 25.
96 Hopt/Seibt/*Knapp* § 19 Rn 73.
97 RegE, BT-Drucks. 16/12814 S 25.
98 Veranneman/*Rattunde* § 19 Rn 79.
99 *Kuder/Obermüller* ZInsO **2009** 2025, 2027.
100 Friedl/Hartwig-Jacob/*Friedl* § 19 Rn 53.
101 Blersch/Goetsch/Haas/*Paul* § 19 Rn 22.
102 *Gloeckner/Bankel* ZIP **2015** 2393, 2397.
103 *Gloeckner/Bankel* ZIP **2015** 2393, 2397.
104 Hopt/Seibt/*Knapp* § 19 Rn 101; **aA** Blersch/Goetsch/Haas/*Paul* § 19 SchVG Rn 24.

nah zur Tabelle anmelden werden wollen,[105] entfällt diese zentrale Aufgabe für einen später gewählten gemeinsamen Vertreter. Die bereits angemeldeten Forderungen werden von der nachträglichen Bestellung eines gemeinsamen Vertreters nicht berührt. Ob die Bestellung dann überhaupt noch die erhoffte Entlastungswirkung hat, kann bezweifelt werden.[106]

Bei den Abstimmungen hat der Vertreter sein Stimmrecht für alle Schuldverschreibungsgläubiger derselben Anleihe einheitlich auszuüben.[107] Seine Stimme repräsentiert den Gesamtbetrag der von ihm vertretenen Forderungen.[108] Nur auf diese Weise kann das Ziel eines effizienten Insolvenzverfahrens trotz einer Vielzahl von Anleihegläubigern erreicht werden. Eine hierdurch möglicherweise entstehende Abweichung im Verhältnis zur Einzelabstimmung ist deshalb hinzunehmen.[109] Dennoch bleiben die einzelnen Forderungen der Anleihegläubiger getrennt voneinander bestehen, sodass für den Fall, dass es auf eine Mehrheit nach Köpfen ankommt, wie zB bei der Abwahl des Insolvenzverwalters nach § 57 InsO oder im Insolvenzplanverfahren nach § 244 Abs 1 Nr 1 InsO, dem Vertreter für jeden Gläubiger eine Stimme zusteht.[110] Hierfür ist es jedoch erforderlich, dass der gemeinsame Vertreter die Identität der von ihm vertretenen Anleihegläubiger zB durch Vorlage von Dokumenten nachweisen kann.[111] 46

Dem gemeinsamen Vertreter obliegt allein die Geltendmachung vertraglicher Rechte der Anleihegläubiger einschließlich vertraglicher Schadensersatzansprüche.[112] Sollten diesen zusätzlich gesetzliche Ansprüche gegen den Schuldner zustehen, so müssen sie diese Ansprüche selbst durchsetzen. Dies gilt jedenfalls für solche Ansprüche, die nicht der Gesamtheit der Anleihegläubiger zustehen.[113] 47

Bislang ungeklärt ist, ob der gemeinsame Vertreter auch die Aus- und Absonderungsrechte für die Anleihegläubiger geltend machen darf.[114] Unter Berücksichtigung des Sinn und Zwecks des gemeinsamen Vertreters, der alle Schuldverschreibungsgläubiger in ihrer Gesamtheit vertritt, sollte die aufgeworfene Frage davon abhängen, wie die Sicherungsrechte begründet wurden. In der Regel erfolgt die Bestellung von Sicherheiten für die Anleihegläubiger durch Übertragung an einen Sicherungstreuhänder, der die Sicherheiten im Auftrag des Emittenten und im Interesse der Anleihegläubiger verwaltet und gegebenenfalls verwertet.[115] Die Aufgabe des Sicherungstreuhänders kann auch durch den gemeinsamen Vertreter der Anleihegläubiger wahrgenommen werden. Allerdings kommt ein erst nach Insolvenzeröffnung bestellter gemeinsamer Vertreter nach § 19 nicht als Sicherungstreuhänder in Betracht, da die Bestellung der Sicherheiten bereits zuvor erfolgt. Wurden die Sicherungsrechte im Rahmen der Emission für alle Schuldverschreibungsgläubiger in gleicher Weise eingeräumt, sollte der gemeinsame Vertreter auch zur Geltendmachung der aus diesen Sicherungsrechten folgenden Absonderungsrechte befugt sein.[116] 48

105 Blersch/Goetsch/Haas/*Paul* § 19 SchVG Rn 26.
106 Blersch/Goetsch/Haas/*Paul* § 19 SchVG Rn 26.
107 *Horn* BKR **2014** 449, 450.
108 Preuße/*Scherber* § 19 Rn 33.
109 *Hofmann* FS Kübler (2015) 265, 269.
110 *Kuder/Obermüller* ZInsO **2009** 2025, 2027; *Hofmann* FS Kübler (2015) 265, 269.
111 *Hofmann* FS Kübler (2015) 265, 269.
112 *Fischer* WM **2018** 1529, 1534; *Hofmann* FS Kübler (2015) 265, 267; *Horn* BKR **2014** 449, 450.
113 *Hofmann* FS Kübler (2015) 265, 276.
114 *Holzer* NZI **2017** 465, 466; Blersch/Goetsch/Haas/*Paul* § 19 SchVG Rn 28a.
115 *Litten* ZBB **2013** 33, 34.
116 *Gloeckner/Bankel* ZIP **2015** 2393, 2398; *Wilken/Schaumann/Zenker* ZIP Anleihen in Restrukturierung und Insolvenz Rn 573.

49 **b) im Innenverhältnis.** Der gemeinsame Vertreter ist nicht nur im Außenverhältnis zur Wahrnehmung der insolvenzspezifischen Rechte berechtigt, sondern gleichzeitig im Innenverhältnis gegenüber den Schuldverschreibungsgläubigern auch dazu verpflichtet.[117] Für das Innenverhältnis zwischen gemeinsamen Vertreter und Anleihegläubigern gilt weiterhin § 7.[118] Auch in der Insolvenz gilt somit gemäß § 7 Abs 2, dass dem gemeinsamen Vertreter auch durch Gläubigerbeschluss Aufgaben und Befugnisse eingeräumt werden können und dieser den Weisungen der Gläubigermehrheit Folge zu leisten hat.[119] (siehe hierzu § 7 Rn 35)

50 Allerdings ist die Möglichkeit der Anleihegläubigerversammlung, Weisungen zu erteilen, im Insolvenzverfahren beschränkt, da den Anleihegläubigern nur die insolvenzrechtlich zulässigen Gestaltungsmöglichkeiten zustehen.[120] Zudem ist für die Erteilung einer Weisung die Einberufung einer neuen Anleihegläubigerversammlung erforderlich.[121] Aus diesem Grund ist die Einholung von Weisungen durch Gläubigerbeschlüsse mit hohem organisatorischen Aufwand und Kosten verbunden.[122] Um dies möglichst zu vermeiden und damit der gemeinsame Vertreter im Insolvenzverfahren schnell reagieren kann, muss ihm eine Handlungsmöglichkeit auch ohne entsprechende Weisung zustehen.[123] Er ist nicht dazu verpflichtet, für jede Handlung eine legitimierende Weisung einzuholen.[124]

51 Allerdings gilt es zu beachten, dass die Haftungsnorm des § 7 Abs 3 auch im Insolvenzverfahren Anwendung findet. Daher empfiehlt es sich für den gemeinsamen Vertreter, zur Vermeidung seiner Haftung für wesentliche Entscheidungen einen Weisungsbeschluss einzuholen.[125]

52 Über seine Tätigkeit, insbesondere die Abstimmungen in der Insolvenzgläubigerversammlung sowie die Anmeldung der Forderungen, hat der gemeinsame Vertreter den Gläubigern zu berichten, vgl § 7 Abs 2 S 4.[126] Da die Anleihegläubiger ihre Rechte nicht selbst geltend machen können und eine Information über künftige Tätigkeiten nichts daran ändert, reicht es aus, wenn der gemeinsame Vertreter erst im Anschluss an die Tätigkeit den Schuldverschreibungsgläubigern darüber berichtet.[127] Konkret wird man unter Anwendung der allgemeinen Regeln des SchVG dazu gelangen, dass der gemeinsame Vertreter nach den Insolvenzgläubigerversammlungen den Anleihegläubigern entscheidende Entwicklungen zu berichten hat. Aufgrund der umfangreichen Befugnisse des gemeinsamen Vertreters im Außenverhältnis erscheint darüber hinaus eine Pflicht zur laufenden Berichterstattung – zB zweimal im Jahr – sinnvoll.[128] Die Berichtspflicht des gemeinsamen Vertreters gegenüber den Anleihegläubigern könnte vergleichbar mit der des Insolvenzverwalters ausgestaltet werden, der dem Gericht in langen Insolvenzverfahren auch in angemessenen Intervallen zu berichten hat, vgl § 58 InsO.

---

117 Hopt/Seibt/*Knapp* § 19 Rn 77.
118 *Blaufuß/Braun* NZI **2016** 5, 6; Langenbucher/Bliesener/Spindler/*Bliesener/Schneider* § 19 Rn 22.
119 *Horn* BKR **2014** 449, 451.
120 Preuße/*Scherber* § 19 Rn 34.
121 Langenbucher/Bliesener/Spindler/*Bliesener/Schneider* SchVG § 19 Rn 23.
122 Hopt/Seibt/*Knapp* § 19 Rn 79.
123 Veranneman/*Rattunde* § 19 Rn 80; **aA** *Kuder/Obermüller* ZInsO **2009** 2025, 2027.
124 Hopt/Seibt/*Knapp* § 19 Rn 79.
125 *Kuder/Obermüller* ZInsO **2009** 2025, 2027; Veranneman/*Rattunde* § 19 Rn 80.
126 *Blaufuß/Braun* NZI **2016** 5, 6.
127 *Blaufuß/Braun* NZI **2016** 5, 7.
128 *Hofmann* FS Kübler (2015) 265, 271.

3. Vergütung des gemeinsamen Vertreters

a) Kostentragungspflicht des Emittenten. Die Vergütung des gemeinsamen Vertreters ist in § 7 Abs 6 geregelt. Danach ist grundsätzlich der Emittent verpflichtet, für eine angemessene Vergütung des gemeinsamen Vertreters aufzukommen (siehe hierzu § 7 Rn 40). Die Vergütungspflicht des Schuldners ergibt sich unmittelbar aus der gesetzlichen Regelung.[129] Mangels abweichender Regelung findet die Vorschrift § 7 Abs 6 auch im Insolvenzverfahren Anwendung.[130] Mit Bestellung des gemeinsamen Vertreters in der Anleihegläubigerversammlung wird der Vergütungsanspruch daher automatisch begründet, ohne dass es einer entsprechenden vertraglichen Regelung bedürfe.[131] 53

b) Insolvenzrechtliche Qualifizierung des Vergütungsanspruchs für die Tätigkeit vor Insolvenzeröffnung. Falls bereits vor Insolvenzeröffnung ein gemeinsamer Vertreter bestellt war und er für seine Tätigkeit noch nicht bezahlt wurde, ist sein Anspruch auf die Vergütung für die Tätigkeit vor Eröffnung unstreitig als einfache Insolvenzforderung nach § 38 InsO zu qualifizieren.[132] 54

c) Insolvenzrechtliche Qualifizierung des Vergütungsanspruchs für die Tätigkeit nach Insolvenzeröffnung. Problematisch und viel diskutiert war allerdings lange die Frage nach der insolvenzrechtlichen Qualifikation des Vergütungsanspruchs nach Insolvenzeröffnung – und zwar unabhängig davon, ob dessen Bestellung bereits nach §§ 7 oder 8 oder erst nach Eröffnung nach § 19 erfolgte.[133] Denn es kommt für die Einordnung ausschließlich auf den Zeitpunkt der Tätigkeit und nicht auf den Zeitpunkt der Bestellung des gemeinsamen Vertreters an.[134] Auch wenn die insolvenzrechtliche Einordnung des Anspruchs für die Praxis von besonderer Bedeutung ist, finden sich im Gesetz hierzu keinerlei Vorgaben, weder im SchVG noch in der InsO. Ohne eine Absicherung des Vergütungsanspruchs wird es allerdings schwerer sein, eine Person für die Tätigkeit des gemeinsamen Vertreters zu finden. 55

aa) Einordnung als Masseverbindlichkeit. Eine wirkliche Absicherung der Bezahlung wird nur durch eine Qualifizierung als eine nach § 53 InsO vorweg aus der Insolvenzmasse zu befriedigende Masseverbindlichkeit erreicht. Mit der rein praktischen Erwägung, dass sich kein gemeinsamer Vertreter finden würde, falls er mit seiner Forderung nur einfacher oder gar nachrangiger Insolvenzgläubiger wäre;[135] wurde dieser Einordnung als Masseverbindlichkeit in der Literatur mehrheitlich gefolgt und war lange gängige Praxis.[136] Voraussetzung für die Qualifikation als Masseverbindlichkeit ist jedoch, dass der Vergütungsanspruch entweder unter die Kosten des Insolvenzverfahrens nach § 54 InsO oder unter die sonstigen Masseverbindlichkeiten nach § 55 Abs 1 Nr 1 oder Nr 2 InsO gefasst werden kann. 56

Für die Subsumtion unter § 54 Nr 2 InsO wurde angeführt, dass der gemeinsame Vertreter in der Vorschrift zwar nicht ausdrücklich genannt wird, jedoch mit den dort aufge- 57

---

129 *Brenner* NZI **2014** 789, 790.
130 Hopt/Seibt/*Knapp* § 19 Rn 84; Friedl/Hartwig-Jacob/*Friedl* § 19 Rn 49; *Brenner* NZI **2014** 789, 790.
131 Hopt/Seibt/*Knapp* § 19 Rn 85.
132 LG Saarbrücken 3.9.2015 NZI **2016** 233; *Antoniadis* NZI **2014** 785, 787.
133 Veranneman/*Rattunde* § 19 Rn 88.
134 *Brenner/Moser* NZI **2016** 233, 236.
135 *Horn* BKR **2014** 449, 452.
136 *Brenner* NZI **2014** 789, 792.

listeten Personen vergleichbar ist und daher eine analoge Anwendung in Betracht kommt.[137] Durch die Qualifizierung als Massekosten nach § 54 InsO werde am ehesten dem Wunsch des Gesetzgebers nach einer Bestellung eines gemeinsamen Vertreters entsprochen.[138]

58 Auch das Vorliegen einer sonstigen Masseverbindlichkeit nach § 55 Abs 1 Nr 1 Alt. 2 InsO wurde teilweise vertreten.[139] Begründet wurde dies damit, dass die Tätigkeit des gemeinsamen Vertreters unter den Begriff der Verwaltung der Insolvenzmasse gefasst werden kann, da die Tätigkeit eine Koordinierung der Anleihegläubiger bezweckt.[140] Der notwendige Bezug zur Insolvenzmasse folgt daraus, dass Schuldverschreibungen auch Teil der Insolvenzmasse seien.[141]

59 Die Stimmen in der Literatur, die von einem Geschäftsbesorgungsvertrag zwischen gemeinsamen Vertreter und Anleiheschuldner ausgehen, begründen die Einordnung als Masseverbindlichkeit über die Vorschrift § 55 Abs 1 Nr 2 InsO.[142] Falls ausdrücklich eine Vergütungsvereinbarung mit dem Insolvenzverwalter getroffen wurde, liegen ebenfalls die Voraussetzungen des § 55 Abs 1 Nr 2 Alt. 2 InsO vor.[143]

60 Der BGH hat der Einordnung des Vergütungsanspruchs als Masseverbindlichkeit jedoch mittlerweile eine Absage erteilt.[144] Er stellte ausdrücklich klar, dass ein Vergleich des gemeinsamen Vertreters mit den in § 54 Nr 2 InsO genannten Personen nicht gezogen werden kann, da es sich bei dem Vertreter nicht um eine Partei kraft Amtes handele, sondern lediglich um einen Vertreter einer Gläubigergruppe. Da er in dieser Funktion ausschließlich individuelle Rechte der Gläubiger vertritt, sei es nicht sachgerecht, ihn wie eine Partei kraft Amtes zu behandeln.[145] Eine analoge Anwendung des § 54 InsO scheitere zudem daran, dass die gesetzliche Auflistung in der Vorschrift abschließenden Charakter hat.[146] Aus diesem Grund scheidet eine Festsetzung der Vergütung durch das Insolvenzgericht aus.[147] Auch die Subsumtion unter § 55 Abs 1 InsO hat der BGH durch Urteil vom 12.1.2017 ausgeschlossen.[148] § 55 Abs 1 Nr 1 Alt. 1 InsO setzt eine Handlung des Insolvenzverwalters voraus. Der Vergütungsanspruch entsteht jedoch durch den Bestellungsbeschluss der Anleihegläubiger und daher ohne jede Beteiligung des Insolvenzverwalters. § 55 Abs 1 Nr 1 Alt. 2 InsO kommt nur bei einer Begründung der Verbindlichkeit in anderer Weise durch die Verwaltung, Verwertung und Verteilung der Insolvenzmasse zur Anwendung. Im Gegensatz zu Stimmen in der Literatur[149] fehlt dem BGH der erforderliche Bezug des Vergütungsanspruchs zur Insolvenzmasse, da der Insolvenzverwalter keine Einflussmöglichkeit auf die Bestellung und die Tätigkeit des gemeinsamen Vertreters nehmen kann.[150] Die Tätigkeit des gemeinsamen Vertreters nutze in erster Linie nur den durch ihn vertretenen Anleihegläubigern. Für das Insolvenzverfahren hat die Bestellung nur mittelbar einen positiven Effekt.[151] Gegen § 55 Abs 1 Nr 2 InsO spricht, dass der

---

137 Veranneman/*Rattunde* § 19 Rn 91.
138 Preuße/*Scherber* § 19 Rn 35.
139 *Gloeckner/Bankel* ZIP **2015** 2393, 2399, 2400.
140 *Horn* BKR **2014** 449, 452.
141 *Brenner* NZI **2014** 789, 793.
142 *Thole* ZIP **2014** 293, 299.
143 Veranneman/*Rattunde* § 19 Rn 91.
144 BGH 12.1.2017 NZI **2017** 228.
145 BGH 14.7.2016 NZI **2016** 1014, 1015.
146 BGH 12.1.2017 NZI **2017** 228, 229.
147 BGH 14.7.2016 NZI **2016** 968.
148 BGH 12.1.2017 NZI **2017** 228, 229, 230.
149 *Brenner* NZI **2014** 789, 793; *Horn* BKR **2014** 449, 452.
150 BGH 12.1.2017 NZI **2017** 228, 229, 230.
151 BGH 12.1.2017 NZI **2017** 228, 229, 230.

Vergütungsanspruch des Vertreters nicht auf Vertrag, sondern auf Gesetz (§ 7 Abs 6) beruht.[152]

bb) Einordnung als Insolvenzforderung. Vereinzelt wurde der Vergütungsanspruch auch für die Tätigkeit nach Insolvenzeröffnung als einfache Insolvenzforderung nach § 38 InsO qualifiziert.[153] Teilweise auch nur als nachrangige Insolvenzforderung nach § 39 Abs 1 Nr 2 InsO, da die Kosten für die Vergütung des Vertreters aufgrund der Teilnahme der Anleihegläubiger am Verfahren entstehen.[154] 61

Damit es sich bei der Forderung um eine Insolvenzforderung nach § 38 InsO handelt, muss diese jedoch zu dem Zeitpunkt der Eröffnung des Insolvenzverfahrens bereits begründet gewesen sein. Dies setzt voraus, dass der anspruchsbegründende Tatbestand bereits abgeschlossen ist.[155] Diese Voraussetzung erfüllt der aus § 7 Abs 6 folgende Vergütungsanspruch des gemeinsamen Vertreters für die Tätigkeit nach Insolvenzeröffnung nicht.[156] Hinsichtlich seines eigenen Vergütungsanspruchs gegen den Schuldner ist der gemeinsame Vertreter lediglich Neugläubiger, sodass der Schuldner ihm mit seinem insolvenzfreien Vermögen haftet.[157] 62

Der BGH weist schließlich darauf hin, dass eine Einordnung als Insolvenzforderung dann möglich ist, wenn der gemeinsame Vertreter nicht seinen eigenen Vergütungsanspruch geltend macht, sondern den an ihn abgetretenen Freistellungsanspruch der Anleihegläubiger gegen den Schuldner aus § 7 Abs 6, der sich durch die Abtretung an den Vertreter in einen Zahlungsanspruch wandelt.[158] Hierbei soll es sich aber um eine nachrangige Insolvenzforderung nach § 39 Abs 1 Nr 2 InsO handeln, da dieser abgetretene Anspruch nur die Kosten erfasst, die durch die Teilnahme der Anleihegläubiger am Verfahren entstanden sind.[159] 63

Folglich findet keine Privilegierung des Vergütungsanspruchs des gemeinsamen Vertreters der Anleihegläubiger durch eine vorrangige Befriedigung statt. Die Argumentation des BGH zur Ablehnung einer Masseverbindlichkeit ist dogmatisch gut vertretbar, führt jedoch dazu, dass das System des gemeinsamen Vertreters nach § 19 zusammenbricht. Denn ohne eine gesicherte Vergütung wird sich keiner finden lassen, der die Arbeit und das Haftungsrisiko eines gemeinsamen Vertreters im Insolvenzverfahren auf sich nimmt. Die regelmäßig vorzufindende Haftungsbegrenzung auf das 10-fache der jährlichen Vergütung erfüllt in diesem Fall auch nicht mehr ihren Sinn und Zweck. Das Fehlen eines gemeinsamen Vertreters aufgrund des Vergütungsproblems hätte wiederum einen Mangel an Effizienz für das Insolvenzverfahren zur Folge. Der Gesetzgeber sollte daher zwingend eine klare Regelung der Vergütung des gemeinsamen Vertreters im Insolvenzverfahren schaffen. 64

cc) Gestaltungsmöglichkeiten zur Durchsetzbarkeit. Um die Zahlung seiner Vergütung durch den Schuldner möglichst insolvenzfest abzusichern, bleibt für den gemeinsamen Vertreter die Möglichkeit, eine vertragliche Vergütungsvereinbarung mit dem Insolvenzverwalter zu schließen.[160] Auf diese Weise kann er im Ergebnis doch errei- 65

152 BGH 12.1.2017 NZI **2017** 228, 230.
153 Friedl/Hartwig-Jacob/*Friedl* § 19 Rn 49.
154 *Antoniadis* NZI **2014** 785, 788; *Scholz* DZWiR **2016** 451, 458.
155 Uhlenbruck/*Sinz* InsO § 38 Rn 26.
156 BGH 12.1.2017 NZI **2017** 228, 230.
157 BGH 12.1.2017 NZI **2017** 228, 230; BGH 26.9.2013 NJW **2014** 389, 390.
158 BGH 12.1.2017 NZI **2017** 228, 231.
159 BGH 12.1.2017 NZI **2017** 228, 231.
160 BGH 12.1.2017 NZI **2017** 228, 231.

chen, dass seine Forderung als Masseverbindlichkeit nach § 55 Abs 1 Nr 1 Alt. 1 InsO vorrangig zu befriedigen ist. Eine Vergütungsvereinbarung mit dem Insolvenzverwalter kann jedoch insolvenzzweckwidrig sein, wenn sie zu einer Benachteiligung der Gläubigergesamtheit führt.[161] Der BGH hat aus diesem Grund die Möglichkeit einer Vereinbarung mit dem Insolvenzverwalter dahingehend eingeschränkt, dass die Kosten für die Tätigkeit des Vertreters durch die daraus entstehenden Vorteile ausgeglichen werden müssen.[162] Nur dann soll eine Vergütungsvereinbarung zulässig sein.

66 Anstatt mit dem Insolvenzverwalter kann der gemeinsame Vertreter auch mit den Anleihegläubigern eine Vereinbarung schließen, dass er seine Vergütung direkt oder mittelbar aus der erzielten Quote erhält.[163] Da letztlich die Anleihegläubiger diejenigen sind, die den eigentlichen Nutzen aus der Tätigkeit des Vertreters ziehen, sollten sie auch die Vergütung sicherstellen.

67 **d) Höhe der Vergütung.** Für die Tätigkeit des Vertreters im Insolvenzverfahren findet sich in Bezug auf die Höhe ebenso wenig eine konkrete Regelung im Schuldverschreibungsgesetz oder der Insolvenzordnung wie dies bereits für den Vergütungsanspruch des Vertreters nach §§ 7, 8 vor Insolvenzeröffnung der Fall war. Daher gilt auch nach Insolvenzeröffnung, dass die Vergütung angemessen sein muss. Zu der Konkretisierung der Angemessenheit der Vergütung siehe die Ausführungen in § 7 Rn 40.

68 **4. Abberufung und Neubestellung durch Gläubigerbeschluss.** Auch wenn sich das Problem einer Abberufung und Neubestellung eines gemeinsamen Vertreters im Insolvenzverfahren in der Praxis nur selten stellen wird, bleibt festzuhalten, dass dafür in jedem Fall eine neue Anleihegläubigerversammlung erforderlich ist.[164] Die Einberufung dieser neuen Anleihegläubigerversammlung erfolgt nach den Vorschriften des Schuldverschreibungsgesetzes, da § 19 Abs 2 S 2 nur die erste Versammlung der Anleihegläubiger und die dort erfolgte Bestellung eines gemeinsamen Vertreters im Insolvenzverfahren erfasst.[165]

F. Restrukturierungsmöglichkeiten im Insolvenzverfahren

69 Die Sanierung des Emittenten ist durch eine übertragende Sanierung oder ein Insolvenzplanverfahren möglich. Bei der übertragenden Sanierung gehen die Vermögenswerte im Ganzen auf einen neuen Unternehmensträger über. Der insolvente Unternehmensträger wird liquidiert, sodass die Schuldverschreibungsgläubiger bei einer übertragenden Sanierung lediglich die Möglichkeit zur Anmeldung ihrer Forderungen – gegebenenfalls durch den gemeinsamen Vertreter – haben und somit nur die Insolvenzquote erhalten.[166] Eine andere Möglichkeit stellt das Insolvenzplanverfahren dar, welches immer dann in Betracht kommt, wenn eine positive Fortführungsprognose für den Geschäftsbetrieb besteht.[167] Das schuldnerische Unternehmen bleibt in diesem Fall folglich bestehen.

---

161 *Scholz* jurisPR-InsR **13/2016** Anm.4 zu LG Düsseldorf 11.5.2016.
162 BGH 12.1.2017 NZI **2017** 228, 231.
163 BGH 12.1.2017 NZI **2017** 228, 231.
164 *Gloeckner/Bankel* ZIP **2015** 2393, 2398.
165 Langenbucher/Bliesener/Spindler/*Bliesener/Schneider* § 19 Rn 25.
166 Veranneman/*Rattunde* § 19 Rn 99.
167 Veranneman/*Rattunde* § 19 Rn 100.

I. Sanierung mittels Insolvenzplanverfahren (§ 19 Abs 4)

In einem Insolvenzplanverfahren ist eine Restrukturierung der Anleihe möglich,[168] denn in dem gestaltenden Teil des Insolvenzplans kann die Rechtsstellung der Beteiligten geändert werden, vgl § 221 InsO. Eine Änderung der Rechtsstellung der Anleihegläubiger durch einen Insolvenzplan ist auch dann möglich, wenn die Anwendung der §§ 5 ff SchVG in den Anleihebedingungen nicht vorgesehen ist.[169] Der Insolvenzplan wird durch den Emittenten oder durch den Insolvenzverwalter vorgelegt, vgl § 218 InsO. In diesem werden die Insolvenzgläubiger gemäß § 222 InsO in verschiedenen Gruppen zusammengefasst.[170] 70

§ 19 Abs 4 sieht vor, dass den Schuldverschreibungsgläubigern im Insolvenzplan gleiche Rechte anzubieten sind. Die Regelung entspricht damit dem § 19a des SchVG 1899.[171] Nach Ansicht des Gesetzgebers erfüllt § 19 Abs 4 den Zweck, die insolvenzrechtlichen Regeln zum Insolvenzplan zu ergänzen.[172] Falls die Schuldverschreibungsgläubiger eine Gruppe bilden, ergibt sich deren zwingende Gleichstellung jedoch bereits aus § 226 InsO,[173] sodass die Wiederholung in § 19 Abs 4 nur deklaratorische Funktion hat.[174] Eine Ergänzung des § 226 InsO könnte sich jedoch daraus ergeben, dass § 19 Abs 4 die Gleichbehandlung der Inhaber einer Schuldverschreibung unabhängig von der Einteilung in eine gemeinsame Gruppe festlegt.[175] Allerdings werden die Anleihegläubiger derselben Anleihe in der Praxis in der Regel in einer Gruppe zusammengefasst.[176] Eine Aufteilung der Schuldverschreibungsgläubiger auf mehrere Gruppen gestaltet sich insbesondere wegen § 222 Abs 2 S 2 InsO schwierig, der eine sachgerechte Abgrenzung der Gruppen vorsieht. Aufgrund der regelmäßig identischen wirtschaftlichen Interessen wird eine solche sachgerechte Abgrenzung bei Schuldverschreibungsgläubigern nicht möglich sein.[177] Denkbar ist jedoch, dass mit den Anleihegläubigern noch andere Gläubiger in einer Gruppe zusammengefasst werden.[178] Für den Fall, dass ein gemeinsamer Vertreter bestellt wurde, hat § 19 Abs 4 die Funktion, diesem eine Handlungsanweisung für die Abstimmung vorzugeben.[179] 71

Die zwingende Gleichbehandlung gilt jedoch nur für Gläubiger der gleichen Anleihe.[180] Falls der Emittent mehrere Anleihen ausgegeben hat, steht § 19 Abs 4 einer Ungleichbehandlung dieser Gläubiger verschiedener Anleihen nicht entgegen. 72

Bei der Abstimmung über den Insolvenzplan richten sich die erforderlichen Abstimmungsmehrheiten nach den Vorschriften der Insolvenzordnung, mithin nach § 244 InsO, und nicht nach § 5 Abs 4.[181] Eine Abstimmung ohne Versammlung, wie dies nach § 5 Abs 6 iVm § 18 möglich ist, kommt aufgrund des Vorrangs der Insolvenzordnung bei der Abstimmung über den Insolvenzplan nicht in Betracht.[182] Falls ein gemeinsamer Ver- 73

168 Friedl/Hartwig-Jacob/*Friedl* § 19 Rn 62.
169 *Wilken/Schaumann/Zenker* ZIP Anleihen in Restrukturierung und Insolvenz Rn 623.
170 Langenbucher/Bliesener/Spindler/*Bliesener/Schneider* § 19 Rn 31.
171 Preuße/*Scherber* § 19 Rn 36.
172 RegE, BT-Drucks. 16/12814 S 25.
173 *Thole* ZIP **2014** 293, 299.
174 Statt vieler Preuße/*Scherber* § 19 Rn 36; Blersch/Goetsch/Haas/*Paul* § 19 Rn 34.
175 Friedl/Hartwig-Jacob/*Friedl* § 19 Rn 45.
176 Hopt/Seibt/*Knapp* § 19 Rn 130.
177 Hopt/Seibt/*Knapp* § 19 Rn 130; Friedl/Hartwig-Jacob/*Friedl* § 19 Rn 45.
178 Hopt/Seibt/*Knapp* § 19 Rn 130.
179 RegE, BT-Drucks. 16/12814 S 25; Preuße/*Scherber* § 19 Rn 36.
180 Blersch/Goetsch/Haas/*Paul* § 19 Rn 34
181 *Wilken/Schaumann/Zenker* ZIP Anleihen in Restrukturierung und Insolvenz Rn 624.
182 *Thole* ZIP **2014** 293, 299.

treter bestellt wurde, richtet sich sein Stimmrecht nach dem Gesamtbetrag der von ihm vertretenen Forderungen.[183] Für die nach § 244 Abs 1 Nr 1 InsO erforderliche Kopfmehrheit ist zu beachten, dass ihm für jeden Schuldverschreibungsgläubiger eine Stimme zusteht.[184] Er übt sein Stimmrecht jedoch einheitlich für alle Anleihegläubiger aus.[185] Der Plan kann auch ohne die Zustimmung der Gruppe der Schuldverschreibungsgläubiger zustande kommen, wenn die Voraussetzungen des Obstruktionsverbots nach § 245 erfüllt sind und deren Zustimmung aus diesem Grund als erteilt gilt.[186] Problematisch ist der Minderheitenschutz nach § 251 InsO. Da der gemeinsame Vertreter für alle Schuldverschreibungsgläubiger der Anleihe stimmt und die Schuldverschreibungsgläubiger ihre Rechte nicht mehr eigenständig wahrnehmen dürfen, ist ein Widerspruch eines einzelnen Gläubigers gegen den Plan nach § 251 InsO nicht möglich.[187]

74 Der Insolvenzplan besteht gemäß § 219 InsO aus einem darstellenden und einem gestaltenden Teil. In seinem gestaltenden Teil legt er fest, um welchen Bruchteil die Forderungen aus der Schuldverschreibung gekürzt, für welchen Zeitraum sie gestundet, wie sie gesichert oder welchen sonstigen Regelungen sie unterworfen werden sollen, vgl § 224 InsO. Durch den Insolvenzplan verlieren die Schuldverschreibungs- und alle anderen Insolvenzgläubiger ihren Anspruch auf die Quote. Ihnen stehen nur noch die Rechte aus dem Plan zu.[188] Dabei kann es sich um solche Sanierungsbeiträge handeln, die die Anleihegläubiger auch außerhalb des Insolvenzverfahrens nach § 5 Abs 3 hätten beschließen können.[189] Darüber hinaus sind jedoch auch weitere Maßnahmen möglich.

II. Debt-Equity-Swap

75 Ein bekanntes Mittel zur Restrukturierung ist die Umwandlung der Anleiheforderungen in Eigenkapital (Debt-Equity-Swap).[190] Ein solcher Debt-Equity-Swap kann auch im Insolvenzplan vorgesehen werden, § 225a Abs 2 S 1 InsO.

76 Die Umwandlung der Anleiheforderung darf gemäß § 225a Abs 2 S 2 InsO nicht gegen den Willen der betroffenen Gläubiger erfolgen. Aus diesem Grund sind dem Plan gemäß § 230 Abs 2 die Zustimmungserklärungen jedes einzelnen Gläubigers beizufügen, falls ein Debt-Equity-Swap darin vorgesehen ist. Da im Schuldverschreibungsgesetz durch die Möglichkeit von Mehrheitsbeschlüssen in § 5 die Mehrheit der Schuldverschreibungsgläubiger grundsätzlich Maßnahmen mit Bindung auch für die Minderheit der Gläubiger treffen kann, fragt sich, ob nicht auch für einen Debt-Equity-Swap die Zustimmung aller Schuldverschreibungsgläubiger innerhalb einer Gruppe durch einen Mehrheitsbeschluss ersetzt werden kann oder ob es der Zustimmung jedes einzelnen Schuldverschreibungsgläubigers bedarf.[191] Die Erteilung der Zustimmung durch Mehrheitsbeschluss hätte zur Folge, dass die Umwandlung der Forderungen in Anteils- oder Mitgliedschaftsrechte letztlich doch gegen den Willen einzelner Schuldverschreibungsgläubiger, der überstimmten Minderheit, erfolgen würde.

77 Da außerhalb der Insolvenz ein zwangsweiser Debt-Equity-Swap gemäß § 5 Abs 3 Nr 5 möglich ist, könnte man argumentieren, dass dies auch für das Insolvenzverfah-

---

183 Preuße/*Scherber* § 19 Rn 33.
184 Preuße/*Scherber* § 19 Rn 33.
185 *Fischer* WM **2018** 1529, 1535.
186 *Thole* ZIP **2014** 293, 299.
187 Veranneman/*Rattunde* § 19 Rn 119.
188 Friedl/Hartwig-Jacob/*Friedl* § 19 Rn 63.
189 Friedl/Hartwig-Jacob/*Friedl* § 19 Rn 64.
190 Friedl/Hartwig-Jacob/*Friedl* § 19 Rn 69.
191 *Wilken/Schaumann/Zenker* ZIP Anleihen in Restrukturierung und Insolvenz Rn 628.

ren gelten müsse.[192] Ein gemeinsamer Vertreter wäre bei entsprechendem Weisungsbeschluss sogar alleine befugt, die Zustimmungserklärung für alle Schuldverschreibungsgläubiger nach § 230 Abs 2 abzugeben.[193]

Würde man dies zulassen, würden die Anleihegläubiger jedoch gegenüber allen anderen Insolvenzgläubigern benachteiligt.[194] Denn die Gesetzesbegründung zu § 225a InsO stellt ausdrücklich klar, dass es sich bei dem Widerspruchsrecht gegen einen insolvenzrechtlichen Debt-Equity-Swap um ein Individualrecht handelt, das nur von dem einzelnen Gläubiger ausgeübt und nicht durch Mehrheitsbeschluss innerhalb der Gruppe ersetzt werden kann.[195] Solch tiefgreifende Einschnitte in die Rechte der Anleihegläubiger wie die Zustimmung zu einem Debt-Equity-Swap sind von der Rechtsmacht des gemeinsamen Vertreters nicht umfasst.[196] 78

Es sprechen daher gute Gründe dafür, § 225a Abs 2 S 2 nicht für die Schuldverschreibungsgläubiger einzuschränken und auch von ihnen jeweils einzeln eine Zustimmungserklärung nach § 230 Abs 2 einzuholen. 79

Sofern den Anleihegläubigern im Insolvenzplan „nur“ ein Erwerbsrecht auf Anteilsrechte eingeräumt wird und kein direktes Umwandlungsangebot, stellt sich das eben dargestellte Problem der Zustimmung nach § 225a Abs 2 S 2 nicht.[197] Auf diese Weise wird kein Schuldverschreibungsgläubiger zu einer Umwandlung gegen seinen Willen gezwungen. In der Praxis wird die Einräumung eines Erwerbsrechts regelmäßig gewählt. Falls sich ein Gläubiger gegen die Ausübung des Erwerbsrechts entscheidet, steht ihm in der Regel eine Quotenzahlung auf seine Anleiheforderung zu, denn ohne eine Zahlung würde der Insolvenzplan an dem insolvenzrechtlichen Schlechterstellungsverbot scheitern.[198] 80

III. Änderung der Anleihebedingungen nach dem Schuldverschreibungsgesetz

1. Zulässigkeit. Eine Änderung der Anleihebedingungen ist vor Insolvenzeröffnung durch einen Mehrheitsbeschluss der Anleihegläubiger nach § 5 möglich. Ob diese Möglichkeit auch nach Insolvenzeröffnung besteht, ist in der Literatur umstritten und bislang höchstrichterlich nicht eindeutig geklärt. 81

Nach § 19 Abs 1 S 1 gilt grundsätzlich ein Vorrang des Insolvenzrechts, sodass die Änderung der Anleihebedingungen nach dem Schuldverschreibungsgesetz ab Insolvenzeröffnung gesperrt sein könnte.[199] In der Gesetzesbegründung zu § 19 findet sich zudem die Aussage, dass die Anleihegläubiger nach § 19 Abs 2 *„abweichend von § 5 Abs 1 Satz 1* nur befugt sind, (...) einen gemeinsamen Vertreter zu bestellen.“[200] Daraus könnte man schließen, dass andere Beschlüsse der Anleihegläubiger, die nicht im Zusammenhang mit der Bestellung eines gemeinsamen Vertreters ergehen, nach Insolvenzeröffnung ausgeschlossen sind.[201] Zudem könnte man in der Möglichkeit einer Änderung der Anleihebedingungen nach dem Schuldverschreibungsgesetz eine Benachteiligung der übrigen Insolvenzgläubiger sehen, wenn den Anleihegläubigern zusätzliche Restrukturu- 82

192 *Thole* ZIP **2014** 293, 300.
193 *Thole* ZIP **2014** 293, 300; *Fischer* WM **2018** 1529, 1535.
194 Langenbucher/Bliesener/Spindler/*Bliesener/Schneider* § 19 Rn 30.
195 RegE, BT-Drucks. 17/5712 S 31.
196 *Wilken/Schaumann/Zenker* ZIP Anleihen in Restrukturierung und Insolvenz Rn 629.
197 *Wilken/Schaumann/Zenker* ZIP Anleihen in Restrukturierung und Insolvenz Rn 630.
198 *Kessler/Rühle* BB **2014** 907, 912.
199 Langenbucher/Bliesener/Spindler/*Bliesener/Schneider* SchVG § 19 Rn 28.
200 RegE, BT-Drucks. 16/12814 S 25.
201 Friedl/Hartwig-Jacob/*Friedl* § 19 Rn 36; Preuße/*Scherber* § 19 Rn 28.

rierungsmöglichkeiten eröffnet werden, die den anderen Gläubigern nicht zustehen.[202] Eine Änderung der Anleihebedingungen kann eine veränderte Insolvenzmasse zur Folge haben, sodass die anderen Insolvenzgläubiger davon negativ betroffen sein können.[203]

83 Allerdings ist zu bedenken, dass sich durch eine Änderung der Anleihebedingungen keine Nachteile für die Insolvenzmasse ergeben werden, denn eine Änderung erfolgt nicht einseitig durch die Anleihegläubiger, sondern durch Rechtsgeschäft.[204] Es bedarf daher auf jeden Fall der Zustimmung des an die Stelle des Emittenten tretenden Insolvenzverwalters.[205] Da auch andere Insolvenzgläubiger die Möglichkeit haben, mit dem Insolvenzverwalter Vereinbarungen hinsichtlich ihrer Forderungen zu treffen, werden diese durch die Zulassung einer Änderung der Anleihebedingungen nach dem Schuldverschreibungsgesetz auch nicht benachteiligt. Ganz im Gegenteil käme es eher einer Benachteiligung der Anleihegläubiger gleich, wenn deren Vertragsfreiheit und Autonomie derart eingeschränkt würden.[206] Aus dem Sinn und Zweck des § 19 ergibt sich kein zwingender Grund für eine Einschränkung der Verfügungsbefugnis über ihre Forderungen.[207] Die Regelungen der Insolvenzordnung sind nicht uneingeschränkt vorrangig anwendbar, sondern immer soweit sich Gegenstände der Insolvenzordnung und des Schuldverschreibungsgesetzes überlagern.[208] Dies bestätigt unter anderem auch die Entscheidung des OLG Zweibrücken, die zumindest im Hinblick auf die Einberufung weiterer Anleihegläubigerversammlungen die Anwendbarkeit des Schuldverschreibungsgesetzes trotz grundsätzlichen Vorrangs der Regelungen der Insolvenzordnung angenommen hat.[209]

84 Der BGH hat mittlerweile ausdrücklich klargestellt, dass ein Opt-in Beschluss der Anleihegläubiger nach § 24 Abs 2 S 1 über die Änderung der Anleihebedingungen zwecks Anwendung des Neurechts auch nach Insolvenzeröffnung zulässig ist.[210] Zur Zulässigkeit anderer Beschlüsse der Schuldverschreibungsgläubiger über die Änderung der Anleihebedingungen nach § 5 trifft der BGH zwar keine konkrete Aussage, allerdings wäre die Zulassung von Opt-in Beschlüssen im Ergebnis bedeutungslos, wenn nicht das neue Schuldverschreibungsgesetz einschließlich der Möglichkeit der Beschlussfassung nach § 5 vollumfänglich Anwendung finden würde.[211] Andernfalls bliebe nur die Möglichkeit der Bestellung eines gemeinsamen Vertreters nach § 19 Abs 2, was bereits nach altem Recht möglich war.[212]

85 Auch die Aussage in der Gesetzesbegründung zu § 19 wird durch die Gesetzesbegründung des ESUG zu § 225a InsO relativiert, denn dort wird explizit die Ausnahme eines Mehrheitsbeschlusses nach § 5 Abs 3 Nr 5 genannt.[213] Dies lässt darauf schließen, dass auch der Gesetzgeber von einer Zulässigkeit von Mehrheitsbeschlüssen nach dem Schuldverschreibungsgesetz zur Änderung der Anleihebedingungen nach Insolvenzeröffnung ausgeht.

---

202 *Thole* ZIP **2014** 293, 296.
203 Veranneman/*Rattunde* § 19 Rn 59.
204 Blersch/Goetsch/Haas/*Paul* § 19 Rn 20.
205 *Moser* WuB **2018** 239, 243; *Lürken* EWiR **2017** 757, 758.
206 *Lürken* EWiR **2017** 757, 758
207 Kayser/Thole/*Knof* Anh. zu § 38 Rn 109.
208 Kayser/Thole/*Knof* Anh. zu § 38 Rn 109.
209 OLG Zweibrücken 20.3.2013 ZInsO **2013** 2119, 2120.
210 BGH 16.11.2017 WM **2018** 42, 44.
211 *Moser* WuB **2018** 239, 243.
212 *Moser* WuB **2018** 239, 243.
213 RegE, BT-Drucks. 17/5712 S 31.

2. Relevanz. Eine Änderung der Anleihebedingungen nach dem Schuldverschreibungsgesetz im Insolvenzverfahren könnte insbesondere für einen Debt-Equity-Swap nach § 5 Abs 3 Nr 5 interessant sein. 86

Zwischen einem Debt-Equity-Swap nach den Vorschriften der Insolvenzordnung und einem solchen nach dem Schuldverschreibungsgesetz bestehen durchaus gewisse Unterschiede.[214] Aus diesem Grund könnte die Möglichkeit eines schuldverschreibungsrechtlichen Debt-Equity-Swaps neben einem Insolvenzplan gewisse Vorteile bringen. Dieser könnte als Planbedingung nach § 249 InsO mit dem Insolvenzplan verbunden werden.[215] 87

Der Debt-Equity-Swap nach § 5 Abs 3 Nr 5 hat den Vorteil, dass er durch Mehrheitsbeschluss der Anleihegläubigerversammlung zustande kommen kann. Es bedarf nicht der Zustimmung jedes einzelnen Gläubigers wie dies bei einem Debt-Equity-Swap im Insolvenzplan nach § 225a InsO der Fall ist. Da auch im Insolvenzplan das Zustimmungserfordernis umgangen werden kann (siehe Rn 73), ergeben sich in der Praxis in diesem Punkt nicht wirklich Unterschiede.[216] 88

Allerdings besteht durchaus ein Unterschied für den Fall, dass ein Erwerbsrecht eingeräumt wurde und dieses von dem Gläubiger nicht ausgeübt wurde. In einem Insolvenzplan muss für diesen Fall eine Quote an den betroffenen Gläubiger vorgesehen werden (siehe Rn 80). Im Schuldverschreibungsgesetz reicht es aus, wenn den Gläubigern der Erlös aus der Verwertung der Erwerbsrechte gewährt wird.[217] 89

Dieser Vorteil des schuldverschreibungsrechtlichen Debt-Equity-Swaps geht jedoch auch mit Nachteilen einher. Denn auf den Debt-Equity-Swap nach § 5 Abs 3 Nr 5 sind die Regelungen des Schuldverschreibungsgesetz umfassend anwendbar, sodass auch eine Anfechtungsklage nach § 20 möglich ist.[218] Dies kann Zeitverzögerungen zur Folge haben. Ein weiterer Nachteil ist die Differenzhaftung.[219] Hierunter versteht man eine mögliche Nachschusspflicht der nach der Umwandlung neuen Gesellschafter, falls sich im Nachhinein herausstellt, dass der angegebene Wert der eingebrachten Schuldverschreibung nicht ihrem tatsächlichen Wert entsprach. Der neue Gesellschafter haftet der Gesellschaft dann auf den Differenzbetrag.[220] Für den Debt-Equity-Swap im Insolvenzplan ist die Differenzhaftung nach § 254 Abs 4 InsO ausgeschlossen. 90

Unter Abwägung der Vor- und Nachteile ist in jedem Einzelfall zu entscheiden, ob eine Umwandlung der Forderungen aus der Schuldverschreibung in Eigenkapital nach den Vorschriften der Insolvenzordnung oder denen des Schuldverschreibungsgesetzes erfolgen soll. 91

G. Öffentliche Bekanntmachungen (§ 19 Abs 5)

§ 19 Abs 5 schreibt vor, dass die Bekanntmachungen nach dem Schuldverschreibungsgesetz zusätzlich im Internet unter der durch § 9 InsO vorgeschriebenen Adresse zu veröffentlichen sind. Nach § 9 InsO erfolgt die Bekanntmachung auf der Seite www.insolvenzbekanntmachungen.de. Durch die Verpflichtung zur Bekanntmachung im Internet soll erreicht werden, dass alle im Zusammenhang mit dem Insolvenzverfah- 92

---

214 *Wilken/Schaumann/Zenker* ZIP Anleihen in Restrukturierung und Insolvenz Rn 636 ff.
215 *Kessler/Rühle* BB **2014** 907, 912.
216 *Kessler/Rühle* BB **2014** 907, 912.
217 *Wilken/Schaumann/Zenker* ZIP Anleihen in Restrukturierung und Insolvenz Rn 637.
218 *Kessler/Rühle* BB **2014** 907, 913.
219 *Wilken/Schaumann/Zenker* ZIP Anleihen in Restrukturierung und Insolvenz Rn 639.
220 Friedl/Hartwig-Jacob/*Friedl* § 19 Rn 89.

ren getroffenen Entscheidungen öffentlich und zentral verfügbar sind.[221] Ausgehend von dem ausdrücklichen Wortlaut („zusätzlich") bleiben die Bekanntmachungspflichten des Schuldverschreibungsgesetzes bestehen und die Pflicht aus § 19 Abs 5 tritt nur daneben.[222]

§ 20
Anfechtung von Beschlüssen

(1) [1]Ein Beschluss der Gläubiger kann wegen Verletzung des Gesetzes oder der Anleihebedingungen durch Klage angefochten werden. [2]Wegen unrichtiger, unvollständiger oder verweigerter Erteilung von Informationen kann ein Beschluss der Gläubiger nur angefochten werden, wenn ein objektiv urteilender Gläubiger die Erteilung der Information als wesentliche Voraussetzung für sein Abstimmungsverhalten angesehen hätte. [3]Die Anfechtung kann nicht auf die durch eine technische Störung verursachte Verletzung von Rechten, die nach § 18 auf elektronischem Wege wahrgenommen worden sind, gestützt werden, es sei denn, dem Schuldner ist grobe Fahrlässigkeit oder Vorsatz vorzuwerfen.

(2) Zur Anfechtung ist befugt

1. **jeder Gläubiger, der an der Abstimmung teilgenommen und gegen den Beschluss fristgerecht Widerspruch erklärt hat, sofern er die Schuldverschreibung vor der Bekanntmachung der Einberufung der Gläubigerversammlung oder vor der Aufforderung zur Stimmabgabe in einer Abstimmung ohne Versammlung erworben hatte;**
2. **jeder Gläubiger, der an der Abstimmung nicht teilgenommen hat, wenn er zur Abstimmung zu Unrecht nicht zugelassen worden ist oder wenn die Versammlung nicht ordnungsgemäß einberufen oder zur Stimmabgabe nicht ordnungsgemäß aufgefordert worden ist oder wenn ein Gegenstand der Beschlussfassung nicht ordnungsgemäß bekannt gemacht worden ist.**

(3) [1]Die Klage ist binnen eines Monats nach der Bekanntmachung des Beschlusses zu erheben. [2]Sie ist gegen den Schuldner zu richten. [3]Zuständig für die Klage ist bei einem Schuldner mit Sitz im Inland ausschließlich das Landgericht, in dessen Bezirk der Schuldner seinen Sitz hat, oder mangels eines Sitzes im Inland das Landgericht Frankfurt am Main; § 246 Absatz 3 Satz 2 bis 6 des Aktiengesetzes gilt entsprechend. [4]Vor einer rechtskräftigen Entscheidung des Gerichts darf der angefochtene Beschluss nicht vollzogen werden, es sei denn, ein Senat des dem nach Satz 3 zuständigen Gericht im zuständigen Rechtszug übergeordneten Oberlandesgerichts stellt auf Antrag des Schuldners nach Maßgabe des § 246a des Aktiengesetzes fest, dass die Erhebung der Klage dem Vollzug des angefochtenen Beschlusses nicht entgegensteht; § 246a Absatz 1 Satz 1 und 2, Absatz 2 und 3 Satz 1 bis 4 und 6, Absatz 4 des Aktiengesetzes gilt entsprechend.

Schrifttum

Arbeitskreis Reform des Schuldverschreibungsrechts Reform des Schuldverschreibungsrechts, ZIP **2014** 845; *Baums* Die gerichtliche Kontrolle von Beschlüssen der Gläubigerversammlung nach dem Referentenentwurf eines neuen Schuldverschreibungsgesetzes, ZBB **2009** 1; *ders.* Weitere Reform des Schuld-

221 RegE, BT-Drucks. 16/12814 S 25.
222 Hopt/Seibt/*Knapp* § 19 Rn 131.

verschreibungsrechts! ZHR 177(**2013**) 807; *ders.* (Hrsg.) Das neue Schuldverschreibungsrecht, 1. Aufl. 2013; *Bredow/Vogel* Unternehmenssanierung und Restrukturierung von Anleihen – Welche Verbesserung bringt das neue Schuldverschreibungsrecht? ZBB **2008** 221; *Cagalj* Restrukturierung von Anleihen nach dem Schuldverschreibungsgesetz, Diss. Freiburg 2012 (zit. *Cagalj* Restrukturierung von Anleihen); *Cranshaw* Internationalisierung und Modernisierung – Bemerkungen zum geltenden und zum Referentenentwurf eines neuen Schuldverschreibungsgesetzes (SchVG), BKR **2008** 504; *Florstedt* „Korporatives Denken" im Schuldverschreibungsrecht – ein Holzweg? ZIP **2012** 2286; *ders.* Neue Wege zur Sanierung ohne Insolvenz, ZIP **2014** 1513; *Hofmann/Keller* Collective Action Clauses, ZHR 175 (**2011**) 684; *Horn* Die Stellung der Anleihegläubiger nach neuem Schuldverschreibungsgesetz und allgemeinem Privatrecht im Licht aktueller Marktentwicklungen, ZHR 173 (**2009**) 12; *Kusserow* Opt-in Beschlüsse nach dem neuen Gesetz über Schuldverschreibungen aus Gesamtemissionen, WM **2011** 1645; *Leber* Der Schutz und die Organisation der Obligationäre nach dem Schuldverschreibungsgesetz, Diss. Tübingen 2012; *Maier-Reimer* Fehlerhafte Gläubigerbeschlüsse nach dem Schuldverschreibungsgesetz, NJW **2010** 1317; *Mann/Wansleben* Vollziehung von Beschlüssen der Gläubigerversammlung nach dem SchVG, BB **2017** 963; *Otto* Gläubigerversammlungen nach dem SchVG – Ein neues Tätigkeitsgebiet für Notare, DNotZ **2012** 809; *Podewils* Neuerungen im Schuldverschreibungs- und Anlegerschutzrecht, DStR **2009** 1914; *Rubner/Pospiech* Das schuldverschreibungsrechtliche Freigabeverfahren, GWR **2015** 507; *Seibt* Praxisfragen der außerinsolvenzlichen Anleihenrestrukturierung nach dem SchVG, ZIP **2016** 997; *Vogel* Restrukturierung von Anleihen nach dem SchVG, ZBB **2010** 211; *Wagner* Anleiherestrukturierung: Unzulässigkeit eines Freigabeantrags nach Vollzug des Beschlusses der Gläubigerversammlung, DB **2016** 2953; *Wasmann/Steber* Rechtsfragen im Zusammenhang mit der Durchführung einer Gläubigerversammlung nach dem Schuldverschreibungsgesetz, ZIP **2014** 2005.

Systematische Übersicht

A. Allgemeines

§ 20 SchVG regelt den Rechtschutz gegen fehlerhafte Gläubigerbeschlüsse. Gläubigerbeschlüsse können wegen Verletzung des Gesetzes oder Verstoß gegen die Anleihebedingungen nach § 20 SchVG angefochten werden. 1

I. Entstehung und Normzweck

2 Das SchVG 1899 kannte keine Anfechtungsklage. Die Anleihegläubiger waren auf die allgemeine Leistungsklage, die Feststellungsklage nach § 256 ZPO und die Möglichkeit der Einführung der Unwirksamkeit als Einrede in einem Verfahren verwiesen.[1] Danach gab es weder in zeitlicher Hinsicht noch in personeller Hinsicht Beschränkungen, die Rechtswidrigkeit geltend zu machen.[2] Einzige Grenze für die Geltendmachung der Rechtswidrigkeit war die Verwirkung.[3] Das SchVG beschränkt diese Möglichkeit, indem es Fristen für die Erhebung der Anfechtungsklage aufstellt und bestimmte Anforderungen an die Anfechtungsbefugnis stellt.[4]

3 Konzeptionell ist das Recht der Anfechtung an die aktienrechtliche Anfechtungsklage gegen Beschlüsse einer Hauptversammlung angelehnt[5], berücksichtigt hierbei jedoch die Besonderheit einer Beschlussfassung ohne tatsächliche Versammlung.[6] Das SchVG hat Regelungen über die Anfechtungsgründe, -befugnis, -fristen, die Formalien und das Freigabeverfahren weitestgehend übernommen, nicht jedoch Regelungen über die Nichtigkeit von Gläubigerbeschlüssen, die aktienrechtlichen Vorschriften über die Gestaltungswirkung (§ 241 Nr 5 AktG) und die Rechtskrafterstreckung des Urteils (§ 248 Abs 1 S 1 AktG).[7]

II. Kritik

4 Die Übertragung des aktienrechtlichen Rechtschutzsystems auf das Schuldverschreibungsgesetz hat teilweise grundsätzliche Kritik hervorgerufen und wird in der Literatur als konzeptionell verfehlt bezeichnet.[8] Während die Rechtschutzmechanismen des Aktienrechts der Sicherung der verbandsrechtlichen Strukturelemente der Aktiengesellschaft und der Sicherung der Unternehmensverfassung dienen, ist das Schuldverschreibungsrecht Schuldrecht und dient dem Vermögensschutz.[9] Mit Übertragung der aktienrechtlichen Schutzmechanismen auf das Schuldverschreibungsrecht werden Wertungen aus dem Verbandsrecht übertragen, die dem Schuldrecht fremd sind.[10] Die zwingende Rechtsfolge der Kassation des Beschlusses bei der Anfechtungsklage stellt keinen sachgerechten Rechtsbehelf dar, weil bei einem Eingriff in die Rechtsstellung eines Schuldverschreibungsgläubigers ausnahmslos Vermögensinteressen und nicht Mitgliedschaftsrechte berührt sind.[11]

5 Die mit der Klageerhebung eintretende Vollzugssperre unter Berücksichtigung der Dauer eines Freigabeverfahrens von mehreren Monaten eröffnet Minderheitsgläubigern Missbrauchsmöglichkeiten, die in der Praxis erhebliche Schwierigkeiten mit sich brin-

---

1 Veranneman/*Wasmann/Steber* § 20 Rn 1; Preuße/*Vogel* § 20 Rn 4.
2 Hopt/Seibt/*Kiem* § 20 Rn 9.
3 Preuße/*Vogel* § 20 Rn 4; *Vogel* ZBB **2010** 217.
4 *Baums* ZBB **2009** 3; *Cagalj* Restrukturierung von Anleihen S 323; Veranneman/*Wasmann/Steber* § 20 Rn 1; *Vogel* ZBB **2010** 217.
5 Hopt/Seibt/*Kiem* § 20 Rn 4.
6 Preuße/*Vogel* § 20 Rn 2.
7 Langenbucher/Bliesener/Spindler/*Bliesener/Schneider* § 20 Rn 1; Preuße/*Vogel* § 20 Rn 2.
8 *Arbeitskreis Reform des Schuldverschreibungsrechts* ZIP **2014** 849; *Baums* ZHR 177 (**2013**) 817; Langenbucher/Bliesener/Spindler/*Bliesener/Schneider* § 20 Rn 3; *Schmidtbleicher* Anleihegläubigermehrheit, S 210 ff.
9 Langenbucher/Bliesener/Spindler/*Bliesener/Schneider* § 20 Rn 4.
10 Langenbucher/Bliesener/Spindler/*Bliesener/Schneider* § 20 Rn 5.
11 *Arbeitskreis Reform des Schuldverschreibungsrechts* ZIP **2014** 849; Hopt/Seibt/*Kiem* § 20 Rn 16.

gen[12] und eine effektive Bewältigung von Unternehmenskrisen behindern.[13] Die Umsetzung von Gläubigerbeschlüssen erfolgt üblicherweise unter erheblichem Zeitdruck vor dem Hintergrund der Vermeidung einer Insolvenz der Emittentin.[14] Dies begünstigt die missbräuchliche Erhebung von Anfechtungsklagen durch Minderheitsgläubiger bspw. mit dem Ziel nach entsprechenden Verhandlungen mit der Emittentin durch die Rücknahme der Anfechtungsklage eine Entlohnung oder Sonderbehandlung gegenüber den übrigen Gläubigern zu erreichen.[15]

Der Arbeitskreis Reform des Schuldverschreibungsrechts hat vor diesem Hintergrund vorgeschlagen, das gegenwärtige Modell durch ein grundsätzlich anderes Rechtschutzsystem in Form einer besonderen Feststellungsklage zu ersetzen, die primär auf Wertersatz für durch unrechtmäßigen Mehrheitsbeschluss erlittene Wertverluste abzielt.[16] Der Gesetzgeber hat diese Vorschläge bisher nicht aufgegriffen. 6

B. Anfechtbare und nichtige Beschlüsse

I. Allgemeines

Der Anfechtungsgegenstand ist ein Beschluss der Gläubiger unabhängig davon, ob er in einer Gläubigerversammlung oder Abstimmung ohne Versammlung gefasst wurde. Konstitutiv für den Beschluss ist dessen Feststellung durch den Vorsitzenden bzw den Abstimmungsleiter. Ohne eine Feststellung des Beschlussergebnisses liegt kein Beschluss vor, der angefochten werden könnte.[17] 7

Mit der Eröffnung des Insolvenzverfahrens finden die Regelungen zur Beschlussanfechtung nach § 20 SchVG keine Anwendung mehr. Die Beschlussaufhebung richtet sich ab diesem Zeitpunkt nach § 78 InsO.[18] Eine auf § 20 SchVG gestützte Anfechtungsklage ist ab diesem Zeitpunkt daher nicht mehr statthaft.[19] 8

II. Nichtigkeit von Beschlüssen

1. Allgemeines. Anders als § 241 AktG, der einen Katalog von Gründen für die Nichtigkeit von Beschlüssen der Hauptversammlung enthält, befasst sich das SchVG ausdrücklich lediglich in § 5 Abs 2 S 2 SchVG mit einem Fall der Nichtigkeit eines Beschlusses der Gläubigerversammlung.[20] Systematisch unterscheidet das SchVG anders als das AktG aber nicht zwischen lediglich anfechtbaren und von vornherein nichtigen Beschlüssen.[21] Ebenso wenig enthält das SchVG eine Reglung zur Nichtigkeitsklage (§ 249 AktG). Dennoch ist unstreitig, dass es grundsätzlich neben anfechtbaren auch nichtige Beschlüsse geben kann.[22] Es bedarf in diesen Fällen nicht der Initiative des Anfech- 9

12 *Florstedt* ZIP **2012** 2289; Hopt/Seibt/*Kiem* § 20 Rn 15; *Rubner/Pospiech* GWR **2015** 507.
13 *Arbeitskreis Reform des Schuldverschreibungsrechts* ZIP **2014** 849.
14 *Arbeitskreis Reform des Schuldverschreibungsrechts* ZIP **2014** 849.
15 Siehe dazu die Ausführungen des OLG Karlsruhe im Freigabeverfahren Ekotechnika, OLG Karlsruhe 30.9.2015 ZIP **2015** 2124; *Rubner/Pospiech* GWR **2015** 507.
16 *Arbeitskreis Reform des Schuldverschreibungsrechts* ZIP **2014** 856.
17 Hopt/Seibt/*Kiem* § 20 Rn 23; *Maier-Reimer* NJW **2010** 1318.
18 Siehe § 19 Rn 29.
19 Hopt/Seibt/*Kiem* § 20 Rn 25.
20 Siehe § 5 Rn 17.
21 Hopt/Seibt/*Kiem* § 20 Rn 26; Langenbucher/Bliesener/Spindler/*Bliesener/Schneider* § 20 Rn 10.
22 *Baums* ZBB **2009** 4; *Horn* ZHR 173 (**2009**) 62; Hopt/Seibt/*Kiem* § 20 Rn 26; Friedl/Hartwig-Jacob/*Friedl* § 20 Rn 15; Langenbucher/Bliesener/Spindler/*Bliesener/Schneider* § 20 Rn 11; *Maier-Reimer* NJW **2010** 1319;

tungsklägers, um Bestand und Wirksamkeit des Beschlusses zu beseitigen. Nichtige Beschlüsse sind *ipso iure* unwirksam.[23]

10 **2. Nichtigkeitsgründe.** Nach allgemeiner Ansicht ist ein Beschluss nichtig, wenn ihm so schwerwiegende Fehler anhaften, dass die von den Beteiligten gewollten Rechtwirkungen wegen der Gesetzeswidrigkeit des Beschlusses ausbleiben.[24] Wegen der genaueren Bestimmung der Nichtigkeitsgründe kommt eine umfassende analoge Übertragung der Nichtigkeitsgründe des § 241 AktG nach allgemeiner Ansicht allerdings nicht in Frage, weil diese auf Beschlüsse der Hauptversammlung der AG zugeschnitten sind.[25] Möglich und sinnvoll ist aber eine „behutsame Orientierung an den aktienrechtlichen Nichtigkeitsgründen".[26]

11 Vor diesem Hintergrund führen schwerwiegende Fehler bei der Einberufung der Gläubigerversammlung oder bei der Aufforderung zur Stimmabgabe zur Nichtigkeit des Beschlusses (vgl § 241 Nr 1 AktG).[27] Das gilt für die Einberufung der Gläubigerversammlung durch eine nicht zuständige Person[28], die selektive Einberufung nur bestimmter Gläubiger[29] und die Aufforderung zur Stimmabgabe, wenn entgegen § 18 Abs 5 S 1 SchVG der Zeitraum, in dem die Stimmabgabe erfolgen kann, nicht angegeben wird.[30]

12 Ebenso führt die gänzlich fehlende Beurkundung des Beschlusses entgegen § 16 Abs 3 SchVG nach einhelliger Ansicht zur Nichtigkeit des Beschlusses (vgl § 241 Abs 1 Nr 2 AktG).[31] Das gilt auch für fehlende Angaben zu Ort und Tag der Versammlung, den Namen des Notars sowie die fehlende Feststellung des Ergebnisses der Abstimmung[32] und die fehlende Unterschrift des Notars[33], nicht aber die fehlenden Angaben nach § 16 Abs 3 S 3 SchVG i.V.m. § 130 Abs 2 S 2 AktG bei börsennotierten Gesellschaften.[34]

13 Auch bei Sittenwidrigkeit des Beschlusses (vgl § 241 Nr 4 AktG) wird verbreitet von der Nichtigkeit des Beschlusses ausgegangen[35], wobei sich die Sittenwidrigkeit aus dem Beschluss an sich ergeben muss und nicht lediglich aus den Umständen seines Zustandekommens oder dem mit ihm verfolgten Zweck.[36] Den § 241 Nr 3 AktG (Unvereinbarkeit mit dem Wesen der Aktiengesellschaft) und § 241 Nr 6 AktG (Löschung nach § 398 FamFG) entsprechende Fälle kommen dagegen bei Gläubigerbeschlüssen nicht in Betracht, da diese speziell auf die Beschlüsse der Hauptversammlung der AG zugeschnitten

---

Preuße/*Vogel* § 20 Rn 8; *Schmidtbleicher* Anleihegläubigermehrheit, S 194; Veranneman/*Wasmann/Steber* § 20 Rn 2.

23 Friedl/Hartwig-Jacob/*Friedl* § 20 Rn 101; Hopt/Seibt/*Kiem* § 20 Rn 28; Veranneman/*Wasmann/Steber* § 20 Rn 3.

24 Hopt/Seibt/*Kiem* § 20 Rn 28; Langenbucher/Bliesener/Spindler/*Bliesener/Schneider* § 20 Rn 11; *Maier-Reimer* NJW **2010** 1319; *Podewils* DStR **2009** 1918.

25 Friedl/Hartwig-Jacob/*Friedl* § 20 Rn 99; *Maier-Reimer* NJW **2010** 1319; Preuße/*Vogel* § 20 Rn 9; Veranneman/*Wasmann/Steber* § 20 Rn 4.

26 Veranneman/*Wasmann/Steber* § 20 Rn 4.

27 Friedl/Hartwig-Jacob/*Friedl* § 20 Rn 15; Veranneman/*Wasmann/Steber* § 20 Rn 5; **abweichend** *Maier-Reimer* NJW **2019** 1319.

28 Friedl/Hartwig-Jacob/*Friedl* § 20 Rn 100; Veranneman/*Wasmann/Steber* § 20 Rn 5.

29 *Baums* ZBB **2009** 4; Friedl/Hartwig-Jacob/*Friedl* § 20 Rn 100; Veranneman/*Wasmann/Steber* § 20 Rn 5.

30 Veranneman/*Wasmann/Steber* § 20 Rn 5.

31 *Baums* ZBB **2009** 4; Friedl/Hartwig-Jacob/*Friedl* § 20 Rn 15; *Maier-Reimer* NJW **2010** 1319; *Podewils* DStR **2009** 1918; Veranneman/*Wasmann/Steber* § 20 Rn 6.

32 § 16 Abs 3 S 3 i.V.m. § 130 Abs 2 S 1 AktG.

33 § 16 Abs 3 S 3 i.V.m. § 130 Abs 4 AktG.

34 Veranneman/*Wasmann/Steber* § 20 Rn 6.

35 Hopt/Seibt/*Kiem* § 20 Rn 39; Preuße/*Vogel* § 20 Rn 10; Veranneman/*Wasmann/Steber* § 20 Rn 7.

36 Hopt/Seibt/*Kiem* § 20 Rn 39; **aA** Preuße/Vogel § 20 Rn 10.

sind.[37] Ob man § 241 Nr 5 AktG (Nichtigkeit bei stattgebendem Anfechtungsurteil) für entsprechend anwendbar hält, hängt hingegen davon ab, welche Wirkung man dem stattgebenden Urteil bei einer Anfechtungsklage gegen einen Gläubigerbeschluss beimisst.[38]

3. Geltendmachung der Nichtigkeit. Das SchVG sieht anders als das AktG (§ 249 AktG) keine spezielle Nichtigkeitsklage vor. Nichtige Beschlüsse können nach allgemeiner Ansicht auch im Rahmen einer Anfechtungsklage angegriffen werden, denn § 20 Abs 1 SchVG umfasst durch den Verweis auf die Verletzung des Gesetzes auch alle Nichtigkeitsgründe.[39] 14

Überwiegend wird davon ausgegangen, dass die Nichtigkeit des Beschlusses daneben mit einer auf Feststellung der Nichtigkeit des Beschlusses gerichteten allgemeinen Feststellungsklage nach § 256 ZPO geltend gemacht werden kann. Voraussetzung ist ein rechtlich erhebliches Feststellungsinteresse, nicht aber die weiteren Voraussetzungen der Anfechtungsbefugnis und -frist aus § 20 Abs 2 und 3 SchVG.[40] 15

Teilweise wird mit Verweis auf die Rechtsprechung zur Generalversammlung der Genossenschaft, bei der eine Nichtigkeitsklage entsprechend § 249 AktG anerkannt ist[41], vertreten, dass die Nichtigkeit des Gläubigerbeschlusses nicht im Rahmen der Feststellungsklage nach § 256 ZPO, sondern mit der Nichtigkeitsfeststellungsklage gemäß § 249 AktG analog geltend gemacht werden kann.[42] Im Unterschied zur Feststellungsklage nach § 256 ZPO ist die Wirkung des aktienrechtlichen Nichtigkeitsfeststellungsurteils *erga omnes* in § 248 Abs 1 S 1 AktG gesetzlich angeordnet. Die überwiegende Ansicht geht allerdings davon aus, dass der Gesetzgeber eine bewusste Entscheidung gegen eine Anwendung der aktienrechtlichen Nichtigkeitsfeststellungsklage getroffen hat.[43] 16

Nach der Gegenauffassung soll die Gesetzeswidrigkeit von Gläubigerbeschlüssen und damit auch die Nichtigkeit des Gläubigerbeschlusses ausschließlich durch die Anfechtungsklage geltend gemacht werden können.[44] Damit wären auch bei der Geltendmachung der Nichtigkeit des Beschlusses in jedem Fall die Regelungen zur Anfechtungsbefugnis und -frist einzuhalten. Weil sich aus den Gesetzesmaterialien keinerlei Hinweis auf die Exklusivität der Anfechtungsklage für die Geltendmachung der Nichtigkeit von Gläubigerbeschlüssen ergeben, geht die überwiegende Ansicht zu Recht davon aus, dass die Feststellungsklage nach § 256 ZPO für die Geltendmachung der Nichtigkeit des Gläubigerbeschlusses zulässig ist.[45] 17

In der Praxis wird es sich aus Klägersicht vor dem Hintergrund der unübersichtlichen Lage zur Geltendmachung von Nichtigkeitsgründen allerdings immer empfehlen (auch) eine Anfechtungsklage zu erheben.[46] 18

Die Nichtigkeit des Gläubigerbeschlusses kann daneben auch im Rahmen einer Leistungsklage oder durch Erhebung einer Einrede geltend gemacht werden.[47] 19

---

37 Preuße/*Vogel* § 20 Rn 9 und 11; Veranneman/*Wasmann*/*Steber* § 20 Rn 9.
38 Siehe dazu § 20 Rn 45ff.
39 Langenbucher/Bliesener/Spindler/*Bliesener*/*Schneider* § 20 Rn 12; Preuße/*Vogel* § 20 Rn 18; Friedl/Hartwig-Jacob/*Friedl* § 20 Rn 101; Veranneman/*Wasmann*/*Steber* § 20 Rn 10.
40 Hopt/Seibt/*Kiem* § 20 Rn 45; Friedl/Hartwig-Jacob/*Friedl* § 20 Rn 101; Preuße/*Vogel* § 20 Rn 16; *Schmidtbleicher* Anleihegläubigermehrheit, S 195.
41 BGH 23.2.1978 NJW **1978** 1325.
42 *Maier-Reimer* NJW **2010** 1319; Veranneman/*Wasmann*/*Steber* § 20 Rn 11.
43 Hopt/Seibt/*Kiem* § 20 Rn 45; Friedl/Hartwig-Jacob/*Friedl* § 20 Rn 101.
44 Langenbucher/Bliesener/Spindler/*Bliesener*/*Schneider* § 20 Rn 12.
45 Hopt/Seibt/*Kiem* § 20 Rn 43.
46 Veranneman/*Wasmann*/*Steber* § 20 Rn 10.

III. Anfechtungsgründe (§ 20 Abs 1 SchVG)

20 Die Anfechtung des Gläubigerbeschlusses kann gemäß § 20 Abs 1 SchVG auf die Verletzung der Anleihebedingungen oder des Gesetzes gestützt werden. Gesetz in diesem Sinne meint jede Rechtsnorm im Sinne des materiellen Gesetzesbegriffes aus Art. 2 EGBGB.[48]

21 **1. Verfahrensfehler.** Ein Gläubigerbeschluss kann wegen Verfahrensfehlern anfechtbar sein, soweit Bestimmungen des Gesetzes oder der Anleihebedingungen beim Zustandekommen verletzt wurden. Das schließt die gesamte Vorbereitung und Durchführung des Beschlussverfahrens mit ein.[49] Ungeschriebene Voraussetzung für alle Verfahrensfehler ist, dass der Verfahrensfehler auf das Beschlussergebnis Einfluss hatte. Erforderlich hierfür ist eine am Normzweck orientierte potentielle Relevanz für das Beschlussergebnis.[50] Für den Gläubigerbeschluss ist dabei „auf die Sicherung der Entscheidungsteilhabe der Gläubiger bei der Änderung der Anleihebedingungen"[51] und nicht pauschal auf die Mehrheitsverhältnisse abzustellen.[52] Für den Bereich der Verletzung von Informationsrechten hat § 20 Abs 1 S 2 SchVG das Relevanzerfordernis ausdrücklich festgeschrieben, es gilt aber darüber hinaus für sämtliche Verfahrensfehler.[53]

22 Zu den Anfechtungsgründen zählen insbesondere die nicht ordnungsgemäße Einberufung der Gläubigerversammlung oder Aufforderung zur Stimmabgabe, sofern diese nicht bereits zur Nichtigkeit des Beschlusses führt.[54] Verstöße in diesem Bereich erschweren regelmäßig die Teilnahme an der Versammlung und können damit zu einem Legitimationsdefizit und zur Anfechtbarkeit des Beschlusses führen.[55] Das gilt auch bei Verstößen gegen die ordnungsgemäße Bekanntmachung der Tagesordnung (§ 13 Abs 2 SchVG). Zudem können Fehler bei der Beschlussfeststellung zur Anfechtbarkeit des Beschlusses führen. Dazu gehören bspw. die Berücksichtigung von Stimmen, die einem Stimmverbot unterliegen.[56] Wegen des Relevanzerfordernisses begründet eine fehlerhafte Beschlussfeststellung aber nur dann die Anfechtbarkeit des Beschlusses, wenn es ohne den Fehler bei der Beschlussfeststellung zu einem anderen Beschlussergebnis gekommen wäre.[57]

23 Nach § 20 Abs 1 S 2 SchVG können auch Informationsmängel Grundlage für eine Anfechtung des Gläubigerbeschlusses sein. In diesem Zusammenhang ist insbesondere das Auskunftsrecht des Gläubigers aus § 16 Abs 1 SchVG relevant, soweit die Auskunft zur sachgemäßen Beurteilung eines Gegenstands der Tagesordnung oder eines Vorschlags zur Beschlussfassung erforderlich ist.[58] Wenn danach schon kein Auskunftsanspruch des

---

47 BGH 1.7.2014 AG **2014** 784; *Schmidtbleicher* Anleihegläubigermehrheit, S 195; Veranneman/*Wasmann*/*Steber* § 20 Rn 12.

48 Friedl/Hartwig-Jacob/*Friedl* § 20 Rn 18; Langenbucher/Bliesener/Spindler/*Bliesener*/*Schneider* § 20 Rn 15; Preuße/*Vogel* § 20 Rn 18; Veranneman/*Wasmann*/*Steber* § 20 Rn 13.

49 Friedl/Hartwig-Jacob/*Friedl* § 20 Rn 26; Preuße/*Vogel* § 20 Rn 19.

50 Hopt/Seibt/*Kiem* § 20 Rn 52; Preuße/*Vogel* § 20 Rn 20; vgl zum Aktienrecht Hüffer/*Koch* § 243 AktG Rn 12 f mwN.

51 Hopt/Seibt/*Kiem* § 20 Rn 53.

52 Preuße/*Vogel* § 20 Rn 20.

53 Hopt/Seibt/*Kiem* § 20 Rn 54.

54 Siehe § 20 Rn 11.

55 Hopt/Seibt/*Kiem* § 20 Rn 55.

56 Siehe § 6 Rn 19.

57 Hopt/Seibt/*Kiem* § 20 Rn 57.

58 Siehe dazu § 16 Rn 12 ff.

Gläubigers besteht, scheidet eine Anfechtung des Beschlusses aus.[59] Liegt ein Informationsmangel i.S.d. § 16 Abs 1 SchVG vor, kann der ergangene Gläubigerbeschluss angefochten werden, wenn ein objektiv urteilender Gläubiger die Information als wesentliche Grundlage für sein Abstimmungsverhalten angesehen hätte.[60]

Gemäß § 20 Abs 1 S 3 SchVG wird eine Anfechtung von im Rahmen einer Abstimmung ohne Versammlung gefassten Beschlüssen wegen technischer Störung grundsätzlich ausgeschlossen. Das gilt nicht, wenn der Emittentin grobe Fahrlässigkeit oder Vorsatz vorzuwerfen ist. 24

2. Inhaltsfehler

a) Gesetzliche Inhaltsschranken. Inhaltsschranken für Gläubigerbeschlüsse ergeben sich einerseits aus den Regelungen des SchVG. In diesem Zusammenhang ist zunächst an das Verbot der Begründung von Leistungspflichten (§ 5 Abs 1 S 3 SchVG)[61] und das Gleichbehandlungsgebot (§ 5 Abs 2 S 2 SchVG)[62] zu denken. Verstöße gegen diese Kernprinzipien des SchVG werden in der Regel bereits die Nichtigkeit des Beschlusses begründen.[63] Das hat der BGH für den Verstoß gegen das Gleichbehandlungsgebot in seiner Entscheidung vom 1.7.2014 klargestellt.[64] Offen gelassen hat der BGH die Frage, ob Verstöße gegen das Verbot des Stimmenkaufs (§ 6 Abs 2 und Abs 3 SchVG) zur Anfechtbarkeit führen.[65] Richtigerweise ist dies zu bejahen.[66] 25

Daneben kommt jeder andere Verstoß gegen materielles Recht oder die Regelungen der Anleihebedingungen als Anfechtungsgrund in Betracht.[67] 26

b) Allgemeine materielle Beschlusskontrolle. Die Frage, ob daneben eine Inhaltskontrolle im Sinne einer allgemeinen materiellen Beschlusskontrolle in Form einer Verhältnismäßigkeitsprüfung stattfindet, ist umstritten (siehe dazu auch § 4 Rn 21ff). Für Hauptversammlungsbeschlüsse ist eine solche gerichtliche Inhaltskontrolle anerkannt.[68] Sie geht bei Gläubigerbeschlüssen auf den Gedanken zurück, dass die Gläubigermehrheit, die mit ihrem Beschluss auch in die Rechte der Minderheit eingreift dabei einer treuhänderischen Bindung unterworfen ist.[69] Diskutiert wird die Frage insbesondere im Zusammenhang mit dem Bestehen von Sonderinteressen einzelner Gläubiger.[70] Das SchVG 1899 sah in § 1 Abs 1 SchVG 1899 vor, dass Beschlüsse der Gläubiger nur dann verbindliche Kraft für alle Gläubiger entfalten, wenn sie zur Wahrung ihrer gemeinsamen Interessen gefasst werden, und eröffnete damit eine allgemeine materielle Beschlusskontrolle. 27

---

59 Veranneman/*Wasmann*/*Steber* § 20 Rn 15.
60 Friedl/Hartwig-Jacob/*Friedl* § 20 Rn 28; Langenbucher/Bliesener/Spindler/*Bliesener*/*Schneider* § 20 Rn 18; Preuße/*Vogel* § 20 Rn 22.
61 Siehe dazu § 5 Rn 14f.
62 Siehe dazu § 5 Rn 16.
63 Siehe dazu § 5 Rn 17.
64 BGH 1.7.2014 NZG **2014** 1105 Rn 25.
65 BGH 1.7.2014 NZG **2014** 1105 Rn 25.
66 Siehe dazu § 6 Rn 25.
67 Veranneman/*Wasmann*/*Steber* § 20 Rn 17.
68 Hüffer/*Koch* § 243 AktG Rn 22 mwN.
69 *Baums* ZBB **2009** 6; *Horn* ZHR 173 (**2009**) 62; Preuße/*Vogel* § 20 Rn 26.
70 Friedl/Hartwig-Jacob/*Friedl* § 20 Rn 39; Hopt/Seibt/*Kiem* § 20 Rn 69. Siehe dazu das Beispiel in Baums/*Vogel* S 50: Anleihegläubiger, der weitere nicht in der Anleihe verbriefte Forderungen gegen den Emittenten hat und bei der Beschlussfassung weniger seine Interessen als Anleihegläubiger als vielmehr seine Interessen aus den sonstigen Positionen verfolgt.

28 Eine allgemeine materielle Beschlusskontrolle von durch die Anleihegläubiger gefassten Mehrheitsbeschlüssen im Sinne einer Verhältnismäßigkeitsprüfung kennt das SchVG jedoch nicht.[71] Der Mehrheitsbeschluss nach dem SchVG trägt grundsätzlich seine sachliche Rechtfertigung bereits in sich.[72] Durch die Abkehr von dem Erfordernis der gemeinsamen Interessenwahrung in § 1 Abs 1 SchVG 1899 hat der Gesetzgeber eine bewusste Entscheidung gegen die allgemeine materielle Beschlusskontrolle von Gläubigerbeschlüssen nach dem SchVG vorgenommen.[73] Eine allgemeine Inhaltskontrolle findet keine Stütze im Gesetz.[74] Die aktienrechtlichen Kriterien sind auf Gläubigerbeschlüsse nicht ohne weiteres übertragbar. Die Gläubiger verfolgen keinen gemeinsamen im Verband begründeten Zweck, haben keine Mitgliedschaftsrechte und Treuepflichten und unterliegen grundsätzlich nur ihren eigenen Interessen.[75] Die überstimmte Gläubigerminderheit wird nach dem Konzept des SchVG durch die zwingenden Regelungen der §§ 5–21 SchVG, durch die Mehrheitserfordernisse bei der Beschlussfassung, durch das in § 6 SchVG normierte Stimmverbot und andere ausdrücklich geregelte materielle Anforderungen an Mehrheitsbeschlüsse geschützt.[76]

29 **c) Missbrauchskontrolle.** Allerdings findet die Gestaltungsfreiheit der Anleihegläubigermehrheit nach allgemeinen Grundsätzen ihre Grenze im Rechtsmissbrauch[77] und unterliegt damit einer allgemeinen Missbrauchskontrolle.[78] Zur Begründung eines Rechtsmissbrauchs genügt aber nicht allein ein Sonderinteresse des Anleihegläubigers bspw. in Form einer anderweitigen Kreditbeziehung.[79] Rechtsmissbräuchliches Stimmverhalten wird man nur annehmen können, wenn der Anleihegläubiger einseitig seine Sonderinteressen zu Lasten der übrigen Anleihegläubiger verfolgt und sein Stimmverhalten somit nur vor dem Hintergrund des Sonderinteresses nachvollziehbar ist.[80]

III. Anfechtungsbefugnis (§ 20 Abs 2 SchVG)

30 Hinsichtlich der Anfechtungsbefugnis unterscheidet § 20 Abs 2 SchVG in Nr 1 zwischen Gläubigern, die an der Abstimmung teilgenommen haben, und in Nr 2 solchen, die nicht daran teilgenommen haben. Die Anfechtungsbefugnis dient der Begrenzung des anfechtungsberechtigten Personenkreises und ist materiell rechtliche Voraussetzung der Anfechtungsklage.[81] Fehlt die Anfechtungsbefugnis, so ist die Klage nicht unzulässig, sondern unbegründet.[82]

---

71 *Cagalj* Restrukturierung von Anleihen S 345 ff; Hopt/Seibt/*Thole* § 5 Rn 31; Hopt/Seibt/*Kiem* § 20 Rn 76 ff; Langenbucher/Bliesener/Spindler/*Bliesener/Schneider* § 20 Rn 22; *Podewils* DStR **2009** 1918; Veranneman/*Veranneman* § 5 Rn 14; Veranneman/*Wasmann/Steber* § 20 Rn 17. Insoweit übereinstimmend auch § 4 Rn 26.

72 Veranneman/*Veranneman* § 5 Rn 14.

73 Baums/*Schneider* S 5; Hopt/Seibt/*Kiem* § 20 Rn 78.

74 *Cagalj* Restrukturierung von Anleihen S 345 ff.

75 *Arbeitskreis Reform des Schuldverschreibungsrechts* ZIP **2014** 850; Baums/*Schneider* S 5; *Hofmann/Keller* ZHR 175 (**2011**) 719; Langenbucher/Bliesener/Spindler/*Bliesener/Schneider* § 20 Rn 22; teilweise **aA** – für Geltung von Treuepflichten – § 4 Rn 21 ff.

76 Langenbucher/Bliesener/Spindler/*Bliesener/Schneider* § 20 Rn 24.

77 Hopt/Seibt/*Kiem* § 20 Rn 84.

78 *Cagalj* Restrukturierung von Anleihen S 345; Hopt/Seibt/*Thole* § 5 Rn 31; Veranneman/*Veranneman* § 5 Rn 8.

79 Hopt/Seibt/*Kiem* § 20 Rn 89.

80 Hopt/Seibt/*Kiem* § 20 Rn 90.

81 Veranneman/*Wasmann/Steber* § 20 Rn 18.

82 Langenbucher/Bliesener/Spindler/*Bliesener/Schneider* § 20 Rn 26; Preuße/*Vogel* § 20 Rn 32; Veranneman/*Wasmann/Steber* § 20 Rn 18.

1. An der Abstimmung teilnehmende Gläubiger (§ 20 Abs 2 Nr 1 SchVG). Anfechtungsbefugt ist nach § 20 Abs 2 Nr 1 SchVG jeder Gläubiger, der an der Abstimmung teilgenommen, gegen den Beschluss fristgerecht den Widerspruch erklärt und die Schuldverschreibung vor Bekanntmachung der Einberufung erworben hat. 31

§ 20 Abs 2 Nr 1 SchVG orientiert sich an § 245 Nr 1 AktG, stellt anders als dieser aber nicht auf die Teilnahme an der Versammlung, sondern die Teilnahme an der Abstimmung ab. Teilnahme an der Abstimmung bedeutet die Anwesenheit während der Abstimmung oder die Eintragung in das Teilnehmerverzeichnis (§ 18 Abs 4 S 1 SchVG) bei der Abstimmung ohne Versammlung.[83] Nach abweichender Ansicht kommt es für die Klagebefugnis auf die Stimmabgabe an.[84] Dagegen spricht jedoch, dass sich die Stimmabgabe nicht immer zweifelsfrei nachweisen lässt. So werden beim Additionsverfahren die Enthaltungen und beim Subtraktionsverfahren die Ja-Stimmen nicht eigens erfasst.[85] 32

Voraussetzung für die Anfechtungsbefugnis ist ein fristgerechter Widerspruch. Der Widerspruch ist eine Erklärung des Gläubigers mit der sich dieser gegen die Wirksamkeit des Beschlusses wendet. Ein bestimmter Wortlaut ist nicht erforderlich.[86] Für die Abstimmung ohne Versammlung bestimmt § 18 Abs 5 S 1 SchVG, dass der Widerspruch schriftlich bis zwei Wochen nach Bekanntmachung des Beschlusses erhoben werden muss. Hilft der Abstimmungsleiter dem Widerspruch gemäß § 18 Abs 5 S 3 SchVG ab, entfällt die Anfechtungsbefugnis.[87] In der Gläubigerversammlung muss der Widerspruch bis zu deren Ende mündlich erklärt werden. Eine Aufnahme in die Niederschrift ist für die wirksame Erklärung des Widerspruchs nicht erforderlich[88], kann (und sollte) zu Nachweiszwecken aber freiwillig erfolgen. Der Nachweis der Erklärung des Widerspruchs kann aber auch durch jedes andere mögliche Beweismittel geführt werden.[89] 33

Der Gläubiger muss wenigstens eine Schuldverschreibung vor Bekanntmachung der Einberufung der Versammlung oder vor der Aufforderung zur Stimmabgabe in der Abstimmung ohne Versammlung erworben haben.[90] Ist die erste Gläubigerversammlung oder Abstimmung ohne Versammlung nicht beschlussfähig und wird eine zweite Gläubigerversammlung (ggf. i.S.d. § 18 Abs 4 S 2 SchVG) einberufen, so können auch die auf der zweiten Versammlung gefassten Beschlüsse nur von den Gläubigern angefochten werden, die bereits vor Einberufung der ersten Versammlung (oder Aufforderung zur Stimmabgabe in einer Abstimmung ohne Versammlung) Inhaber einer Schuldverschreibung waren.[91] 34

2. An der Abstimmung nicht teilnehmende Gläubiger (§ 20 Abs 2 Nr 2 SchVG). Hat ein Gläubiger an der Abstimmung nicht teilgenommen[92], so ist er gem. § 20 Abs 2 Nr 2 SchVG nur klagebefugt, wenn er zur Abstimmung zu Unrecht nicht zugelassen wurde, die Einladung zur Versammlung oder Aufforderung zur Stimmabgabe nicht ordnungsgemäß war 35

83 Preuße/*Vogel* § 20 Rn 34; Veranneman/*Wasmann/Steber* § 20 Rn 19.
84 Friedl/Hartwig-Jacob/*Friedl* § 20 Rn 47; Hopt/Seibt/*Kiem* § 20 Rn 99; Langenbucher/Bliesener/Spindler/*Bliesener/Schneider* § 20 Rn 27.
85 Veranneman/*Wasmann/Steber* § 20 Rn 19.
86 Friedl/Hartwig-Jacob/*Friedl* § 20 Rn 49; Langenbucher/Bliesener/Spindler/*Bliesener/Schneider* § 20 Rn 28; Preuße/*Vogel* § 20 Rn 36; Veranneman/*Wasmann/Steber* § 20 Rn 20.
87 Friedl/Hartwig-Jacob/*Friedl* § 20 Rn 57; Veranneman/*Wasmann/Steber* § 20 Rn 20.
88 Preuße/*Vogel* § 20 Rn 34; Veranneman/*Wasmann/Steber* § 20 Rn 20; **aA** Hopt/Seibt/*Kiem* § 20 Rn 102; Friedl/Hartwig-Jacob/*Friedl* § 20 Rn 50; Langenbucher/Bliesener/Spindler/*Bliesener/Schneider* § 20 Rn 31.
89 Veranneman/*Wasmann/Steber* § 20 Rn 20.
90 Veranneman/*Wasmann/Steber* § 20 Rn 21.
91 OLG Karlsruhe 30.9.2015 ZIP **2015** 2116; *Seibt* ZIP **2016** 1008.
92 Siehe dazu § 20 Rn 32.

oder ein Gegenstand der Beschlussfassung nicht ordnungsgemäß bekannt gemacht wurde. Ein Widerspruch ist nicht erforderlich.[93] Ist der Kläger nach § 20 Abs 2 Nr 2 SchVG klagebefugt, können mit der Anfechtungsklage nicht nur die in § 20 Abs 2 Nr 2 SchVG genannten Verfahrensmängel, sondern umfassend alle Anfechtungsgründe gerügt werden.[94]

36 Ein Gläubiger wird zu Unrecht nicht zur Abstimmung zugelassen, wenn er die Voraussetzungen zur Teilnahme erfüllt und diese auch nachgewiesen hat (§ 10 Abs 2 und Abs 3 SchVG). In Ausnahmefällen kann dann eine Nichtzulassung dennoch erfolgen, bspw. wenn der Gläubiger sich den üblichen Sicherheitskontrollen entzieht oder nach Störungen des Saales verwiesen wird.[95] Anfechtungsbefugt ist der nicht an der Abstimmung teilnehmende Gläubiger außerdem, wenn die Versammlung nicht ordnungsgemäß einberufen wurde (§ 9 ff SchVG, § 18 SchVG) oder bei der Bekanntmachung eines Gegenstands der Beschlussfassung gegen § 13 Abs 2 SchVG verstoßen wurde.

37 **3. Missbrauch des Anfechtungsrechts.** Wird das Anfechtungsrecht missbraucht, verliert der Gläubiger seine Anfechtungsbefugnis. Das Missbrauchspotential ergibt sich dabei vor allem aus der Vollzugssperre des § 20 Abs 3 S 4 SchVG unter Berücksichtigung der Dauer eines Freigabeverfahrens von mehreren Monaten.[96]

38 Das OLG Karlsruhe hat sich im Freigabeverfahren Ekotechnika mit den Maßstäben für rechtsmissbräuchliches Gläubigerverhalten bei der Anfechtung von Gläubigerbeschlüssen befasst. Eine Anfechtungsklage ist danach rechtsmissbräuchlich, wenn der Kläger das Ziel verfolgt, den Schuldner in grob eigennütziger Weise zu einer Leistung zu veranlassen, auf welche er keinerlei Anspruch hat und die er billigerweise auch nicht erheben kann, wobei er sich im Allgemeinen von der Vorstellung leiten lässt, dass die Emittentin die Leistung erbringt, weil sie hofft, dass Nachteile und Schäden aus der Anfechtung vermieden oder gering gehalten werden können.[97] Dabei kann auf die rechtsmissbräuchliche Absicht auch aus Indizien geschlossen werden.[98] Diese können sich aus dem bisherigen Verhalten des Klägers (häufige Beteiligung an Anfechtungsklagen bei Anleiherestrukturierungen) oder dem Kauf der Anleihen unter dem Nennwert in Zusammenschau mit der Eingehung unverhältnismäßig hoher Anwaltskosten im Zusammenhang mit der Geltendmachung der Forderung gegen die Emittentin ergeben.[99]

C. Anfechtungsklage (§ 20 Abs 3 SchVG)

39 Die Anfechtungsklage nach § 20 Abs 1 i.V.m. Abs 3 SchVG ist das ausschließliche Mittel zur Geltendmachung von Anfechtungsgründen. Eine allgemeine Feststellungsklage oder die Geltendmachung der Anfechtbarkeit in einem anderen Verfahren, etwa durch eine Einrede, ist ausgeschlossen.[100] Nur in Ausnahmefällen besteht bei ablehnenden Beschlüssen die Möglichkeit einer ergänzenden allgemeinen Feststellungsklage, welche auf positive Beschlussfeststellung gerichtet ist, etwa bei Anfechtung eines wegen vermeintlich falscher Stimmauszählung und Beschlussfassung ablehnenden Beschlusses.[101]

---

93 Friedl/Hartwig-Jacob/*Friedl* § 20 Rn 62; Preuße/*Vogel* § 20 Rn 41.
94 Hopt/Seibt/*Kiem* § 20 Rn 114.
95 Hopt/Seibt/*Kiem* § 20 Rn 119; Veranneman/*Wasmann*/*Steber* § 20 Rn 22.
96 Siehe dazu § 20 Rn 5.
97 OLG Karlsruhe 30.9.2015 ZIP **2015** 2122.
98 OLG Karlsruhe 30.9.2015 ZIP **2015** 2123.
99 OLG Karlsruhe 30.9.2015 ZIP **2015** 2123; Hopt/Seibt/*Kiem* § 20 Rn 125; *Seibt* ZIP **2016** 1009.
100 Friedl/Hartwig-Jacob/*Friedl* § 20 Rn 9; Veranneman/*Wasmann*/*Steber* § 20 Rn 24.
101 *Maier-Reimer* NJW **2010** 1319; Friedl/Hartwig-Jacob/*Friedl* § 20 Rn 80; Veranneman/*Wasmann*/*Steber* § 20 Rn 24.

I. Gerichtliche Zuständigkeit

§ 20 Abs 3 S 3 SchVG bestimmt, dass ausschließlich das Landgericht, in dessen Bezirk der Schuldner seinen Sitz hat, für die Anfechtungsklage sachlich zuständig ist. Wegen der gesetzlich angeordneten ausschließlichen Zuständigkeit können dazu keine abweichenden Vereinbarungen in den Anleihebedingungen getroffen werden.[102] Der Streitwert der Anfechtungsklage bestimmt sich nach § 3 ZPO.[103] Falls bei dem zuständigen Landgericht eine Kammer für Handelssachen eingerichtet ist, entscheidet diese (§ 20 Abs 3 S 3 SchVG i.V.m. § 246 Abs 3 S 2 AktG). Die Bundesländer können die Anfechtungsklage für mehrere Bezirke auf ein Landgericht konzentrieren (§ 20 Abs 3 S 3 SchVG i.V.m. §§ 246 Abs 3 S 3, 148 Abs 2 S 3 und S 4 AktG). Für Schuldner mit Sitz im Ausland ist ausschließlich das Landgericht Frankfurt am Main zuständig (§ 20 Abs 3 S 3 SchVG). Diese Zuständigkeitsregelung kann bei grenzüberschreitenden Sachverhalten durch vorrangig anwendbare Bestimmungen und Übereinkommen überlagert werden.[104] 40

II. Klagefrist

Für die Anfechtungsklage gilt nach § 20 Abs 3 S 1 SchVG eine Frist von einem Monat. 41
Diese Frist ist eine materiell-rechtliche Ausschlussfrist, womit verspätete Klagen nicht zur Unzulässigkeit, sondern zur Unbegründetheit der Anfechtungsklage führen.[105] Daher gelten die prozessualen Fristenregeln der ZPO, insbesondere die Verlängerung nach § 224 Abs 2 ZPO und die Widereinsetzung nach §§ 233 ff ZPO, nicht.[106] Die Frist beginnt mit der Bekanntmachung des Beschlusses nach § 17 Abs 1 SchVG.[107] Die Frist berechnet sich nach den allgemeinen Regelungen der §§ 187 ff BGB, das Fristende legen also §§ 188 Abs 2 S 1, 193 BGB fest.[108] Das Widerspruchsverfahren nach § 18 Abs 5 SchVG ist für den Fristenlauf ohne Bedeutung.[109] Die Klage ist fristgerecht erhoben, wenn sie der Emittentin innerhalb Monatsfrist zugestellt wird (§ 253 Abs 1 ZPO). Gemäß § 167 ZPO reicht der Eingang der Klageschrift bei Gericht aus, wenn die Zustellung demnächst erfolgt. Mit Ablauf der Anfechtungsfrist wird der Beschluss bestandskräftig.

III. Klagegegner

Die Klage ist immer gegen den Schuldner, vertreten durch sein Vertretungsorgan, zu 42
richten (§ 20 Abs 3 S 2 SchVG). Die Gläubiger in ihrer Gesamtheit sind nicht rechtsfähig und somit auch nicht parteifähig.[110]

---

102 Hopt/Seibt/*Kiem* § 20 Rn 132.
103 Friedl/Hartwig-Jacob/*Friedl* § 20 Rn 77; Preuße/*Vogel* § 20 Rn 51; Veranneman/*Wasmann/Steber* § 20 Rn 27.
104 Siehe dazu Langenbucher/Bliesener/Spindler/*Bliesener/Schneider* § 20 Rn 40ff.
105 Friedl/Hartwig-Jacob/*Friedl* § 20 Rn 65; Hopt/Seibt/*Kiem* § 20 Rn 126; Langenbucher/Bliesener/Spindler/*Bliesener/Schneider* § 20 Rn 35; Preuße/*Vogel* § 20 Rn 47; Veranneman/*Wasmann/Steber* § 20 Rn 25.
106 Friedl/Hartwig-Jacob/*Friedl* § 20 Rn 65; Hopt/Seibt/*Kiem* § 20 Rn 126; Langenbucher/Bliesener/Spindler/*Bliesener/Schneider* § 20 Rn 35.
107 Siehe auch § 17 Rn 7.
108 Hopt/Seibt/*Kiem* § 20 Rn 127; Preuße/*Vogel* § 20 Rn 48; Veranneman/*Wasmann/Steber* § 20 Rn 25.
109 Hopt/Seibt/*Kiem* § 20 Rn 127.
110 Friedl/Hartwig-Jacob/*Friedl* § 20 Rn 68; Preuße/*Vogel* § 20 Rn 49; Veranneman/*Wasmann/Steber* § 20 Rn 26.

IV. Vollzugssperre

43 Nach dem Wortlaut des § 20 Abs 3 S 4 SchVG führt die Erhebung der Anfechtungsklage zu einem Vollzugsverbot.[111] Das Vollzugsverbot betrifft alle Beschlüsse, die auf eine Abänderung oder Ergänzung der Anleihebedingungen gerichtet sind, sowie Ermächtigungen des gemeinsamen Vertreters. Es dauert bis zu einer rechtskräftigen Entscheidung über die Anfechtungsklage oder die Beendigung des Verfahrens an, es sei denn, der Schuldner hat erfolgreich ein Freigabeverfahren gemäß § 20 Abs 3 S 4 SchVG i.V.m. § 246a AktG durchgeführt. Für den Beginn der Vollzugssperre ist richtigerweise zu differenzieren: die Vollzugssperre tritt grundsätzlich schon mit Wirksamwerden des Beschlusses und somit der Aufnahme in die notarielle Niederschrift über die Gläubigerversammlung bzw Abstimmung ohne Versammlung ein.[112] Wenn allerdings in der Gläubigerversammlung kein Widerspruch erhoben wurde bzw die zweiwöchige Widerspruchsfrist des § 18 Abs 5 S 1 SchVG ohne Erhebung eines Widerspruchs verstrichen ist, darf der Beschluss vollzogen werden.[113] In diesem Fall überwiegt das Interesse der Emittentin an einer raschen Vollziehung des Beschlusses.[114] Wird der Anfechtungsklage stattgegeben, hat dies ein dauerhaftes Vollzugsverbot zur Folge.[115]

44 Wenn ein Beschluss über die Änderung der Anleihebedingungen trotz einer anhängigen Anfechtungsklage vollzogen wird[116], wird der widerrechtliche Vollzug bei erfolgreicher Anfechtungsklage nicht rückwirkend vernichtet.[117] Ein Freigabeverfahren mit dem Ziel der Beseitigung der Vollzugssperre verliert daher mit der Vollziehung des Beschlusses das Rechtsschutzbedürfnis, da mit dem Freigabeverfahren nichts mehr erreicht werden kann.[118]

V. Urteilswirkung

45 Das rechtskräftige klageabweisende Urteil führt zur Bestandskraft des Gläubigerbeschlusses und zur Aufhebung des Vollzugsverbots.[119] Anders als im Aktiengesetz sind die Wirkungen eines der Anfechtungsklage stattgebenden Urteils im SchVG nicht explizit geregelt, insbesondere verweist das SchVG nicht auf §§ 248, 241 Nr 5 AktG, welche die Rechtskrafterstreckung und Gestaltungswirkung des Urteils bei aktienrechtlichen Anfechtungsklagen *erga omnes* anordnen.

46 Einigkeit besteht über die zeitliche Rückwirkung des Urteils. Durch stattgebendes Urteil wird der angefochtene Gläubigerbeschluss rückwirkend (*ex tunc*) unwirksam.[120]

47 Umstritten ist aber, ob das stattgebende Urteil Gestaltungswirkung gegenüber jedermann entfaltet oder nur *inter partes* wirkt. Teilweise wird vertreten, der fehlende Verweis sei eine bewusste Entscheidung des Gesetzgebers gegen die Gestaltungswirkung und Rechtskrafterstreckung *erga omnes*.[121] Im Unterschied zum Aktiengesetz in § 246

---

111 Siehe zum Vollzugsverfahren § 21 Rn 3.
112 Baums/*Vogel* S 58; Hopt/Seibt/*Kiem* § 21 Rn 146; Veranneman/*Wasmann/Steber* § 20 Rn 28.
113 *Seibt* ZIP **2016** 1008.
114 Siehe § 21 Rn 9.
115 BGH 1.7.2014 NZG **2014** 1104 Rn 18; Veranneman/*Wasmann/Steber* § 20 Rn 28.
116 Siehe dazu § 21 Rn 10.
117 *Mann/Wansleben* BB **2017** 965.
118 OLG München 16.11.2016 BB **2017** 974; *Wagner* DB **2016** 2954.
119 Veranneman/*Wasmann/Steber* § 20 Rn 29.
120 Friedl/Hartwig-Jacob/*Friedl* § 20 Rn 78; Hopt/Seibt/*Kiem* § 20 Rn 137; *Horn* ZHR 173 (**2009**) 62; *Kusserow* WM **2011** 1648; *Maier-Reimer* NJW **2010** 1321; Preuße/*Vogel* § 20 Rn 54.
121 Langenbucher/Bliesener/Spindler/*Bliesener/Schneider* § 20 Rn 54.

Abs 4 AktG und § 248a S 1 AktG verlange das SchVG auch nicht, dass die Erhebung der Anfechtungsklage und die Beendigung des Anfechtungsprozesses veröffentlicht werden.[122] Mangels gesetzlicher Anordnung der Rechtskrafterstreckung des stattgebenden Urteils entfalte das Urteil daher nur Wirkung zwischen den am Anfechtungsprozess beteiligten Parteien.[123]

Richtigerweise geht demgegenüber die herrschende Ansicht von der Gestaltungswirkung des Anfechtungsurteils *erga omnes* aus.[124] Mit der Übernahme der Anfechtungsklage in das Schuldverschreibungsgesetz hat sich der Gesetzgeber gegen das Rechtschutzsystem des SchVG 1899 mit der *inter partes* wirkenden Feststellungsklage und für eine *erga omnes* wirkende Anfechtungsklage entschieden.[125] Die Gestaltungswirkung des stattgebenden Anfechtungsurteils folgt dabei aus der Natur der Anfechtungsklage. Ein stattgebendes Urteil verändert die Rechtslage gegenüber jedermann, ohne dass es der expliziten gesetzlichen Anordnung bedarf.[126] Das aus dem stattgebenden Urteil folgende dauerhafte Vollzugsverbot entfaltet Wirkung gegenüber allen Gläubigern und setzt damit die Wirkung des stattgebenden Urteils gegenüber allen Gläubigern voraus.[127] 48

D. Freigabeverfahren

Zur Überwindung des Vollzugsverbots während der Rechtshängigkeit der Anfechtungsklage kann die Emittentin ein Freigabeverfahren einleiten (§ 20 Abs 3 S 4 SchVG). Stellt das zuständige Gericht fest, dass die Rechtshängigkeit der Klage dem Vollzug nicht entgegensteht, erlangt der angefochtene Gläubigerbeschluss dauernde Bestandskraft.[128] 49

I. Verfahren

Zuständig ist das dem nach § 20 Abs 3 S 3 SchVG für die Anfechtungsklage zuständigen Landgericht übergeordnete Oberlandesgericht. Gestellt werden kann der Antrag nach § 20 Abs 3 S 4 SchVG nur durch die Emittentin selbst, nicht hingegen von anderen an der Vollziehung interessierten Gläubigern.[129] Der Antrag muss darauf gerichtet sein, dass die Erhebung der Klage gegen den Beschluss dem Vollzug desselben nicht entgegensteht[130], und sich gegen sämtliche Anfechtungskläger richten.[131] Werden nach Stellung des Antrags noch weitere Anfechtungsklagen gegen den Beschluss erhoben, ist der Antrag entsprechend zu erweitern.[132] 50

Für das Verfahren gelten nach § 20 Abs 3 S 4 SchVG insbesondere auch die § 246a Abs 1 S 2, Abs 3 S 1–4, 6 AktG und über § 246a Abs 1 S 2 AktG auch § 247 AktG, womit der 51

122 Langenbucher/Bliesener/Spindler/*Bliesener/Schneider* § 20 Rn 52; Preuße/*Vogel* § 20 Rn 3.
123 *Bredow/Vogel* ZBB **2008** 228; Langenbucher/Bliesener/Spindler/*Bliesener/Schneider* § 20 Rn 54; Otto DNotZ **2012** 824; Preuße/*Vogel* § 20 Rn 3; *Vogel* ZBB **2010** 217.
124 *Baums* ZBB **2009** 3; *Cagalj* Restrukturierung von Anleihen, S 357; Hopt/Seibt/*Kiem* § 20 Rn 142; *Maier-Reimer* NJW **2010** 1321; Friedl/Hartwig-Jacob/*Friedl* § 20 Rn 78; *Leber* Schutz und Organisation der Obligationäre, S 195; *Schmidtbleicher* Die Anleihegläubigermehrheit, S 191; Veranneman/*Wasmann/Steber* § 20 Rn 30.
125 Friedl/Hartwig-Jacob/*Friedl* § 20 Rn 78.
126 Hopt/Seibt/*Kiem* § 20 Rn 142.
127 *Schmidtbleicher* Die Anleihegläubigermehrheit, S 191; Veranneman/*Wasmann/Steber* § 20 Rn 30.
128 Hopt/Seibt/*Kiem* § 20 Rn 155.
129 Veranneman/*Wasmann/Steber* § 20 Rn 32.
130 Friedl/Hartwig-Jacob/*Friedl* § 20 Rn 85; Veranneman/*Wasmann/Steber* § 20 Rn 32.
131 Hopt/Seibt/*Kiem* § 20 Rn 164; Friedl/Hartwig-Jacob/*Friedl* § 20 Rn 85.
132 Hopt/Seibt/*Kiem* § 20 Rn 161.

Beschluss des OLG unanfechtbar ist und für den Streitwert, anders als bei der Anfechtungsklage[133], § 247 AktG gilt.[134] Gemäß § 20 Abs 3 S 4 SchVG i.V.m. § 246a Abs 3 S 2 AktG kann in dringenden Fällen auf eine mündliche Verhandlung verzichtet werden. Die vorgebrachten Tatsachen sind glaubhaft zu machen (§ 20 Abs 3 S 4 SchVG i.V.m. § 246a Abs 3 S 2 AktG).

52 Es handelt sich um ein Eilverfahren mit eigenem Streitgegenstand.[135] Der Beschluss soll spätestens drei Monate nach Antragstellung ergehen und das Gericht hat Verzögerungen zu begründen (§ 20 Abs 3 S 4 SchVG i.V.m. § 246a Abs 3 S 6 AktG).

II. Voraussetzungen für den Beschluss

53 Ein dem Antrag der Emittentin stattgebender Freigabebeschluss ergeht, wenn die Anfechtungsklage unzulässig oder offensichtlich unbegründet ist (§ 20 Abs 3 S 4 SchVG i.V.m. § 246a Abs 2 Nr 1 AktG), der Anfechtungskläger nicht binnen einer Woche nach Antragszustellung per Urkunde nachweist, dass er seine Schuldverschreibung(en) im Nennwert von mindestens EUR 1.000 seit Bekanntmachung der Einberufung bzw Aufforderung zur Stimmabgabe hält (§ 20 Abs 3 S 4 SchVG i.V.m. § 246a Abs 2 Nr 2 AktG) oder das alsbaldige Wirksamwerden des Gläubigerbeschlusses vorrangig erscheint, weil die vom Antragsteller dargelegten wesentlichen Nachteile für die Gesellschaft nach freier Überzeugung des Gerichts die Nachteile für den Anfechtungskläger überwiegen, es sei denn, es liegt eine besondere Schwere des Rechtsverstoßes vor (§ 20 Abs 3 S 4 SchVG i.V.m. § 246a Abs 2 Nr 3 AktG).

54 Die Anfechtungsklage ist offensichtlich unbegründet, wenn die Sach- und Rechtslage eindeutig und eine andere Beurteilung daher unvertretbar ist.[136] In diesem Zusammenhang ist auf den im Aktienrecht erreichten Kenntnisstand zu verweisen.[137]

55 Beim Nachweis des gehaltenen Anleihebestandes kommt es auch in diesem Zusammenhang darauf an, ob der Gläubiger bereits vor Einberufung der ersten Versammlung (oder Aufforderung zur Stimmabgabe in einer Abstimmung ohne Versammlung) Inhaber der Schuldverschreibung(en) war.[138] Der Nachweis kann durch Vorlage eines Depotauszugs, aus dem das Datum der Einbuchung der Schuldverschreibung hervorgeht, erbracht werden. Das Nachweiserfordernis gilt auch, wenn der Anleihebestand unstreitig ist.[139]

III. Interessenabwägung des Gerichts

56 Bei der freien Interessenabwägung des Gerichts kann nur mit Einschränkungen auf den aktienrechtlichen Erkenntnisstand zurückgegriffen werden, weil sich die Interessenabwägung im Schuldverschreibungsrecht vor dem Hintergrund einer anderen Ausgangslage vollzieht und die Interessenabwägung im Freigabeverfahren an die Besonderheiten des Schuldverschreibungsrechts anzupassen ist.[140] Die Interessenabwägung bezieht sich ihrem Gegenstand nach nur auf Nachteile für die an der betreffenden Schuldverschreibung beteiligten Gläubiger und für die Emittentin, nicht dagegen auf

133 Siehe dazu § 20 Rn 40.
134 Veranneman/*Wasmann*/*Steber* § 20 Rn 32.
135 Friedl/Hartwig-Jacob/*Friedl* § 20 Rn 83.
136 Hüffer/*Koch* § 246a AktG Rn 16.
137 Hüffer/*Koch* § 246a AktG Rn 15ff. mwN.
138 OLG Karlsruhe 30.9.2015 ZIP **2015** 2116. Siehe dazu auch § 20 Rn 34.
139 Hopt/Seibt/*Kiem* § 20 Rn 172; Hüffer/*Koch* § 246a AktG Rn 20e mwN.
140 Hopt/Seibt/*Kiem* § 20 Rn 174 f.

andere Gläubiger der Emittentin oder ihre Aktionäre.[141] Das ergibt sich aus dem Wortlaut des § 246a Abs 2 Nr 3, auf den § 20 Abs 3 S 4 SchVG verweist. Dieser bezieht sich auf die Nachteile für die Gesellschaft und ihre Aktionäre, was im Kontext des SchVG der Emittentin und den übrigen Anleihegläubigern entspricht.[142] Bei den Nachteilen für die Emittentin und die übrigen Anleihegläubiger ist insbesondere eine im Falle des Nichtvollzugs des Beschlusses drohende Insolvenz der Emittentin zu berücksichtigen.[143] Das Gericht hat die Interessen der Emittentin und der übrigen Anleihegläubiger frei gegen die Interessen der Anfechtungskläger an dem Aufschub des Beschlussvollzugs abzuwägen. Im Kontext des SchVG geht es dabei ausschließlich um finanzielle Nachteile der Anfechtungskläger, da es bei einem Anleihegläubiger anders als bei einem Aktionär keine Mitgliedschaftsrechte gibt, die durch den Beschluss betroffen sein könnten.[144] Da die Emittentin dem Anfechtungskläger aber ohnehin zum Schadensersatz verpflichtet ist, wenn der Beschluss nach erfolgter Freigabe durch das OLG vollzogen wurde, der Anfechtungsklage im Anschluss aber stattgegeben wird, kommt diesem Nachteil kein großes Gewicht zu.[145] Daraus folgt, dass bei feststellbarem Vollzugsinteresse der Emittentin oder der übrigen Anleihegläubiger die Interessenabwägung regelmäßig gegen die Anfechtungskläger ausfällt.[146]

Bei besonderer Schwere des Rechtsverstoßes scheidet ein Freigabebeschluss aus. Im 57
Kontext des SchVG ist ungeklärt, wann von einem besonders schweren Rechtsverstoß auszugehen ist.[147] Im Aktienrecht gelten für die Annahme der besonderen Schwere des Rechtsverstoßes hohe Anforderungen.[148] Die Annahme eines besonders schweren Rechtsverstoßes soll im Kontext des SchVG nur dann greifen, wenn die verletzte Rechtsnorm nicht lediglich dem Schutz Dritter, sondern gerade dem Schutz der Anleihegläubiger dient.[149] Teilweise wird in diesem Zusammenhang vertreten, dass im Kontext des SchVG ein milderer Maßstab anzulegen sei, weil die Interessenabwägung zwischen Vollzugs- und Aufschubinteresse ohnehin regelmäßig zu einem Überwiegen des Vollzugsinteresses führe.[150] Es genüge im Kontext des SchVG vor diesem Hintergrund ein schwerwiegender Fehler. Das überzeugt nicht. Gerade weil die Interessenabwägung regelmäßig zu einem Überwiegen des Vollzugsinteresses führt und der Anfechtungskläger durch Schadensersatz kompensiert werden kann, sollten an den Ausschluss des Freigabeverfahrens bei besonders schwerem Rechtsverstoß die gleichen strengen Maßstäbe wie im Aktienrecht angelegt werden.

IV. Rechtsfolgen des Freigabebeschlusses

Gibt das OLG dem Freigabeantrag statt, darf der Gläubigerbeschluss nach § 20 Abs 3 58
S 4 SchVG vollzogen werden. Erweist sich die Anfechtungsklage später als begründet,

---

141 OLG Köln 13.1.2014 ZIP **2014** 270; Hopt/Seibt/*Kiem* § 20 Rn 179.
142 Hopt/Seibt/*Kiem* § 20 Rn 180.
143 Friedl/Hartwig-Jacob/*Friedl* § 20 Rn 93; Hopt/Seibt/*Kiem* § 20 Rn 180; *Maier-Reimer* NJW **2010** 1322; Veranneman/*Wasmann*/*Steber* § 20 Rn 33.
144 Hopt/Seibt/*Kiem* § 20 Rn 183.
145 Hopt/Seibt/*Kiem* § 20 Rn 183.
146 Hopt/Seibt/*Kiem* § 20 Rn 185; *Wasmann*/*Steber* ZIP **2014** 2014.
147 *Florstedt* ZIP **2014** 1516; Friedl/Hartwig-Jacob/*Friedl* § 20 Rn 93; Hopt/Seibt/*Kiem* § 20 Rn 186; *Schmidtbleicher* Die Anleihegläubigermehrheit, S 193.
148 Vgl Hüffer/*Koch* § 246a AktG Rn 22 mwN: krasse Rechtswidrigkeit, die dazu führt, dass die Durchführung des Beschlusses unerträglich wäre.
149 OLG Köln 13.1.2014 ZIP **2014** 269.
150 Hopt/Seibt/*Kiem* § 20 Rn 188.

hat die Emittentin dem Anfechtungskläger gemäß § 20 Abs 3 S 4 SchVG i.V.m. § 246a Abs 4 S 1 AktG den Schaden zu ersetzen, der ihm aus dem Vollzug des Gläubigerbeschlusses entstanden ist. Die Beseitigung der Wirkung der Vollziehung des Gläubigerbeschlusses iS einer Naturalrestitution kann hingegen nicht verlangt werden.[151] Rechtsmittel gegen den Freigabebeschluss des OLG sind nicht möglich.[152]

§ 21
Vollziehung von Beschlüssen

(1) [1]Beschlüsse der Gläubigerversammlung, durch welche der Inhalt der Anleihebedingungen abgeändert oder ergänzt wird, sind in der Weise zu vollziehen, dass die maßgebliche Sammelurkunde ergänzt oder geändert wird. [2]Im Fall der Verwahrung der Sammelkurkunde durch eine Wertpapiersammelbank hat der Versammlungs- oder Abstimmungsleiter dazu den in der Niederschrift dokumentierten Beschlussinhalt an die Wertpapiersammelbank zu übermitteln mit dem Ersuchen, die eingereichten Dokumente den vorhandenen Dokumenten in geeigneter Form beizufügen. [3]Er hat gegenüber der Wertpapiersammelbank zu versichern, dass der Beschluss vollzogen werden darf.

(2) Der gemeinsame Vertreter darf von der ihm durch Beschluss erteilten Vollmacht oder Ermächtigung keinen Gebrauch machen, solange der zugrunde liegende Beschluss noch nicht vollzogen werden darf.

Schrifttum

Baums Die gerichtliche Kontrolle von Beschlüssen der Gläubigerversammlung nach dem Referentenentwurf eines neuen Schuldverschreibungsgesetzes, ZBB **2009** 1; *Baums* (Hrsg.) Das neue Schuldverschreibungsrecht, 1. Aufl. 2013; *Kusserow* Opt-in Beschlüsse nach dem neuen Gesetz über Schuldverschreibungen aus Gesamtemissionen, WM **2011** 1645; *Mann/Wansleben* Vollziehung von Beschlüssen der Gläubigerversammlung nach dem SchVG, BB **2017** 963; *Otto* Gläubigerversammlungen nach dem SchVG – Ein neues Tätigkeitsgebiet für Notare, DNotZ **2012** 809; *Seibt* Praxisfragen der außerinsolvenzlichen Anleihenrestrukturierung nach dem SchVG, ZIP **2016** 997; *Vogel* Restrukturierung von Anleihen nach dem SchVG, ZBB **2010** 211; *Wagner* Anleiherestrukturierung: Unzulässigkeit eines Freigabeantrags nach Vollzug des Beschlusses der Gläubigerversammlung, DB **2016** 2953.

Systematische Übersicht

151 Hopt/Seibt/*Kiem* § 20 Rn 194; Veranneman/*Wasmann*/*Steber* § 20 Rn 34.
152 Hopt/Seibt/*Kiem* § 20 Rn 193; Langenbucher/Bliesener/Spindler/*Bliesener*/*Schneider* § 20 Rn 63a; Veranneman/*Wasmann*/*Steber* § 20 Rn 32.

A. Allgemeines

1 § 21 SchVG regelt den Vollzug von Gläubigerbeschlüssen bei Anleihen, die in einer Sammelurkunde verbrieft sind. Änderungen der Anleihebedingungen werden gemäß § 2 S 3 SchVG erst wirksam, wenn sie in der Urkunde vollzogen worden sind. Hintergrund ist das wertpapierrechtliche Skripturprinzip.[1] Die Vollziehung geschieht bei in Sammelurkunden verbrieften Anleihen gemäß § 21 durch Änderung oder Ergänzung der betreffenden Sammelurkunde.[2] Nicht geregelt in § 21 SchVG ist der Vollzug von Beschlüssen bei in Einzelurkunden verbrieften Anleihen. Hier bleibt es bei der Regelung in § 2 S 3 SchVG.[3] Danach bedarf es für die Wirksamkeit der Änderung einer Ergänzung oder Abänderung jeder einzelnen Urkunde. Gläubigerbeschlüsse über die Änderung von Anleihebedingungen dürfen erst vollzogen werden, wenn keine Vollzugshindernisse mehr entgegenstehen.[4]

2 § 21 Abs 2 SchVG bezieht sich auf den gemeinsamen Vertreter bevollmächtigende oder ermächtigende Beschlüsse. Der gemeinsame Vertreter darf von solchen Bevollmächtigungen oder Ermächtigungen erst Gebrauch machen, wenn keine Vollzugshindernisse mehr vorliegen.

B. Vollzug bei Änderung der Anleihebedingungen (§ 21 Abs 1 SchVG)

I. Vollzugsverfahren (§ 21 Abs 1 S 1 und S 2 SchVG)

3 § 21 Abs 1 S 1 SchVG regelt den Vollzug der Beschlüsse, welche Änderungen von Anleihebedingungen bei in Sammelurkunden (§ 9a DepotG) verbrieften Anleihen betreffen. Entgegen des Wortlauts gilt § 21 Abs 1 SchVG dabei nach einhelliger Ansicht sowohl für Beschlüsse der Gläubigerversammlung als auch für Beschlüsse, die in einer Abstimmung ohne Versammlung gefasst wurden.[5] Der Beschluss muss auf eine Abänderung oder Ergänzung der Anleihebedingungen gerichtet sein, also eine inhaltliche Änderung oder Erweiterung der Leistung bzw der Rechte oder Pflichten.[6] Nicht erfasst sind damit die Bestellung eines gemeinsamen Vertreters und dessen Bevollmächtigung und Ermächtigung sowie ein Verzicht der Anleihegläubiger auf die Geltendmachung von Rechten aus in der Vergangenheit liegenden Pflichtverstößen der Emittentin (sog. Waiver) und der Beschluss über die Unwirksamkeit der Kündigung gemäß § 5 Abs 5 S 2 SchVG. Solche Beschlüsse werden vielmehr ohne Vollziehung wirksam. Der Vollzug erfolgt gemäß § 21 Abs 1 S 1 SchVG durch Abänderung oder Ergänzung der Sammelurkunde, indem also entweder die Sammelurkunde ausgetauscht wird durch Neuausstellung und Vernichtung der alten Sammelurkunde oder der Beschluss der existierenden Sammelurkunde beigefügt wird.[7]

---

1 Hopt/Seibt/*Kiem* § 21 Rn 1; *Mann/Wansleben* BB **2017** 963. Siehe dazu § 2 Rn 23 ff.
2 AA *Kusserow* WM **2011** 1647. Danach bedürfe es bei reinen Änderungen der Anleihebedingungen für die Wirksamkeit der gefassten Beschlüsse im Verhältnis der beteiligten Parteien untereinander keiner weiteren Vollziehung. Mit Vollzug i.S.d. § 21 SchVG seien nur Umsetzungshandlungen gemeint, wenn für die Umsetzung der Beschlüsse, bspw. beim Debt Equity Swap, weitere Handlungen erforderlich sind. In diesem Sinne ist wohl auch *Otto* DNotZ **2012** 825 zu verstehen. Kritisch zur Regelung im Referentenentwurf zum SchVG schon *Baums* ZBB **2009** 4.
3 Hopt/Seibt/*Kiem* § 21 Rn 2.
4 Langenbucher/Bliesener/Spindler/*Bliesener*/*Schneider* § 21 Rn 3.
5 Friedl/Hartwig-Jacob/*Friedl* § 21 Rn 7; Hopt/Seibt/*Kiem* § 21 Rn 5; Veranneman/*Hofmeister* § 21 Rn 1.
6 Friedl/Hartwig-Jacob/*Friedl* § 21 Rn 7.
7 Friedl/Hartwig-Jacob/*Friedl* § 21 Rn 8.

4 Wird die Sammelurkunde von einer Wertpapiersammelbank (wozu nicht nur solche Institute, die unter § 1 Abs 3 DepotG fallen, sondern auch solche, die außerhalb Deutschlands Aufgaben einer Wertpapiersammelbank innehaben, zählen[8]) verwahrt, genügt es nach § 21 Abs 1 S 2 SchVG, wenn der Versammlungs- oder Abstimmungsleiter den in der Niederschrift dokumentierten Beschlussinhalt an die verwahrende Wertpapiersammelbank übermittelt verbunden mit der Aufforderung, den Beschluss bzw die entsprechend geänderten Anleihebedingungen der Sammelurkunde beizufügen.[9] Sofern der Schuldner die Niederschrift nicht selbst übermittelt, ist bei dieser Übermittlung auch ein Nachweis über die Zustimmung des Schuldners beizufügen.[10] Die Zustimmung des Schuldners kann dabei direkt in der Niederschrift zur Gläubigerversammlung erklärt werden oder separat erfolgen.[11]

II. Versicherung gegenüber der Wertpapiersammelbank (§ 21 Abs 1 S 3 SchVG)

5 Nach § 21 Abs 1 S 3 SchVG hat der Versammlungs- oder Abstimmungsleiter gegenüber der Wertpapiersammelbank die Vollziehbarkeit des Beschlusses zu versichern. Der Versammlungsleiter wird gemäß § 15 Abs 1 SchVG durch den Einberufenden bestimmt, sofern nicht das Gericht gemäß § 9 Abs 2 S 2 SchVG den Vorsitzenden bestimmt hat. Im Fall der Abstimmung ohne Versammlung kann der Abstimmungsleiter gemäß § 18 Abs 2 S 2 SchVG auch ein vom Schuldner beauftragter Notar sein.

6 **1. Pflichtenumfang des Versammlungs- oder Abstimmungsleiters.** Für den Versammlungs- oder Abstimmungsleiter besteht eine gesetzliche Pflicht zur Abgabe der Versicherung, wenn die Voraussetzungen für die Abgabe vorliegen, der Beschluss also tatsächlich vollziehbar ist.[12] Wenn der Versammlungs- oder Abstimmungsleiter nicht der Schuldner ist, muss der Versammlungs- bzw Abstimmungsleiter in die Lage versetzt werden, die Erklärung wahrheitsgemäß abzugeben.[13] Das setzt ein Auskunftsrecht bezüglich etwaig erhobener Anfechtungsklagen und des Stands etwaiger Freigabeverfahren voraus, da nur die Emittentin diese zuverlässig ermitteln bzw hierzu verlässlich Auskunft geben kann.[14] Für den gemeinsamen Vertreter wird dieses Auskunftsrecht aus §§ 7 Abs 5, 8 Abs 4 SchVG hergeleitet.[15]

7 Der Versammlungs- oder Abstimmungsleiter ist verpflichtet, von diesem Auskunftsrecht Gebrauch zu machen und sich über die Vollziehbarkeit des Beschlusses zu informieren. Er handelt pflichtwidrig, wenn er keine Informationen hinsichtlich der Vollziehbarkeit beim Schuldner einholt und infolgedessen eine falsche Versicherung abgibt.[16] Dabei ist zu beachten, dass es für die fristgerechte Erhebung der Anfechtungsklage nach § 167 ZPO auf den Eingang der Klage bei Gericht ankommt, wenn die Zustellung an die

---

8 Hopt/Seibt/*Kiem* § 21 Rn 11; Langenbucher/Bliesener/Spindler/*Bliesener/Schneider* § 21 Rn 10.

9 Friedl/Hartwig-Jacob/*Friedl* § 21 Rn 9; Preuße/*Dippel/Preuße* § 21 Rn 4; Veranneman/*Hofmeister* § 21 Rn 5.

10 Langenbucher/Bliesener/Spindler/*Bliesener/Schneider* § 21 Rn 7; Veranneman/*Hofmeister* § 21 Rn 5.

11 Hopt/Seibt/*Kiem* § 21 Rn 26; Langenbucher/Bliesener/Spindler/*Bliesener/Schneider* § 21 Rn 7; Veranneman/*Hofmeister* § 21 Rn 5.

12 Hopt/Seibt/*Kiem* § 21 Rn 17.

13 Hopt/Seibt/*Kiem* § 21 Rn 18; Langenbucher/Bliesener/Spindler/*Bliesener/Schneider* § 21 Rn 8; Veranneman/Hofmeister § 21 Rn 8.

14 Friedl/Hartwig-Jacob/*Friedl* § 21 Rn 13; Veranneman/*Hofmeister* § 21 Rn 8.

15 Veranneman/*Hofmeister* § 21 Rn 8.

16 Hopt/Seibt/*Kiem* § 21 Rn 21.

Emittentin demnächst erfolgt. Im Zweifelsfall hat der Versammlungs- oder Abstimmungsleiter sich selbst bei dem Landgericht am Sitz der Emittentin nach etwaig erhobenen Anfechtungsklagen zu erkundigen.

2. Vollzugssperre. Nichtige Beschlüsse sind nicht vollziehbar, wobei die bloße Er- 8
hebung der Nichtigkeitsklage keine Vollzugssperre auslöst.[17] Ebenso dürfen Beschlüsse, bei denen die Vollzugssperre des § 20 Abs 3 S 4 SchVG nach Erhebung einer Anfechtungsklage greift, bis zu einer rechtskräftigen Entscheidung über die Anfechtungsklage oder der Beendigung des Verfahrens[18] nicht vollzogen werden, es sei denn, der Schuldner hat erfolgreich ein Freigabeverfahren gemäß § 20 Abs 3 S 4 SchVG i.V.m. § 246a AktG durchgeführt.

Überwiegend wird angenommen, dass die Vollzugssperre über den Wortlaut des 9
§ 20 Abs 3 S 4 SchVG hinaus schon vor Erhebung der Anfechtungsklage einsetzt.[19] Teilweise wird angenommen, dass die Vollzugssperre mit Erklärung des Widerspruchs (§§ 18 Abs 5, 20 Abs 2 Nr 1 SchVG) greift.[20] Richtigerweise ist zu differenzieren: die Vollzugssperre tritt grundsätzlich mit Wirksamwerden des Beschlusses und somit der Aufnahme in die notarielle Niederschrift über die Gläubigerversammlung bzw Abstimmung ohne Versammlung ein.[21] Ansonsten könnte die Anfechtungsmöglichkeit vereitelt und das Vollzugsverbot leicht umgangen werden[22] und es käme zu einem Wettlauf zwischen dem anfechtenden Gläubiger und der an einem raschen Vollzug interessierten Emittentin. Wenn allerdings in der Gläubigerversammlung kein Widerspruch zu Protokoll erhoben wurde bzw die zweiwöchige Widerspruchsfrist des § 18 Abs 5 S 1 SchVG ohne Erhebung eines Widerspruchs verstrichen ist, darf der Beschluss vollzogen werden.[23] Zwar haben die Gläubiger, die nicht an der Versammlung teilgenommen haben, gemäß § 20 Abs 2 Nr 2 SchVG dann immer noch die Möglichkeit bis zum Ende der Anfechtungsfrist eine Anfechtungsklage zu erheben. Insoweit überwiegt aber das Interesse der Emittentin an einer raschen Vollziehung des Beschlusses.

3. Vollzug trotz Vollzugssperre. Wenn ein Beschluss über die Änderung der Anlei- 10
hebedingungen trotz einer anhängigen Anfechtungsklage vollzogen wird, werden „vollendete Tatsachen" geschaffen[24], da ein einmal erfolgter Vollzug nicht mehr zurückgenommen werden kann.[25] Ein Freigabeverfahren mit dem Ziel der Beseitigung der Vollzugssperre verliert daher mit der Vollziehung des Beschlusses das Rechtsschutzbedürfnis, da mit dem Freigabeverfahren nichts mehr erreicht werden kann.[26] Auch wenn eine Anfechtungsklage erfolgreich ist, wird der widerrechtliche Vollzug nicht etwa rückwirkend vernichtet.[27] Die Gläubiger sind dann auf Schadensersatzansprüche zu verweisen.[28]

---

17 Hopt/Seibt/*Kiem* § 21 Rn 7; Friedl/Hartwig-Jacob/*Friedl* § 21 Rn 12.
18 Veranneman/*Wasmann*/*Steber* § 20 Rn 28.
19 **AA** Langenbucher/Bliesener/Spindler/*Bliesener*/*Schneider* § 20 Rn 59; Theiselmann/*Lürken* S 221 Rn 103.
20 Friedl/Hartwig-Jacob/*Friedl* § 20 Rn 73; Preuße/*Vogel* § 20 Rn 54; *Vogel* ZBB **2010** 220.
21 Baums/*Vogel* S 58; Hopt/Seibt/*Kiem* § 21 Rn 146; Veranneman/*Wasmann*/*Steber* § 20 Rn 28.
22 Veranneman/*Wasmann*/*Steber* § 20 Rn 28.
23 *Seibt* ZIP **2016** 1008.
24 Langenbucher/Bliesener/Spindler/*Bliesener*/*Schneider* § 20 Rn 59.
25 *Wagner* DB **2016** 2954.
26 OLG München 16.11.2016 BB **2017** 974; *Wagner* DB **2016** 2954.
27 *Mann*/*Wansleben* BB **2017** 965.
28 OLG München 16.11.2016 BB **2017** 975.

11 **4. Haftung des Erklärenden.** Weder die Rechtsnatur noch die Rechtsfolgen einer unrichtigen Versicherung sind gesetzlich geregelt.[29] Die Literatur bejaht im Fall einer schuldhaft abgegebenen falschen Versicherung einhellig eine Schadensersatzpflicht des Versammlungs- oder Abstimmungsleiters.[30] Beim gemeinsamen Vertreter, der als Versammlungs- oder Abstimmungsleiter tätig wird, kann zur Begründung einer Schadensersatzpflicht gegenüber den Gläubigern auf § 7 Abs 3 SchVG zurückgegriffen werden.[31] Ansonsten ist anzunehmen, dass durch die Übernahme des Amtes des Versammlungs- oder Abstimmungsleiters ein gesetzliches Schuldverhältnis zwischen dem Versammlungs- oder Abstimmungsleiter einerseits sowie dem Schuldner und den Gläubigern andererseits begründet wird, dessen Verletzung zu Schadensersatzansprüchen nach § 280 BGB führt.[32]

12 Eine Haftung der Wertpapiersammelbank kommt dagegen in aller Regel nicht in Frage. Zwischen der Wertpapiersammelbank und den Gläubigern besteht in der Regel weder ein vertragliches noch ein gesetzliches Schuldverhältnis. Hinzu kommt, dass die Wertpapiersammelbank eine Prüfpflicht nur in formeller Hinsicht auf Vollständigkeit der Dokumente hat.[33] Es kommen also allenfalls deliktische Schadensersatzansprüche in Frage.[34]

C. Ermächtigung des gemeinsamen Vertreters (§ 21 Abs 2 SchVG)

13 Der gemeinsame Vertreter kann nach § 7 Abs 2 SchVG durch Mehrheitsbeschluss bevollmächtigt oder ermächtigt werden. Von einer solchen Bevollmächtigung oder Ermächtigung darf der gemeinsame Vertreter nach § 21 Abs 2 SchVG erst Gebrauch machen, wenn der zugrundeliegende Beschluss vollzogen werden darf. Der gemeinsame Vertreter muss positive Kenntnis darüber haben, dass der Beschluss vollzogen werden darf. Er hat ein Auskunftsrecht gegenüber dem Schuldner (§§ 7 Abs 5, 8 Abs 4 SchVG) und kann sich so Gewissheit darüber verschaffen, ob er von einer Bevollmächtigung oder Ermächtigung Gebrauch machen darf.[35] Im Zweifelsfall hat sich der gemeinsame Vertreter selbst bei dem Landgericht am Sitz der Emittentin nach etwaig erhobenen Anfechtungsklagen zu erkundigen.

14 Wenn der gemeinsame Vertreter trotz Vollzugssperre von einer erteilten Ermächtigung oder Vollmacht Gebrauch macht, ändert dies nach überwiegender und richtiger Ansicht nichts daran, dass der gemeinsame Vertreter wirksam bevollmächtigt bzw ermächtigt wurde und von dem gemeinsamen Vertreter auf dieser Grundlage vorgenommene Handlungen bzw gegenüber Dritten abgegebene Erklärungen wirksam sind.[36] Dafür spricht schon der Wortlaut des § 21 Abs 2 S 1 SchVG, nach dem der gemeinsame Vertreter von einer ihm erteilten Vollmacht oder Ermächtigung keinen Gebrauch machen darf. Außerdem gebietet dies der Verkehrsschutz.[37] Für schuldhafte Verstöße haftet der gemeinsame Vertreter den Anleihegläubigern gegenüber nach § 7 Abs 3 SchVG.

---

29 Friedl/Hartwig-Jacob/*Friedl* § 21 Rn 15; Veranneman/*Hofmeister* § 21 Rn 9.
30 Hopt/Seibt/*Kiem* § 21 Rn 23; Friedl/Hartwig-Jacob/*Friedl* § 21 Rn 15 ff; Langenbucher/Bliesener/Spindler/*Bliesener/Schneider* § 21 Rn 8; Veranneman/*Hofmeister* § 21 Rn 9.
31 Hopt/Seibt/*Kiem* § 21 Rn 23.
32 Friedl/Hartwig-Jacob/*Friedl* § 21 Rn 15 ff; Hopt/Seibt/*Kiem* § 21 Rn 23; *Mann/Wansleben* BB **2017** 966.
33 *Mann/Wansleben* BB **2017** 967.
34 Friedl/Hartwig-Jacob/*Friedl* § 21 Rn 18.
35 Langenbucher/Bliesener/Spindler/*Bliesener/Schneider* § 21 Rn 19; Preuße/*Dippel/Preuße* § 21 Rn 8; Veranneman/*Hofmeister* § 21 Rn 11.
36 Hopt/Seibt/*Kiem* § 21 Rn 30; *Mann/Wansleben* BB **2017** 968; *Seibt* ZIP **2016** 1008; nach **aA** handelt der gemeinsame Vertreter in diesen Fällen als Vertreter ohne Vertretungsmacht, Friedl/Hartwig-Jacob/*Friedl* § 21 Rn 25.
37 *Mann/Wansleben* BB **2017** 968.

§ 22
Geltung für Mitverpflichtete

Die Anleihebedingungen können vorsehen, dass die §§ 5 bis 21 für Rechtsgeschäfte entsprechend gelten, durch welche andere Personen als der Schuldner für die Verpflichtungen des Schuldners aus der Anleihe Sicherheiten gewährt haben (Mitverpflichtete). In diesem Fall müssen die Anleihebedingungen Mehrheitsbeschlüsse der Gläubiger unter Benennung der Rechtsgeschäfte und der Mitverpflichteten ausdrücklich vorsehen.

Schrifttum

Bertus Sicherung der Gläubigerrechte bei Umwandlung von (notleidenden) Anleiheemittenten, BB **2016** 2755; *Horn* Die Stellung der Anleihegläubiger nach neuem Schuldverschreibungsgesetz und allgemeinem Privatrecht im Licht aktueller Marktentwicklungen, ZHR 173 (**2009**) 12; *Kusserow* Opt-in Beschlüsse nach dem neuen Gesetz über Schuldverschreibungen und Gesamtemissionen, WM **2011** 1645.

Systematische Übersicht

A. Allgemeines

1 Dritte können Sicherheiten für Ansprüche der Anleihegläubiger stellen. Der in der Praxis am häufigsten vorkommende Fall ist die Garantie der Konzernmutter für die Verbindlichkeiten einer Finanzierungstochter aus einer von dieser emittierten Anleihe. Daneben kommen aber auch jegliche anderen Personal- oder Sachsicherheiten in Frage, die von einem Dritten, bspw. einem anderen Konzernunternehmen, zur Besicherung der Ansprüche der Anleihegläubiger bestellt werden. Üblicherweise wird der Garantievertrag zwischen Garantiegeber und einem Dritten, bspw. dem Sicherheitentreuhänder oder der Zahlstelle, als echter Vertrag zugunsten der Anleihegläubiger i.S.d. § 328 BGB geschlossen, der unmittelbare Ansprüche der Anleihegläubiger gegenüber dem Garantiegeber begründet. Wenn Sachsicherheiten zugunsten der Anleihegläubiger bestellt werden, bedarf es in der Regel eines Sicherheitentreuhänders zur Verwaltung der Sicherheiten und des Abschlusses eines Sicherheitentreuhandvertrags. Die Sachsicherheiten werden üblicherweise nur zugunsten des Sicherheitentreuhänders bestellt.[1] In beiden Fällen gewährleistet § 22 SchVG, dass nach Maßgabe der §§ 5ff SchVG gefasste Mehrheitsbeschlüsse der Gläubiger auch für die Sicherheitenverträge gelten. Eine Änderung der Sicherheitenverträge auf Grundlage eines zustimmenden Beschlusses der Gläubigerversammlung bindet die überstimmte Minderheit der Anleihegläubiger, auch wenn der Sicherheitenvertrag selbst nicht Bestandteil der Anleihebedingungen ist. Daneben bedarf es insbesondere der Zustimmung des Sicherheitengebers.[2] Weil die Sicherungsabrede bei der Drittsicherheit nicht Bestandteil der Anleihebedingungen ist, wäre ohne die in § 22 SchVG enthaltene Regelung eine Änderung der Bedingungen des Sicherungsgeschäfts in aller Regel praktisch nicht möglich.[3]

1 Siehe § 5 Rn 61.
2 Preuße/*Dippel/Preuße* § 22 Rn 5.
3 Veranneman/*Hofmeister* § 22 Rn 1.

B. Geltung für Mitverpflichtete (§ 22 SchVG)

2 Der Begriff des Mitverpflichteten ist in § 22 S 1 SchVG legal definiert. Der Mitverpflichtete ist ein Sicherungsgeber, der Sicherheiten gewährt und nicht mit der Emittentin identisch ist. Häufig handelt es sich dabei um mit dem Schuldner verbundene Unternehmen. Teilweise wird darauf hingewiesen, dass § 22 SchVG auch anwendbar sei, wenn die Emittentin selbst Sicherungsgeberin ist. Auch bei von der Emittentin gestellten Sicherheiten, deren vertragliche Grundlage nicht in den Anleihebedingungen geregelt ist, könne das Interesse bestehen inhaltliche Änderungen zu vollziehen.[4] Üblicherweise enthalten aber die Anleihebedingungen schon einen Verweis auf die von der Emittentin gestellten Sicherheiten und die Sicherungsabrede. In diesem Fall bedarf es eines Rückgriffs auf § 22 SchVG nicht.[5] Im Ergebnis besteht Einigkeit, dass auch von der Emittentin gestellte Sicherheiten durch Mehrheitsbeschluss nach den §§ 5 ff SchVG geändert werden können.

3 Der Begriff Sicherheiten in § 22 SchVG umfasst alle Arten von Sicherheiten und ist weit auszulegen.[6] Dazu gehören nicht nur sämtliche Personal-[7] und Sachsicherheiten[8], die zu einer Vermehrung der Haftungsmasse für die Anleihegläubiger führen.[9] Er gilt auch für die Verpflichtungen des Sicherheitentreuhänders gegenüber den Anleihegläubigern[10] sowie Verpflichtungserklärungen anderer Konzerngesellschaften, wenn diese zugunsten der Anleihegläubiger abgegeben werden, beispielsweise die in der Praxis übliche Negativerklärung Drittgläubigern während der Laufzeit der Anleihe keine Sachsicherheiten zu gewähren.[11]

4 Die Geltung der §§ 5 ff SchVG muss sich gemäß § 22 S 2 SchVG ausdrücklich auf die jeweiligen Vertragsverhältnisse mit den Mitverpflichteten beziehen.

5 Das Stimmrecht aus von Mitverpflichteten gehaltenen Anleihen ruht entsprechend § 6 Abs 1 S 2 SchVG und das Stimmverbot des § 6 Abs 1 S 3 und 4 SchVG gilt entsprechend, sofern der Mitverpflichtete nicht ohnehin vom Begriff des verbundenen Unternehmens in § 6 Abs 1 SchVG erfasst ist.[12]

C. Ausländischem Recht unterliegende Sicherheiten

6 Während Garantien und sonstige Personalsicherheiten auch von ausländischen Mitverpflichteten in der Regel dem gleichen Recht unterliegen wie die Anleihebedingungen, unterliegen Sachsicherheiten über ausländische Vermögenswerte in der Regel ausländischem Recht.[13] § 22 SchVG gilt nur für deutschem Recht unterliegende Sicherheiten. Bei Sicherheiten, die ausländischem Recht unterliegen, richtet sich die Änderung, einschließlich der Art und Weise der Zustimmung der Anleihegläubiger, nach ausländi-

4 Langenbucher/Bliesener/Spindler/*Bliesener/Schneider* § 22 Rn 10.
5 Hopt/Seibt/*Thole* § 22 Rn 3.
6 *Bertus* BB **2016** 2761; Friedl/Hartwig-Jacob/*Lawall* § 22 Rn 6 f; Hopt/Seibt/*Thole* § 22 Rn 4; Preuße/*Dippel/Preuße* § 22 Rn 4.
7 Dazu gehören bspw. die Garantie, die Bürgschaft und der Schuldbeitritt.
8 Dazu gehören bspw. Pfandrechte an Gesellschaftsanteilen, Bankkonten und gewerblichen Schutzrechten, Grundpfandrechte, die Sicherungsübereignung des Anlage- und Umlaufsvermögens, die Sicherungsabtretung von Forderungen und die Verpfändung bzw Sicherungsabtretung gewerblichen Schutzrechten.
9 Friedl/Hartwig-Jacob/*Friedl/Schmidtbleicher* § 5 Rn 68.
10 Friedl/Hartwig-Jacob/*Lawall* § 22 Rn 6.
11 Heidel/*Müller* § 22 Rn 3; Langenbucher/Bliesener/Spindler/*Bliesener/Schneider* § 22 Rn 6.
12 Friedl/Hartwig-Jacob/*Schmidtbleicher* § 6 Rn 25 und 33.
13 *Diem/Jahn* S 154 Rn 14.

schem Recht.[14] Üblicherweise werden ausländischem Recht unterliegende Sicherheiten gegenüber einem Sicherheitentreuhänder bestellt, wobei der Sicherheitentreuhandvertrag bei deutschem Recht unterliegenden Anleihen meist ebenfalls deutschem Recht unterstellt wird. Die Mechanismen für die Änderungen auch der ausländischen Sicherheiten sollten in diesem Fall im Sicherheitentreuhandvertrag niedergelegt und auf die jeweiligen ausländischen Rechtsordnungen abgestimmt sein. Für die Änderung des deutschem Recht unterliegenden Sicherheitentreuhandvertrags kann dann ein Mehrheitsbeschluss der Gläubiger nach den §§ 5 ff SchVG vorgesehen werden.[15]

14 Friedl/Hartwig-Jacob/*Lawall* § 22 Rn 10; Langenbucher/Bliesener/Spindler/*Bliesener/Schneider* § 22 Rn 3; *Kusserow* WM **2011** 1651; Preuße/*Dippel/Preuße* § 22 Rn 11; Veranneman/*Hofmeister* § 22 Rn 5.
15 Langenbucher/Bliesener/Spindler/*Bliesener/Schneider* § 22 Rn 3.

ABSCHNITT 3
Bußgeldvorschriften; Übergangsbestimmungen

§ 23
Bußgeldvorschriften

(1) Ordnungswidrig handelt, wer
1. **entgegen § 6 Absatz 1 Satz 3 erster Halbsatz Schuldverschreibungen überlässt,**
2. **entgegen § 6 Absatz 1 Satz 4 das Stimmrecht ausübt,**
3. **entgegen § 6 Absatz 2 einen Vorteil anbietet, verspricht oder gewährt oder**
4. **entgegen § 6 Absatz 3 einen Vorteil oder eine Gegenleistung fordert, sich versprechen lässt oder annimmt.**

(2) Ordnungswidrig handelt, wer vorsätzlich oder leichtfertig entgegen § 7 Absatz 1 Satz 2 einen maßgeblichen Umstand nicht, nicht richtig, nicht vollständig oder nicht rechtzeitig offenlegt.

(3) Die Ordnungswidrigkeit kann mit einer Geldbuße bis zu hunderttausend Euro geahndet werden.

Systematische Übersicht

I. Geltung des OWiG

1 § 23 bestimmt Verstöße gegen einzelne Bestimmungen des SchVG zu Ordnungswidrigkeiten. Laut § 2 OWiG findet damit das OWiG Anwendung. § 1 Abs 1 OWiG bestimmt, dass eine Ordnungswidrigkeit eine rechtswidrige und vorwerfbare Handlung ist, die den Tatbestand eines Gesetzes verwirklicht, das die Ahndung mit einer Geldbuße zulässt. Zu den allgemeinen tatbestandlichen Voraussetzungen einer Ordnungswidrigkeit sei auf die Fachliteratur zum OWiG verwiesen.

II. Einzelne Tatbestände

2 **1. § 23 Abs 1.** § 6 enthält in Abs 1 S 3, Abs 1 S 4, Abs 2 und Abs 3 vier konkrete Verbote („darf ... nicht", „niemand darf ..."), die die Integrität der Stimmabgabe schützen (siehe die Kommentierung zu § 6 zu Einzelheiten). Verstöße gegen die Verbote erklärt § 23 Abs 1 Nr 1 bis Nr 4 zu Ordnungswidrigkeiten. Gemäß § 10 OWiG kann fahrlässiges Handeln nur dann als Ordnungswidrigkeit geahndet werden, sofern das Gesetz dies ausdrücklich bestimmt. Die Tatbestände in § 23 Abs 1 sehen keine fahrlässige Begehungsform vor und können folglich nur vorsätzlich verwirklicht werden.

3 Es wird verbreitet vertreten, dass § 23 Abs 1 dem § 39 WpHG (in der bis Ende 2017 geltenden Fassung) nachgebildet sei.[1] Allerdings sind die Parallelen zu § 405 Abs 3 Nr 5 bis 7 AktG sichtlich enger.

4 **2. § 23 Abs 2.** Gemäß § 23 Abs 2 handelt ordnungswidrig, wer vorsätzlich oder leichtfertig entgegen § 7 Abs 1 S 2 einen maßgeblichen Umstand nicht, nicht richtig, nicht

1 Vgl Veranneman/*Veranneman* § 23 Rn 1; Hopt/Seibt/*Thole* § 23 Rn 1.

https://doi.org/10.1515/9783110578720-004

vollständig oder nicht rechtzeitig offenlegt. Leichtfertigkeit ist nicht gesetzlich definiert. Rechtsprechung und hL verstehen unter „leichtfertig" das Außerachtlassen der Sorgfalt, zu der man nach Umständen und persönlichen Fähigkeiten imstande ist, obwohl sich hätte aufdrängen müssen, dass so eine Rechts(gut-)verletzung eintreten wird.[2] Die §§ 7 Abs 1 S 2, 23 Abs 2 sollen sicherstellen, dass die Gläubiger ihren Vertreter in Kenntnis wesentlicher Interessenkonflikte wählen.[3] Offenlegungspflichtig ist folglich der nach § 7 gewählte gemeinsame Vertreter der Gläubiger, nicht der gemäß § 8 in den Anleihebedingungen bestellte.[4] Ebenso nicht bußgeldbewehrt sind Verstöße gegen § 7 Abs 1 S 1 oder § 7 Abs 1 S 3.[5] Zu den Offenlegungspflichten sei im Einzelnen auf die Kommentierung zu § 7 verwiesen.

III. Höhe des Bußgelds

5 Geldbußen, die eine Ordnungswidrigkeit ahnden, betragen gemäß § 17 Abs 1 OWiG mindestens EUR 5 und, wenn gesetzlich nichts anderes bestimmt ist, höchstens EUR 1.000. § 23 Abs 3 bestimmt in diesem Sinne etwas anderes, indem er die Obergrenze auf EUR 100.000 erhöht. Diese Obergrenze gilt nicht ausnahmslos: § 17 Abs 4 S 1 OWiG ordnet an, dass die Geldbuße den wirtschaftlichen Vorteil, den der Täter aus der Ordnungswidrigkeit gezogen hat, übersteigen soll. Ist dies nicht der Fall, kann die Obergrenze überschritten werden, § 17 Abs 4 S 2 OWiG.

6 Wird eine Ordnungswidrigkeit nach § 23 Abs 2 lediglich leichtfertig verwirklicht, reduziert sich die Obergrenze des § 23 Abs 3 von EUR 100.000 auf EUR 50.000. Dies folgt aus § 17 Abs 2 OWiG, demgemäß fahrlässiges Handeln im Höchstmaß nur mit der Hälfte des angedrohten Höchstbetrages der Geldbuße geahndet werden kann, wenn das Gesetz für vorsätzliches und fahrlässiges Handeln Geldbuße androht, ohne im Höchstmaß zu unterscheiden. § 17 Abs 2 OWiG gilt auch für Leichtfertigkeit als Unterfall der Fahrlässigkeit.[6] Zur Bemessung des Bußgeldes siehe im Übrigen die Fachliteratur zum OWiG.

IV. Zuständige Behörde und Verfahren

7 Das SchVG bestimmt nicht, welche Behörde für das Bußgeldverfahren zuständig ist. Insofern ist auf das OWiG zurückzugreifen. Sachlich zuständig ist gemäß § 36 Abs 1 Nr 2 lit a) OWiG die fachlich zuständige oberste Landesbehörde.[7] Nach § 36 Abs 2 OWG kann die Landesregierung eine Rechtsverordnung erlassen, in der die Zuständigkeit auf eine andere Behörde oder sonstige Stelle oder die Verordnungsermächtigung selbst auf die oberste Landesbehörde übertragen wird.[8] Die örtliche Zuständigkeit richtet sich nach § 37 OWiG. Die §§ 40 ff OWiG regeln, in welchen Fällen die Staatsanwaltschaft zuständig ist, eine Ordnungswidrigkeit zu verfolgen. Das Verfahren ist in den §§ 46 ff OWiG geregelt.

---

2 Vgl MüKoStGB/*Duttge* § 15 Rn 194 mwN.
3 Friedl/Hartwig-Jacob/*Friedl* § 23 Rn 9.
4 Preuße/*Dippel*/*Preuße* § 23 Rn 5; Friedl/Hartwig-Jacob/*Friedl* § 23 Rn 9.
5 Hopt/Seibt/*Thole* § 23 Rn 1; Blersch/Goetsch/Haas/*Paul* § 23 Rn 2; kritisch zu Sanktionierungslücken Veranneman/*Veranneman* § 23 Rn 4.
6 Vgl KK OWiG/*Mitsch* § 17 Rn 26.
7 So auch Preuße/*Dippel*/*Preuße* § 23 Rn 3; Friedl/Hartwig-Jacob/*Friedl* § 23 Rn 14.
8 Näher hierzu KK OWiG/*Lampe* § 36 Rn 26.

§ 24
Übergangsbestimmungen

(1) [1]Dieses Gesetz ist nicht anzuwenden auf Schuldverschreibungen, die vor dem 5. August 2009 ausgegeben wurden. [2]Auf diese Schuldverschreibungen ist das Gesetz betreffend die gemeinsamen Rechte der Besitzer von Schuldverschreibungen in der im Bundesgesetzblatt Teil III, Gliederungsnummer 4134-1, veröffentlichten bereinigten Fassung, das zuletzt durch Artikel 53 des Gesetzes vom 5. Oktober 1994 (BGBl. I S 2911) geändert worden ist, weiter anzuwenden, soweit sich aus Absatz 2 nichts anderes ergibt.

(2) [1]Gläubiger von Schuldverschreibungen, die vor dem 5. August 2009 ausgegeben wurden, können mit Zustimmung des Schuldners eine Änderung der Anleihebedingungen oder den Austausch der Schuldverschreibungen gegen neue Schuldverschreibungen mit geänderten Anleihebedingungen beschließen, um von den in diesem Gesetz gewährten Wahlmöglichkeiten Gebrauch machen zu können. [2]Für die Beschlussfassung gelten die Vorschriften dieses Gesetzes entsprechend; der Beschluss bedarf der qualifizierten Mehrheit.

Schrifttum

Arbeitskreis Reform des Schuldverschreibungsrechts Reform des SchVG, ZIP **2014** 845–857; *Baums* Weitere Reform des Schuldverschreibungsrechts, ZHR 177 (**2013**) 807–818; *Baums/Schmidtbleicher* Neues Schuldverschreibungsrecht und Altanleihen, ZIP **2012** 204–217; *Bungert* Wertpapierbedingungen und Inhaltskontrolle nach dem AGB-Gesetz, DZWiR **1996** 185–199; *Cagalj* Restrukturierung von Anleihen nach dem neuen Schuldverschreibungsgesetz, Diss. Freiburg 2012 (zit. *Cagalj* Restrukturierung von Anleihen); *Cranshaw* Nachrangige Genussrechte und andere hybride Instrumente – Problemfelder verbriefter und unverbriefter Kapitalmarktmittel der Unternehmensfinanzierung, DZWIR **2018** 508–527 *Florstedt* Reformbedarf und Reformperspektiven im Schuldverschreibungsrecht, WiVerw **2014** 155–163; *Horn* Änderung von Anleihebedingungen und Skripturakt, in Gedächtnisschrift Hübner (2012) 521–530; *Keller* Die Übergangsregelungen des neuen Schuldverschreibungsgesetzes, DKR **2009** 15–18; *Keller/Rühle* Die Restrukturierung von Anleihen in Zeiten des SchVG 2009, BB **2014** 907–914; *Kusserow* Opt-In Beschlüsse nach dem neunen Gesetz über Schuldverschreibungen aus Gesamtemissionen, WM **2011** 1645–1651; *Leber* Der Schutz und die Organisation der Obligationäre nach dem Schuldverschreibungsgesetz, Diss. Tübingen 2011; *Lürken* Keine nachträgliche Einführung von Mehrheitsklauseln nach dem SchVG bei vor dem 5.8.2009 von Auslandsemittenten begebenen Anleihen, GWR **2012** 227; *Martini* Die Anleihe in der Insolvenz (Teil 1): Verhältnis von SchVG und InsO, Gläubigerversammlung nach dem SchVG und Rechte des gemeinsamen Vertreters im Insolvenzverfahren, AnwZert InsR 9/2019 Anm 2; *Müller-Eising* Zur Änderung der Anleihebedingungen durch Mehrheitsbeschluss der Gläubiger von Altanleihen, EWiR **2014** 611–612; *Oulds* Restrukturierungen nach dem Schuldverschreibungsgesetz und Bundesschuldenwesengesetz, CFl **2012** 353–363; *Paulus* Schuldverschreibungen, Restrukturierungen, Gefährdungen, WM **2012** 1109–1113; Baums/*Weiß* Das neue Schuldverschreibungsrecht, **2013** 25.

Systematische Übersicht

A. Allgemeines

1 Die Vorschrift regelt den zeitlichen Anwendungsbereich des SchVG. § 24 Abs 1 S 1 bestimmt dazu, dass das SchVG nicht auf Schuldverschreibungen anzuwenden ist, die vor dem 5. August 2009 ausgegeben worden sind. Die Norm setzt somit den Tag des Inkrafttretens des SchVG als Stichtag fest.[1] Mit dem Inkrafttreten des neuen Schuldverschreibungsgesetzes ist zugleich das alte SchVG 1899 außer Kraft getreten. Gleichwohl findet das SchVG 1899 weiterhin Anwendung auf Schuldverschreibungen, die vor dem maßgeblichen Stichtag, somit vor dem 5. August 2009 – ausgegeben worden sind („Alt-Anleihen“), soweit sie nicht durch Beschluss im Sinne des § 24 Abs 2 SchVG in den Anwendungsbereich des neuen SchVG gelangt sind.

2 Absatz 2 ermöglicht es den Gläubigern von Altanleihen, diese mittels eines qualifizierten Mehrheitsbeschlusses und der Zustimmung des Emittenten dem neuen Recht zu unterstellen. Der Gesetzgeber hat sich damit für eine nachträgliche „Opt-In Lösung“ entschieden.[2] Den Gläubigern wird damit ein Instrument an die Hand gegeben, das es ihnen ermöglicht, das neue SchVG auch auf Altanleihen zu erstrecken, um so von den erleichterten Restrukturierungsmöglichkeiten des neuen Schuldverschreibungsgesetzes profitieren zu können.[3]

3 Technisch sieht das Gesetz für die Wahl zugunsten des neuen SchVG **zwei Wege** vor: So können durch Gläubigerbeschluss zum einen die Anleihebedingungen der Altanleihen geändert werden (Var. 1). Zum anderen können die Anleihegläubiger aber auch beschließen, die Altanleihen gegen neue Schuldverschreibungen mit geänderten Anleihebedingungen auszutauschen (Var. 2).

4 Der in Teilen immer noch umstrittene Anwendungsbereich des § 24 Abs 2 hat in den vergangenen Jahren in wesentlichen Punkten eine **Klärung durch die Rechtsprechung** erfahren. So hat der BGH die Anwendbarkeit auf Altanleihen, die von einer ausländischen Gesellschaft begeben worden sind und somit nicht unter das SchVG 1899 fielen, bejaht.[4] Bedenken von Instanzgerichten, die den Vertrauensschutz der Altanleihegläubiger hervorhoben und hierin einen unzulässigen Eingriff in deren Rechte sahen,[5] hat der BGH damit zurückgewiesen.[6] Trotz der darin enthaltenen Rückwirkungseffekte ist § 24 Abs 2 SchVG im Ergebnis verfassungsrechtlich unbedenklich.[7]

B. Zeitlicher Anwendungsbereich

6 Das SchVG ist nach Abs 1 S 1 nicht anzuwenden auf Schuldverschreibungen, die vor dem 5. August 2009 ausgegeben wurden. Das Gesetz folgt damit dem Stichtagsprinzip und bestimmt als maßgebliches und ausschließliches Kriterium das Datum der „Ausgabe“ der Schuldverschreibung. Auf Altanleihen, also solche Schuldverschreibungen, die

1 Art. 8 des Gesetzes zur Neuregelung der Rechtsverhältnisse bei Schuldverschreibungen aus Gesamtemissionen und zur verbesserten Durchsetzbarkeit von Ansprüchen von Anlegern aus Falschberatung vom 31.7.2009 – BGBl. I 2009 2512, 2519 f.

2 *Cagalj* Restrukturierung von Anleihen S 83.

3 Hopt/Seibt/*Artzinger-Bolten*/*Wöckener* § 24 Rn 1.

4 BGH, Urteil vom 1.7.2014 – II ZR 381/13, BGHZ **202** 7 = NZG **2014** 1102.

5 OLG Frankfurt a. M. 27.3.2012 NZG **2012** 593 = ZIP **2012** 725 – „Pfleiderer“; LG Frankfurt a. M. 23.1.2012 ZIP **2012** 474; siehe auch *Horn* GS Hübner (2012) 521, 529.

6 BGHZ **202** 7 = BKR **2014** 511 (mit zust. Anm. *Friedl*) = NZG **2014** 1102, 1103 f, Rn 12. Siehe unten Rn 21.

7 Siehe nur Veranneman/*Veranneman* § 24 Rn 1.

vor diesem Datum ausgegeben wurden, findet gemäß S 2 weiterhin das SchVG 1899 in seiner letztgültigen Fassung Anwendung.

I. Ausgabe als maßgeblicher Zeitpunkt

Der Gesetzgeber hat den Begriff der Ausgabe weder im SchVG konkretisiert, noch geht aus der Gesetzesbegründung hervor, was genau hierunter zu verstehen ist. Der Begriff bedarf daher der Auslegung. Richtiger Weise ist der **Begriff der Ausgabe gleichzusetzen mit dem Begriff der Begebung.**[8] Die Begebung setzt beim klassischen Fall der Inhaberschuldverschreibung die Errichtung der Urkunde durch den Emittenten und einen Begebungsvertrag voraus, durch den der Aussteller das Eigentum an der Urkunde auf einen Dritten überträgt und beide sich darüber einig sind, mit der Übertragung der Urkunde die verbriefte Forderung zu begründen.[9] 7

Nicht ausreichend ist die bloße Erstellung der Urkunde im Sinne des Skripturaktes, da hiermit zunächst nur eine einseitige Willenserklärung abgegeben wird.[10] So bildet nicht der Skripturakt, sondern erst der Begebungsvertrag die Grundlage der Verpflichtung des Ausstellers.[11] Erst mit dem Abschluss des Begebungsvertrages, durch den sich Emittent und Dritter über die Begründung der in der Schuldverschreibung niedergelegten Verpflichtungen einigen und zugleich über die Übertragung des Eigentums an der Urkunde nach den §§ 929 ff BGB einigen, gelangen die verbrieften Rechte zur Entstehung.[12] Dem Begebungsvertrag kommt damit ein doppelfunktionaler Charakter zu, indem er sowohl von schuldrechtlicher als auch dinglicher Natur ist.[13] Verpflichtungs- und Übereignungsvorgang vollziehen sich damit im Begebungsvertrag in einem einheitlichen Akt.[14] 8

Keinen Unterschied macht es, ob es sich um eine direkt vertriebene Eigenemission handelt, bei der der Emittent den Begebungsvertrag unmittelbar mit dem Anleger abschließt, oder ob es sich um eine Fremdemission handelt.[15] Letztere liegt vor, wenn sich der Emittent eines Kreditinstituts bzw regelmäßig eines Konsortiums aus Kreditinstituten als Intermediär bedient, welche die Anleihe entweder kommissionsweise oder fest auf eigenes Risiko übernehmen.[16] Der Begebungsvertrag wird dann durch den Übernahmevertrag zwischen Emittent und Banken geschlossen.[17] 9

Aus der Verwendung des Begriffes „Ausgabe" folgt, dass es nicht darauf ankommen kann, wann der dingliche Erwerb der Schuldverschreibung **tatsächlich vollzogen** wor- 10

---

8 Langenbucher/Bliesener/Spindler/*Bliesener/Schneider* § 24 Rn 3; Friedl/Hartwig-Jacob/*Hartwig-Jacob/Friedl* § 24 Rn 5; Hopt/Seibt/*Artzinger-Bolten/Wöckener* § 24 Rn 3.

9 So die ganz herrschende modifizierte Vertragstheorie, BGH NJW **1973** 282; Palandt/*Sprau* § 793 Rn 8; Erman/*Wilhelmi* § 793 Rn 2; *Hueck/Canaris* Recht der Wertpapiere, § 3 I 2; *Brox/Henssler* Handelsrecht, Rn 610. Eingehend zum Theorienstreit, namentlich zur heute so nicht mehr vertretenen Kreationstheorie, wonach die Verpflichtung einseitig durch den Skripturakt begründet wurde, BeckOGK/*Vogel* § 793 Rn 49 ff.

10 Nach der heute kaum mehr vertretenen Kreationstheorie bildete die Ausstellung der Urkunde und damit der Skripturakt selbst den rechtsbegründenden Tatbestand. Vgl MüKoBGB/*Habersack* Rn 25 mwN.

11 Vgl nur MüKoBGB/*Habersack* Vor § 793 Rn 24.

12 BGH, Urteil vom 30.11.1972 – II ZR 70/71, BB **73** 214; Staudinger/*Marburger* Vor § 793 Rn 19.

13 Kümpel/Wittig/*Brandt/R. Müller/Oulds* Rn 15.62; Habersack/Mülbert/Schlitt/*Diekmann* Rn 31.59.

14 MüKoBGB/*Habersack* Vor § 793 Rn 24; Habersack/Mülbert/Schlitt/*Diekmann* Rn 31.59.

15 Hopt/Seibt/*Artzinger-Bolten/Wöckener* § 24 Rn 4; Veranneman/*Veranneman* § 24 Rn 3.

16 Schimansky/Bunte/Lwowski/*Grundmann* § 112 Rn 6.

17 Kümpel/Wittig/*Brandt/R. Müller/Oulds* Rn 15.281.

den ist, zumal dies von Anleger zu Anleger variieren kann.[18] Schon aus Gründen der Rechtssicherheit muss das Datum der Ausgabe daher zwingend ein einheitliches sein.[19] Es genügt insoweit die dingliche Einigung durch den Begebungsvertrag.

11 Das Datum der Ausgabe ist im Falle der Fremdemission in der Regel der Tag der Begebung unter Abschluss des Übernahmevertrages (Subscription Agreement) am sog. Schlusstermin (Closing day).[20] Gleiches gilt im Fall der Eigenemission, bei der die Übernahme direkt zwischen Emittent und Anleger erfolgt.[21]

12 Die konkrete **Bestimmung des Ausgabedatums** kann Schwierigkeiten bereiten.[22] Nicht von Relevanz ist insoweit das Datum der Urkunde selbst, zumal der Anleger selbige ohnehin kaum zu Gesicht bekommen wird.[23] Für Emissionen, denen ein Wertpapierprospekt zugrunde liegt, wird sich der Ausgabetag regelmäßig **aus der Wertpapierbeschreibung** ergeben, wobei zwingend nur die Angabe des „erwarteten Emissionstermins" vorgeschrieben ist.[24]

II. Aufstockung von Altanleihen

13 Fraglich ist, nach welchem Recht sich die **nachträgliche Erhöhung des Emissionsvolumens** einer Schuldverschreibung (Aufstockung) richten soll, wenn die ursprüngliche Tranche vor dem Stichtag des 5.8.2009 begeben wurde, die spätere Tranche aber erst nach diesem Zeitpunkt ausgegeben wird. Bei konsequenter Anwendung des § 24 Abs 1 SchVG würde sich in der Folge die ursprüngliche Tranche nach dem SchVG 1899 richten, wohingegen auf die nach dem Stichtag ausgegebene Tranche das neue SchVG anzuwenden wäre. Problematisch ist dies deshalb, weil die **Schuldverschreibungen „inhaltsgleich" sein müssen**, da nur so die Fungibilität und Kapitalmarktfähigkeit gewährleistet werden kann.[25]

14 Keine Inhaltsgleichheit liegt jedenfalls dann vor, wenn die spätere Tranche einen Opt-In zugunsten der **§§ 5ff SchVG** enthält. In diesem Fall wäre schon aufgrund der dann unterschiedlichen Anleihebedingungen von verschiedenen Emissionen auszugehen.[26] In Frage stehen daher nur Fälle, in denen beide Tranchen auch tatsächlich identisch sind und die §§ 5ff SchVG auf die neue Tranche ohnehin nicht anwendbar sind.

15 Nach **verbreiteter Ansicht** wird vertreten, die Anwendbarkeit des verbleibenden Abschnitt 1 des SchVG (§§ 2–4 SchVG) nur auf die spätere Tranche berühre das Erfordernis der Inhaltsgleichheit nicht.[27] Dies wird damit begründet, dass nur die §§ 5ff SchVG materiellen Einfluss auf den Inhalt der Anleihebedingungen zu nehmen vermögen, wohingegen die §§ 2–4 SchVG als objektive Regeln die in den Bedingungen vereinbarten

---

18 *Cagalj* Restrukturiereung von Anleihen S 85. Hopt/Seibt/*Artzinger-Bolten/Wöckener* § 24 Rn 4.
19 *Cagalj* Restrukturiereung von Anleihen S 85.
20 Langenbucher/Bliesener/Spindler/*Bliesener/Schneider* § 24 Rn 3; Hopt/Seibt/*Artzinger-Bolten/Wöckener* § 24 Rn 5.
21 Hopt/Seibt/*Artzinger-Bolten/Wöckener* § 24 Rn 5.
22 Dazu Friedl/Hartwig-Jacob/*Hartwig-Jacob/Friedl* § 24 Rn 6.
23 Vgl ebenso Veranneman/*Veranneman* § 24 Rn 4; Hopt/Seibt/*Artzinger-Bolten/Wöckener* § 24 Rn 5.
24 Preuße/*Dippel/Preuße*, § 24 Rn 4; Veranneman/*Veranneman* § 24 Rn 4; Friedl/Hartwig-Jacob/*Hartwig-Jacob/Friedl* § 24 Rn 6.
25 Vgl § 1 Abs 1 SchVG.
26 Preuße/*Dippel/Preuße* § 24 Rn 6; Hopt/Seibt/*Artzinger-Bolten/Wöckener* § 24 Rn 7; Veranneman/*Oulds* § 1 Rn 37.
27 Langenbucher/Bliesener/Spindler/*Bliesener/Schneider* § 24 Rn 19; Hopt/Seibt/*Artzinger-Bolten/Wöckener* § 24 Rn 7; Preuße/*Dippel/Preuße* § 24 Rn 7; *Cagalj* Restrukturiereung von Anleihen S 93.

Rechte und Pflichten selbst nicht verändern können, sodass die Inhaltsgleichheit an sich nicht berührt sei.

16 Der Ansicht ist zwar insoweit zuzustimmen, als nur die §§ 5 SchVG Änderungen an den Anleihebedingungen selbst herbeiführen können. Gleichwohl ist die Ansicht abzulehnen. Dabei ist weniger auf die Inhaltsgleichheit der Tranchen abzustellen, als auf das **Erfordernis der Gesamtemission**. Für letzteres reicht es gerade nicht aus, dass die Schuldverschreibungen bloß auf gleichen Bedingungen beruhen, das Erfordernis der Gesamtemission geht insoweit gerade über das Erfordernis der bloßen Inhaltsgleichheit hinaus.[28] Entscheidende Kriterien für das Gesamtemissionserfordernis sind vielmehr die Austauschbarkeit und Kapitalmarktfähigkeit der einzelnen Schuldverschreibungen, was voraussetzt, dass die Schuldverschreibungen Teil einer einzigen Emission sind und vollständig untereinander austauschbar sind.[29] Eine solche Austauschbarkeit ist im Falle der Anwendbarkeit unterschiedlichen Rechts auf verschiedene Tranchen ein und derselben Emission aber nicht mehr gegeben.[30] Dies gilt umso mehr, wenn nur ein Teil der Anleihegläubiger Rechte aus einem Verstoß gegen die §§ 2–4 SchVG herleiten könnte.[31] Eine Handelbarkeit und einheitliche Preisgestaltung wäre so nicht mehr gewährleistet. So wird es in der Praxis kaum möglich sein zu unterscheiden, welche Schuldverschreibung unter welchem Recht begeben wurde, zumal beide Tranchen unter einer identischen ISIN/WKN geführt und gehandelt werden.[32]

17 Richtigerweise sind daher die **weiteren Tranchen als Teil einer Gesamtemission** zu betrachten, die vor dem Stichtag ausgegeben wurde, sodass **auch auf die spätere Tranche das SchVG 1899 anzuwenden** bleibt.[33] Soweit eine Geltung des neuen Rechts angestrebt wird, verbleibt es bei der Möglichkeit des Beschlusses nach § 24 Abs 2 SchVG.

C. Wahlrecht (Abs 2)

18 § 24 Abs 2 S 1 ermöglicht es, Altanleihen, also Schuldverschreibungen, die vor dem 5. August 2009 ausgegeben wurden, durch qualifizierten Mehrheitsbeschluss der Gläubiger und vorbehaltlich der Zustimmung des Schuldners dem Regelungsregime des neuen SchVG zu unterwerfen. Den Anleihegläubigern soll damit ein Wahlrecht an die Hand gegeben werden, das SchVG auch auf solche Schuldverschreibungen zu erstrecken, die ansonsten nicht unter das Gesetz fallen würden, **sog. Opt-In**.[34] Gleichwohl muss die Anleihe in den Anwendungsbereich des Gesetzes nach § 1 SchVG fallen, es muss sich also um nach deutschem Recht begebene inhaltsgleiche Schuldverschreibungen aus Gesamtemissionen im Sinne des **§ 1 Abs 1 SchVG** handeln.[35]

19 Die Wahl zugunsten des SchVG durch Beschlusses unterzieht die Anleihe immer der **Gesamtheit der Vorschriften des SchVG**.[36] Der Wortlaut des § 24 Abs 2 S 1 SchVG ist insoweit unglücklich formuliert, indem er missverständlich so gelesen werden könnte, dass die Gläubiger nach dem Opt-In lediglich von den im SchVG enthaltenen Wahlmöglichkeiten Gebrauch machen könnten.[37]

---

28 *Kusserow* RdF **2012** 4, 7; Hopt/Seibt/*Artzinger-Bolten*/*Wöckener* § 1 Rn 24. Siehe § 1 Rn 31.
29 *Kusserow* RdF **2012** 4, 8.
30 **AA** Langenbucher/Bliesener/Spindler/*Bliesener*/*Schneider* § 24 Rn 19; Hopt/Seibt/*Artzinger-Bolten*/*Wöckener* § 24 Rn 7; Preuße/*Dippel*/*Preuße* § 24 Rn 7.
31 Veranneman/*Veranneman* § 24 Rn 5.
32 Friedl/Hartwig-Jacob/*Hartwig-Jacob*/*Friedl* § 24 Rn 8; Veranneman/*Veranneman* § 24 Rn 5.
33 Wie hier Veranneman/*Veranneman* § 24 Rn 5; Friedl/Hartwig-Jacob/*Hartwig-Jacob*/*Friedl* § 24 Rn 10.
34 Friedl/Hartwig-Jacob/*Hartwig-Jacob*/*Friedl* § 24 Rn 3.
35 Hopt/Seibt/*Artzinger-Bolten*/*Wöckener* § 24 Rn 8.
36 Vgl nur BT-Drucks. 16/12814 S 27.

I. Anwendungsbereich

20 Von der Übergangsvorschrift erfasst sind **auch solche Altanleihen, die nicht unter das SchVG 1899 fallen.**[38] Dieser bislang in der Literatur herrschenden Auffassung hat sich nunmehr auch der **BGH in seiner Entscheidung vom 1.7.2014** angeschlossen.[39] Nach Wortlaut und Systematik stelle Abs 2 eine gegenüber Abs 1 eigenständige Regelung dar, die eine Beschränkung nur auf Schuldverschreibungen im Sinne des SchVG 1899 nicht vorsehe. Darüber hinaus stellt der stellt der BGH wesentlich auf die Absicht des Gesetzgebers ab, gerade die Schwächen des SchVG von 1899, die insbesondere in dem zu engen Anwendungsbereich gesehen wurden, zu beseitigen.[40] Restrukturierungen und Sanierungen sollten vereinfacht und nicht etwa eine zusätzliche Rechtszersplitterung herbeigeführt werden.[41] Auch Altanleihen ausländischer Emittenten können damit nach § 24 Abs 2 SchVG dem neuen Recht unterstellt werden.

21 In der Konsequenz führt dies dazu, dass auch Anleihebedingungen durch entsprechenden Mehrheitsbeschluss abänderbar sind, die bei Begebung die Möglichkeit eines Mehrheitsbeschlusses überhaupt nicht vorsahen.[42] Die damit verbundene Rückwirkung ist **verfassungsrechtlich unbedenklich**. Zu Recht hat er darauf abgehoben, dass es sich nur dann um eine – grds. unzulässige[43] – echte Rückwirkung handeln würde, wenn der Zahlungsanspruch bereits entstanden ist. Andernfalls liegt eine verfassungsrechtlich **zulässige sog. unechte Rückwirkung** bzw tatbestandliche Rückanknüpfung vor, da mit § 24 Abs 2 SchVG kein bereits in sich abgeschlossener Sachverhalt geregelt, sondern während der Laufzeit des Dauerschuldverhältnisses das anwendbare Recht geändert wird, wobei auch die Grundsätze des Vertrauensschutzes sowie der Verhältnismäßigkeit[44] eingehalten wurden. Der Wille des Gesetzgebers, durch Erweiterung des Mehrheitsprinzips Sanierungen zu ermöglichen, erfordere die getroffene Regelung und genieße Vorrang vor dem Bestands- und Blockadeinteresse der Anleger.[45]

22 Auch nachdem ein Insolvenzverfahren über das Vermögen des Schuldners eröffnet worden ist, kann ein Opt-in-Beschluss im Einverständnis mit dem Insolvenzverwalter getroffen werden.[46]

---

37 Die Regeln des SchVG sind ohnehin ganz überwiegend zwingend, sodass anderenfalls nur wenige Vorschriften erfasst wären, vgl Veranneman/*Veranneman* § 24 Rn 6.

38 OLG Schleswig 10.12.2013 ZIP **2014** 221; LG Frankfurt 27.10.2011 ZIP **2011** 2306; *Baums/Schmidtbleicher* ZIP **2012** 204, 205 ff; *Paulus* WM **2012** 1109, 1112 f; *Keller* BKR **2012** 15, 17; Friedl/Hartwig-Jacob/*Hartwig-Jacob/Friedl* § 24 Rn 13; **aA** noch die Vorinstanz OLG Frankfurt 15. März 2013, 24 U 97/12; außerdem OLG Frankfurt a. M. 27.3.2012 NZG **2012** 593 = ZIP **2012** 725 – „Pfleiderer“; LG Frankfurt a. M. 23.1.2012 ZIP **2012** 474; *Horn* Gedächtnisschrift Hübner (2012) 521, 529.

39 BGH, Urteil vom 1.7.2014 – II ZR 381/13, BGHZ **202** 7 = NZG **2014** 1102 = BKR **2014** 511 mit zust. Anm. *Friedl*).

40 BGH, Urteil vom 1.7.2014 – II ZR 381/13, BGHZ **202** 7 = NZG **2014** 1102, 1103, Rn 10.

41 BGH, Urteil vom 1.7.2014 – II ZR 381/13, BGHZ **202** 7 Rz. 10; vgl auch Hopt/Seibt/Artzinger-Bolten/Wöckener § 24 Rn 9.

42 BGH, Urteil vom 1.7.2014 – II ZR 381/13, BGHZ **202** 7 Rz. 11; Friedl BKR **2014** 511, 514 (Anmerkungen).

43 BVerfGE 11, 139, 145 f = NJW **1960**, 1563.

44 Dazu nur BVerfGE 95, 64 = NJW **1997**, 722, 723.

45 BGH, Urteil vom 1.7.2014 – II ZR 381/13, BGHZ **202** 7 12 = BKR **2014** 511 mit zust. Anm. *Friedl*) = NZG **2014** 1102, 1103; OLG Schleswig v. 10.12.2013 – 2 W 82/13, ZIP **2014** 221, 223; Veranneman/*Veranneman* § 24 Rn 1; Hopt/Seibt/*Artzinger-Bolten/Wöckener* § 24 Rn 9; Langenbucher/Bliesener/Spindler/*Bliesener/Schneider* § 24 Rn 6; *Arbeitskreis Reform des Schuldverschreibungsrechts* ZIP **2014**, 845, 857; Baums, ZHR 177 (**2013**) 807 ff; *Baums/Schmidtbleicher* ZIP **2012** 204 ff; *Oulds* CFl **2012** 353, 355 ff; **aA** OLG Frankfurt v. 27.3.2012 – 5 AktG 3/11, AG **2012** 373 („Pfleiderer“). Zur Rückwirkung allgemein vgl BVerfG **11** 139, 145 ff; Maunz/Düring/*Grzeszick* Art 20 Rn 88 ff.

46 BGH, Urteil vom 16.11.2017 – IX ZR 260/15, DB **2018** 57; *Brenner/Moser* NZI **2016** 149, 151f; **aA** Veranneman/*Veranneman* § 24 Rn 7.

II. Verfahren

Ein Beschluss nach § 24 Abs 2 S 1 SchVG setzt nach Satz 2 eine **qualifizierte Mehrheit** voraus. Eine Legaldefinition der qualifizierten Mehrheit findet sich in § 5 Abs 4 S 2 SchVG, der eine Mehrheit von mindestens 75% der an der Abstimmung teilnehmenden Stimmen vorsieht. 23

Hinsichtlich der **Modalitäten der Beschlussfassung** verweist das Gesetz auf die Vorschriften des SchVG. Der Verweis bezieht sich nach einhelliger Ansicht auf die gesamten Regel der §§ 5–21 SchVG, insbesondere also auf die Vorgaben über Einberufung, Beschlussfassung und Beschlussanfechtung.[47] Dabei ist die Gläubigerversammlung jedoch nach dem Standartverfahren der §§ 5–21 SchVG abzuhalten. Selbst wenn das Gesetz es gestattet eine Vorgabe des SchVG in den Anleihebedingungen abweichend zu regeln, hat die Gläubigerversammlung **nach dem Standardverfahren** zu erfolgen.[48] So setzt die Ausübung der Wahlmöglichkeiten voraus, dass diese in den Anleihebedingungen niedergelegt sind, was nicht der Fall sein wird in Fällen, in denen zugunsten des SchVG überhaupt erst optiert wird.[49] Ein bloßer Hinweis gem. § 12 Abs 3 SchVG in der Einladung vermag dieses Erfordernis nicht zu ersetzen.[50] Ein solcher Beschluss wäre auch bei Einhaltung der Mehrheitserfordernisse wegen Verstoßes gegen die bisher geltenden Anleihebedingungen anfechtbar.[51] Der Beschluss kann nach § 5 Abs 6 SchVG in einer Anleihegläubigerversammlung oder auch in einer Abstimmung ohne Versammlung nach § 18 SchVG gefasst werden.[52] 24

Notwendig ist die **Zustimmung des Schuldners**, die sowohl vor als auch nach dem Ergehen des Beschlusses der Anleihegläubiger entsprechend den Vorschriften der §§ 182ff BGB erteilt werden kann.[53] 25

III. Opt-In Beschluss und Ausführungsbeschlüsse

Es ist zu unterscheiden zwischen dem Opt-In-Beschluss, mittels dessen die Altanleihe dem SchVG unterworfen wird (Grundlagenbeschluss) und dem ausführenden Beschluss, durch den bestimmt wird, in welcher Gestalt anschließend die Anleihebedingungen nach den §§ 5ff SchVG geändert werden sollen (Ausführungsbeschluss).[54] Auch wenn sich § 24 Abs 2 SchVG nur dem eigentlichen Opt-In-Beschluss widmet, wird selbiger doch regelmäßig aus dem tatsächlichen Bedürfnis einer Bedingungsänderung heraus beschlossen werden, etwa um ein in der Krise befindliches Unternehmen zu sanieren.[55] Es wird daher üblicherweise ein Ausführungsbeschluss auf dem Opt-In Beschluss aufbauen, sodass die Änderung der Anleihebedingungen **technisch gesehen in einem zweiaktigen Verfahren** erfolgt.[56] 26

Wird der Opt-In von der Anleihegläubigerversammlung beschlossen und stimmt der Schuldner zu, führt dies zur Anwendbarkeit des gesamten SchVG auf die Anleihe. Trotz 27

47 Veranneman/*Veranneman* § 24 Rn 9; Friedl/Hartwig-Jacob/*Hartwig-Jacob/Friedl* § 24 Rn 17.
48 Friedl/Hartwig-Jacob/*Hartwig-Jacob/Friedl* § 24 Rn 17; Veranneman/*Veranneman* § 24 Rn 9.
49 Friedl/Hartwig-Jacob/*Hartwig-Jacob/Friedl* § 24 Rn 17.
50 Vgl *Kusserow* WM **2011** 1645, 1648, der Praktikabilitätsgründe anführt.
51 Friedl/Hartwig-Jacob/*Hartwig-Jacob/Friedl* § 24 Rn 17; *Kusserow* WM **2011** 1645, 1648 „rechtlich riskant".
52 Preuße/*Dippel/Preuße* § 24 Rn 9; Hopt/Seibt/*Artzinger-Bolten/Wöckener* § 24 Rn 10.
53 Hopt/Seibt/*Artzinger-Bolten/Wöckener* § 24 Rn 10; Preuße/*Dippel/Preuße* § 24 Rn 10.
54 Veranneman/*Veranneman* § 24 Rn 8; *Steffek* FS Hopt (2010) 2597, 2617.
55 Friedl/Hartwig-Jacob/*Hartwig-Jacob/Friedl* § 24 Rn 22.
56 Hopt/Seibt/*Artzinger-Bolten/Wöckener* § 24 Rn 12.

der insoweit missverständlichen Formulierung „um von den in diesem Gesetz gewährten Wahlmöglichkeiten Gebrauch machen zu können“ besteht **kein Bedürfnis eines zweiten Beschlusses**, durch den etwa im Sinne des § 5 Abs 1 SchVG erst noch zugunsten der Regeln des Abschnitt 2 (§§ 5–23 SchVG) zu optieren wäre.[57] Die Wahl zugunsten des SchVG durch den Opt-In-Beschluss umfasst damit bereits die Geltung der §§ 5ff SchVG.

28 Die Gläubigerversammlung kann im Rahmen eines Ausführungsbeschlusses beschließen, dass die §§ 5–21 SchVG auch auf entsprechende Sicherungsgeschäfte Anwendung finden sollen sowie dass und wie die Bedingungen der Sicherungsgeschäfte geändert werden.[58] Denn indem der Opt-In-Beschluss die Altanleihe dem ganzen Recht des SchVG unterwirft, gilt für sie auch § 22 SchVG, der Änderungen an den Bedingungen über Sicherheiten anderer Personen als dem Emittenten zulässt, sofern die Anleihebedingungen dies vorsehen. In diesem Fall müssten folglich die Anleihebedingungen nach dem Opt-In-Beschluss zunächst entsprechend § 22 S 2 SchVG abgeändert werden. In einem dritten Beschluss kann dann ein Mehrheitsbeschluss zur Änderung der Sicherheit selbst gefasst werden.[59]

29 Auch wenn es sich jeweils um getrennte Beschlüsse handelt, bedarf es keiner separaten Gläubigerversammlungen. Der Opt-In-Beschluss nach § 24 Abs 2 S 1 SchVG und weitere andere Ausführungs- bzw Sanierungsbeschlüsse gemäß §§ 5ff SchVG können vielmehr in **ein und derselben Gläubigerversammlung** gefasst werden.[60] Für die Anleihegläubiger besteht insoweit keine Überrumpelungsgefahr, da diese mit der Geltung der Einberufungs- und Durchführungsvorschriften des SchVG, insbesondere des § 13 SchVG, ausreichend geschützt sind.[61]

---

57 Hopt/Seibt/*Artzinger-Bolten/Wöckener* § 24 Rn 11; *Cagalj* Restrukturierung von Anleihen S 87; Langenbucher/Bliesener/Spindler/*Bliesener/Schneider* § 24 Rn 11.

58 Veranneman/*Veranneman* § 24 Rn 8; Langenbucher/Bliesener/Spindler/*Bliesener/Schneider* § 24 Rn 16; Hopt/Seibt/*Artzinger-Bolten/Wöckener* § 24 Rn 13.

59 *Kusserow* WM **2011** 1645, 1651; Langenbucher/Bliesener/Spindler/*Bliesener/Schneider* § 24 Rn 15; *Cagalj* Restrukturierung von Anleihen S 92.

60 Langenbucher/Bliesener/Spindler/*Bliesener/Schneider* § 24 Rn 13; Friedl/Hartwig-Jacob/*Hartwig-Jacob/Friedl* § 24 Rn 28; *Cagalj* Restrukturierung von Anleihen S 88; Hopt/Seibt/*Artzinger-Bolten/Wöckener* § 24 Rn 12; *Kusserow* WM **2011** 1645, 1646f.

61 *Cagalj* Restrukturierung von Anleihen S 88; *Kusserow* WM **2011** 1645, 1646f; Langenbucher/Bliesener/Spindler/*Bliesener/Schneider* § 24 Rn 13.

Sachregister

https://doi.org/10.1515/9783110578720-005

www.ingramcontent.com/pod-product-compliance
Lightning Source LLC
LaVergne TN
LVHW081518300926
849161LV00006B/1214